中国大学校史研究

2022

主　编　张克非　张淑锵
副主编　金灿灿　钱益民

ZHEJIANG UNIVERSITY PRESS
浙江大学出版社
·杭州·

图书在版编目（CIP）数据

中国大学校史研究. 2022 / 张克非，张淑锵主编
. —杭州 : 浙江大学出版社，2024.4
ISBN 978-7-308-24845-7

Ⅰ. ①中… Ⅱ. ①张… ②张… Ⅲ. ①高等学校—校
史—中国—文集 Ⅳ. ①G649.28-53

中国国家版本馆CIP数据核字(2024)第076871号

中国大学校史研究 2022

ZHONGGUO DAXUE XIAOSHI YANJIU 2022

张克非　张淑锵　主编

责任编辑　赵　静
责任校对　胡　畔
封面设计　林智广告
出版发行　浙江大学出版社
　　　　　（杭州市天目山路148号　　邮政编码　310007）
　　　　　（网址：http://www.zjupress.com）
排　　版　杭州林智广告有限公司
印　　刷　杭州高腾印务有限公司
开　　本　787mm×1092mm　1/16
印　　张　27.25
字　　数　620千
版 印 次　2024年4月第1版　2024年4月第1次印刷
书　　号　ISBN 978-7-308-24845-7
定　　价　128.00元

编辑委员会

主　编　张克非　张淑锵

副主编　金灿灿　钱益民

编　委（按姓氏笔画排序）

王　东　王运来　汤　涛　张　凯　张克非

张淑锵　欧七斤　金灿灿　钱益民　韩宝志

对于校史研究中若干共性问题的思考

（代序）

张克非

　　近来，各高校从事校史研究的同仁们通过各种渠道，纷纷就工作中遇到的一些普遍性问题进行讨论、交流。这些问题不仅是校史研究中的问题，也是史学研究中长期面临的问题。它们有的是受当下多种因素影响而出现的歧见，有的是随着研究深入、实践发展而产生的新问题。笔者结合自己的工作及思考，就这些问题谈谈粗浅的看法，供大家参考和商榷。

一、校史研究须恪守实事求是的科学精神和原则

　　校史既是中国近现代教育史的重要分支，也是中国近现代史、社会史、文化史的重要组成部分。从根本上说，校史研究具有历史研究的基本属性，其研究对象是一百多年来现代意义上的中国高等教育和高校发展历史，以及其中各个高校在不同阶段进行的主要工作、与国家和社会的关系、发挥的作用，涉及的人与事、学科、专业与各种组织形式、运作方式、投入与产出，形成的文化和精神、经验与教训，等等。校史研究的目的，是存史、资政、育人、传播。

　　现代意义上的高等教育和高校，在中国近现代史上具有极其重要的地位，是引进、传播科学知识和先进思想、文化，培育社会急需的各类新型人才的主要组织，是促进自强独立、民族觉醒、社会转型的重要因素。如果离开高校及其培养的新型知识分子，任何国家现代化进程的开启与成功，都是无法想象的。可以说，现代高等教育和大学诞生、发展的历程，几代爱国知识分子、高校师生的探索、奋斗和奉献，无疑浓缩、体现着中华民族不断觉醒、由传统走向现代、由贫弱走向独立富强的历史进程。

　　因而，一方面，校史研究的成果有必要在校内外进行广泛传播。它们既是高校发展的重要借鉴，精神传承和文化建设的主要来源、依据，也能够作为先进的人文、科学文化和爱国主义教育素材，影响公众，引领社会文化的发展、转型。在这些方面，校史研究与其他历史研究领域相比，更能直接发挥多方面的积极作用，也更需要引起重视和深入进行。

　　另一方面，校史研究又和中国近现代史、共和国史密不可分。而这180多年，是中华民族历史上极其重要的时段，各个方面都发生了翻天覆地的变化，新旧交替的复杂性无可比拟，身处其中的几代人对这段历史的感受、认识也各不相同。这段历史还没有最终完成较长时间的积淀与实践的反复检验；加上各种实际需要、情感因素的直接影响，极

大地增加了研究这段历史本身的难度和敏感性、复杂性。

中国高校作为体现国家行为、意志的社会组织，也必然受这种特殊社会历史大背景的直接影响，甚至这种特殊的社会历史大背景决定着高校自身的演变与命运。同时，各个高校的校史研究，绝大多数都是在学校领导下进行的，属于一种特定的组织行为和规定动作，研究者很难保持超脱、中立的地位和角度，很难充分体现个人的认识及观点。再加上校史研究成果必须面对的受众、所承担的使命、发挥的作用、产生的影响，都决定了校史研究不同于一般的学术研究，需要更加慎重、稳妥、守正、平实。这些都会在一定程度上增加校史研究的难度，以及对校史重要人物和事件的认识、评价难度。校史研究必然面临几个普遍性难题。

一是校史研究的指导原则。从校史研究作为历史研究分支的本质属性及总体要求而言，校史研究要坚持历史唯物主义的指导，尤其是要始终坚持实事求是、求真务实的科学精神和原则；遵循历史学的基本学术规范和要求。如以史料为依据的严谨学风，尽可能让史料发言，有一分资料说一分话，无证不言、孤证慎言，并对不同史料、记载进行比勘、考证；如具体情况具体分析的科学方法和尽可能客观、公允、全面的学术态度；如立论的精准、褒贬的审慎，注意留有一定的余地；如对重要事件的起因、过程、作用、影响及其相互联系的关注与分析；如妥善把握主体、大局、潮流与枝节、局部、个案的关系；等等。

实事求是、崇尚真理的科学精神，既是大学精神、文化的核心与灵魂，也是大学对中国社会、民族文化最为重要的贡献，甚至影响、决定着国家的前途、民族的未来。校史研究就是要通过总结、认识学校历史和几代师生追求真理、真知的不懈努力，自觉地宣传、弘扬科学精神及其价值，揭示其形成、发展、传播的艰难历程，让师生乃至全社会更多地了解科学精神、尊崇科学精神。为此，校史研究工作必须始终贯穿、恪守和体现科学精神。这是其自身的根本价值和意义之所在。校史研究如果背离实事求是的科学精神与基本原则，就会沦为"虚言""戏说"或某种偏见、误导，丧失自身存在的价值和可信度、生命力，无法发挥应有的作用，也经不起历史的检验。

近年来，校史研究中一些似是而非的模糊概念，就在客观上造成人们认识上的混乱。如有学者主张，中国古代的太学和书院，就是高等教育。有的高校也以此为据，以千年名校自居。这实质上是有意无意地混淆了传统教育与现代教育的本质区别。太学、书院无疑是中国传统社会培养高层次人才的地方，但其性质、办学目的、教学内容、培养的人才，与严格意义上的现代高等教育完全是两码事。太学、书院根本无法形成现代大学的专业教育体系，也无法培养出现代科学和哲学社会科学方面的大批专业人才。我们难以找出国内任何一所现代大学完全脱胎于传统书院、太学的证据，更不能以某些高校始建于原书院、贡院旧址，就把校史的起始时间简单地上延到书院、贡院的始建时间。否则，必然造成概念混淆的常识性错误，平添校史溯源、研究的随意性，难免遭到诟病。

校史研究中还存在因人废事的另一种倾向。如国内某高校明明起源于20世纪30年代初在上海成立的一所专业技术学校，并已作为定论写入该校的《大学章程》，后因少数人过于强调最初创校者的政治立场，罔顾该技术学校的性质、在全面抗战时期内迁办学做出的贡献，以及在 20 世纪 50 年代初院系调整中对组建新学校的重要作用等历史事实，非要人为地割断两所学校的前后联系，造成一些不应有的争议和对学校的负面影响。如果真要以创办者或某位校长的政治立场作为最高标准，试问晚清、民国时期创建的新型学校还有几所能被认可。显而易见，这些都绝非实事求是的科学态度，也有悖于历史唯物主义和马克思主义经典作家研究、评价历史的基本原则。

二是校史研究与社会大环境的关系。高校的生存发展离不开特定的时代背景、社会和地域环境，深受不同时期国家教育方针、战略及高等教育整体变化的影响。我们不能回避、割裂高校与社会千丝万缕的联系，孤立地就学校看自身、搞研究。校史研究需要关注近现代史、共和国史、高等教育史的研究进展及成果，既要从全国、地方和时代等宏观视角看高校，又要从学校自身和师生的变化等微观视角加深对时代、全局的理解，尽可能如实地反映两者的关系及相互的影响。这样做有益于校史研究在深度、广度上的突破。

我们还要关注、掌握国家的相关政策、文件、规定和要求，相关权威性机构、著作就党史、国史、教育史上重大问题、事件等的说法、结论，由此确定校史中哪些时段、内容可以展开研究，哪些有相应限制，只能适度提及，留待以后研究，或暂不宜公开某些相关研究结果等。这是由校史研究作为组织行为的属性所决定的。

三是各个阶段不同高校发展的特点、个性，与同时期整个高等教育发展的共性、普遍性之间的关系。中国高校与不同时期的国家战略、高等教育事业在各个阶段整体的发展息息相关，它们所具有的显著的共性特点，容易导致各高校校史及其研究的相似、雷同，出现"千校一面"、大同小异的问题与讥评。这就需要研究者在研究中更多地关注各个学校发展的实际，关注作为办学主体的人，尽可能深入地认识、体现学校自身的特殊性、所处的具体环境，领导和师生对党和国家政策的理解、实施，在办学实践中立足实际作出的探索，形成的办学理念、经验、教训和启示等。不同高校校史中个性化、具体化的内容，才是最有价值、最具特色的，与学校联系也最密切，最有区别度、展示度。

校史研究既要"求同"，更要"求异"，充分关注、突出学校的特色、个性、与其他高校的差异，以及具体的人与事、学科与专业的发展、经验与教训等。这是衡量一所学校校史研究及其成果质量、水平的重要标准，需要研究者对自己学校的历史、发展有真正深入的了解、思考和独到的史识，这样才能在共性中发掘个性，很好地刻画出学校独一无二的历史面相和文化精神。反之，如果把重心都放在描述不同时期的共性、整体性、普遍性方面和统一的规定动作上，只见林而不见木，则只需编一部宏观的全国大学史足矣。

四是对高等教育、高校自身的发展规律、不同阶段主要工作的得失利弊、经验教训，究竟该怎样认识和总结。各个高校在不同时期的发展情况、速度有所不同，在办学实践中往往也是既有成功经验，也有某些不足或教训，绝不会一帆风顺、凯歌猛进。虽然关注不足或教训会更有益于学校改进工作、健康发展，但囿于多种因素，尤其是涉及学校形象、情感及具体人的反应，事实上，多数学校的校史研究及著作或多或少地存在扬长避短、有所忌惮的现象。这也是一道很难跨越的门槛，影响了校史著作和研究自身的客观性、公正性、全面性，容易遭到诟病。对此难题，我们既不能视而不见、刻意回避，也不宜率尔操觚、随意撰述，而需要有强烈的问题意识和责任意识，掌握丰富的第一手资料，合理、适度地进行总结。如在校史论著中对这些问题慎做结论，甚至可以通过列举具体数据、资料等办法，让读者通过前后的对比，自己得出结论。对于工作中存在的某些失误、造成的不利影响、值得认真总结的教训等敏感内容，可以先做好相关资料的整理工作，视具体情况、条件和需要，先写成供学校领导参考的内部研究报告，待时机成熟后，再公开发表。

五是人与事、"情"与"理"的关系该如何处理。我们在研究校史的过程中，往往要涉及自己的母校，众多的师生、领导和校友，难免"笔底常带感情"，甚至不自觉地倾向于扬长隐短、为尊者讳。研究历史者，虽然不可能完全摒弃个人的主观好恶及情感，但为了体现对历史相对的客观性、真实性的追求，一定要提醒自己始终把主观感情置于理性、专业及道德所能允许的范围内，绝不能受情感支配而偏离客观、真实、公正、全面的史学原则。同时要善于合理区分主次、把握大局。对于校史中积极的方面，不妨予以相应的肯定、适当的好评；对其中不够正面、积极的缺陷，我们也不宜着意回避、隐瞒，或刻意粉饰、开脱、淡化，而应尽可能抱理解之同情，以中正平和之心态，对其之所以如此的主客观原因及不得已处，作出相对合理的分析，以启发人们的思考，得到普遍的认可。应尽量让史料说话，以事实服人；做结论要慎之又慎，避免简单化、绝对化的肯定或否定，甚至形成误判，伤害师生、校友的感情。

二、校史研究需广泛搜集、利用各种资料与信息

史料是史学研究的基础。傅斯年曾认为史学即史料学，主张"上穷碧落下黄泉，动手动脚找材料"。史料的重要性，对于校史研究同样如此。国内凡是校史研究卓有成效的高校编写和出版的高质量校史著作，无不是在校史资料的搜集、整理和利用方面，有长期积累、深厚积淀，下了很大的功夫。可以说，资料的厚度，决定研究的深度。

有人认为，中国的大学诞生不过一百多年，也有自己的档案馆，校史资料相对集中，搜集、使用相对容易。这种看法并不全面。仅仅是学校档案馆中卷帙浩繁的文献档案，要细细地整理、阅读并全面掌握就颇为不易，如果不是经年累月、持之以恒地深耕细作，很难窥其全貌、采撷精华，成为编研校史丰富、直接的第一手资料。何况任何一所大学的校史资料绝非仅限于自家的档案馆、图书馆，相关史料也分存于国内外众多档案馆、图书馆。

近现代是媒介化时代，高校又是知识分子集中的社会文化教育机构，几代师生作为

相对特殊的社会精英，是具有较大话语权和较强写作能力的特殊群体。他们留下了许许多多的作品、资料和各种记载，散见于当时的各种图书、报刊以及个人的日记、书信、回忆录等大量私家著述；还见于各个时代留下的许多实物、照片、影像资料、口述史料等。这些校史资料可谓是丰富多彩、五花八门。

如此丰富、多样的史料，对于校史研究来说，一方面，是"韩信将兵，多多益善"；另一方面，也势必极大地增加校史资料搜集、整理、比较、互证、筛选的工作量，以及合理运用的难度。对此，凡是功匪浸深的校史研究者，想必都是饱尝其中甘苦的。校史资料的发掘、整理，无疑是一项非常重要、难有尽头的基础性工作，是校史研究不断深入的关键性保证。

北京大学、清华大学、南开大学、上海交通大学、华东师范大学、浙江大学、武汉大学、四川大学、厦门大学、河南大学、云南大学等高校，高度重视并长年坚持对校史资料的系统搜集、整理和出版工作，形成丰硕的系列成果，为本校的校史研究奠定了坚实的基础，积累了丰富的经验。

希望全国其他高校，都能向这些高校看齐，加强对自身校史资料的搜集、整理和数字化工作。如果各方面条件成熟，全国高校可以共同构建一个校史资料共享平台和综合数据库，这样不仅会有力地推动各学校校史研究的深入发展，提升整体研究的学术化水平，而且会对中国近现代史、社会史、文化史、教育史等领域的研究做出重要贡献。这也应该是校史研究分会今后不断推进的重要工作和建设目标。

中国近现代史上的许多政治运动、重大事件、重要人物，都与大学有直接关系，甚至发源于高校。在搜集、整理校史资料的过程中，尤其要以对历史负责的态度，高度重视对有关重大历史事件、重要人物，甚至相对敏感的史料的搜集和保存，为今后对这些历史问题、事件的深入研究创造必要的条件。在这方面，由北京大学原党委书记、校史研究分会首任会长王学珍等主编的《北京大学纪事 1898—1997》就是很好的典范。

三、校史研究应尽可能还原历史真实及细节

大量的档案文献和五花八门的各类相关资料，给校史研究提供了无比丰饶的宝藏和得天独厚的有利条件。高明的研究者完全可以利用它们，较好地还原校史上的各种真实相貌，多姿多彩的人物、故事及其中的细节，编写、创作出不同类型、不同风格的校史作品，在立德树人、扩大影响、引起媒体关注、密切校地关系、引领社会文化等诸方面发挥积极作用。这是校史研究者独具的优势。

任何历史都是由人创造的。离开了作为主体的人及其故事，任何历史都是苍白、干瘪、缺乏生气和魅力的。关注人，历来是中外史学名著的共同特点和内在生命力。以高校校史为例，能够在师生中口耳相传、长久不衰，甚至形成对大家影响很大的集体记忆的，恰恰是校园里那些先贤传奇般的往事和引人入胜的逸闻趣事。人的感知、认识和记忆过程，总是先从最切近自身直观、形象、具体、情感化的东西开始，再逐渐向抽象、

宏观、形而上的认识过渡。作为中观、微观研究范畴的校史，最有条件也最有可能利用各种资料、记载，生动地还原、展现学校历史上诸多先贤的音容笑貌、情感胸怀、高风亮节和感人事迹，刻画出一个个鲜活的前辈师长、杰出领导、优秀学生和校友，足以让无数青年学子真切感受到他们身上的真、善、美，情感好恶和不凡之处，以及鲜明的个性甚至某些局限，认识到成长成才的艰辛和奥秘，明白自己的人生道路究竟该怎样走。

例如，史学家赵俪生教授在晚年所写的回忆录《篱槿堂自叙》中，就对抗战全面爆发之前清华大学文科的朱自清、闻一多等著名教授的教学情况有非常直率、具体的评价。当时的学生还得出结论："讲出东西来"和"讲不出东西来"，是老师中间的一条分水岭。这虽然仅是一家之言，但如果参照同时期在清华大学求学的其他人的回忆文章，就不难感受到当时清华大学不同教师的教学特点、效果、经验及学生们的反应，增加了后人认识、了解那一代著名学者的独特视角。这也表明私家著述对于校史研究的贡献和价值，应该引起足够的重视。

四、校史研究需要建立稳定的团队和保障机制

校史研究是一项伴随着学校发展而持续进行的重要工作，需要长期的积累和可持续的发展。但以往一些高校往往简单地把校史研究视为一种临时的阶段性工作，如以校庆多少周年、编写某种校史图书等具体的短平快目标，临时抽调一些较为熟悉学校情况的人，成立工作班子。在具体工作完成后，即人去屋空、风流云散。也有的高校由于学校领导的更替等人为因素，对校史研究工作的重视程度、支持力度如"冷热交替"，使原有的校史研究机构流于虚设，严重影响人员的稳定和研究工作的连续性。很多高校之所以出现这些问题，不仅在于学校领导对于校史工作的认识存在偏颇，不完全了解校史研究的重要性及工作特点，也在于未能形成一种长期稳定的保障机制。

对此，需要真正立足长远，进行深入思考、积极探索，并实施相应的制度，进行规范化建设，以确保形成相对稳定的研究团队，开展可持续发展的有效工作。在这方面，上海交通大学等高校积累了弥足珍贵的成功经验。

上海交通大学作为清末最早成立的高校之一，具有较长的发展历程、宝贵的办学经验、丰富的文化和文献积存，以及校史研究的传统。早在20世纪80年代，上海交通大学就开启了校史的编写、研究工作，设立党史校史研究室等相关机构，陆续编写、出版了《上海交通大学志》《校史大事记》《交通大学校史（1896—1949）》等数十种校史图书和500多万字的校史资料等。2002年，学校提出建设一流大学的宏伟目标，并把建设一流的大学文化和校史研究作为重要内容，启动了以《上海交通大学校史》为主要标志的校史文化工程项目，成立由党委书记王宗光为主任的校史编纂委员会等，组建包括数十位老专家、老领导和中青学者，专兼职结合的编研团队。该项目入选学校"985"工程建设二期A类项目，获批348万元经费支持。该项目以出精品、上品为目标，历时14年，到2016年最终完成了八卷本、350万字的《上海交通大学校史（1996—2016）》及40多

种校史图书的编写、出版工作，其间还发表了各类研究论文近270篇，举办相关专题研讨会28次，赴国内外口述访谈293人次。他们还先后到很多高校参观，与校史研究同仁座谈，以博采众长。其校史研究成果相继荣获上海市、中国高等教育学会等颁发的20多个奖项。14年辛苦不寻常，上海交通大学真正做到了强基础、出成果、带团队、立制度、积经验、促发展、利长远的系统化大收获。

其成功的原因及主要经验在于：第一，历任领导对校史工作的高度重视、深刻认识、全力支持，他们有长远的目标、开阔的视野；第二，工程化的系统管理、规范和制度建设，致力于形成稳定、有效的保障机制，并且根据工作需要、任务变化及时调整相关机构的行政归属，进一步整合、密切校史研究与大学文化建设的关系，打造更加广阔的新平台；第三，注重在实践中凝聚、锻炼一支年轻化、专业化，研究能力强、水平高，结构合理、相对稳定的研究团队，确保后续工作的深入进行和长期可持续发展；第四，是校史研究工作有为有位，在学校文化建设、立德树人等方面发挥着重要作用，并成功地营造出重视、支持校史研究的良好氛围和有利的文化环境。上海交通大学的做法和经验很有典型性，值得各高校借鉴和推广。

五、校史研究应坚持开放包容和多样性

大学校史涉及方方面面，研究校史一定要有开放包容的精神和广阔的视野，在围绕中心、突出重点、关注名人的同时，还要体现人文关怀，适当注意其他方面，如学生家长、社会各界对学校的关注、支持，学校与国内外其他高校、科研机构的交流等。

世界上无论多么著名的高校，其所培养出的卓越拔尖人才和功成名就者，在学生中总是少数。在高校里，有很多一般教师、普通员工和并不杰出的学生。例如，汇聚着全国众多优秀学生的清华大学，每年能够荣获"特别优秀奖"的学生也仅是极少数。2020年，一些学生自发组织"特普通奖学金"（简称"特普奖"），就集中表达了校园中无缘"特别优秀奖"的绝大多数学生的普遍心理和情感需求。他们是高校中的大多数，他们的经历、感受，他们在日常工作、学习和平凡岗位上的辛勤努力，也是学校能够正常运转、健康发展，保持优美环境、便利的工作和生活条件所不可缺少的基础，他们同样难能可贵、值得尊敬。校史研究也需要适当关注他们的工作、学习、生活及其付出，在重视成才的同时，记录、反映学校不同层次、群体的成长、变化过程，使校史能够反映更多人的工作、学习、生活经历及其内在价值。这也是一所真正的好大学及校史研究应该有的责任、追求，符合当今世界高等教育普遍倡导学生多样化、个性化发展的总体趋势和要求。

民国初年，蔡元培出任北京大学校长不久，就在校园里专门为校工们开办夜校，帮助他们提高文化程度和整体服务水平，关心他们的成长。同时也借此来引导师生关注和帮助校工们，增强服务社会民众的自觉意识与能力。2009年，香港大学校史上第一次把颁授给社会名流的"名誉大学院士衔"荣誉称号，授予一位几乎目不识丁的劳动妇女、

已经退休多年的袁苏妹。袁苏妹在香港大学勤勤恳恳工作大半生，师生们亲切地称其为"三嫂"，她也被学生们写进传唱的宿舍之歌中——"大学堂有三宝，旋转铜梯、四不像雕塑和三嫂"。授衔赞词中明确提出，三嫂是香港大学三宝之一，香港大学会永远将三嫂当作模范。这不只是肯定了三嫂的无私奉献和仁慈之心，也为港大学子树立了精神上的榜样。香港大学用这种方式，致敬她普通却不平庸的一生：几十年里，她用"拎出个心来对人"的真诚，去关爱莘莘学子，也赢得了大家的尊重。2017 年 12 月，这位 90 岁的老人辞世，再度引起香港各界的高度关注。香港大学在校园主页上以"永远怀念您"为题，用很大篇幅来怀念这位老人。当时的校长马斐森也发文称"她为港大留下了光辉传承"。

环顾我们的身边，每所大学里都不乏这样的员工，但却很少引起我们的关注。试问，在坚持立德树人、强调劳动教育的中国社会主义大学里，是否更应该关心、关注校园里这些不平凡的劳动者，让他们也成为大多数学生感恩、学习、回报社会的榜样？

顾颉刚先生作为史学大家，1948 年下半年在兰州大学任教时，目睹在当时极为困难的情况下，学校新建的图书馆积石堂落成，集办公楼、教学楼、大礼堂于一体的昆仑堂奠基开工，有感而发写了《积石堂记》《昆仑堂碑记》，文中不仅记录了这些楼宇的建设过程、命名及缘起，辛树帜校长的远大抱负及全校师生在当时特殊条件下"忍饥耐寒、齐一心志"建设学校的感人情怀和"于不可为之日而为之"的奋斗精神，留给后人的启示，还详细记载了各方面的支持，尤其是诸多参与建设工程的校中同仁和设计者、施工单位等。《积石堂记》《昆仑堂碑记》堪称信息量大、内容丰富的宝贵校史资料，体现了一位著名史学家卓拔的视界和对人的重视，也为我们研究、编写校史提供了楷范。

校史研究中适当关心、关注大学里的普通人，甚至那些在激烈竞争中的失意者，这有利于让更多人了解普通人的情感及工作，以及与学校的关系，有助于培养学生尊重劳动、尊重劳动者和普通人的人文情感与健康心理，树立以人为本的价值观。

校史研究还应本着"学术乃天下公器"的胸怀，广泛吸引、接纳学校师生、校友和有兴趣的社会人士参与研究，尽可能为他们开放相关档案，提供必要的研究条件，鼓励、欢迎不同身份的作者，从不同角度、以不同方式发表研究成果，出版相关著作。如北京大学校友张曼菱女士多年来对西南联合大学（后称西南联大）的研究和宣传、张在军先生对西北联合大学的研究等，都取得了引人瞩目的成果。事实证明，他们的参与，无疑会极大地增强校史研究的力量，丰富研究成果的多样性，扩大传播效果及影响。

不同高校之间也更应加强彼此的沟通、合作，创造条件，逐步扩大校史资料的交流和共享；寻求适合的合作机制、渠道，联合策划、申报和开展同类型高校、同时期、共同性校史课题的联合研究，使校史研究突破以往仅关注本校、各自为战的局限，进一步关注近代以来中国高等教育发展过程中具有全局性、普遍性、规律性意义的重大、深层课题，以及不同高校之间的人员流动、学科重组、多方面合作及相互联系、影响等。围绕这些更加宏观、复杂的课题，通过多校的分工合作，开展更加广泛、深入的研究，不仅会对整个高等教育史的研究做出更大贡献，也有助于拓展、提升校史研究的新视野，提升校史研究的水平。

六、校史研究需要做好成果转化和传播经营

近年来，许多高校都设立了校史馆，作为学校的一个重要的窗口，要经常接待来自校内外的各类参观者。他们与学校的关系有远有近，身份、文化背景和兴趣点也各有不同。同样的展览内容和讲解方式，面对不同的参观者，所产生的效果、反应会有很大差异。

校史研究及其成果也开始走向社会，这时需要面对多种类型，具有不同文化背景、兴趣和需求的社会受众群体。随着校史展览等校史研究成果借助信息化技术进网、上线、入云，其已走出国门、走向世界，可以被各国高校师生、民众所知悉，成为在国际高等教育领域中展示学校自身形象、进行相互竞争的重要窗口，也在无形中成为中国文化"走出去"的先驱，担负着从特定角度"讲好中国故事"的文化传播责任。

面临这些新的情况和挑战，校史研究者必须更加重视文化传播和经营的规律、方法与技巧，关注研究成果的转化，在保持学术性、真实性的基础上，善于做好校史研究及其成果的转化，让以往偏重于高大上、专业化、抽象化、小众化的成果，走向社会、走向大众。在表现形式、传播方式、传播效能和跨文化传播、融合等各个方面加以改造，使研究成果成为雅俗共赏的文化产品和项目；把握国内外不同公众的特点和需求，善于进行创新性的传播策划，能够"投其所好""按其所需"，分别采取差别化、情感化、艺术化的内容组合，有效的传播策略，量身打造各有侧重、区别对待的传播内容和形式，精选尘封已久、鲜为人知的各种资料，包括其中的往事、人物和多年的研究成果，使它们都能够"活"起来、"火"起来，用具有普遍性、共同性的感人故事，为"讲好中国故事"增添更具有时代感、先进性的新内容，并使它们成功地走出校园，与不同受众产生有效的信息联结、情感交流、心理共振，在社会上、国内外都能收到理想的传播效果，发挥积极的引领作用，从而树立学校和中国高等教育的真实形象、良好声誉，提升学校无形资产的质量和留存。

在中国传统特色文化实现大众化、国际化方面，著名的敦煌研究院几代学人做出了积极的努力。他们为使敦煌文化走出去，探索、积累了许多成功的做法和经验。宁波市的宁波帮博物馆等一些展馆，也有很多做法、经验值得借鉴。华东师范大学档案馆、厦门大学档案馆、四川大学校史馆等单位，也都作出了很好的探索，它们的理念、做法和经验，所产生的广泛影响，都值得重视和推广。如果校史研究工作注意发挥各高校的优势，整合相关专业、人才的力量与智慧，借助多种传播手段、技术和表达方式，完全可以使校史研究工作走在前面，获取新的信息成果，开辟新的传播领域和文化市场。

上述六个方面，涉及校史研究的指导原则及研究中需要妥善处理的关系及重点问题、资料来源、研究方法、关注对象、成果的展示和有效传播的方式，关系到校史研究工作的质量、地位、生命力和影响力。它们既相互联系、并行不悖，也相得益彰、互相促进。

如果我们能够本着严肃、严谨和对历史负责的科学态度、专业精神，大胆实践，长期

积累，善于总结和创新，注意提高自身的理论修养、学术素养，拓宽学术视野，增强研究和传播能力，就能逐步妥善地处理好这些难题和实践中遇到的各种新情况、新问题，不断提高校史研究工作及其成果的水平、质量，使其生命力和影响力日渐增强，不再是以往别人眼中可有可无、无足轻重的宣传、装饰品，而是真正能够为立德树人、大学文化建设、学校和高等教育发展、高教强国建设、中国近现代史研究、弘扬科学精神和新文化建设及为中国文化走出去做出自己不可替代的独特贡献。让我们为此而不懈努力！

目录 CONTENTS

第一部分　校史研究的方法、功能与资源探讨

第二部分　特定时代背景下的大学史研究

第三部分　学科、专业发展与调整研究

第四部分　校史人物研究

PART 1

第一部分

校史研究的方法、功能与资源探讨

中国大学校史研究 2022

Research on the History of
Chinese Universities in 2022

高校校史展览的育人功能浅析

北京化工大学校史博物馆　申福广　任世雄　赵子龙

随着我国经济总量的快速增长，各行各业迎来了生机勃勃的发展机遇期。高等院校在这样的大背景下也呈现出了良好的发展态势。校史馆作为高校历史、文化的传承机构，也被许多高校提到整体发展规划议程之中。"据媒体之前的统计，我国高校博物馆总量已有 400 多家，有更多学校在新建、改建和扩建场馆，甚至是打造集群。"[①] 高校校史馆[②] 与高校本身在教育和文化传播上担任相同的角色，两者结合给参观者（同时也是受教育者）带来叠加的教育和传播效果，因此被许多高校所重视，同时也得到了国家层面的大力支持。基于校史馆的广泛设立和国家的重视，以及校史馆专有的育人理念和育人内容，对参观者进行有针对性的分析，从参观者的视角研究校史馆育人工作的重点，将会对校史工作的开展起到有力的促进作用。

一、积极落实"三全育人"政策，高校校史馆责无旁贷

为进一步加强党对高校的领导，加强和改进思想政治工作，培养中国特色社会主义合格建设者和可靠接班人，2017 年 2 月 27 日，中共中央、国务院印发了《关于加强和改进新形势下高校思想政治工作的意见》（以下简称《意见》），《意见》明确提出了"三全育人"的要求，旨在加强和改进思想政治工作，并将工作落到实处。"三全育人"即全员育人、全过程育人、全方位育人，明确要求高校强化思想理论教育和价值引领，发挥哲学社会科学的育人功能，加强对课堂教学和各类思想文化阵地的建设管理，加强教师队伍和专门力量建设，推进高校思想政治工作改革创新，特别强调要加强和改善党对高校的领导。[③]

高校校史馆是汇聚了历史、文学、艺术、建筑等学科的综合性育人场所，浓缩了高校从建校开始的全部历史，涵盖了高校从教学到科研、管理等方面的发展历程，是高校对学生进行思想文化教育的第二课堂。充分利用好高校校史馆，可以有效弥补课堂教学的不足，把"三全育人"工作做实、做细。

---

① 张焱：《让高校博物馆发挥更大社会价值》，《光明日报》2021 年 08 月 23 刊发，https://shuhua.gmw.cn/2021-08/23/content_35101950.htm，访问日期：2023 年 6 月 27 日。
② 高校博物馆与校史馆不是完全等同的两个概念，但在目前，中国大学的博物馆与校史馆大多合二为一，甚至在名称的处理上，许多高校就称其为"校史博物馆"。为论述方便且此区别不影响本文的论点，文中将不对此二者区别进行论述，统一称为校史馆。
③ 新华社：中共中央、国务院印发《关于加强和改进新形势下高校思想政治工作的意见》，中华人民共和国中央人民政府官网 2017 年 2 月 27 日刊发，https://www.gov.cn/zhengce/2017-02/27/content_5182502.htm，访问日期：2023 年 6 月 27 日。

二、校史展览在育人工作方面有自己独特的优势

"德智体美劳全面发展，字字千金，都是经过多年总结摸索才得出来的。"这是2021年习近平总书记在陕西榆林考察时明确提出的。[1]因此，高校的"三全育人"工作也要围绕这个目标展开。高校校史馆在全程育人、全方位育人的工作中，具有其他教育部门无法替代的独特优势。将这些优势充分发挥出来，可以大力促进"三全育人"工作。

（一）校史馆育人内容全面

校史馆收藏和展示的学校历史文物，覆盖了学校从建校到发展的所有方面。其中既包括教育教学、科研和管理工作的重要成果，也包括学校历史上的著名人物及其贡献，还包含学校校园风光、学生活动、文化交流与合作等校园生活细节。德育教育可以通过宣传学校优秀教师等的励志故事来进行；智育教育可以通过展示重大科研成果的研发过程来进行，以此启迪参观学生的灵感；美育教育则可以通过校史展陈艺术熏陶来进行；体育教育和劳动教育既可以通过校史中的有关内容来进行，也可以通过设置专题展览来进行。

（二）校史展览形式寓教于乐

现代心理学认为，兴趣是个体学习、探究某种活动的心理倾向，是一种发自内心的、真实且有效的心理活动。兴趣起源于个体的切实需要，推动个体积极参与相关活动。在国家大力推行思想政治教育的大背景下，高校普遍开设相关课程，有的学校还专门成立马克思主义学院来开展思想政治理论课的教学工作。思想政治理论课的课堂教学有其长处，也有不适应大学生身心成长特点的地方。例如，当代大学生思维活跃，思想前卫，不拘泥于传统教学方式，更愿意追求符合自己学习习惯、审美情趣的教学方式。传统的思想政治理论课显然不能完全满足这种需求。美国学者J.M.索里认为，"兴趣从具体的物体和经验中概括出来，并从具体事务和经验的兴趣发展成为对整类物体和经验的兴趣"[2]。校史展览以具体的实物为主，能够给学生提供直观的感觉和体验，从而为思想政治理论课提供有益补充，也彰显出其趣味性，能增强对青年学生的吸引力。同样的爱国爱校教育，放在思想政治理论课上去讲和放在校史馆中作为专题展览向学生展示，其效果对比不言自明。

（三）校史展览对学生进行教育的时间相对宽松，可以配合学校教学计划随时作出调整

为落实国家"三全育人"的政策，高校通过设置马克思主义学院或者马克思主义教研室、思想政治工作处等部门来开展或者指导课堂教学。课堂教学计划是提前制订的，包括教学内容、课时数等都是相对固定不变的。作为"三全育人"的辅助渠道，校史展览内容虽然大部分也固定不变，但展出时间可以配合学校既定的教学计划作出相应调整，例如，可以通过周末、节假日、晚上等课余时间进行。这样在保证正常执行教学计划的

---

① 求是网：《德智体美劳全面发展，总书记这样说》，人民网，2021年9月21日刊发，http://politics.people.com.cn/GB/n1/2021/0921/c1001-32232296.html?ivk_sa=1024320u，访问日期：2023年6月27日。
② J.M.索里 、C.W.特尔福德：《教育心理学》，高觉敏等译，人民教育出版社，1982，第467-468页。

同时，又提供了灵活多变的时间选择。

（四）根据时局需要灵活布展

除了传统、既定的教学内容，思想政治教育也与社会形势密切相关。党史教育、中华传统文化教育、节约粮食教育等教育内容是随着社会政治、经济形势发展的需要而提出的。在国家、社会发展的不同阶段，会产生不同的主题教育。2020 年 8 月，习近平总书记指出，餐饮浪费现象，触目惊心、令人痛心！[①] 总书记的重要指示在全社会引发广泛共鸣，一场号召人们珍惜粮食、对餐饮浪费行为说"不"的行动——"光盘行动"正在全国开展。为配合做好珍惜粮食的宣传工作，北京化工大学校史馆筹划了一场临时展览"粒粒皆辛苦——北京化工大学历史票证展"，展览从校史馆藏品中精心选取了 20 世纪六七十年代学校食堂印制的粮票、饭票、油票、职工的定量供应本等各种票证，以及食堂简单的菜谱，师生员工向学校借粮、油等借据，师生、职工在农场耕作的记录清单，还有"马勺菜"等记录。这些实物展品生动地再现了当年处于大时代背景下师生、职工珍惜粮食、艰苦奋斗的情景，参观的师生直观地感受到了"谁知盘中餐，粒粒皆辛苦"的内涵，纷纷表示今天的富足生活来之不易，浪费粮食真的无地自容。这就是校史馆布展的灵活性，随时可以根据时政需要推出配套的专题展。

三、参观感言折射出校史展览的正向激励作用

2018 年，为庆祝北京化工大学成立 60 周年，专题展"甲子薪传　筑梦百年"面向全校师生开放，校史馆每年均会收到许多大学生的参观感言。2020 年共收到 403 篇参观感言，学生们在参观完"甲子薪传　筑梦百年"专题展后，纷纷感叹学校建设初期的不易、发展时期的坚持不懈以及近年来教学科研成绩的辉煌，并表示一定不辱使命，把母校的"厚德博学　化育天工"校训铭记于心，努力为学校、为祖国做出自己应有的贡献。

（一）通过观看校史展览，感叹学校建校初期的艰苦奋斗和校园环境的巨大变化

在所有参观学生中，对建校初期师生、职工艰苦奋斗建设学校、努力改造校园环境的感叹占比最高，达到 81.3%，即绝大部分学生在参观过程中，通过观看图片、实物，阅读文字介绍，直接体会到了学校在建校初期办学条件的艰苦。建校初期，学校只有一栋教学楼，校园周边还都是荒地，食堂只有一个，供应着仅能吃饱的餐食。与他们今天在学校所看到的干净整齐的宿舍楼、齐全的设施、供应充足且品类多样的餐食相比，学习条件的确大大改善。这让参观的学生感觉到，在这样的环境下，不努力学习并取得优异成绩报效祖国，会从心底感到羞愧。文法学院的一个学生在感言中写道："'百日建校'让我感到振奋，我深深地被我们北化老一代人身上的坚韧所震撼，正是因为他们身上有着不屈不挠的奋斗精神、勇敢果断的革命精神，才造就了如今的北京化工大学。"

---

① 陈俊、褚晓亮、孟含琪等：《珍惜盘中餐，狠刹浪费风——各地积极行动坚决制止餐饮浪费》，中华人民共和国中央人民政府官网，2020-08-18 刊发，https://www.gov.cn/xinwen/2020-08/18/content_5535654.htm，访问日期：2023 年 6 月 27 日。

（二）通过观看校史展览，对学校所取得的辉煌成就倍感自豪

高校历史上取得的重要成就是校史馆所展示的重要内容，其中既包括教学、科研的重大成果，也含有文化、艺术、体育竞赛取得的优异成绩以及学校培养出的在各行各业出类拔萃的毕业生。从学生们的参观感言中我们发现，73.9%的人对学校历史上的这些辉煌成就发出了感叹。这些感叹中最多的是自豪感，他们为自己也能成为这个优秀集体的一员感到骄傲；其次是引发的责任感和使命感，即自己不能在大学期间碌碌无为，否则就给母校抹了黑，既对不起自己，也对不起母校，更对不起国家。北京化工大学巴黎居里工程师学院一名学生写道："（学校）几十年来的科研成果、荣誉奖项、名师教授、对外交流成果以及其他的一切，都被容纳在这空间里，正是他们构成了北化的精神基座，让我们底气与汗颜同在。通过参观，我深深地被那段光辉灿烂、荡气回肠的历史所震撼。""看着北化一路走来，如今在国际上占据一席之地，我更为我是一名北化人而自豪。"

（三）通过观看校史展览，对学校和个人的未来都充满信心

艰苦的建校初期，"北化人"同舟共济；稳步的发展时期，"北化"成就辉煌，有知名的校友指点方向，校史展中的这些元素给每一位前来参观的学生以莫大的鼓舞，令他们对学校和个人的未来都充满信心。我们从参观感言统计中发现，87.8%的参观者表示校史展带给了他们充分的自信。生命科学与技术学院的一位同学在观后感里表示："今天，我以北化为荣；明天，北化因我们而骄傲。未来可期，我们一起加油！"文法学院的同学也在感言中表了决心："新一代的北化人已经准备好了，我们必当承先辈光辉之照耀，续母校之风采，展现自己积极向上的精神风貌。为天地立心，为生民立命，为往圣继绝学，为万世开太平！"这些铿锵有力的话语，展示了青年大学生的精神风貌，展示了他们为国家、为社会的担当精神。这些感悟，是通过参观校史展览得来的，所以说，校史展览在"三全育人"工作中，是有能力、有责任承担起教育任务的。

四、发挥校史馆育人功能的建议

从学生们的参观感言中我们可以发现，他们的感叹并非出自某种压力或者要求，而是发自内心的由衷感悟。校史展览的确可以昂扬青年学生的斗志，陶冶他们的情操，激发他们的爱国主义情怀，从而促进"三全育人"工作的开展。基于这样的事实，校史馆在展陈设计上，应该将育人的理念植入布展的每一个环节之中，从而进一步提升"三全育人"教育的品质和效果。

（一）让文物自己说话

在相当长的一个时期里，中国的课堂教学因为"填鸭式"的授课方式被社会各界广泛批评，教育界也针对这一问题做出了相应的努力。高校的思想政治课是推进"三全育人"工作的重要阵地，但说教式的授课方式加上相对枯燥的教学内容，会使学生的接受度受到较大影响。青年大学生仍处于青春叛逆期的"尾巴"，他们对说教式的内容兴趣不

大，甚至比较反感。这就给校史馆的展陈工作一个重要提示，即布展时要尽最大可能减少说教性的文字内容，只提供展品最必要的客观描述，展品需要传递的教育内容，要动脑筋融合于展品本身，通过对布展背景、音乐以及色彩明暗度等的设计来引导参观者自行感悟。

（二）准确把握参观者的兴趣点

高校校史馆在育人工作中面对的是青年大学生，以刚入学的大一新生为主。对青年学生进行思想政治教育前，必须对他们的身心发展特点进行有针对性的研究，采取适应其身体和心理发展规律的方式，这样才能够取得事半功倍的效果。兴趣是学习最强的内在动力，校史馆要调查和了解前来参观的大学生普遍的兴趣点，这样就可以有针对性地在布展时进行相应的设计。在研究青年学生的兴趣点时，要考虑性别、专业等的差别。男生和女生的兴趣点会有不同，文科专业和理工科专业学生的兴趣点也不会一样，不同的心境还会影响人的视觉心理倾向。[1]例如，美国学者J.M.索里认为，中学女生对英语、商科和语言学的兴趣比较浓厚，而男生作为一个整体，喜欢科学和数学的比例更高一些。[2]这个结论虽然是基于美国的情况得出的，但笔者认为也基本符合中国的情况。性别差异与专业差异也有较大的相关度，因此，可以将两者的差异作为一个整体来指导校史的展陈设计，以求达到最佳的效果

（三）与时俱进，通过及时举办适应国家时政要求的专题展览配合做好主旋律教育

加强传统文化教育、党史教育、节约粮食教育等国家层面的主题教育，是国家根据国际国内政治、经济大趋势做出的决定。这些教育活动大多不在校史展览的固定范围，为配合国家达到更好的宣传教育效果，校史展览需要根据国家宏观宣传政策的需要，及时推出配合国家主流宣传教育活动的主题展览。这样做的目的不仅仅是响应国家号召，更重要的是在全社会广泛开展相关教育活动的背景下，强化教育效果，从而更有力度地推动校史展览"三全育人"工作。

综上所述，校史展览在积极响应"三全育人"和有力推动"三全育人"工作中，有得天独厚的资源条件。充分利用好校史馆的这个功能，将会有力地促进高校培养出更多、更好的社会主义事业接班人，为中华民族伟大复兴做出应有的努力。

---

[1]　王令中：《艺术效应与视觉心理——艺术视觉心理学》，人民美术出版社，2011，第54页。
[2]　J.M.索里、C.W.特尔福德：《教育心理学》，高觉敏等译，人民教育出版社，1982，第466页。

新时代高校校史馆工作者胜任力研究

天津大学档案馆　李德华

一、问题的提出

中国特色社会主义进入了新时代，新时代对于高校博物馆工作也提出了新要求，博物馆的重要性愈发明显，习近平总书记指出："一个博物院就是一所大学校。"[①]在众多博物馆中，高校博物馆正在逐渐成为一支不可或缺的力量。在高校全面贯彻党的教育方针、落实立德树人根本任务的背景下，高校博物馆作为高校培育精神、传承文化的基地，其工作就显得尤为重要。

现阶段，一些高校校史馆因自身定位和展览实际，已经定名为校史博物馆，大部分校史馆虽然没有以博物馆命名，但都具有博物馆属性。正如同济大学的章华明老师所说："高校校史馆应属于'博物馆系统'，至少要努力向博物馆方向发展。"校史馆在高校人才培养、科学研究、社会服务、文化传承等方面起着不可替代的重要作用，是对师生进行教育的优质平台，在高校的育人体系中有着不可替代的功能，在感化育人、整顿学风、招生宣传等方面都有明显的正面效果。此外，校史馆还能增强校友对母校的认同感，增强师生凝聚力，吸引更多人关注高校建设和发展，为高校建设创造更多有利条件。

高校校史馆的建设与发展离不开一批有思想、有担当、有格局、有情怀的工作者。其工作者的胜任程度是能否完成好校史馆工作的重要决定因素。2019年的《教育部办公厅关于加强高校博物馆管理工作的意见》强调，"支持高校博物馆科学设置岗位，配备适当的专业人员，完善职位管理，健全评价激励机制，注重学术梯队和优秀中青年队伍建设，稳定高水平专业技术队伍"。校史馆工作者普遍存在专业性低、工作烦杂、被重视程度不够、学习培训机会少等诸多困境。现阶段，校史馆在人员管理方面缺乏科学系统的办法和可以依据的条例，这与其需要发挥的作用是矛盾的。由于机构改革、编制吃紧，人员选拔更需要被谨慎对待，以"能力"为核心的人员管理模式是大势所趋。这也是需要引入胜任力理论研究校史馆工作人员管理的根本原因。

二、高校校史馆工作者胜任力研究现状

"胜任力"是麦克利兰在1973年提出的：胜任力是指能将某一工作中表现优异者与表现平平者区分开来的个人的潜在的深层次特征，它可以是动机、特质、自我形象、态度或价值观、知识、行为技能等，任何可以被可靠测量或计数的，能显著区分优秀绩效和一般绩效的个体特征。此后，博亚特兹在1982年得出了管理人员的胜任力通用模型。

[①] 习近平：《习近平春节前夕赴陕西看望慰问广大干部群众——向全国人民致以新春祝福　祝祖国繁荣昌盛人民幸福安康》，《人民日报》2015年2月17日第1版。

胜任力通用模型，是胜任力的应用形式，即指从事某一特定工作所需要具备的胜任特征的总和。学界比较认可的是"冰山模型"和"洋葱模型"，"冰山"的水上部分和"洋葱"的外层部分主要体现专业知识、技能，是显现的，并可以通过学习提高，我们称之为基准胜任力；而"冰山"的水下部分和"洋葱"的内层部分主要体现价值观、动机、社会角色等，是隐性的，也是决定行为的关键因素，我们称之为鉴别性胜任力。

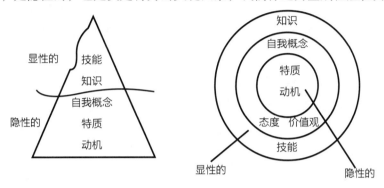

图 1 冰山模型和洋葱模型

国内最先使用胜任力理论的是企业界，研究者构建了企业通用模型数据库。近年来，图书馆界、档案馆界有胜任力的研究已经逐渐开展，思路和方法值得借鉴。在高校，思政课教师、专职辅导员、档案馆馆员、图书馆馆员等岗位都有相关学者对其胜任力进行研究，并取得了一定成果。

目前，博物馆领域的胜任力研究依然处于空白状态。但博物馆界的很多观点都包含胜任力理论。比如，马青认为，博物馆需要创意型、专业高层次、复合型、管理型、策划设计类、教育活动规划和实施类、文化交流类以及文化产品多元开发经营类等新馆所需的人才。[1]龚良认为，博物馆的领导要具备如下素质：热爱博物馆事业，专业，具有一定的管理能力、领导能力，有开阔的历史视野和艺术视野。[2]曹世红认为，博物馆工作人员服务中存在公共服务理念认识不够深入、人性化服务有待加强、工作人员专业化程度不高等问题。[3]李文龙认为，高校博物馆的强大，与馆内人才的质量和数量成正比；博物馆工作者要成为博学之人，即博中求专，一专多能。[4]

2020 年 8 月 24 日国际博物馆协会官网发布信息，正式公布了博物馆新定义："博物馆是为社会服务的非营利性常设机构，它主要研究、收藏、保护、阐释和展示物质与非物质遗产。向公众开放，具有可及性和包容性，促进多样性和可持续性。博物馆以符合道德且专业的方式进行运营和交流，并在社区的参与下，为教育、欣赏、深思和知识共享提供多种体验。"[5]这也为校史馆工作者胜任力的提升方向提供了思路。

① 马青：《关于文博人才队伍建设的思考——以上海博物馆"一体两馆"模式为例》，《文化产业》2019 年第 21 期。
② 龚良：《全球视野下中国博物馆的建设发展：借鉴大都会博物馆——龚良院长专访》，《东南文化》2014 年第 3 期。
③ 曹世红：《关于博物馆工作人员能力建设的思考》，《继续教育》2016 年第 9 期。
④ 李文龙：《中国高校博物馆人才队伍建设》，新华出版社，2015，第 86 页。
⑤ 参见国际博物馆协会官网：https://icom.museum/en。

虽然对校史馆工作者胜任力的专门研究尚属空白，但校史馆工作者胜任力研究具有重要意义。首先，这是校史馆发展的内在要求；其次，这有助于实现校史馆工作者的"专业化""职业化"，提高校史馆工作人员的社会地位。

三、高校校史馆工作者胜任力词的提取

本文综合运用文献研究法、问卷调查法提取校史馆工作者胜任力词，并运用德尔菲法讨论、补充、修改胜任力词，开发《高校校史馆工作者胜任力词调查问卷》，通过问卷调查收集数据。

（一）通过专家开放式问卷访谈提取胜任力词

本文对 11 名高校校史馆专家进行开放式问卷访谈，将其中重复或相似的词进行合并，可得出以下强频关键词 37 个：研究能力、校史馆展陈知识、思想政治素质过硬、语言表达能力、博物馆学知识、学科专业知识、管理能力、学习能力、服务意识、沟通能力、创新意识和能力、科普教育能力、科普教育的意识与热爱、形象气质、宣教能力、礼仪礼节、统筹安排协调能力、鉴赏能力、安全保障能力、热爱文博事业、对参观者的心理把握能力、团队精神和协助能力、安全意识、展品管理与保护知识、应急能力、设备管理能力、专业背景、前沿关注、敬业态度、信息技术、基建知识、较强的学习动机、电器设备维护知识、奉献意识、责任心、思辨能力、新兴技术运用能力。

（二）通过调研高校博物馆岗位要求提取胜任力词

高校校史馆具有高校博物馆的属性。本文通过选取清华大学、天津大学、哈尔滨工业大学、中国科学院大学、中国地质大学等 20 所大学的高校博物馆岗位招聘要求或调研其岗位职能，共得出 49 个胜任力词：政治素质过硬、道德品质优良、遵纪守法、文字能力、资料整理归档能力、布展能力、展品管理和维护能力、讲解能力、身心健康、博物馆学相关知识、英语能力、学科的专业知识、团队合作精神、文博专业背景、网站和新媒体管理与维护能力、培训和指导能力、宣传教育能力、计算机能力、学科背景、责任意识、服务意识、组织协调能力、研究能力、语言表达能力、学生社团管理能力、沟通能力、管理能力、担当意识、组织能力、协调能力、热爱文博工作、讲解员培训能力、形象气质、突发事件处理能力、服从组织安排能力、心理素质和抗压能力、宣传能力、学术能力、设备设施管理能力、工作积极主动、社交能力、旅游管理和播音主持等专业背景、事业心、思想道德品质、吃苦耐劳、教育能力、数据统计与分析能力、设计和创作能力、数字化和信息化建设方面的能力。

（三）通过文献研究法提取胜任力词

笔者在中国知网上搜索"校史馆工作者胜任力""校史馆工作""校史馆人员"等关键词，通过对搜索出来的 75 篇国内外文献进行阅读，提取概括出 42 个关键词：政治素质、大局意识、道德品质优良、遵纪守法、布展能力、展品管理和维护能力、讲解能力、身心健康、博物馆专业知识、英语能力、学科专业知识、团队合作精神、文博专业背景、

网站和新媒体管理与维护能力、培训和指导能力、宣传教育能力、计算机能力、学科背景、责任意识、服务意识、组织协调能力、研究能力、语言表达能力、学生社团管理能力、沟通能力、管理能力、担当意识、组织能力、协调能力、热爱文博工作、讲解员培训能力、形象气质、突发事件处理能力、宣传能力、学术能力、设备设施管理能力、工作积极主动、社交能力、吃苦耐劳、教育能力、鉴定能力、数字化和信息化建设方面的能力。

（四）胜任力词德尔菲法讨论结果

将专家问卷访谈、高校博物馆岗位要求、文献研究法得出的胜任力词进行相似项合并，最终得到校史馆胜任力词57个，将其分别发给7位专家进行三轮背对背的讨论。最终确定了26个胜任力关键词：安全与应急保障能力、博物馆专业知识、学科专业知识、布展能力、场馆与展品管理能力、创新意识和能力、大局意识、道德品质优良、奉献意识、服务意识、沟通能力、讲解能力、讲解员管理与培训能力、礼仪礼节、热爱文博和教育工作、日常综合管理能力、身心健康、团队合作能力、信息技术能力、形象气质、宣传能力、学术研究能力、学习能力、责任担当意识、政治意识、组织协调能力。

四、高校校史馆工作者胜任力模型的构建

（一）胜任力词问卷的设计与发放

由26项胜任力特征词形成了《高校校史馆工作者胜任力词调查问卷》。问卷采取了里克特量表的5级评分制，1分表示非常不重要，5分表示非常重要。

问卷采取了随机抽样的方法，调研对象为天津大学校史馆、北京大学校史馆、郑州大学校史馆、东北农业大学校史馆、大连理工大学校史馆等16所高校校史馆的领导和老师。共发放问卷150份，回收问卷144份。

（二）胜任力词调查问卷的结果分析

1.描述性统计分析与信度分析

如表1所示，校史馆工作者胜任力词得分均值在3.6~4.7分，中位数均为4或5，26个胜任力词的重要程度介于"比较重要"与"非常重要"之间，表明这些胜任力词得到了认可。

表1　描述性统计分析

名　称	样本量	最小值	最大值	平均值	标准差	中位数
1.安全和应急保障能力	144	1.000	5.000	4.583	0.806	5.000
2.博物馆专业知识	144	1.000	5.000	4.083	0.937	4.000
3.学科专业知识	144	1.000	5.000	3.944	0.984	4.000
4.布展能力	144	1.000	5.000	4.056	0.893	4.000
5.场馆与展品管理能力	144	1.000	5.000	4.417	0.874	5.000
6.创新意识和能力	144	1.000	5.000	4.306	0.822	4.000

续　表

名　称	样本量	最小值	最大值	平均值	标准差	中位数
7. 大局意识	144	1.000	5.000	4.417	0.874	5.000
8. 道德品质优良	144	1.000	5.000	4.639	0.833	5.000
9. 奉献意识	144	1.000	5.000	4.444	0.809	5.000
10 服务意识	144	1.000	5.000	4.694	0.749	5.000
11. 沟通能力	144	1.000	5.000	4.556	0.809	5.000
12. 讲解能力	144	1.000	5.000	4.389	0.871	5.000
13. 讲解员管理与培训能力	144	1.000	5.000	4.444	0.809	5.000
14. 礼仪礼节	144	1.000	5.000	4.250	0.874	4.000
15. 热爱文博和教育工作	144	1.000	5.000	4.667	0.756	5.000
16. 日常综合管理能力	144	1.000	5.000	4.139	0.833	4.000
17. 身心健康	144	1.000	5.000	4.278	0.849	4.000
18. 团队合作能力	144	1.000	5.000	4.611	0.766	5.000
19. 信息技术能力	144	1.000	5.000	3.944	0.924	4.000
20. 形象气质	144	1.000	5.000	3.611	0.871	4.000
21. 宣传能力	144	1.000	5.000	4.222	0.832	4.000
22. 学术研究能力	144	1.000	5.000	4.167	0.878	4.000
23. 学习能力	144	1.000	5.000	4.500	0.775	5.000
24. 责任担当意识	144	1.000	5.000	4.667	0.756	5.000
25. 政治意识	144	1.000	5.000	4.556	0.773	5.000
26. 组织协调能力	144	1.000	5.000	4.389	0.803	4.500

信度系数值为0.974，说明研究数据信度质量很高。如果删除"3.学科专业知识"和"20.形象气质"，则信度系数会有较为明显的上升，因此对其进行删除处理，26个校史馆工作者胜任力词变为24个。

2.效度检验与因子分析

KMO值为0.820，大于0.8，且该问卷调查的值为881.469，表明该问卷中的24个胜任力词适合做因子分析，可进行下一步研究。

本研究采取因子分析方法，通过使用最大方差旋转方法（varimax）对胜任力问卷调查数据进行旋转。根据表2可知，当因子的数量为4时，所有研究项对应的共同度值均高于0.6，数据可以被有效提取信息，说明具有效度。

表2　旋转后因子载荷系数

名　称	因子载荷系数				共同度（公因子方差）
	因子1	因子2	因子3	因子4	
大局意识	0.756				0.757
政治意识	0.480				0.692
奉献意识	0.718				0.778

名　称	因子载荷系数				共同度（公因子方差）
	因子 1	因子 2	因子 3	因子 4	
道德品质优良	0.757				0.804
宣传能力	0.737				0.779
安全和应急保障能力		0.342			0.732
布展能力		0.797			0.760
场馆与展品管理能力		0.776			0.762
日常综合管理能力		0.588			0.865
信息技术能力		0.653			0.704
讲解能力		0.574			0.753
管理与培训能力		0.726			0.822
礼仪礼节		0.775			0.851
组织协调能力		0.523			0.735
服务意识			0.586		0.828
沟通能力			0.744		0.823
热爱文博和教育工作			0.536		0.790
责任担当意识			0.654		0.842
身心健康			0.683		0.785
团队合作能力			0.548		0.688
博物馆专业知识				0.690	0.713
学术研究能力				0.583	0.762
学习能力				0.558	0.800
创新意识和能力				0.424	0.783
KMO 值	0.820				—
Bartlett 球形值	881.469				—
df	276				—
p 值	0.000				—

（三）高校校史馆工作者模型的建立

通过对校史馆工作者胜任力词进行因子分析，将 4 个因子与 24 个词的共同度进行划分，确定了每个因子所包含的胜任力词，最终校史馆工作者胜任力模型建立，如图 2 所示，共分为四个维度。

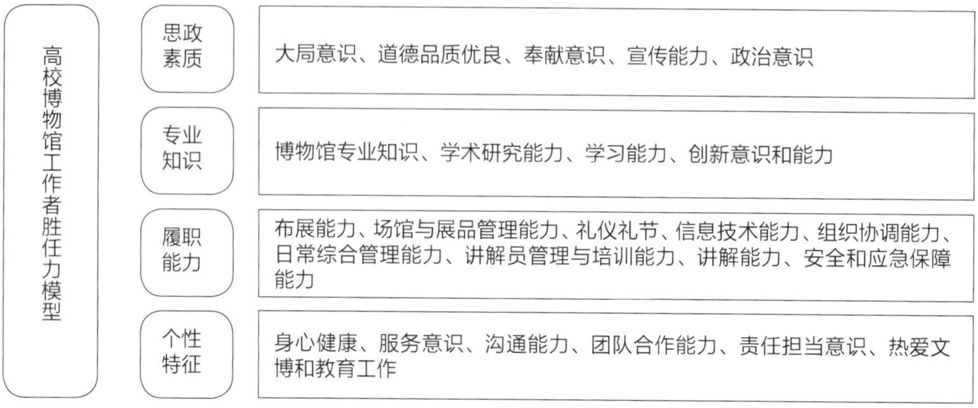

图 2　高校校史馆工作者胜任力模型

因子一"思政素质"，包括 5 项要素。大局意识——自觉在顾全大局的前提下做好工作。道德品质优良——遵守社会公认的道德规范，师德师风良好。奉献意识——对事业的爱和全身心的付出，努力做好每一项工作、认真善待每一个服务对象。宣传能力——以校史馆为阵地，运用正向观念和手段，以积极影响人们的思想，积极引导人们的行动。政治意识——坚定政治信仰，坚持正确的政治方向，较强的政治敏锐性和政治鉴别力。

因子二"专业知识"，包括 4 项要素。博物馆专业知识——掌握研究校史馆的性质、特征、社会功能、实现方法、组织管理和发展规律的科学知识。学术研究能力——相关的系统的、专门的学问的研究能力。学习能力——是拥有学习的方法与技巧。创新意识和能力——引起创造先进的事物或观念的动机，并在创造活动中表现出的意向、愿望和设想。

因子三"履职能力"，包括 9 项要素。布展能力——基础展览和特展、临展的策划、实施能力。场馆与展品管理能力——馆室的日常维护、提升以及展品的使用、更新、维保等方面管理的能力。礼仪礼节——规范的仪容、仪表、仪态、仪式、言谈举止。信息技术能力——各项工作中运用信息技术的能力。组织协调能力——对资源进行分配，同时控制、激励和协调群体活动过程，使之相互融合，从而实现组织目标的能力。日常综合管理能力——综合事务管理，包括办公室工作、后勤保障工作等。讲解员管理与培训能力——对讲解员进行有效的管理与培训的能力。讲解能力——对展览、展品的出色讲解能力。安全和应急保障能力——保障日常安保、消防等方面的安全的能力以及处理突发事件的能力。

因子四"个性特征"，包括 6 项要素。身心健康——以健康的身体和愉快正常的心态来从事校史馆工作。服务意识——提供热情、周到、主动的服务的欲望和意识。沟通能力——包含表达能力、倾听能力和设计能力。团队合作能力——发挥团队精神、互帮互助，以达到团队最大工作效率的能力。责任担当意识——坚持原则、认真负责，敢于迎难而上，敢于挺身而出，敢于承担责任。热爱文博和教育工作——发自内心地热爱校史馆工作，热爱教育事业。

五、高校校史馆工作者胜任力的测评

（一）胜任力量表的设计与发放

为分析高校校史馆工作者胜任力现状，给工作者提供一个统一的标准去衡量与评价其真实的胜任力水平，本文在胜任力模型基础上，开发《高校校史馆工作者胜任力量表》，选取天津大学校史馆、北京大学校史馆、郑州大学校史馆、东北农业大学校史馆、大连理工大学校史馆、上海财经大学校史馆等 20 所高校的校史馆人员，发放问卷 215 份，其中有效问卷 200 份。将回收的问卷使用 SPSS26.0 进行信度分析。

（二）胜任力量表的测量结果

如表 3 所示，从平均值可以看出，校史馆工作者胜任力整体水平处于中等偏上水平，但各个维度都有待提高。

表 3　高校校史馆工作者胜任力量表测评结果

题　　目	非常不符合	比较不符合	符合	比较符合	非常符合	平均分
1. 布展能力	20(10%)	40(20%)	30(15%)	50(25%)	60(30%)	3.45
2. 场馆与展品管理能力	25(12.5%)	30(15%)	35(17.5%)	70(35%)	40(20%)	3.35
3. 礼仪礼节	30(15%)	30(15%)	30(15%)	60(30%)	50(25%)	3.35
4. 信息技术能力	10(5%)	20(10%)	90(45%)	55(27.5%)	25(12.5%)	3.33
5. 组织协调能力	20(10%)	40(20%)	35(17.5%)	35(17.5%)	70(35%)	3.48
6. 沟通能力	30(15%)	25(12.5%)	30(15%)	55(27.5%)	60(30%)	3.45
7. 日常综合管理能力	20(10%)	40(20%)	40(20%)	35(17.5%)	65(32.5%)	3.43
8. 讲解员管理与培训能力	20(10%)	50(25%)	25(12.5%)	60(30%)	45(22.5%)	3.30
9. 讲解能力	20(10%)	40(20%)	25(12.5%)	75(37.5%)	40(20%)	3.38
10. 大局意识	35(17.5%)	25(12.5%)	10(5%)	50(25%)	80(40%)	3.58
11. 道德品质优良	50(25%)	10(5%)	5(2.5%)	40(20%)	95(47.5%)	3.60
12. 奉献意识	30(15%)	25(12.5%)	10(5%)	35(17.5%)	100(50%)	3.75
13. 宣传能力	15(7.5%)	25(12.5%)	25(12.5%)	65(32.5%)	70(35%)	3.75
14. 政治意识	40(20%)	15(7.5%)	15(7.5%)	35(17.5%)	95(47.5%)	3.65
15. 安全和应急保障能力	0(0%)	35(17.5%)	45(22.5%)	55(27.5%)	65(32.5%)	3.75
16. 身心健康	40(20%)	20(10%)	15(7.5%)	55(27.5%)	70(35%)	3.48
17. 服务意识	25(12.5%)	25(12.5%)	15(7.5%)	55(27.5%)	80(40%)	3.70
18. 团队合作能力	25(12.5%)	25(12.5%)	20(10%)	70(35%)	60(30%)	3.58
19. 责任担当意识	25(12.5%)	25(12.5%)	20(10%)	65(32.5%)	65(32.5%)	3.60
20. 热爱文博和教育工作	30(15%)	30(15%)	10(5%)	60(30%)	70(35%)	3.55
21. 博物馆专业知识	5(2.5%)	35(17.5%)	55(27.5%)	60(30%)	45(22.5%)	3.53

续　表

题　目	非常不符合	比较不符合	符合	比较符合	非常符合	平均分
22. 学术研究能力	15(7.5%)	35(17.5%)	75(37.5%)	40(20%)	35(17.5%)	3.23
23. 学习能力	25(12.5%)	25(12.5%)	30(15%)	90(45%)	30(15%)	3.38
24. 创新意识和能力	15(7.5%)	20(10%)	50(25%)	80(40%)	35(17.5%)	3.50
小计	570(11.87%)	690(14.37%)	740(15.42%)	1350(28.13%)	1450(30.21%)	3.50

（三）测量结果数据分析

1. 信度分析

表4　Cronbach信度分析

名　称	校正项总计相关性(CITC)	项已删除的α系数	Cronbach α系数
1. 布展能力	0.829	0.989	
2. 场馆与展品管理能力	0.870	0.988	
3. 礼仪礼节	0.921	0.988	
4. 信息技术能力	0.682	0.989	
5. 组织协调能力	0.863	0.988	
6. 沟通能力	0.950	0.988	
7. 日常综合管理能力	0.887	0.988	
8. 讲解员管理与培训能力	0.870	0.988	
9. 讲解能力	0.895	0.988	
10. 大局意识	0.937	0.988	
11. 道德品质优良	0.954	0.988	0.989
12. 奉献意识	0.959	0.988	
13. 宣传能力	0.943	0.988	
14. 政治意识	0.930	0.988	
15. 安全和应急保障能力	0.919	0.988	
16. 身心健康	0.880	0.988	
17. 服务意识	0.950	0.988	
18. 团队合作能力	0.918	0.988	
19. 责任担当意识	0.944	0.988	
20. 热爱文博和教育工作	0.927	0.988	
21. 博物馆专业知识	0.697	0.989	
22. 学术研究能力	0.714	0.989	
23. 学习能力	0.926	0.988	
24. 创新意识和能力	0.811	0.989	
标准化 Cronbach α 系数：0.989			

数据信度系数值为0.989，分析项的CITC值均大于0.4，说明信度水平良好，可用于进一步分析。在进行验证性因子分析（CFA）时，共4个因子对应的AVE值均大于0.5，

且CR值均高于0.7，意味着本次分析数据具有良好的聚合效度，再次验证了校史馆工作者胜任力模型的准确性，可以进行下一步分析。

2.效度检验与因子分析

表4　描述性统计

维度	名　称	样本量	最小值	最大值	平均值	标准差	中位数	维度平均值
D1 履职 能力	1. 布展能力 .	200	1.000	5.000	3.421	1.388	4.000	3.412
	2. 场馆与展品管理能力	200	1.000	5.000	3.342	1.341	4.000	
	3. 礼仪礼节	200	1.000	5.000	3.342	1.438	4.000	
	4. 信息技术能力	200	1.000	5.000	3.342	1.021	3.000	
	5. 组织协调能力	200	1.000	5.000	3.474	1.447	4.000	
	6. 日常综合管理能力	200	1.000	5.000	3.395	1.405	3.500	
	7. 讲解员管理与培训能力	200	1.000	5.000	3.289	1.374	4.000	
	8. 讲解能力	200	1.000	5.000	3.368	1.324	4.000	
	9. 安全和应急保障能力	200	2.000	5.000	3.737	1.107	4.000	
D2 思政 素质	10. 大局意识	200	1.000	5.000	3.579	1.588	4.000	3.658
	11. 道德品质优良	200	1.000	5.000	3.605	1.733	4.500	
	12. 奉献意识	200	1.000	5.000	3.737	1.571	4.500	
	13. 宣传能力	200	1.000	5.000	3.737	1.288	4.000	
	14. 政治意识	200	1.000	5.000	3.632	1.634	4.000	
D3 个性 特征	15. 身心健康	200	1.000	5.000	3.447	1.572	4.000	3.548
	16. 服务意识	200	1.000	5.000	3.711	1.469	4.000	
	17. 沟通能力	200	1.000	5.000	3.447	1.465	4.000	
	18. 团队合作能力	200	1.000	5.000	3.579	1.407	4.000	
	19. 责任担当意识	200	1.000	5.000	3.579	1.407	4.000	
	20. 热爱文博和教育工作	200	1.000	5.000	3.526	1.502	4.000	
D4 专业 知识	21. 博物馆专业知识	200	1.000	5.000	3.500	1.109	4.000	3.388
	22. 学术研究能力	200	1.000	5.000	3.211	1.189	3.000	
	23. 学习能力	200	1.000	5.000	3.368	1.282	4.000	
	24. 创新意识和能力	200	1.000	5.000	3.474	1.133	4.000	
总体平均值：3.493								

描述性分析通过平均值或中位数描述数据的整体情况。从表4可以看出，数据中没有异常值出现，可直接针对平均值进行描述性分析。

（四）高校校史馆工作者胜任力测量结果

1.高校校史馆工作者胜任力的整体情况

实证调查表明，高校校史馆工作者胜任力整体水平处于中等偏上水平，但各个维度都有待提高，且各维度水平不均衡。具体表现为：

第一，校史馆工作者总体平均值为3.493，属于"比较符合"范围，校史馆工作者胜任力水平属于中等略高。

第二，"思政素质""个性特征"维度平均值在总体平均值以上，处于中等较高水平。履职能力、知识素质维度平均值在总体平均值以下，处于中等略高水平。

第三，"道德品质优良""奉献意识"的得分中位数达到了4.500，说明这两项的胜任力水平较高，半数选择了非常符合，具体数值分别为"道德品质优良"49%、"奉献意识"51%。

第四，得分平均值低于或等于3.500分的胜任力要素有"布展能力""场馆与展品管理能力""礼仪礼节""信息技术能力""组织协调能力""日常综合管理能力""讲解员管理与培训能力""讲解能力""身心健康""沟通能力""博物馆专业知识""学术研究能力""学习能力""创新意识和能力"，其中有几项还低于其所在维度平均值，需要着重提高。

第五，中位数低于4.000分的胜任力要素有"信息技术能力""学术研究能力"。虽然得分数值不是最低，但是由于"信息技术能力"和"学术研究能力"的重要性，这两项仍然需要加强。

2.高校校史馆工作者胜任力存在的不足

"思政素质""个体特征"两个维度的胜任力水平处于中等偏高水平。其中，"道德品质优良""奉献意识""宣传能力""政治意识"等达到了较好水平，说明校史馆工作者拥有大局意识，道德素质优良，政治立场坚定。但距离优秀尚存差距，政治素质在校史馆工作中应该达到更高水平，从而发挥引领作用。

在"个性特征"维度中，"身心健康"这一胜任力要素的分数较低，毫无疑问，"身心健康"是做好各项工作的基本保证，这一要素得分较低也引发一些思考，如工作环境是否存在问题，即是否存在伏案工作多、工作环境密闭、工作人员容易受到光污染、建材污染影响等情况。"个性特征"维度中"热爱文博和教育工作"这项的胜任力水平也有待提高，只有发挥好主观能动性，才能有效促进各项工作。

"履职能力""专业知识"两个维度的胜任力只处于中等略高水平。"履职能力"方面存在分数较低的几项胜任力要素。履职能力工作的关键和核心，会影响校史馆工作的结果和效率。"场馆与展品管理能力"是保障校史馆有效、安全运行的关键；"讲解员管理与培训能力""讲解能力"是与日常接待密切相关的能力与素质，直接影响着校史馆参观者的体验；"信息技术能力"是校史馆提升展览效果，进行现代化建设的重要手段。

"专业知识"为四个维度中得分较低的一项，这应该重点提高，同时"专业知识"这一维度中"博物馆专业知识""学术研究能力""学习能力""创新意识和能力"均不足，这与校史馆工作者专业性不足、创新意识和能力弱、学术研究能力相对较差的现状比较吻合，这些要素的胜任力水平均亟待提高。

六、高校校史馆工作者胜任力的提升策略

胜任力研究可以科学地为高校及上级主管部门加强对于校史馆的管理提供参考依据。对于高校而言，通过对校史馆工作者胜任力的研究，可以有效促进高校校史馆科学设置

岗位,进一步明晰岗位职责,完善各项规章制度。具体来说,胜任力模型主要可以在招聘、培训、考核以及自我提升等方面提升校史馆工作者的胜任力。

(一)招录选拔策略

现有的招聘方式对于应聘者的考察不够全面和深入,对于应聘者的隐性能力要素缺乏验证的环节和方法,无法保障"人—岗"的匹配度。胜任力模型可以较为全面地描述在从事校史工作时需要具备的隐性和显性素质,为选拔者提供了更为直观的招聘参考依据,提高了招聘人才的质量。具体措施有:

第一,多维度设置岗位任职条件。招录工作中,要以胜任力模型包含的胜任要素为依据,对工作者的应聘资格条件、考试内容由招录主管单位进行广泛的调研、充分的论证,严格建立起高校校史馆工作岗位职责所需的胜任能力方面的应试条件设定,完善以校史馆实际工作为前提的应聘内容设置,将真正符合具体岗位胜任能力的人才招录进来。以现有模型分析,岗位任职条件的设定应当满足四个维度的要求,另外,可以根据不同岗位职责的需要,多元化设置岗位任职条件,针对不同的岗位职责设置不同的考试题项,或者在面试环节设置差异化评价标准,对应试者的品质和个性进行全方位的考察。

第二,加强招录选拔中胜任力的考量。可以基于胜任力模型制定策略,确保招录选拔的科学化。可以基于胜任力模型开发笔试样本。笔试环节可以着重考察应聘者专业知识、技能方面的掌握情况。比如根据胜任力模型中的"专业知识"维度涉及的要素考察应试者的各项能力。校史馆的面试环节需要科学的方法提供依托,结合胜任力模型,可以开发常用胜任力要素面试题库,然后根据当年的招聘岗位需求匹配合适的面试题。此外,可以设计面试问题题库,增加情景面试环节,面试环节还可通过设置处理具体事件来考察应聘者应当具备的各项胜任力。

第三,严格入职管理工作。从胜任力模型的应用角度讲,应率先进行"思政素质"维度的教育,使新入职工作者坚定理想信念,提升大局意识和责任担当意识;严格"履职能力"方面的培训,使其"内外兼修",并潜移默化地影响其"个性特征",促进其对文博工作的热爱、对事业的追求。新入职工作者年轻有锐气,一方面,要引导其积极进取、敢于尝试的精神,鼓励其在工作中敢于突破、打破传统观念、不断创新。另一方面,还要正确对待和接受领导和同事提出的批评、建议,认真反思自己工作中存在的不足,从而不断地更新工作理念,改进工作方式方法。在入职管理的过程中,校史馆自身要依照胜任力模型科学、严格管理入职者,引导其自行对照胜任力模型合理规划,科学制订成长、学习计划。

(二)培训策略

现阶段,高校校史馆的培训工作存在频率低、针对性差的短板。基于胜任力模型的培训可以查找工作者胜任力存在的不足,促进工作者理想信念筑牢、工作能力提升,有效补充在隐性素质等方面培训的缺失,开展模型中涉及的能力与素质的提升。对校史馆工作者自身来说,在培训中可以引导其对照绩效优秀者具备的胜任特征,找出自身与优秀者之间存在的差距，明确今后工作中需要特别留意和提升的方面。

第一，加强培训针对性。在培训前，要通过校史馆胜任力量表对工作者胜任力进行测量，测量以后对数据进行科学分析，根据工作者胜任力的不足并结合该校史馆实际情况来进行针对性的培训，确保培训的科学性。在开展教育培训的过程中，以胜任力模型所包含的胜任要素为参考，明确受训工作者培训需求，并有针对性地做好培训内容设计，涵盖上面提到的高校校史馆自身发展的迫切需要的工作者能力，让高校校史馆工作者真正做到学有所得、学有所成。

第二，丰富提升胜任力的培训路径。现阶段，许多校史馆有意识地招收档案学、计算机、管理学等专业的学生，这就需要通过培训的环节来完善他们的校史知识，从而提升他们的业务能力。只要利用胜任力模型，找准培训的需求，在当今信息时代，针对性培训的课程通过网络是很容易获得的，培训机会将得以增加，培训课程将得以拓展。要科学规划课程、定义课程，对课程进行分级。例如，工作者都需要掌握业务指导的能力，但是领导和基层业务馆员需要掌握的深度和广度是不同的。可以建立和拓展高校校史馆工作者交流的平台，比如可以建立高校校史馆工作坊，便于工作经验交流、学术研究交流，定期开展实践锻炼的培训活动，组织工作者到工作开展得好的校史馆交流、学习。

第三，重视隐性素质的培训。在胜任力的测量结果中，"身心健康""对文博和教育事业的热爱""创新能力"这三项胜任力也有待加强。隐性因素对个体行为表现起着决定性作用，培训的工作可以对隐性因素加以引导，促进其发挥正向作用。在培训中，针对隐性素质的培训要确保科学性，在此前提下，想方设法激发并深度挖掘工作者的潜能，培养工作者独立的思维模式与思考能力，形成正确的价值观。比如创新性地开展优秀的资深校史馆工作者事迹宣讲活动，可以提升工作者对校史事业的热爱。

（三）考核策略

现阶段，针对校史馆工作者的考核方式大多是以德、能、勤、绩、廉五个方面的表现为依据，考核标准较为宽泛、笼统，考核内容概括性过强，缺乏具体可操作的指标设定，不能充分体现工作者的真实工作成果和绩效。而胜任力与高绩效相关，胜任力模型的本质就是找到区分工作优秀者与普通者的指标，并以此指标为基础而建立起来的考核绩效指标，能真实地反映员工的综合工作表现，具体考核策略包括以下三个方面。

第一，考核标准公平化。当前，校史馆的考核以年终考核为主，最终往往是以馆内领导和同事的主观评价为主，并不利于充分调动工作者工作的积极性，同时可能会挫伤部分工作者的积极性。绩效的考核实施应是一个连续的过程，只有在日常工作中也重视绩效的记录，才能更大程度地兼顾公平。依据胜任力模型来设计岗位评价因子，这样更能感受考核的公平感和易接受性。对工作者的表现以公平公正的方式进行量化评分，让表现好的员工及时得到回报，提高工作的积极性，对于绩效不好的员工可以通过培训或其他方法改善绩效，从而激发工作者的工作动力和进取精神。

第二，考核方法科学化。考核应当基于工作者的胜任力测量来制定考核量表。量表的评测应该是多角度的，应当包括上级领导评价、同事评价、服务对象评价等多个角度。考核方法制定要遵循以下几个方面：首先，考核时对同一项胜任特征可以根据不同岗位要求细分不同的指标等级，进一步细化考核标准、考核指标。测评时，对不同层级、职务、年龄的人员，要分别考虑其工作中的表现和工作能力，设定更有针对性的考核标准或考核指标。其次，考核内容及其重点需要根据实际情况和需求进行调整。考核结果需及时反馈给个人，这样才能让其明确工作方向，不断提升工作水平。再次，对于不同的胜任要素可以采取不同的方法进行考察。比如，对"热爱文博和教育事业""学习能力"等考察可通过观察法以及人员记录工作日志的方式，也可以通过周总结、月总结等方式开展，考察方式可以根据实际情况进行调整和扩充。

第三，加强隐性素质的考核。通常意义上的考核更多基于显性部分，即"冰山模型"中浮出水面的部分，但基于胜任力模型的考核可以增加考核中的隐性部分，使考核更具科学性和人性化。"思政素质""个性特征"两个维度比较全面地细化了校史馆工作者能力的隐性部分。如"思政素质"维度中的"大局意识""政治意识""奉献意识""宣传能力"是践行习近平总书记对博物馆工作提出的"坚持正确政治方向，坚定文化自信，深化学术研究，创新展览展示"[1]的重要能力，也是校史馆服务立德树人根本任务的要求。灵活运用基于胜任力模型的考核方式，可以有效弥补之前侧重业绩、文章等考核方式的不足，有效促进工作者坚定理想信念、加强学习、内外兼修。

（四）自我提升策略

由于校史馆工作者的晋升、评级路径单一，导致工作者的自我提升途径和方式较少，动力不足。而胜任力模型的建立，可以为校史馆工作者的自我提升提供科学、高效的指导。

第一，增强自我提升动力。高校校史馆机构自身应该根据先前开发的胜任力模型，着重增加工作者在"大局意识""奉献意识""热爱文博和教育工作"等胜任能力上的正向引导。从培训、考核等方面制定科学有效的策略，不唯资历、职称、论文等传统指标，从做好校史馆的各项服务、促进校史馆核心工作出发，鼓励和支持工作者自我提升。工作者应当增强自我提升的意识，随着考核方式的进步，"对工作的热爱""责任担当意识"等隐性因素也必将成为考核的一部分，工作者也应该有不进则退的忧患意识。工作者还需要见贤思齐，对比行业内优秀人士所展现出的胜任力特征，找出差距所在，明确今后工作中重点提升和避免失误的方面。

第二，找准自身胜任力的不足。胜任力量表为工作者找准自身胜任力的不足提供了科学的工具。在利用胜任力量表进行"自评"后，还应当进行包括上级领导评价、同事评价、服务对象评价等多个角度的"他评"，最终较为客观地得出胜任力的实际情况。通过自我测量，工作者可以看到自身在四个维度应具备的能力，做到自身能力上的"扬长补短"。工作者可以参照自己的胜任力实际情况进行工作方向选择，制定生涯发展规划，

---

① 习近平：《推动文物活化利用推进文明交流互鉴 守护好传承好中华文明优秀成果》，《人民日报》2022年7月10日第1版。

明确工作努力方向，有计划、有针对性地进行自我提升，努力成为所在领域的专家。

第三，从学习与实践两个维度提升胜任力。校史馆工作者胜任力模型是建立在"完美"复合型人才的标准之上的。通过模型，工作者可以加深自我认识，明确应具备的能力、素质，全方位补齐短板，保障自我提升的科学性，避免"走弯路"和做"无用功"。工作者平时的日常工作要注重"履职能力"的提升，注意工作数据的记录，可以对比同一时期自己的工作数据和考核情况，及时调整策略和方法。善于抓住领域内、校内、馆内的培训及外出参观交流机会，弥补不足，利用机会学习同行业优秀人才提升胜任力的方法。

"四全媒体"视域下校史文化研究与传播的优化策略

燕山大学档案馆（校史馆）　郭沛　丛楠

校史文化是一所高校在长期的办学过程中逐渐形成的精神财富，能体现学校的办学理念、办学特色和精神内涵，具有激发师生向心力、凝聚社会力量和内增学校发展动力、外树学校良好形象的重要作用。当下媒体融合向纵深发展的形势成为多元文化与信息技术相互碰撞的助推器，给人们尤其是以"00后"为主体的当代大学生，在思想观念、行为习惯、交往方式和获取知识途径等方面带来了翻天覆地的变化。[1]他们深谙媒体融合带来的便捷性、丰富性与趣味性，更倾向于接受时代化、信息化和大众化的校史文化内容。因此，在"四全媒体"视域下深入挖掘和凝练校史文化，将校史文化与媒体技术进行有机结合，让学习者能够更深刻、立体、生动、便捷地认知并认同校史，是校史资源开发和利用的必然趋势，也是创新校史传播途径的现实选择，更是摆在校史文化研究者面前的重要课题。

一、当前校史文化研究与传播方式存在的问题

未经提炼和加工的档案不能称为校史文化，未加宣扬、停留在书籍和展馆里的图文不能称为校史文化，鲜为人知、缺乏认同的校史更不能称为校史文化。在信息快速更迭、思维高度活跃的今天，部分高校的校史文化研究仍停留在"重藏轻用""重编轻研"的层面，校史文化的传播方式也表现出明显的局限性。这制约了校史资源的开发利用，削弱了校史文化的渗透功能，影响了校史文化的有效传播。

（一）研究内容浅显

校史文化研究多以时间为序，将学校大事记、重大成果、人物事迹、机构变迁等进行整理和编录，类似于校历或校志。缺乏围绕某一专题进行深层次研究，缺乏系统性和专业性，较为碎片化和浅显化。同时，校史文化研究没有深入挖掘校史背后的故事，没有凝练出校史中蕴藏的大学精神，没有探索出高等教育的共性与特性规律，无法给人思想启迪和情感共鸣。

（二）媒介渠道和形式单一

校史文化传播媒介较为传统，多依赖广播电视、报刊书籍、展馆展览、宣传活动等渠道，因受时间、地域或成本的限制，传播范围过小，传播周期较长，无法满足时效性、便捷性的需求。传播形式较为单一，多是静态的文本或"文字+图片"的形式，信息承载能力有限、应用技术手段欠缺、感官性不佳、吸引力不强，严重影响了传播效果。

---

[1]　于珊珊：《融媒体时代高校校史文化育人功能及实现路径探究》，《北京教育(高教)》2021年第2期。

（三）互动性和体验感较差

传播主体占据主导和支配地位，多是自上而下的单向线性传播，多为"教条式""说教式"的生硬灌输，受众仅是被动接受校史文化，表达交流、点赞转发的双向互动要求无法得到满足，会觉得感召力不强、记忆不深刻、互动性不够、学习效果不好，这在一定程度上削弱了校史文化的渗透功能。[①]

二、"四全媒体"相关概念的梳理与界定

从"校史"到"校史文化"，需要进行提炼与升华，这样才能去粗取精、融入情感、开放共享；从"校史文化"到"发挥校史文化价值"，需要进行传播与推广，这样才能使校史在更大范围内被认知与认同，进而坚定师生的文化自信，提升其爱校、荣校的归属感与自豪感。因此，在"四全媒体"视域下探讨校史文化研究与传播问题就需要保持对媒体发展趋势的清晰性和前瞻性判断，需要认清媒体结构和传播方式的演变过程，需要厘清"四全媒体"的相关概念。

（一）传统媒体

传统媒体主要包括报刊、图书、广播、电视四大媒体。传统媒体的优势在于具备较高的全面性、系统性、权威性和公信力。劣势在于传播方向多为单向，即受众被动接收信息，无法及时互动；传播时效滞后、传播速度较慢、传播地域有限、传播受众面窄；传播内容过于专业且形式单一，无法满足多样化需求。

（二）新兴媒体

新兴媒体是指相对于传统媒体而言新发展起来的媒体形态，是利用数字技术、网络技术、移动技术，通过互联网、无线通信网、大数据、云计算等渠道，以电脑、手机、数字电视等为终端载体向用户传输信息，并引发传播者与用户互动的媒介总和。它具有海量性与共享性、多媒体与超文本、即时性与交互性、个性化与社群化等特征。[②]

（三）全媒体

全媒体的概念在学术界并未形成统一或正式的定义。综合而言，全媒体是指信息传播借助文字、图像、音频、视频、动画等表现形式，利用多种传统及新兴媒介，全方位、立体化、互动式地进行传播，最终实现在多种终端均可完成信息接收的新型传播形态。本质上讲，全媒体是一场由技术迭代推动的内生转型，集成了传统媒体和新媒体的优势，实现了两者"你中有我、我中有你"的融合效果，实现了传播的无边界化与去中心化。[③]

（四）四全媒体

"四全媒体"的概念是习近平总书记2019年1月25日在中共中央政治局第十二次集

① 李舍梅：《融媒体视域下校史文化的传承与教育实践探析——以河海大学校史馆为例》，《档案与建设》2020年第10期。
② 匡文波：《新媒体概论》（第三版），中国人民大学出版社，2019，第4—13页。
③ 王青：《全媒体环境下高校档案服务社会创新研究》，《档案与建设》2020年第4期。

体学习中提出的，包括"全程媒体、全息媒体、全员媒体、全效媒体"①四个方面。分别从信息生产发布、内容表现形式、主体多元互动、传播效能提升等不同维度为媒体融合指明了新的发展方向。"全程媒体"面向时空之维，强调突破时空局限，实现传播即时性和全时性的统一；"全息媒体"面向形态之维，强调突破媒介壁垒，实现展现形式的立体丰富和传播媒介的聚合叠加；"全员媒体"面向主体之维，强调突破主体尺度，实现传播主体从单向"一对一"变成网状"多对多"的多元参与；"全效媒体"面向效能维度，强调突破功能限定，实现互动性传播和分众性传播的最佳效果。

三、"四全媒体"对校史文化研究与传播的价值阐释

（一）全程媒体：全时性、引导性的角色定位

在"全程媒体"影响下，校史文化研究与传播主动响应社会和师生对校史文化的需求，实现从定时性、延时性传播向即时性、全时性传播的转变，对重大或热点事件能够进行快速反应，敢于并善于从校史文化角度对事件进行全方位挖掘、全角度解析。高频的"出境率"提高了校史文化资源的利用率，也客观要求校史文化研究需实现深度与广度的提升，善于挖掘隐性和显性的校史文化资源，充分发挥校史文化在校园文化建设中的舆论引导作用，做到关键时刻不失语、重大问题不缺位。

（二）全息媒体：多形式、多媒介的共存图景

在"全息媒体"影响下，校史文化研究与传播不再单纯依靠传统的有形载体，而是打破时空限制，实现了随时随地打开电脑或手机便可了解校史的效果。校史文化展示从单纯的图文到网页、音视频、H5、动画、直播、VR、AR等，图文并茂、声像俱全，极大地增加了生动趣味性，提升了互动感官体验；传统媒介和新兴媒介联合发力、优势互补，打造出延伸、开放、动态的校史教育平台，提升了传播效能，创新了传播形式，拓宽了传播途径，扩大了传播范围，促使校史文化研究与传播的价值快速凸显。

（三）全员媒体：分享性、全员化的参与局面

在"全员媒体"影响下，校史文化研究与传播的主体不再只是校史馆、档案馆或党群部门，而是扩展为学校的所有部门机构、广大师生校友，以及对校史感兴趣的社会组织和普通公众。在此过程中，受众既是信息的接收者，又是生产者和传播者，实现了从被动接受到主动参与的转变，也会基于自身的知识偏好对校史文化进行补充与诠释，实现校史文化的"二次增值"。主体的多元化拓宽了受众面，使更多师生开始关注校史、认知校史、认同校史，营造出全校上下"知校史、爱校史"的良好氛围。

（四）全效媒体：互动性、分众化的传播效益

在"全效媒体"影响下，校史文化研究与传播不仅要注重效率，更要注重效益。双向互动性增进了校史文化传播者与受众之间的沟通交流，有助于受众及时反馈需求和意

---

① 习近平：《推动媒体融合向纵深发展 巩固全党全国人民共同思想基础》，《人民日报》2019年1月26日第1版。

见，也有助于传播者追踪掌握受众利用校史的动机和内容偏好。以受众需求为服务半径，以认可度和满意度为评判标准，对转载量、阅读量、收藏量、点赞量、评论量、关注度等反馈指标进行评估，选择最适合的形式和渠道进行分众传播，推送差异化、靶向化、精准化内容，实现最佳传播效果。①

四、"四全媒体"视域下校史文化研究与传播的优化策略

（一）主体层面：做好顶层设计，明确角色定位

校史文化研究与传播主体应以"立德树人"为根本任务，以"服务中心大局"为基本原则，充分认识到加强校史文化建设的重要性与紧迫性，立足校史校情、做好顶层设计，深耕校史文化、凝练鲜明特色，真正发挥出校史文化的正面引领与积极示范作用。

1.寻求广泛合作

主体要从单一个体扩展为多元合作体，档案或校史部门应积极寻求同党政办、组宣部门、学工部门、团委、离退休办、校友办等的合作，共同举办活动，进行校史文化传播，利用新生入学教育、新教工岗前培训、党团学生活动等有效途径来宣讲校史，邀请离退休老领导、老教授举办校史文化讲座，联合遍布各地的校友会共同开展活动，扩大校史文化研究领域，拓宽校史文化传播渠道，构建全校联动的校史文化研究与传播"共同体"。同时，与其他高校校史部门或社会相关机构，就联合开展人才培养、科技攻关以及共建科普教育基地、社会实践基地、爱国主义教育基地等开展深度合作与交流。燕山大学档案馆（校史馆）与校团委联合秦皇岛市档案局、档案馆等部门举办了"喜迎二十大 一起向未来——燕山大学'奥运梦 志愿路 家国情'"主题展览，通过展板图文和文件、照片、服装、激励物资等档案实物，真实展现了燕大学子的志愿风采，成为思政"活"教材，中国青年报等20余家媒体争相报道，观展师生络绎不绝。

2.扩大征集范围

开展校史文化研究和传播工作的必要前提是掌握充足、完整、真实的校史资料素材。校史资料可能由高校多个部门、团体或个人收集并保管，可能分散在校园的某些角落，也可能印刻在师生校友的记忆中。需要从不同领域、不同角度、不同部门、不同群体中广泛收集和整合校史素材；也需要加大对照片、音频、视频、图像等声像类档案，书刊、手稿、信件、回忆录、纪念品、建筑物等实物类档案，以及名人档案、校友档案、口述校史的征集力度，尤其是对珍贵稀缺的校史资源进行抢救性搜集，广开征集路径，扩大征集范围，保证校史素材的多样性与丰富性。

3.加强队伍建设

校史工作者中很多都有着十几年甚至几十年的学习和工作经历，他们既是高校文化繁荣发展的见证者，又是校史文化的创造者和建设者。由于校史文化研究和传播工作涵盖了历史、档案、思政、文学、艺术、信息技术等多个领域的内容，尤其是全媒体的发

---

① 王晨、王海稳：《"四全"媒体视域下高校网络舆情引导新策略》，《天津大学学报》（社会科学版）2021年第5期。

展形势对校史工作者提出了更高的业务能力要求，校史工作者不仅要拥有过硬的政治素养，熟悉学校的发展脉络和现状，具备扎实的档案专业知识，还要掌握一定的新媒体运营技术，有一定的文学功底和艺术鉴赏力。因此，档案部门急需培养或引进复合型人才，组建专门的运营团队，为校史文化研究和传播工作奠定坚实的人才基础。

（二）受众层面：提升媒介素养，积极互动反馈

校史文化研究与传播的受众包括内外两个层面，内部受众是高校师生员工，外部受众包括校友、学生家长以及关心学校发展的社会各界人士。在全媒体发展的背景下，受众具有双重身份，他们不再是单纯、被动的文化信息接收者，也扮演着校史文化的参与者、使用者和传播者角色。

1.提升媒介素养

在"人人皆是麦克风"的全媒体背景下，个体从"大众"中被分离出来，成为一个再生信息源，在接收文化信息时可依据自身需求和偏向创造出"我的文化"，再利用自媒体将文化"二次传播"出去。因此，受众需要提升辨别真伪、判断是非的能力，对接收到的各类信息进行甄别，去粗取精、去伪存真。校史文化研究与传播的受众也应当对接收到的信息进行正确解读和辩证思考，选择性扬弃，主动弘扬积极正面的内容，坚决抵制消极负面的内容，以正确理解、传承和创新校史文化，这样，校史文化才能不断吸收新鲜元素，被源源不断地注入"活水"。

2.注重互动反馈

如今，校史文化研究与传播已由"灌输制"转变为"对话制"，不再是"我说你听""我写你读"的局面了，受众更愿意积极主动地参加各类校史活动，通过各类平台发表主张、反映诉求、抒发情感，积极为校史文化建设建言献策。校史文化研究与传播应当树立受众思维，以师生需求为导向，利用留言、转发、点赞、分享等行为数据，时刻追踪、把握师生地关注动态。同时建立良好的双向互动反馈机制，提供有效的表达空间，及时回复师生留言，增强师生参与感，提高师生满意度。

（三）内容层面：凸显"内容为王"，丰富表现形式

校史文化研究与传播不能再满足于历史事件的简单罗列与堆砌，而要兼顾史料性、人文性、知识性和趣味性，力求生成品质优良、易于近人、启发性强、感召力强的校史文化精品，深入打造校史文化历史记忆场域。①

1.坚持"内容为王"

无论传播技术与渠道如何超前，优质的编研内容仍然是"灵魂"与"核心"。校史文化研究与传播要树立"大编研"理念，坚持"内容为王"，深度挖掘校史资源，丰富校史文化内涵，力求校史文化与时代需要、社会需要和师生需要紧密结合。第一，做到"有热度"。校史文化研究与传播工作要紧扣社会时事或校园热点来编研内容，勇于并善于从

---

① 杨舒丹、尹艺璐：《"互联网＋"视域下校史文化传播现状与发展策略分析》，《档案天地》2018 年第 3 期。

校史视角进行议程设置和研判解析。利用节日、纪念日、校庆日、国际档案日等重要时间节点来推送校史文化编研成果或举办校史文化活动，以增加传播热度和时效，引发广泛关注。习近平总书记在2020年最后一天提出"要发扬为民服务孺子牛、创新发展拓荒牛、艰苦奋斗老黄牛的精神"[①]，燕山大学档案馆（校史馆）从照片档案中整理出21张珍贵照片，挖掘、整合出照片中的校史故事，推出了"回望百年路，燕大牛精神"主题推文，既切中热点，又高度浓缩了学校的精神品格。第二，做到"有深度"。校史文化研究与传播工作要融合档案学、历史学、教育学和传播学相关知识，突出高校鲜明的办学特色与传统，围绕学科发展史、科研成果史、教学改革史、机构变更史等相关主题或交叉领域来制作专题栏目或系列汇编，使编研成果更具专业性、系统性和深度性。在建党百年之际，燕山大学档案馆（校史馆）全面查阅了学校党建相关档案资料，梳理了红色校史，回顾了学校在党建与思政工作方面取得的重大成就，编印出《以史为鉴，开创未来——献礼建党百年系列文章汇编》。第三，做到"有温度"。校史承载着广大师生和校友的集体记忆，内容生产应与其建立共情点，凸显人文情怀。应深入探寻校史事件、校训、校歌、人物、声像和实物档案背后的故事，总结教育工作者和科学家的光辉事迹与精神力量，从平凡的人物和事件中挖掘出情感的细节部分，引起情感共鸣。燕山大学档案馆（校史馆）深入发掘实物档案资源，举办了"档案话百年，印记见初心"印章展，通过160余枚印章再现了学校百年历史变迁与奋斗轨迹，以小见大、立意新颖、角度独特，引发师生校友和媒体的广泛关注。

2.形式多样立体

第一，要舍弃"长篇大论"或"流水账"，在大量的校史资料中删繁就简、突出重点，篇幅短小、内容精练，推送"快餐式"的校史文化资源。第二，要改变单调、晦涩的话语方式，营造轻松愉快的对话意境，运用网络流行语，增加人设元素，增强煽动力与对话感。第三，要借助图文、音视频、H5、图解、动画、表情包、GIF动图、手绘等多元表现形式，优化页面布局、文字编排、美学色彩和视听效果，图文并茂、声像俱全地传播校史文化。第四，要运用近年来较为流行的口述校史、话剧或舞台剧、微电影等艺术创作方式，以亲历者的角度和叙事性表现手法，突出故事的情节，增强说服力与感染力。吉林大学创作的"共和国的脊梁——科学大师名校宣传工程"汇演话剧《黄大年》[②]、四川大学创作的大型舞台剧《江姐在川大》都是以戏剧的形式再现了校史人物的光辉事迹，具有极强的艺术表现力，观看者从中汲取了力量、砥砺了品质。第五，要积极引入文创产品理念，寓校史文化于文创产品中。以学校的Logo、重大事件照片、名师风采、风景景观、建筑物等为元素，设计成画册、徽章、书签、杯具、U盘、鼠标垫、手机套等文创产品，将校史文化"装进口袋、带在身上"。

---

① 习近平：《在全国政协新年茶话会上的讲话》，《人民日报》2021年1月1日第2版。
② 张静、李佳亮、孙宝辉等：《我国高校校史档案文化传播影响因素与模式研究——基于马莱茨克的大众传播模式》，《情报科学》2019年第7期。

（四）媒介层面：构建全媒体矩阵，合理配置平台

1.全媒体矩阵

高校应积极拓宽传播渠道，创新传播载体，不断扩大校史文化的生存发展空间，构建线上、线下结合，传统、新兴融合的校史文化全媒体传播矩阵，实现传统媒介和新兴媒介在内容、渠道、平台、管理等方面的深度整合，链条式推动"统一性选题策划、多渠道信息采集、特色化编辑加工、多渠道信息输出、多回路反馈评估"等环节，相互联动、优势互补、融合共享、整体发力。第一，巩固线下形式，包括展馆、展览、报刊、书籍、展板或宣传栏、讲座或报告会、校史活动、校史剧作等形式。目前来看，因传统形式仍然具备较强的公信力与权威性，其主体地位未被撼动。第二，创新线上形式。除了广播、电视、网站等媒介形式，还应创新性地探索"两微一端"、QQ、抖音、哔哩哔哩、今日头条、知乎论坛、直播等新兴媒介形式。数字校史馆因不受时空限制，且具有内容和路线的自主选择性，逐渐成为时下校史馆建设的新趋势。燕山大学校史馆已搭建起以官方网站和"燕山大学档案馆（校史馆）"微信公众号为主，以网上校史馆、"燕山大学校史宣讲团"抖音号、"学习强国"校史专栏和QQ为辅的全媒体矩阵，多管齐下，推动校史文化传播工作。

2.适配性平台

全媒体矩阵并非对各类平台的简单整合与叠加以形成流水线作业，而是要结合各平台的特点、优势与劣势，包括服务理念、承载内容、传播方式、使用场景、用户习惯等，选择适配性好、操作性强、效果佳的媒介平台，有侧重地在传统和新兴传播媒介之间找到平衡点，明确各自的角色和定位，实现分众化、差异化、个性化编研与传播。例如，展览、讲座、书籍等传统传播方式更适于承载专业性、系统性更强的校史内容，且更适合于专业学者或年龄呈两极分化的群体。而微博、微信、抖音等新媒体更适于承载时效性强、形式多样、互动性强的校史内容，且更适合于追逐潮流的年轻学生群体。

（五）技术层面：借助数字人文，实现技术赋能

1.校史资源库

在数字人文理论和技术的支持下，首先要把现存纸质文本、声像、实物类档案资料通过现代技术手段转化为方便利用的电子数据，实现校史资源的数字化与数据化。此后，利用文本挖掘技术和数据关联技术将分散产生于各业务部门，并保存在档案管理系统的数据进行采集提取，并根据需求分为若干个专题，建构专题性的校史数据库。①总之，需要积极运用大数据、云计算、区块链、AI等数字信息技术，实现基于细粒度和聚合度知识单元的校史资源开发建设、基于文本挖掘和语义关联的校史资源多元检索、面向个性需求与价值导向的校史资源利用共享，为校史文化研究与传播提供更深层次，更广泛、丰富的研究素材。

---

① 马仁杰、李曼寻：《论"互联网＋"时代档案价值与档案利用的关系》，《档案学研究》2020年第6期。

2.可视化技术

应用AR和VR技术、幻影成像技术、数字化声像系统等多媒体展示系统，将校史文本或图片资料转换成声、光、电的可视化符号，加强场景重建、故事重构，积极打造3D体验式展馆或网上展馆，以更加直观化、影像化、情景化的展现手段，提升沉浸式的感官体验，将校史呈现为身边"可触摸的故事"，转化为眼前"看得见的感动"。合肥工业大学校史馆设立了VR校园漫游互动体验区；西北工业大学推出了VR全景数字校史馆，通过添加音频、视频、图文展示、热点导览等内容，让参观者可以借助手机端或PC端身临其境地参观校史馆；同济大学校史馆采用幻影成像技术，重现了抗战时期学校师生在李庄学习、工作和生活的场景①。

在"四全媒体"视域下，如何让校史文化资源"活起来""动起来"，如何让看似"高大上""囿于一隅"的校史吸引参观者眼球，如何将校史文化更加广泛、高效地传播出去，需要在加深校史文化研究和创新传播方式两个方面下功夫。高校校史部门应当积极顺应"四全媒体"的发展形势，深入挖掘校史文化资源，努力释放校史文化价值，创新校史传播方式，探索运用数字技术平台，把"刚性传播"转为"刚柔并济"，把"静态资源"变成"动态资源"，真正发挥校史文化感召人、引领人、启发人的重大作用，切实履行校史资源"存史、资政、育人"的重要义务。

参考文献

[1] 于珊珊.融媒体时代高校校史文化育人功能及实现路径探究[J].北京教育（高教），2021（2）：43-45.

[2] 李舍梅.融媒体视域下校史文化的传承与教育实践探析——以河海大学校史馆为例[J].档案与建设，2020（10）：55-57.

[3] 匡文波.新媒体概论[M].北京：中国人民大学出版社，2019.

[4] 王青.全媒体环境下高校档案服务社会创新研究[J].档案与建设，2020（4）：60-62，68.

[5] 习近平.推动媒体融合向纵深发展 巩固全党全国人民共同思想基础[N].人民日报，2019-1-26（1）.

[6] 王晨，王海稳."四全"媒体视域下高校网络舆情引导新策略[J].天津大学学报（社会科学版），2021，23（5）：403-406.

[7] 杨舒丹，尹艺璇."互联网+"视域下校史文化传播现状与发展策略分析[J].档案天地，2018（3）：35-38.

[8] 习近平.在全国政协新年茶话会上的讲话[N].人民日报，2021-1-1（2）.

[9] 张静，李佳亮，孙宝辉等.我国高校校史档案文化传播影响因素与模式研究——基于马莱茨克的大众传播模式[J].情报科学，2019（7）：56-60.

---

① 何朦凡：《探索新媒体语境下校史文化育人新路径》，《河南工学院学报》2021年第6期。

[10]马仁杰，李曼寻.论"互联网+"时代档案价值与档案利用的关系[J].档案学研究，2020（6）：104–114.

[11]何朦凡.探索新媒体语境下校史文化育人新路径[J].河南工学院学报，2021，29（6）：49–51，73.

（本文系 2022 年度河北省档案科技项目计划"'四全媒体'视域下河北省档案宣传工作'活起来''动起来'集成创新研究"研究成果，项目编号为 2022-R-20）

后疫情时代高校利用微信公众平台传播校史文化策略刍议

——以天津大学档案馆的实践为例

天津大学档案馆　徐婷婷　王建光

习近平总书记在全国高校思想政治工作会议上强调，要把思想政治工作贯穿教育教学全过程，实现全程育人、全方位育人，努力开创我国高等教育事业发展新局面。[①]高校作为育人的重要阵地，加强校史文化育人更为迫切。然而，一场突如其来的新冠疫情打破了中国教育原有的教学模式，教育史上出现了前所未有的大变革，从此步入一个崭新的时代。网络化、智能化成为教育生态的主要特点，云端学习+线上交流成为教育的主流模式。网络教育向整个社会展现了教育信息化的魅力，迎来了蓬勃发展的空间，也将深刻影响我国未来教育的发展趋势。后疫情时代，如何发挥好高校校史文化的育人功能是我们面临的一个巨大挑战。重视和加强网络平台特别是微信公众号的建设，校史文化才能获得新的发展生机。

笔者认为，后疫情时代以校史文化为引领开展思政工作，主动融入社交媒体，牢牢抓住微信公众平台这一宣传阵地，实现对师生、校友特别是在校大学生的精神渗透十分重要。鉴于微信公众平台传播校史文化的独有优势，笔者通过对数据库的文献搜索，发现近几年对微信公众号传播校史文化的方法、策略的研究较少。本文以天津大学档案馆的实践为例，以微信公众号为切入点，以校史文化为引领，创新展示的形式，强化学生的爱国精神和民族自豪感，形成优良的校史文化网络宣传教育格局。经过几年的探索实践，我们在方法和经验上有了一定的沉淀与积累，同时也发现了一些不足。

一、校史文化的基本功能

（一）校史文化的概述

校史文化是校史发展过程所凝结的优秀传统文化和时代精神。校史文化是高校大学文化的重要组成部分，是高校大学文化传承的结晶，蕴含着高校的办学理念、教育主张、文化诉求与核心价值观，对在新时代中推进高校思想政治教育的创新具有不可替代的作用。[②]

（二）校史文化的基本功能

1.激励功能

校史是学校办学历史的传承与积淀，其中涌现出各类先进人物如革命先烈、老教师、杰出校友的典型事迹，凝结着优秀传统文化和时代精神，有榜样示范和激励引导作用。

---

① 习近平：《把思想政治工作贯穿教育教学全过程 开创我国高等教育事业发展新局面》，《人民日报》2016 年 12 月 9 日第 1 版。
② 何静：《校史文化融入下的专业课程思政建设》，《公关世界》2022 年第 8 期。

校史中的优秀人物故事容易引起学生共鸣，激发学生的爱国情怀和学习奋斗的热情。

2.认同功能

和平年代的大学生，对历史的实际体验感受不深，缺少坚定的意志和浓厚的感情，且获取信息渠道多元，思想意识自主多样。校史作为培育家国情怀"最接地气的教材"，吸引广大学生产生强烈的归属感和价值认同，与其他德育内容和形式相比，在大学生社会主义核心价值观养成中的教育效果更持久、更稳定。[①]

3.规范塑造功能

学校通过不断发展所凝练出的校训校风，在校史文化中占据非常重要的地位，其会对师生言行起到约束和规范作用，在帮助师生塑造高尚人格的同时，建立正确的思想价值观。[②]

正是因为校史文化具有以上这些基本功能，所以其可以作为学校思政教育特有的教学资源，既有效拓宽思政教育工作路径，又使得学生通过学习校史文化备受熏陶，并获得更好的发展。[③]

二、微信公众平台在校史文化传播中的重要作用

随着我国移动互联网发展进入全民时代，手机保持第一大上网终端地位。[④]通过手机进行碎片化阅读和随时随地获取信息成为大众学习生活的主要模式。高校校史文化传播多采取"线上+线下"相结合的模式，但校史文化的原有载体，如校史馆、纪念馆等仍扮演主要角色。然而疫情的不确定因素，致使线下参观时而被中断，原有载体不得不关闭或者减少接待。而网络平台可随时随地开展并一直传递发酵，以文字、图片、音频等多种形式深度传播校史文化，微信、微博等新媒体也迎合了目前公众的阅读习惯和获取信息的需求。

然而，微信公众号利用程度较低，大多数高校没有意识到微信公众号强大的服务功能。根据同济大学校史馆梁旭莹和华东交通大学档案馆邹妍调研的42所"双一流"高校档案馆微信公众号、校史微信公众号的数据（分别截至2021年4月、2021年8月）来看，开通微信公众号且有相关内容推送的高校分别约占总数的60%、76%。然而，大多数高校档案馆微信公众号的推送次数和推文篇数比较少，部分高校档案馆甚至没有推送，没有很好地利用微信公众号的功能。[⑤]拥有校史微信公众号且在2020年后更新内容的高校有16所，约占"双一流"高校总数的38%。[⑥]

新媒体的快速发展为校史文化思政教育创新改革提供了有力支持，使得学生获取和

---

① 何静：《校史文化融入下的专业课程思政建设》，《公关世界》2022年第8期。
② 张俊梅：《新媒体环境下校史文化思政教育功能的传播路径》，《传播与版权》2022年第2期。
③ 梁楠：《新时代高校思政教学改革重要性及路径》，《公关世界》2021年第15期。
④ 张春霞、王萍、王旭：《浅析高校优秀传统文化的新媒体传播——以微信公众平台为例》，《江苏高职教育》2019年第3期。
⑤ 邹妍：《媒体融合下档案馆微信公众号运营现状分析——以"双一流"高校为例》，《新闻研究导刊》2021年第12卷第17期。
⑥ 梁旭莹：《高校校史网络资源建设现状的分析与思考——以"双一流"大学为例》，《档案与建设》2022年第2期。

学习校史文化更加自由、便捷，能够进一步保障思政教育工作的效率与质量，能够增进学生对校史文化内容的理解和掌握，进而对学生的思想和行为起到潜移默化的作用。[1]根据西安电子科技大学校史文化传播方式问卷调研结果，"新媒体"以其省时省力、方便快捷的特点处于校史文化传播方式前三位。[2]后疫情时代，高校应主动加强传播校史文化的网络平台建设，利用微信公众号的服务功能，促进中华优秀传统文化的传承，发挥校史文化育人的价值，引导当代大学生涵养家国情怀，增强民族文化自信，对培养全面发展的社会主义建设者和接班人具有重要作用。特别是红色校史文化，党和国家高度重视，挖掘红色资源，讲好红色故事，是高校传承红色基因、守好党的阵地的内在要求，对红色校史的呈现，有助于从党百年奋斗的历史自信中汲取智慧力量，深刻认识党的领导是中国特色社会主义最本质特征、最显著优势，进而增强建设中国特色、世界一流大学的自信。[3]根据华东交通大学档案馆邹妍对"双一流"高校档案馆微信公众号的调查研究，在推文信息方面，各高校档案馆比较重视工作动态和校史文化的推送。[4]

三、利用微信公众平台传播校史文化的策略——以天津大学档案馆实践为例

在当今社会思想多元化的背景下，校史文化具有鲜明的时代烙印、丰富的精神内涵，是大学生思想政治教育的重要素材。网络平台传播校史文化具有灵活性强、不受时间地点限制的优点，运用信息技术创新内容形式，能取得较好的育人效果。从大数据时代校史文化资源体系构建角度考虑，从高校文化传承、立德树人的大局出发，深入挖掘校史档案资源，并利用新媒体平台进行传播。微博、微信等新媒体平台因其共享范围的广泛性、内容的丰富性、手段的便捷性成为档案部门开展档案信息资源共享工作的重要阵地。[5]微信公众平台是易于搭建也能取得较好育人效果的一种可行的"云教育"平台。微信公众平台，是校史文化资源信息共享的一个主渠道。

本文选取了笔者所在天津大学的档案馆微信公众号作为样本，对其利用微信公众号传播校史文化进行了思考与分析，以期探索更科学合理的、可操作性强的方案和模式，不断完善平台建设。天津大学（原北洋大学）诞生于民族危亡之际，具有优良的红色基因，在近130年的办学经历中，形成了"实事求是"的校训、"严谨治学"的校风、"爱国奉献"的光荣传统，是教育部公布的42所"双一流"高校之一。作为由原国家教委直属高校司批准的建制单位、天津市爱国主义教育基地，天津大学档案馆把握校史档案育人的关键，于2017年4月正式建立了官方微信公众号，除发布馆务动态、通知通告等外，将传播校史、发挥校史育人功能作为其主要功能定位。

① 屈子睿：《多元文化与高校思政教育改革路径探索》，《产业与科技论坛》2021年第20卷第16期。
② 杨舒丹、尹艺璇：《"互联网+"视域下校史文化传播现状与发展策略分析》，《档案天地》2018年第3期。
③ 耿化敏：《红色校史资源与中国人民大学"大思政课"建设》，《教学与研究》2022年第5期。
④ 邹妍：《媒体融合下档案馆微信公众号运营现状分析——以"双一流"高校为例》，《新闻研究导刊》2021年第12卷第17期。
⑤ 张林华、原婧妍、王璐琪等：《档案公共服务发展的必由之路：档案信息资源共享的必要性、可行性及实现路径》，《秘书》2022年第1期。

（一）建立数字化校史资源体系

步入大数据时代，资源体系趋于电子化、网络化。以资源观把握校史文化育人作用的发挥，有利于认识大数据背景下校史资源体系建设的迫切性和重要性，在守正中创新，把握未来校史文化在网络教育平台的发展方向。网络信息技术的广泛应用，为探索校史资源体系建设提供了技术支持与可能性。高校要对校史资源进行数据化处理，实现在采集、存储方面的发展转变，推进校史资源的信息化进程，促进校史资源的开发利用，夯实校史文化网络教育的基础。

天津大学档案馆在大量馆藏资源数字化的基础上，重视从网络层面实现对校史文化资源的高效利用。如《北洋周刊》《校报》、学校早期校友成绩册等，是微信公众平台发布校史文化推文的重要素材来源。

（二）搭建校史文化研究团队

积极调动馆内力量，档案馆各位老师都是项目成员。全馆老师都参与馆藏资源的挖掘整理，特别是利用馆藏数字化资源，深挖第一手校史资料，对校史资料进行提炼与整合，并通过加工转化成多种表达形式，如文字类、图表类、音频类等，撰写推送文章。在此过程中，我们把校史研究和育人紧密结合起来，注重红色校史文化的挖掘与内容的编撰，如革命先烈黄诚的爱情故事、地下党王武潜伏北洋大学系列故事等。同时，吸纳学生参与校史资料的收集、整理、编辑工作，让学生成为校史文化的传承者、传播者。

（三）实施"项目承包+文稿三级审批"机制

一是提前谋划布局，启动馆内校史研究项目，将校史研究课题分项，由老师分头承包课题项目。通过全馆老师参与研究历史档案人物，撰写出质量高、可读性强的研究文章。

二是制定微信公众平台工作章程，实行文稿三级审批制度。由主管领导与运营老师一同策划选题，项目运营老师负责具体文稿编排，强化意识形态阵地的管理。

（四）遵循新媒体制作与传播规律

一是用读者的语言特点编排，避免说教。在题目、内容的编排上，用大众喜闻乐见的方式精心设计。多选择能引起读者共鸣的内容，并以提问的方式激起读者兴趣，如《清华、北大、北洋等著名高校，回到1949年的你可以考取哪一所？》《预计招200人实招123人，这样的"北洋高考"你敢接吗？》等。另外，也用古今对比的方式，穿越时空的表达，看当年那些档案中的人物认真地工作、火热地生活，与他们见面、交流。

二是把握时间节点和阅读高峰点刊发。在三八妇女节、五四青年节、"六·九"国际档案日、教师节、校友诞辰日、毕业季等来临之际，刊发相关主题推文，如《五四运动与天津大学（三）他们的"五四"爱国担当》《档案中的天大"师说"》等。具体时间上也选择阅读量高峰点，如午餐前时间段、午休后时间段、晚餐后时间段。一般来说，在高峰点发出的推送文章能被第一时间阅读，可保持较高的阅读量。

三是注重多点传播。比如，抗战之歌相关推文《听！1937 年北洋学子唱响的那支歌！》被多家媒体单位转载，大众反应强烈，累计阅读量超一万人次。

四、利用微信公众号传播校史文化的典型经验与不足之处

"天津大学档案馆"公众号目前拥有网络用户 13369 人。经笔者统计，2020 年 1 月至 2022 年 9 月，天津大学档案馆微信公众号三个板块内容——校史原创类、通知通告类、馆务动态类的推送量分别为 26 篇、32 篇、18 篇。由于新冠疫情，通知通告类有多篇关于开闭馆业务安排的通知。校史类保持了较多的推文量，且全部为原创（参见表 1）。

表 1　天津大学档案馆微信公众号校史原创文章阅读量统计（阅读量 500+）

序号	标题	阅读量	发布时间
1	"天南街"：曾是学校里烟火气最旺的地方档案资料里的旧时光之一	21916	2020-06-09
2	求实会堂：这个地方只有我们知道——档案资料里的旧时光之二	6892	2020-06-15
3	70 多年前，茅以升对毕业生这样说……	883	2020-06-30
4	"校史馆"拍了拍"毕业的你"！北洋风骨与天大精神照亮青春梦想	970	2020-07-05
5	那份纷飞战火中依然举办的"高考"试卷	1297	2020-07-09
6	致敬老师——档案资料里的旧时光之三	2418	2020-09-09
7	"各房间洗澡人员请注意"——档案资料里的旧时光之四	11637	2020-09-21
8	穿越时空去看那个年代的你——档案资料里的旧时光之五	4002	2020-09-29
9	70 年前，北洋的英雄儿女这样抗美援朝！	6808	2020-10-28
10	留下你身影的北洋广场当初可以采莲——档案资料里的旧时光之六	2660	2020-12-02
11	北洋学子爱国情，五四运动传薪火	620	2021-05-04
12	听！1937 年北洋学子唱响的那支歌！	8271	2021-09-03
13	档案中的天大"师说"	516	2021-09-10
14	60 年代那些受资助日子里的点滴回忆——档案资料里的旧时光之七	911	2021-11-16
15	档案人物之北洋大学第一位女毕业生——王懿萱	1140	2022-03-07
16	天大荣光之为周恩来做辩护的钱俊律师	783	2022-05-04
17	那些年一起做过的实验——档案资料里的旧时光之八	1573	2022-06-07

（一）典型经验

一是把校史文化传播作为情怀来做。家国情怀，把学校人物对国家的热爱、民族复兴的担当写在公众号上。比如，推文《天大荣光之"带枪的工程师"齐树椿》介绍在川藏铁路建设中面对匪患严重、野兽横行的工作环境，齐树椿将生死置之度外，全心投入工作。对母校的情怀。比如，"天南街"——曾是学校里烟火气最旺的地方、澡堂大爷数年如一日的经典广播语句"各房间洗澡人员请注意"、用过的旧饭票等，这些地点、人物语言、使用过的物件都将唤起校友们青春岁月的记忆，凝聚校友对母校的情感。对教师的情怀。在每个教师节来临之际推出歌颂教师的文章，比如，公众号相继报道了邓曰谟、杨天祥等许多教师，引得学子们纷纷留言。如"看到 90 岁高龄的导师早年的照片，思绪万千，它记录了那个年代一批大师的风华，他们作为榜样推动着一代代天大学子在追求

科学的道路上书写多彩的青春篇章······"

二是注重原创，打造系列精品栏目，同时用大众喜闻乐见的方式创新作品形式，为微信公众平台提供源源不断的动力。天津大学档案馆微信公众号中校史类推文全部为原创，且有着较高的阅读转发量，阅读量较多的推文相应的留言评论也较多。比如，《"天南街"——曾是学校里烟火气最旺的地方》推文阅读量21916，在看数175，留言数85。同时，推出了"档案资料里的旧时光""天大荣光"等系列栏目，并创新展示形式，如手绘天南街配图、推出抗战歌曲的演唱音频等。

三是积极探索活化新途径，让校史档案资源变得"鲜活"起来。校史档案资源具有一手性、独特性等特点，活化后则更具有传播性，能切实提高育人的实效。比如，天津大学档案馆通过挖掘、活化为国家水利做出杰出贡献的徐赤文的故事，把一手枯槁的人物档案文字变成鲜活的故事。他生活简朴却时常慷慨捐款赈灾，他常说"不该用的钱，一分也要节省；该用的钱，再多也得花"。卢沟桥事变发生后，他带头一次性购买抗日救国公债二万元，被传为佳话。挖掘校史档案中的秘密，也是活化的一种形式，如推文《档案人物之北洋大学第一位女毕业生——王慰萱》。此外，还可以活化校史档案中的内容，如重新演奏抗战歌曲等。

（二）不足之处

天津大学档案馆2015年就建有在线校史博物馆，但早年使用的flash制作系统，目前大部分浏览器已不能正常登录。2022年9月上线的VR模式"全景天大"系统（http://vr.tju.edu.cn），包含校史展馆，重点展品也配有讲解。但校史展览不启用单独的VR模式，在大量校园全景充斥下使用起来不太方便。此外，天津大学云展馆用建模的形式展示建党百年专题展览"穿越百年看初心"，目前还在建设中，未正式投入运营。新建成的档案馆官方网站设有校史文化宣传的板块内容，但多为校内教师使用，学生关注度不高。校史博物馆微博号以教师个人身份运营，未进行官方认证，以展示校史展品和讲解员图片为主，缺少挖掘校史文化的原创内容。校史讲解员的微信公众号也未得到官方认证，推送的内容也是以社团活动为主。同时，尽管天津大学档案馆搭建的微信公众平台在校史文化传播方面取得了一些成绩，但仍然存在不可忽视的问题。

1.传播方式单一，缺乏多种社交媒体的运用

根据相关学者研究，目前我国大部分档案部门主要通过微信、微博等平台提供档案信息资源共享，其中微信的使用频率较高。以微信和微博为例，在信息传播方面，微信相对封闭，使用者需要订阅或关注才能获取信息；微博则是开放的，更像一个自我展示的平台，更加关注传播速度和内容公开。在功能方面，微信比微博更加丰富。当前天津大学档案馆开展校史文化传播最主要的平台也是微信公众号，这一平台在发布馆务动态通知通告、创作校史主题宣传方面发挥了一定作用，但传播的方式单一，传播时效性、广度和深度以及被受众吸收和欢迎程度都有待改善。

实际上，除微信、微博外，知乎、哔哩哔哩、抖音和快手等也是重要社交媒体。例

如，北京航空航天大学就已经开通了抖音账号做了新尝试。这些都是非常值得校史工作开发的新兴网络资源传播渠道，有利于扩大高校校史工作的关注度与影响力。[①]

2.体验感、参与感、互动性欠缺

长期以来，校史文化传播多以单方面的知识灌输和输出为主，天津大学档案馆采用微信公众号进行校史宣传以来，也缺少评论、互动等环节，无法根据受众反馈调整传播内容和策略，进而难以激发受众主动了解和学习的兴趣。有专家对此研究并提出了相关改进建议。例如，开发运用新技术，提供多样化服务，增强校史文化的吸引力、体验感，调动师生、校友参与的积极性，从校史文化的接受者转变为参与者，凝聚大众力量。利用虚拟在线展览传播校史文化，特别是公众平台，可以直接增加AR板块，方便大众使用。弥补校史档案专题展览实体展馆受时间、地点限制的不足，足不出户就可感受到沉浸式、交互式的体验。比如，利用VR/AR等可视化技术，再现蕴藏在档案资源中的历史场景，讲述多维多态的红色校史故事。[②]

3.服务功能不完善

天津大学档案馆微信公众号没有设立相关的评论区，未能建立反馈和评论的良性互动机制。新的内容话题并没有加入公众号底端的功能目录。内容更新频次不高，不仅降低了传统文化的传播力度，也不利于提高传播内容的影响力。

4.校史资源挖掘利用率有待提高

我国校史档案资源，特别是红色资源，存在"孤岛"现象。各部门未形成一个相互联系、共享互通的有机整体，校史文化资源挖掘不深、利用率不高。档案馆应积极加强馆藏资源的宣导，调动更多人参与校史资源的挖掘和研究，推出更多校史文化精品。

四、结语

随着信息技术的迅猛发展，教育在云端渐成体系。新媒体的出现和普及，使教学方式变得丰富起来，也打破了传统教育在时间和空间上的桎梏。校史文化在育人方面大有可为，校史文化与新媒体网络公众平台的融合已经成为大势所趋。高校要紧跟时代的步伐，充分认识到微信公众平台在校史文化教育中发挥的积极作用，并立足实际，加强校史文化研究分析，对校史资源进行有效挖掘和重新整合，利用网络公众平台的优势，充分发挥校史文化的思政教育功能。微信公众平台不能直接把校史资源搬到网上，而需要创新再塑造。要注意运用新媒体活化校史文化资源，用当今师生喜闻乐见的方式去找准突破口，构建校史文化新格局，让工作更有创新性。

另外，高校档案馆应该认识到后疫情时代搭建微信公众号的重要性和必要性。同时，档案馆要在选题和内容上花心思，根据学校大事件和社会新闻热点，合理规划推送时间

---

① 梁旭莹：《高校校史网络资源建设现状的分析与思考——以"双一流"大学为例》，《档案与建设》2022年第2期。
② 张林华、原婧妍、王璐琪，等：《档案公共服务发展的必由之路：档案信息资源共享的必要性、可行性及实现路径》，《秘书》2022年第1期。

和内容。①高校档案馆微信公众号要对高校校史文化的切实需求进行合理规划，使自身真正成为展现高校精神风貌的线上平台。未来，在习近平新时代中国特色社会主义思想、及习近平总书记对档案工作的重要论述指引下，期待更多高校档案馆依托新媒体公众平台深化实践探索，形成更多更好的经验做法。

参考文献

[1]何静.校史文化融入下的专业课程思政建设[J].公关世界，2022（8）：93-94.

[2]张俊梅.新媒体环境下校史文化思政教育功能的传播路径[J].传播与版权，2022（2）：111-113.

[3]梁楠.新时代高校思政教学改革重要性及路径[J].公关世界，2021（15）：118-119.

[4]邹妍.媒体融合下档案馆微信公众号运营现状分析——以"双一流"高校为例[J].新闻研究导刊，2021，12（17）：240-242.

[5]梁旭莹.高校校史网络资源建设现状的分析与思考——以"双一流"大学为例[J].档案与建设，2022（2）：38-42.

[6]屈子睿.多元文化与高校思政教育改革路径探索[J].产业与科技论坛，2021，20（16）：225-226.

[7]杨舒丹，尹艺璇."互联网+"视域下校史文化传播现状与发展策略分析[J].档案天地，2018（3）：35-38.

[8]耿化敏.红色校史资源与中国人民大学"大思政课"建设[J].教学与研究，2022（5）：30-34.

[9]张林华，原婧妍，王璐琪，等.档案公共服务发展的必由之路：档案信息资源共享的必要性、可行性及实现路径[J].秘书，2022（1）：84-95.

---

① 邹妍：《媒体融合下档案馆微信公众号运营现状分析——以"双一流"高校为例》，《新闻研究导刊》2021年第12卷第17期。

中国高校口述历史的当前特征及未来规程

云南师范大学校史博物馆　　伍先成

20世纪40年代，口述历史重新在美国兴起，这种以收集历史见证者的口头声音及活动影像为特征和目的的历史重建活动，已经使史学实践发生了显著改变，被西方国家越来越多的历史学家、社会学家、档案学家、图书馆学家认可、利用和推广，并在相应的领域发挥了传统史学方法难以替代的作用。口述历史在20世纪七八十年代被引入中国，并随之进入高校，成为高校历史书写的重要手段和组成部分。据了解，中国几乎所有的高校都有专门的团队在从事口述史工作。

通过调查了解，结合自身实践，梳理、分析、概括正在如火如荼开展的中国高校口述史工作的特征，并指出中国高校口述史在未来发展当中应该注意的事项，将有助于中国高校口述史工作的顺利进行并收获明显成效。

一、中国高校口述史的当前特征

中国高校口述史工作起步虽晚，但发展迅速，影响日深。就目前而言，已经呈现出领导重视、部门协同、人员参差、过程复杂、成果转化迷惘、价值体现多元、受关注度低等特征。

（一）领导重视

中华民族有悠久的历史，也有重史的习惯、修史的传统、爱史的氛围、讲史的激情。只要有条件，中国人都会习惯性地、不惜成本地把本家族、本单位、本地区、本行业、本国的历史进行记载、整理、研究，并不时地总结、梳理，借以鉴助当下的决策，助力未来的发展。习近平总书记在全国范围、全党内外部署党史学习教育时，也明确指出，"要做到学史明理、学史增信、学史崇德、学史力行"。[①] 足见历史之重要。国有国史，党有党史，校有校史。中国高校的各级领导，既有很高的政治站位，能够厉行党和国家学史的倡导，又浸染在重史的氛围中，能够秉持崇史的优良传统，往往对学校的历史极为关注。值得指出的是，高校中的很多领导，从学习到工作到生活，从学生到教师到领导，几十年都是在同一所学校里。他们对学校的历史更为了解，对学校的情感更为深厚。所以，他们对学校历史的编纂是极为重视的。无论是人员配备、经费预算，还是政策制定、外联内引，都全力支持，优先保证。一个显见的事实是，几乎所有的中国高校，都成立了专门的校史编纂工作领导小组、校史编纂委员会之类的组织，而且，都无一例外地由学校主要领导担任这些机构的主要负责人，以利于沟通、协调，确保校史工作的持续、

[①] 《习近平在党史学习教育动员大会上强调 学党史悟思想办实事开新局 以优异成绩迎接建党一百周年》，《人民日报》2021年2月21日第1版。

顺利、高效推进。

（二）部门协同

口述史采集，除牵头的部门如校史馆、图书馆外，还需要宣传部、组织部、人事处、学生处、离退休处、档案馆、各学院、后勤处等部门的通力合作。在确定采访主题、提供采访线索、确定采访对象、安排采访时间和地点、提供后勤保障、审核采访素材、佐证采访事实、传播采访成果等各个环节、诸多工作中，每个部门都要有对学校口述史工作的正确认识，树立大局意识、责任意识、合作意识，做到高度负责，极力担当，尽可能地为口述史工作提供便利。任何一个环节出现短板，都会影响口述史整体工作的开展。

（三）人员参差

虽然口述史作为历史书写、历史研究的方法，乃至一门学科，很早就已经出现，但是，口述史基本上还是作为书面历史的补充形式而存在的。随着时代的演进、人们认知的成熟、阅读方式的改变，加之技术的发展，口述史又慢慢地"热"起来了，成为诸多学科经常采用的方法。但是，在现代背景下重新提出的口述史，已然是一个专业性更强的领域。高校口述史工作，要求从业者是具有历史学、传播学、新闻学、采访学、心理学、社会学知识，具备广播电视编导、素材剪辑、软件使用、人际交流技能的复合型人才，只有这样的人才，才能确保口述史采集工作的顺利进行和效能的实现。然而，毋庸讳言，就目前来看，中国高校里从事口述史工作的人员，还远远达不到这些要求。他们往往只具有某一方面的特长，只有单一的学科背景，要么是光凭兴趣改行而来，要么是纯粹地服从工作安排，临时性地、应景式地来到校史工作的某一岗位，勉为其难地做一下口述史。有些人对自身的定位不准确，以为拿了话筒、掌控了摄像机，就占据了采访的主动权，就有了绝对的优势。在采访的时候，要么颐指气使，要么不停地插话、追问，要么不顾采访对象的具体情况，按照固定的套路，强力推进采访进程，让采访对象很不适应，甚至愤怒。这自然会影响口述史采访工作的正常开展。

（四）过程复杂

高校口述史采访，从主题确定、对象选择，到对对象信息的掌握、采访提纲的拟定、采访设备功能的熟习、操作的熟练、访谈的具体展开，再到素材的加工、整理、核对、求证，最后到成果的面世，都涉及很多方面，是一项复杂的系统工程，需要采访团队严肃对待、认真进行。比如说，作为采访现场的摄像人员，绝不能把自己的工作看成是简单的配合。开机完毕就置身事外，玩手机、接听电话，做与采访无关的事情。待到采访结束，再木然地关机，收拾东西走人，以为大功告成、万事大吉。殊不知，作为摄像人员，也应该知道采访主题，熟悉采访对象，应该认真聆听采访对象的口述，紧跟口述的进程，追随采访对象感情的脉动、思维的行进，及时捕捉采访对象陈述内容的精彩点、情绪的激昂点，适时地推、拉、摇、移，合理地远、全、中、近，再推几个必要的特写镜头，以突出在场感，增强感染力，发挥细节的力量。这会让被采访者有一种被聆听、被尊重的感觉，从而使其愿意讲出真话，还原历史的点点滴滴。

（五）成果转化迷惘

口述史采访得到的素材，经过初步的加工，如把口述内容转化为文字，回放采访对象进行内容信息核对，在视频上添加字幕等，一般就暂时或永久地归档、保存下来。至于进一步加工成音像制品，或出版为口述史专辑，或播放于学校专门的窗口、平台，或提供给校史研究人员参考、利用，则面临着经费、技术、版权、意识形态审核等方面的迷惘。矿石是开采了，也已经运输回来了，如何加工、冶炼、利用，还有一段很长的路要走。这对于采访对象来说，无疑也是一件需要焦急等待而又颇受制掣的事。因为从正常的心理来说，采访对象往往会觉得自己的口述是有价值的，也会迫切希望自己的口述内容能引起重视，对学校的发展产生良好的影响。他们希望采访的成果尽快出来，并回赠到他们手中，永久保存，反复回味。但是，现实很可能会让他们失望。

（六）价值体现多元

高校口述史不同于传统史学的粗线条描述、笼统概括，其最出彩的地方在于"真实为先，细节取胜"，即历史事件的亲身参与、信息内容的亲眼见证、详细过程的亲自陈述。高校口述史成果出来后，可以成为校史研究的重要材料；可以带领广大师生回顾学校发展的历史，学习经验，吸取教训，从而启迪学校以后的发展；可以成为广大校友共同分享的素材，形成集体记忆，激发凝聚力，促进历史共识，涵养母校认同，从而培养广大校友对学校的眷恋、热爱之情；还可以进一步汇聚成中国高等教育发展的整体历史，反映中国高等教育发展的整体风貌，为中国高等教育的未来走势提供指引，少走弯路、岔路。

（七）受关注度低

高校口述史，确实是一个既存的客体；高校口述史采集，也已是一个热门的话题。但是，我们不得不承认，高校口述史受到的关注是不够的，是不理想的。现在的大学，很少开设与学校口述史相关的课程，没有更多、更恰当的平台播放、展示学校口述史作品。学生的兴趣偏向于应用学科，对历史的重要性认识不够，口述史作品本身的质量又不高，吸引不了眼球。这样一来，高校师生往往并不关注口述史，甚至不知道学校口述史是怎么一回事。学校官网上口述史作品点击率、校史馆到访率不高就是很好的证明。

口述史学之所以再度兴起，其根本原因就在于这种方法继承着一个家族、国家、民族的历史。而历史又是这些家族、国家、民族赖以生存和发展的根基，没有它，不管现在如何辉煌和耀眼，但总是显得苍白和无力。所以，高校口述历史的出现，是大势所趋，是学校发展必然的选择。那么，如何更好地运用口述的方式，记录、形成高校的历史，让口述史能够真正体现"史"的特征，承担"史"的任务，发挥"史"的作用呢？

二、中国高校口述史在未来可以做的尝试

（一）尊重主体间性

主体间性是法国心理学家拉康提出的一个哲学概念。简单而言，是对单一主体、单

边中心主义的反拨，是以平等的眼光看待周边的人、事、物，是对自身主体、他人主体的共同承认并真心尊重。

在口述史采访的整个过程中，采访者一定要坚决秉持主体间性，不能居高临下，不能盛气凌人，也不能把尊重等同于一味地迁就。在谈到采访提纲中的某些问题时，一定要谨记，这是自己和采访对象在合作完成对学校历史的回顾和记录，而不是彼此的求助和依赖。当采访对象沉浸于某个场景时，采访者更要珍惜这样的机会。须知，这种状态很可能最接近事实的"真"，而这种"真"，正是采访者最渴求而不容易得到的。

在采访过程中，对接触到的所有人，采访者都应该坚持并体现主体间性，只有做到了坚持主体间性，才可能赢得最真诚的合作，得到最想得到的材料。

（二）同步展开多个主题

由于口述史在很多高校还仅仅处于起步阶段，相对于书面历史材料，口述史需要抢救、记录的信息太多，所以，采访者往往会感觉到头绪繁多，以至于不知从何处着手。一方面，当前的主题、任务确实比较多；另一方面，对采访对象做一次采访，机会也是很不容易得到的。所以，采访者一定要抓住难得的采访机会，尽可能多地获取信息。而且，对于采访对象而言，只要话匣子打开了，也就会侃侃而谈。有时候，采访对象会无意识地偏离既设主题，更多地谈到其他主题，这个时候，采访者最好不要提醒，更不要打断采访对象的口述。其一，这是不礼貌的举动，会引起采访对象的反感，甚至可能中断采访；其二，只要采访对象口述的是真实的事情，谁又能断定他所说的就不是历史，就没有历史价值？所以，在进行口述史采访时，既要有主题的存在，又不能局限于既定的主题。说不定，采访对象无心插柳，看似偏离了既设的主题，但又在无意中涉及了另一个主题，而这另一个主题，随着时间的推移、形势的发展，很可能会成为以后采访重要的主题。

（三）助力高校发展战略

有些采访者在进行口述史采访时，生怕采访对象会口若悬河、离题万里，会不由自主地在神情、语言上表现出这种担心，从而影响口述的进行。其实，当我们在开始口述史工作的时候，就已经默认了一个事实，即每个人都可以成为历史的主体，既可以是历史的参与者，也可以是历史的撰写者。当我们在跟采访对象联系采访，说明采访意图、商量采访提纲时，就已经明确地告诉采访对象，我们的口述史采访就是为学校存史、供来者参鉴、促学校发展。那么，我们就要相信，无论如何，采访对象所陈述的内容始终是围绕学校发展的大主题而准备和展开的。口述史采访，在出发点的设定上，本来就应该着眼于学校的发展战略，也自然会围绕学校的发展战略来选定采访对象、确立采访主题、设计采访提纲。在采访的过程中，采访者务必心系学校的发展战略，不忘采访提纲，仔细倾听，密切关注，即时明白口述内容，快速研判陈述内容的价值，并做出适时适度的反应，不留痕迹地进行调整，以使采集内容有助于学校的发展战略，完成采访任务，达到采访目的。

（四）强调人民性

口述史工作中的人民性，既有通常的含义，即是人民创造了历史；也有民主的含义，即采访过程中充分体现平等意识、具体展开主体间性。中国高校口述史，人民性的坚持是必不可少的。

1.坚持人民性的原因

（1）坚持人民性是对马克思主义经典理论的坚持。马克思主义是真正的唯物史观，在谈到人类是历史的创造者时，历来就认为，人民群众才是历史的创造者。英雄人物对历史的创造只有部分作用，而不是关键作用。同样的道理，中国高校历史的创造者，只能是全体的教职员工和广大的学生，而不是其他与学校无关的人。于是，高校口述史采访的对象，务必锁定高校历史的创造者——高校师生。

（2）坚持人民性是对中国共产党执政理念的坚守。中国共产党一贯坚持的群众路线，习近平总书记反复强调的"以人民为中心"①的治国理政的核心理念，都明显地包含了对人民群众是历史的创造者的认可和赞同。高校口述史要编纂高校发展的历史，要反映高校师生创造历史的生动过程、深切感受，要做到用高校历史反哺、影响高校师生，就必然要做到心有人民性，坚持人民性，尊重全体师生在创造学校历史中的主体地位。高校口述史的采访，要尽可能多地围绕高校师生进行，真正做到高校历史由高校师生具体创造，高校师生具体创造的历史又滋养、引导、启鉴高校及高校师生的成长和发展。

（3）坚持人民性是对新史学主张的回应。杨祥银在《与历史对话——口述史学的理论与实践》中说道，新史学的部分历史学家号召"彻底摆脱传统史学只注重社会上层人物的那种精英历史观，而要求重视下层平民群众的历史作用，并撰写有关他们的历史"。国内外的历史研究已经发生了对象和内容的转向。从对象上看，不再只关注社会上层人士，比如政治领袖、战争英雄、商界精英、艺术明星等，而更多地关注普通百姓，尤其是底层民众。高校口述史也一定要意识到，高校的历史不只是高校领导、学术精英的历史，而是所有教职员工、所有学生的历史。从内容上看，新史学已经不再像传统史学那样将自己局限在民族国家的政治史范围，很少论及社会的其他层面。新史学不再只关注世界大事、政治变幻、社会巨变、商界风云、圈域内卷，而更多地关注普罗大众具体而微的生存场景，凸显他们的情感，触摸他们的思想，分享他们的生命感受。中国高校的历史，也不能只被看成围绕知识、技能的教和学的历史，还应该是教师、学生、学校沉浸体验、逐渐成长的历史，包括教与学以外的很多方面，比如教育理念、校园文化，比如全体师生的生活、情感、交往交流等。

2.坚持人民性的具体体现

（1）在采访主题上要体现人民性。高校口述史采访的主题，一方面，要依据国家政策、社会热点、时代风潮、学校节庆而确定。比如，在2021年建党100周年之际，可以设计"风雨百年路，奋进XX人"的相关主题，对党龄50年及以上的老党员进行采访，

---

① 习近平：《全党必须完整、准确、全面贯彻新发展理念》，《人民日报》2022年8月16日第1版。

请他们回顾自己加入中国共产党以来的学习、生活、工作情况，以及感受、期望等。另一方面，要根据高校师生的具体情况选定主题，比如高校的教学改革、专业设置，教师的科研开展、学术行程，学生的思想状况、人生规划等。

（2）在对象选择上要体现人民性。高校口述史采访对象的选择要非常认真、谨慎。从理论上讲，学校口述史的采访，就应该针对高校的每一位师生而展开。从实践上讲，又不可能人人皆访。所以，必须做出选择。采访者要在条件允许的前提下，采访尽可能多的师生，以保证采访信息的全面，确保信息能够相互印证而更趋向于准确。要开辟多种渠道，得到合适的人选。可以亲自发现，可以请别人推荐；可以通过正规的部门对接，也可以通过私下的方式确定。

（3）在采访提纲的设计上要体现人民性。采访对象选定后，采访提纲的拟订就显得尤为重要了，因为它直接决定采访目的的达成。采访者要通过各种途径，努力对采访对象的情况进行全面的了解，再围绕采访主题，结合采访对象和采访者自身的具体情况，确定采访提纲。对采访提纲中的每一个话题，都要征求采访对象的意见，看他能不能说，愿不愿意说，有没有可说的，而不是简单地想出一个采访提纲来，发送给采访对象，让他自己发挥，结果，采访对象就很可能会无话可说，或者是言之无物，言之无效。

（4）在口述信息的核对、口述成果的运用等方面，也一定要注意人民性。

一是应该对素材进行分类管理。高校口述史采访得到的素材是来之不易的。有好些素材还具有唯一性和不可复制性，非常珍贵。对采集回来的素材，要先拷贝几份。把"底片"作为最原始的资料，妥善保存，不允许做任何的编辑、加工。其他的拷贝文件，则要反复地看、反复地听，在充分熟悉口述内容的基础上，做出适当的、尽可能精准的分类。分类的标准可以参照高校运行、管理的环节、内容而制定，比如说教学类、科研类、管理类，比如说教务类、人事类、后勤类等。这样的分类，是对素材的精准管理，是为了能够确保及时、便利地使用。而不是采集回来就束之高阁，不闻不问，造成巨大的浪费。

二是应该有时间上的紧迫感。西方曾有一句谚语：一个老人的去世，就是一座图书馆的消失。中国高校口述史起步已然很晚，很多对学校历史比较熟悉的人，都因年龄偏大、健康不佳而陆续离开了人世。他们的去世，是学校历史的巨大流失。以笔者所在的云南师范大学为例，80岁以上的高龄离退休人员就有近400人。如何趁着这些老前辈还愿意、还能够接受口述史采访，及时、尽快地完成对他们的口述史采访，是采访者面临的最大现实和艰巨任务。采访者必须树立抢救性采访的意识，以时不我待的紧迫感，按照准采访对象的代表性、典型性、健康状况、可利用时间等方面的情况，排好顺序，制定时间表，投入对这部分老人的口述史采集当中。在时间紧、任务重的情形下，还可以考虑先尽快拍摄，把整理、分析、核对、研究等工作暂时缓一缓。务必分清轻重缓急，尽量不给准采访对象、不给学校历史的留存、撰写留下遗憾。比如，在2021年底，我们已经通过学校离退休处联系上了26位离退休教职工，准备对他们进行口述史采访。这些老人以对学校的拳拳之意，大力支持我们的工作，答应接受我们的采访。可是，由于新冠疫情，加上部门有其他临时性的工作安排，对这些老人的采访就被无奈延后了一个学期。可是，就是在这段延后的时间里，有一位极有采访价值的老教授去世了。我们根本不敢想象，老人在生命的最后时光，是多么期待我们去采访，去把他最想说的话记录下来，成为学校历史不可或缺的部分。可是，他只能带着遗憾，带着好多不为人知的历史信息永远地离开了。

三是应该更多地面向学生。现代口述历史先驱、英国历史学家保尔·汤普森认为，口述历史的基本重要性在于给了学生们，或者说年轻人一个理解过去的机会。中国高校的历史，同样应该有学生的到场，缺失学生的学校历史，显然是不完整的历史。有些高校的口述史，往往只对领导，只对老教授、知名专家学者进行，针对学生的少之又少。中国高校口述史，应该对学生进行采访，请他们口述当年在学校学习、生活的情形，回忆同窗共度的时光，再现教师上课的场景，重温心灵的旅程，来一次情感对话和心灵考古。这一切，何尝不是学校的历史，何尝不是新史学意义上的历史。

口述采访，口述记录，在中国高校方兴未艾。我们务必明白其特征，在具体的工作中，努力做到上述几个方面。这样来，中国高校口述史工作的未来必定会是美好的，是可为有为的，是可期可望的。

参考文献

[1]习近平在党史学习教育动员大会上强调 学党史悟思想办实事开新局 以优异成绩迎接建党一百周年[N].人民日报，2021-2-21（1）.

[2]习近平.全党必须完整、准确、全面贯彻新发展理念[N].人民日报，2022-8-16（1）.

[3]陈墨.口述史学研究：多学科视角[M].北京：人民出版社，2015.

[4]陈墨.口述史学与心灵考古——论文与演讲集[M].北京：人民出版社，2019.

[5]杨祥银.与历史对话——口述史学的理论和实践[M].北京：中国社会科学出版社，2004.

[6]杨祥银.口述史研究（第三辑）[M].北京：社会科学文献出版社，2018.

[7]杨祥银.口述史研究（第四辑）[M].北京：社会科学文献出版社，2019.

[8]李向平，魏扬波.口述史研究方法[M].上海：上海人民出版社，2010.

[9]于述胜.中国教育口述史（第一辑）[M].重庆：重庆大学出版社，2011.

[10]周宏宇，刘来兵.教育口述史研究引论[M].武汉：华中科技大学出版社，2020.

[11]全根先.口述史理论与实践——图书馆员的视角[M].北京：知识产权出版社，2019.

[12]中国人民大学校友工作办公室.与改革开放同行——中国人民大学校友口述史（第一辑）[M].北京：中国人民大学出版社，2019.

[13]赵丽明.百年清华口述史[M].北京：中国文史出版社，2018.

[14]李方桂.李方桂先生口述史[M].北京：清华大学出版社，2008.

[15]刘川生.讲述——北京师范大学大师名家口述史[M].北京：光明日报出版社，2012.

[16]上海对外经贸大学口述史编写组.上海对外经贸大学口述史（第一辑）[M].上海：上海三联书店，2020.

[17]沈红雨.地方高校口述校史传播瓶颈及创新路径探析——以绍兴文理学院校史纪录片《四存园的故事》为例[J].中国档案，2021（8）：62-64.

[18]魏宁.大学生口述史采访工作论析[J].青年记者，2017（26）：119-120.

[19]陈淑香.高校开展口述档案工作探究[J].兰台内外，2017（3）：14-15.

[20]徐警武，谢朝霞.高校口述史七问[J].大学（研究版），2017（12）：84-96.

[21]张宏静.高校口述史在校园文化建设中的作用与服务对策研究[J].淮海工学院学报（人文社会科学版），2016，14（1）：134-136.

[22]蒋国勇，王凯.基于校史记忆的高校口述整理工作探析[J].浙江档案，2016（10）：10-13.

[23]梁敬芝，万静.口述史采编方法在校史研究领域中的应用[J].采写编，2013（6）：25-26.

[24]朱彤，杨桂明.口述校史在高校档案文化建设中的作用和价值研究[J].浙江档案，2020（1）：62-63.

[25]刘欣，帅斌.口述校史构建高校集体记忆的可能、可为与可期[J].兰台世界，2021（11）：54-57.

[26]高慎晶，李明，张明.论述口述史在高校爱国主义教育中的价值及实现途径——以赤峰市抗美援朝老兵口述史为例[J].赤峰学院学报（汉文哲学社会科学版），2022，43（2）：78-82.

新时代高校校史研究的回顾与展望

——以云南师范大学为例

云南师范大学档案馆校史馆　康春华

校史是高校发展历程的反映和记录，是高校办学传统和人文精神的凝结。校史研究就是在马克思主义理论的指导下，利用科学的方法和手段，对各种校史资料进行梳理，客观记载学校发展轨迹，探究学校发展规律，总结办学经验和教训，发挥"存史、资政、育人、宣传"的功能。自 1984 年教育部下发《关于编写校史的通知》以来，全国各高校高度重视，纷纷成立编纂机构，组织人员，拨给经费编撰校史，校史研究取得了丰硕的成果。云南师范大学（以下简称"云南师大"）积极落实教育部文件精神，以筹办 50 周年校庆为契机，组织人员编撰校史。经过老一辈校史工作者 36 年的不懈努力，编印出版了一些研究成果，取得了显著成绩。现以云南师大校史研究为例，剖析近 40 年来高校校史研究存在的问题及今后发展的方向。

一、研究现状评述

云南师大是一所历史悠久、传统优良的省属重点师范大学，其前身是抗战时期北京大学、清华大学、南开大学迁至昆明合组成立国立西南联合大学（以下简称"西南联大"）的师范学院（以下简称"联大师院"）。抗战胜利后，1946 年组成西南联大的三校复员北返，师范学院整建制留在昆明独立办学，定名国立昆明师范学院（以下简称"国立昆明师院"）。1950 年改名昆明师范学院（以下简称"昆明师院"），1984 年更名为云南师范大学，1999 年与云南教育学院、云南体育进修学院合并办学，组建了新的云南师大。历经 80 余年的更迭发展，云南师大现已成为教育部和云南省人民政府"省部共建"高校、国家中西部基础能力提升工程重点建设高校。据统计，云南师大先后为国家培养各级各类人才 30 余万，云南省各州市县教育局长、中学校长、省特级教师、中小学学科带头人 80% 以上是云南师大毕业生，云南师大被誉为"红土高原上的教师摇篮"。

通过在中国知网（CNKI）和读秀学术搜索进行相关检索，笔者找到与云南师大校史研究相关论著 80 余种，外加内部编印资料多种，研究成果较多。现将已有编研成果分为以下几类进行介绍。

（一）校史资料汇编

校史资料的收集、整理是校史研究的基础性工作。云南师大校史工作者历来非常重视校史资料的收集、整理工作，从 1986 年校史编写组成立至今，先后整理出版了《云南师范大学纪事》《云南师范大学年鉴》《专题史料和特色档案汇编》，公开面世的有《云南

师范大学纪事（1938—1949）》《云南师范大学纪事（1938—1998）》《云南师范大学纪事
（1938—2016）》《跨越发展——"十一五"时期教学科研档案专辑》《珍档撷英——云南
师范大学校史资料选编》《薪火相传——云南师范大学校史资料选编》《云南师范大学年
鉴》（2015、2016、2017、2018、2019）《云南师范大学组织沿革》。1998 年，在纪念西南
联大成立 60 周年之际，北京大学、清华大学、南开大学和云南师大四校联合编纂的 6 卷
本《国立西南联合大学史料》公开出版，联大师院历史资料是其重要组成部分。

编印资料有：《云南师范大学解放战争时期党史资料文集》、1993—2014 年的《云南
师范大学年鉴》、《云南师范大学历年工作总结汇编》、《云南师范大学组织沿革志档案资
料汇编》、《中国共产党云南师范大学历次党员大会、代表大会资料汇编》、《国立西南联
合大学附校大事记（西南联大附校时期）（1938—1944）》、《云南师范大学党委会纪要汇
编》等。

2016 年以来，以迎接建校 80 周年为契机，云南师大各学院、各部门筹备校庆纪念活
动，编写了一批部门纪事，公开出版的有《云南师范大学数学学院纪事（1938—2018）》。
上述资料的编印出版，为开展校史通论性、专题性研究奠定了坚实的基础。

（二）通论性、整体性校史研究

首部通论性简明校史当推云南师大校史编写组编写出版的《云南师范大学校史稿
（1938—1949）》，其叙述了从 1938 年联大师院设立到 1949 年国立昆明师院结束一共 11
年的历史。吴宝璋的《云南师范大学史略》撰述了云南师大从 1938 年 8 月到 1989 年的
历史，首次将校史研究时限推到新中国成立后。本文把云南师大历史划分为三个时期：
联大师院时期、国立昆明师院时期、昆明师院—云南师大时期。西南联大北京校友会历
时 10 余年编写的《国立西南联合大学校史——1937 至 1946 年的北大、清华、南开》是
具有开创性的通论性西南联大校史著作，在文化学术界享有盛誉。书中专辟一节，论述
了联大师院及其附设学校的历史。易社强的《战争与革命中的西南联大》用一章内容简
要介绍了联大师院院长黄钰生、联大师院教师查良钊和陈雪屏，以及联大师院的政治气
氛等。

（三）校史专题研究

校史专题研究主要集中在联大师院为培训云南中等学校师资所作的探索与实践，以
及联大师院对云南基础教育的贡献探讨上。林毓杉利用档案资料，结合自己的回忆，考
察了 20 世纪 30 年代云南中小学教育的状况与联大师院的设立，重点探讨了联大师院协
助云南省教育厅培训中学在职教师的工作。[①]杨立德在《西南联大师院加强与中学的联系》
中论述了联大师院加强与中学联系的原因和途径。[②]闻黎明根据《云南日报》相关记载，
首次对 1938 年与 1939 年联大师院的云南地方中等学校师资培养进行详细考察，指出其

---

① 林毓杉：《西南联大对云南教育事业的贡献》，载中国人民政治协商会议云南省委员会文史资料研究委员会等《云南文
史资料选辑》第 34 辑，云南人民出版社，1988 年；林毓杉：《黄钰生先生与西南联大师范学院》，载云南文史资料编委会
《昆明文史资料选辑》第 25 辑，内部资料，1995 年，第 5655-5660 页。
② 杨立德：《西南联大师范加强与中学的联系》，《云南师范大学学报《哲学社会科学版》》1994 年第 3 期。

培训内容既针对云南中等教育的客观实际，又与中国现代化的发展需要紧密结合。[1]朱俊从西南联大为云南中等学校师资进修所做的工作入手，梳理联大师院开办云南中等学校在职教员进修班、协助办理云南中等学校各科教员暑期讲习讨论会的历史。[2]张睦楚撰文讨论联大师院如何为地方基础教育服务。在《育滇省师资·增教育之效——西南联大师范学院与战时云南"中等学校教员暑期各科教育讲习讨论会"》一文中，以"中等学校教员暑期各科教育讲习讨论会"为考察对象，探讨了该讨论会开办的时间、次数、培训学员情况、管理规程、主讲教师、讲习课程等内容，并讨论了该讨论会的特点和开办的影响。[3]在《试述西南联大师范学院师范生暑期教育服务及其开展——以"生活教育团"为中心之探讨》一文中，以"生活教育团"为中心，分析了联大师院的设置与师院学生暑期实习相关的政策背景、联大师院学生暑期地方教育服务及其特点。[4]《西南联大师范学院的地方教育服务》一文考察了联大师院地方教育服务的政策背景与目标，介绍了联大师院地方教育服务的开展及相关探索，分析了联大师院地方教育服务的特点。[5]

校史专题研究也包括联大师院师范教育史的相关探讨。高建国、任祥论述了西南联大高等师范教育办学的历史背景及经过，总结了联大师院师范教育办学观。[6]王苹系统研究了联大师院师范教育，从教育史入手，把联大师院作为师范教育机构史研究的个案，着重考察了联大师院的师资队伍、人才培养机制、实习方式、职后培训方式等，分析了联大师院师范教育的发展情况及特色，探讨了联大师院师范教育的历史影响和当代意义。[7]

联大师院在八年的办学历程中，以解决地方师资紧缺问题为中心，始终坚持教师职前培养和培训当地学校师资，使教师职前培养和职后培训紧密相联，对教师教育一体化进行了探索和实践，取得了成效。因此，探讨联大师院师范教育一体化的办学实践，总结联大师院师范教育一体化的办学经验，为当今教师教育提供镜鉴，成为云南师大校史研究一个新的增长点。张振利考察了联大师院的办学宗旨和办学定位、专业体系和课程体系、如何树立学生的师范意识，以及联大师院对云南教师教育的贡献。[8]张晓华探讨了联大师院师范教育的发展背景及简况、联大师院对教师教育一体化的实践，提出了当下师范院校如何继承、创新、发展西南联大师范教育的一体化办学经验。[9]

联大师院附校、专修科，联大师院与"一二·一"运动的关系，国立昆明师院与爱国

① 闻黎明：《西南联大与云南中等学校师资培养》，《中国国家博物馆馆刊》2012年第5期。
② 朱俊：《西南联大促进云南中等学校师资进修的历史考察》，《云南师范大学学报》（哲学社会科学版）2019年第6期。
③ 张睦楚：《育滇省师资·增教育之效——西南联大师范学院与战时云南"中等学校教员暑期各科教育讲习讨论会"》，《学术探索》2020年第9期，第118-127页。
④ 张睦楚：《试述西南联大师范学院师范生暑期教育服务及其开展——以"生活教育团"为中心之探讨》，《教师教育研究》2020年第32卷第1期，第115-121页。
⑤ 张睦楚：《西南联大师范学院的地方教育服务》，《北京教育学院学报》2020年第34卷第2期，第83-92页。
⑥ 高建国、任祥伦：《浅析西南联大的高等师范教育办学观》，载《国立西南联合大学研究文集》第1辑，中国百科全书出版社，2005年。
⑦ 王苹：《西南联大师范学院师范教育的历史研究（1938-1946）》，云南师范大学硕士论文，2013年。
⑧ 教育与区域发展研究院：《试论西南联大师范学院的教师教育机制》，云南人民出版社，2011年。
⑨ 张晓华：《继承与超越：教师教育一体化改革的守与变——从西南联大师范教育谈起》，《教师教育论坛》2015年第9期。

民主斗争关系也是校史专题研究的一部分。联大师院首任院长黄钰生 1990 年撰文回忆了附校的建校经过、校舍迁移，附校的管理、教学、招生情况及附校的办学精神。^①联大师院专修科史地组主任张清常回忆了联大师院专修科设立的背景、经过、组织管理、人才培养、教师队伍、教学情况，以及专修科与"一二·一"运动的关系等。^②穆玲玲通过梳理西南联大附校的办学历程，探讨了西南联大附校的办学理念、管理制度及运行机制，总结了西南联大附校基础教育的特点及产生的效能。^③曾任联大师院罢课委员会主席的王尊贤回忆了"一二·一"运动爆发的背景、原因，联大师院在运动中成立的罢课委员会如何组织广大同学宣传、争取和平与民主，反对内战的重大意义，揭露了国民党发动内战的罪恶阴谋，展现了广大人民在国民党独裁统治下的生活惨状，以及与国民党特务开展斗争的情况。^④赵家康回忆了国立昆明师院师生参加"李闻血案"斗争、建立系级联合会、反对美军暴行运动、普选学生自治会和加强社团活动的斗争、创办"工警夜校"及斗争、开展助学运动和人权保障运动等情况。^⑤

校史专题研究还包括云南师大人才培养、课堂教学研究。张瑞江结合目前教师教育改革发展的实际要求，系统研究了云南师大教育人才的培养模式。^⑥奚向伟运用教育学理论，专题研究云南师大课堂教学的历史演变，总结 70 余年来云南师大课堂教学的发展轨迹、发展的特点、成效与不足，并为云南师大课堂教学改革提出了五点启示。^⑦

（四）校史人物研究

目前学界研究较多的人物是联大师院院长黄钰生。他任联大师院院长期间，不仅发展了高等师范教育，直接培养了数百名优秀的中等学校教师，还为云南培训了一批中等学校在职教师，大大丰富了他们的学科知识，提高了他们的职业素养和教学水平，为云南基础教育做出了巨大贡献。此外，他还兼任联大师院附校主任（校长），使附中、附小发展成了模范中小学，遗风余泽，嘉惠今人。在昆明八年的教育实践中，黄钰生形成了一套师范教育和中小学教育思想。研究者从黄钰生艰苦创办、管理联大师院、联大师院附校等方面展开研究，探讨他对师范教育及中小学教育的探索实践和教育思想，研究成果有：黄钰生的《黄钰生文集》^⑧，卢濬的《对云南教育作出长远贡献的黄钰生先生》^⑨，杨

---

① 黄钰生：《回忆西南联大附校》，《云南师范大学学报》（哲学社会科学版）1990 年第 1 期。
② 张清常：《灿烂的火花——回忆西南联大师范学院专修科》，载张清常《张清常文集》第 5 卷，北京语言大学出版社，2006 年，第 324-326 页。
③ 穆玲玲：《西南联大附校研究》，云南师范大学硕士论文，2013 年。
④ 王尊贤：《血雨腥风话当年——忆西南联大师范学院"一二·一"的斗争》，载中国人民政治协商会议云南省楚雄彝族自治州委员会文史资料研究委员会编《云南省楚雄彝族自治州文史资料选辑》第 4 辑，政协云南省楚雄彝族自治州委员会文史资料委员会，1987 年，第 28-31 页。
⑤ 赵家康：《昆明师范学院建校初期的爱国民主斗争》，载云南西南联大校友会编《西南联大精神永垂云南——国立西南联合大学昆明建校六十五周年纪念文集（1938-2003）》，云南教育出版社，2003 年，第 7-28 页。
⑥ 张瑞江：《云南师范大学教师教育人才培养模式研究》，云南师范大学硕士论文，2014 年。
⑦ 奚向伟：《云南师范大学课堂教学历史研究》，云南师范大学硕士论文，2016 年。
⑧ 黄钰生：《黄钰生文集》，百花文艺出版社，2009 年。
⑨ 卢濬：《对云南教育作出长远贡献的黄钰生先生》，《昆明市文史资料选辑》第 39 辑，内部资料，2004，第 6375-6379 页。

立德的《黄钰生先生在西南联大师范学院》①，陈晴晴的《黄钰生教育思想研究》②。

任教于联大师院和国立昆明师院的部分教授，如朱自清、罗常培、闻一多、罗庸、杨石先、叶公超、柳无忌、张清常、徐嘉瑞、姜亮夫等相继进入研究者的视野，他们的讲义、论著被整理出版，有关他们学术思想的论著也陆续面世。③与之形成鲜明反差，新中国成立以来的云南师大校史人物少有研究。

二、对现存校史研究问题的反思

由于云南师大校史编研工作起步较晚，工作基础薄弱，遇到各种困难、制约、障碍，由于校史研究队伍专业化水平不高、理论素养和创新能力不足，校史研究中出现了以下一些问题。

一是"头重脚轻"，整体失衡。所谓"头重脚轻"，是就云南师大校史研究时段而言的。一部校史应该探析学校从建立发展至今的历史，而不是特指某一时期的历史。现有校史资料汇编、通论性校史著作、专题论文、校史人物的研究时段集中于联大师院时期，国立昆明师院时期尤其是新中国成立以来的云南师大校史少有涉及。现有校史资料中只有《云南师范大学纪事》收入资料的时间从1938年直到2016年，《云南师范大学年鉴》从1993年开始编至2019年。通论性校史著作，如《云南师范大学校史稿》写至1949年戛然而止。《云南师范大学史略》叙事至1989年，填补了新中国成立后至1989年这一段时间的历史空白，但叙事极为简略，没有深入挖掘，类似于学校简介。校史人物也主要研究联大师院和国立昆明师院的院长、系主任和著名教授，新中国成立后的云南师大一些有成就的校领导、著名教授少有研究者关注，致使他们的办学理念、教育思想、教学活动、科研成就被淹没在故纸堆中，鲜为人知。校史研究者应该下大力气收集资料，群策群力，集思广益，进行增写和续写。

二是重编纂轻研究。校史编研包括编纂和研究两个方面，编纂主要是对校史档案、声像、口述回忆录、实物资料进行收集、整理，并按一定的体例编排整理存世。研究就是对收集的校史资料进行阅读、消化、考证、鉴别、分析、诠释、归纳、演绎等工作，既可以对学校发展演变进行宏观的整体研究，也可以选择某一专题进行微观研究。现有云南师大校史研究成果中有40余种资料汇编、2部著作、30余篇文章（其中10余篇回忆纪念性文章、20余篇专题论文）。资料汇编为主要成果形式，体裁多为编年体；回忆纪念性文章存在选题重复、内容相似的现象；专题论文常见以罗列史实、叙述人物，缺乏

① 杨立德：《黄钰生先生在西南联大师范学院》，《云南师范大学学报（哲学社会科学版）》1991年第2期，第80—85页。
② 陈晴晴：《黄钰生教育思想研究》，天津师范大学，硕士学位论文，2021.
③ 相关研究成果主要有：《朱自清文集》（当代世界出版社，2010年）、《朱自清年谱》（光明日报出版社，2010年）、《罗常培文集》（山东教育出版社，1999年）、《罗庸西南联大授课录》（北京出版社，2014年）、《张清常文集》（北京语言大学出版社，2006年）、《柳无忌年谱》（社会科学文献出版社，1992年）《朱自清创作思想研究》（安徽大学出版社，2009年）、《闻一多年谱长编》（上海交通大学出版社，2014年）、《闻一多传》（人民出版社，1992年）、《诗与学术之间——现代诗人闻一多的古典学术研究》（中国书籍出版社，2018年）、《杨石先传》（南开大学出版社，1991年）、《叶公超传》（河南人民出版社，2004年）、《徐嘉瑞全集》（云南大学出版社，2008年）、《文化大家徐嘉瑞》（云南人民出版社，2015年）、《徐嘉瑞的文学思想与文学实践研究——以"平民文学"为中心视点的一种考察》（云南大学博士论文，2016年）、《姜亮夫全集》（云南人民出版社，2002年）、《朱德祥代数与几何讲义》（哈尔滨工业大学出版社，2017年）。

必要的提炼和理论概括，无法呈现云南师大师范教育发展演变的脉络和内在规律。就专题研究而言，主要是教学、科研、民主运动几方面，学院、部门史，学科史，图书馆史，校园文化史等研究领域没有受到重视，存在研究领域不宽、研究视野不广的问题。

三是重事件轻人物。校史应是一部在一定时间、空间内，师生通过各种活动创造事物的历史，人物和事件是校史的两个基本要素，人物是"点"，事件是"线"，学校是"面"。现有两部通论性校史著作《云南师范大学校史稿（1938—1949）》和《云南师范大学史略》，都是以时间为"经"、事件为"纬"来书写云南师大的发展脉络的，没有突出"点"，也无法做到"点""线""面"结合，把本应生动活泼、丰富多彩的人物活动史写成了呆板的事件史，忽视了校史的立德树人功能。云南师大校史人物的研究也很不够，校史人物资料收集、访谈工作没有切实开展。新中国成立后云南师大著名教授、杰出员工、知名校友的研究没有受到重视，他们的办学思想和理念、治学精神和方法没有得到充分挖掘，无法发挥优秀人物引导人、塑造人、鼓舞人的作用，这是云南师大校史编研的一大缺陷。

三、对今后编研工作重点和努力方向的展望

自 1984 年教育部下发《关于编写校史的通知》以来，云南师大曾多次组织人员开展校史编研工作。1986 年，为筹办西南联大及云南师大 50 周年校庆纪念活动，云南师大成立校史编写组，开展校史编纂工作。2005 年，学校成立《云南师范大学纪事》编写组，续写《云南师范大学纪事（1950—1998）》。2009 年，在宣传部设立校史研究室，组织人员修订《云南师范大学纪事》。2015 年，为建设校史博物馆，编写纪事、校志、校史，成立校史馆（含档案馆）。次年 5 月，校史馆（含档案馆）设立校史研究室，为云南师大党史、校史编研的常设机构。9 月、10 月先后成立校史工作领导小组、校史编纂委员会，指导、协调校史编研工作。36 年来，云南师大的校史编研工作在学校党政领导的安排和部署下，开展收集、整理校史信息和校史资料，策划校史展览，制作宣传片，编写年鉴、纪事和校史等工作。

为进一步推动云南师大校史编研工作的拓展和深入，进一步提高校史编研水平，逐步解决目前存在的问题。各方需要不断深化对校史编研工作重要性的认识。

首先，应大力挖掘新中国成立后云南师大的档案文献资料，访谈云南师大教师、学生、新老校友，开展口述史工作，获取口述资料。在收集资料的基础上，按组织管理、党建思政、教学、科研、对外交流合作、社会服务、校园文化、教师、学生、校友等类别进行编排，形成云南师大校史资料丛书，然后阅读、消化、考证、鉴别、分析已收集到的校史资料，续写、出版新中国成立后的云南师大校史部分，摆脱至今没有一部完整的云南师范大学校史的尴尬局面。

其次，大力开展云南师大校史研究。校史资料汇编固然重要，同时还应大力进行分类研究。正如有的学者指出："编撰校史不应该仅仅是历史事实的堆砌与罗列，而要通过

表象发掘一所学校赖以安身立命、发展的本质规律，编一部'学术化'的校史。"①校史研究可以是宏观的总体研究，也可以是具体的某一方面，如某一学科的发展演变，某个学院的专业设置情况，某个研究机构的设置、发展和撤并情况，某个教学团队的资源整合，某位教授的教育思想、学术思想、学术交游等。通过校史研究，总结提炼云南师大的办学经验和师范教育的一般规律，并温故知新，这样不仅可以为云南师大今后各方面的发展改革进取、开拓创新创造有利条件，还可以为云南省乃至全国的普通师范院校提供决策和管理经验。

再次，开展云南师大校史人物访谈，收集口述资料。学校要开展对黄钰生、朱德祥、卢濬、方龄贵、刘声烈等著名教授的专题研究，编纂他们的文集、年谱、传记，形成"云南师范大学人物研究丛书"，从中汲取教育的先进思想和理念、治校的丰富经验和智慧、科学治学的精神和方法，并在继承中发扬光大。还要挖掘云南师大杰出员工、知名校友的先进事迹，编写《云南师大杰出员工故事集》《云南师大知名校友故事集》，充分发挥校史的育人功能，激发师生知校、爱校、护校、荣校之情。

最后，校史是教育史、文化史、学术史、思想史、社会史等多学科交叉的学术领域，校史本身具有很大的复杂性，校史研究具有很强的专业性。②编纂学术性较高的校史，需要各学科的通力合作。云南师大校史记录着云南师大在校师生和海内外云南师大校友的成长经历，是所有云南师大人的集体记忆和共同财富。因此，云南师大要按照"部门联动、形成合力、协同推进、开放共享"的原则，有效整合校内校外各种资源，充分调动各方积极性，形成人人关心校史、各方支持校史、各部门各层级既分工明确又相互协同的"大校史"工作格局，推动云南师大校史编研工作更上一个新的台阶。

---

① 陈宁宁：《高校校史编撰创新刍议》，《档案学研究》2004 年第 2 期。
② 张斌贤、杜光强：《高等学校校史研究的现状、问题与趋势》，《大学教育科学》2015 年第 5 期。

湖北工业大学本科人才培养定位与培养模式改革演进研究

湖北工业大学档案馆　娄璇　萧毅　张俐

一、引言

地方院校人才培养应以满足地方经济社会发展对人才的需要为办学逻辑起点。湖北工业大学作为湖北省属工科院校，坚持"立足湖北，服务工业"的办学定位，坚持本科人才培养与地方经济结合的现实性和与专业社会需求结合的科学性，定位于应用型人才培养，与时俱进，不断丰富应用型人才培养的目标内涵，改革人才培养模式，优化培养方案。

二、学校沿革简介

1984 年 5 月，湖北省政府召开全省高等教育工作会议，发布了《关于加速发展和改革我省高等教育工作的决定》，提出充分发挥老校潜力，立足原有基础，集中力量办好几所省属重点院校和一些重点专业，决定将湖北轻工业学院和湖北农业机械专科学校合并，扩建为以轻工和机械专业为主的多学科性的湖北工学院。当年 8 月，教育部批复同意组建湖北工学院。1985 年 5 月，湖北工学院正式挂牌成立。作为唯一以工科为主的湖北省属重点院校，湖北工学院"七五""八五""九五"连续三个五年计划被列入湖北省重点建设高校计划，"十五"计划又被列入湖北省地方骨干高校建设计划，在湖北工业经济发展中发挥了不可替代的重要作用。

进入新世纪以后，湖北省委、省政府提出，未来 20 年要抓住发展机遇，走新型工业化的道路，集中力量建设更高水平的小康社会。为实施"科教兴鄂"战略和可持续发展战略，2003 年，湖北省提出发挥湖北工学院学科及专业基本覆盖湖北传统支柱产业和正在重点发展的电子信息、生物工程及新医药、新材料等高新技术产业，将其更名为湖北工业大学，为推进湖北的新型工业化进程发挥更大作用。2004 年 5 月，教育部批准湖北工学院更名为湖北工业大学。到 2022 年，湖北工业大学开办本科专业 77 个（招生专业 56 个），其中国家级一流本科专业建设点 31 个、湖北省一流本科专业建设点 8 个，为湖北经济与社会发展培养了近 9 万名本科高素质应用型人才。

三、学校本科人才培养定位的演进

湖北工业大学"立足湖北，服务工业"的办学定位，以及"厚德博学，求实创新"的校训，是学校本科人才培养定位确立的基础依据，大学生的健康成长与对教育的美好向往、湖北区域经济和社会发展对本科人才的新要求，是学校人才培养定位确立的主要依据。从"七五"计划开始，湖北工业大学在编制每个五年发展规划时，都把本科人才培养定位作为顶层设计的核心内容，充分论证，科学定位。

从湖北工学院到湖北工业大学，学校始终坚持"立足湖北，面向基层，为地方经济建设和社会发展培养应用型人才"的办学指导思想，与时俱进，不断丰富应用型本科人才培养目标的内涵。

1985年，湖北工学院成立，一个重要任务就是加快培养"四化"建设急需人才，时任湖北省省长黄知真要求湖北工学院"早出人才，多出人才，出好人才"。湖北工学院在制定组建方案和编制"七五"教育事业发展规划时提出"以本科教育为主，以教学为中心，立足湖北，面向基层，为地方经济建设和社会发展培养应用型人才"的办学指导思想，明确学校培养出来的学生要"应用基础较好、专业面较宽、动手能力较强、有独立工作能力、能适应艰苦环境、有实干精神和创造精神"。这确立了湖北工业大学办学历程中宽口径、厚基础和实干、实用、创新的应用型人才培养基调。1989年春夏之交发生的政治风波，使湖北工学院对"为谁培养人、怎样培养人、培养什么样的人"进行反思。基于此背景，学校确定的"八五"期间人才培养定位是：扎扎实实开展"三育人"活动，把学生培养成有理想、有道德、有文化、有纪律的社会主义建设者和接班人。这进一步突显了培养本科人才政治素养的要求。"七五""八五"时期，为适应湖北乡镇企业蓬勃兴起对技术与管理人才的大量需求，湖北工学院坚持面向中小企业培养应用人才，毕业生以扎根基层、适用、实干的特征得到社会的认可。

"九五"时期，学校提出"培养以工程应用型为主、基础扎实、知识面宽、能力强、素质高的社会主义建设人才"。"十五"时期，学校确定"积极推进素质教育，立足湖北、面向基层，培养更多以应用型为主、基础扎实、知识面宽、能力强、素质高的社会主义建设者和接班人"的本科人才培养定位，在继承"九五"时期定位的同时，进一步从本科人才的知识、素质、能力、政治素养几个方面提出培养目标。学校在编制"十一五"教育事业发展规划时，提出培养合格的社会主义建设者和接班人是学校的根本任务，思想政治素质合格是学校人才培养的基本要求。本科人才培养目标定位以此为基础，突出知识、能力、素质要求，表述为"培养基础扎实、知识面宽、具有创新精神和较强实践能力的高素质应用型人才"。

随着集成电路、工业互联网、大数据、云计算和人工智能等新技术的发展，以新技术、新产业、新业态与新模式为特征的新经济增长和创新驱动发展战略实施，尤其是《中国制造2025湖北行动纲要》的实施，对工科高校人才培养提出了更高的要求。湖北区域经济和社会发展对创新创业和实践能力强的高素质应用型人才的迫切需求，成为湖北工业大学教育供给侧改革的重点依据。"十二五"期间，根据"双创"要求，学校把创新创业写入人才培养目标，确定本科人才培养定位：以培养具有创新创业精神和较强实践能力的高素质应用型人才为主，注重拔尖创新人才的培养。"十三五"期间，学校进一步提高了对本科人才培养的要求，定位于"培养创新创业和实践能力强的高素质应用型人才"，"具有创新创业精神"改为"创新创业"，既包括创新创业精神，又包括创新创业能力，"较强实践能力"提升为"实践能力强"。

"十四五"初期，湖北工业大学落实绿色发展理念和"双碳"要求，以促进传统工业绿色化转型和绿色工业发展为己任，提出了"建成绿色工业学科特色鲜明的高水平工业大学"的奋斗目标，并大力实施国际化发展战略。与之相适应，本科人才培养定位也调整为"具有国际视野和绿色理念、创新创业及实践能力强的高素质应用型人才"，加入了对国际化和绿色发展的要求。

在长期的办学实践中，湖北工业大学始终坚持全面贯彻党的教育方针，注重求实与创新，在不同时期根据国家和社会的发展需要确定符合时代特征和学校发展实际的本科人才培养定位，宽口径、厚基础、强能力、创新创业成为本科人才培养的基本要素，并得以继承和发扬。

四、学校本科人才培养模式改革的演进

湖北工业大学在办学过程中坚持人才培养主动适应国家战略和地方区域经济、社会发展需要的基本原则，遵循高等教育基本规律，顺应时代发展要求，根据不同时期的不同本科人才培养定位，大力推进本科人才培养模式改革，全面探索和开展培养类型、教学内容、教学过程和教学方法等的改革，力求为每个学生提供合适的教育，促进每个学生的自主发展，保证高素质应用型人才的培养质量。

湖北工业大学的本科人才培养模式改革，大致经历了三个阶段。

（一）"大类平台+专业模块"的宽口径人才培养模式

1985年湖北工学院成立时，针对开设的本科专业中90%以上是实践性很强的应用性专业，提出培养的人才要"应用基础较好、专业面较宽，动手能力较强"，在调整和新增专业的同时，对专业内容和课程设置进行了充实与调整，模糊了专业界限，拓宽了专业口径。同时，加强基础理论课教学，增加应用性课程，加强实践教学环节，拓宽知识领域，重点强化了学生创新精神和实践能力的培养，明确了基本技能和人文、科学素质教育的要求，实行"通才"教育。1993年，湖北工学院本着"加强基础、增强适应性、重视能力培养"的原则，进一步扩宽专业口径、淡化专业界限，增强本科人才培养适应性。学校调整教学计划，将本科专业（方向）归并为11大类，各类专业在前两年基本打通基础课和技术基础课，又一次淡化了专业界限。1994年，教育部开始实施"高等教育面向21世纪教学内容和课程体系改革计划"，湖北工学院认真贯彻落实，制定并实施《本科教学改革总体方案》，按照"加强基础、拓宽专业、突出能力、重视实践、强调素质、因材施教"的原则，整体规划、优化整合课程与教学内容，构建适应现代科技文化发展及区域经济建设需要的教学内容与课程体系。这一阶段的工作为湖北工学院按大类培养本科人才奠定了基础。

1997年，湖北工学院提出按大类进行本科人才培养，将29个专业（方向）教学计划归并为10个大类的培养方案，并对机械工程系1997级新生试行每一专业大类内各专业

前 2.5 年基本统一学科基础阶段的教育，专业口径得到更大拓宽，为实现宽口径专业教育奠定了基础。从 2000 年开始，学校实施"2.5+1.5"或"3+1"分段式的宽口径人才培养模式，构建"大类平台+专业模块"的课程结构体系，丰富学生的专业基本知识，强化其基本技能；大力加强实践教学环节，要求理工科必修实践学时安排 40 周左右，文学、经济、管理类必修实践学时安排 30 周左右，构建了"实验教学、实习实训、毕业设计（论文）、创新教育、课外科技活动、社会实践"六元结合的实践教学体系。

2000—2004 年，湖北工学院按照"控制总学时、压缩周学时，减少必修课、增加选修课，增强实践性，培养应用能力，促进全面发展"的要求，先后三次对各专业的人才培养计划进行了较大幅度的调整。调整后的人才培养计划除目标明确、结构合理、整体优化、实践性强外，还体现出三个特点：一是打破原来行业、区域办学（面向湖北中小型企业）的局面，通过课程优化组合，增强了人才培养的适应性；二是增加选修课程，提高了学生的综合素质；三是体现以工科为主的办学特色，加强了实践教学环节，实践环节的学时达到总学时的 30% 左右。

（二）"合格+特长"的大学生素质发展模式

1999 年 6 月，《中共中央、国务院关于深化教育改革全面推进素质教育的决定》出台。湖北工学院在社会转型、体制转轨和高等教育改革的过程中认真贯彻党的教育方针，于 2000 年组织一批专家学者成立了"大学生素质发展"课题研究小组，对"大学生素质发展"课题进行了长达 7 年深入、系统的研究与实践，出版了《大学生素质发展概论》，制订了《大学阶段素质发展计划》，修订和颁布了《大学生综合素质发展测评及表彰办法》，建立和完善了学生素质测评体系，推进了素质教育发展的进程。

湖北工学院适应高等教育发展的客观需要，逐步树立全面素质发展观，对大学生素质进行了重新分类和界定，将大学生素质分为思想政治道德、法律素质、专业素质、人文社会管理素质、科学工程信息素质、创新素质和身体心理素质 6 大类 14 项，对各项素质及其子元素的含义和发展途径进行了系统阐述，提出了"合格+特长"的大学生素质发展模式，变单一知识传承为注重知识、能力、素质协调发展，全面实施素质教育。"合格+特长"的素质发展模式不仅认为在政治素质、思想素质、法律素质、专业素质、人文素质、科学素质、创新素质、工程素质、社会素质、管理素质、信息素质、心理素质、身体素质等方面发展较好的学生是优秀学生，同时也承认某一方面或某几方面素质发展特别优秀而其他方面发展都合格的学生是优秀学生，体现了学生全面发展与张扬个性的统一，充分尊重大学生的个性特征，鼓励大学生尽可能发展自己的优势和潜能。

从 2002 年开始，湖北工学院开始面向每届新生开设《大学生素质发展》课程；指导学生制订"素质发展计划书"；在继承实行多年的"三好学生"考评指标体系基础上，重新建立了一套适合人才培养新特点的素质水平测评体系，出台《学生综合素质发展测评及表彰办法》，以优秀大学生、优秀个性发展大学生取代传统的"三好学生"评选，每年开展"100 名优秀个性发展大学生"评选和表彰活动，旗帜鲜明地尊重大学生的个性特征。新的测评体系不仅为大学生的素质发展指明了方向、提供了动力，而且开拓了大学生教育、管理的新领域、新途径，同时较科学、准确地评价大学生素质发展水平，为用人单位选拔大学生提供了客观依据。

经过多年的理论探索和实践总结，湖北工业大学本科人才培养教育教学改革不断推进，充分尊重学生的主体性，因材施教，注重个性发展，鼓励优秀学生第二次选专业、辅修专业和攻读双学位；优化人才培养方案，改革课程内容结构体系，改进教学方法，给学生留出更多的思维空间；设置创新学分，设立大学生科研创新基金，为学生提供更多自主学习、创新训练的机会，帮助学生发掘创新点，并注重将创新教育观渗透到各个教学环节中。素质教育改革成效逐步显现，毕业生就业竞争力增强，学校毕业生一次就业率一直保持在 90% 以上，位居湖北省高校前列。2009 年学校被教育部评为"全国普通高校毕业生就业工作先进集体"，2010 年又被教育部授予"全国毕业生就业典型经验高校"称号。《光明日报》《中国教育报》分别在头版以《90% 以上的高就业率何以保持 8 年之久：湖北工业大学培养"合格+特长"人才》《湖北工业大学特长教育提高毕业生就业率》，对学校坚持"合格+特长"的大学生素质发展模式进行了报道。

（三）"721"人才培养模式改革

2004 年湖北工学院更名为湖北工业大学后，加快了由教学型向教学研究型大学的转型步伐，各学科专业人才培养结合学校转型发展实际，加强理工结合，文理渗透，培养以"厚基础、宽口径、重个性、善创新"为特征的具有创新精神的高素质应用型人才。2010 年，学校对人才培养计划进行全面修订。未按学科大类招生培养的本科专业继续实施"2.5+1.5"或"3+1"的"基础平台课程+专业方向课程"的宽口径人才培养模式，突出专业人才培养特色；实施学科大类招生培养的本科专业，学生进校前两年按学科大类平台课程体系统一进行培养，接受"宽口径"的通识教育，第三学年根据学生意愿实施专业分流培养，以增强学生的社会适应能力和竞争力。

2012 年，针对学校招生生源质量稳步提升的情况和学生之间实际存在的差别，为进一步提高人才培养质量，湖北工业大学在总结教学改革成果和人才培养经验的基础上，倡导"因材施教、分类培养"的教育理念，提出进行"721"人才培养模式改革。"721"人才培养模式，即针对 70% 左右的学生，以就业为导向，培养专业基础扎实、实践能力强的高素质应用型人才；针对 20% 左右的学生，实施"1+X"双专业拓展教育，培养具有一专多能的复合型人才；针对 10% 以内的学生，组建创新学院和卓越工程师学院，实施精英式教育，分别培养学术精英和工程精英。学校组织开展了新的本科专业人才培养方案制定活动，主动服务行业企业需求，准确定位专业发展的服务面向与行业企业支撑，统筹设计安排、整体优化人才培养的各个环节，合理搭建通识教育、专业教育培养平台，加强素质教育与创新能力培养，将总体课内教学学时由 2500 个压缩到 2200 个，大大减轻了学生的课业负担，为他们的自由发展提供空间。从 2013 年开始，学校以创新学院、卓越工程师学院建设为突破口，稳步推进"721"人才培养模式改革，按"7-实、2-宽、

1-深"的总体思路，根据地方经济社会发展需要和学校实际，联合行业企业共同制定各专业人才培养目标，完善人才培养方案，优化课程体系，更新教学内容，改革教学方法，完善教学管理制度，致力于培养应用型、复合型和创新型人才。

2014年，湖北工业大学出台《关于全面深化"721"人才培养模式改革的指导意见》，从总体思想、主要任务、具体措施和保障机制四个方面，对"721"人才培养模式的具体实施提供指导。主要是压缩课堂讲授式理论课教学学时和学分，适度减少必修课比重，增加选修课的种类与数量，积极开展研究型、项目型课程学习和设计性、综合性、创新性实验，推行暑假、寒假两个短学期，统筹一、二、三课堂资源，为学生发现、发展各自的志趣、特长，发挥潜力留下足够的时间和空间，使学生在全面发展的同时，充分展现出多样化的知识、能力结构，为因材施教和学生个性发展创造条件。

2017年，第一届按"721"人才培养模式全程培养的本科生毕业，湖北工业大学在对"721"人才培养模式改革实施情况进行总结的基础上，出台《关于修订"721"人才培养方案的指导意见》，按"以学生为中心、产出导向、持续改进"的要求，修订"721"本科人才培养方案，进一步将学分制改革、绿色工业大学、专业认证理念、创新创业教育融入人才培养全过程，面向新经济，探索实践新工科建设的新理念、新结构、新模式，以创新培养机制为改革主题，完善课程体系，优化培养模式，拓展成才路径。在规定的学分框架内，本科专业教学计划充分考虑培养学生的自主学习能力，拓展学生的发展空间，对"7"应用型人才，一方面加强实践教学，另一方面丰富选修课数量，提高课程质量，不断加大学生选课的自由度，激发学生学习的主动性和创造性，为学生个性发展创造条件；对"2"复合型人才，通过"1+X"双专业双学位进行培养；对"1"创新型人才，落实"一制三化"，即"导师制"与"小班化、个性化、国际化"。

2019年，为深入贯彻落实全国教育大会精神，培养德、智、体、美、劳全面发展的社会主义建设者和接班人，改善学校人才培养"重智、轻德、弱体、少美、缺劳"的状况，开创本科教育教学工作新局面，湖北工业大学制定了"五育并举"人才培养工作方案，通过提升德育实效、拓展智育体系、强化体育目标、优化美育品质和增强劳育素质，建成"五育"工作管理信息化平台，构建了德、智、体、美、劳全面发展的教育体系。2020年，在制定本科专业人才培养方案工作中，湖北工业大学又严格按照《高等学校思想政治理论课建设标准》开设思政类课程并组织教学，将课程思政贯穿专业教育的全过程；贯彻《关于全面加强新时代大中小学劳动教育的意见》，开设2学分"劳动教育"必修课程，贯穿1—8学期，将劳动教育融入专业实践、创新创业实践、就业指导教育等环节，增强学生的劳动意识；根据《教育部关于切实加强新时代高等学校美育工作的意见》，优化公共艺术课程体系，全面提升学生的人文修养、科学精神、批判性思维和沟通表达能力。通过实施"五育并举"人才培养工作方案，进一步丰富了"721"本科人才培养模式的内涵。

湖北工业大学本科人才培养模式改革，尊重教育规律，落实"因材施教"理念，促进了人才培养质量的提高。学校于 1998 年通过了教育部本科教学工作合格评估；2006年，在教育部组织的本科教学工作水平评估中获得优秀；2017 年，取得推荐优秀本科生免试攻读硕士研究生资格；2018 年，通过了本科教学工作审核评估并入选全国创新创业典型经验高校 50 强；2021 年，在中国高等教育学会发布的全国普通高校大学生竞赛排行榜中排名第 61 位；2017—2021 年，在全国普通高校大学生竞赛排行榜中排名第 70位；2012 年以来，毕业生就业率一直保持在 94% 以上；2021 年，本科生考研升学率超过30%，成效明显。

五、结语

从湖北工学院组建开始，湖北工业大学本科人才培养之路走了近 40 年，不同时期的人才培养定位、人才培养模式及人才培养方案，在演进过程中表现出不同的内涵与特征，但一直以满足地方经济社会发展对人才的需要为逻辑起点，一直与学校坚守的"立足湖北，服务工业，培养高素质应用型人才"的定位高度吻合，一直贯穿"遵循教育规律、为地方经济建设和社会发展培养应用型人才"的主线，彰显了学校坚定笃行的办学思想和价值取向。

协同治理视域下高校档案资源开发机制构建

河南大学档案馆　于利梅

党的十九大报告明确要求"完善党委领导、政府负责、社会协同、公众参与、法治保障的社会治理体制"，新的《中华人民共和国档案法》明确规定"国家鼓励社会力量参与和支持档案事业的发展"，《"十四五"全国档案事业发展规划》进一步提出"鼓励、引导、规范社会力量参与档案事务"。在法律和政策的指引下，我国档案治理模式迫切要求从传统的"一元治理"模式向"多元治理"模式转变。然而，高校档案工作受学校管理体制因素的局限，基本遵循一元治理模式，这种治理模式下的系统内主体间关系是"纵向充分"，而与系统外群体间的关系是"横向孤立"。在这种治理主体单一、协调不力的模式下开展高校档案资源协同开发存在诸多难题。鉴于此，应从国家治理体系和档案治理现代化的高度，深刻认识高校档案资源开发的现实困境，走"协同治理"道路，明确高校档案资源协同治理目标要求，破解传统一元治理模式下档案资源开发的现实困境，从加强主体协同、搭建联动平台、畅通沟通渠道等方面探讨建构高校档案资源协同开发机制的有效路径。

一、协同治理视域下高校档案资源开发新要求

协同治理已经成为当下一种新兴的社会治理模式，主要指有共同档案治理目标且权责相统一的多方主体协同共治以达成目标利益最大化。文中的高校档案资源协同治理，是指在档案主管部门的宏观领导下，以学校档案部门为主导，以高校师生为主力、其他组织和个人为助力的多元主体，借助现代网络信息技术协同共治，形成协同效应，以实现共建共享目的。以档案资源协同开发系统的角度，高校档案资源协同开发的构成要素主要包括开发主体、开发客体和开发权责三方面。协同治理视域下对高校档案资源开发的新要求也主要表现在这些方面。

（一）开发主体的协同性

协同治理档案资源已成为我国档案治理的行动指南和档案文化影响力提升的重要力量源泉。高校档案资源协同开发主要指以高校档案部门为主导，吸收多元主体协同开发档案资源，倡导多中心的协同治理模式，各主体协同共治，形成强大的协同效应。协同治理背景下高校档案资源开发需要明确多元主体的功能定位：高校档案主管部门，是高校档案管理的宏观管控者，具有宏观调控功能，负责顶层设计并提供制度保障；高校档案部门（档案馆、校史馆、档案室）是资源协同开发的主导者，统筹管理高校档案资源开发，全面负责与有效执行高校内档案资源的开发业务，全面执行和开展档案治理业务；高校师生是高校档案资源开发的主力军，是档案信息的利用者与贡献者，是档案治理协同共治

的重要力量；其他组织及个人是推进高校档案资源开发的辅助者。

高校档案资源开发系统内多元主体应当协同合作，齐心协力、共建共享，合力推动实现档案资源开发的战略目标。在协同治理系统中，档案部门是档案主管部门，是学校师生、其他组织和个人之间协调合作关系的联动纽带，是协同开发成败的关键主体。在协同治理背景下，高校档案部门要发挥好自身的主导功能，改变传统的"我说你听""我做你看"的单一管理方式。档案部门应协调多方主体参与资源开发协议及制度的设计，明确主体权责和角色，理顺资源协同开发系统内主体间的相互关系。

（二）开发客体的共享性

档案资源协同开发客体主要指档案主体协同共治的对象和内容。档案资源开发客体的共享性主要指档案资源开发多元主体在一定范围内，以合作为基础，以自愿、平等、互惠互利为目标，通过一定的技术和方法共建共享档案资源，实现开发效益的最大化。协同治理背景下高校档案资源开发的协同主体要秉持协同治理理念，积极参与档案资源开发过程，能够共享档案资源开发平台。在资源开发共享平台，多元主体能够根据自身需求或开发目的合理配置资金、技术、人才等资源，利用资源开发平台随时上传在开发、共享、利用等过程中产生的有价值的档案资源，保证开发主体对档案资源的共享性。[1]因此，档案资源协同开发要求多元主体在共同开发目标客体的驱动下积极参与高校档案资源开发，以多元主体协同为牵引力，以协同开发平台为载体，以协同共治而形成的系统、完整的档案资源为客体，以实现协同主体共享开发资源为目标。档案资源协同开发方式既能丰富档案资源建设的内容和形式，又能促进协同开发资源的效益最大化。

（三）开发权责的对等性

多元治理主体权责对等是档案资源协同开发的先决要素，也是保障协同开发常态化的关键。档案资源协同治理强调多极化、多中心的治理结构，要求充分尊重不同主体的功能和作用。严格遵循系统内运行程序合理合法是主体权责对等权利实现的程序保障。在保障协同治理系统内主体权责对等的前提下，优化协同治理系统内的治理结构，多元主体之间是相互配合、相互支持、权责统一、共治共赢的充分协同合作关系。主体权责对等必然要求协同开发系统内应当是公平公正的协同共治环境。因此，明确多元主体权责对等权利，有利于多元主体共同遵守协同治理系统内主体的权责规范和运行规则，有利于尊重多元主体在开发场域内所发挥的功能和积极作用。多元主体在权责对等、地位受尊重的条件下更能够充分发挥其在档案资源开发中的功能与作用，进而促进共治、共享目标的实现。

二、传统治理背景下高校档案资源开发困境

传统的一元治理模式下高校档案资源开发主体单一，资源开发能力严重不足，档案资源开发范围受到很大限制。尤其是高校办学规模在逐渐扩大，档案部门难以全面顾及

---

① 展倩慧：《协同治理视域下档案数据开发模式探究》，《档案建设》2020年第4期。

学校规模扩大后高校各个行政、院系部门以及师生个人增量档案的开发，从而导致档案资源流失严重。整体上，新时期传统治理模式下高校档案资源开发面临群体分化、协同意识不强、协同能力不足等困境。

（一）高校档案资源开发群体分化

在传统一元治理模式下的参与式档案治理中，档案部门处于高校档案资源开发工作的中心地位，是档案主管部门，几乎包办档案资源开发的所有事务，但其难以保证高校档案事业"服务对象的大众性"，更无法满足档案资源的"个性化需求"。[①]高校档案部门以外的群体，处于边缘地带，发挥辅助职能。参与群体之间权责不清、权利义务不对等。显然，参与群体不是真正的权责对等的协同治理主体，未能真正参与档案资源开发的决策，因此造成群体分化现象。这种群体分化现象容易导致资源开发的目标冲突或目标分散，从而导致高校档案资源开发工作"在解决复杂的跨界问题时效能不高"。[②]受群体权责不清关系的影响，参与的项目场域往往缺乏公平竞争，参与群体通常仅关注自身利益的最大化，缺乏团队合作精神及激励机制，这种群体分化现象显然影响档案资源的开发成效。

（二）高校档案资源开发主体协同意识不强

高校档案资源开发主体协同意识不强的主要原因表现在两个方面。一方面，传统治理模式的局限制约着参与群体的协同意识。协同治理的精神实质是"多中心协同治理"，主张在治理系统中公平对待和尊重每个主体，平等对待每个主体的功能和作用。然而，传统一元治理模式的实质是以档案部门一元为中心，其他参与群体处于边缘地带，所以其往往忽视或弱化某一方的功能、作用，造成参与群体与档案部门不能公平竞争，在资源配置上不平等，不能形成协同效应。另一方面，参与主体追求资源价值目标的冲突也会制约开发主体协同意识的加强。档案资源开发主体不同，价值取向也会存在差异。高校档案的文化价值偏重，但是多数档案资源具有文化、社会和经济等多重价值，参与高校档案资源开发的各利益主体存在多种逻辑思维和多元利益追求。如果参与主体努力实现自身利益的最大化，在协同意识弱化的情况下，主体间的利益关系将会变得更复杂。例如，在档案资源开发实践中，高校管理部门将从不同角度追求学校及部门工作效益的最大化，师生也会在参与档案资源开发的实践中努力实现利益最大化，这极易导致档案资源参与主体的价值目标取向与实践表现出互斥性。[③]在此背景下，高校各职能部门与师生在档案资源配置与档案资源开发职权分配上将会产生利益冲突，进而影响高校档案资源开发的社会期待和社会信任，甚至抑制其他主体参与高校档案资源开发的积极性。

（三）高校档案资源开发协同能力不足

信息时代，档案信息资源与日俱增，档案部门因"存量数字化、增量电子化"在档案数字化加工上任务繁重，同时档案信息资源开发、档案文化产品供给、档案信息服务、

---

① 张帆、吴建华：《基于档案治理的档案信息资源开发模式转型研究》，《档案学通讯》2019年第6期。
② 洪伟达、马海群：《我国政府数据治理协同机制的对策研究》，《图书馆学研究》2019年第19期。
③ 李健、王运彬：《多元主体协同视角下我国参与式档案治理路径研究》，《浙江档案》2022年第7期。

档案文化服务等工作任务也变得越来越艰巨。有一些高校档案部门保存的珍贵历史档案也急需开发，巨大的档案资源开发任务，仅靠档案部门一元显然力不从心，迫切需要多元主体协同开发。另外，有些高校保存着较丰富的外文历史档案，在开发这些档案资源时，急需更多的外语专业人士和古文档案方面的专业人员参与。不难看出，档案资源开发仅靠档案部门一元治理显然不能满足高校档案资源开发的客观需要。

整体上高校档案资源开发协同能力不足主要表现在如下几方面。一是资源开发主体协同不力。主体协同是高校档案资源协同开发的基础，多元主体的协同程度直接决定协同开发的成效。然而，受职能性质与行政隶属差异的限制，档案资源开发主体常因受制度和规范的束缚在协同合作中不能高效配合。[1]二是资源开发过程协同不力。过程协同，作为连接开发主体和开发成效的纽带，直接影响高校档案资源协同开发的成效。在一元治理模式下，高校档案资源开发处于自发状态，缺乏协同开发的顶层设计，更没有统一的协同开发领导协调机制，开发主体缺乏制度规范，难以协同形成合力。三是资源开发技术滞后。随着档案治理实践的不断发展，高校档案治理与开发的空间不断拓展，在以互联网、大数据、云计算等为主体的新一代科技革命的背景下，档案开发的技术与方法发生较大变化，从过去的压缩、扫描技术演变成关联数据、GIS、Knowledge Graph等。当前档案部门采用传统开发手段显然不能满足客观需要。

三、高校档案资源协同开发机制构建

保障档案资源协同开发常态化发展，应建立资源开发机制，并完善相关制度和规范。以协同治理模式破解传统治理模式下的高校档案资源开发难题，根据协同治理理论对高校档案资源开发的要求，着手从主体协同、联动平台、沟通渠道等方面构建高校档案资源协同开发机制是科学可行的。

（一）加强高校档案资源开发主体协同

一是增强主体之间的互信意识。主体间相互信任是档案资源协同开发最重要的保障，主体间的信任一旦崩塌，将很难实现相互协作。[2]鉴此，多元主体首先应转变观念，坚持档案资源开发主体和档案服务客体相统一。[3]档案部门加强引导，促使多元主体在协同系统中能够认清各自的功能定位和资源配置优势。通过保证主体间权责对等、公平竞争的氛围，加强主体间的互信度。主体间"你中有我、我中有你"的信任融合，将会增强协同主体意识层面的真实信任感，从而达到协同合作的良好效果。

二是加强高校档案资源开发的目标合作。目标合作是资源开发协同治理目标实现的先决条件。合作目标明确将会避免多元主体在档案资源开发实践中发生冲突。高校档案资源协同开发，应在档案部门的主导下，各开发主体参与制定与落实高校档案资源开发

① 王运彬、王晓妍、陈淑华等：《公共服务集成视域下档案部门的协同合作与服务转型》，《档案学研究》2020年第4期。
② 展情慧：《协同治理视域下档案数据开发模式探究》，《档案建设》2020年第4期。
③ 邢慧：《档案治理多元主体角色分析及其协同创新探究》，《档案管理》2020年第6期。

办法、制度、技术规范，进行充分的沟通协调，增强多元开发主体间协作的目的性、方向性和针对性。通过对资源配置方面的目标合作，明确档案资源基础设施经费与维护经费以及开发业务运转经费等的合理配置，优化资源合理配置，从而提高资源协同开发效益。

（二）搭建高校档案资源开发联动平台

联动平台是高校档案资源协同开发机制的重要保障，建立健全高校档案资源开发运行联动机制，就是要推进协同场域内主体间横向或纵向协同联动，进而保障档案资源协同开发项目的顺利开展。[1]还要清楚，协同系统是逻辑体与关系体的融合体，协同系统内的构成要素都发挥着不可或缺的重要作用。因此，构建高校档案资源协同开发运行联动机制应从以下策略着手。一是搭建协同开发网络互动平台。高校档案部门可以依法突破原有线下管理规则、管理秩序和管理话语权，利用互联网、物联网、大数据、云计算等平台开发高校档案资源，搭建立体的协同治理联动平台。档案部门还可以利用部门微信公众号、网站、资源开发系统和档案社交平台举办档案征集、档案开发等活动，引导多元主体积极参与档案资源的开发建设。二是完善协同开发过程引导平台。资源协同开发离不开主体间的运行联动，多元主体行为联动需要相关制度和规范给予有效引导。在引导平台中，档案部门处于主导地位，应当发挥主导和引导功能。档案部门还应提高协同治理能力，在档案主管部门的宏观领导下，依法制定既能兼顾多元主体利益又能调动多方积极性的运行制度和规范，并利用资源开发互动平台进行发布，保障主体间的良性互动。同时，档案部门应当对开发项目的协同过程进行科学的风险预警和研判，并能够及时引导各方处置风险，保障多元主体运行过程的高效互动。

（三）畅通高校档案资源开发沟通渠道

高校档案部门需畅通资源协同开发沟通渠道，调动多元主体参与档案资源开发的积极性，具体需要从以下几方面着手。一是档案部门要保障主体沟通的安全畅通。在治理场域内，档案部门应发挥"去中心化"的主导作用，平衡多元主体的权责关系。档案部门也应宏观保障沟通平台的安全畅通，营造良好的协同开发沟通环境。在开发主体间出现难以协调的矛盾和纠纷时，档案部门应充当"中间人"的角色，保持中立，平等对待各方问题，积极协调，以缓和主体间矛盾。二是畅通多元主体间的治理回应渠道。治理回应渠道是高校档案资源开发实践中多元主体之间沟通顺畅的关键通道。高校档案部门应借助网络和新媒体技术，协同多元主体建立治理回应平台。档案部门可以利用大数据、互联网等信息技术，将系统内的档案主管部门、档案部门、高校师生等主体共同纳入档案治理回应平台。档案部门应积极组织有关主体进行平台沟通互动，合理吸收沟通平台提出的意见并及时解决问题。建立治理回应平台有利于多元开发主体在技术环境下形成共谋档案资源开发事业发展的共治路径，激发多元主体的主人翁精神[2]，从而有效推进高校档案资源协同开发主体的热情。

---

① 贺奕静、杨智勇：《角色、互动与运行机制——档案治理多元主体协同研究》，《档案管理》2022年第4期。
② 李健、王运彬：《多元主体协同视角下我国参与式档案治理路径研究》，《浙江档案》2022年第7期。

新中国成立以来中国档案事业发展的历史进程、主要成就与基本经验

四川大学档案馆　冯兵

　　档案工作是展现党和国家历史真实面貌、保障人民群众根本利益的重要事业。新中国成立以来，中国档案事业实现了跃迁式发展和革命性变革。《人民日报》作为中共中央机关报，记录着党和国家发展中的重要事件，反映着社会的发展与变迁。本文以《人民日报》为基础，梳理新中国成立70余年来我国档案事业发展的历史进程、主要成就并尝试总结基本经验，以期为切实推动档案工作高质量发展提供历史镜鉴。

一、新中国成立以来档案事业发展的历史进程

　　新中国成立以来，档案事业的发展大体可以划分为"接收与初创""建设与挫折""恢复与发展""跃进与辉煌"四个历史阶段。

（一）接收与初创

　　新中国成立前后，在全面接管并改造旧社会的战略大方向下，抢救和接收旧政权遗留档案成为档案工作的主要任务。解放战争末期，中共在接管各大城市时对档案保护工作作出相关规定，如中国人民解放军向旧政权机关人员发出"约法八章"，敦促其"保护各机关资财、档案等，听候接收处理"。[①]新中国成立后，档案接收工作继续推进。1949年10月25日，中央人民政府成立了政务院指导接收工作委员会，统筹处理旧政权相关人员、档案等的接收事宜。[②]党也注意到了革命历史档案的收集工作。在《关于收集党的历史档案的通知》等文件指引下，各地纷纷展开工作并取得实效，如上海革命文物收集委员会征集了包括太平天国玉玺和浙江绍兴府相关的珍贵史料。[③]除接收旧档案之外，建立档案文书管理制度是新中国成立初期档案工作的另一要务。新中国成立后，通过召开中央和地方各级党、政、军、群机关的档案工作会议，并制定如《公文处理暂行办法》等指导性文件，中央机关，各大区、省、市的文书工作和档案工作逐步开展，文书档案管理办法或条例相继出炉，中央和省一级党政机关文书工作和档案工作逐步开展起来。

（二）建设与挫折

　　尽管党在新民主主义革命时期就已经开展了档案文书工作，但在执政范围扩至全国以后，档案管理的经验仍显不足。1954年6月8日，时任中国人民大学档案教研室主任的吴宝康在《人民日报》发表文章，专门讨论档案工作的意义及实际工作中面临的问题：

---

① 《中国人民解放军总部宣布约法八章》，《人民日报》1949年4月26日第1版。
② 全国高等教育自学考试指导委员会组编、周雪恒主编《中国档案事业史》，中国人民大学出版社，1998，第307页。
③ 《上海革命文物收集委员会征集革命史料多种》，《人民日报》1950年2月7日第3版。

我国档案工作基础还十分薄弱，各机关档案工作尚不健全，大量档案仍未得到妥善处理。其认为整顿与改革档案工作首先要做的便是"建立统一的档案管理制度，健全机关文书处理工作，收集管理历史档案"。[1]为统筹全国档案工作，国家档案局于1954年11月8日成立。

1954年12月1日，第一次全国档案工作会议召开。时任国家档案局局长曾三指出，"历史档案收集、机关文书处理、档案馆建设、档案管理机构建设等是今后档案工作的主要任务"。[2] 1956年4月21日，国务院颁布《关于加强国家档案工作的决定》（以下简称《决定》），提出加强国家档案工作统一管理、收集和清理历史档案、培养干部等七项内容。[3]《人民日报》在社论中指出，"国务院《关于加强国家档案工作的决定》，是改善我国国家机关工作的一个有重大历史意义的文件"。号召"一切国家机关必须根据这个决定加强我国的档案工作"。[4]此后，全国各级档案部门响应社论号召，以实际行动践行《决定》精神。各级档案管理机构相继成立，立卷归档制度逐步推行，历史档案、积存档案得到妥善处理，各级档案馆建设项目陆续上马，档案队伍建设抓紧进行，"全国档案工作出现了前所未有的新面貌"。[5] 1956年9月，中共八大召开。国家档案局局长曾三在会上发言，号召把档案事业的发展提高到"适应经济建设和文化建设需要的水平"。[6]明确了档案工作在社会主义建设时期的发展方向。

在党和政府关心支持以及各级档案部门的不懈努力下，我国档案事业在1954—1966年间取得较大发展。革命历史档案的收集，党政机构档案的统一管理，中央及地方各级档案馆的兴建，科技档案、农村档案、军队档案、少数民族地区档案、档案学的研究等工作取得重大成就，为改革开放以后档案事业的快速恢复和发展奠定了基础。当然，也应当看到，"大跃进"期间档案工作出现了一系列问题，诸如"大办档案""万物档案化"等错误口号被提出，并在实践中造成了一定的消极影响。"文化大革命"时期，我国档案事业遭遇严重挫折。后来，在周恩来等领导人的关心下，各地档案工作才有所恢复。

（三）恢复与发展

党的十一届三中全会召开后，档案事业进入恢复与发展期。1979年4月21日，中共中央办公厅、国务院办公厅发布《关于恢复中央档案馆名称和国家档案局的通知》。[7]随后，分别任命曾三、张中为中央档案馆馆长和国家档案局局长。5月26日，中共中央办公厅发布为档案工作彻底平反的通知，认为"文化大革命"前17年，我国档案事业"取

---

① 《论档案工作的意义及目前存在的问题》，《人民日报》1954年6月8日第3版。
② 曾三：《关于目前党的档案工作的一般情况和今后的任务》，载国家档案局编《曾三档案工作文集》，档案出版社，1990，第10—13页。
③ 《国务院关于加强国家档案工作的决定》，《人民日报》1956年4月21日第1版。
④ 《加强国家档案工作》，《人民日报》1956年4月23日第3版。
⑤ 《当代中国的档案事业》编辑委员会编《当代中国的档案事业》，当代中国出版社，2009。
⑥ 《让档案工作更好地为国家建设服务》，《人民日报》1956年10月2日第6版。
⑦ 《关于恢复中央档案馆名称和国家档案局的通知》，载国家档案局办公室编《档案工作文件汇集》第2辑，档案出版社，1985，第3页。

得了很大成绩"，"1966 年中央办公厅发出的两个通知是错误的，应予以撤销"。①由此，档案事业的恢复和整顿工作有条不紊地开展起来。1979 年 8 月，全国档案工作会议在北京召开。时任中共中央办公厅副主任曾三、国家档案局局长张中在会上分别作了报告。会议认为，要大力发展档案事业，提高档案管理的科学化水平，努力使档案事业"为社会主义现代化建设服务"。②《人民日报》社论高度评价了此次会议，认为"对恢复和发展档案工作，对社会主义现代化建设必将起重要的促进作用"。③在党和政府的大力支持下，档案工作的恢复与发展工作取得明显成效。大部分档案管理机构得到恢复，大批档案馆得以恢复和建立，历史档案的开放提上日程。

1982 年 9 月，党的十二大召开，提出了"全面开创社会主义现代化建设新局面"的命题。12 月，全国档案工作会议在北京召开，对新形势下如何开展档案工作并使之为社会主义现代化建设服务进行了深入讨论和研究。会议通过了《一九八三年至一九九〇年档案事业发展规划》，提出要在第六和第七个五年计划期间建立起"一个门类齐全、结构布局合理、管理科学、为社会主义现代化建设服务的、具有中国特色的档案事业体系"。④自"七五"计划中档案事业规划成为专门的规划以后，档案事业在"八五"至"十一五"期间全面发展、有序进行。全国档案事业在此期间取得了重要成绩，档案立法工作、档案学研究、档案干部培养、档案国际化工作等均取得突出成就。

（四）跃进与辉煌

党的十八大以来，习近平总书记高度重视档案事业发展。习近平同志在任职浙江省委书记时曾指出，"经验得以总结，规律得以认识，历史得以延续，各项事业得以发展，都离不开档案。"⑤2021 年 7 月 6 日，习近平总书记专门就新时代档案工作作出重要批示，深刻阐述了档案工作的重要地位和作用，提出新时代档案工作的总体思路和基本要求，为推动档案事业高质量发展提供了根本遵循。⑥其后，国家档案局举办了档案系统领导干部深入学习贯行习近平总书记重要批示专题研讨班，印发《习近平关于档案工作、历史学习与研究、文化遗产保护重要论述摘编》，推动档案系统学习贯彻工作不断深入。

我国档案事业在"十二五""十三五"规划期间蓬勃发展，硕果累累。2020 年 6 月 20 日，新修订的《中华人民共和国档案法》（以下简称《档案法》）公布。⑦这是我国档案法治建设进程中一个新的里程碑。各级档案部门以习近平法治思想和新《档案法》为指引，贯彻实施各项工作，多地推动地方档案法规列入立法项目。⑧2021 年 6 月发布的

① 《关于为"档案工作中反党反社会主义黑线"等错案彻底平反的通知》，载国家档案局办公室编《档案工作文件汇集》第 2 集，档案出版社，1985，第 5 页。
② 《做好档案工作为现代化建设服务》，《人民日报》1979 年 8 月 31 日第 1 版。
③ 《加速恢复和发展档案事业》，《人民日报》1979 年 8 月 31 日第 1 版。
④ 《一九八三至一九九〇档案事业发展规划》，载国家档案局办公室编《档案工作文件汇集》第 2 辑，档案出版社，1985，第 28 页。
⑤ 《为新时代档案事业高质量发展提供坚强法治保障》，《人民日报》2020 年 6 月 24 日第 10 版。
⑥ 郑金月：《习近平 7·6 重要批示的核心要义和实践要求》，《档案与建设》2021 年第 8 期。
⑦ 《中华人民共和国档案法》，《人民日报》2020 年 7 月 16 日第 16 版。
⑧ 陆国强：《深入贯彻落实习近平总书记重要指示精神全面提高档案工作质量和服务水平——在全国档案局长馆长会议上的报告》，《四川档案》2022 年第 2 期。

《"十四五"全国档案事业发展规划》(以下简称《规划》)总结了"十三五"期间档案事业发展的成效。"十三五"期间,我国档案事业在主动融入和服务乡村振兴、区域协调发展等国家战略方面成效显著,在庆祝改革开放 40 周年、新中国成立 70 周年等重大活动,以及脱贫攻坚、新冠疫情防控、党内主题教育等工作中发挥了积极作用,资政能力不断提升。《规划》提出了"十四五"时期档案事业发展的目标,为新时代档案事业高质量发展提供了方向标。

二、新中国成立以来档案事业发展的主要成就

70 余年来,中国档案事业在党和国家的领导下实现了跃迁式发展,取得了历史性成就。

(一)档案资源的收集、利用和开放

档案收集方面。社会主义革命和建设时期,各地积极开展革命历史档案征集工作。《人民日报》1958 年 4 月 28 日载,山西等 23 个省、市、自治区共收集到革命历史档案资料 57 万余件。[1]经过数十年的发展,通过制定详尽的档案收集制度,我国档案资源丰富程度不断提高。据统计,1983—2020 年全国档案馆每年接收的纸质档案由 312.9 万卷/件增至 8 310.1 万卷/件。2020 年底,全国各级国家综合档案馆馆藏档案达 91789.87 万卷/件,与 1963 年馆藏总量 568 万卷/件相比,57 年间增至 161 倍。[2]

档案利用方面。对丰富的档案资源加以有效利用是档案工作的应有之义。利用科技档案、城市基建档案、工程档案等获取实际效益是新中国成立以来档案工作的突出亮点。1987 年 7 月,《人民日报》报道了江苏省利用科技档案获取经济效益的新闻,称南京市百余家工业企业"利用科技档案所产生的经济效益达 2100 多万元"[3]。党的十八大以来,习近平总书记高度重视红色资源的收集和运用,强调"革命文物在党史学习教育、革命传统教育、爱国主义教育等方面的重要作用"[4]。在习近平总书记的指示下,反映革命历史的红色档案资源得以快速收集、整理并融入党史学习教育、大中小学思想政治教育,发挥了强大的意识形态引领作用。

历史档案开放方面。党的十一届三中全会后,拨乱反正工作在各个方面卓有成效,国家科学文化事业发展加速。在此背景下,要求开放历史档案以加强社会科学研究的呼声越来越高。[5]1980 年 5 月 27 日,全国省级以上档案馆工作会议在北京召开,开放历史档案自此逐渐由酝酿转而成熟。[6]1987 年《档案法》规定,档案自形成之日起满 30 年者

---

① 《全国已收集革命历史档案资料五十七万件》,《人民日报》1958 年 4 月 28 日第 4 版。
② 冯惠玲、周文泓:《百年档案正青春——为党管档,为国守史,为民记忆的伟大历程》,《档案学通讯》2021 年第 6 期。
③ 《江苏充分利用科技档案七年获直接效益三亿二千万》,《人民日报》1987 年 7 月 20 日第 3 版。
④ 习近平:《切实把革命文物保护好管理好运用好 激发广大干部群众的精神力量》,《人民日报》2021 年 3 月 31 日第 1 版。
⑤ 《一个良好的开端——介绍几本档案资料书的出版》,《人民日报》1980 年 5 月 20 日第 5 版。
⑥ 《全国省级以上档案馆工作会议闭幕——中央和各地档案馆准备开放历史档案》,《人民日报》1980 年 6 月 7 日第 4 版。

开放。2020 年新修《档案法》又将 30 年的期限更改为 25 年。据统计，2020 年，全国各级综合档案馆的开放档案共 14584.5 万卷/件，其中，新中国成立前的档案 2806.3 万卷/件，新中国成立后的档案 11778.2 万卷/件。

（二）档案工作的体制与机构

新中国成立之初，囿于特殊的历史环境，曾推行党、政、军三方面档案各自独立的分工管理体制。伴随全面建设社会主义的历史进程，实现党政档案统一管理越来越成为现实的需要。1956 年发布的《国务院关于加强国家档案工作的决定》指出："集中统一地管理国家档案是我国档案工作的基本原则。"①经过长期建设，我国在集中统一管理的基本原则下，加强了党对档案工作的领导，建立起从中央到地方的各级档案室，实现了党政档案的统一管理，建立了条块结合的档案工作管理体制。②

档案馆是利用档案进行科学研究的重要场所。新中国成立后，党和国家高度重视档案馆建设。1959 年 10 月 8 日，中央档案馆正式开馆。③这是我国档案馆发展进程中的里程碑。到 1960 年代初期，我国共有国家级档案馆 2 个，省（市、自治区）级档案馆 16 个，专区档案馆 106，县级档案馆 1580 个。④改革开放后，各级各类档案馆加速发展。截至 2019 年底，全国建有国家级综合档案馆、国家专门档案馆、部门档案馆、企业档案馆等各级各类档案馆 4234 个。蓬勃发展的档案馆事业为档案资源有效利用提供了场域，对科学研究、经济发展均有积极影响。

（三）档案法规体系建设

新中国成立以来至改革开放时期，法制建设在档案事业发展中长期处于空白状态，"文化大革命"期间档案工作更是遭到了严重破坏。制定档案法以加强档案的科学管理，不仅成为党和国家领导人以及各级档案工作人员的迫切愿望，也是社会主义现代化建设的必然要求。1987 年 9 月 5 日，《中华人民共和国档案法》正式公布。⑤《档案法》的首次公布和施行，为我国档案事业法治化开辟了崭新道路。此后，《档案法》分别于 1996 年和 2016 年先后进行了两次局部修正，以适应经济社会发展的需要。2020 年，《档案法》重新修订并予公布，以适应国家治理体系和治理能力现代化的要求。⑥

尽管改革开放以前，我国并未制定专门的档案法律，但这并不意味着档案工作"无规可依"。从历史上看，社会主义革命和建设时期，我国根据实际建设需要制定了相当多的法规文件，如《机关档案室工作通则》和省、县各级档案馆工作通则等。改革开放初期，制定了《科学技术档案工作条例》等文件。1987 年，我国第一部《档案法》颁布。经过长期建设，我国逐步形成了一套包含档案法律、档案行政法规、地方性档案法规和档案规章四个层次的、科学完备的档案法规体系。截至 2017 年 8 月，北京市建成地方性

① 《国务院关于加强国家档案工作的决定》，《人民日报》1956 年 4 月 21 日第 3 版。
② 冯惠玲、张辑哲：《档案学概论》，中国人民大学出版社，2006，第 77-78 页。
③ 《中央档案馆正式开馆》，《人民日报》1949 年 10 月 9 日第 4 版。
④ 《坚决贯彻全国文教群英大会精神，实现档案工作全面的更好的跃进》，《人民日报》1960 年 6 月 15 日第 11 版。
⑤ 《保护和开发档案资源的重要法律》，《人民日报》1987 年 9 月 7 日第 4 版。
⑥ 《为新时代档案事业高质量发展提供坚强法治保障》，《人民日报》2020 年 6 月 24 日第 10 版。

档案法规 1 部、地方性档案规章 1 部、规范性档案文件 127 个,"初步形成了一个与《档案法》相配套、与北京市档案事业发展相适应的北京市档案法规体系"。① 逐渐完备的法规体系既是我国档案事业 70 余年来的重大成就,也成为档案事业面向新时代、新征程不断取得更大进展的制度保障。

(四)档案学研究与教育

我国档案工作在汲取他国经验的同时,结合本国具体情况总结实践经验,积极从事理论研究与教育,在档案学科建设与教育、档案理论研究等方面取得了重要成就。

新中国档案学科建设和高等教育肇端于中国人民大学。1952 年,为培养新中国档案人才,中国人民大学创办了专修科档案班,翌年,扩大为档案专修科。1955 年,中国人民大学创建历史档案系,标志着新中国档案学高等教育的正式建立。自 1952 年至 1966年,该系共培养大专和本科毕业生 576 名,他们成为档案工作的骨干人员。② 1985 年,经国家教育委员会批准,中国人民大学成立档案学院。③ 这一时期,我国档案学科发展呈现良好态势。据有关学者统计,截至 2020 年 5 月,我国开设档案专业的高校共计 38 所,遍布 24 个省、自治区、直辖市。其中 11 所高校拥有一级学科博士学位授予权;26 所高校拥有一级学科硕士学位授予权;34 所高校招收本科生。"十三五"期间,国内高校共培养档案学本科生 7911 名,硕士生 1548 名,博士生 137 名,招生数量和人才培养规模稳中有升。④ 蓬勃发展的档案学科为中国档案事业高质量发展提供了强大动力。

档案学研究不断出新。围绕档案学理论与实践的研究在 20 世纪 50 年代就已发端。新中国成立后,我国档案学界对档案基础理论、档案管理原则和方法作了深入探讨。改革开放以来,伴随社会主义现代化建设进程,档案学研究进一步发展,在批判吸收国外各种理论、档案馆工作研究、档案管理技术研究等方面取得明显成效。1981 年 11 月 23日,中国档案学会成立大会暨第一次档案学术讨论会于北京召开,北京成为全国档案学研究的重要阵地。⑤ "十三五"时期,我国档案学界共发表 1425 篇高质量期刊论文,获 94项国家级基金项目,289 项国家档案局科技项目立项和 127 项国家档案局优秀科技成果奖励项目。⑥

档案刊物是集中体现我国档案学研究成果的重要载体。新中国成立初期,我国就已创办了若干档案业务刊物。1951 年,中共中央秘书厅创办了《材料工作通讯》,后改由国家档案局主办,并更名为《档案工作》,发行数量达 10 余万份。⑦ 改革开放以来,各类档案期刊,如中国档案学会主办的《档案学研究》、中国人民大学主办的《档案学通讯》,

---

① 程勇:《北京市档案法治建设的回顾与展望》,《中国档案》2017 年第 10 期。
② 《当代中国的档案事业》编辑委员会编《当代中国的档案事业》,当代中国出版社,2009,第 278 页。
③ 《中国人民大学设立档案学院》,《人民日报》1986 年 3 月 29 日第 3 版。
④ 冯惠玲、连志英、周文泓等:《回顾与前瞻:"十三五"档案学科发展调查和"十四五"档案学重点研究领域展望》,《档案学通讯》2021 年第 1 期。
⑤ 《中国档案学会成立》,《人民日报》1981 年 11 月 28 日第 4 版。
⑥ 冯惠玲、连志英、周文泓等:《回顾与前瞻:"十三五"档案学科发展调查和"十四五"档案学重点研究领域展望》,《档案学通讯》2021 年第 1 期。
⑦ 《当代中国的档案事业》编辑委员会编《当代中国的档案事业》,当代中国出版社,2009,第 319 页。

以及一些地方档案部门主办的刊物如《北京档案》《四川档案》等，对档案学的研究宣传工作均有推动作用。

（五）档案事业国际化

新中国的档案事业与国际接轨由来已久。新中国成立后，我国档案事业的国际交流对象以苏联为主，兼及其他社会主义国家。20 世纪 50 年代，在与苏联的交流中，我国在档案人才培养、档案工作体制建立、档案馆建设等方面获益匪浅。除苏联外，我国也同一些社会主义国家进行了友好交流与合作。1963 年 4 月，据此前签订的《中阿文化合作协定》，阿尔巴尼亚派遣档案工作代表团访华，进行了为期两个月的访问交流。① 1964 年 8 月，曾三设宴款待来访的古巴国家档案馆馆长，并同古方就两国档案工作的情况和经验进行了有效交流。② 当然，这一时期的国际交流并非仅仅局限于社会主义阵营内部。1960 年，我国曾派代表参加由国际档案理事会举办的第四届国际档案大会，只是当时仅以观察员身份列席，而正式参加该会则是在 1980 年。自 20 世纪 80 年代以来，我国档案外事活动渐趋频繁，交流对象逐渐多元，交流方式更加多样，交流成果愈显突出。"十三五"期间，我国同多个国家进行了交流合作，积极参与国际档案合作项目，多个档案文献遗产入选《世界记忆名录》和《世界记忆亚太地区名录》。

三、新中国成立以来档案事业发展的基本经验

回望 70 余年的艰辛历程，我国档案事业取得了诸如坚持党的领导、加强法治建设、学习先进经验、利用现代技术、注重人才培养、始终服务大局等历史经验。

（一）坚持党的领导

牢牢坚持中国共产党的领导是档案事业发展的基本经验。没有共产党就没有新中国，也就不可能有档案事业的发展。重视档案工作是中国共产党的优良传统，党的主要领导人无一不高度关注档案事业的发展。③ 社会主义革命和建设时期，在毛泽东、周恩来等中央领导人的关心支持下，我国档案事业在收集利用历史档案、接收各大区机关档案、党政档案统一管理、建立各级档案室和档案馆、加强档案学研究与教育等方面成绩斐然。改革开放后，党和国家领导人对档案工作也给予了关注。1989 年，邓小平为西藏自治区档案新馆题写汉文馆名。1990 年，江泽民视察西藏自治区档案馆，多位国家领导人为西藏自治区档案馆题词，体现了党对档案事业的关怀。④ 党的十八大以来，习近平总书记高度重视档案工作，强调档案工作要"为党管档、为国守史、为民服务"。2021 年 7 月 6 日，习近平总书记对新时代档案工作作出重要批示，提出了新时代档案工作的总体思路和基本要求，为做好新时代档案工作提供了根本遵循。坚持党的领导、牢记"为党管档"的使命担当是新中国档案事业一路前行、不断取得重要成就的因由。坚持党对档案工作

① 《阿尔巴尼亚档案工作代表团到京》，《人民日报》1963 年 4 月 4 日第 5 版。
② 《国家档案局长欢宴古巴客人》，《人民日报》1964 年 8 月 27 日第 5 版。
③ 《加速恢复和发展档案事业》，《人民日报》1979 年 8 月 31 日第 1 版。
④ 侯希文：《和平解放七十年：西藏档案事业发展节点、特质与经验论要》，《档案学研究》2021 年第 5 期。

的领导是从档案事业发展历程正反两方面的经验教训中得出的基本结论。

（二）加强法治建设

社会主义革命和建设时期，我国档案事业取得了斐然的成就，但在制定档案法律方面多有不足。"文化大革命"期间，既有的档案工作队伍、档案工作体制和原则遭到全面冲击，档案事业遭遇了严重挫折。[①]"文化大革命"结束后，档案法治建设成为档案事业发展的重要内容。1987 年 9 月 5 日，《中华人民共和国档案法》颁布，填补了我国档案事业的法律空白，使档案工作有了法律依据和制度规范，推动档案事业更趋理性化、规范化、现代化。进入新时代，在习近平法治思想的引领下，新修订的《中华人民共和国档案法》于 2020 年 6 月正式颁布，"明确了党和国家现代化治理下档案事业的发展方向"。[②]70 余来，档案事业的发展历程，特别是"文化大革命"时期档案事业的严重挫折与改革开放以来档案工作不断开新的事实表明，加强法治建设是档案事业继往开来的必由之路。

（三）学习先进经验

新中国档案事业的发展与吸取、借鉴他国先进经验密不可分。新中国成立初期，我国主要学习苏联的档案学理论及实践经验。这一方面是对国际环境和意识形态的战略考量，另一方面则是苏联档案工作确有先进之处。1954 年，时任中国人民大学档案教研室主任的吴宝康提出，档案部门应该"积极学习和宣传苏联先进的科学的档案学理论，以便正确地整理档案文件，并充分地利用它来为国家建设和科学服务"。[③]1955 年，国家档案局局长曾三在《人民日报》发表文章，回顾了苏联经验对我国新中国成立初期档案工作的推动作用。曾三指出，自 1950 年以来，"在苏联专家亲切的帮助下，我国培养了干部，编译了业务书籍，组织在职干部进行了业务学习，并已着手进行有关中国档案史材料的收集工作"。[④]改革开放以来，随着我国对外开放脚步的不断加快，档案工作理论和经验来源渐趋多元，档案事业国际化水平不断提升。1980 年，我国正式加入国际档案理事会。20 世纪 90 年代，我国同多国在档案工作经验、档案史料资源、档案学术研究等方面进行了交流与合作。[⑤]党的十八大以来，我国档案外事领域成绩斐然。2013—2017 年，我国国家档案局与葡萄牙等国签署了档案合作协议，开展了交换档案目录、交流档案保护经验等活动。2012 年和 2015 年，国家档案局分别派遣中青年档案工作者代表团赴美进行了为期 21 天的档案业务培训。[⑥]各类先进的理论和经验成为我国档案事业不断发展的重要动力。

（四）利用现代技术

现代技术在档案事业的发展中扮演着极其重要的角色。借助数字化手段，档案的收

---

① 《当代中国的档案事业》编辑委员会编《当代中国的档案事业》，当代中国出版社，2009，第 44 页。
② 曹钰、锅艳玲、常家源：《论新时期档案事业以人为本的关怀理念——基于新〈档案法〉的文本分析》，《档案学通讯》2022 年第 2 期。
③ 《论档案工作的意义及目前存在的问题》，《人民日报》1954 年 6 月 8 日第 3 版。
④ 《略谈机关档案工作当前的几个问题》，《人民日报》1955 年 2 月 24 日第 3 版。
⑤ 《我国档案事业取得重大成绩》，《人民日报》1996 年 9 月 2 日第 3 版。
⑥ 《积极参与国际事务，深化对外合作交流》，《中国档案报》2017 年 9 月 18 日第 1 版。

集、查询和利用效率显著提升。1987 年颁布的《档案法》明确规定要"采用先进技术，实现档案管理的现代化"。[①] 2020 年新修订的《档案法》，将"档案信息化建设"单独设置成章，对档案信息化管理等作出规定，"旨在推动实现以信息化为核心的档案管理现代化"。[②] 自 20 世纪 80 年代以来，我国档案事业现代化水平稳步提升，服务经济社会发展的能力不断增强。2010 年 11 月底，民政部利用数字技术完成了全部社会组织档案的入库工作，大大提高了工作效率。民政部主管部门责任人感慨："现在，一个人一天的接待量就相当于过去纸质档案时代全年的接待量，一个人的服务能力超过过去三个人的服务能力。"[③] 2016 年 6 月，中国社会科学院近代史研究所承办的"抗日战争与近代中日关系文献数据平台"上线，内含近代以来的大量档案、报刊、图书等各种史料。"截至 2020 年 9 月 1 日，平台已上线报纸 1046 种、期刊 2343 种、图书 71071 册。平台还拥有档案、图片、音频、视频等类型的资料，文献总量已突破 2700 万页。"[④] 由此可见，充分利用现代技术既是档案事业发展的重要经验，也是档案更好服务于经济社会发展的必然要求。

（五）注重人才培养

政策贯彻落实关键在人。我国档案事业发展与一大批杰出的干部、档案工作者、档案学研究者密不可分。曾三是其中的杰出代表。新中国成立后，曾三曾任中央办公厅秘书局局长、国家档案局第一任局长、中央档案馆第一任馆长等职，为国家档案事业的创建和发展做出了卓越贡献。[⑤] 中国人民大学在档案高等专业人才培养、档案学理论研究等方面作用突出，推动了我国档案教育的建立与发展，培养了大批高素质的档案专业人才。进入新时代，我国档案人才培养成果显著。"十三五"时期，我国"档案人才队伍建设取得进步，人才培养力度持续加大，档案专业人员继续教育工作更加系统，职称评定工作更加科学"。[⑥] 经过数十年的建设，档案工作队伍结构不断改善。自 1999 年至 2020 年，全国统计范围内档案专职人员中具有大学本科学历的从 6975 人增长至 26729 人，硕士研究生从 55 人增长至 2302 人。截至 2020 年末，具有本科以上学历的人数在总数中的比重达到 74.6%。[⑦] 历史和现实都表明，注重人才培养是档案事业高质量发展的重要经验和未来努力的方向。

（六）始终服务大局

纵览新中国成立以来档案事业 70 余年的发展历程，不难发现，始终围绕党和国家发展战略、服务大局是其中要旨。新中国成立初期，曾三在谈及档案工作存在的问题时，要求档案工作者熟悉党和国家的路线、方针、政策，否则"就不知道怎样运用档案材料

---

① 《中华人民共和国档案法》，《人民日报》1987 年 9 月 10 日第 5 版。
② 《为新时代档案事业高质量发展提供坚强法治保障》，《人民日报》2020 年 6 月 24 日第 10 版。
③ 《全国性社会组织档案实现数字化管理》，《人民日报》2011 年 2 月 14 日第 13 版。
④ 罗敏：《抗战文献数据平台与创新中共抗战史研究的方向和可能》，《中共党史研究》2020 年第 6 期。
⑤ 刘国能：《中国当代档案事业史》，中国文史出版社，2017 年，第 90 页。
⑥ 《中办国办印发〈"十四五"全国档案事业发展规划〉》，《中国档案》2021 年第 6 期。
⑦ 冯惠玲、周文泓：《百年档案正青春——为党管档、为国治档、为民记忆的伟大历程》，《档案学通讯》2021 年第 6 期。

来为今天的工作服务"。① 1956 年，曾三在党的八大上再度号召"把我国的档案事业和档案科学逐步提高到足以适应中国经济建设和文化建设需要的水平"。②改革开放后，档案事业加速恢复与发展并服务于社会主义现代化建设。回顾我国档案事业 70 余年的发展历程，其成就既产生于国家建设大局之下，又助推国家建设大局前进，二者是点面一体的关系。《"十四五"全国档案事业发展规划》中指出，要"着力推动档案工作走向依法治理、走向开放、走向现代化，为开启全面建设社会主义现代化国家新征程、实现第二个百年奋斗目标贡献档案力量"。③这是我国档案事业服务大局的新方向。

四、结语

新中国成立 70 多年来的档案事业是党和国家事业全局下的一隅，其核心和特色是中国共产党的领导。档案事业与党和国家的事业既是部分与整体的关系，其发展的价值取向自然便与中国共产党的初心使命一致，其发展的起伏转折自然也便与新中国成立以来的历史轨迹契合。历经接收与初创、建设与挫折、恢复与发展、跃进与辉煌四个历史阶段，档案事业发展 70 余年取得了巨大成就，积累了宝贵经验，也遭遇了不少挫折。经过长期发展，我国档案事业在档案资源整理与利用、档案工作体制机制建设、档案法治建设、档案学研究与教育、档案工作与国际接轨五个方面成就突出，逐渐形成了具有中国特色的档案事业发展体系。

统观 70 余年来我国档案事业的沉浮与兴衰、高潮与低谷，不难发现，坚持党的领导、注重法治建设、学习先进经验、应用现代技术、强化人才培养和具有大局意识是档案事业发展的历史经验。这些历史经验虽然来自档案事业这一特殊领域，但兼具普遍性，这是由档案事业和国家事业的互动关系所决定的。档案事业的成就与挫折折射出国家建设的成就与挫折，前者是后者具体的、带有一定特殊性的反映。

新时代，新征程。回顾我国档案事业的来路，是展望其前途的必然要求。面向未来，档案事业要在党的坚强领导下，着力档案资源体系、档案利用体系等方面的建设，夯实档案工作的技术基础，强化档案工作的人才支撑，在全面建设社会主义现代化国家和实现中华民族伟大复兴的历史征程中，为党和国家做出新的、更大的贡献。

---

① 《略谈机关档案工作当前的几个问题》，《人民日报》1955 年 2 月 24 日第 3 版。
② 《让档案工作更好地为国家建设服务》，《人民日报》1956 年 10 月 2 日第 6 版。
③ 《中办国办印发〈"十四五"全国档案事业发展规划〉》，《中国档案》2021 年第 6 期。

提高校史展览水平　弘扬大学先进文化

——高校校史馆建设与管理专项调查研究报告

张淑锵　金富军　钱益民　欧七斤　丁兆君　刘骋

20 世纪 90 年代以来，中国大学校园兴起建设校史馆、弘扬校史文化的热潮。尤其是在大学校庆季，新的校史馆纷纷建成并面向师生校友及社会人士开放参观，成为当前中国大学校园中一道亮丽的风景线。对于这种文化现象，我们有一些问题：中国大学为什么会兴起建设校史馆的潮流？当前我国高校校史馆建设现状如何？存在哪些问题？又应当如何加强建设、提升服务水平？为此，我们接受中国高等教育学会校史研究分会（以下简称"分会"）的委托，组织了一次分会范围内的全国性校史馆建设与管理专项调查研究[①]，对目前我国高校校史馆的现状进行了广泛调研，并提出了若干建议、对策，以便提升高校校史馆的管理与服务水平。

一、高校校史馆建设的重要性

高校校史馆作为一种独特的文化空间，具有独特的场所精神，是大学的精神殿堂，也是大学人的精神故乡。它以展示一所大学的发展历程与办学成果为基本内容，通过各种展陈载体、形式和手段，着力传播大学文化，弘扬大学精神，具有十分重要的意义。

（一）记录文脉

大学系斯文一脉，有诞生、初创、发展、崛起、挫折、变革、再创辉煌等多个发展阶段。大学历史从来不是一帆风顺的，尤其是中国的大学，有许多大学在遭受接连不断的挫折后消失在历史的茫茫长河之中，也有许多大学以各种形式顽强生存下来，而那些经历近代史的跌宕起伏而最终存活下来的中国大学，比如清华大学、北京大学、浙江大学、上海交通大学、复旦大学等，都是极其不容易的，其百折不挠的生命力本身就是一个奇迹。校史馆展示大学各个历史时期的办学史，有助于记录大学文脉，令后辈师生不忘历史、砥砺前行。

---

① 本课题由中国高等教育学会校史研究分会于 2017 年 11 月立项，得到中国高等教育学会及其校史研究分会资助。课题组成员包括张淑锵（浙江大学档案馆）、金富军（清华大学校史馆）、钱益民（复旦大学校史研究室）、欧七斤（上海交通大学校史研究室）、丁兆君（中国科学技术大学校史馆），浙江大学艺术与考古学院研究生刘骋参与设计了问卷，并整理了大量数据，参与报告的撰写。通过广泛的文献调研和深入的讨论分析，设计了包括高校校史馆建制情况、队伍情况、布展情况、建筑情况与服务情况在内共 5 部分计 21 题的调查问卷。课题组通过电子邮件发到校史研究分会的 79 家会员单位，截至 2018 年 5 月 31 日共回收问卷 52 份，回收率约 66%，有效率 100%。在对数据进行分析时，图表中的区间性数字含义是指超过下限、达到上限，比如区间数字"3–6"，则指不包含"3"但包含"6"的数字区间；但对于连续区间第一个区间的下限数字们也被包含，比如第一个区间是"1–3"，则指包含"1"也包含"3"的数字区间。本文完成于 2018 年底，主体部分收入《高等教育改革发展专题观察报告·2018》（中国高等教育学会编，高等教育出版社 2019 年出版）。

（二）展示业绩

大学对国家社会的贡献，主要是通过履行人才培养、科学研究、社会服务、文化传承创新、国际交流合作这五项使命实现的。大学在这些方面取得的业绩越显著，对国家社会的贡献也就越突出，其办学水平和质量也就越高。校史馆对大学业绩的反映越实、越精、越广，就越能反映大学对国家和社会发展做出的贡献，越能体现大学的办学质量与水平。因此，各高校校史馆都会在上述各个方面下足功夫，全面反映大学业绩，以便给观众留下高校办学成绩斐然的印象。

（三）缅怀先辈

一所大学之所以具有崇高的声誉，说到底是因为拥有一批杰出的师资。只有一流的师资才能培养出一流的学生，创造出一流的科研成果，才能将大学推向一流，进而为大学赢得崇高的声誉。因此，必须对先贤充满敬意。校史馆为那些已经去世的，但是在大学历史上具有崇高学术地位的名师开设专题展。缅怀先辈，就是表达敬意的一种很好途径。

（四）教育师生

近代以来，无数知识分子"为中华之崛起而读书"，为中华之崛起而教学，为中华之崛起而研究。他们在大学中求学、任教、服务的活动轨迹，往往与"为中华之崛起"这个爱国主义精神紧密相连。高校校史馆往往不约而同地突出展示各自办学历史上具有崇高学术地位和师德风范的专家学者，比如浙江大学和清华大学校史馆内都设有"名人堂"这样的专题展区。在历史叙述中也注重突出这些具有爱国主义精神的名家大师，讲述他们的卓越贡献和高尚品德。他们是大学师生学习的榜样，激励师生弘扬爱国主义传统，刻苦钻研、追求卓越，为中华民族伟大复兴贡献力量。

（五）激荡情怀

对于师生校友而言，对母校的记忆随着时间的流逝，会慢慢变得模糊。大学拿什么唤醒师生校友的大学记忆？拿什么去安慰师生校友的母校情结？对于散处世界各地的校友来讲，一个很好的方式就是回到母校参观校史馆。校史馆是帮助这些离校师生校友重建个人记忆和集体记忆一个极佳的场所，可以帮助大学人重温历史，唤醒记忆，再现校园青春，激荡大学情怀。

（六）弘扬大学精神

大学具有悠久的历史，如果从世界上第一所大学——意大利的博洛尼亚大学（University of Bologna）算起，至今已有 900 多年的历史，接近千年。千年大学为什么能够存活下来？因为大学精神。只有坚守大学精神，大学才能真正实现人才培养、科学研究、社会服务、文化传承创新和国际交流等各项职能。校史馆展陈大学弦歌不辍的办学历史、艰苦钻研的学术成果、德才兼备的杰出教授等，透过这些办学发展史和师生活动史上的非凡现象，可以折射与弘扬大学精神，给予师生精神的熏陶，引领师生坚定"排万难、以求真知"的决心和勇气。

二、我国高校校史馆建设成就

如果以 1996 年上海交通大学校史博物馆、1998 年北京大学校史馆等一批高校校史馆的先后落成为标志，中国大学校史馆建设已经走过了 20 多个年头。

20 余年来，无论是原来的"985"高校，还是一般的地方院校，普遍建成了校史馆，不少校史馆还实现了建制化，形成了一支具有相当水平的从业人员队伍，并在高校校园文化建设和办学声誉提升等方面做出了不可替代的贡献。

（一）校史分会各会员单位普遍建成了校史馆

从当前高校校史馆设置的现状看，校史馆既是一种展示大学历史的文化设施，也是一种管理这类文化设施的机构。就文化设施层面看，随着高校对校史馆的需求日益加大，校史馆已经普遍建立起来，建筑面积和展示规模也在不断扩大。

如图 1 所示，当前高校对校史馆的称谓还很不一致，称"校史博物馆"的有 6 所，占总数的 11%；称"校史陈列馆"的有 3 所，占总数的 6%；称"博物馆"的有 2 所，占总数的 4%；具有其他称谓的有 9 所，占总数的 17%；但主流称谓是"校史馆"，有 32 所，占总数的 62%。其中，"校史博物馆"称谓所占比例超过一成，说明不少高校有将校史馆向博物馆发展的趋势，值得关注。

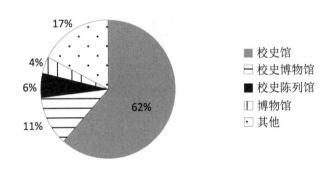

图 1　校史馆称谓

作为一种文化设施的校史馆必须占有一定面积的建筑空间。如图 2 所示，当前高校校史馆建筑总面积一般不超过 2000m²，占 57%。但是超过 2000m² 的校史馆也不少，占30%，其中有的校史馆建筑面积甚至超过了 5000m²，可见校史馆建筑面积有不断扩大的趋势。

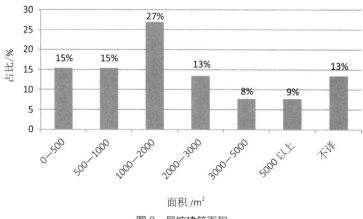

图 2　展馆建筑面积

如图 3 所示，38% 的校史馆展厅面积在 500—1000m²，合计 82% 的校史馆展厅面积在 2000m² 以下。这说明目前国内校史馆展厅面积以不大于 2000m² 为主流。但是，有条件的高校将展厅面积适当扩大，展厅面积超过 2000m² 的校史馆也在不断涌现，延安大学（5800m²）、四川大学（5000m²）、兰州大学（4900m²）、西南交通大学（3800m²）、清华大学（3000m²）的校史馆展厅面积就都超过了 2000m²。

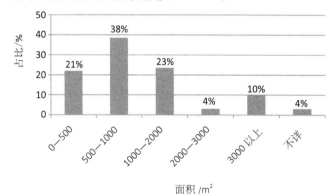

图 3　展厅面积

校史馆一般根据历史分期、建筑空间格局等划分展厅，展厅的划分要从校史展陈的内容出发，以特定的历史时期或者校史专题等为划分依据。受到建筑空间格局影响的校史馆展厅的分配可以充分利用这种空间特性，但是不能纯粹依赖这种空间特性。如图 4 所示，目前多数校史馆的展厅不到 6 个（占 61.54%），主要是 3 个以内（占 42.31%），这说明当前高校校史馆的展厅设置数量一般为 3—6 个。内容丰富的校史馆可以增加展厅数量，但是并非越多越好。

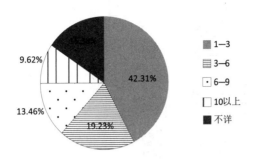

图 4　展厅个数

（二）形成一支高素质的从业人员队伍

早期高校校史馆从业人员多属兼职，许多校史馆管理人员或由于工作内容相近、或因为代管校史馆等原因而参加校史馆工作。经过 20 余年的建设和发展，高校校史馆从业人员素质不断提高，行政编制层级也在不断提升，一支老中青结合、职称与学历结构良好的从业人员队伍开始形成。

当高校校史馆开始出现在高校校园时，主要是以文化设施的形式出现，后来随着高校对校史馆意义认识的不断深化，以及校史馆在管理与服务方面承担的任务日益加重，校史馆的建制化日益成为大学文化建设的一个重要需求。如图 5 所示，已经有近一半的校史馆具有副科以上建制，其中 39% 的校史馆具有处级建制，具备提供优质服务的良好潜力。

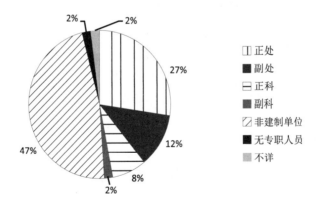

图 5　机构建制

如图 6 所示，校史馆从业人员中有 23% 属于处级，35% 属于科级，39% 属于科员，不同层次之间的人员差别较小，说明校史馆从业人员多属骨干性质，上升路径相对通畅。

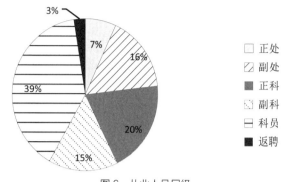

图6 从业人员层级

校史馆的正常运行需要规模适度的人员队伍。功能健全的校史馆往往在实现建制化的同时，配备了相应的人员编制。如图7所示，目前高校校史馆从业人员一般在3人以下，也有近3成的校史馆具有4人以上的从业人员。从实际运行情况看，3人以上的从业人员队伍有利于校史馆的管理与服务；从业人员规模较大的校史馆，更加有利于开展校史馆管理与服务工作。

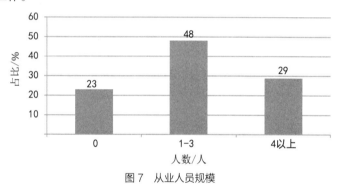

图7 从业人员规模

如图8所示，大多数校史馆的从业人员年龄在35—55岁，占62%。从年龄结构看，校史馆从业人员以中年人为主，老年和青年从业人员相对较少，呈两头小、中间大的正态分布，总体结构良好。

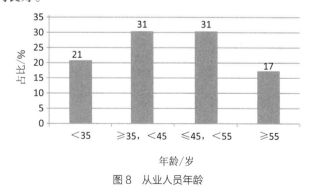

图8 从业人员年龄

如图9所示，绝大多数的校史馆从业人员具备中级以上职称，占85%之多，40%的从业人员具有高级职称，具备较强的学术研究能力，这对开展校史馆的研究与传播工作极为有利。

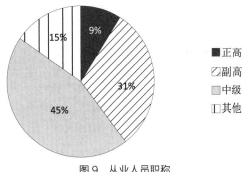

图 9 从业人员职称

如图 10 所示，绝大多数的校史馆从业人员具备大学以上学历，人员比例高达 95%。研究生学历的校史馆从业人员占主体，硕士研究生与博士研究生合计达 54%；尤其是年轻人中研究生以上学历居多，具有良好的研究与传播潜力。

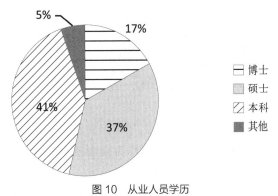

图 10 从业人员学历

（三）接待大量观众，为传播大学文化、弘扬大学精神做出重要贡献

观众是校史馆的生命之源。校史馆的观众规模与师生规模及社会参观流量正相关。校史馆首要的观众是大学师生，但是经过 20 余年的发展，校史馆的观众事实上远远超越了大学师生的范围。因为校史馆在不同程度上成为所在地文化旅游的一个胜景，所以接收了数量庞大的社会观众。可见，校史馆充分发挥了作为"校史校情教育基地""爱国主义教育基地""科普教育基地"等的多方面作用，为传播大学文化、弘扬大学精神做出了重要贡献。

许多高校的校史馆已经成为展现大学文化的一个重要窗口，也是众多游客游览的一个胜地，接待了数量可观的游客。如图 11 所示，累计观众超过 10 万人次的校史馆占 77%。少数几家大学的校史馆接待观众人次超过了 30 万，这些大学有厦门大学（300万）、复旦大学（85 万）、西北大学（75 万）、上海交通大学（70 万）、西北农林科技大学（50 万）、浙江大学（30 万）、山西大学（30 万）。厦门大学校史馆之所以观众规模遥遥领先，据该校负责老师分析，与厦门大学校园秀美、所在地厦门市是一个全国旅游热门城市不无关系。

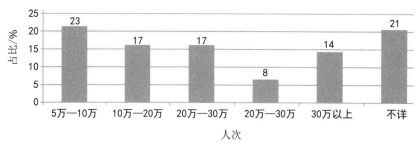

图 11　接待观众参观的总人数

如图 12 所示，31% 的校史馆接待观众参观的年平均人数在 1 万—3 万。少数几家大学的校史馆超过 3 万人次，这些大学有厦门大学（25 万）、西北大学（11 万）、复旦大学（7 万）、上海交通大学（6 万）、西北农林科技大学（5 万）、河北工业大学（4 万）。

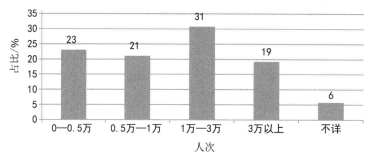

图 12　接待观众参观的年平均人数

如图 13 所示，2017 年大多数校史馆接待观众参观的总人数在 1 万—3 万，有 15% 的校史馆接待超过 3 万人次的观众。其中，厦门大学（30 万）、西北大学（11.6 万）、浙江大学（10 万）、复旦大学（7.5 万）、上海交通大学（7.2 万）、西北农林科技大学（4.9 万）的校史馆接待观众参观总人数位居前列。可见，校史馆为传播大学文化做出了较大贡献。

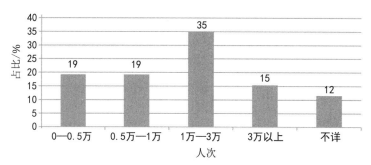

图 13　2017 年接待观众参观的总人数

（四）在接待各级领导过程中展现办学成绩并提升声誉

在中国高等教育办学环境中，各级领导及海内外嘉宾对于高校发展具有重要影响。由于校史馆具有全面系统而又重点突出地反映了高校历史文化与主要成就的特点和优势，其往往成为高校领导安排接待领导嘉宾的首选场所。而领导嘉宾通过参观校史馆，听高校领导介绍学校历史文化和办学亮点，能够直观而迅速地对高校的办学理念、主要特色、优势学科、综合实力等方面作出判断，形成对一所高校的总体认识。这对于大学声誉的提升具有重要意义。

如图 14 所示，高校校史馆普遍接待省部级领导，但是各级领导参观校史馆的人次相差较大。多数校史馆（48%）接待省部委以上党政领导不超过 50 人次；少数校史馆（6%）超过 200 人次。其中延安大学校史馆最为突出，截至 2018 年 5 月，接待省部委以上党政领导 3000 人次。这与延安市作为国家级干部培训基地有一定关联，延安大学泽东干部培训学院以及延安干部培训学院都在高级干部培训中发挥了重要作用，接纳了大量省部委以上党政领导干部。

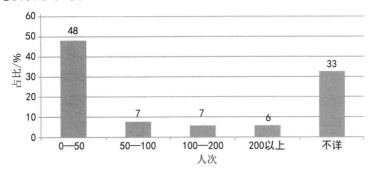

图 14　接待省部委以上党政领导人数

如图 15 所示，各校史馆接待国家级领导的情况差别较大，40% 的校史馆没有接待过国家级党政领导人，48% 的校史馆接待过国家级党政领导人。校史馆已经成为高校向上级单位与领导汇报办学业绩的重要平台，以及展现大学历史文化底蕴的重要窗口。

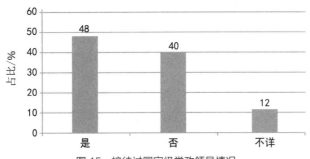

图 15　接待过国家级党政领导情况

（五）以展览带动研究，形成大批校史研究成果

扎实的校史研究结果是成功建设校史馆的前提，而校史馆的成功不仅仅取决于校史研究成果的丰富性与深刻性，更是校史研究成果与校史文化传播双重作用的结果，因此，它是一项综合性的文化工程。校史馆做得比较成功的高校往往会以校史展览作为窗口，扩展校史馆的文化传播功能，开辟各种形式的校史文化传播渠道和路径，比如开设校史课程、举办校史讲座、推出校史特展、汇编校史专题、编辑校史年刊、编写校史图书，甚至开设校史微信公众号，使校史研究成果更加丰富多彩。

如图 16 所示，有近 2 成的高校开设了校史课程，超过 2 成的高校编辑了校史年刊，近 4 成的高校举办了校史讲座。这反映出校史馆对扩展校史研究成果具有明显的作用。

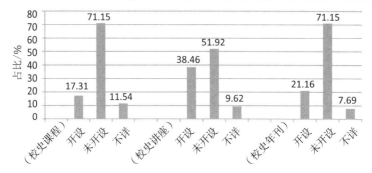

图 16　校史课程、校史讲座、校史年刊的开设

如图 17 所示，由于拓展校史课程、校史讲座和校史年刊的难度相对较大，更多的高校校史馆倾向于举办难度相对较小的校史特展，开拓其他形式的校史文化传播渠道和路径。将近 68% 的学校会定期、不定期举办校史特展，大约 67% 的学校有其他校史文化传播形式。

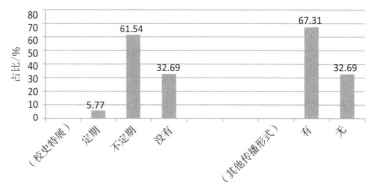

图 17　校史特展及其他校史文化传播

如图 18 所示，各校普遍开展了各种校史编研工作，取得了丰富的编研成果，大多数高校实施了专题著作的编写工作，少数高校推进了学校"正史"的编撰工作。

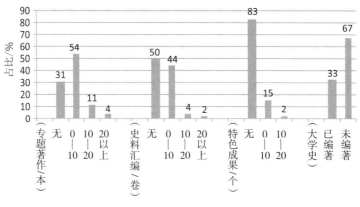

图 18　校史图书编写

三、当前高校校史馆存在的问题

曾有校史馆研究者提出，我国高校校史馆建设存在多种问题，主要包括缺乏创新、内涵薄弱、管理不力，并提出"校史馆的工作不是一时之务"，高校对建成的校史馆要建章立制，进行规范管理，必须从人、财、物等方面给予校史馆建设以支持，在机构、人员、经费上步步落实，为校史馆的完善和推陈出新打下基础。[①]目前，我国高校校史馆建设、管理与服务都已经有了很大改观，焕然一新，成为高校文化建设的主阵地之一。但是，一些问题仍然存在，有的问题甚至更加突出，还有一些问题不断涌现，需要切实引起重视。

（一）校史馆建制化有待提高

20 余年来，校史馆建制化取得很大的进步，但是仍然有 47% 的高校校史馆尚未实现建制化。从其性质上看，校史馆仍然只是一种文化设施，学校不能为校史馆的管理与服务切实提供组织保证。并且还有 2% 的校史馆没有专职人员，可以视为非建制化，这严重影响了校史馆功能和作用的发挥。这些情况说明了我国高校对校史馆作用与意义的认识仍然存在较大差异，校史馆建制化任重而道远。

（二）服务方式与途径有待拓展

当前高校校史馆的主要服务方式是观众被动接受参观，校史馆主动组织观众参观的举措不足。目前，超过 50% 的校史馆不具有任何教育基地称号，与社会联系不够主动。32% 的校史馆开馆时间每周不超过 1 天或者不定期开放，其中可能涉及人员编制等复杂问题，但也折射出部分高校校史馆服务意识不强。校史馆发挥文化传播作用的途径较多局限在常设性展览和临时性校史特展上，而对校史展览以外的手段应用不多，校史讲座、校史课程、校史年刊、微信公众号等应用较少。

（三）展厅展区设计不够科学

校史馆具有博物馆性质，也属于纪念馆的范畴，必须体现高校办学历史分期及各个历史时期的办学成果。一般来讲，校史馆展厅至少可以分为序厅、主展厅、尾厅三个部分，有的校史馆还设有专题展厅。因此，满足基本功能需求的校史馆应当设有 4 个以上展厅，但是目前近一半的高校校史馆展厅在 3 个以内，不少高校校史馆的展厅为 1 个或 2 个，不利于观众形成清晰的参观体验。少数高级校史馆的展厅超过 10 个，虽然有助于充分展现校史文化，但是也容易使展陈内容零散化。与此同时，不少校史馆不具备独立的展馆建筑，或者空间过小，或者层高过矮，或者流线不太合理，校史馆应当克服这种展厅展区设计不合理的问题。

（四）经费投入不足

全国范围来看，校史馆几乎不收任何门票费用，基本上属于纯粹免费的公益性文化设施。但是随着新校史资料的发现和校史研究取得新进展，一些新的史料和成果需要及

---

① 张海蛟、金忠山：《高校校史馆的文化功能及其实现》，《学校党建与思想教育》2010 年第 10 期。

时体现在校史馆中，这就需要经费；校史馆举行各种活动同样需要经费；随着时间的推移，校史馆的各种软、硬件设施都会老化，需要维护，这更需要大量经费支撑；负责校史馆日常讲解服务工作的讲解员也需要一定数量的劳动报酬，这也需要充足的经费支撑。但是，21%的校史馆没有日常经费，这必将影响校史馆的正常运行。

四、建设高水平校史馆的建议与对策

2017年，教育部、财政部、国家发展改革委员会公布世界一流大学和一流学科建设高校及建设学科名单，表明我国进入"双一流"建设一环。高校校史馆要紧密结合国家建设"双一流"的宏伟目标，切实加强校史馆的内涵建设，提升管理和服务水平，为我国高校实现世界一流大学、创建一流学科发挥应有的作用。

（一）充分认识校史馆的重要意义，推动建制化

校史馆不仅仅是一个展示大学历史的空间，更是一个具有独特场馆精神的殿堂，在传承精神、以史为鉴、文化育人、凝聚力量等方面具有重要意义和作用，在大学办学实践中具有独特的地位和价值。高校要深刻认识校史馆建设对于大学文化建设的重要支撑作用，争取实现校史馆的科层化建制，从而使校史馆真正成为大学文化建设的支撑力量而非仅仅属于一种文化设施。未设建制的高校校史馆应当尽早实现建制化，行政级别可以从科级建制开始配置，但是最佳配置模式是独立建置或者与相关处级单位、部门合署并置。同时，给予校史馆适当的人员编制，人员规模可以设置3人及以上。

（二）加强校史馆建设、管理与服务的制度化、规范化

当今校史馆日益融入大学文化建设的主流，但是校史馆的建设、管理与服务至今未能形成统一的行业规范。国家在博物馆领域已经制定了各种规章制度，校史馆可以结合实际情况参照实施。高校应当在校史馆的建筑空间、展厅划分、展线长度、展品规模、图文体例、临展推出、人流导览、场馆管理、活动安排、衍生产品、经费投入等方面展开广泛的调研和深入的研究，形成适合校史馆自身的行业制度，努力将校史馆建设成为具有卓越影响的大学历史博物馆。

（三）采取有力措施培养青年人才，使之尽快成长为管理与服务的骨干力量

由于校史馆在"展示大学历史、传播大学文化、弘扬大学精神"方面具有独特性和不可替代性的地位与作用，其应当在加强制度建设的同时促进人才队伍结构优化和素质提升，尤其是提升年轻从业者的校史素养、研究水平、宣讲能力、策展艺术水平，使之适应一流大学校史馆管理与服务工作的需要。

（四）加强馆际交流，互相借鉴，取长补短

高校校史馆建成的时间有先后，管理校史馆的经验有盈欠，校史馆服务水平有高低。校史馆从业人员除勤练"内功"，做好本校校史馆的管理与服务工作外，还应当肯练"外功"，多了解同行动态，吸收好的经验做法，革新旧的低效陋规。同时也要吸收国内外博物馆、科技馆、纪念馆等建设、管理与服务上的先进理念和经验，应当倡导一种"善于

学习、互利共赢"的理念,通过"请进来""走出去"等方式,深入开展馆际交流,扩大视野,借鉴优点,提升服务水平。

(五)切实保障校史馆的运行经费

高校要设立校史馆建设与管理服务专项经费和经常性运行经费。经费额度应当与观众规模挂钩,实行浮动拨款制度,观众越多,校史馆工作预算应当越多,以此促进校史馆从业人员切实增强服务意识,提高服务水平。高校也要开拓校史馆运行经费的渠道,吸引广大校友及社会人士捐赠。与此同时,鼓励从业人员开展全方位的校史研究与文化传播活动,并予以必要的经费保障。

参考文献

[1]刘海峰.中国大学校史研究的回顾与前瞻[M].厦门:厦门大学出版社,2016.

PART 2

中国大学校史研究 2022

Research on the History of
Chinese Universities in 2022

第二部分

特定时代背景下的大学史研究

在大众性与科学性之间

——论 20 世纪 50 年代中国高校招生制度的张力及因应

浙江大学教育学院　刘超　袁青青

1952 年高考制度的创立是一项具有深远历史意义的招生考试改革。它不仅为中国经济社会发展提供了强有力的人才支持和制度保障，也为社会的有效流动创造了具有普遍意义的现实通道，对个人权益和社会分配更是意义重大。现有研究在探讨招生方式时，或直面当前改革，从学理层面论证改革政策；或进行效果验证，着力追求时效性。也有研究着眼于历代招生考试制度的变迁，以揭示招生考试制度发展的历史演进逻辑。但专注于对其制度变迁的宏大叙事不免忽略了制度演化背后的复杂性，而未能揭示出制度变革背后的结构性因素和推动力量。

鉴于此，本文拟对新中国招生制度的早期变革再作探讨。其核心问题是：20 世纪 50 年代中国高校招生制度变革的过程中，为什么最终选择了统一招生模式？其中隐含着哪些张力？对中国教育制度和社会流动又意味着什么？

一、结构性转向：统一招生方式的创制

北洋政府时期，政府甚少参与大学招生事务，只对国立大学新生入学资格作一般性的规定，大学在招生考试上享有高度的自主权。南京国民政府建立后，政府开始对高等学校招生方式进行改革。抗日战争全面爆发，客观上加速了这一进程。在高校西迁、社会动乱的情况下，大学招生困难，考生四处奔走应考，招考成本迅速增加，大学招生各自为政的局面难以为继。1938 年，教育部设立统一招生委员会，由此委员会规划并执行统一招生各项事宜，并在国立大学实行统一招生考试（上海各院校除外）。但在当时被视为"中国创举"的统一招生，不久即停止实行。战争给中国经济社会带来的致命打击，也使政府控制大学的能力大为减弱。1942 年，国民政府教育部为顾全高校和考生便利，将全国划分为十大考区，指定区内各公立院校联合招生，实行分区联合招生。同时，考虑到各院校有招收其他考区新生的需求，该部亦出台了"委托招生"办法，即凡不在本区的院校，可在征得他区同意后，委托其他地区代为招生。总体而言，国民政府后期，招生方式频出，大致以单独招生、联合招生、委托招生、成绩审查和保送免试五种招生形式为主，由各校采一种或兼采多种。

新中国成立后，有关方面并没有立即启动根本性的教育改革，大致维持原有局面，整个社会建设还处于"新旧交替的敏感阶段"，决策者也没有迫切开展对"旧教育"的改革。1949 年 9 月通过的《中国人民政治协商会议共同纲领》明确规定："人民政府应有计划有

步骤地改革旧的教育制度、教育内容和教学法。"因此，对旧教育一般采取"保护维持，加强领导，逐步改造的方针"。这一指导方针在高等学校招生方式上也得到了贯彻。此年，全国所有公、私立学校都按照原有办法进行招生，在全国范围内既有单独招生考试，又有校际联合招生等方式。

当然，各地情况也有较大差异。除上述两种招生方式外，华东区的上海市于1949年就已在全市"国立"院校内进行统一招生。上海市政府高等教育处在当时认为，统一招生能改变以前招生方式上的"不便与痛苦"，改变学生四处投考、大学招生试题繁复的局面，在最大程度上"增加同学录取机会"，"节省同学财力物力"。并且，通过统一招生，能"对沪宁杭地区高中毕业后要升大学的学生，以及可能失学的学生数目进行估计，作为以后高等教育的办学依据"以及"了解高中生学业和政治水平"的依据。其具体做法是由上海市高教部按照院、系、科制订招生计划，并对新生进行统一录取、统一分配。这种探索显示了招生方式上的一种新迹象，它使得新政权逐渐注意到，民国时期实行的统一招生制度与国家现代化建设的特殊需要之间高度契合，并在日后使之成为新中国教育体系重建中的一个重要组成部分。

1950年，中央人民政府教育部颁布了新中国第一个高等学校招生文件《关于高等学校一九五零年度暑期招考新生的规定》。在招生方式的选择上，该文件指出"根据该地区的具体情况，分别在适当地点定期实行或局部高等学校联合或统一招生"，并且规定了各大区高等学校的招生名额以及系科人数的比例。此时，教育部对推行大区内的统一招生或联合招生的态度已相当积极，并于1951年进一步统一了招生考试的时间，且将单独招生时间推迟在统一或联合招生之后。由于各大区成立了自己的招生委员会，在自己区域内进行联合招生，此时的联合招生实质上更倾向于大行政区范围内的统一招生。

1952年，教育部决定所有高等院校实行全国统一招生考试。《关于一九五二年全国高等学校招生计划及其实施问题的指示》的颁布，使得1952年成为"中国高校新旧招生制度的分水岭"。统一招生方式在1952年的建制，首先与招生方式本身的效率问题密切相关。新中国成立初期，中等教育的薄弱造成当时高等教育生源存在巨大缺口，导致招生计划无法完全依托现有高中毕业生。1952年暑期全国高等学校招生计划总计50000名，但此年全国暑期高中毕业生人数不过3.6万。由于生源不足，各大行政区高等学校招生任务与各区生源的不平衡，使得新政权在招生方式上期待一种更有效率的做法，以结束招生局面的混乱状态，并解决录取标准参差不齐、应考成本高昂、区域招生失衡等问题。

统一招生制度在1952年之所以能够迅速推行，除了与招生方式本身的效率问题有关，还得益于行政指导基础的建立。1950年，教育部颁布了《关于高等学校领导关系的决定》《高等学校暂行规程》等法令法规，将高等院校纳入统一的行政管理体制之中。《关于高等学校领导关系的决定》还特别强调了教育部负有统一领导全国高校的责任："凡中央教育部所颁布的关于全国高等教育方针、政策和制度，高等学校法规，关于教育原则方面的指示，以及对于高等学校的设置变更和停办，大学校长、专门学院院长及专科学校校长的任免，教师学生的待遇，经费开支的标准等决定，全国高等学校均应执行。"这意味着高等教育行政管理的全面革新。这种权力相对集中的领导体制，为日后高等教育统一招生考试提供了有力支持。

此外，统一招生得以推行，更深层的原因在于政治经济形势的好转。恢复国民经济任务在 1952 年的提前完成为进一步推动社会改革提供了物质基础，同时也强化了人才培养的需求。1953 年为第一个五年计划的开局之年，此时专业技术干部紧缺的状态已严重制约国民经济的发展。刘少奇即称："搞建设就感觉人才太少、干部太少了。现实状况使新政权不得不考虑如何使教育体制更好地满足复杂多样的经济建设需要，并使之与相对紧缺的资源相适应。由此，着眼于经济建设需要，第一次全国高等教育会议重新拟定了高等教育的方针和目标，确保"高等教育为生产建设服务"。这一现实，促使新政权运用其强大的统筹协调能力，将高等教育纳入为经济建设服务的轨道。

综上所述，高等学校招生由 1950 年的单独招生、各校联合招生，发展为 1951 年的大行政区范围内的统一招生，再发展到 1952 年的全国规模统一招生，其目的是在统一的计划、统一的组织领导、统一的录取调配下，对有限的人才资源进行审慎而有计划的调配。从总体上来看，招生方式的这种转变可以凸显领导者在社会建设进程中的一种考量和策略，即在经济建设需求与人才匮乏的矛盾下，统一招生可以"根据国家需要，按成绩等第，参照所填志愿来进行分配"，最大化提升招生考试的效率。

二、"大众性"的落地：谁更有可能获得入学机会？

招生方式在事实上牵涉"具有怎样身份的人更有可能获得这般的入学机会"的分配问题。因为新政权对高等教育人民性、大众性的本质规定，在招生中切实保障弱势群体接受高等教育的机会成为统一招生政策中的重要内容。这些举措在扩大新中国初期高等教育生源的同时，也带来了高等教育质量的不平衡。因此，官方一直试图消除缺乏协调、量质失衡的弊端。

（一）向工农开门

民国时期，对于教育机会不平等的现象，各方素有抨击。早在 1932 年，国联教育考察团即在其报告书中批判了中国教育体系有意识为上层社会服务的意向。一方面，大学教育成本高昂，导致社会阶级间的不平等直接传导至教育领域，高等教育始终未能惠及大多数民众；另一方面，从招生政策本身来看，城乡差异、成本偏高、信息及文化隔离等因素导致的问题使民国时期的高校招生在事实上成为一种"精英角逐的场域"。中华人民共和国成立后，新政权将文化教育的性质明确定位为"民族的、科学的、大众的"，并优先关注社会中下层，让新中国的教育"操在工农劳苦群众的手里"，并为"全民族百分之九十以上的工农劳苦民众服务"。周恩来在全国高等教育会议上指出："我们的国家是以工人阶级为领导、工农联盟为基础的人民民主专政的国家。所以，我们的高等教育首先就要向工农开门，培养工农出身的新型知识分子。"在建立一个更加平等、公正的社会方面，中国共产党显然要比前人走得更远。在"谁更有可能获得入学机会"这一问题上，其重要追求是让成千上万的工人农民受到高等教育，以培养大量工农出身的新型知识分子作为国家建设的新骨干。

尽管高等学校招生"向工农开门"是新中国成立初期招生政策的显著特点，但直到中国共产党实现对各级各类教育的完全领导之前，工农在高等学校招生中的比例增长仍然十分缓慢。对之江大学1950年春季录取的69名新生的分析显示，超过半数的新生来自"通商口岸中的商人与专业技术人员家庭"（详见表1）——这与晚清民国教育精英的主要来源并无二致。

表1　之江大学1950年春季招生录取新生家庭成分统计表

家庭成分	一年级新生	编级生
工	4	3
农	2	/
商	25	14
公务	4	1
教育	1	2
自由职业	5	2
家务	4	1
运输业	/	1
共计	45	24

资料来源：之江大学招生委员会招生工作简章、来往函件、上级对招生工作指示及1950年新生录取统计表，浙江省档案馆馆藏，L052-002-0058.

可见，在实行统一招生之前，新中国高校学生的社会来源并未出现结构性转型。因此，在实现对高等教育的全面领导后，新政权通过统一招生中的优惠政策逐步为工农青年打开高等教育的大门。同时，相关政策还对革命干部及革命军人、少数民族学生、华侨学生给予录取优待。1950年的招生规定对上述类别的学生采取从宽录取办法，该招生办法在1953年改为"优先录取"。从可操作性上来看，"从宽录取"在招生标准的划定上存在诸多问题，如究竟要在多大程度上降低标准、以怎样的标准来降低录取分数线等。尺度的模糊必定会增加招生时操作不当的风险。相较之下，确定考试成绩达到一般录取标准后的"优先录取"方式，确保了政策在实施环节中的客观性和可操作性。1954年，高等教育部在录取的具体办法上，对工农青年作了相应的加分规定：参加理工农医类考试的考生，每门科目平均增加10分，总共增加50分；参加文法财经体育艺术类考试的，每门科目平均增加15分，总共增加60分。然后将其混入一般考生报名单中按成绩顺序录取分配。该加分政策表明，在录取名额上，国家更倾向于扩大工农青年在文史、政法、财经类学校中的比例。但在1955年，国家又提出，对工农青年干部和工农子女"入学条件不能降低；只是当他们的考试成绩达到所报考专业的录取标准时，在与一般考生成绩相同的情况下，可以优先录取，使他们易于进入志愿的专业和学校"。1956年，又将"优先录取"政策变更为"在低于一般考生20分左右时应优先录取"。

招生政策的不断调整显示出这一阶段的招生选拔存在两种机制：一种是以普及教育为主，对工农进行政策优惠的政治选拔机制；另一种是以提高教育质量为主，基于能力标准对考生进行筛选的教育选拔机制。第一种机制在当时的社会条件下"极大地减弱了出身背景与教育获得之间的联系"，推动了学生社会来源的多样化。1956年，全国高等学校统一招考共计358559人，其中高中毕业生146409人，工农速中毕业生646人，中师毕业生22800人，中技毕业生190人，华侨学生1045人，港澳学生926人，小学教师67733人，复员军人、转业军人5235人，公司合营企业职工3507人，在职干部81386人，工商知识青年786人，停学待业知识青年27896人。新政权在扩大社会流动性方面的决心，给之前难以进入高等学校的工农群体提供了机会，高校每年出身于工农的学生比例不断提高。

但是，参照苏联模式建立起来的高等教育体系的目标之一，是要培养适合新中国建设的、更专业化的高级建设人才。因此，对学业能力的要求随着社会建设的大规模展开而越来越高。以能力标准为主的教育选拔机制强调考生"学业质量"是否达标，工农群体在这一机制中并无多少优势；而政治选拔机制以先赋性家庭出身为标志对高等教育入学机会进行分配，为工农考生打开进入高等教育通道的同时，又不可避免地导致"学业质量"标准的降低。虽然"政治选拔"和"教育选拔"在当时的历史环境中可能是招生选拔的一体之两面，但由于两者所强调的侧重点不同，最终造成"数量"和"质量"之间的明显矛盾。

（二）保证质量，照顾数量

由于生源与招生计划间存在巨大的缺额，招生政策上贯彻了"应收尽收"的原则。表2显示，1952年统一招生创制时，高考录取率高达90.35%。但在第二年，教育部对前一年的招生工作做出了"单纯完成数量的形式主义偏向"的评价，开始强调新生的质量，要求高等学校"培养足够数量并且完全合乎标准的高级科学技术人才"。华东区高等学校招生委员会1954年的招生工作总结显示了当年新生质量的情况及其给高校人才培养造成的影响，这一总结指出："今年新生的质量还不能完全适应高等学校的要求，如工农速成毕业生有的基础实在太差，以前仅上过两三年小学，也有原在速成识字学校学习的又到速成实验学校学习了一年半就升入大学，因此无法跟班。有的自己也失掉了学习信心。"1955年，李富春在《关于发展国民经济的第一个五年计划的报告》中呼吁，要"使提高质量和增加数量正确地结合起来"。高等学校招生考试也明确提出"保证质量，照顾数量"的方针。不难看出，官方在招生工作的最初几年就以谨慎的态度在"数量与质量"之间保持一种更加平衡的做法，但生源的复杂程度却始终制约着招生工作的质量。同时，社会主义改造高潮的到来提升了中国各项事业的规模和速度。尽管有关方面在高等学校招生考试上继续保持着对"质量"的重视，但1956年高等学校在录取人数上的激增明确显示其实际情况并没有达到官方所期待的平衡。1953年以来这种力求平衡的做法最终在

"教育革命"中被彻底改变，社会系统的嬗变也使高等学校基本弃置了此前在"数量与质量"之间力求平衡的制度模式。此间的考录情况如表2所示。

表2　1952—1965年高考录取率

年度	考生数（万人）	录取数（万人）	录取率（%）
1952	5.90	5.32	90.17
1953	8.00	6.24	78.00
1954	12.50	9.23	73.84
1955	17.50	9.78	55.89
1956	36.10	18.64	51.63
1957	25.20	10.56	41.90
1958	27.40	26.56	96.93
1959	32.70	27.41	83.82
1960	32.00	28.41	88.70
1961	37.20	16.90	45.43
1962	38.90	10.68	27.46
1963	39.80	13.28	33.37
1964	34.40	14.70	42.73
1965	35.00	16.42	46.91

资料来源：为之.中国高考与社会、经济的关系[J].中国考试，1997（1):42–44.

表2直观地显示出高等学校招生出现过两次大起大落：一次是从1955年录取数的9.78万人猛增至1956年的18.64万人（1957年又猛跌到10.56万人）；另一次是1958年的录取数又激增到26.56万人。应该明确的是，在以"学业质量"为主的传统测验阶段，统一招生能较好地发挥人才甄别与选拔的功能，实现大规模人才选拔的基本需要。教育机会分配上的普惠性，也只是为了"使高等学校能够顺利容纳更多考生"。但在提高考生"政治质量"的驱动下，1958年，有关部门对工农速中毕业生、工农及工农干部采取保送方式，绕开统一招考这一筛选机制，使高校录取率达到顶峰。在以"政治质量"为主要选拔标准的时期，先赋性的家庭出身在一定程度上甚至决定了个体的升学机会。同时，招生选拔功能的弱化，不仅不利于发挥招生选拔方式的"指挥棒"效应，不利于推动教育发展，还对高等教育人才培养质量造成了潜在的破坏。

三、"科学性"的诉求：用何种方式选才？

新政权采取一系列措施推动高等教育走向大众，在一定程度上缓解了生源紧张的矛盾。当生源不再是制约高等学校招生的主要因素时，主管全国招考工作的高等教育部几度提出改革统一招生方式的要求，有意进行招生方式改革。如果说在"谁更有可能获得入学机会"的问题上，政府的主导政策在价值选择上是清楚且有共识的，那么在"用何种方式科学选才"的问题上，有关方面则一直处于摸索之中。

在反复的深入讨论之后，全国统一招生方式最终在1959年被重新确立，形成了由中央计划、省市分散办理，高校负责直接录取新生的办法，并沿用至今。

（一）难题：国家意志与个体发展的张力

在国家进行大规模、大范围的集中录取、调配下，招生效率的提升是显而易见的：1952 年全国高校预计招生 5 万人，最后实际录取新生 65893 人，新生报到率由 1950 年的 50% 提高到 95% 以上。通过有计划地分配、录取新生，保证了国家重点建设的需要。高度集权的制度对资源成功地进行了高效整合，但此种实行高度计划分配的模式，无论高校还是学生，在统一招生中都存在着"被剥夺感"。作为一种利益分配机制，教育政策应使个体的利益诉求得到合理表达。尽管官方在 1953 年就已注意到统一招生"计划分配的方式，适应各校、各系科的特点不够，结合学生的在校成绩和志愿不够"等问题，但这些问题在当时仍未能避免。很显然，中国招生制度改革过程中，存在一个突出的矛盾：是不断强化招考中的国家意志，还是充分回应持续分化的个体需求？这一张力背后反映的是不同的利益方在教育系统中的微妙关系。

1958 年，招生计划将一定年度的招生指标按照一定比例分配给不同地区、不同学校，形成当年的生源格局，因此，招生计划"实质上就是对量化了的高等教育资源的分配"。全国统一招生制度确立后，高校的主要责任是在招生机构领导下从事组织考试、阅卷评分等工作；新生的录取与分配，也是由招生机构统一进行。因此，高校在招生计划上并无配置权力，也无法自主选择生源。其在统一招生制度中的"不在场"和"被剥夺感"正是来源于此。高校的自主选择空间受到统一的制度框架和组织框架的限制，抑制了其办学活力及办学效率，更不利于各高校办学特色的实现。

与此同时，学生也较少有根据兴趣和能力进行自由选择的余地。为了保证招生任务的完成，考生志愿往往服从于高校招生计划。在高度统一的录取、分配体制下，大学生个人的前途被要求纳入社会主义建设需要的学科专业之中。一方面，国家建设所需、但条件较为艰苦的学校和专业填报人数较少，而诸如工科、医学这样的热门领域出现考生志愿扎堆的现象。1952 年，华东区"报考工科和医科者，占考生总人数的百分之八十"，而整个华东地区工科和医科招生计划只占全部招生计划的 60%。另一方面，新中国成立初期各区间的生源调配主要由教育部统一规定，华北、东北、西北三区学生来源少，华东、中南、西南学生来源较多的地区也负责为以上三区输送生源。但对考生而言，只有极少数愿意填报东北、西北地区高校。这种"赶浪头"的现象在官方看来是因为很多学生存在"名利"思想。通过思想教育以及制定相关政策（例如，已录取的学生不得转院系及转学校、被录取者如不就读则次年不得再考等），考生升学问题被限定在国家需要的学科框架之中。"不符志愿""强迫分配""分配不当"最后造成的是"厌学""退学"等结果。最终，无论是学校还是学生，在制度中的"缺席"，都导致了矛盾的产生。

（二）争论：统一招生的存废

鉴于上述问题，高教部决定废止全国范围的统一录取、调配方针，将统一招生的组织领导形式改为"中央统一计划，大区组织执行，并由各校直接负责审查录取"。[33]但这种方式的改进，实质上并没有赋予高校更多的自主空间，因为审查录取的新生最后仍然由地区招生委员会进行本区和外区的调配。不过，随着全国六大行政区的撤销，具体组织、执行统一招生的大行政区不复存在。1955年，高教部先后召开了两次、共有62所高校教务长参加的座谈会，进行关于"全国统一招生考试还是学校单独招生"问题的讨论。

但招生方式在这一年并没有彻底改变，阻力之一可能来自高校本身。当时仅有清华大学、上海交通大学、中山大学、北京大学等五所院校同意联合招生的方案，因为对于大多数生源无法保证的高校而言，统一招生更为经济、有效。针对高校两种不同的态度，高教部仍维持1954年的做法，但也作了新的改进：一是在工作体制上变更为"中央统一计划，省（市）组织领导，高等学校参加，并以原来的大行政区为范围集中地进行录取的全国高等学校统一招生"；二是将民族大学、艺术类大学、中国人民大学等学校从全国统一招生考试中分离，赋予它们自主招生的权利。应当说，统一招生在组织形式上并没有发生大的变化，对于生源和质量尚能保证的高校而言，这种办法似乎并不太受欢迎。值得注意的是，负责招生的高校招生委员会并不是一个正式的常设机构，而是每年统一招生工作开始之后，由高教局组织高校派工作人员组成。上海高教局曾向高教部抱怨各高校对统一招生"缺乏热情"，"怕麻烦的情绪颇浓"，在派遣工作人员方面存在消极怠慢的现象。在消极对待的同时，上海几大主要高校校长组成的上海市高校招生委员会以生源充足为由，认为"联合招生或单独招生，今后逐渐成为可能"。官方尽管承认统一招生中存在的缺陷，但以生源不敷招生需要以及高校间条件悬殊等为由，在1956年仍进行统一招生。

1957年，生源充足以后，情况再次出现变化。高教部认为此时由全国统一招生过渡到联合或单独招生的基本条件已经具备，拟从1957年开始"采取多校联合招生为主、单独招生为辅的办法"，并委托上海、江苏、湖北、四川、辽宁等省市的教育厅及高校进行讨论。但在高教部汇总各地讨论情况后，大致出现三种意见：一是赞成单独或联合招生，以中南、西北地区的大部分高校和华东、西北、西南的部分高校为主；二是华北地区的大部分高校和华东、东北、西北的一部分高校，还有参加座谈的1957年高中毕业生、1956年高校新生，主张继续推行全国范围内的统一招生方式；三是华东地区的大部分高校和中南、西北、西南的部分高校主张以省市为范围统一招生，以一种折中的办法既保持统招的优点，又可以克服过于集中所造成的弊端。但多数学校和学生仍主张维持原来的统一招生形式，因为全国统一招生比学校单独招生或联合招生更加节省成本。而这也足以解释为何在几番讨论后，最终仍维持了统一招生模式，其原因即在于：国家意志的渗透与介入有效地保证了入学机会分配的相对平等，以及统一招生制度本身相对经济和高效。

雷厉风行的招生方式改革在1958年得以进行。在经过反复讨论之后，1958年的最终做法是恢复到1952年以前的多样化招生模式，其中以单独招生或省（市、自治区）为单位的联合招生为主。多样化的招生方式为高校创造了一个建设性空间，使其能够成为招生政策执行的关键主体，增强招生考试制度的活力。但在以"政治质量"为主要选拔标准的时期，高校招生的普惠性进一步增强，大幅弱化了招生考试的选拔功能。在经过1958年"大破大立"引起的混乱之后，1959年主管部门又进行了"收权"。高校招生也恢复了1958年以前的统一招生方式，但不再维持以原大行政区为范围的统一招生方式，而是采取"统一领导与分散办理相结合的方式"，即由中央制订招生计划和新生来源计划，各省（市、自治区）组织报名、政审、体检、考试、评卷等具体工作，高校仍然负责直接录取新生。这样的分省统招方式，由此而基本定型，并沿用至今。

四、余论

20世纪五六十年代对高校招生方式的探索从政策制度到具体实践的整个过程，始终与国家建设的总体进程密切相关，其中呈现着两个较为突出的问题。

其一，这一时期高校招生方式的变革显示出，新政权的决策者在"破旧立新"的热潮中，决心设计一种与国家建设、社会主义价值取向相配套的高等教育体系。但在如何使高等教育满足社会经济建设复杂多样的需要、使之与贫乏的资源相适应方面遭遇了巨大困难。高考制度在1952年的创制，就是决策者为解决这一问题所做出的努力。

其二，高校招生"向工农开门"反映执政者在政治理想上的一种追求，即创建真正属于"大众"的教育。这一努力在客观结果上扩大了高校生源以及高等教育的受益面，但招生规模的大幅扩张又给提高高等教育质量带来巨大挑战。教育发展中这一"数量—质量"的两难选择，在当时的话语中称为"普及"和"提高"的矛盾。

同时，新中国成立后的10余年间，中国的教育体系始终在探索和调整之中，高校招生考试的调整也一直在寻找更科学合理的方式。而这种改革，归根结底是为了创造一个更适合社会主义经济建设的选才育才方式，实现教育的最大效能。因此，尽管在统一招生存废问题上有过争论，但统一招生以其在效率与公平方面的优越性而被普遍认可并沿用至今。随着中国高等教育逐步大众化乃至普及化，如何兼顾招生考试的人民性与科学性、如何保持"数量与质量"之间的高质量平衡，依然是高等教育发展的现实课题。20世纪50年代不断重复的冲突与张力非常值得关注，它使我们看到中国高校招考模式独特的一面，并提示我们如何立足中国实际创造性地构建"大众升学"与"选拔英才"兼容的招生系统和选人用人机制。

参考文献

[1] 蒋超. 中国高考史·创立卷[M]. 北京：中国言实出版社，2008.

[2] 郭祖超. 对于国立各院校统一招生之管见[J]. 教与学，1938（8）：14-19.

[3] 杨李娜. 民国时期的大学招考制度及其影响[J]. 漳州师范学院学报（哲学社会科学版），2005（4）：118-123.

[4] 李杨. 五十年代的院系调整与社会变迁——院系调整研究之一[J]. 开放时代，2005（5）：15-30.

〔5〕中国人民政治协商会议共同纲领[N]. 人民日报，1949-09-30（2）.

〔6〕何东昌. 中华人民共和国重要教育文献[G]. 海口：海南出版社，1997.

〔7〕潘谷屯，史最毅. 大学入学考试要好好地改革[N]. 文汇报，1949-07-17（4）.

〔8〕上海市人民政府高等教育处. 关于1949年国立专科以上学校统一招生材料[A]. 上海档案馆，B1-1-2208-8.

〔9〕杨学为. 高考文献（上）[G]. 北京：高等教育出版社，2003.

〔10〕刘海峰. 1952—2012：高考建制的花甲记忆[J]. 高等教育研究，2012，33（6）：78-84.

〔11〕中国教育编辑部. 中国教育年鉴1949—1981[M]. 北京：中国大百科全书出版社，1984.

〔12〕关于高等学校领导关系的决定[J]. 人民教育，1950（5）：67.

〔13〕刘少奇. 刘少奇论教育[M]. 北京：教育科学出版社，1998.

〔14〕罗兹曼. 中国的现代化[M]. 国家社会科学基金"比较现代化"课题组，译. 南京：江苏人民出版社，2003.

〔15〕吴愈晓. 社会分层视野下的中国教育公平：宏观趋势与微观机制[J]. 南京师大学报（社会科学版），2020（4）：18-35.

〔16〕国际联盟教育考察团. 国际联盟教育考察团报告书[M]. 台北：文海出版社有限公司，1932.

〔17〕荀振芳，汪庆华. 自主招生：精英角逐的场域[J]. 清华大学教育研究，2011，32（2）：56-63.

〔18〕人民教育出版社教育室. 毛泽东 周恩来 刘少奇 邓小平论教育[M]. 北京：人民教育出版社，1994.

〔19〕毛泽东. 毛泽东选集：第2卷[M]. 北京：人民出版社，1991.

〔20〕周恩来. 周恩来选集：下卷[M]. 北京：人民出版社，2004.

〔21〕梁晨，董浩，任韵竹等. 江山代有才人出——中国教育精英的来源与转变（1865—2014）[J]. 社会学研究，2017，32（3）：48-70.

〔22〕杨学为. 中国高考史述论[M]. 武汉：湖北人民出版社，2006.

〔23〕浙江省教育厅. 一九五五年全国高等学校统一招生录取新生办法（草稿）[A]. 浙江省档案馆，J039-007-145-209.

〔24〕李春玲. 社会政治变迁与教育机会不平等——家庭背景及制度因素对教育获得的影响（1940—2001）[J]. 中国社会科学，2003（3）：86-98+207.

〔25〕全国高等学校招生委员会办公室. 招生工作简报：第14期[A]. 浙江省档案馆，J039-008-203-129.

〔26〕高等学校的教学改革应当稳步前进[N]. 人民日报，1953-01-23（1）.

〔27〕浙江省人民政府教育厅. 中央、华东有关招生工作中的招生计划、报送在职干

部、教师入学、政治审查、健康检查等工作的规定[A]. 浙江省档案馆，J039-007-145.

［28］李富春. 李富春选集[M]. 北京：中国计划出版社，1992.

［29］陆一. 学业竞争大众化与高考改革[J]. 教育研究，2021，42（9）：81-92.

［30］全国高等学校统一招生工作完成[N]. 文汇报，1952-09-27（1）.

［31］李峻. 我国高考政策变迁研究——基于"利益相关者理论"的分析[D]. 武汉：华中科技大学，2009.

［32］华东军政委员会教育部. 全国高等学校1952年暑期招生华东区招生委员会工作总结[A]. 上海档案馆，B105-5-655-34.

［33］华东区高等学校招生委员会办公室. 华东区高等学校招生工作简报[A]. 浙江省档案馆，J039-022-003-027.

［34］上海高等教育管理局. 1956年华东地区招生工作总结[A]. 上海档案馆，B243-1-82-60.

［35］上海市高校招生委员会. 上海市高等学校招生工作委员会工作总结（草稿）[A]. 上海档案馆，B243-1-45-1.

［36］杨东平. 艰难的日出：中国现代教育的20世纪[M]. 上海：文汇出版社，2003.

［本文系全国教育科学规划项目"建国初党中央创建社会主义高等教育体系的战略智慧研究"（BOA180049）、教育部哲学社会科学研究重大委托项目"习近平总书记关于中国特色世界一流大学建设的重要论述及其溯源研究"（21JZDW002）、中央高校基本科研业务费项目"'领导亚洲'：近代中国学术界的国际参与和大国作为"（2023）研究成果］

阶级与工资：新中国成立前期的知识分子改造和高校教师社会经济地位研究

——以浙江师范大学为中心（1956—1965 年）

浙江师范大学档案馆　王凯

从新中国成立初期一直延续到 20 世纪 70 年代的知识分子改造运动，不仅仅是一场思想上的改造运动，同时也是对知识分子阶级成分和社会经济地位（socioeconomic status，SES）[①]的改造运动。

在新中国的知识分子改造运动中，如果说思想上的改造动摇了知识分子的职业认同（career identity / vocational identity），使其逐渐失去了受教育程度、职业所带来的自我期许与社会评价；经济上的改造则摧毁了知识分子在物质上的优越地位，使其从特权阶级降为普通阶层，在社会经济地位上日益趋同于工人阶级。

作为知识分子改造的一部分，国家一度试图将知识分子融入工人阶级，这是建立在牺牲知识分子原有社会经济地位的基础上的，其主要手段之一就是使知识分子与工人阶级在社会地位和收入上对等。但政策很快发生转向，知识分子被政治舍弃，当"改造"变成"批判"，知识分子的社会地位、收入一路下滑，最终在"文化大革命"时期处于阶级最底层。

一、新中国成立初期的知识分子政策与教师待遇

拙作《民国至建国初期知识分子地位变化与高校教师薪酬波动初探》已对新中国成立前大学教师的薪酬水平和社会地位作过简单的分析。北洋政府时期和南京国民政府时期，高校教师薪酬有普通工人每月平均收入的十几倍到数十倍之多。高校教师"享有很高的社会地位和经济待遇"。[②]

但在该文中，笔者也认为，不管北洋政府还是南京国民政府时代，大学教师受雇于政府，与旧社会幕僚清客和雇主官员的关系有相似性。政府对知识分子的善意更像是一种"养士"的心态，是单纯认为其有利用价值而非对教育的重视。在新中国成立以后，当"天下为家"变为"天下为公"，国家对知识分子的政策、知识分子的社会经济地位必然要面临根本改变。

抗日战争加剧了知识阶层的贫困化，工人与高校教师间不可逾越的收入鸿沟逐渐被填平。高校教师社会经济地位的自然下滑，也为新中国成立后的阶级调整扫平了障碍。

[①]　"社会经济地位"（socioeconomic status，SES）是结合经济学和社会学关于个体或家庭基于收入、教育和职业等因素相对于其他人的经济和社会地位的总体衡量。职业、受教育水平和收入构成了个人社会经济地位的三大考量要素。

[②]　杨兴隆：《民国初期各阶层的收入水平与生活状况》，《经济社会史评论》2015 年第 3 期。

从 1951 年秋至 1952 年秋，国家开展了知识分子的自我教育和改造运动，91% 的全国高等学校教职员工参加了这次运动。1953 年，吴玉章在中国工会第七次代表大会上的发言中对新中国教师所处的地位作出了高度概括，他说："新中国人民教育工作者的社会地位大大提高了，受到了人民政府的尊重和人民的敬爱。"[①] 但事实上，除了部分高级知识分子，大部分教师的收入并没有得到实质性的改善，社会地位的大大提高也无从谈起。

总体来说，新中国成立后到 1956 年初，党和政府对知识分子实行的是"包下来"的政策，即保持知识分子原有的工作和物质待遇不变。

但新政府对知识分子采取保留原工资待遇的办法，维护的是知识分子战后已经明显下降的地位，并无意将其经济优势地位恢复到战前，而且有明稳暗降的嫌疑。当其他职业特别是工人阶级的收入在 20 世纪年代初期得到增长的同时，知识分子的收入却原地踏步，其实也意味着知识分子被变相降低了工资，其社会经济地位与工人阶级的差距被进一步缩小。

1955 年 10 月，高等教育部发布《关于高等学校工作人员全部实行工资制和改行货币工资制的通知》，当时高校的工资标准为：教授、副教授 140.3—217.8 元，讲师 100.1—117.7 元，助教 45.1—60.0 元。而同期天津地区工人平均工资约为 48.88 元[②]，考虑到地区差异以及工人群体的庞大基数，可以认为工人与下层大学教师的平均工资已经相差无几，这在抗战之前是无法想象的。

新中国是以工农联盟为基础的政权，随着工农阶级地位的提升，知识分子群体逐渐失去之前高高在上的社会经济地位已成现实。但对于这样的状况，知识分子不可能心悦诚服，只是"虽有意见，但不敢公开讲"。[③] 这已然埋下了矛盾的种子。

二、将知识分子融入工人阶级的尝试和高校工资调整

随着知识分子的工资水平和工人日益接近，将其纳入工人阶级的想法自然而生。

（一）知识分子阶级定位的变化

早在 1949 年中华全国文学艺术工作者代表大会的政治报告中，周恩来就已提出："文艺工作者是精神劳动者，广义地说来也是工人阶级的一员。"[④] 1949 年 10 月 30 日，李立三在北京市教育工会成立大会上也说："教育工作者包括教授、讲师、助教、教员、职员等，他们和工警一样，都是靠工资薪水来维持生活，都是雇佣劳动者，即都是属于工人阶级。"[⑤] 1950 年 8 月，中央人民政府颁布《关于划分农村阶级成分的决定》，把受雇于

① 吴玉章：《在中国工会第七次全国代表大会上的发言（1953 年 5 月 5 日）》，载《吴玉章论教育》，中国人民大学出版社，2021，第 210 页。
② 梁丽辉：《新旧更迭中的巨变：建国初期天津工人研究》，博士学位论文，南开大学，2012，第 120 页。
③ 《天津市高级知识分子在座谈会上的反映（1956 年 1 月 10 日）》，《内部参考》1956 年第 2 期，第 22-25 页。
④ 周恩来：《在中华全国文学艺术工作者代表大会上的政治报告》，载《周恩来选集》上卷，人民出版社，1997，第 344-358 页。
⑤ 金凤：《知识分子是工人阶级一部分"——记李立三同志一次谈话》，《百年潮》2000 年 11 期，第 21-22 页。

上级机关、企业、学校的知识分子称为职员，明确"职员为工人阶级的一部分"。①

但当时这一观点并没有在党内形成统一意见。沈志华认为："长期以来，对知识分子的不信任是中共党内的一种普遍现象。"②工农联盟的政党并不乐意让知识分子与自己平起平坐。但是新中国的发展建设需要知识分子，1956 年，三大改造基本完成，出于社会建设的需要，党和政府开始有了将知识分子纳入工人阶级的实际动作。

1956 年 1 月 14 日—20 日，中共中央在北京召开了全国知识分子问题会议，这是中国共产党执政初期一次以知识分子为讨论主题的大型会议。全国重要高等院校党组负责人参与了这次会议。周恩来代表中共中央作《关于知识分子问题的报告》，明确指出，"我国的知识界的面貌在过去六年来已经发生了根本的变化"，"他们中间的绝大部分已经成为国家工作人员，已经为社会主义服务，已经是工人阶级的一部分"。③报告首次提出知识分子的绝大部分已经是工人阶级的一部分，用大白话说就是：你们是自己人了。

会上也提出了给以知识分子适当的待遇，但由于会议明确了教师的社会地位等于工人，工资标准的制定自然也要以此为基准。1956 年开始的高校工资改革就是在此阶级定位下对教师的工资待遇给予了实质性的确定。改造完成后，作为社会主义大家庭一员的教师，随着身份的变化，其社会经济地位也进一步与工人阶级趋同。

（二）大学教师工资标准的确立

1956 年 7 月 10 日，高教部发出了《关于 1956 年全国高等学校教职员工工资评定和调整的通知》。其将教授的工资分为四级，分别为 207 元、241.5 元、287 元、345 元，平均每五年可升一级；副教授也是四级，分别为 149.5 元、177 元、207 元、241.5 元，平均每三年可升一级；讲师的工资分别为 89.5 元、106 元、126.5 元、149.5 元，平均每两年可升一级。

1956 年 8 月，浙江师范大学的前身杭州师范专科学校建校，正好赶上这次工资改革。杭州师范专科学校的工资改革方案是在"了解其他高等学校工资改革的情况以取得校际之间的平衡"④的基础上完成的，对于了解高校的工资水平有一定的参考价值。杭州师范专科学校的工资改革工作于当年 10 月下旬开始，但因工资比例没有决定，延迟到 12 月 4 日公布方案并报送省教育厅。

据 1956 年 9 月 25 日统计报告，杭州师范专科学校教职员工共计 162 人，平均月工资为 71.67 元（包括工资改革因素在内）。教授级别仅有历史系副教授李洁非一人⑤，级别

---

① 中央人民政府政务院：《关于划分农村阶级成份的决定》，载《中共党史参考资料（七）》，人民出版社，1979，第104 页。

② 沈志华：《1956 年初中共对知识分子政策的调整》，《社会科学》2006 年第 8 期。

③ 周恩来：《关于知识分子问题的报告》，《人民日报》1956 年 1 月 30 日第 1 版。

④ 《杭州师范专科学校关于一九五六年工资改革的总结报告》，浙江师范大学档案馆馆藏档案，档案编号：1956-DZYJ-11.0025。

⑤ 历史系教师孙正容新中国成立前曾先后于国立浙江大学龙泉分校、国立中正大学、暨南大学、国立英士大学任教授，但在调到杭州师范专科学校之前就职于瑞安中学，学校提交工资方案时依照中学职将其报为八级讲师，浙江省教育厅批复调整为七级，1957 年高等教育部致函杭州师范专科学校，认为："如果他们已经担任了教学工作，符合我部规定的某级教师的条件，可以根据他们现在的教学成绩和学术水平（科学研究），严格按照我部规定办理教师晋升手续，予以评定适当的学衔。"中文系教师张戴人 1947 年至 1956 年 8 月在江南大学任副教授，调到杭州师范专科学校却只认定为八级讲师。

为五级，工资由 154.44 元调整到 168 元；讲师从九级到六级，工资区间为 85—141.5 元；助教行政从十七级到十级，工资区间为 53—74 元，未定级的新入职员工工资区间则在 43.5—53.5 元。讲师王冥鸿（六级）由 81.97 元调整为 141.50 元，增加 59.53 元，是全校工资增长最多的。

表 1　杭州师范专科学校教职工工资增长情况一览[①]

职称	级别	调整前（元）	调整后（元）	职称	级别	调整前（元）	调整后（元）
副教授	高教五级	154.44	168.00		行政八级	115.24	147.00
讲师	六级	81.87—100.98	141.50		九级		131.00
	七级	71.28—93.25	120.00		十一级	93.50	104.00
	八级	71.28—87.97	100.50		十三级		83.00
	九级	66.53—71.28	85.00	行政职员	十四级	57.50—66.96	74.00
助教	十级	61.78—66.53	74.00		十五级	57.02—60.48	66.50
	十一级	43.50—59.00	65.50		十六级	48.71—57.02	59.00
	十二级	40.39—52.27	59.00		十七级	45.14—50.00	53.00
	未定级	本科毕业	53.50		十八级	33.26—45.14	47.00
		专科毕业	43.50				
医师	医十级		100.50		二十级	29.70—31.00	35.50
医士/护士	医十五级		53.50				

据 1956 年 12 月学校报送的《高等学校工资调查表》，杭州师范专科学校在册人员共 107 人，平均工资 68 元；其中教学人员 65 人，工资标准按十二级划分，平均为 79 元。工资改革后，"各类教职工的工资均有不同程度的增长"，教学人员增长 28.24%（其中教授增长 8.8%，讲师增长 32.24%，助教增长 22.89%），行政人员增长 15.68%，全校工资总增长 22.58%，基本高于《关于工资改革的决定》中"一九五六年企业、事业和国家机关职工的平均工资提高百分之十四点五（如包括一九五六年新增人员在内，则为百分之十三左右）"标准。

可以看到，在 1956 年的工资改革中，杭州师范专科学校教师的工资确有提高，在职称没有提升的情况下，工资增加范围从几元到二十几元不等。《杭州师范专科学校关于一九五六年工资改革的总结报告》认为："通过工资改革，教职工收入增加了，实际生活水平因而有了提高，从而进一步体会到我们国家制度的优越与党和政府关心对人民生活的改善。"

但这次工资改革远没有到提升教师群体社会经济地位的地步。虽然 1956 年的工资改革对企业工人的工资调整不大，只是扩大了低级工与高级工之间的差别，但教师工资与工人阶级工资并没有拉开差距，这其实是国家基于新中国成立后工人工资大幅增长而知识分子收入基本保持不变状况，对知识分子的一点补偿，没有背离在经济上使知识分子等于工人阶级的初衷。

---

① 《杭州师范专科学校教职工工资清册》，浙江师范大学档案馆馆藏档案，档案编号：1956-DZYJ-11.0033。

而且这次教师工资改革是与职级评定同时进行的，但"事后发现工资增长突破了制定指标，预算上难以解决"①，国家于是削减了原定一级教授的数量，地方也根据自身情况重新制定、执行细则，造成地域、高校、学科、个人之间的不均衡，升级制度也没有切实执行。

《杭州师范专科学校关于一九五六年工资改革的总结报告》中提道，有教师说"我在中学里可以评为二级教师，到高等学校反而降低了"。当时中学二级教师相当于大学七级，但由于工资增长指标限制，在中学可评为二级的教师在大学评不到相应的等级，只好安排在八级，因此造成工资的降低。此外，还存在职级不相称的情况，虽然政府希望"明年调整工资时，必须首先解决他们的问题"，但1962年的《浙江师范学院教职工工资情况调查汇报》显示，1956年工资改革后，提职不提薪的有59人。②

新中国的知识分子改造从出发点讲是工农联盟政权把知识分子纳入自身血脉的尝试。作为具体的手段，政府试图通过工资调整使教师的社会经济地位与工人阶级趋同。

但政策存在令多方不安的因素。一方面，将知识分子纳入工人阶级本是政府的一厢情愿，教师代表的知识阶层长久以来形成的职业认同感，让他们并不满意与工人阶级处于同一社会高度。对他们来说，融入工农身份意味着放低身段（地位）、降低优渥的待遇（财富），同时在思想文化的独立性上进行妥协。只不过在新中国刚建立的和谐背景下，不满并未彰显于形。

而在1956年召开的全国知识分子问题会议的最后一天，毛泽东到会讲话。这说明中共内部在认识上存在分歧，也为知识分子政策的风向变化留下了隐患。

三、国家对知识分子阶级定位的转变和知识分子的反应

（一）知识分子政策的变化

"反右运动"国家知识分子政策的转向带来对知识分子社会经济地位的打击。在"反右运动"中，被打成"右派分子"的教师的收入待遇急剧下滑。据浙江师范学院1962年《已摘掉右派分子帽子的知识分子干部工资调整表》记录，历史系教师汪远滩被打成"右派分子"后工资由100.5元变成了35元③，只相当于刚毕业入职的学生。

虽然未被划为右派的教师的工资依然维持以往标准，但随着将知识分子融入工人阶级的中止，国家对于知识分子的态度已大不如前。

值得注意的是，知识分子群体对于自身的阶级定位其实具有复杂的两面性：一方面，长期作为特权阶层的自尊让他们对于国家将其纳入工人阶级有一定的抗拒；另一方面，当他们发现自己不再被承认是工人阶级的一部分时，他们同样满怀愤懑，原本引而不发的不满随之爆发。随着阶级斗争和"反右派"运动的开展，全国范围内涌现出对于教师

① 程天君：《初衷奈何难善终：若干教改政策的意外后果——从教授分级说到学科评估》，《现代大学教育》2020年第4期。
② 《浙江师范学院教职工工资情况调查汇报》，浙江师范大学档案馆馆藏档案，档案编号：1963-DZYJ-22.0001。
③ 《已摘掉右派分子帽子的知识分子干部工资调整表》，浙江师范大学档案馆馆藏档案，档案编号：1962-DZYJ-17.0067。

地位与工资问题的辩论。

（二）一场关于教师待遇、地位、前途问题的大辩论

1957 年，由于学生在"大鸣大放"中对有关教师的待遇、地位、前途等问题提出了许多不同看法，11 月，杭州师范专科学校党委决定在学生中展开辩论。辩论持续 11 周，"由学生推出代表分赴教育（中小学）、工业、商业、卫生、机关等部门共 16 个单位进行访问，访问工资情况及对教师的看法"[①]。共贴出大字报 1500 张，开了大小辩论会 300 多场。

这次大辩论主要在学生间开展，由于杭州师范专科学校当时还属于专科院校（1958 年升本），毕业生主要担任中小学教师，辩论中涉及的"教师"主要指中小学教师。但其暴露出来的教师工资待遇问题同样适用于大学教师。

学生认为，教师内部存在地位的差异，"大学教师最高（其中也有教授、讲师、助教之分）；中学教师比上不足，比下有余；小学教师最低，最被人看不起"。他们认为，大学教师地位高的一个主要原因是"工资收入高"。[②]

但大学教师的收入其实没有学生想象的高。据 1956 年 12 月杭州师范专科学校报送的《高等学校工资调查表》，学校在册人员平均工资为 68 元，其中教学人员平均工资为 79 元。在职级收入上，除了少数的教授，大学教师的工资水准基本与中学教师处在同一水平线上。因此，这场论战中涉及的问题，同样也是大学教师所面对的。

（三）1957 年教师与其他职业工资水平的横向对比

在辩论中，有学生提出："前途就是名和利。在社会主义利益的前提下，名誉、地位、待遇的高低就能说明前途的好坏"。待遇对应收入，"地位就是职业"，前途即社会经济地位，这次论战将社会经济地位纳入对教师职业的考量，实际上是一场教师以及未来的教师对于自己社会经济地位的现实关注与展望。

1957 年 12 月 6 日—7 日，数学科开展"教师工资问题"大辩论会。12 月 7 日下午，中文科和物理科全体学生 400 余人对教师前途问题展开大辩论。会上，对于教师的待遇、地位、前途等问题形成了针锋相对的观点，辩论的一方认为教师待遇低，提出了以下若干陈述。

普高生不愿读师范，不愿做老师，主要原因是教师待遇低；

读师范是吃不开的，前途、地位、待遇都比读工科的差，由于工资待遇太低，因此生活过得很苦；

既然做教师有名誉、地位，贡献也大，那为何读师范的人需要领导去大力动员呢？这主要由于教师经济待遇太低；

考取师范后，失去了家庭的温暖，得不到社会上他人的支持，自己学习积极性也提

---

① 《人民教师的前途、地位、工资问题大辩论工作总结》，浙江师范大学档案馆馆藏档案，档案编号：1958–DZYJ–13.0013。

② 同上。

高不了，这些现象的根源是教师待遇太低；

某人社会地位的大小，可从他的工资收入情况看出，教师工资收入少，因此社会地位是低的。[①]

虽然也有人认为"今天教师工资比旧中国有了很大的提高"，并认为"我来校前的工资比解放前增加四五倍"，但他解放前担任的是小学教师，解放前小学教师的地位与收入是远低于其他教师的，小学教师也是新中国成立后工资水平增长最快的职业之一。相比之下，其他教师工资在新中国成立前后反而没有明显的增长。

杭州师范专科学校马列主义教研室为了使辩论切实做到摆事实、讲道理，组织了300名学生，组成16个队，到机关、工厂、财贸、学校等部门进行调查，了解实际资料特别是工资水平情况。得到了表2—表5所示数据。

表2　1957年杭州市各高中教师工资[②]

高中	平均工资（元）
杭州市第一中学高中部	79.99
杭州市第三中学高中部	72.40
杭州市第四中学高中部	73.00
杭州市第五中学高中部	68.07
杭州市第六中学高中部	71.40
杭州市第十一中学高中部	84.75
杭州市第十二中学高中部	63.33
杭州市女中高中部	72.45
高中部平均工资	73.17

表3　1957年杭州市各初中教师工资

初中	平均工资（元）
杭州市第一中学初中部	56.51
杭州市第三中学初中部	63.25
杭州市第四中学初中部	67.51
杭州市第五中学初中部	58.42
杭州市第六中学初中部	65.85
杭州市第十一中学初中部	64.36
杭州市第十二中学初中部	59.10
杭州市女中初中部	64.09
杭州市第一初中	59.96
杭州市第二初中	60.78
杭州市第三初中	58.71
杭州市第四初中	59.05
杭州市第五初中	63.96

① 《人民教师的前途、地位、工资问题大辩论工作总结》，浙江师范大学档案馆馆藏档案，档案编号：1958-DZYJ-13.0013。
② 《关于教师待遇、地位、前途问题的大辩论》，《杭州师专》1957年12月21日第2版。

续　表

初中	平均工资（元）
杭州市第六初中	62.04
初中部平均工资	61.69

表 4　1957 年杭州市各小学教师工资

小学工资情况	平均工资
上城区	50.68
下城区	48.60
西湖区	47.29
郊区	43.90
小学平均工资	47.62

表 5　1957 年杭州市各职业工资[①]

单位	最低工资（元）	最高工资	平均工资（元）
炼油厂员工	25.04	96.00（工程师）	48.90
福华丝厂员工	23.50	140.00（工程师）	45.60
中百公司员工	29.80	59.00	43.36
中医院护士	50.00-60.00（一般）		/
中学教师	40.00-50.00	141.00	60 余
杭州十中教师	/	/	62.50
杭州十初教师	/	/	63.00（除四位毕业班教师外）

根据调查结果，"教师工资只比农民高，比任何部门都要低"的说法是不符合实际的。当时杭州市高中教师平均工资为 73.17 元，初中教师为 61.69 元，小学教师为 47.62元，杭州炼油厂平均工资只有 48.9 元。可以证明"教师的工资并不是低得可怜，低得可怕，在各行业中处于中等情况，在知识界中也处于中等情况"。[②]对照 1956 年杭州师范专科学校的工资表，大学教师的平均工资也基本与中学教师持平。

这也符合国家在 1956 年根据对知识分子的阶级定位进行的工资调整，学生之所以会产生教师待遇很低的错觉，除了国家对知识分子态度的转变，以及新中国成立前后知识分子地位的巨大变化，还有以下几个原因。

1.受教育程度与工资收入不成正比

在大辩论中，学生更多地是对教师的工资水平与多年受教育经历的不匹配感到不满。受教育时间是社会经济地位的一个重要因素，但在当时，教师与其他职业相比，其所付出努力的价值转化率太低。

像我们这种号称大学毕业生的，读了 14 年书，弄得头发发白，并也掌握了一定的知识和技能，却很可怜地拿到 37 元钱。

---

① 《关于教师待遇、地位、前途问题的大辩论》，《杭州师专》1957 年 12 月 13 日第 3 版。
② 《人民教师的前途、地位、工资问题大辩论工作总结》，浙江师范大学档案馆馆藏档案，档案编号：1958-DZYJ-13.0013。

我读了十多年书，头发呈白，眼睛发花，毕业后只能拿 37 元的工资；缝纫工仅仅学 4 个月，学会了一月就拿 40 多元，这难道是合理的吗？

我弟弟文化程度比我低得多，他因学裁缝工作现在一个月有 100 多元收入，我用功读两年书以后只是 34 元。

有些同学考不上高中进了工厂，他们最低的工资也有 50 多元，高的就有 80 多元。我多读了五年书出去工作只有 34 元。[1]

这里提到的 37 或 34 元是指刚毕业任教、未定级的教师工资，即实习工资，为工资的 80%，各行业的新入职工都是如此。因此，正常工作一年定级后，新教师的工资标准约为 46 元，与大学教师中的助教一级接近。

而按月计算，杀猪的有 90 元，拉车的有 70—80 元，卖馄饨的有 70 元，挑泥的有 48 元；一个缝纫女工只学了 6 个多月，每月工资就有 36—40 元；同学考不上高中进了工厂，最低的工资也有 50 多元，高的就有 80 多元。与此形成鲜明对比的是，读了十多年书的新人教师，毕业入职一月只有 37 元工资。

社会经济地位指标由职业、教育水平和收入构成，当教育水平无法转化为收入，便会降低职业的地位与评价，这在当前也是如此。虽然也有少数人认为，"多读了几年书，不一定要多拿钱"，但作为一个衡量指标，受教育水平与职业收入的不成正比，仍然伤害了教师群体的自尊心。而从这个角度来说，同等收入处境下受教育时间更长的大学教师，受到的打击更加沉重。

2. 教师工资的对照标准

工资是不是真的低，要看比较对象。大字报上的文章《教师工资与工农比是合理的》里说："我认为教师工资的高低应该与工人、农民比，与社会上各行各业的人比较后，才能得出教师的工资合理。"但也有人认为："教师的工资不应和农民比，因为知识水平不同、生活条件不同，而且农民的收入不是工资收入。"[2]

从这里也可看到，参与辩论的学生其实也看到了教师与工人工资持平的现实，但他们仍抱有知识分子的地位是优于工人与农民的观念，收入与普通工人、农民的收入差不多，并不能够安慰自己。他们认为，"教师工资应该和同类比，即应该和同是大学毕业的工程师、医生比"，希望自己能得到与工人阶级的上层即工程师同等的待遇。

教师是灵魂工程师，应和其他工程师工资一样高。

做教师的，有一定文化水平，工作同样的时间，却不可能得到和工程师同样的工资。

教师的工资已是太低了，为何还要和较低的农民比呢？应和同文化程度的工程师比。[3]

通过知识分子改造，国家希望将知识分子纳入工人阶级。但知识分子却始终认为自己是特权阶层，对等的是工人阶级中的工程师，并不愿意被当作普通工人阶级。教师对

① 《关于教师待遇、地位、前途问题的大辩论》，《杭州师专》1957 年 12 月 21 日第 2 版。
② 《教师工资与工农比是合理的》，《杭州师专》1957 年 12 月 13 日第 3 版。
③ 《人民教师的前途、地位、工资问题大辩论工作总结》，浙江师范大学档案馆馆藏档案，档案编号：1958-DZYJ-13.0013。

[1] [2] [3]

[1] [2] [3]

[1] [2] [3]

[1] [2] [3]

[1] [2] [3]

工资的不满，潜意识中是对恢复知识分子地位的渴望，但这却与国家的政策导向形成了冲突。

3.教师工资的饱和点和升级速度

另一个让教师不满的是教师工资饱和点低、升级速度慢。用今天的话来说就是职业在经济上的发展前景不足。

我们教师工资的"饱和点"的确比工业等方面近得多，而要达到"饱和点"，头发白了、眼花了也不定能够。

医生、工程师工资的增长像坐电梯。

经济决定思想，如我们一出来时工资是50元，工资上涨速度与工程师一样，也不会不愿做教师了。[1]

这些言论表达了未来教师对自己社会经济地位的悲观。时任杭州师范专科学校党委书记蒋养民在总结大辩论时说："工资'饱和点'还要考虑各部门的性质和其他社会因素，从而得出各行业、各部门'饱和点'的高低。高低应当有的，否则便是平均主义。中学是普通教育性质，大学则是专门性质，后者的工资'饱和点'当然要高一点。只有这样来看工资'饱和点'才是合理的。"[2]

以大学来说，若以一级教授的工资收入为标准，"饱和点"确实不低，但要这一"饱和点"中间的巨大沟壑是无法逾越的。

20世纪50年代末60年代初，由于国家经济困难，需要增加工资的教师专业技术职务任命制度实际并未严格执行。1960年，中央批转《教育部党组关于高等学校教师职务名称问题和改善教师生活待遇问题的请示报告》，"自一九五七年至今，除个别学校外，都没有办理过教师的提升工作"，又特别强调"在具体评定教师的政治条件和业务水平时，应该考虑到资产阶级知识分子思想改造的长期性和复杂性，和我国高等学校教师业务水平参差不齐的情况，需要密切结合教师的培养工作和改造工作进行具体分析，区别对待"。[3]

职称评审的停止，实际上也切断了大学教师通过职级提升来改善工资收入的道路。

4.阶级定位转变对教师待遇的影响

这场关于教师地位、待遇的讨论，本质上是国家对知识分子的阶级定位和知识分子自我期许之间长久积累的矛盾，是随着国家不再将知识分子视为工人阶级的一部分而产生的事件。

在工资待遇方面，表现为区别对待。随着知识分子不再被视为工人阶级，教师也不再享有"自己人"应得的待遇。1959年，国家虽对教师薪酬做了调整，但工资升级面只

---

① 《人民教师的前途、地位、工资问题大辩论工作总结》，浙江师范大学档案馆馆藏档案，档案编号：1958-DZYJ-13.0013。
② 《巨大的收获—蒋书记就学生大辩论作总结报告》，《杭州师专》1957年12月18日第2版。
③ 《教育部党组关于高等学校教师职务名称问题和改善教师生活待遇问题的请示报告》，浙江师范大学档案馆馆藏档案，档案编号：1960-DZCQ-1.0005。

有百分之五，同年工业部门技术人员的工资升级面则为百分之十。1959 年 4 月，教育部下发《了解高等学校教职工工资级别情况》文件："1956 年工资改革后，在高等院校各类人员中尚有哪些问题？其中哪些问题目前又迫切需要解决？人数有多少？占各类人员的比例有多大？对这些问题，你们的意见如何？"[1]事后看来，这一文件也更多落于形式而非真正有心改善知识分子的状况。

四、阶级定位的再次转变与知识分子的分裂

1961 年八届九中全会的召开，梳理了党和知识分子的关系，落实了知识分子政策的导向，党对知识分子的阶级定位再次发生转变。

1962 年 1 月至 2 月，国家相继召开了广州会议和"七千人大会"。在"七千人大会"上，毛泽东说："知识分子，如科学家、工程技术人员、教授、教员、作家、艺术家、演员、医务工作者、新闻工作者，他们不是一个阶级，他们或者附属于资产阶级或者附属于无产阶级……这些人，在我们人民民主专政下面，都属于人民的范围。"

3 月 1 日，周恩来约两个会议的党内负责人座谈，着重讨论知识分子的阶级属性问题，会上他作《论知识分子问题》报告，说："不论是在解放前还是解放后，我们历来都把知识分子放在革命联盟内，算在人民的队伍当中。"

在这个阶段，国家基本放弃了全体知识分子属于工人阶级的表述，在阶级定位上转而对知识分子群体采取分化政策，1961 年"工业七十条"中明确提出，国营工业企业中的技术人员和职员是工人阶级的一部分，但大学教师代表的知识分子就只能是"非无产阶级的劳动阶层"。

政治地位降低影响社会经济地位，在经济层面，国家对刚刚平反的"右派分子"穷追猛打。浙江省人民委员会《关于文教系统个别调整工资问题的通知》说："已经摘掉帽子的'右派分子'，可以根据其现任工作，重新评定工资级别。新评定的工资级别，一般应当低于划右派前本人的工资级别。"[2]即便平反，仍要减少工资薪酬，降低其社会经济地位。对于上文曾提及的历史系教师汪远濂，更以"学生反映较差，不能胜任大学教书工作"为理由，被转往温州一中学任教。

对于一般大学教师，国家基本保持其原有工资，却也没有给予更多优待。虽然 1960—1963 年两次调整大学教师工资，但效果并不明显。

1963 年，浙江师范学院上报教育厅的《高等学校教职工来源及现行工资标准的调查》显示，学校教师平均工资为：教授 272.50 元、副教授 155 元、讲师 90.50 元、助教 80.50 元。[3]对比 1956 年，只有教授的平均工资似乎得到提升，但这只是因为在三校合并成为浙江师范学院后，学校加入高教三级及以上两人，拉高了平均工资。《浙江师范学院教职员工工资调整名单》显示，中文系宋文翰、叶柏村等四人由高教八级升到七级，工资由

---

① 《了解高等学校教职工工资级别情况》，浙江师范大学档案馆馆藏档案，档案编号：1959-DZCQ-22.0001。
② 《关于文教系统个别调整工资问题的通知》，浙江师范大学档案馆馆藏档案，档案编号：1963-DZYJ-23.0001。
③ 《工资调查表》，浙江师范大学档案馆馆藏档案，档案编号：1963-DZYJ-22.0026。

100.5 元升到 120 元。① 对照 1956 年的工资清册便可发现，七级工资原本就是 120 元，相当于过了六七年教师级别工资完全没有变化。

五、小结

季羡林在《我的老师们》中说："德国教授多半都有点教授架子，这是他们的社会地位和经济地位所决定的，是不以人的意志为转移的。"

中国教授们的架子为何荡然无存？一方面是思想改造的成果，另一方面则是社会经济地位的变化让他们失去了摆架子的物质基础。新中国成立后的高校教师工资与国家对知识分子的阶级定位密切相关，由于阶级定位围绕着工人阶级变动，教师收入也长期保持与工人阶级相同甚至更低的水平，这使教师非但不能摆架子，连知识分子的自尊都难以维持，甚至知识分子内部尤其是高级知识分子和中下层知识分子之间也由于收入原因开始产生对立与矛盾。1962 年浙江师范学院党委办公室给省委宣传部的一份函中说，"这些老教师……过去工资高，现在工资还高"，"实在不公平，气死人"。② 这样的矛盾也预示了即将到来的"文化大革命"时期知识分子内部的对抗。

浙江师范学院的知识分子改造报告中曾提到一位长期工作消极的宋兆丰老师，"当他拿到给他的一斤肉、一斤糖的特别照顾时，他马上就感动得两眼掉泪，说共产党领导好，自己一定要好好工作，报答共产党对他的关怀，但由于我们其他工作没有跟上去，他的工作、房子没有很好地解决，这种要好好工作的劲头又慢慢消失了"。③ 虽然报告中充满讥讽，但即便是阿凡提的蠢驴，也得有根胡萝卜才听驱使，怎能只谈工作不谈回报？宋老师说："我不是一头羊，任你们牵上牵下。"言犹在耳。

之前在关于教师地位的大辩论中，杭州师范专科学校物理科的 25 位学生也发出过这样的呐喊："我们要搞清楚，现在不是勒紧裤带的时候，为了社会主义是应该艰苦，这是大家都知道的。如果一定要从国家困难情况看问题，那么我们可以不要 40 元、30 元，甚至不要 10 元，像苏联革命胜利初期时一样，两块黑面包也可以过日子，而现在是大辩大论的时候，我们要提出自己的意见，我们认为从目前具体情况来看问题，教师的工资是比较低的。"④ 新中国成立前期对于知识分子的社会经济地位的改造注定难以取得理想的结局。

① 《本院教职员工工资调整的报告》，浙江师范大学档案馆馆藏档案，档案编号：1963-DZYJ-23.0015。
② 《我院干部和党员对知识分子看法有一些或"左"或右的观点》，浙江师范大学档案馆馆藏档案，档案编号：1962-DZYJ-7.0057。
③ 《工作情况》，浙江师范大学档案馆馆藏档案，档案编号：1962-DZYJ-7.0032。
④ 《大字报选刊：教师的工资是比较低的》，浙江师范大学档案馆馆藏档案，档案编号：1958-DZYJ-13.0013。

20世纪五六十年代高校师生负担情况考察

——以上海交通大学为例

上海交通大学档案文博管理中心　崔延平

一、学习苏联改革教育时期

高等学校师生负担过重，尤其是学生负担过重的现象由来已久，早在 1949 年 12 月交通大学校委会会议上，教务长陈大燮即提到"理工科大学生课业负担过重，影响健康"。[①] 1951 年 7 月，中央政务院也发文指出，许多学校"功课过重，社团活动过多"。[②]

（一）学苏期间的师生负担情况

新中国成立后，根据《共同纲领》的文教政策，全国教育进行了大的恢复、改革与调整，高等教育规模迅速扩大。到 1952 年，高等学校学生数与建国初相比增加了 69%[③]，实际却存在大学招生名额远多于高中毕业生的不合理情形。[④] 教育"向工农开门"，各高校大量吸收产业工人、劳动模范入学，并从部队、机关抽调大批青年干部，生源质量参差不齐。不少人入学只考 20 分，入学后"相当数量的学生跟不上班"。[⑤]

1952 年秋，全国高校进行了大规模的院系调整。"学校行政尚未就绪，师生生活亦未安定下来"，便又按苏联模式改组系科、设置专业、制订教学计划和大纲，师资、教学设备、教材资料缺乏。许多苏联教材缺少中译本，教师们突击学习俄文，"边译、边学、边教"。教师每周工作量为 60—70 小时，个别教师、助教甚至超过 90 小时。[⑥] 就连在校的苏联专家也"常常工作至深夜，甚至星期天也在家里照常工作"，工作过于紧张繁重，身体健康出现异常。[⑦]

四年制高校照搬苏联五年制教学计划，课程门类多、分量重、要求高，学生每周学时均超 54 小时的规定，理工科一年级学生每周学时在 60 小时左右，有的甚至在 70 小时

---

① 上海交通大学校史编纂委员会编《上海交通大学纪事》（上卷），上海交通大学出版社，2006，第 424 页。
② 《政务院关于改善各级学校学生健康状况的决定》，载何东昌主编《中华人民共和国重要教育文献（1949~1975）》，海南出版社，1998，第 99 页。
③ 《高等教育的方针、任务问题》，载何东昌主编《中华人民共和国重要教育文献（1949~1975）》，海南出版社，1998，第 192 页。
④ 以 1952 年为例，全国高校拟招新生 5 万名，当年全国高中毕业生 3.6 万名。（见 1951 年 11 月 30 日马叙伦《关于全国工学院调整方案的报告》）事实上，生源数量不足、质量参差不齐的问题长久存在，直到 1956 年，高等教育部部长杨秀峰在第一届全国人民代表大会第三次会议上发言说："学生来源，在最近四五年内困难也很大。除了扩大高中招生外，需要采取动员一部分在职干部、小学教师和中等专业学校毕业生报考的办法来补充。"（见 1956 年 6 月 20 日杨秀峰《当前高等教育工作的几个主要问题》）
⑤ 《高等教育的方针、任务问题》，载何东昌主编《中华人民共和国重要教育文献（1949~1975）》，海南出版社，1998，第 192 页。
⑥ 《高等教育部关于目前高等学校教学改革的情况与问题的报告》，载何东昌主编《中华人民共和国重要教育文献（1949~1975）》，海南出版社，1998，第 196 页。
⑦ 《伟大的友谊，无私的帮助——记我校苏联专家舒金和罗纲诺夫同志》，《交大》1954 年 11 月 8 日第 2 版。

以上。课程编排也一味照抄苏联，包括交通大学在内的高校一度采用"六节一贯制"集中排课方法，每日6节课连上。师生身体负担、智力负担、心理负担异常沉重。加之组织领导不清，教师兼职过多，调动频繁，琐事、杂务事出多头，教师无暇备课，学生无暇温课，严重影响了教学，造成教学忙乱、教学质量下降、师生负担过重。师生健康状况显著下降，慢性病增加，患病率增加，身体衰弱和在课堂打瞌睡的现象增加。①

（二）"学少一点，学好一点"教学思想

高校教学中的忙乱现象引起中央和教育部门的重视。1953年1月，《人民日报》发表社论，指出"高等学校的教学改革应当稳步前进"②。同时，政务院文教委员会提出"整顿巩固、重点发展、提高质量、稳步前进"十六字文教工作方针。③ 1月26日，交通大学党委书记李培南宣布对教学进行整顿，率先废除"六节一贯制"，改为上午4节，下午2节。1955年1月，校长兼党委书记彭康在党员大会上提出"面向教学、面向学生"的工作方针，要求加强教学计划性，使学生既能学好又不负担过重，不影响健康。④

1955年初，高教部提出"学习苏联先进经验并与中国实际相结合"的方针和"学少一些，学好一些"的教学原则。3月初，高教部发出《关于研究和解决高等工业学校学生学习负担过重问题的指示》，就解决学生学习负担过重问题作出全面细致的工作安排。交通大学积极研究指示精神并召开系主任会议，要求本科一年级严格贯彻一周54学时的原则，其他各年级也应尽量控制在54学时以内。5月3日，教务长陈大燮传达高教部全国高等工业学校、综合大学校院长座谈会精神，强调要贯彻"身体好、学习好、工作好"全面发展的教育方针和"学少一点，学好一点"的原则，切实提高教学质量，解决师生教学负担过重问题。5月13日，彭康在党委会和全体教职工党员大会上讲话，称学生负担过重"与学校有急躁情绪有关"，学习苏联的同时要与中国实际相结合，要"学少一点，学好一点"。⑤ "学少一点，学好一点"成为这一阶段教学改革的共识，体现由重"量"向重"质"的理性转变。

1954—1955学年第一学期，高等学校学生学习负担过重现象相当普遍，工、理、医科学生每周学习时间一般在65小时左右，少数在70小时以上。多数学生在周六和周日晚上也不休息或很少休息，患病的和因病休学、退学的人数增加。⑥ 在中央和教育部门的重视下，各高校修订教学计划，情况才有了不同程度的改变。上海交通大学学生课业负担见轻，有的学生已经"有时间看文艺小说"，学习成绩显著提高，第二学期优良率上升

① 《高等教育部关于目前高等学校教学改革的情况与问题的报告》，载何东昌主编《中华人民共和国重要教育文献（1949~1975）》，海南出版社，1998，第196页。
② 《高等学校的教学改革应当稳步前进》，载何东昌主编《中华人民共和国重要教育文献（1949~1975）》，海南出版社，1998，第187页。
③ 《1953年文化教育工作的方针和任务》，载何东昌主编《中华人民共和国重要教育文献（1949~1975）》，海南出版社，1998，第190页。
④ 《彭康文集》编辑委员会编《彭康文集》（下卷），上海交通大学出版社，2018，第328~329页。
⑤ 上海交通大学校史编纂委员会编《上海交通大学纪事》（上卷），上海交通大学出版社，2006，第460页。
⑥ 《贯彻全面发展方针，解决学生负担过重问题，提高高等教育的质量》，载何东昌主编《中华人民共和国重要教育文献（1949~1975）》，海南出版社，1998，第470页。

9 个百分点，不及格率下降 2.4 个百分点。①

（三）忙乱现象的持续与应对

1955 年 6 月，高教部批准交通大学本科学制改为五年制。学校据此修订教学计划与教育大纲，将学生每周课内外学习时间控制在 54 小时之内，保证每天 8 小时睡眠以及早操、课外文体活动时间，教学中的忙乱脱节、负担过重现象得到一定改善。② 1956 年 1 月，周恩来作《关于知识分子问题的报告》，提出必须保证知识分子"至少有 5/6 的工作日用在自己的业务上"。③ 2 月 20 日，交通大学党委讨论贯彻报告精神，次月发布《贯彻中央关于知识分子问题的指示的几项措施（草案）》，将社会活动约束在每周 4 小时之内，确保教师 5/6 的时间用于业务活动。6 月 20 日，高教部部长杨秀峰在《当前高等教育工作的几个主要问题》中重申高校教师业务学习"5/6 原则"，并提到"最近有不少学校反映学生的学习和生活又有过分紧张现象"，有的学校考试不及格人数增加，学生中患神经衰弱、高血压的有所增加，必须抓紧解决。④

1956 年 9 月，教务长陈大燮向全校教职员工传达高教部高等学校部分校长、院长和教务长座谈会精神，决定对教学计划、教学大纲不合理的地方加以修改，将每周上课时间减至 30 学时以内。10 月，教务处先后邀请各系主任、有关教研室主任进行座谈，建议各系在受高教部委托修订专业教学计划时能够切合我国实际，体现解决学生学习负担过重问题、培养学生独立工作能力的精神。1957 年 11 月，教务处启动新一轮教学修订计划，此次修订贯彻"学少一点，学好一点"精神，增加了外文、基础课和基础技术课的比重。

1953 年 6 月，毛泽东向青年发出"身体好、学习好、工作好"的"三好"号召。⑤ 交通大学组织青年认真学习讨论，全校掀起政治学习、业务学习与体育锻炼的高潮。次年，"准备劳动与卫国"体育制度和群众性体育运动在全国中等以上学校逐步推广，对减轻学生学习方面的负担，增强学生体质、改善健康起到一定的积极作用。然而，由于多年来存在以搞运动、搞竞赛的方式推动工作的作风，体育运动、义务劳动、科学小组等各种课外活动过多过乱，反而影响了学生的正常学习与休息，造成了学生学习和生活都过分紧张忙乱的情况。⑥ 20 世纪 50 年代中期以后，整风运动、"反右派"斗争导致国内政治空气逐渐紧张，不少教师和学生在运动中受到冲击，各方面工作受到严重影响。1955 年起交通大学计划西迁，迁校问题前后纷扰数年，也在很大程度上分散了师生精力，打乱了学校的正常教学进程与教学秩序，加重了学校教学工作的忙乱。尽管国家和学校层面针对出现的问题不断尝试，但这一时期教学工作忙乱、师生负担过重现象未得到有效

---

① 上海交通大学校史编纂委员会编《上海交通大学纪事》（上卷），上海交通大学出版社，2006，第 464 页。
② 王宗光主编《上海交通大学史》（第 5 卷），上海交通大学出版社，2016，第 48 页。
③ 何东昌主编《中华人民共和国重要教育文献（1949~1975）》，海南出版社，1998，第 556 页。
④ 何东昌主编《中华人民共和国重要教育文献（1949~1975）》，海南出版社，1998，第 642~643 页。
⑤ 毛泽东对学生体质健康向来关心，早在 1950 年 6 月即曾就学生健康问题致信教育部长马叙伦："要各校注意健康第一、学习第二……学习和开会的时间宜大减。"1951 年 1 月再次致信马叙伦："学生的健康问题深值注意……健康第一、学习第二。"
⑥ 《当前高等教育工作的几个主要问题》，载何东昌主编《中华人民共和国重要教育文献（1949~1975）》，海南出版社，1998，第 642 页。

改善。

二、"教育革命"时期

1958 年，伴随"大跃进"运动，中国教育界掀起了一场大范围的"教育革命"。"教育革命"在"左"的错误思想指导下过度提倡"教育与生产劳动相结合""教育与政治相结合"，对高校教学工作产生了极大干扰，也决定了这一时期的高校师生在教学课业负担以外，还要在生产劳动、政治运动等几个方面承受巨大负担。

（一）"两结合"的提出与过度执行

1958 年 1 月，《人民日报》发表社论称，"一面劳动、一面读书，是我国革命知识分子的一个优良传统"，鼓励各地学生掀起劳动锻炼的热潮。[1] 随后，共青团中央发出《关于在学生中提倡勤工俭学的决定》（后简称《决定》），鼓励学生广泛参加农业生产劳动、基本建设工地劳动、校内外服务型劳动以及工业生产劳动等。2 月 4 日，教育部转发该《决定》，并表示大力支持。同年 4 月，中共中央宣传部部长陆定一在全国教育工作会议上讲话，明确"教育是阶级斗争的工具，教育要为政治服务，为生产服务"。[2] 6 月，其进一步强调，"教育必须同政治结合，教育必须同劳动结合"，"教育与劳动结合，是教育革命的主要内容之一"。[3] 8 月 16 日，陆定一发表《教育必须与生产劳动相结合》，称"培养全面发展的人类的唯一方法，是教育为无产阶级的政治服务，教育与生产劳动相结合"，必须"采取教育与生产劳动相结合的方针，来消灭脑力劳动和体力劳动之间的差别"。[4] 同月，毛泽东视察天津大学时提出，"高等学校应抓住三个东西"，其中之一便是"把教育和生产劳动结合起来"。[5] 9 月，中共中央、国务院发布《关于教育工作的指示》，再次明确"党的教育工作方针是教育为无产阶级的政治服务，教育与生产劳动结合"，要求一切学校"必须把生产劳动列为正式课程"，并提出争取"以 15 年左右的时间来普及高等教育"。[6]

在"教育与生产劳动相结合"的指示下，早在 1958 年 3 月，交通大学即修订教学计划，要求 5 年中抽出 1 年或 1 年半的时间用于生产劳动。学校还多次组织师生学习中央指示精神，并用新的指示精神指导课程改革。6 月起，生产劳动正式纳入教学计划，确保学生有 2/5 的时间用于生产劳动，教学总时长从 3185 学时压缩至 2560 学时。[7] 此后，教学计划一改再改，教改思想越来越混乱，改革中矛盾越来越多，教学愈发忙乱无序。

在具体劳动实践上，1958 年 1 月，交通大学 105 名干部下放农村进行劳动锻炼；6

① 《两个好榜样》，载何东昌主编《中华人民共和国重要教育文献（1949~1975）》，海南出版社，1998，第 793 页。
② 《陆定一同志在全国教育工作会议上的讲话》，载何东昌主编《中华人民共和国重要教育文献（1949~1975）》，海南出版社，1998，第 822 页。
③ 《陆定一同志在全国教育工作会议上的讲话》，载何东昌主编《中华人民共和国重要教育文献（1949~1975）》，海南出版社，1998，第 835 页。
④ 何东昌主编《中华人民共和国重要教育文献（1949~1975）》，海南出版社，1998，第 852 页。
⑤ 何东昌主编《中华人民共和国重要教育文献（1949~1975）》，海南出版社，1998，第 857 页。
⑥ 《中共中央、国务院关于教育工作的指示》，载何东昌主编《中华人民共和国重要教育文献（1949~1975）》，海南出版社，1998，第 859 页。
⑦ 《贯彻教育革命精神制订新的教学计划》，上海交通大学档案馆馆藏档案，档案编号：长期-4330。

月，学校停课两周，3200 余名师生赴郊区参加夏收夏种；8 月，学校决定取消暑假，4000 余人下乡支援农业，参加抢收、抢种劳动；9 月以后，3000 余名师生徒步前往南汇参加"三秋"劳动，1000 余名师生参加上海钢铁厂建筑工地劳动，留校师生员工也"为钢而战""大办小土群"，直至 11 月才勉强结束。[1]

在"教育为政治服务"的思想引领下，学校经常停课搞运动。1958 年 1 月，学校决定停课两周集中力量进行"'反右'补课"；中旬，响应爱国卫生运动，学校停课两天集中力量"向'七害'进攻"；6 月，停课一周，学习、宣传"鼓足干劲，力争上游，多快好省地建设社会主义"的总路线。8 月以后，停课搞运动成为常态，为适应动辄停课的教学局面，船制三年级率先发起"单课独进"（集中若干天专上一门课）教学模式。教学环节除正常的预习、讲授、小组讨论外，还增加了班级辩论、大鸣大放大字报、请工人讲课等政治气息浓厚的环节。[2]

（二）对过度"两结合"的短暂修正

生产劳动与政治运动高度渗透，对高等学校正常的教学秩序造成极大冲击，师生耗费精力巨大，教学工作受到很大影响。1958 年 12 月，中共中央转发教育部党组《关于教育问题的几个建议》，指出既要克服只重教学而忽视生产劳动的偏向，又要防止只注意生产劳动而忽视教学的现象，强调"教师的主要劳动是教学"，"体力劳动的时间不宜过多，以不妨碍教学为原则"并规定高等学校每年生产劳动时间一般为 2—4 个月，在放假、劳动和学习的时间占比上，实行"一二九"、"一三八"或"一四七"制度。[3]对过度"两结合"的修正，初见曙光。12 月底，交通大学拟订教学、科研、生产劳动三结合的教学计划，提出 1959 年"以学习为主"，大部分专业实行"一三八"制度，即一学年中，1 个月左右的假期、3 个月左右的生产劳动时间、8 个月左右的学习时间，[4]进一步将生产劳动纳入教学计划管理，对之前随意停课、削减教学、过多强调生产劳动的偏向有所纠正。

1959 年 1 月，中共中央召开教育工作会议，针对"教育革命"中出现的问题，提出"调整、巩固、提高"的方针。5 月初，交通大学校常委会针对学生"学习过于紧张的现象"，讨论通过《对当前教学工作的几项规定》，排查课程分量过重的班级，并对课外辅导、答疑、测验、作业分量、考试数量作出规定，以"保证学生有较多的独立支配时间"，以此减轻师生负担，提升教学效果。[5]

1959 年 5 月底，国务院发布《关于全日制学校的教学、劳动和生活安排的规定》，强调安排学生学习，参加公益劳动、社会活动、体育活动、科学研究，均要保证其有足够的睡眠、休息和娱乐时间。[6] 6 月，上海市召开教育工作会议，提出在以教学为主的原则下，要"教好、学好、劳动好、安排好"，要稳定教学秩序。党委副书记邓旭初会后回

① 上海交通大学校史编纂委员会编《上海交通大学纪事》（上卷），上海交通大学出版社，2006，第 492、497、501、503 页。
② 上海交通大学校史编纂委员会编《上海交通大学纪事》（上卷），上海交通大学出版社，2006，第 492、497、500 页。
③ 何东昌主编《中华人民共和国重要教育文献（1949~1975）》，海南出版社，1998，第 867 页。
④ 《各专业已订出"三结合"的教育计划》，《交大（上海）》1958 年 12 月 27 日，第 1 版。
⑤ 《校常委提出当前教学工作的几项规定》，《交大（上海）》1959 年 5 月 13 日，第 1 版
⑥ 陈大白主编《北京高等教育文献资料选编（1949~1976）》，首都师范大学出版社，2002，第 428 页。

校传达并宣布，一年内劳动时间满了或超过 3 个月的学生，不论是在工厂、研究设计单位或农村，一律抽回学校上课，并喊停"单课独进"教学模式。① 1959 年的交通大学基本确定了"以教学为主"的工作目标，"劳动相对少了一些"，教学秩序逐渐恢复，学生期终考试成绩优良率达 79.09%。但有学生反映，"我们的学习是拼命跟着教师跑，上课忙于记笔记，下课忙于对笔记……完成教师布置的作业，稍一歇气，就要掉队"，可见学习负担依然十分沉重。②

（三）"教育革命"的反复与政策应对

1959 年夏庐山会议后，修正"左"的错误的努力被迫中断。在"反右倾，鼓干劲"口号下，教育战线再度掀起新的"跃进"高潮，刚刚趋于稳定的教学秩序再次受到冲击。1959 年 11 月 16 日，上海交通大学党委对自身的右倾问题做出检查，称自提出以"教学为中心、稳定教学秩序"的方针后，党委"对劳动的重要意义强调不够，对生产劳动的贯彻不坚定"。③ 次日，党委副书记邓旭初在全校师生员工大会上作深入"反右倾"动员报告，提出要继续发动群众掀起全面跃进，抓紧劳动锻炼工作。11 月 19 日，师生 3000 余人奔赴农业第一线，投入农业"四化"运动。1960 年 3 月中旬起，连续 3 个月组织 1000 余名学生分批前往南汇、川沙等地参加农业劳动，600 余名学生分批前往上海汽轮机厂、沪东造船厂参加技术革命劳动。截至 7 月，5000 余名师生走出校门下厂、下乡、下船参加技术革新、技术革命运动。④ 还有许多师生为了参加科研、编写教材，甚或为了突击大扫除，经常工作到深夜，有人甚至连续工作 30—60 小时，"讲课的人昏昏沉沉，听课的人打瞌睡"，教学工作受到严重影响，加上严重自然灾害，师生中患病者增多。⑤

针对这一时期学生负担过重、体质下降、学习效果差的情况，国家层面就"劳逸结合"、师生健康问题多次下达指示⑥，强调保证师生 8 小时睡眠和适当的运动、娱乐时间，以减缓学习、生活节奏，保障师生健康。这些成为"教育革命"后期难得的理性指向，也为接下来几年的教育大调整做了政策与思想上的铺垫。

1960 年 11—12 月，全国文教工作会议召开，并提交《关于 1961 年和今后一个时期文化教育工作安排的报告》。次年 2 月，中共中央批转该报告，并指示"必须切实保证教学时间，劳动时间应有所控制"，要求严格执行关于保证师生健康的指示，切实做到劳逸结合，保护年青一代的健康，并提出"当前文化教育工作必须贯彻执行'调整、巩固、充实、提高'的方针"。⑦ 至此，我国教育事业终于迎来了一次大的整顿与调整。

---

① 上海交通大学校史编纂委员会编《上海交通大学纪事》（上卷），上海交通大学出版社，2006，第 492、497、501、503 页。
② 《关于上海交通大学若干问题的调查报告》，上海交通大学档案馆馆藏档案，档案编号：长期-0565。
③ 上海交通大学校史编纂委员会编《上海交通大学纪事》（上卷），上海交通大学出版社，2006，第 513 页。
④ 《上海交通大学关于教学改革的总结》，上海交通大学档案馆馆藏档案，档案编号：永久-0296。
⑤ 《传达讨论中央关于劳逸结合指示的会议记录》，上海交通大学档案馆馆藏档案，档案编号：永久-317。
⑥ 如《中共中央、国务院关于保证学生、教师身体健康和劳逸结合问题的指示》（1960 年 5 月 15 日）、《教育部卫生部关于进一步加强学校伙食管理和保护学生视力的通知》（1960 年 10 月 22 日）、《中共中央、国务院关于保证学生、教师身体健康的紧急通知》（1960 年 12 月 21 日）。
⑦ 何东昌主编《中华人民共和国重要教育文献（1949~1975）》，海南出版社，1998，第 1027 页。

三、高等教育的全面调整与脱轨

针对"教育革命"造成的教育秩序混乱、教学质量下降、师生负担过重等严重问题，1961年起，我国高等教育事业以"调整、巩固、充实、提高"方针为指导进行了全面调整。

（一）"高教六十条"与新知识分子政策

1961年2月，上海交通大学正式划归国防科学技术委员会（简称"国防科委"）领导。3月底，国防科委主任聂荣臻在听取副秘书长路扬对上海交通大学等七所国防工业高校的调研汇报时，提出"要给学生以最大限度的学习时间……实习就是劳动，不一定再搞什么专门的劳动"，"要减轻学生的负担，很好地贯彻劳逸结合方针"。[1] 6月，中共中央发出《关于全国重点高等学校劳动安排的几项规定》，明确要求高校以教学为主，对教学、劳动、生活作出合理安排。[2]

1961年9月，中央批转《教育部直属高等院校暂行工作条例（草案）》（即"高教六十条"），在坚持"教育为无产阶级政治服务，教育与生产劳动相结合"的基础上，规定高等学校"必须以教学为主，努力提高教学质量"。教师方面，重提"业务占比5/6原则"，规定生产劳动一般为每年半个月到一个月；学生方面，生产劳动时间一般为一个月至一个半月，课外学习和文娱、体育活动须贯彻自愿原则，社会活动每周不超过6小时。[3] 随后又发出《关于全国重点高等学校安排新学年工作必须注意劳逸结合的通知》，专文对高校"劳逸结合"问题作出要求。

"高教六十条"是在"调整、巩固、充实、提高"方针的指导下，对新中国成立12年来，特别是对1958—1960年"教育革命"的全面总结与反思，其中一系列有利于教学、有利于减轻师生负担的决定，对高校纠正前期工作偏差、修正教育思路以及改进具体教学方法有着关键性的指导作用，成为这一时期各高校进行全面教学调整的规范性文件。"高教六十条"下发后，上海交通大学第一时间组织全校教研组主任及以上人员进行讨论学习，并对师生工作、生活情况进行摸底调研。11月，学校发布《关于修订教学计划的几项规定（草案）》，以"教学为主，质量第一"为原则，对教学工作、生产劳动、科学研究、社会活动作出调整安排。次年3月，上海副市长刘述周来校调研，强调学校应以教学为主，反对政治活动多、生产劳动多、科研任务多等"三多"现象。学校进一步修订教学计划，政治活动由800学时降为500学时，生产劳动从50周降为17周，科研任务从200学时降为0学时。[4] 以生产劳动、政治活动、科学研究、技术革命、社会实践等取代课堂教学，违反教学规律和打乱教学秩序的做法得到批判与修正。

1962年3月2日，周恩来在广州会议上作《论知识分子问题》的报告；27日，再提

---

① 周均伦主编《聂荣臻年谱》（下卷），人民出版社，1999，第771页。
② 陈大白主编《北京高等教育文献资料选编（1949-1976）》，首都师范大学出版社，2002，第548页。
③ 《中共中央关于讨论和实行教育部直属高等学校暂行工作条例（草案）的指示》，载何东昌主编《中华人民共和国重要教育文献（1949~1975）》，海南出版社，1998，第1060—1061页。
④ 上海交通大学校史编纂委员会编《上海交通大学纪事》（上卷），上海交通大学出版社，2006，第492、497、501、503页。

"知识分子应当受到国家和人民的尊重",为知识分子卸下思想包袱、心理负担,同时带动高校对校内知识分子——教师群体的政策关注。1963 年初,上海交通大学出台《关于师资培养、进修与管理的几点规定》,要求各系、各教研室"切实按照中央指示,保证大部分教师有 5/6 的时间用于业务和进修"。①当年年底,学校制定《教师工作量计算办法》,以全学年 45 周、每周 6 天、每天 8 小时计,对教师的日常工作重新予以调整和安排。这些措施直接调动了广大教师的工作积极性,推动了学校教学秩序与教学质量的较快恢复。

(二)"教学十七条"与"少而精,学到手"的教学思想

1962 年 5—6 月,教育部在京召开高等工业学校教学工作会议,明确"既要提高教学质量,又不要使学生学习负担过重,已经成为当前工科教学工作中必须解决的一个中心问题",要求各校贯彻"少而精"原则,课程分主次轻重,劳逸结合,保护师生健康。②为了学习贯彻会议精神,上海交通大学邀请老教师座谈,形成《学习讨论高等工业学校教学工作会议精神的情况简报(一)》(以下简称《简报(一)》),介绍"老交大"的教学传统,同时也指出近些年教学工作中出现的一些问题。10 月 10 日,国防科委发出《关于学习老交通大学有益的教学经验,改进教学工作的通报》,将交大的《简报(一)》印发给各院校参考。

1963 年上半年,按照"少而精,学到手"、"加强三基"(基础理论、基本知识和基本训练)、"劳逸结合"、"因材施教"等原则,上海交通大学各系、各教研组认真总结"老交大"的教学传统、教学特点,以及科研、师资建设、基础课教学等方面的工作经验,对教学计划进行了分析改进。1963 年底,上海市委组织上海高校赴清华大学考察学习,上海交通大学党委副书记邓旭初、团委书记陈廷荣回校后,先后在党员骨干教师会议和党委部处长、总支书记会议上介绍清华大学贯彻"少而精"原则和为学生减负的经验。

1964 年 1 月,上海交通大学发布《关于教学工作中若干具体问题的规定(草案)》(即"教学十七条"),成为校内重要的可行性教学指导规范。该规定明确提出"理论联系实际""少而精""学到手"是教学工作的重要指导原则,"少而精"原则更是贯彻"高教六十条"的一项重要原则,是提高当前教学质量的中心环节。据此要求,各专业分清主干课与非主干课,教师讲课应考虑学生实际水平,抓住精华,突出重点。在严格要求、确保质量的"精"的前提下提倡"少"——对课程次要内容进行删减,并通过控制教学课时,控制作业习题、毕业设计分量与难度,降低考试频次与难度等为师生减负。同时倡导劳逸结合,要求课堂教学、社会及党团活动均不得占用师生休息时间,确保师生身体健康、精力充沛,以达到好的教学效果。③在"教学十七条"的规范下,学校教学紧张

---

① 《上海交通大学关于师资培养进修与管理的几点规定(草稿)》,上海交通大学档案馆馆藏档案,档案编号:长期-1372。
② 《教育部关于高等工业学校教学工作会议纪要》,载陈大白主编《北京高等教育文献资料选编(1949-1976)》,首都师范大学出版社,2002,第 632 页。
③ 《关于教学工作中若干具体问题的规定(草案)》,上海交通大学档案馆馆藏档案,档案编号:长期-1232。

局面有所缓和，教学调整与具体教学工作逐步走向正轨。7月，学校总结称，学生的学习时间下降到每周48小时左右，学生中开始出现了生动活泼、有利于全面发展的局面。[①]

20世纪50年代后期开始，在"阶级斗争为纲"的"左"的思想影响下，教育事业不但长期没有被放到应有的重要地位，而且受到"左"的政治运动的频繁冲击。[②] 1962年9月，中共八届十中全会要求全党"千万不要忘记阶级斗争"，"左"的错误思想逐渐回潮。1964年起，上海交通大学按照中共中央、国务院有关组织高等学校师生参加社会主义教育运动的通知，组织学校师生分批下乡下厂参加社教运动，阶级斗争逐渐成为"一门主课"，"高教六十条""教学十七条"等的贯彻执行受到巨大干扰，教学秩序再度面临混乱。1966年，"文化大革命"开始，高考取消，学生停课闹革命。在政治洪流的裹挟之下，高等教育彻底陷入混乱，并遭到严重破坏。

四、结语

20世纪五六十年代的中国社会主义高等教育经历了一个艰辛探索、曲折发展的过程。面对建设新中国高等教育的复杂局面，国家层面及各高校针对出现的各种问题不断尝试调整，但在大的政治环境影响下，进行中的教学调查、教学改革屡屡中辍；"以教学为中心""少而精""劳逸结合""业务占比5/6"等教育管理思想，以及"高教六十条""教学十七条"等教学工作制度，作为其间有益的探索，也大多难以持续推广，没能发挥应有的作用。"左"的错误不断冲击、弱化教学在高等教育中的正当地位，教学秩序混乱、教学质量不高、师生负担过重的问题实难得到有效解决。

这一时期，高等教育事业在与"左"的错误的抗争中起落反复。作为找寻中国特色高等教育之路上无法绕过的一环，这一抗争为日后高教事业的重新崛起与快速发展提供了正反两方面的经验，为"文化大革命"后教育领域的"拨乱反正"乃至现今一系列教育制度的确立积累了宝贵的经验与教训，迄今值得我们省思与借鉴。

---

① 上海交通大学校史编纂委员会编《上海交通大学纪事》（上卷），上海交通大学出版社，2006，第492、497、501、503页。
② 《中共中央关于教育体制改革的决定》，国家教育委员会政策研究室编《教育体制改革文献选编》，教育科学出版社，1985，第3页。

1978 年前后河北省高等教育的继承与发展研究

唐山学院　华玉　杜宇　郭树清　张艳凤

一、1976 年前河北高等教育发展概况与历史特点

回顾河北高等教育发展史，可以发现其深度体现了当今京津冀协同发展战略的历史渊源。自洋务运动时期西学兴起，天津府一直是河北首要的办学场所和新式学堂最为集中的州府。仅以现在河北省属高校中较早建校的 5 所大学为例，其中河北大学、河北工业大学和河北医科大学等 3 所高校均始建于天津，还有 1 所河北师范大学是由始建于京津的两所学校合并而成（见表 1）。

表 1　河北 5 所大学建校时间与地点

大学	时间	地点	初建名称	现址
河北大学	1921 年	天津	天津工商大学	保定市
河北工业大学	1903 年	天津	北洋工艺学堂	天津市
河北农业大学	1902 年	保定	直隶农务学堂	保定市
河北医科大学	1894 年	天津	北洋医学堂	石家庄市
河北师范大学	1902 年	北京	顺天府学堂	石家庄市
	1906 年	天津	北洋女师范学堂	石家庄市

据《河北教育大事记》记载，截至 1934 年底，"河北省境内共有大学及学院 8 所（国立北洋大学、河北法商学院、河北工学院、河北女子师范学院、河北农学院、河北医学院、国立唐山交通大学、南开大学），居全国第三位"，另外，"尚有河北水产专科学校"。在后来的历史变迁中，由于京津冀地缘关系和区划调整（注：1930 年 11 月，因河北省省会由北平迁至天津，天津市改为省辖市。1935 年 6 月，河北省省会迁至保定，天津改为直辖市，新中国成立后继续为直辖市。1958 年，天津改为河北省辖市且省会又迁天津；1966 年，河北省会再迁保定，1967 年，天津恢复为直辖市），时至今日，河北高校与北京、天津高校的渊源依然很多。

新中国成立后的十几年，河北省高等教育有了很大发展和提高。截至 1965 年底，河北省已有普通高等学校 26 所，在校生 34 376 人[①]。然而，自 1966 年"文化大革命"开始以后，河北省同全国其他省一样，高等教育遭受巨大创伤。1971 年 4 月，当时的河北省革委文教局曾向省委汇报高等院校基本情况：河北原有高等院校 29 所，经初步调整后，交天津市 7 所，下放地区 9 所，撤销 2 所，合并 2 所，目前仍有 14 所（包括中央下放的 4 所）[②]。仅仅 5 年多时间，河北高校几乎只剩一半，"文化大革命"对河北高等教育的损

---

① 周治华等：《河北教育大事记》，河北人民出版社，1994，第 313 页。
② 周治华等：《河北教育大事记》，河北人民出版社，1994，第 335 页。

害之深可见一隅。

1976 年粉碎"四人帮"以后，将近 10 年时间，河北省的高等教育经历了从恢复继承到大力发展两个阶段。

二、1976—1980 年前后河北高等教育的恢复与继承

1977 年 8 月，党的十一大提出："要采取强有力的措施，扩大和加快各级各类教育事业发展的规模和速度，提高教育质量，以配合各项经济事业和科学技术事业的发展，适应社会主义革命和建设的需要。"10 月 12 日，国务院批转教育部《关于 1977 年高等学校招生工作的意见》。河北省在 11 月 1—10 日召开招生工作会议，传达全国高校招生工作会议精神，强调 1977 年招生要德智体全面衡量，择优录取，文化考试是择优录取的重要依据。至此，因"文化大革命"中断的高校招生考试制度开始得到恢复，同时也标志着河北省高等教育领域拨乱反正的开始。

1978 年 6 月 25 日，河北省革命委员会在石家庄召开全省教育工作会议，批判"四人帮"破坏教育的罪行，研究确定了河北省教育事业"三年大治，八年大变"的奋斗目标。10 月 4 日，教育部颁布《全国重点高等学校暂行工作条例（试行草案）》（在 1961 年颁发、试行的《教育部直属高等学校暂行工作条例（草案）》基础上修改而成），其中充分肯定了 1961 年原文中的"高等学校必须以教学为主，努力提高教学质量"等一系列正确提法。11 月 10 日，河北省革命委员会高教组改名为河北省高等教育局。

中共十一届三中全会召开后，我国高等教育改革与发展进入一个全新的历史时期。这一年（1979 年）1 月 19 日，中共河北省委在传达贯彻党的十一届三中全会精神的会议上指出，河北省高等院校工作重点的转移，就是要按照高等学校暂行工作条例的要求，提高教学质量。与此同时，河北省为适应全省经济发展对人才的急切需要，也在努力挖掘潜力，通过恢复和新建高校扩大高等教育规模。

1979 年 3 月，经国务院批准，河北省恢复和增设了 8 所普通高等学校，包括河北煤矿学院（河北矿冶学院和唐山煤矿医学院）、河北建筑工程学院、河北中医学院、河北财经学院等 4 所行业性高校，以及保定师范专科学校、承德师范专科学校、唐山师范专科学校和衡水师范专科学校等 4 所师范类高校。

1979 年 4 月，党中央召开工作会议，正式确立了对国民经济实行"调整、改革、整顿、提高"的八字方针。紧接着 4 月 18—28 日，河北省召开自粉碎"四人帮"以来第一次高等教育工作会议，着重研究了在高等教育领域如何贯彻八字方针。

至 1980 年，河北省普通高校恢复和增加到 27 所（含部属高校 5 所），包括综合性大学 1 所、理工院校 10 所、农林院校 3 所、医药院校 4 所、师范院校 8 所、财经院校 1 所，总在校生增加到 41452 人[①]。

唐山作为河北省重要的工业城市，其高等教育在"文化大革命"期间已被削弱了很

---

① 河北省教育委员会：《河北省教育统计资料（1978-1990）》，河北大学出版社，1992，第 131 页。

多。1971年后，唐山铁道学院迁往四川，其余在唐山高校或停办或质量下滑，而1976年的唐山大地震又使唐山高等教育再遭重创。面对"文化大革命"与大地震的叠加影响，在中央与河北省的大力支持下，唐山在抗震救灾的同时加紧恢复生产、恢复教育，克服双重困难，努力使高等教育在恢复中继承。

这里以唐山学院前身之一的唐山市业余工学院为例。1979年，河北省召开会议贯彻党的十一届三中全会精神，唐山市委副书记庞长生参会。省里在谈到教育工作时专门提到唐山市业余工学院（1956年，唐山市业余工学院经国家高等教育部批准设立，地址在唐山铁道学院内，院长、教师由唐山铁道学院院长和教师兼任。因办学业绩突出，1960年曾被评为全国文教卫系统先进单位），这所院校在"文化大革命"前为唐山市培养了大量骨干人才，促进了科技进步和经济发展，但是在1969年因"文化大革命"停办。庞长生回唐山向市委书记、市长汇报后，市委、市政府向省里提出了恢复唐山市业余工学院的请求并顺利获批。由于此时唐山铁道学院已迁往四川，且唐山仍处于大地震后的恢复建设时期，在省、市政府的支持下，唐山业余工学院依托河北矿冶学院开始恢复办学，并由副市长兼任校长。1980年3月，学校利用河北矿冶学院8间震后简易房，将其中2间作为办公室兼宿舍，6间改成2个教室。教育局派去干部和教师、工作人员等共9人，并拨给一张两屉办公桌和两把椅子。这9人艰苦奋斗，克服困难，使唐山业余工学院在当年（1980年）8月恢复招生（据唐山学院校史访谈）。

三、1981—1985年前后河北高等教育的改革与发展

1980年以后，河北省高等教育在恢复和继承的基础上，逐步走上改革和发展的道路，并在加速全省高等教育规模发展的过程中积极进行结构调整，努力提高教育质量。

加快河北省重点大学的继承和发展是提高全省高等教育质量的重中之重。1980年11月，河北省科学技术委员会（简称"科委"）、高等教育局（简称"高教局"）等单位联合召开高等学校自然科学研究工作座谈会，确定建立河北大学理化分析研究中心、河北工学院材料研究中心、河北农业大学作物种质研究中心、河北医学院电镜实验中心和河北师范大学电教技术研究中心。这五个研究中心由院校领导、省高教局主管、省科委协管，既为教学服务，又为全省科研生产服务。1981年4月12日，河北省文办、省高教局《关于办好省属五所重点学校、重点专业的意见》确定河北大学、河北工学院（1995年更名为河北工业大学）、河北农业大学、河北医学院（1996年与河北中医学院等合并更名为河北医科大学）、河北师范大学5所高校为河北省属重点高校，并确定了相关重点高校的重点学科专业。1981年11月3日，根据《中华人民共和国学位条例》（1980年颁布），国务院批准河北大学、华北水利水电学院、华北电力学院、河北农业大学、河北医学院、河北师范大学共23个学科专业为硕士学位授权学科专业，这是我国实行学位制度以来国务院批准的第一批授权学科专业。1985年，全国重点高等院校东北重型机械学院开始整体南迁至河北省秦皇岛市（1997年经原国家教委批准更名为燕山大学）。

1982 年 4 月 21 日，河北省又召开高等教育工作会议，时任省委书记等省领导高度重视并到会讲话。会议确定了河北省高等教育的奋斗目标，明确了战略任务。为加快适应河北省经济建设发展的需要，1984—1985 年，河北林业专科学校改建为河北林学院，河北农业大学昌黎分校改建为河北农业技术师范学院，河北体育学院开始筹建并招生。同时，通过升格、迁入和新建，河北省又新增 4 所部委属高校，分别是石家庄邮电专科学校、石家庄医学专科学校、保定金融专科学校和华北航天工业学院。这些新增高校使得河北省高等教育的门类进一步完善，结构更加合理。

为加快提升基础教育水平，河北省也在不断加快高等师范教育的继承和发展。在 1979 年河北省恢复 4 所高等师范专科学校的基础上，1982—1984 年，经国务院和省政府批准，河北省又建立了石家庄师范专科学校、邯郸师范专科学校、沧州师范专科学校和邢台师范专科学校，加上原有的张家口和廊坊师范专科学校，覆盖了河北省当时绝大部分城市。[1]

在积极改善办学条件、加快新建高校的同时，河北省也努力挖掘原有高校潜力，扩大新老高校本、专科和研究生招生规模，调动学校各方面的积极因素，创造条件，力争多招生，为河北省实现"四个现代化"建设多出人才。

经过近 10 年的恢复、继承、改革与创建，河北省高等教育取得了前所未有的发展，初步形成了多种层次、多种形式、门类基本齐全的高等教育体系。截至 1985 年底，河北省已有普通高等学校 50 所（其中省属普通高校 38 所），在校生 58244 人[2]。

四、河北省城市职业大学的兴起与唐山大学的创建

进入 1980 年代，为适应地方经济建设对高级应用型职业人才的迫切需求，原国家教委于 1980 年批准建立首批 13 所职业大学，标志着我国高等职业教育的开始。这些职业大学大多由地级市创办，开设地方经济急需专业，实行自费、走读、不包分配、择优录用的新型办学模式，调动了地方的积极性，创新了办学体制，推进了高等教育的改革。1982 年 12 月，第五届全国人民代表大会第五次会议在对《关于第六个五年计划的报告》的决议中正式提出了"试办一批花钱少、见效快、酌收学费、学生尽可能走读、毕业生择优录用的专科学校和短期职业大学"。

在兴办短期职业大学的热潮中，唐山市率先在河北省起步。1983 年 3 月，经河北省政府同意，在唐山市教师进修学院（1977 年恢复并开始招收大专班）基础上兼办唐山职业大学，文科专业学制二年，理科专业学制三年，参加全省统一招生，列入河北省高等教育事业计划，当年秋季开学。1984 年，唐山市政府进一步整合教育资源以扩大唐山高等教育发展规模。4 月，唐山市教师进修学院更名为唐山教育学院，并与唐山师范专科学校合并；同时，将唐山职业大学分离出市教师进修学院，迁入唐山市业余工学院校址。9 月，唐山职业大学与唐山市业余工学院开始联合办学，由唐山市副市长兼任唐山职业大

---

① 河北省教育史志编纂委员会：《河北学校概况》，河北大学出版社，1991，第 46 页。
② 周治华等：《河北教育大事记》，河北人民出版社，1994，第 432 页。

学和业余工学院两校校长。

1985 年 6 月，经省政府批准，唐山职业大学更名为唐山大学。在唐山市委、市政府的重视与支持下，唐山大学新校址建设开始启动。1985 年 9 月，河北省政府同意建立西南交通大学唐山分校，设在唐山大学内（当时唐山铁道学院虽已迁往四川更名为西南交通大学，但还有百余名教职工留守唐山，其中有很多教学经验丰富的老教授和教学管理人员，可充分发挥这些智力资源的优势，提升唐山高等教育的质量），从此形成了唐山大学、西南交通大学唐山分校和业余工学院三位一体的联合办学体制，这在当时省内和国内地方职业大学中较为独特，具有一定的创新性。

河北省自 1983 年到 1985 年前后，陆续建立了唐山大学、石家庄大学、邯郸大学、张家口大学、承德大学、保定职业大学和衡水职业大学等多所全日制综合性短期职业大学，学制二至三年，均实行收费走读，国家承认学历，不包分配。1985 年 4 月，省政府召开全省职业技术教育工作会议；11 月前后，河北省又专门召开了职业大学研讨会；12 月，河北省人大常委会第十七次会议通过《河北省发展职业技术教育暂行条例》，这是我国职业技术教育的第一个地方性法规。[①]

五、河北省 1978 年前后高等教育恢复与继承、改革与发展的特点

（一）恢复与继承的特点：既重视数量恢复，又重视质量恢复

1978 年前后，河北高等教育的继承主要体现在拨乱反正、批判"文化大革命"中破坏教育事业的罪行，澄清许多教育基本理论问题的是非，落实教育界干部和知识分子政策[②]，着力恢复并继承新中国成立以来河北高等教育发展的优秀成果、良好态势和宝贵经验，具体体现在以下两点。一是数量的恢复和继承。主要包括恢复高考并逐步扩大高校招生规模；恢复或重建"文化大革命"中遭受破坏，被关、停、并、迁的高校，如唐山市业余工学院；恢复、整顿重点高校。二是质量的恢复和继承。主要包括全面恢复高校教学秩序，保证师资数量并提升教学质量；恢复并加快教材建设；加强基础课建设；等等。以当时河北省高校加强基础课建设为例，粉碎"四人帮"后，河北省高校虽然很快恢复了高校基础课部和教研室，但多数院校基础课教学一时还未恢复到"文化大革命"以前的水平。为加快解决这一问题，1979 年 10 月前后，河北省高教局专门召开全省大专院校基础课教学经验交流会，介绍和交流全省各院校基础课教学经验，研究进一步搞好基础课教学的措施。会后，《河北日报》发表了省高教局的文章《加强基础课教学》，指出"加强大专院校基础课教学，提高学生基础理论、基本知识和基本技能的水平，这是提高教学质量以适应四个现代化建设需要的关键"。在 1980 年 2 月，河北省高教局又召开高校电化教学经验交流会，制订了各高校今后加速普及电化教学的规划。

---

① 周治华等：《河北教育大事记》，河北人民出版社，1994，第 432 页。
② 刘海峰、史静寰主编《高等教育史》，高等教育出版社，2010，第 206 页。

（二）改革与发展的特点：以改革促进发展，以改革引领提升

党的十一届三中全会以后，河北省的高等教育在继承的基础上，通过调整、改革、整顿和提高，进入一个新的历史时期。1982年2月，中共河北省委第一书记在河北大学邀请干部、教授和教师代表进行座谈，听取大家对办好教育、培养人才和加强知识分子工作的意见，并强调要加强知识分子工作，发挥知识分子作用。1983年5月，河北省委发出通知，要求认真做好省属高等学校领导班子调整；要求在选拔干部时，按照"精干"原则和"革命化、年轻化、知识化、专业化"的方针，选用中青年骨干。

1982—1985年，河北省为推进高等教育改革先后出台了一系列指导性文件。1982年，河北省高教局印发《关于高等学校财务和后勤管理制度改革的几点意见（讨论稿）》，其中财务管理制度改革的主要内容包括：高等教育经费除实行预算包干外，改按在校学生和计划招生数分配预算指标；扩大高校自主权；教师在完成校内教学科研任务后，可以去校外兼课、承包科研及技术咨询等任务；学校对学生酌收学费、住宿费；由单一助学金改为助学金和奖学金相结合等。后勤管理制度改革的主要内容包括：树立为教学科研服务的思想；成立后勤服务公司；逐步建立一套开源节流、增产节约、发明创造、修旧利废、优质服务等方面的单项奖励制度。1983年9月，河北省高等教育工作会议在石家庄召开。会议主要研究讨论加速发展河北省高等教育和搞好调整改革问题，提出了《关于我省高等教育调整改革的几点意见》。

1985年6月召开的全省高校教学改革经验交流会上，一些学校介绍了改革传统的教学组织和管理制度的经验，改革教学管理成为重要议题。会议研究讨论了省教育厅《关于高等学校教学改革的意见》。1985年9月，省教育厅提出《加强高等学校师资队伍建设的几点意见》，其要点包括：制订师资队伍建设规划；广辟才源，积极补充师资队伍；加强在职进修，努力提高师资素质；重视学术梯队建设，积极选拔、培养学术带头人；等等。

1985年11月，为贯彻5月27日中共中央发布的《中共中央关于教育体制改革的决定》，河北省政府下达了《关于扩大高等学校办学自主权的通知》，以期在国家统一的教育方针和计划的指导下，"扩大高等学校的办学自主权，加强高等学校同生产、科研和社会其他各方面的联系，使高等学校具有主动适应经济和社会发展需要的积极性与能力"。

这一系列系统性的改革措施为河北高等教育的改革与发展明确了方向，使全省高等教育在这一时期得到了全面的发展。一是加快发展速度。在扩大原有高校招生规模的同时增建新的大学，加快大学校园的扩充与新建，丰富和完善高等教育的类型与层次，以实现全省高等教育规模的迅速扩张，为当时亟待加快经济社会发展的河北提供急需人才。二是在中央支持下大胆改革，加强重点大学建设。扩充河北高校类型结构，尝试高校体制改革；加快河北高等职业技术教育的发展，创新高校办学模式，例如，唐山大学的创建与发展。三是扎实贯彻中央各项高等教育改革发展战略的精神。通过加强全省高校的干部队伍建设、师资队伍建设，加强高校教学改革、财务和后勤改革，加强高校科研和研究生教育，使河北省高等教育质量实现稳步提升。

六、结束语

"由于高等教育是国家意志的产物……国家发展过程中出现的任何变化、曲折，都会迅速和直接地作用于高等教育的发展进程。"[1] 通过梳理河北高等教育发展的脉络，尤其是对比改革开放前后两个不同时期，随着国家对高等教育的重视，对河北高等教育领域的拨乱反正，河北高等教育日益呈现出恢复与继承、改革与发展的良好态势。目前，随着国家重大战略京津冀协同发展和雄安新区建设的历史性窗口期与战略性机遇期的深入推进，河北高等教育应抓住重大发展机遇，努力提升高等教育发展水平，不断推进河北省高等教育强省建设。

---

[1] 张斌贤：《中外近代高等教育发展动力的比较》，《高等教育研究》1997 年第 6 期。

对"教育革命"背景下湖南高等医学教育利弊的探讨

——基于 1958—1961 年湖南医学院"支钢支农"医疗队的回顾

中南大学档案馆　刘志胜　黄珊琦

1957 年 2 月，毛泽东提出："我们的教育方针，应该使受教育者在德育、智育、体育几方面都得到发展，成为有社会主义觉悟的有文化的劳动者。"[①] 此前，中共中央、国务院尚未提出这样明确而完整的教育方针。1958 年 3 月，教育部召开了第四次全国教育行政会议，提出"反掉保守思想，促进教育事业大跃进"的口号。[②] 同年 4 月，中共中央召开全国教育工作会议，批判了右倾保守思想在学习苏联教育经验中的教条主义和在一定程度上忽视政治的倾向。1958 年 8 月，毛泽东在视察天津大学时指出："高等学校应抓住三个东西：一是党委领导；二是群众路线；三是把教育与生产劳动结合起来。"[③] 9 月 19 日，中共中央、国务院下发了《关于教育工作的指示》，正式确立了党的教育工作方针是"教育为无产阶级的政治服务，教育与生产劳动结合"，教育的目的是"培养有社会主义觉悟的有文化的劳动者"，指出"在一切学校中，必须把生产劳动列为正式课程，每个学生必须依照规定参加一定时间的劳动"。[④] 在以赶超英美为目标、以大炼钢铁为标志的"大跃进"背景下，"教育革命"拉开序幕。

1957 年 12 月 7 日，湖南省人民委员会下发文件称："自 1958 年 1 月 1 日起，湖南医学院（含附属医院）划交我省领导。"即湖南医学院（前身为创立于 1914 年的湘雅医学专门学校，现为中南大学湘雅医学院）由中央卫生部主管改为湖南省政府主管。[⑤] 1958 年 4 月，中共中央下发《关于高等学校和中等技术学校下放问题的意见》，提出"除少数综合大学、某些专业学院和某些中等技术学校仍旧由教育部或者中央有关部门直接领导以外，其他的高等学校和中等技术学校都可以下放，归各省、市、自治区领导"。[⑥] 湖南省高等医学教育的管理体制改革走在了全国前列。1958—1961 年，在"教育为无产阶级的政治服务，教育与生产劳动结合"的号召下，湖南医学院先后有四批"支钢支农"医疗队支援湖南省的地方建设，可以说是全国高等医学教育服务经济社会建设的缩影。

① 毛泽东：《毛泽东同志论教育工作》，人民教育出版社，1992，第 258 页。
② 《第四次全国教育行政会议的成果》，《人民教育》1958 年第 5 期。
③ 毛泽东：《毛泽东同志论教育工作》，人民教育出版社，1992，第 258 页。
④ 《中国共产党中央委员会、国务院关于教育工作的指示》，载《中华人民共和国国务院公报》，1958 年 9 月 19 日。
⑤ 刘笑春、李俊杰：《湘雅春秋八十年》，中南工业大学出版社，1994，第 83 页。
⑥ 杨德广：《60 年来中国高等教育办学体制和管理体制的变革》，《大学教育科学》2009 年第 5 期。

一、湖南医学院"支钢支农"医疗队情况

（一）第一批"支钢支农"医疗队

湖南医学院的第一批医疗队是 1958—1959 年派出的，共 9 队 125 人。从 1958 年 9 月起，医疗队与农村人民公社合办了 10 所公社医院，与 14 个工厂合办了保健站。各队的师生人数及工作地点分别是：

第一队，长沙市工厂保健站 32 人，队长为 1956 级 11 班的朱玉栋，副队长是 1956 级 10 班的尚志学。涉及的保健单位有长沙市公共汽车公司、建湘油漆厂、长沙灯泡厂、水利水电局修配厂、牙刷角梳厂、煤建公司搬运队、七一油厂、第二大米厂、正圆动力配件厂、长沙仪表厂、汽车电器厂、建湘瓷厂、人造石油厂等企业。

第二队，长沙市郊区万年红人民公社 15 人，负责人是湖南医学院第一附属医院外科医生江秀兰。

第三队，长沙市郊区东风人民公社 12 人，领队的是湖南医学院第一附属医院妇科医生肖根秀。

第四队，长沙市郊区岳麓人民公社医院 11 人，领队的老师是湖南医学院药理学助教谭友庄，领队的医生是湖南医学院第一附属医院内科医生钟文超。

第五队，长沙县北山人民公社医院 7 人，领队的医生有湖南医学院第二附属医院外科医生王长灿、内科医生陈修珍。

第六队，长沙县福临人民公社医院 8 人，该队于 1958 年 10 月 13 日建立，1959 年 4 月 3 日撤销回院。

第七队，望城铜官东风人民公社人民医院 11 人，负责人是湖南医学院第一附属医院妇科医生吴树邦。

第八队，湘阴县大众人民公社人民医院 15 人，领队的医生有湖南医学院第一附属医院外科医生沈立荣、内科医生钟佩仪、妇科医生薛德荃。

第九队，湘阴县白马寺洞庭围人民公社中心医院 14 人，负责人是湖南医学院第一附属医院内科医生严联辉，领队医生还有该院的外科医生吴邦强，妇科医生戴明明、江显德。

（二）第二批"支钢支农"医疗队

第二批医疗队可谓全校出动，规模宏大。1958 年 12 月，在"大跃进"的喧嚣声中，为了响应国家"支钢支农""巩固人民公社"的号召，湖南医学院 2761 名师生组成 14 支"支钢"医疗队、75 支"支农"医疗队下放到湖南省全省各地。由于档案残缺，14 支"支钢"医疗队的组成及工作情况极不完整；75 支"支农"医疗队档案信息较全（见表 1）。

据馆藏的 1960 年湖南医学院《组织师生下放，是贯彻教学、生产劳动、科学研究相结合的好途径》①称，该校在湖南省委的直接领导下，努力贯彻党的教育方针，把劳动作

---

① 黄珊琦：《百年湘雅 救灾史话》，中南大学出版社，2022，第 196 页。

为一门课列入教学计划，并从 1958 年 12 月起至 1959 年 8 月，将师生 2756 人下放到省内 55 个县，开展除害灭病、支援人民公社医疗保健站的工作。任务是普查与扑灭麻疹、白喉、流感、脑膜炎四病（以下称"四病"）。

表 1　1958—1959 年湖南医学院 75 支"支农"医疗队分布简况表

队号	人数	队长	副队长	下放地点
1	34	杜芳	毕杰增 陈祜鑫	岳阳县血吸虫病防治所
2	38	兰万春	陈启山 张敦厚	郴州县疟疾防治所
3	36	盖世斌	李淑庚 唐功贤 易涵碧	攸县酒埠水库工地医院
4	32	路志英	高灵锡	桃江县卫生科
5	34	杨蕴祥	郑德枢 刘惠霞 蒋哨云	茶陵腰陂公社卫生院
6	35	高宗林	黄友歧 李曼如	湘潭县花石建设公社
7	37	张长赟	黎光煦 黄海上	衡山县霞流公社洋塘大队
8	35	张敬	王贵林 刘泽民	耒阳县公平公社卫生院
9	35	黎盛蓉	曾慧林 阴元浩	桂新县桂阳鳌泉公社卫生院
10	37	先：彭隆祥 后：黄建平	吴克颖 王肇勋	新化县燎原公社卫生院
11	37	王长志	李固本 鲁恩赐 莫兰芳	辰溪县超美公社卫生院
12	35	李蕚	陈元良 卢少贤 田学濂	会同县除害灭病办公室
13	33	黄少庄	孙去病 刘修宗	沅江血吸虫病防治所
14	39	罗慕强	胡开斌	宜章县一六公社
15	37	张之炯	白清心 李铁生	临武南强公社卫生院
16	32	王国斌	范翠环 罗正曜	靖县飞山公社飞山大队
17	36	朱赞尧	张发岑 刘凤麟	新晃柳寨公社
18	34	杨世鞭	王贻仑 陈集中	通道县卫生科

队号	人数	队长	副队长	下放地点
19	37	秦天森	卢拔翠 徐兆栋	通道县陇城公社卫生所
20	32	杨德森	王瑞萍 黄锦璇	怀化县沪阳卫生所
21	35	唐先魁	周怡修 叶廷珖	永顺县防疫站
22	35	孙胜洲	黄其善 黄茹玉	龙山县两河口老兴公社
23	36	屈新月	郑毓秀 胡成顺	双峰井字公社
24	32	胡立平	刘春娣 高梅贞	龙山县里耶公社
25	34	张祝三	陈其平 彭勇炎	大庸卫星公社
26	38	郭德	曾嘉明 任邦哲 张策民 吴成玉	桑植凉水口太阳升公社
27	34	白景武	焦慧君 彭泽芬	衡阳樟木公社卫生院
28	35	张文敏	伍本墨 孙定祥	泸溪县人民委员会卫生科
29	30	李炳奎	马霖 文明星	保靖县万宝山公社
30	35	唐家桢	朱有章	城步县人民委员会卫生科
31	32	柳用墨	吴上津	凤凰县拖排公社
32	34	林光亨	何其能 郑启宇	凤凰县廖家桥东风公社
33	34	徐振卿	任懋英	花垣县卫生科
34	34	尹渭然	黄小月 尹作斌 王文浩	花垣县民乐公社
35	36	申吉桂	田贺年 吴彭年 白凤歧	醴陵县普口公社卫生院
36	35	康庚华	唐昭海	零陵双牌水库渠道工程 永江工区医疗队
37	32	李林森	彭才万 戎诚兴	邵东廉桥公社医院
38	34	李蕴珍	谢颜勋	古丈县默戎公社卫生院
39	38	刘楚芳	甘作庄 陈干仁	南县人民委员会除害灭病办公室

续　表

队号	人数	队长	副队长	下放地点
40	35	裘毓广	谢景超 陈日威 杨政权	邵东人民医院
41	38	潘世宬	陈明 何望春 梁健元	华容砵桥公社
42	32	万铭拯	曹圣予 徐志明	蓝嘉县珠泉公社
43	35	穆林茂	王九畲 唐恢林 唐耀华	汝桂附城公社
44	33	张泺	廖德林 许行健 高德明 李汶湘	酃县卫协会
45	38	朱掌书	蒋荣芬 陈雅慧	华容县鲇鱼须城公社
46	37	先：徐友恒 后：熊声忠	谷雍安 金庆达	慈利县卫生科
47	37	刘忠浩	莫树松 艾道蕴	湘西自治州保靖县 宝山公社人民医院
48	35	曹萍	杨湛 倪先度	蓝嘉县人民委员会卫生科
49	33	何善元	周嗣根 龙式昭	道县除害灭病办公室
50	34	刘翠荣	胡明杰 卢义钦	绥宁县长卜公社卫生院
51	34	张文林	张文新 刘俊凡	耒阳县枫字 405 号信箱 115 号
52	35	张毅	董学诗 费慧娟	沅陵县卫生科
53	35	彭隆祥	鄂少庭	新化县游家人民公社卫生院
54	34	石自明	谢幼荣 王树樟	溆浦县底庄人民公社卫生所
55	36	熊正东	钟桂桃 柳培津	溆浦县水东人民公社
56	34	李纯良	王俊化 谭子环 苏俊峰	桂东县寨前人民公社联合医院
57	39	李宝华	罗惠贤 丁报春	新邵严塘人民公社卫生院
58	38	黄兴民	肖剑秋 田起	永兴县卫生科

续　表

队号	人数	队长	副队长	下放地点
59	37	岳英田	罗家福 谭鉴球 龚光甫	耒阳县枫字 405 号信箱 116 号
60	35	马恩庆	潘咏雪 谢瑶芳	安仁县珠泉公社清溪大队
61	37	张明浩	梁景钰 魏正健	湘乡县东风公社东郊大队
62	35	袁诗春	钱良珍	吉首县卫生科
63	36	殷坛顺	王梅松	涟源县娄氏人民公社卫生院
64	35	周华	李济通 祝明芳 简成禧	资兴县防疫站
65	37	吴轰	铁辉 黄善保 宋家兴	郴县卫生科
66	33	钟奉贤	李俊芳	临湘（三又）市公社卫生院
67	32	王诗律	陶子明 彭永年	安化县梅城公社卫生科
68	33	陈坤范	李清安 俞乃昌	涟源县东方红公社卫生院
69	29	曹华	陈协青 许雪娥 陈服文	耒阳县马水公社
70	37	殷德英	钱仲棐 孙守斋	浏阳永安公社卫生院
71	37	李哲晨	刘娴堂 王鸿麟 梁英瑞	资兴东江水电局
72	35	彭兴华	谭元亮	沅江县共华垸人民公社卫生院
73	32	张青玉	郑有金 余世龙 余绍麒	永兴柏林公社人民医院
74	39	李玉孚 武静之 陈涤瑕	/	沅江茶盘洲农场
75	35	魏贵生	王骏	桃源县城郊公社二里岗大队第七连

（三）第三批"支钢支农"医疗队

据《湖南省科学技术大事记》记载，1961 年 1 月 6—7 日，全省卫生工作会议在湖南省岳阳市召开，会议确定当时医疗防治工作的重心是水肿病、妇女病和小儿病，全省患者达 187 万余人，其中严重的有 39 万余人。15 日，在中共湖南省委批转沅陵县委关于抢救水肿病人的紧急报告中，指示增加对病人的口粮、食糖、食油和黄豆、红枣等物资的供应。在此背景下，遵照湖南省委省政府命令，湖南医学院所有师生组成 26 支医疗队，以湖南省委省政府的名义下放，各队以到达的市县命名，分别为：

衡阳队、湘潭队、醴陵队、沅陵队、会同队、浏阳队、邵东队、涟源队、凤凰队、娄底队、宁乡队、湘阴队、攸县队、新化队、新邵队、溆浦队、耒阳队、桂阳队、花垣队、永顺队、桃江队、汝桂队、岳阳君山队、澧县队、衡山队、兰嘉队。

这 26 支队伍因为是以湖南省医疗队的名义到达各工作点的，所以其中还有其他医疗单位的人员。

（四）第四批"支钢支农"医疗队

第四批医疗队是湖南医学院师生的再次出动。1961 年 5 月，全院下放 2797 人，其中学生、进修生、研究生 2418 人，教师、医生 236 人，护士、技术员 122 人，行政干部 21 人。

二、主要成绩与经验教训

湖南医学院集全校之力，派出四批医疗队"支钢支农"，体现了湘雅人一以贯之的为国家解难、为百姓驱"疫"的精神。以第二批医疗队为例，据不完全统计，从 1958 年 12 月起到 1959 年 8 月止，为扑灭"四病"，组织预防服药人数达 840 余万，普查"四病"人数 199 万余，初步训练保健员、炊事员、接生员 59000 多人；开展各种医务人员训练班 50 余个；整顿加强托儿所、幼儿园、食堂、敬老院和基层卫生组织 18000 多个。此外，还以各种方式进行了卫生宣传，医疗队所在地区基本上做到了吃饭用公筷，部分地区改变了喝生水的习惯。医疗队完成了 1227 篇有关防治急性传染病、消灭四大寄生虫病、人民公社保健组织、中医中药及针灸的科学论文；努力贯彻了西医学习中医的指示，拜访了 2205 位中医师，采集中草药标本 20000 多件，经整理分类，将 1000 多件编印成《湖南民间药物资料》；收集了全省 55 个县的大量统计资料，初步了解了湖南省若干传染病发病情况和地方性疾病的分布和产生因素，也发现了许多民间特效疗法。如对白喉防治的研究，不用抗生素，仅内服中药斑蝥剂毒及吹药治疗 176 例白喉，治愈率达 93.2%；又如关于稻田皮炎，发现它与"鬼螺丝"有关，并对它的病因学、临床症状、体征作了全面的观察和分析，并提出特效的简易预防方法。仅 1959 年的湖南医学院院报《新湖南》和该院同年召开的第五次教学会议专题资料集，公开记载各农村医疗队工作状况的文献就达 300 篇。在此基础上，该院师生又集体编写了 120 万字的《农村医士手册》，为农村的常见病与多发病提供了中西医的各种防治方法，由人民卫生出版社出版，在全国推广使用。该手册先后 5 次出版，12 次印刷，发行 389 万册，成为全国发行量最多的科技书籍之一。①

1958 年"大跃进"中开始的"教育革命"，本来以教育与生产劳动相结合、勤工俭学为中心内容，这是正确的。但是它把教育与生产劳动相结合简单化，让师生频繁地下

---

① 黄珊琦：《百年湘雅救灾史话》，中南大学出版社，2022，第 188 页。

乡下厂，参加体力劳动，加之与"大跃进""人民公社化"运动结合在一起，参与"大炼钢铁""深翻土地""放卫星"，师生很少在校上课，严重冲击了正常的教学、科研秩序，使教育质量严重下降。[①] 1960 年前后湖南医学院的良好教学传统被破坏。由于受多快好省地建设社会主义、"大跃进"、"人民公社"、大炼钢铁等指导思想的影响，湖南医学院频繁地组织医疗队成批地下放、支工支农，完整的教学时间被支离，课程的调整、逐年的扩招被打乱，教学计划不能按时完成。据 1961 年 4 月 24 日《湖南医学院 1958—1961 年生产劳动下放时间统计表》记载，1958 年 11 月—1961 年 1 月，先后以炼钢、修京广复线、下放插秧、支援"双抢"、扑灭流感、防治水肿病等名义耽误的各年级教学时间分别为：1956 级 76.5 周、1957 级 66.5 周、1958 级 52.5 周、1959 级 28.5 周、1960 级 21 周。在特别讲究工龄计算的 20 世纪八九十年代，国家主管部门曾下文，指令要求各级各单位人事部门，对 1956—1960 级的五批医科大学毕业生，每人均增加一年的工龄，以示国家对这批毕业生曾参加一年除害灭病经历的认可。

三、结语

在以赶超英美为目标、以大炼钢铁为标志的"大跃进"背景下进行的 1958 年"教育革命"，从指导思想上来说，有正确的一面，也有错误的一面。正确的一面是，试图从中国的国情出发，纠正学习苏联经验中的教条主义，改变教育脱离生产劳动的现象，走自己的路；错误的一面是，"左"倾路线占主导地位，以阶级斗争为纲指导"教育革命"，开展的大量政治运动与生产活动，都是"服务"与"结合"的需要，在确立与落实社会主义教育方针上付出了很大代价，即学生通过参加政治运动与生产劳动，受到了一定的教育，但也削弱了文化课的学习，打乱了正常的教学秩序。[②] 这件事有教训，也有经验。教育与生产劳动相结合是教育发展的规律，不能偏废一方。通过重新认识教育规律，教育部制定了我国社会主义教育新的条规，教育界对社会主义的教育方针形成了新的共识。在 1978 年召开的全国教育工作会议上，邓小平明确地肯定了毛主席和党中央确定的社会主义教育方针。[③]

① 周玉良方晓东：《对 1958—1960 年"教育革命"的几点看法》，中国地方教育史志研读会、《教育史研究》编辑部编《纪念〈教育史研究〉创刊二十周年论文集——中华人民共和国教育史研究》2009 年第 10 期。
② 邹时炎：《对 1958 年教育革命的初步认识》，中国地方教育史志研读会、《教育史研究》编辑部编《纪念〈教育史研究〉创刊二十周年论文集——中华人民共和国教育史研究》2009 年第 10 期。
③ 邓小平：《在全国教育工作会议上的讲话》，《人民日报》1978 年 4 月 22 日第 1 版。

"教育与生产劳动相结合"的教育方针与时代内涵

天津大学大学文化与校史研究所　陈印政

劳动教育是社会主义教育的重要内容,"教育与生产劳动相结合"的思想是马克思主义教育思想的重要命题,也是实现人的全面发展的重要途径。新中国成立不久,"教育与生产劳动相结合"的思想就被确立为全国的教育方针,并长期指引着中国特色社会主义教育的办学方向。

2020年3月,《中共中央 国务院关于全面加强新时代大中小学劳动教育的意见》中指出,"劳动教育是中国特色社会主义教育制度的重要内容",要"形成具有综合性、实践性、开放性、针对性的劳动教育课程体系"。[①]

一、"教育与生产劳动相结合"思想的确立过程

培养什么样的人,为谁培养人,以及如何培养人的问题,是教育研究的根本问题。新中国成立之后,中国的高等教育走什么样的路,坚持什么样的办学方向,成为党和国家领导人关注的重要问题。经过不懈的实践与探索,中国大学的办学方向,逐步从旧的办学体制中解脱出来,1958年8月13日,毛泽东在视察天津大学的时候明确提出:"高等学校应抓住三个东西:一是党委领导;二是群众路线;三是把教育与生产劳动结合起来。"[②]随后,中共中央、国务院发出《关于教育工作的指示》,明确提出:"教育为无产阶级的政治服务,教育与生产劳动相结合;为了实现这个方针,教育工作必须由党来领导。"[③]这是新中国成立以来,中央首次正式提出"教育方针"字样。从此之后直至"十七大"之前,"教育与生产劳动相结合"的思想一直是我国的教育方针,并指引着中国特色社会主义教育的办学方向。本文试就这一教育思想的形成过程、理论内涵及新时代价值进行回顾与分析。

(一)解放初期全国的教育形势

全国解放之后,《共同纲领》提出新中国的教育目的是"为人民服务,首先为工农服务,为当前的革命斗争与建设服务",要以老解放区的教育经验为基础,建立新民主主义的教育。在此原则的指导下,通过对国立大学、私立大学和教会大学分别采取"接办"、"接管"和"接收"的政策,又经过院系调整和思想改造,逐步明确了新的办学方向,建立了新的高等教育体系。

当新的高等教育体系建立之后,中共领导的干部掌握了经过改造之后的大学管理

---

① 《中共中央 国务院关于全面加强新时代大中小学劳动教育的意见》,《人民日报》2020年3月20日第6版。
② 《党委领导,群众路线,教育与生产劳动相结合,这是毛主席对我们的谆谆教诲》,《天津大学校报》1958年8月15日第1版。
③ 《中共中央、国务院关于教育工作的指示》,法律出版社,1959,第3页。

部门的话语权，如何发挥大学的优势为生产建设服务，为工农服务，就成为新的任务。1957 年的"反右"斗争扩大化，让高等学校中许多有才能的知识分子受到迫害，他们被迫下放劳动改造，不能发挥应有的作用，这就使得正常的教学秩序受到冲击。因此，大学急需建立新的价值体系。

1958 年 11 月 13 日的《人民日报》发表社论，提出了"大跃进"的口号。随后不久，一场以勤工俭学、成人教育和扫盲运动等为特征的"教育革命"开始在各级学校展开，要求大学为生产服务，要与生产实践相结合，大办各类校办工厂，学生参加生产劳动。由于新的教育指导思想与原有的办学规律之间有着较大的差异，因此，各级各类学校之间对新思想的理解和认识存在较大的差异。很多学校不知道如何兴办工厂，不掌握技术，导致工厂不能正常开工，造成较大的浪费；对于参加生产劳动与原有的教学体系之间的冲突，各学校之间有着不同的理解。

在这种情况下，中共中央于 1958 年 4 月在北京召开全国教育工作会议，重点讨论制定新的教育方针的问题，从而解决大学中普遍存在的脱离生产劳动、脱离实际的问题，纠正教育部门的教条主义和右倾保守思想，以及改正一定程度上忽视政治、忽视党的领导的错误。这就导致会议召开之后，在全国高校开展了声势浩大的"红专"路线大讨论。

（二）毛泽东视察天津大学

天津大学的前身是诞生于 1895 年的北洋大学，时值甲午战败，通过兴办教育以图国家富强成为该校的历史使命。北洋大学创办时所开设的专业，包括社会发展急需的采矿、机械等。在长期的办学实践中，天津大学逐渐形成了"实事求是"的校训，并形成"不从纸上逞空谈，要实地把中华改造"的办学精神内涵。

解放之后经过院系调整，天津大学成为多科性工业大学，但其与社会发展紧密联系的办学规律得以传承下来。保留下来的专业，如机械、电力、化学、土建、纺织、水利等，都是与社会发展紧密相关的专业。

1958 年的天津大学，作为全国为数不多的几所万人大学之一，在时任校长张国藩的带领下，也加入"教育革命"的洪流与"红专"问题的讨论之中。由于天津大学本身就有着良好的工科发展优势，学科教学内容与生产实际联系紧密，在大讨论的过程中，张国藩的办学思想也是积极倡导教育与生产劳动相结合。可以说，当时的天津大学在勤工俭学、大办校办工厂等方面，取得了非常大的突破。这时的舆论导向是高等教育和科学研究都要为生产服务，要与生产实践相结合。《人民日报》还专门报道了该校师生积极参加勤工俭学的情况[①]：

天津大学第一批一千二百余名同学投入了勤工俭学的劳动生产。他们分别到校内机工厂、纺织厂、实验室、造纸厂等处和校外工厂、农场从事体力劳动。

机械系的同学炼好了第一炉铁水，浇铸了第一批铸件，为国家创造了二千五百元的

---

① 何铁刚：《天津大学同学到各种岗位劳动锻炼》，《人民日报》1958 年 3 月 27 日第 7 版。

财富。纺织系三年级同学用三台织布机花了一天多时间生产了匹布。化工系同学纷纷试制药品。有机合成专业二年级甲班已试制成功了硝基苯和乙酸乙酯两种药品。土木系学生给学校的游泳池设计了更衣室，已进行了放线工作，不久即将施工。建筑系同学承包了几个楼的刷浆工作。

天津大学不但积极响应国家的号召，开展勤工俭学，而且充分发挥了该校作为多科性工科大学的优势，取得了显著的成效，不但校办工厂的数量较多，而且表现出较高的质量[1]：

不久前，替铁道部加工的火车轮，已完成了二百多个；替天津起重机厂制造的齿轮，也交出了一部分；铸工车间的熔炉，已经吐出了第八炉铁水，铸造了二十六吨机械铸件。目前，为了适应生产需要，教师、学生和技工们正安装一个冲天炉，每小时将出铁两吨以上。

造纸系造纸专业的同学，利用过去被人认为只能生产"手纸"的设备，已经生产出四千公斤的纸张。他们还生产彩色的广告纸，现在正生产光滑洁白的雪连纸。矽酸盐专业的同学，现正生产供给仪器设备安装的瓷环。土木系和建筑系的同学，正为学校的八项基建工程进行设计和施工。精密仪器专业的教师和部分同学试制的千分表已经成功。天津大学还和校外许多单位订立了生产协作合同。

1958 年 8 月 13 日，毛泽东来到天津大学，这是他新中国成立之后为数不多的对高校的视察之一。毛泽东了解到天津大学已经有 98% 的学生参加了勤工俭学，下学期还要搞几个半工半读试验班之后，用赞赏的语气说："这样很好，本来光读书本上的，没有亲自去做，有的连看也没有看过，用的时候，就做不出产品来。一搞勤工俭学、半工半读，这就有了学问，也就是劳动者了。"

随后，毛泽东还参观了天津大学校办工厂，他又进一步指出，"有些先生也得进步，形势逼着他们进步，他们动动手就行了。搞科学研究的人，也应该动动手，不然一辈子不动手也不好"，"以后要学校办工厂，工厂办学校。老师也要参加劳动，不能光动嘴，不动手"。[2] 参观之后，毛泽东做出了重要指示，"高等学校应抓住三个东西：一是党委领导；二是群众路线；三是把教育与生产劳动结合起来"。[3]

为了系统总结天津大学的办学经验，张国藩又将天津大学的实践形成了《如何办好社会主义的高等学校》一文，并进一步提出："社会主义的教育，是为社会主义的政治经济服务的，是要培养有社会主义觉悟、有文化的劳动者。要达到这个目的，教育就必须与生产劳动相结合，理论与实际并重。"[4]

毛泽东视察天津大学之时，正值各行各业"大跃进"的高潮，在大学则表现为勤工

[1]《勤工俭学结合生产，天津大学生产多种产品》，《人民日报》1958 年 5 月 9 日第 7 版。
[2]《天津大学决定苦战五十天出更大成绩》，《光明日报》1958 年 8 月 19 日。
[3]《党委领导，群众路线，教育与生产劳动相结合，这是毛主席对我们的谆谆教诲》，《天津大学校报》1958 年 8 月 15 日第 1 版。
[4] 张国藩：《坚持贯彻党的教育方针——如何办好社会主义的高等学校》，《光明日报》1958 年 9 月 1 日第 1 版。

俭学、大办各类校办工厂、学生参加生产劳动为特征的"教育革命"。天津大学的勤工俭学工作不但取得了数量上的突破，而且表现出较高的质量。更难能可贵的是，该校师生参加勤工俭学的积极性非常高，学生通过参加勤工俭学，不但学习了知识，培养了才干，而且形成了新的知识观和价值观。天津大学一系列行之有效的做法，给毛泽东留下了非常深刻的印象，也让他进一步意识到，教育与生产劳动相结合的道路具有广阔的前景。因此，他不但肯定了这种做法，而且作出非常积极的评价。

这次的视察给毛泽东留下了极其深刻的印象，在同年9月8日召开的最高国务会议上，毛泽东谈到教育问题时说："教育这个东西比较带原则性，牵涉广大的知识界，是一个革命。几千年来，都是教育脱离劳动，现在要教育劳动相结合，这是一个基本原则。大体上有这样几条：一条是教育劳动相结合；一条是党的领导；还有一条是群众路线。群众路线大家懂得，没有问题了；党的领导现在可能问题也不多了；中心问题是教育劳动相结合。现在苏联对这个问题也想改革，他们正在搞一个文件在那里酝酿。我们社会主义国家，马克思讲了的，教育必须与劳动相结合。我在天津看了两个大学，有几个大工厂，那些学生在那里做工。老读书，实在不是一种办法。书是什么东西呢？书就是一些观念形态，人家写的，让这些没有经验的娃娃来读，净搞意识形态，别的东西看不到。如果是学校办工厂，工厂办学校，学校有农场，人民公社办学校，勤工俭学，或者半工半读，学习和劳动就结合起来了。这是一大改革。"①

毛泽东希望通过这场教育上的革命，来实现他教育与劳动相结合的理想。更何况，他自己就是一个不迷信书本、坚持社会调查和理论联系实际的人。

在毛泽东系列表述的基础上，结合前期全国大讨论过程中所形成的基本观点，陆定一形成《教育必须与生产劳动相结合》一文，系统化地论述了这一思想，并深刻回答了为什么要将教育与生产劳动相结合的问题②：

"把普通学校教育同生产劳动结合起来，打破了普通学校长期以来轻视体力劳动的旧传统，改变了学校的风气，也对社会风气发生了很好的影响。""资本主义的教育方针表现为：为教育而教育，劳心与劳力分离，教育由专家领导。""我们的教育是为无产阶段专政服务的，因而我们的教育，就必须一反以往几千年的旧传统，采取教育与生产劳动相结合的方针，来消灭脑力劳动与体力劳动之间的差别，这也就是消灭历史上一切剥削制度的残余，使人类进入共产主义社会。"

1958年9月19日，中共中央、国务院发出《关于教育工作的指示》，这是新中国成立以来，首次以中央文件的形式提出"教育方针"的表述，概括起来就是："教育为无产阶级的政治服务，教育与生产劳动结合，为了实现这个方针，教育工作必须由党来领导。"这一方针深刻回答了社会主义的大学"为谁培养人""如何培养人"的问题，为了进一步回答"培养什么人"的问题，1961年制定"高教六十条"时，又将这一教育方针

① 中共中央文献研究室《建国以来毛泽东文稿》第7册，中央文献出版社，1996，第396页。
② 陆定一：《教育必须与生产劳动相结合》，《人民日报》1958年9月2日第1版。

与 1957 年毛泽东在《关于正确处理人民内部矛盾的问题》中指出的"我们的教育方针应该使受教育者在德育、智育、体育几方面都得到发展，成为有社会主义觉悟、有文化的劳动者"结合起来，最终形成了关于教育方针的完整表述，也就是："教育必须为无产阶段政治服务，必须同生产劳动相结合，使受教育者在德育、智育、体育几方面都得到发展，成为有社会主义觉悟的有文化的劳动者。"1978 年，这一方针又被正式写入《中华人民共和国宪法》。

"教育与生产劳动相结合"的教育方针，是"以我国社会主义的基本国情及教育活动为实践依据，以党在特定历史时期的基本路线为政策依据，继承了党在民主革命时期关于新民主主义文化教育总方针的优良传统，为我国社会主义教育事业指明了前进的道路和发展的方向"。① 可以说，《关于教育工作的指示》不但明确提出了教育方针，而且为持续几个月的"红专"大辩论划上了句号。从此，"教育与生产劳动相结合"的思想，就成为我国教育的根本指导思想。

二、"教育与生产劳动相结合"思想的理论内涵

毛泽东在其革命与社会主义建设的实践过程中，经过漫长的探索，逐步形成了"教育与生产劳动相结合"的思想，并将其确立为长期遵守的教育方针，其理论来源于马克思主义的基本原理，并在实践过程中不断丰富和发展，形成了独特的思想内涵。

（一）"教育与生产劳动力相结合"思想的理论来源

"教育与生产劳动相结合"的思想，其理论根源为马克思主义的基本理论。《共产党宣言》就早早指出，无产阶级在夺取政权之后，要"把教育同物质生产结合起来"。② 马克思又在《资本论》中进一步指出："生产劳动同智育和体育相结合，不仅是提高社会生产的一种方法，而且是造就全面发展的人的唯一方法。"③ 列宁进一步提出："无论是脱离生产劳动的教学和教育，或是没有同时进行教学和教育的生产劳动，都不能达到现代技术水平和科学知识现状所要求的高度。"④

"坚持劳教结合，是毛泽东的一贯主张。"⑤ 毛泽东早在师范学校读书时就撰写了《一师学友会夜学日志》，痛斥当时学校与社会分离、理论与实际脱节的现象，指出："现时学校大弊，在与社会打成两橛，犹鸿沟之分东西。一入学校，俯视社会犹如登天；社会之于学校，亦视为一神圣不可触摸之物。相隔相疑，乃成三弊：一为学生不能得职业于社会，学生近之，社会远之，学生亲之，社会离之，永无联结契合之日。一则社会不遣子弟入学校，学校之不善，亦为一因，而社会不悉学校内容，则为大因。"⑥

毛泽东于 1917 年创办工人夜校、1918 年参与组织赴法勤工俭学工作的时候，同样提

① 孔德英、张大俭：《教师必备的教育教学理论》，河北大学出版社，2015，第 91 页。
② 马克思、恩格斯：《马克思恩格斯选集》（第 1 卷），人民出版社，1994，第 294 页。
③ 马克思、恩格斯：《马克思恩格斯选集》（第 2 卷），人民出版社，1994，第 212 页。
④ 列宁：《民粹主义空想计划的典型》，载《列宁全集》（第 2 卷），人民出版社，1984，第 461 页。
⑤ 孙喜亭：《试论毛泽东关于教育与生产劳动相结合思想的特定含义》，《江西教育科研》1996 年第 6 期。
⑥ 中共中央文献研究室《毛泽东早期文稿》，湖南人民出版社，2008，第 84 页。

出学生要参加生产劳动的问题，他认为知识既包括书本上的知识，也包括实践中获得的知识，只有书本上的知识是不够的，还需要学习社会知识。1934年，毛泽东在其主持制定的苏维埃文化教育总方针中指出："在于以共产主义的精神来教育广大的劳苦民众，在于使文化教育为革命战争与阶级斗争服务，在于使教育与劳动联系起来，在于使广大中国民众都成为享受文明幸福的生活，完成苏区文教事业的任务。"[1]

到达延安之后，毛泽东关于教育发展的思想，更加深刻地影响着办学实践。针对教育中存在的问题，1939年他曾指出："知识分子如果不和工农民众相结合，则将一事无成。革命的或不革命的或反革命的知识分子的最后的分界，看其是否愿意并且实行和工农民众相结合。"[2]

1941年，毛泽东在《改造我们的学习》一文中严厉批评了根据地教育脱离实际的倾向。他说："在学校的教育中，在在职干部的教育中，教哲学的不引导学生研究中国革命的逻辑，教经济学的不引导学生研究中国经济的特点，教政治学的不引导学生研究中国革命的策略，教军事的不引导学生研究适合中国特点的战略战术，诸如此类。其结果，谬种流传，误人不浅。"[3]

全国解放之后，毛泽东关于教育的系列思考，进一步在教育实践中得到落实。经过不断的实践和讨论，最终确立为全国教育的指导方针。

（二）"教育与生产劳动力相结合"思想的理论体系

"教育与生产劳动相结合"的思想，深刻回答了社会主义的高等教育应该"培养什么样的人""为谁培养人""如何培养人"等深层次的问题。

"培养什么样的人"的问题，决定了教育发展的方向。"教育与生产劳动相结合"的思想，把实现人的全面发展作为培养的目标。毛泽东号召知识分子要向生产者学习，不能只读"书本"，还要在实践过程中不断学习。毛泽东把是否愿意与工农相结合，作为判断知识分子是否是真革命的唯一标准："愿意并且实行和工农民众相结合的，是革命的，否则就是不革命的，或者反革命的。"[4]知识分子只有在情感上、立场上、观点上真正与工农结合在一起，与社会主义事业的发展联系在一起，在实践中成长，才能实现德育、智育、体育等方面的全面发展。

"为谁培养人"的问题，决定了教育发展的目的，也就是办教育是为了谁的问题。毛泽东目睹了"旧社会贫苦的工农及其子弟受教育无门、旧教育与生产劳动严重分离、广大工农群众文化水平极低的现状。"改革的目的，就是要改变这种状况。社会主义的高等教育，完全是为了工农大众服务的，这就需要实现两个目的：一是为工农民众提供受教育的权利，"教育必须为工农开门"，这就需要扩大针对工农民众的招生比例，或者通过半工半读、工人夜校等途径来保障；二是教育要能够解决工农民众面临的实际问题，也就是

---

[1] 张静如、梁志祥、镡德山：《中国共产党通志》（第4卷），中央文献出版社，2001，第567页。
[2] 毛泽东：《毛泽东选集》（第2卷），人民出版社，1991，第559页。
[3] 毛泽东：《毛泽东选集》（第3卷），人民出版社，1991，第798页。
[4] 毛泽东：《毛泽东论教育》（第3版），人民教育出版社，2008，第65页。

教学的内容要与生产生活相结合，能够得到应用。

"如何培养人"的问题，决定了教育人的途径与方法。教育与生产劳动相结合，不能简单地理解为只是一种教学思想或教学手段，也不能理解成课堂教学之后，参加教学实习或者课题研究，而是倡导理论与实践相结合，教育与生产劳动相结合，既不能"教育脱离生产劳动"，也不能"以生产劳动代替教育"，"忽视了教育与生产劳动的各自规律及两者之间的辩证关系，片面地追求形式，或者只强调某一方面，使教育与生产劳动处在一种割裂状态"。中国共产党的教育方针政策，始终主张实施教育与生产劳动相结合，主张学生参加生产劳动，主张青年知识分子与工农相结合，主张在劳动实践中进行思想锻炼和思想改造，主张在劳动中、在与工农的结合中了解社会、丰富知识、增长才干。毛泽东关于教育与生产劳动相结合的思想，说得确切点，是毛泽东关于脑力劳动与体力劳动相结合、知识分子与工农相结合的思想。

党的十一届三中全会之后，邓小平在 1978 年全国教育工作会议上的讲话，全面论述了"教育与生产劳动相结合"的内涵及具体的实施问题，他提出："为了培养社会主义建设需要的合格的人才，我们必须认真研究新的条件下，如何更好地贯彻教育与生产劳动相结合的方针。""在无产阶级取得政权之后，这是培养理论与实际结合、学用一致、全面发展的新人的根本途径，是逐步消灭脑力劳动和体力劳动差别的重要措施。""现代经济和技术的迅速发展，要求教育质量和教育效率的迅速提高，要求我们在教育与生产劳动结合的内容上、方法上不断有新的发展。"[①]整个教育事业必须同国民经济的发展和要求相适应。不然，学生学的和将来要从事的职业不相适应，学非所用，用非所学，岂不是从根本上破坏了教育与生产劳动相结合的方针。

三、"教育与生产劳动相结合"思想的新时代价值

"育与生产劳动相结合"的思想，作为我国长时期遵循的教育方针，曾经为指引我国教育的发展方向，奠定新中国教育的发展基础，做出了不可磨灭的贡献。在新的时代背景下，"教育与生产劳动相结合"的思想，仍然能够发挥其应有的时代价值。

（一）培养什么样的人

对于"培养什么样的人"的问题，科技创新已经成为新时代的主题，这就决定了大学不能沿用传统的只注重书本知识的传授方式，而忽视学生动手能力和创新能力培养的现实问题。大学需要培养学生结合实际问题分析问题和解决问题的能力。当年在教育与生产劳动相结合的问题上，毋庸置疑，存在简单化的倾向，甚至片面地将教育与生产劳动相结合看成让学生参加工农业生产或体力劳动，忽视课堂教学和书本知识的传授。如今，"教育与生产劳动相结合"的观点，在大学已经不再表现为体力劳动，而是表现为教学与社会发展的需要相结合。特别是近年来开始实施的"新工科"建设计划，其目的是倡导工科优势高校要对工程科技创新和产业创新发挥主体作用，根据产业发展需要，构

---

① 邓小平：《在全国教育工作会议上的讲话》，《邓小平文选》（第 2 卷），人民出版社，1983，第 107 页。

建工科专业新结构；根据技术发展更新教学内容，更新人才知识体系。可以说，新工科建设的核心思想，是"教育与生产劳动相结合"的思想在新时代的具体体现。强调"教育与生产劳动相结合"，其本质是强调引导学生"崇尚劳动、尊重劳动，懂得劳动最光荣、劳动最崇高、劳动最伟大、劳动最美丽的道理"。①

（二）为谁培养人

对于"为谁培养人"的问题，是呼唤大学培养的人才要具有为国家和社会发展服务的宏观视野。近些年来，我国的大学存在为科研而科研、偏离社会发展的现实情况。教师只关注科研论文的数量，甚至盲目追求在国外期刊发表论文，却忽视了社会发展的需要。"教育与生产劳动相结合"的思想要求加强教育为工农民众服务，在新的时代背景下，需要大学教师走出实验室，把论文写在大地上，促进科研成果转化为现实的生产力。

（三）如何培养人

对于"如何培养人"的问题，新时代仍然需要坚持理论联系实际，加强产学研的合作是新时代培养人的重要渠道。"产"是指以企业为代表的经济部门，它遵循市场经济的规律，追求的价值目标是利润最大化。"学"的目的是培养人才，遵循的是教育规律，追求提高教学质量和人才培养的质量。"研"的任务是科技创新，遵循的是创造性思维规律。加强产学研的合作，需要大学在原来加强脑力劳动与体力劳动相结合的基础上，增强科学研究和科技创新的能力，特别是创造性地解决关键核心技术的能力，以及根据社会发展的需要，提出前瞻性研究课题的能力。从"教育与生产劳动相结合"，到"产、学、研"三结合的贯彻落实，是我国高等教育在新时代加强科技强国建设的过程中，发挥重要作用的必然要求。

坚持"教育与生产劳动相结合"的思想，不是强调学生参加体力劳动，反而忽视日益重要的科技知识的学习。事实上，劳动教育的具体形式，与生产力水平、科技水平密切联系，相互制约，当外界环境发生改变，劳动教育的内容理应发生改变。

---

① 习近平：《坚持中国特色社会主义教育发展道路 培养德智体美劳全面发展的社会主义建设者和接班人》，《人民日报》2018 年 9 月 11 日。

全国最早试点"工农兵上大学"

——同济大学"工农训练班"始末（1969—1971 年）

同济大学档案馆　章华明

"文化大革命"开始后，高校停止招生。1968 年 7 月 21 日，毛泽东在关于上海机床厂培养工程技术人员的汇报材料上作出批示："大学还是要办的，我这里主要说的是理工科大学还要办，但学制要缩短，教育要革命，要无产阶级政治挂帅，走上海机床厂从工人中培养技术人员的道路。要从有实践经验的工人、农民中间选拔学生，到学校学几年以后，又回到生产实践中去。"次日，《人民日报》公开发表了毛泽东的这一指示。这就是著名的"七二一"指示。1967 年 10 月，同济"五七公社"成立。

一、同济大学率先试点举办"工农训练班"

遵照"七二一"指示，经上海市革命委员会（简称"革委会"）批准，同济大学率先在全国高校中面向上海建筑系统试点招收工农学生，要求：政治思想好，出身好，政治历史清楚，无限忠于毛主席，无限忠于毛泽东思想，无限忠于毛主席的革命路线和阶级斗争路线，是斗争觉悟高的无产阶级革命派；具有 4 年以上工龄的建筑工人；年龄一般在 30 岁以下，身体健康；初中毕业以上或相当于初中毕业以上文化程度。学习年限暂定两年半。招生办法采取推荐和民主选拔、学校审核的方式进行。

1969 年 7 月，28 名工农学生走进同济大学组成五七公社"工农训练班"（简称"工农班"，多称"工训班"）。28 名工农学生中，男生 23 名，女生 5 名。其中，川沙县 6 名（3 男 3 女），代表农民阶层，其余 22 名是来自上海建筑系统的工人代表，年龄在 25 岁左右，有 2 名已超过 30 岁。1969 年 7 月，在同济大学大礼堂举行"同济大学五七公社工农训练班"开学典礼。上海市革委会副主任徐景贤、陈敢峰分别发表讲话，向学生们表示祝贺。

学校明确，要结合自身特色，努力将"工训班"学生培养成房屋建筑专业技术人员——既能从事建筑、结构设计，又能承担现场施工，做到"一专多能"，力求改变过去建筑、结构、施工相互脱离的现象。但开学后，学制即从原计划中的两年半调整为一年半，分为三个阶段。第一阶段为理论学习阶段，约 9 个月，以课堂学习为主，学习房屋建筑专业所必需的基础理论知识和专业基础知识；第二阶段为工程实践阶段，约六个半月，主要是通过从项目设计到施工的全过程实践，学习房屋设计和施工知识；第三阶段为总结阶段，约一个半月，系统总结工程实践，进一步充实提高。

实践中，为将学生培养成有社会主义觉悟的有文化的劳动者，"工训班"主要教学内容包括以下部分：（1）毛泽东思想课。除一般坚持一小时"天天读"以外，还系统学习党内两条路线斗争史，学习毛泽东的教育革命思想和哲学思想，并进行每周一天的经常性的形势任务教育。（2）学工。在整个学习期间，学生"插队落户"到工人小队（或班、组），与他们同吃、同住、同劳动。工人与学生的政治活动有分有合。学生参加劳动的时间前一年为每周一天，后半年为每周2—3天（有时也适当集中）。（3）学农。集中两周参加当地人民公社的农业劳动。（4）学军。除集中一个月去解放军部队学军外（学生报到后即去学军），每两周有半天军事课（有军事课的一周，毛泽东思想课改为半天）。同时建立党团组织，组成骨干队伍，开展"一帮一""一对红"及"四好小组""五好学员"评比活动[1]，并建立经常性的讲评制度。（5）业务课。设数学、力学、建筑、结构、施工5门课程。除必要的基础理论课外，所有专业学习都紧密结合工程实践的进展展开。其中，课堂教学为500学时，结合工程进行设计实践420小时，参加施工实践370小时。总的业务教学时间（包括自学、讨论等一切教学活动），约占全部学习时间的60%。

"工训班"有3个班长，但分工不同。其中，沈人德负责每周学习计划安排等，罗培忠（之前是丁昌月）负责出操、劳动等，费金娣代表班级参加由工宣队、军宣队、老师和学生党员组成的党支部。"工训班"又被分成3个小班，正副班长分别是：一班芮道彬、杨云妹，二班胡海根、费金娣，三班陆菊林、奚红芳。成员当然包括老师及军宣队员、工宣队员。沈人德回忆："当年，我们28个学生求学愿望强烈。我曾经提出文化课要增加，但受到工宣队、军宣队的批评，差一点班长被撤。老师们虽然没有话语权，但他们还千方百计让我们多学点知识，有的老师因此还受到了不公正的批评，对此我们学生非常感动。就是在这样的环境中，我们坚持刻苦学习，晚上加班制图，互帮互学，共同提高。"

1971年2月，"工训班"全体学生和傅信祁等老师一起从贵池县长途拉练回到上海。6月，"工训班"毕业，28名学生中，罗培忠、胡金英2人留校工作。他们后又被安排回到贵池县上海"小三线"实习，胡金英被安排在204工程队，罗培忠被安排在206工程队。

二、同济大学"工训班"与皖南"小三线"建设

1964年4月，面对可能出现的战争威胁，根据毛泽东指示，中国人民解放军总参谋部拟定了《关于国家经济建设如何防备敌人突然袭击的报告》。6月，毛泽东又在中央工作会议上着重强调了备战问题，提出要搞"三线"工业基地建设。所谓一、二、三线是按我国地理区域划分的，沿海地区为"一线"，中部地区为"二线"，西部地区为"三线"。"三线"又分为大小三线。"大三线"有西南、西北两片，中部及沿海部分地区腹地为"小三线"。

从1965年选点筹建到1988年调整结束，设在安徽南部和浙江西部山区的上海"小

---

[1] 当时部队中的做法。"四好"是对集体而言，即政治思想好、军事训练好、管理教育好、后勤保障好。"五好"是对个人而言，即思想好、作风好、团结好、身体好、完成任务好。

三线"，逐步发展成为全国各省市"小三线"中门类最全、人员最多、规模最大，以生产反坦克武器和高射武器为主的综合性后方工业基地。其中在安徽省池州地区（今安徽省池州市）的企业主要分布在贵池县（今池州市贵池区）东南部和东至县西部山区。①

1966年4月，上海市高教局副局长陈传纲来到同济大学，和同济大学党委副书记侯东昇、副校长徐文等共同研究"小三线"建设和临战时就近疏散等问题。同济五七公社成立后，贵池县"小三线"工厂成为同济五七公社开展"教学、设计和施工三结合"的实践基地。1969年9月，因为系统的基础理论教学被否定，学校转而倡导结合典型工程开展教学，"把学校办到工地上"。当时，"工训班"全体师生，从上海十六铺码头乘船到池州港，然后乘卡车进驻位于贵池县棠溪乡毛竹坑（今棠溪镇百安村新发组）的上海"小三线"工厂：上海胜利机械厂。从此，他们便生活、学习、劳动在这里。

学校将山区建设的现场当作师生"接受再教育"的课堂。在这里，师生们头顶青天，脚踩乱石，住帐篷，点青灯，吃山芋干，自己烧水砍柴。广大师生和工人"结合"在一起，用一半以上时间参加生产劳动，同时开展群众性的教材编写和科研活动，举办各种类型的工人业余训练班。每月除有生活费外，还有5元保密费。这里纪律严明，管理严格，教师也只有寒暑假才能回上海探亲。

环境虽艰苦，但学生们很珍惜学习机会，教师也很用心。傅信祁教授当年也是跟着拉练队伍走到贵池县的。他曾和工人师傅一起，利用当地卵石加少量水泥黏结，试制成功卵石砌块，节约了大量的砖石，为山区建设做出了成绩。直到以百岁高龄辞世，他一直和"工训班"学生保持着亲密联系。沈枋后曾任上海城建学院（1996年并入同济大学）党委书记。

1970年6月，中共中央批转《北京大学、清华大学关于招生（试点）的请示报告》（以下简称《报告》）。10月，国务院电报通知各地：1970年高等学校招生工作，按《报告》提出的意见进行。当年，全国部分高等学校共招收工农兵学生41870人。根据中央文件精神和上海市革委会相关负责人的指示，同济"三结合"的革委会连续召开了四次大型"教育革命"座谈会，各有关专业都组织了一定力量，积极筹备1970年招生工作，计有200人次参加。通过学习清华"教育革命"经验《为创办社会主义理工科大学而奋斗》以及《上海理工科大学教育革命座谈会纪要》，同济大学提出了教学体制和专业设置的初步方案，确定五七公社所属专业作为首批招生试点。1970年7月4日，同济大学革委会向上海市革委会提交了招生申请。10月4日，上海市革委会同意包括同济大学在内的《关于四所大学②招生工作的请示报告》，称"先在四所大学进行招生，复旦、同济、华师大已初步具备招生的条件，可先进行，交大待领导班子整顿好以后再招生"。以此为

---

① 上海"小三线"是在20世纪六七十年代紧张的国际形势下，根据中共中央、中央军委、国务院和毛泽东关于加强备战、巩固国防的战略部署，在安徽南部和浙江西部山区建设起来的以生产反坦克武器和高射武器为主的综合配套的后方工业基地。从1965年选点筹建开始，到1988年调整结束，在历时23年的时间里，上海"小三线"逐步发展成为全国各省市"小三线"中门类最全、人员最多、规模最大的一个以军工生产为主的综合性后方工业基地，共有在册全民所有制职工57000余人，家属16000余人，集体所有制职工1500人。

② 指复旦大学、同济大学、上海交通大学、华东师范大学。

背景，继 1969 年开办"工训班"之后，1970 年同济大学共招收工农兵学生 916 名。

1969 年 3 月，珍宝岛自卫反击战爆发。1970 年，毛泽东先后对沈阳军区和北京卫戍区作《陆军第一一六师"千里野营"总结报告》《关于部队进行千里战备野营拉练的总结报告》的批示，大大提高了全军对野营训练的重视程度，大规模的野营训练高潮迅速在全军兴起，全国各地大专院校也积极响应。根据 1970 年 12 月上海市革委会《关于实行野营训练的通知》中"大学生到皖南、苏北专区，为期一个月"的精神，1971 年 2 月 5 日，以连为单位，同济 1200 余名师生组成了野营拉练团，开始野营拉练。动员大会上，作为 1970 级优秀学生代表，金正基（后曾任同济大学副校长）在发言中表示要积极响应毛泽东"野营训练好"的指示，坚决完成野营拉练任务。根据计划，大部分师生到达浙江嘉兴后折返回校，而 6 个班 211 名五七公社学生则在老师们的带领下，沿着 318 国道继续西行 585 千米，历时一个月，于 3 月 6 日到达贵池县同济五七公社基地：上海"小三线"工厂。此前，"工训班"已经完成长途拉练，于 1971 年 2 月回到上海。

同济大学 1970 级五七公社师生经过长途跋涉到达贵池县后，分别被安排在梅街村（今属梅街镇）的八五钢厂、棠溪乡（今棠溪镇）的长江医院建设工地、毛竹坑的胜利机械厂等处。1971 年上半年，上海"小三线"厂房基本建成，同济大学五七公社师生于当年 10 月撤回上海后，没有立即回校，而是在附近的五角场工地"上课"。顾国籍是上海人，1964 年考入同济大学，1969 年毕业后延至 1970 年被分配在贵池县工作，他也参与了当地上海"小三线"工程建设，包括组织民兵（民工）进厂修路，后曾任贵池县长、安庆市副市长。1986 年上海"小三线"移交贵池县就是他代表贵池县时签约并具体负责接收的。①

三、余论

作为全国首个培养工农兵大学生的试点，同济大学"工训班"以培养房屋建筑专业的工人技术员为目标，虽然系统的理论教学被弱化，但强调理论联系实际、教学和实际生产劳动相结合，客观上也在一定程度上锻炼了师生的动手能力。此外，28 名学生虽然受教育水平有限，但就政治觉悟、思想品行而言，的确是优中选优，这可以从他们毕业后各自在岗位上遵纪守法、兢兢业业、有所作为，经受住了历史的考验得出。这也说明，当时的选拔、推荐工作，是认真、严谨、公正的。当然，这些工农兵大学生客观上也在"文化大革命"结束、高考制度恢复后相当一段时间内，弥补了人才匮乏的真空，成长为业务骨干或行业精英，为国民经济和社会发展做出了重要贡献。经过 40 余年改革开放，今天的国人应该客观看待、理性承认"文化大革命"期间工农兵学生的存在及他们的历史和时代价值。

特殊时代的特殊经历，成了"工训班"师生之间、同学之间感情的黏合剂和催化剂。从 1971 年毕业至今，同济大学"工训班"师生一直保持着密切联系。以胡金英为主要发

---

① 1993 年，顾国籍调回上海参与浦东开发，后在浦东新区人大常委会副主任岗位上退休。

起人，他们先后组织了 36 次聚会，包括 2017 年秋相约回到贵池县境内上海"小三线"，旧地重游，还组建了"工训班"微信群。显然，这样的凝聚力和他们有机会上大学、格外珍惜自身身份的转变有关，和他们作为全国最早的工农兵学生所拥有的骄傲、自豪和有所作为，是分不开的。

附同济大学 1969 级"工训班"名录：

教师（部分）：汤文钧（军宣队）、吴万春（工宣队）、丁国顺（工宣队）、富小根（工宣队）、陈福根（工宣队）、张宏德（工宣队）、钱阿大（工宣队）、沈枋（力学）、胡瑞华（工程力学）、何曾平（建筑材料，教学组长）、陈金寿（建筑）、余敏飞（建筑，女）、傅信祁（建筑）、范锡洪（政治）、翁仲二（政治，女）、赵居温（结构）、邹银生（结构）、张相庭（结构）、叶润修（数学）、邱伯骈（数学）。

学生名录（28 人）：王菊泉、丁昌月、钱荣斌、蔡妙坤、林嗣福、芮道彬、陈建成、周国赢、曹宝康、刘浩良、邵小根、张松鹤、陆菊林、汤伟光、胡金英（女）、费金娣（女）、奚红芳（女）、杨云妹（女）、徐宝萍（女）、张龙法、罗培忠、沈人德、徐嘉森、李存林、李志明、胡海根、盛静忠、张志昌。[①]

（本文在撰写过程中得到了同济大学 1969 级"工训班"成员的大力支持，特此致谢！）

[①] 该名单由同济大学 1969 级"工训班"学生胡金英提供。

权宜之计还是长远大计

——从迁移方案的决策调整档案看党中央对交通大学西迁的根本立意

西安交通大学档案馆　杨澜涛　蒋闻婕

交通大学西迁是新中国社会主义革命与建设时期党中央做出的一项重要战略部署，2020 年 4 月，习近平总书记在看望西迁老教授时，发表讲话指出："交大西迁对整个国家和民族来讲、对西部发展战略布局来讲，意义都十分重大。"[1]不过，受国内外时局世局影响以及所掌握历史档案的程度限制等因素，学界关于西迁之动因及立意的讨论，仍存在分歧。本研究借西迁机要文献整理之便，立足中央决策调整的历史文献，尝试厘清中央决策西迁的根本用意。

一、支援工业建设，离开前线：一项慎重而紧张的决定

党中央关于沿海高校内迁的决策经过较为清晰。公开资料显示，西迁动议始见于 1955 年 3 月 30 日，在高等教育部党组呈报国务院二办并报总理的《关于沿海城市高等学校 1955 年基本建设任务处理方案的报告》（简称《处理方案的报告》）中。该报告明确提出："将交通大学机械、电机等专业迁至西北设交通大学分校（具体地点和陕西省委商定）。准备在两三年内全部迁出。""将华南工学院、南京工学院、交通大学等校的电讯工程有关专业调出，在成都成立电讯工程学院。"[2]报告所涉西迁高校还包括青岛的山东大学内迁郑州、南京的华东航空学院内迁西安、上海的医学院迁至重庆等，共包含 10 余所高校。次日，国务院二办主任林枫批呈陈毅副总理："这个方案，二办已讨论过，认为可以同意，其中有些具体问题，例如交通大学新校址是否设在西安等，尚须进一步研究，以后当专案报告。"4 月 2 日，陈毅副总理批示："送陈云副总理核示。"[3]4 月 7 日，陈云副总理批示："这一件的主要内容是沿海城市的大学内迁，共有 13 起几十个学校或专科。根据林枫同志说，这是根据政治局那次听陈毅同志报告上海情况后指示工厂学校内流的方针定的……我认为可以同意林枫和高等教育部党组的意见。"同时，陈云还批注："经刘、朱、彭真、小平阅后退国务院总理办公室。"[4]四位中央领导先后圈阅该文件，后经周恩来阅示。以交通大学为代表的沿海高等学校内迁就此在党中央、国务院层面形成共识。

1955 年 5 月 19 日至 6 月 10 日，全国文教工作会议召开，国务院副总理陈毅和二办主任林枫分别做了报告。7 月 21 日，高教部正式下文通知交通大学内迁西安，最大建设规模为 12500 人。交通大学迁校决议就此正式生效。

---

① 习近平：《看了你们的信我非常感动》，新华社，http://jhsjk.people.cn/article/31685155，访问日期：2022 年 6 月 3 日。
② 西安交通大学档案馆编《西迁纪念册》，西安交通大学出版社，2016，第 51—52 页。
③ 同上书，第 53 页。
④ 同上书，第 53—54 页。

从决策过程上看，党中央对沿海高校内迁是严肃而慎重的。该特点突出体现在陈云副总理在批阅相关报告后，再次提请"朱、刘、彭真、小平"四位中共中央政治局成员圈阅，加上周恩来、毛泽东，前后审定该文件的中央政治局委员计有7位，党中央审慎、重视程度可见一斑。根据文件的批阅流程，高校内迁作为教育调整（院校调整）大方略中的题中之意，国务院本可以做出决定。这一点从二办主任林枫批阅《处理方案的报告》较为肯定的行文上可以管窥一二。另外，1955年5月10日在周恩来主持召开的国务院汇报会议中，商议了周恩来、陈云、陈毅和习仲勋在国务院的分工问题，决定"在目前时期，国务院工作总的方面，由陈云更多的负责处理。按部门来分工：一、一办、二办、民委和科学院工作，由陈毅负责处理；二、三办、四办、五办、六办、七办、八办、国家计委和国家建委工作，由陈云负责处理；三、外交和侨委工作，由周恩来负责处理；四、不归各办管辖的国务院各直属机构及其他例行工作，由习仲勋负责处理"。分工上，会议专门提出，"各主管的同志能够解决的，就可以直接批办，不必传阅；不能解决的，再由周、陈（云）、陈（毅）、习共同处理和请示中央解决"。[1]从副总理陈毅、陈云，再到朱德、刘少奇、彭真、邓小平以及周恩来的传阅，可以看出国务院对此文件的重视程度。同时，党中央的审慎还在于，该文件于1955年5月经全国文教工作会议讨论，于7月由林枫汇报党中央并报毛泽东主席，9月12日经批准下发指示各地党委执行。

从决策的周期来看，该决定略显紧张，以至于研究者认为是临时起意。[2]从目前所掌握的资料看，党中央决定沿海高校西迁的起意，最直接的证据来自1955年4月7日陈云的批阅："根据政治局那次听陈毅同志报告上海情况后指示工厂学校内流的方针拟定的……"与此形成呼应的是，1955年3月17日，高等教育部部长杨秀峰在学校教育工作座谈会上的报告中也提到了陈毅有关分散和内迁的问题。杨文称："中央有这样的方针，内地生活要好些，内地待遇要好些，甚至文化娱乐、电影院都准备往内地挪，这是全盘的整个方案，这是建设方向，过去我们长远打算不够，今天马上就要贯彻，尽可能现在就要贯彻。"与此相应，沿海要采取分散方针，杨文指出："陈毅同志到上海开了一次会议，已在上海大体确定采取分散方针，首先把上海、青岛抓起来。"这是与新中国的基本国情和实现过渡时期的目标紧密相关的。一方面，"过去殖民地半殖民地传下来的高等学校，一般集中在沿海，现在全国188所高等学校，其中在北京、上海、沈阳、南京等有92所，占48.9%，学生数15.5万，占全国高等学生数的60.13%"；另一方面，"从今后我国社会主义建设来讲，学校的分布应该由我国生产建设的分布来确定，这样有很多好处，我们今天的情况和这一点不相适合，我们今天是往西往北面发展。因此无论从战争观点来讲，还是从今后国家建设分布来讲，都是不妥当的，所以，中央最近坚决要求我们改变。首先要有一个战争观点，目前正起草方案，广州、杭州、上海、天津、青岛、大连、沈阳、北京，首先把这些地方加以安排，上海那地方停止扩建，已经给他们去电话，不

---

[1] 当代中国史研究所编《中华人民共和国史编年》（1955年卷），当代中国出版社，2009，第328页。
[2] 如杨孟哲即认为，交大西迁"是在当时中国遭受以美国为首的欧美国家威胁封锁的国际形势下，不得不进行的战略调整举措。"参见杨孟哲：《动因、过程与论争：交通大学西迁探赜》，《教育学报》2019年第2期。

要动工，现在这个方针已经确定。招生任务往内地挪，面向西南、西北和东北的北部。分两步走，一步是停止扩建，就原有基础尽量发挥学校利用率，能够招多少，就招多少，不能招的统统挪到外面，首先是西北，东北北部条件也困难一些，一个是离国防比较远，另一个是可以结合今后的工业的基地"。[①]

与杨秀峰的讲话相类，1955 年 4 月 7 日（陈云批阅西迁报告当天）晚上，交通大学校长兼党委书记彭康接到高等教育部电话通知后，在党委会和校务委员会上传达通知亦指出："中央决定学校搬家，搬到西安。中央为什么采取这个方针，根据建设方针，现在中国工业及高等学校的分布不合理，广大西北、西南地区高校很少，工业也是这样。我们要建设社会主义，必须改变这种情况。因而在沿海城市不论工业或高校，都不发展，上海还要紧缩，因为太大，各方面都不方便。这个方针由国务院决定，各部根据这个方针，工作重新部署。高教部所属院校有些要搬，有些要院系调整，我们学校全部搬。这样布置，使得不合理的状态改变，并使西北、西南发展。另一方面，也有国防的意义。现在是原子时代，帝国主义积极准备战争，不得不做万一打算，因而上海要缩小。这是一个决定，其他有些具体问题不清楚，需要到中央去请示。"[②] 正如彭康校长所说，除了均衡生产力与文教布局，造成迁校紧张的原因离不开当时沿海的国防形势，特别是上海的紧缩方针。随着 1954 年底至 1955 年初，中国人民解放军与美国支持的国民党军队在台湾海峡的对峙，国际形势剑拔弩张，作为中国工业文化基础的扛鼎者，上海市不得不做准备，上海市委于 1955 年 2 月按照中央指示，提出了"维持、利用、紧缩、加强"的方针，实行紧缩人口和加强战备策略。在国务院赴上海工作组的协助下，上海市计委对 194 个工业行业（包括手工业）进行调查摸底，提出上海工业紧缩和改造方案，打算在"一五"后三年，从上海迁往内地 12 个省市共 19 个行业、102 个项目、产值 5.54 亿元、2.83 万余人，全市人口从 708 万人紧缩到 450 万人左右。[③]

如上所述，高校内迁的决定首先是服务国家建设需要，亦是新中国社会主义经济文化事业改造，均衡教育布局调整之必然。毛泽东曾指出："为了平衡工业发展的布局，内地工业必须大力发展。""新的工业大部分应当摆在内地，使工业布局逐步平衡，并且利于备战，这是毫无疑问的。"[④] 作为新中国工业化的奠基工程——156 重点建设项目，要分布在哈尔滨、齐齐哈尔、吉林、长春、沈阳、抚顺、包头、西安、洛阳、太原、兰州、成都、武汉、株洲等城市。其完全改变了过去 70% 左右的工业企业集中在沿海的布局。在 106 个民用工业企业中，有 50 个设在东北，32 个设在中部；44 个国防企业中有 35 个布置在中、西部地区，川、陕两省有 21 个，由此形成了以沈阳、鞍山为中心的东北工业区，以太原为中心的山西工业区，以武汉为中心的湖北工业区，以京、津、唐为中心的华北工业区，以郑州为中心的河南工业区，以西安为中心的陕西工业区，以重庆为中

① 何东昌主编《中华人民共和国重要教育文献》第 1 册，海南出版社，1998，第 440-441 页。
② 《1952 年至 1955 年校常委会会议记录》（1955 年 4 月），西安交通大学档案，档案编号：XAJD-1955-DZ15-Y-3。
③ 王健：《国家战略与上海发展之路 1949-2019》，上海人民出版社，2019，第 30 页。
④ 毛泽东：《毛泽东选集》（第 7 卷），人民出版社，1999，第 25-26 页。

心的川南工业区，以兰州为中心的甘肃工业区等。根据马克思主义经济基础决定上层建筑的学说，文化教育事业的调整也在情理之中。同时，与新中国成立之初中央人民政府面临的国内外环境息息相关。对于上述两点，《高等教育部关于1955—1957年高等学校院系调整有关事项的通知》（以下简称《通知》）（1955年7月30日）有着较为明确的说明。《通知》指出，"根据中央指示：高等教育建设必须符合社会主义建设及国防建设的要求，必须和国民经济的发展计划相配合……高等工业学校应逐步地和工业基地相结合。为了贯彻这一指示，我部经过反复研究，制定了1955—1957年高等工业学校院系、专业调整，新建学校及迁校方案（草案）……"[1]另外，领导交通大学西迁的高教部副部长刘皑风给予了较为中肯的说明："1955年决定迁校有两个重要原因——（1）合理布局；（2）形势紧张。如果形势不紧张，迁校就不会那么急，形势紧张而使迁校提前了。但是就是形势不紧张，迁校也有其有利的一面，因为合理布局是社会主义经济文化发展的重要原则，不是暂时的因素，而是长期的方针。"（据西安交通大学档案《史实（调研卷）》）周恩来在回顾西迁决策之初，同样指出，"在1956年以前不能不照顾到两点：国际形势及对旧的弱点的注意，那是方针。工业布局是放在内地，沿海紧缩，工业内迁。交大内迁就是根据西北工业基地建设的要求和离开国防前线的条件下提出来的"。[2]

二、沿海重效率，内地管长远：两地博弈下迁校方案复议

1955年4月中旬，受交通大学党委委派，总务长任梦林赴北京高等教育部刘皑风处接受西迁建校具体任务，旋即情况汇报彭康。月底，在杨秀峰部长的介绍下直赴西安，开展勘定校址等前期准备工作。5月中旬，交通大学西安新校址确定，下旬召开校务委员会扩大会议，讨论如何搬迁等问题，一致通过了《交通大学校务委员会关于迁校问题的决议》。内文指出，"在迁校工作中，我们要尽可能减少对教学工作的影响，故决定：1955年和1956年入学班以及该等班级的教师和相当的职工，于1956学年度起在西安新址进行教学；其余的师生员工于1957年暑假前基本完成搬迁任务"[3]。10月，学校基建开始，次年三四月间，物资搬运启动，1956年6月初，西迁先遣队50余位同志赶赴西安筹备开学事宜，近10万平米的教学和生活用基础设施基本竣工。与此同期，华东航空学院在西安西郊50公顷的土地上基本完成了7万平米的教学生活设施建设，准备迎接9月初的开学典礼。在交通大学等高校搬迁如火如荼开展之际，中央关于西迁方案的复议悄然进行。

（一）中央关于内地与沿海关系新主张下沿海高校内迁方案复议

迁校方案的复议要上溯至1956年4月28日中央政治局扩大会议。会上，毛泽东系统讲述了《论十大关系》，其中重点之一是沿海工业与内地工业的关系均衡问题。毛泽东

---

[1] 何东昌主编《中华人民共和国重要教育文献》第1册，海南出版社，1998，第440—441页。

[2] 西安交通大学档案馆《西迁纪念册》，西安交通大学出版社，2016，第5页。

[3] 《校委会关于迁校问题决定和西北参观团名单》（1955年5月25日），西安交通大学档案，档案编号：XAJD-1956-DZ11-Y-017。

指出，既要重视发展内地工业，改变工业布局不合理的状况，同时又要充分利用和发展沿海的工业基地，以此为基础，加强和发展内地工业。沿海工业要突出发挥效率的作用，这是对"一五"计划工业发展的一个重要修正。同月 23 日，上海市委发出通知，明确"上海地方工业不再消极地内迁"，"今后除中央根据全局需要决定内迁的工厂以外，不得再向内地迁移工厂"，必须制止住紧缩人口和加强战备方针的消极影响。6 月 27 日，陈云副总理来上海传达毛泽东主席关于"上海有前途，要发展"的重要指示。①7 月，中共上海市第一次代表大会召开，通过了"充分利用、合理发展"上海工业发展新方针。受此影响，上海市科技界代表于 1956 年 5 月在京参加完科学规划会议后，曾以"交大西迁将影响学生质量、科学研究，特别是培养无线电人才的任务，要求改变部署，停止迁校"。其后，中共上海市委结合上海市工业发展的新方针和西北工业建设的实际，就交通大学大迁校问题给中央发电，对交通大学迁校方案提出复议，"目前条件下较好的办法是：交大仍按原计划西迁，即自今年开始，由交大负责为上海筹建一所新的电机机械类大学"。"这一方案的优点是可以充分运用交大条件配合西北工业基地建设，交大亦可得良好发展条件，而上海仍得适当兼顾；上海新校逐年建设，在交大方面可以从容输送师资，在上海方面又可以逐年完成基建筹备；同时，从筹建一所新校的任务来看，上海的困难也比西北小。"在这一方案外也曾考虑另一办法，即不另建一所新校，而将上海造船学院予以扩大，改为多科性的工科大学，包括机电类专业。②

（二）统筹上海工业建设与高等教育布局，国务院主张交通大学仍内迁，同时决定成立"南洋工学院"

7 月 3 日，高教部党组书记杨秀峰部长给国务院二办及周总理的报告中，坚持按照 1955 年全国文教会议的部署，实现交通大学全员内迁。他从宁沪杭三角地带高等工业专业设置重复，而西北缺乏；交通大学师资条件较好，担当任务重；交通大学在上海发展面临较大的用地困难等三个方面予以论证，认为"虽然交大在上海的历史比较悠久，和上海的企业、群众的联系比较多，上海的企业技术条件以及市政条件在一定时期内比西安好，留在上海有其有利的一方面，但从长远打算，搬到西安去还是好的"。同时，高教部与上海市委商洽一致同意，"拟在交通大学内迁后，在上海留一个机械电机方面的摊子，并逐渐发展成为机电方面的高等工业学院，这个学院由交大负责筹备"。③7 月 7 日，陈毅副总理批转，"总理：请考虑准其将交大西迁"。12 日，杨秀峰批注，"总理指示：同意搬，必须留一个机电底子，以为南洋公学之续"。基于国家和地方建设相统筹的原则，交通大学西迁方案在省、部、校之间实现了基本统一。此方案的出台确保了交通大学首批迁校任务的圆满完成。1956 年 9 月 10 日，交通大学一二年级学生及基础课教师代表在西安正式举行开学典礼，时有师生、员工 6000 人，为西北规模最大的工业院校。华东航空

① 中共上海市委党史研究室编《上海社会主义建设五十年》，上海人民出版社，1999，第 159 页。
② 凌安谷：《交通大学内迁西安史实》，西安交通大学出版社，1995，第 115 页。
③ 凌安谷：《交通大学内迁西安史实》，西安交通大学出版社，1995，第 119—120 页。

学院则亦于 1956 年 9 月 1 日正式开学，近 5000 名师生、员工及家属搬至西安，迁校工作完成。

值得一提的是，随着国际局势的缓和、上海市工业建设的提速与任务的增强，部分上海民众甚至交通大学师生，对于全校西迁方案是否有必要仍持有不同意见，特别是交通大学西迁同时还要承担援建上海造船学院、南洋工学院等新校建设任务以及为新成立的上海科学院等机构调配师资等，此举势必会造成交通大学西迁力量的分散、削弱，甚至西迁人心的"紊乱"。1956 年 8 月 13 日，上海市人大代表、复旦大学教授张孟闻在《解放日报》撰文《说一说自己的意见》，就交通大学迁校阐述了自己的看法。他指出，"交通大学是在上海有 60 年历史的国内著名的机电学校。一个有历史而且与上海各厂有血肉相连的机电大学就不应该随便内迁。过去因为世界局势的动荡，不能不做内迁打算。现在局势缓和下来了，与其让交大迁走以后再新办一所机电学校，何不就交大做留下来的打算。从上海来说，必须有一个机电学校，再办一个机电大学，未必胜过交大"。[①] 这一观点引起了许多持有同类观点的民众和交通大学师生的共鸣。交通大学党委十分重视，于 8 月 30 日召开校党委常委扩大会议予以研究。9 月 8 日，党委副书记邓旭初将教师意见向高教局领导作了汇报，后又向中央高教部作汇报。高教部答复："迁校是绝对正确的，需要有一个老的工业学校去西北。从交大远景来看，10 年后是会发展得好的，对国家、对交大都有好处，因此一定要动员交大全体人员去。南洋工学院是属于上海市的。"[②] 为了进一步做好西迁工作，上海市政协组织了西北建设事业参观团，赴兰州、西安、洛阳等工业城市进行 25 天的考察。1956 年 12 月 18 日，《解放日报》刊载署名为参观团高教组的一篇文章《上了一次大课》。参观团目睹了交通大学西安新址，极目无际，建筑面积之大，全国空前。参观团认为：上海不算第一，西北并不落后，上海人在西北工作情绪很高，精神愉快。[③] 比较客观地讲，参观团为高校西迁做了积极的精神疏导和思想准备，为交通大学二批西迁的推进发挥了积极作用。

如上所述，随着国内外局势的发展，主导高校西迁的多种因素发生重要变化，特别是在中央提出内地与沿海发展要均衡，要更好地发挥沿海地区工业基础的潜力与效率的要求下，在高校西迁的认知和实践上，中央、地方政府和社会民众之间存在一些较为明显的歧见。周恩来曾在剖析交通大学迁校争论问题时指出，1956 年是过渡，是转变的关头。3 月，取得社会主义改造的重大胜利。"中央对国际国内有利于我国开展全面的建设的形势做了估计后，在 5 月，毛主席在最高国务会议提出十大关系……过去重视内地是对的。今后沿海应充分利用，合理发展，便于积累，提高技术。""为了更有利于建设，需要重新部署，要重新布局，但工作的转变并不容易，要逐步来。""交大内迁也是处在这样一个转变的关头，所以出了这样一个问题。"囿于此，"从十大关系、新形势新安排讲，可以不搬"。但不容回避的问题是，"学生已招了 2200 人，留在上海很难，西安校

① 上海交通大学校史编纂委员会编《上海交通大学纪事上 1896-2005》，上海交通大学出版社，2006，第 473 页。
② 同上。
③ 上海交通大学校史编纂委员会编《上海交通大学纪事上 1896-2005》，上海交通大学出版社，2006，第 477 页。

舍已建立，招生任务大。当时不能不这样"，而且"西北又需要，因而是可搬可不搬"。[①]故而，国务院当时仍决定搬。高校内迁歧见的背后，映照出《论十大关系》提出后社会各阶层对沿海与内地关系及未来发展的基本认知，更进一步讲，也反映出社会各界对于建设社会主义新中国的理论认知状况。

三、支援西北、兼顾上海：一切为了建设社会主义

为了实现交通大学全部搬迁的目标，1957年3月11日，交通大学党委召开扩大会议，讨论迁校工作日程安排，一致认为，必须进一步抓紧迁校中的思想工作，坚持原则，使思想教育与严肃纪律结合起来。要很好地发挥各级迁校组织的作用……保证在9月初准时开学。3月21日，校常委会发出《交通大学1957年迁校工作的安排》，规定4月以前工作重点是思想动员和准备工作，5月至8月为搬运工作。

1957年三四月，师生在广泛地学习毛泽东同志的《关于正确处理人民内部矛盾的问题》和《在中国共产党全国宣传工作会议上的讲话》之后，悬而未决的全员西迁之是否必要问题被再次广泛提出并要求讨论。对此，高教部曾电告上海市委，要求考虑交通大学是否要继续迁校。4月18日，上海市委复电中共中央并报高教部党组："我们曾和彭康同志及高教局同志研究，根据现在交大情况看来，很多教师对交大迁校是有意见的，他们的主要理由是西安工作条件不如上海，很多工厂没有（建立），影响教学和科学研究。大致也就是我们在前年和去年曾经反映的那些问题。所以如果在教职员工中展开对于是否继续迁校的讨论，那可能大多数教师会主张交大仍留上海不再迁往西安的。但是现在交大已迁走一半，目前离暑假仅两个多月。如计划改变，一切须重新安排，且交大原有校舍已决定让给造船学院和南洋工学院，问题更难以解决。反之，如现在坚持原计划迁校不变，则绝大多数教师均已做西迁准备，坚持不去的是极少数（老教师中约有5人至6人），加上适当工作，保证搬迁还是有可能。因此比较利弊，仍以坚持原计划不变为好，即今年暑假完成搬迁任务。"[②]

诚如上海市委和彭康校长研究所判，1957年4月20日至27日，交通大学（上海）召开工会代表大会，原计划主题为"动员教工迁校形成新热潮"，在鸣放运动中演化为"迁校的利弊与是非问题"。会上有人提出迁校不正确，不应该迁；有人主张迁校是正确的，应该继续迁；有人主张在西安建分校。其后，为深入听取师生对迁校问题的意见，西安新校址的基建及实验物资的搬迁拆箱工作暂时停止。中央相关部门也建议尽可能广泛听取大家的意见，"主要是看大家是否乐于过去，如果大家都不同意迁去，那光决定也没用。如果像这样大的问题现在不提，将来是要出大问题的"。同年5月6日至8日，交通大学校务委员会（上海）召开扩大会议，根据师生、员工的意见，就大家提出的五种方案：（1）全迁回上海；（2）全迁去西安；（3）在西安设分校；（4）在上海设分校；

① 西安交通大学档案馆编《西迁纪念册》，西安交通大学出版社，2016，第6—7页。
② 凌安谷：《交通大学内迁西安史实》，西安交通大学出版社，1995，第32、37页。

（5）将现有的交大、船院、南洋、西动四校统筹在上海及西安，分立两校）[①]进行讨论，与会人员不赞成迁校者居多。反对的理由是：上海市工业科技条件好，办学结合好，开展科学研究起点高，招生质量高，教学质量有保障。支持的理由是：西北是新兴工业基地，办学空间更大，新学科主要设在西北，交通大学迁校可以发挥更大作用；且国家在前期为迁校投入巨资，建设了10余万平米的基建设施，已有6000师生、员工、家属生活、学习于西安。5月17日，交通大学党委召开扩大会议，党委书记彭康指出："昨晚在（上海）市委，刘（皑风）部长来电，他与杨部长一起到总理处谈过，现在牵涉的面很广，总理的意见还要考虑。邓旭初主任从西安打电话来，陕西省委和西安市委向中央报告，一定要交大迁过去，不迁那后果就不可设想。"[②]5月18日，校务委员会召开扩大会议，校长彭康作总结发言指出，"经过讨论，最后得出的意见是：第一，根据情况的变化，现在大家认为以不迁为宜，同时西安部分全部有步骤地迁回；第二，高教部如果认为需要在西安设一所多科性工业大学，交大可以进行支援。这些意见最后还需要由国务院决定。如果国家有更好的办法提出，希望大家能从全面考虑"。[③]在大鸣大放的背景下，交通大学西迁陷入"骑虎难下"的两难选择。

交通大学西迁影响甚广，已超出一校甚至高等教育范畴，交通大学迁校方案的反转势必影响中央推进社会主义经济文化事业改革发展的大局。对此，周恩来总理密切关注着交通大学西迁问题的讨论进展。国务院、高教部要求交通大学尽快派代表进京，反映和讨论迁校问题。周恩来组织沪、陕两地党委及相关部委、交通大学上海和西安部分教师代表进京深入讨论，亲自主持解决迁校问题。1957年5月21日，《文汇报》以"交通大学迁校问题国务院将采协商办法解决"为题进行报道，"国务院和高等教育部决定23日举行会议，采取民主协商的办法予以解决。交通大学的行政领导，在上海和西安两地的教师代表，两地的中共市委和高教局代表，以及西安高等学校的代表将应邀出席"。[④]

1957年5月23日至25日，周恩来总理连续三天听取各方面意见。28日下午，周总理专门听取交通大学领导汇报，晚上又邀请交通大学几位教授到中南海交谈。座谈会从下午7点一直持续到次日凌晨2点。其后，周总理又听取了与交通大学西迁相关及同批迁陕高校和沪陕两地、相关部委等各方面的意见，至6月1日，周总理对各方面的意见基本听取完毕，后进行深入研究，于6月4日西花厅主持召开相关方面的专题会议，并作长篇讲话，专题处理交通大学迁校问题。在讲话之初，周总理首次郑重指出："交大迁校问题到了国务院这一级，这是一个典型问题，可以更深入了解一件事物，将来我要向全国人民代表大会交代的。"[⑤]

---

① 《五月六七八日三天连续举行校委扩大会议热烈讨论校常委会第一次提出的初步方案》，载《交大（增刊）》1957年5月24日第1版。
② 《交通大学迁校问题国务院将采协商办法解决》，《文汇报》1957年5月21日第1版。
③ 《五月六七八日三天连续举行校委扩大会议热烈讨论校常委会第一次提出的初步方案》，《交大（增刊）》1957年5月24日第1版。
④ 《交通大学迁校问题国务院将采协商办法解决》，《文汇报》1957年5月21日第1版。
⑤ 西安交通大学档案馆编《西迁纪念册》，西安交通大学出版社，2016，第3页。

在会议上，周恩来提出，交大问题解决的着眼点是"从一切有利于社会主义建设，一切为了更好地动员力量为建设社会主义服务，变消极因素为积极因素。交大问题时刻不能脱离这一原则"。①据此原则，他又提出两大方案、四小方案。

方案一是坚持搬西安，少数不能去的不勉强；要有多数人去，交通大学的老底子还保存。不是西北容不下一个交通大学，西北是殷切需要交通大学的，大西北包括山西、河南等7个省区，西安市中心。1955年决定迁校是根据人大决议，按计划办事，是为了建设工业基地。1956年也未取消，要求如能搬去是好的，因为西北是发展的地区。"一五"计划自不必说，"二五"计划工业速度放缓，但西北工业基地并未取消，因此，交通大学迁校还不能说不需要。

方案二是搬回上海的方针，有三个方案。因为不好勉强，新的形势，沿海与内地要兼顾，上海也还有需要。但是回去仍然要和支援西北结合考虑，"必须尽最大的可能支援西北"。支援西北，交通大学要尽责任，否则无以面对西北人民。①最高的，多留专业在西北，使西北有所帮助，特别是新专业如无线电、高电压工程、应用数学……当然包括传统的专业。②中等的，是折中方案，向师生动员，愿意留西安的可以留西安，学生可以转专业，总之，即使走了，西北人民也感到交通大学来一趟，对西北人民还是有好处的。③最低的，全部回去。

对于四种方案，周总理辩证分析了其中利弊，并给出了自己的中肯建议："如果大家能接受，我并不放弃全搬的可能。""当然，这需要克服诸多困难。首先内迁人困难，生活、风俗习惯，安土重迁是自然的。除搞革命要背井离乡之外，是不容易搬动的，何况交大是学术机关。其次是自然环境恶劣，对建设不利，也不如西南。"周总理最后说："问题提到这里来，我不能不把问题全面讲清楚，由交大自己讨论，决定后报高等教育部批准……提请先生们注意总的原则是求得合理安排，支援西北方针不能变。"②

1957年六七月间，根据周总理讲话精神，在高教部的领导下，交通大学师生进行深入研究讨论，校务委员会一致通过交通大学迁校新方案，并报请国务院。新方案提出，交通大学分设西安、上海两地，两部分为一个系统，统一领导。两部分根据西北和上海地区需要，各担负不同任务。其中西安部分完整地设置机电方面的主要专业，逐步添设新技术和理科方面专业。上海部分办好机电各专业，着重提高教学质量。西安部分专业共设置21个（含新成立专业），上海部分专业共设15个。9月12日，国务院正式批复同意该方案。1958年暑假结束前，交通大学大部分专业及师生迁至西安。根据两校发展和属地管理需要，1959年7月31日，国务院同意教育部提出的《关于交通大学上海、西安两部分分别独立成为上海交通大学和西安交通大学以及两校分设后若干具体问题的处理意见》。交通大学迁校至此正式告成，很好地落实了中央希望的交通大学迁校方案中的"上策"。

---

① 西安交通大学档案馆编《西迁纪念册》，西安交通大学出版社，2016，第7页。
② 西安交通大学档案馆编《西迁纪念册》，西安交通大学出版社，2016，第11-12页。

如上所述，交通大学西迁方案的圆满解决离不开党中央，特别是周恩来总理的深切关怀和高瞻远瞩。他从社会主义革命和建设的根本立足点入手，言辞肯綮地阐述了高校西迁与新中国院系调整、工业建设均衡发展、红专人才培养等问题的重要关联。他指出，迁校是由院系调整而来的。作为一种方针，有计划的调整是从 1952 年开始的，一直到 1955 年都有调整；作为教育上的一种改革，院系调整是"半殖民地的经济基础上的上层建筑"改革的重要体现。"过去是半封建半殖民地，要适应帝国主义的要求，经济发展在沿海，造成经济的畸形发展，反映在上层建筑的教育的发展也是畸形的"，"工业的布局、教育的部署是不平衡的、不合理的"。反观新中国，"我们是社会主义的学校，到处有内外关系，特别是交大一举一动，都会有很大影响，交大同仁一言一行必须照顾大局，一切应从团结出发，西北和上海的几个学校有直接关系，全国影响到院系调整的学校……必须照顾恰当，我们是集体主义者，必须从全面着想"。由此出发，20 世纪 50 年代党中央决策高校西迁之于建设社会主义的战略意义显现无疑。

四、结论

20 世纪 50 年代沿海高校内迁可谓新中国高等教育战略布局调整的成功范例。在西迁高校中，交通大学因规模大、实力强、社会影响大，搬迁经历较为曲折而备受关注。置身社会主义革命和建设重大转折时期，透过党中央关于交通大学西迁的决策、调整历程，我们可以管窥党中央在探索高等教育社会主义建设方面的重要努力及基本思想。从 1955 年"离开国防前线，支援西北建设"举校全迁，到 1956 年充分发挥沿海效率，留一个底子以为南洋公学之续，再到 1957 年内地工业建设放缓，迁校争鸣，在"骑虎难下"之际完成主体内迁，交通大学西迁实践可谓一波三折，最终完成方案与原定计划亦存在一定差距，但环伺中央在处理迁校方案及调整时的审时度势、瞻前顾后、左顾右盼，可以基本勾勒出党中央对社会主义高等教育建设的基本思想，周恩来总理在 1957 年处理交通大学迁校问题专题会议上的讲话最为典型。概而言之，可以总结为三个方面：（1）社会主义高等教育必须主动服务于党中央的战略发展，这是党中央决策调整西迁方案的内线，也是根本的底线。（2）社会主义高等教育必须始终坚持为社会主义建设服务的基本原则，这是沿海高校西迁的主要诱因，交通大学一校分别两地，成立两个交通大学，既顾全了支援西北建设的大局，又兼顾了上海市的建设发展，体现的正是此原则；（3）社会主义高等教育改革发展必须坚守服务人民的根本方向，这与《新民主主义共同纲领》所确立的"教育是大众的，是为人民服务的"方针是相一致的。这三个方面集中体现的正是"听党指挥跟党走，始终与党和国家、与民族和人民同呼吸共命运，坚持到祖国最需要的地方去"的西迁精神的核心与精髓。

［本文系国家社会科学基金重大委托项目"西迁精神的历史意义与时代价值研究"（项目编号：20@ZH025）；中国科协"老科学家学术成长材料采集工程"——"西迁精神资料采集工程"（项目编号：CJGC2018-QT-SX01）研究成果。］

新中国成立之初中山大学的接管与改造

中山大学档案馆　张建奇

　　新中国成立之初，中国共产党对大学的顺利接管与富有成效的改造，不仅巩固了新生的人民政权，而且使大学开始为新中国的建设服务。对中山大学的接管与改造，是新中国高等教育变革实践的一个重要组成部分。1949 年 10 月 14 日，华南最大的城市——广州解放。11 月 3 日，广州市军管会文教接管委员会接管中山大学仪式在石牌校区举行，这是中山大学新生的开始，也是接受共产党领导的开始。1950 年 1 月 20 日，广州市军事管制委员会命令中山大学成立临时校务委员会，领导全校工作之进行。我国高校实施校长负责制后，许崇清、冯乃超出任中山大学正、副校长。1951 年 4 月 19 日，中山大学党支部从秘密转向公开。党对中山大学的接管、新的领导机构成立、校领导的产生及党支部公开，标志着中山大学进入新的发展时期。近年来，随着新中国高等教育史的研究不断加强，对新中国成立初期接管与改造高等院校的研究也日益增多。但目前看，对作为个案的中山大学接管与改造的相关研究不够系统、全面，更谈不上深入，有些问题尚不明确，疑点也不少。本文通过挖掘中山大学现存文献档案资料，利用相关的校外文献资料，对中国共产党领导接管与改造中山大学的初期过程进行系统梳理及分析，并对一些问题及疑点进行探讨、澄清，旨在为这一校史研究阶段提供一个佐证。

一、中山大学的接管过程

　　广州解放前夕，中山大学经历了校长更迭及反迁校运动。1949 年 6 月，陈可忠校长辞职，张云教授继任，这也是张云第三次出任中山大学校长。让张云接任校长的条件之一，就是迁校海南岛。张云接任校长后，学校部分人事有所变动：郑师许教授任训导长，李文尧教授任总务长，张作人教授任主任秘书等。张云还在 8 月多次召开院系负责人会议，策划将中山大学迁往海南岛的事宜。而为解放军接管广州创造条件，当时已成为共产党领导广东革命斗争的重要内容。中共广州地下党组织曾对张云校长寄予希望。时任中共广州市地下党总特派员（市委书记）钟明后来回忆："当时广州地下党对他作了全面分析，决定团结争取他。一方面，对他过去的情况及我们对他的要求，写成《陈可忠滚旦〈蛋〉，张云上台》的长篇通讯在《华商报》发表，要他与中大师生一道，爱护中大，反对迁校；另一方面，通过他的女儿（'爱协'成员）和派人做他的工作，要他不迁校，并且留下。"[①] 虽然广州解放前夕，张云已离校赴香港定居，但他在"七二三"事件中，依然出面营救和担保被捕师生；同时，对于迁校也不积极。张云逃往香港时，携带校款银币

---

① 钟明、李国霖：《为了祖国南大门的黎明》，载中共广州市委党史研究室编《广州接管史录》，广东经济出版社，2009，第 51 页。

数万元、天文仪器及校印等。① 张云离校后，郑师许以训导长身份代行校长职务。

1949 年 8 月，中共中央委派曾领导过北平接管工作、有城市接管工作经验的叶剑英担任解放华南战役的总指挥并主政华南。叶剑英主持召开的"赣州会议"制订了解放华南的作战计划，并决定了接管广州的总方针。接管工作的原则：一是接为了管，接服从管，接和管要统一；二是系统接管，完整接管；三是人与物一起接管，不要见物不见人；四是纵的接管，横的检查，在按系统接收的同时，必须有地方横的检查，以保证接管工作不出现遗漏。接管工作的步骤是"两快两慢"：政权和物质部门要快，因为政权是统治工具，物质是经济基础，一定要迅速接管，迟了会造成无政府的混乱状态；文化和外侨部门要慢，要慎重行事。会议还对军事代表的职责提出了明确的要求。除开政府机关，其他各接管单位都派遣军事代表，或由军事代表组成代表团，负责接收工作。军事代表的任务：一是负责调查接管单位的人事情况、业务情况及人员的生活情况；二是监视督促，保证工作；三是被接管单位所发布的一切文件，军事代表要负责审查与签署；四是团结全体人员，进行路线和政策教育。② "赣州会议"的目的很明确，就是完成解放华南的任务和做好接管广州的准备工作。1949 年 10 月 6 日于赣州，华南分局发布关于决定成立广州市接管委员会的通知，以朱光等十二名同志为委员，并指定朱光同志为委员会书记。③

1949 年 10 月 14 日，广州获得解放。1949 年 10 月 20 日，根据中央人民政府人民革命军事委员会电令，成立广州市军事管制委员会（简称"市军管会"），为该市军管时期最高权力机关，统一军事、政治、经济、文化等管制事宜，并任命叶剑英、方方、邓华等为军管会委员，叶剑英为主任，赖传珠为副主任。④ 军管会下设治安委员会、财经接管委员会、交通接管委员会、军事接管委员会、文教接管委员会等 12 个机构，作为军管会的工作部门。文教接管委员会主任李凡夫、饶彰风（后），教育处长杜国庠，副处长邹平、刘渠。⑤ 机构设置后，军管会文教接管委员会一方面迅速开展工作，一方面对文化教育部门的接管慎重行事。10 月 24 日，军管会文教接管委员会发出通告，号召"尚未复课的公、私立各级学校，应即设法复课。除取消训导制度及公民等课程外，其余课程暂行照旧。所有国立和省立大学、中学、专科学校及社教机关学术负责人，均须造具清册，向本会教育处作书面报告"。⑥

军管会文教接管委员会还约用 10 天的时间，了解基本情况，稳定人心，揭示政策。

---

① 《文教接管委员会两月工作报告（草案）（1949 年 12 月 30 日）》，载中共广州市委党史研究室编《广州接管史录》，广东经济出版社，2009，第 532 页。
② 《叶参谋长在赣州干部会议上的讲话——关于广东情况和今后任务（1949 年 9 月 23 — 24 日）》，载中央档案馆、广东省档案馆编《中共中央华南分局文件汇编（1949.4 — 1949.12）》，1989，第 226—243 页。
③ 《华南分局关于决定成立广州接管委员会的通知》（1949 年 10 月 6 日于赣州），载中央档案馆、广东省档案馆编《中共中央华南分局文件汇编（1949.4 — 1949.12）》，1989，第 255 页。
④ 《中国人民解放军广州市军事管制委员会成立公告军字第一号（1949 年 10 月 20 日）》，载中共广州市委党史研究室编《广州接管史录》，广东经济出版社，2009，第 1 页。
⑤ 《广州市接管机构及人员名单（1949 年 10 月）》，载中共广州市委党史研究室编《广州接管史录》，广东经济出版社，2009，第 69—75 页。
⑥ 《关于送私立学校复课及公立学校接管办法（1949 年 10 月 24 日）》，载中共广州市委党史研究室编《广州接管史录》，广东经济出版社，2009，第 505 页。

广州军管会文教接管委员会为解释接管工作，定于 10 月 27 日下午 2 时在中山纪念堂召开全市大专学校校长、教授以及全体教职员会议。为此，25 日，军管会文化教育接管会致函国立中山大学。26 日，国立中山大学通告（训导长代行校长职务，郑师许签发），除转发军管会文化教育接管委员会致函内容外，还要求"本校全体教职员自愿依时参加"。据《国立中山大学通告（云总 988-7）》（1949 年 10 月 26 日），到会大、中学 34 个单位，共 1200 余人。文教会张海鳌主席致辞，希望全市教职员协助军管会建设人民的广州的新民主教育。军管会文教接管委员会主任李凡夫在会上解释了有关学校改革问题。刘渠则以由香港新来的革命教授身份发表讲话。在会上，中山大学农学院教授丁颖说："过去在国民党统治下，十余年来心境苦闷极了，今后一定要好好教育下一辈，不为少数人服务了。"中山大学法学院教授曾昭琼、黄逸、王季思等讲话，对于教育界能平安渡过危难，感到庆幸，并说今后一定要努力做好革命工作，为国家有所贡献。[①]

在华南局关于工资问题的讨论会上，李凡夫进行了中山大学薪金费用问题报告。当时中大薪金：正教授为每月 400—600 元；副教授为每月 260—380 元；讲师为每月 180—260 元；助教为每月 80—160 元；工友为每月 20—30 元；校长、主任、院长为每月 500—600 元。每月费用：发薪 11 万港币，办公费 3 万港币，共 14 万港币。讨论的结果：目前只能发维持生活费；简单分等来发，以能维持生活为原则，具体划分交由委员会研究决定，提交分局批准；发人民币，不能过迟，人民币信用提高后就发——6 号发。[②]

1949 年 11 月 1 日，华南分局召开关于讨论文艺宣传问题的会议。关于学校问题的决定有二：一是一个原则，维持公立学校，私立的暂时放下，同时，在公立学校中有选出必须维持的学校，大学有中大、文理、法商，中学有中大附中、广雅、女中、女师、高工等；二是中山大学因找不到适当的军事代表，决定暂时派联络组去联系，并了解情况。[③]军管会文教接管委员会为接管中山大学，特于 2 日下午召开校全体员生工友大会，到会 800 余人。文教接管委员会主任李凡夫同志发表讲话，阐明接管的方针，"不光是恢复学校，而且要进一步有计划、有步骤进行改革，使之真正成为人民的大学"，并宣布从 3 日起开始接管，由刘渠、王越担任联络小组正、副组长，带领联络小组进行工作，并于 8 日前后发临时维持费。[④]按军管会规定，"凡本会派往各公立学校及社教机关、学术机关接洽管理之人员，均持有广州军事管制委员会证明文件，无此项文件者，各学校机关应予拒绝；倘有假借名义招摇撞骗，确有事实证明者，应予报附近警备司令部依法惩处〔据《关于送私立学校复课及公立学校接管办法（1949 年 10 月 24 日）》〕。由于 1949 年 11 月 1 日尚找不到合适的军事代表，为接管华南最高学府的中山大学，广州市军管会派文教

---

① 《李凡夫在大中学教职员大会上解释有关学校改革问题》（1949 年 10 月 28 日），《南方日报》1949 年 10 月 28 日第 2 版。
② 《工资问题讨论纪要》（1949 年 10 月 31 日），载中共广东省委党史研究室、广东省档案馆、广东叶剑英研究会、广东叶剑英基金会编《叶剑英与华南分局档案史料》（下册），内部资料，1999，第 13-15 页。
③ 《华南分局关于讨论文艺宣传讨论纪要》（1949 年 11 月 1 日），载中央档案馆、广东省档案馆编《中共中央华南分局文件汇编（1949.4－1949.12）》，1989，第 281-282 页。
④ 《国立中山大学昨日开始接管》，《南方日报》1949 年 11 月 4 日第 2 版。

接管委员会主任李凡夫为接管代表，组织联络小组到校接管。鉴于军管会规定，派往各公立学校及社教机关学术机关、接洽管理之人员，均持有广州军事管制委员会证明文件。因此，任命李凡夫为接管国立中山大学军事代表的日期应是 1949 年 11 月 2 日，中山大学档案馆现存原件（图 1）时间写的是 1949 年 10 月 2 日，应是当时忙中出错造成的。至于部分校史书籍依据时间，认为"赣州会议"期间任命李凡夫为接管国立中山大学军管代表，应不成立，理由之一是当时广州市军事管制委员会尚未成立，而且"赣州会议"制定的接管广州的总方针，强调文化及侨务部门要慢，要慎重行事。

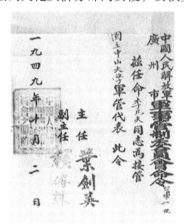

图 1 军事管制委员会任命李凡夫原件

1949 年 11 月 3 日，广州市军管会文教接管委员会接管中山大学仪式在石牌校区举行。这一天也是国立中山大学新生的开端。当军管会代表（联络小组组长）刘渠、王越等一行抵达时，即与中山大学全校教授及学生代表举行会议。以教授代行校长职责的郑师许教授负责办理移交手续。郑师许教授首先致辞，他说自解放军进军广州，为了保全公物以待解放，曾将重要图书及仪器分藏于平山堂中山大学附中及长堤第二医学院各地。在广州解放前夕，伪教育部长杭立武曾令中山大学将公物搬至海口，但遭到中山大学全校师生员工的反对。深恐战争波及，若干器材存放于秘密地方，现已陆续搬回，幸存完整。今后中山大学在人民政府领导之下，从新做起，从新整顿，使中山大学所有财产公物归于人民。郑师许并诚恳地指出："李凡夫先生勉励中大师生思想上要改变，已进步的要更进步，不进步的要求进步。这是非常诚恳的话，我们应该接受力行。"[1]军管会代表刘渠、王越发表讲话，决定彻底清理，使中山大学新生，并告知大家，校务委员会正在筹组中。[2] 1927 年，刘渠已在广州秘密加入中国共产党地下组织，曾担任中山大学法学院社会系教授、系主任。抗战胜利后，刘渠秘密地按照广州地下党领导人钟明的指示，开展大学线（主要在中山大学）的外围活动，发动知识界人士起来争取自由民主的运动。广州解放前夕，在地下党的关怀下，刘渠前往香港，参加新民主主义教授协会，成员有

① 《军管会接管中山大学》，《大公报》1949 年 11 月 5 日第 2 版。
② 《军管会代表刘渠王越谈话——决定彻底清理 使中大新生 校务委员会正在筹组中》，《大公报》1949 年 11 月 5 日第 2 版。

11人。刘渠成为联络小组组长，与他的经历有一定关系。

中山大学还成立"协助接管委员会"，军管会文教接管委员会联络小组吸收了熟悉情况、有政治积极性的师生员工参加。如夏书章就被聘为"协助接管委员会委员"。夏书章教授回忆说："我协助接管委员会组织参加对共产党政策方针、理论思想方面的学习，以便尽快赶上、适应新的形势。在社会方面，为了尽快缓解通货膨胀导致的金融秩序紊乱，协助接管工作委员会还动员中山大学师生到社会上去参加取缔'剃刀门楣'（兑换店）的行动，此举得到广大市民的积极配合与支持，人民币受到高度信任，物价变化不再像解放前那样如脱缰野马。"①

二、临时校务委员会的成立及校领导的遴选

广州市军管会文教接管委员会接管学校后，就进入第二阶段。时间较长，任务也较多，主要是加强思想领导，开展学习运动，培养新学风，团结与组织进步力量建立初步组织，发放师生生活维持费，审查与清点物资，了解原有队伍，初步发动群众，成立临时校委会。中山大学临时校务委员会的组建颇费周折，华南分局也比较慎重，吸取了文理、法商两学院试行选举临时院务委员会的经验教训。华南分局认为，中山大学情况更为复杂，过去是国民党派系斗争的场所，张云掌校，曾开除大批进步教职员、学生，而收容大批反动教职员，在北方不能立足的教授，都汇集到这里来了。现在急需改组学校领导，而方法只能是经过调查而为委派之。华南分局上报的临时校务委员会名单如下：丁颖、赵善欢、龙庆忠、符罗飞、胡金昌、吴宗涵、罗潜、李士梅、钟敬文、王起、刘渠、曾昭琼、王越、郭一岑，还有讲师及助教代表二人，学生代表二人，均为进步人士。拟暂以丁颖为主席，刘渠、王越两人为副主席，并暂以丁颖兼任农学院长，龙庆忠任工学院院长，胡金昌任理学院院长，罗潜、李士梅任医学院正、副院长，钟敬文任文学院院长，刘渠任法学院院长，郭一岑任师范学院院长，并希望调何思敬任校长。②

华南分局在充分调查的基础上，拟定了中山大学临时校务委员会成员的人选。郑师许教授未取得军管会文教接管委员会的信任。文教接管委员会依据中山大学原来负责人的基本表现，认为其属于"政治上反动，对我们进行各种周旋和抵抗者"。文教接管委员会还指出："中大是朱家骅派，其次为CC及三青团，当权之首要分子已有计划地走开，留下二三号分子与我们周旋。"③郑师许教授应属于所说的二三号分子。郑师许在1950年上半年离开中山大学，应与其训导长的身份有关。

关于人事调整和课程改革，拟在校委会成立后进行，方针是对人员绝大部分争取团结，少数活动有疑者，送公安局特别训练班受训，思想旧、目前没适当工作者，送南方大学加以改造。早在大军南下解放全中国时，毛泽东已面示叶剑英，在华南解放之后要

① 何艳玲、汪广龙、张简主编《夏书章口述史：为时代立书》，中山大学出版社，2018，第28页。
② 《华南分局关于大专学校接管情况的报告》（1949年12月15日），载中央档案馆、广东省档案馆编《中共中央华南分局文件汇编（1949.4-1949.12）》，1989，第361-362页。
③ 《文教接管委员会两个月工作报告（草案）》（1949年12月30日），载中共广州市委党史研究室编《广州接管史录》，广东经济出版社，2009，第528-529页。

创办一所革命大学，可定名为南方大学，并题了"南方大学"四个字。南方大学属于人民革命大学、华北大学式的学校等，以短期的政治思想教育进行知识分子的改造工作，把大批失学、失业或走了错路的知识分子，培养成为为人民服务的工作人员。南方大学在江西赣州已开始了筹备工作。中国大学教师的数量并不多，1949 年为 16059 人（大学和专科学校），相对 1947 年减少 5.2%，但职称结构却发生很大变化，教授从 6816 人减少至 4785 人，减少 29.8%。[①]所以当时的政策主要是确保足够数量的大学教师。在高等学校，除反动有据、劣迹昭著者外，一律照常任职；对部分思想落后者，则通过送革命大学学习的方式，帮助他们端正历史观点，提高思想认识。在华北各地、军管会文教接管委员会接管学校后，对原有教职工多采取留用政策，但对一些人员（特别是训导人员）采取了裁减措施。

1950 年 1 月 20 日，广州市军管会主任叶剑英、赖传珠发布命令要求，中山大学组织临时校务委员会，以领导全校工作之进行。任命刘渠、王越、丁颖、龙庆忠、胡金昌、钟敬文、符罗飞、郭一岑、赵善欢、吴宗涵、王起、曾昭琼、刘璟、李士梅，讲师陈慎旃、连珍，学生李伯天、司徒梅芳为临时校务委员会委员，并以刘渠、王越、丁颖、龙庆忠、郭一岑、陈慎旃等为常务委员，刘渠为副主任委员兼副秘书长，主任一职已呈请中央教育部选派，未到前暂由副主任刘渠代理。[②]此与华南分局 1949 年 12 月 15 日的名单差别不大，人员略有变动，刘璟取代罗潜为临时校务委员会委员，并为医学院院长，主任一职空缺。华南分局希望调何思敬任中山大学校长的请示并未获中央批准，校长仍在遴选中。中山大学临时校务委员会于 1950 年 1 月 25 日举行了成立大会，开始负责学校的教学、行政等事宜。1950 年 1 月 26 日下午，校务委员会第一次会议召开。但钟敬文仍留在北京，并没有返回中山大学任职。

当时国家正着手高校的改造。校务委员会是临时性领导体制。它的特点是集体领导，按照少数服从多数，"高等学校一律实行校长负责制"。1950 年 4 月，中央教育部规定校长领导学校的行政工作；副校长受校长领导，对校长负责。校长拥有对行政工作的决策权、统一指挥权和行政干部的任免权。中山大学校长未定，也在一定程度上影响了学校的校务和教学工作。当时中央教育部尚无法对各地高等学校行使全面的领导和行政管理，大多数权力只能下放给各大行政区。1950 年 5 月 5 日，中央人民政府教育部颁布的《各大行政区高等学校管理暂行办法》规定，"除华北区高等学校由中央教育部直接领导外"，"各大行政区的高等学校暂由各大行政区教育部或文教部代表中央教育部领导"，"各大行政区大学校长、副校长由各大行政区最高行政机关提名，经中央教育部同意后，由部呈经政务院提请中央人民政府委员会任免"。中山大学归中南局教育部领导。叶剑英在 1949 年至 1953 年期间，在华南地区领导机关——中共中央华南分局和广东省人民政府担任领导工作，请求中央解决中山大学校长及副校长的人选问题。1950 年 7 月 23 日，叶

① 中华人民共和国教育统计财务司编《中国教育成就 1949–1983》，人民教育出版社，1985 年，第 105 页。
② 陈汝筑、易汉文主编《巍巍中山——中山大学校史图集》，中山大学出版社，2004，第 80 页。

剑英致电政务院总理周恩来，请求委派许崇清、冯乃超担任中山大学正、副校长。"广东中山大学，因校长问题久而未决，半年来校政颇形混乱，员工俱感不安。目下暑期已届，亟应乘时整顿，前往京承面示决派许崇清、冯乃超分充正副校长，请速明令发表并着冯即行南来。至盼。"① 为什么叶剑英对中山大学有"校政颇形混乱，员工俱感不安"的评语，原因主要是临时校务委员会进行的人事调整等工作不够细致深入，导致部分员工不满，特别是医学院员工，产生了一些动荡，致使医学院院长刘璟要求辞去医学院院长职务。刘璟1950年12月辞职获准后，1951年出国。② 1950年7月，吴宗涵辞去中山大学教授职务，到东北师范大学工作。

许崇清与中山大学关系密切。1924年，孙中山下令创办国立广东大学，他被任命为筹备委员，并曾两次出任国立中山大学校长。抗战胜利后，许崇清回到中山大学任教。1949年初离开广州赴香港，后担任私立广州大学校长。③ 冯乃超原籍广东省南海县盐步区秀水乡，1928年加入中国共产党，曾是革命文艺团体"创造社"的主要成员。1930年与鲁迅等筹组中国左翼作家联盟。新中国成立后，冯乃超任中央人民政府政务院文化教育委员会副秘书长。这也是当时我国知名大学校长与副校长的普遍组合方式。大学校长一般为民主人士、著名学者或教育家，副校长则是懂知识分子工作的党内同志。

1950年12月6日，中共中央回复同意。"11月26日电悉：同意以许崇清为中山大学校长，冯乃超副之。冯参加和平大会回国，俟其回京交代工作即可南下。"④ 叶剑英选择的人选，都是广东籍的，主要原因应是他们熟悉广东情况并便于开展工作。这也是当时各大行政区的普遍做法。

三、正、副校长到任及党支部公开

1951年1月3日，政务院第65次政务会议通过提请中央人民政府委员会批准任命许崇清为中山大学校长，冯乃超为副校长。中央人民政府毛泽东主席签署中央人民政府任命通知书，任命许崇清为中山大学校长。

1951年2月11日，临时校务委员会召开第25次会议时，已接收到中央人民政府的批准任命文件，得知许、冯两位将任中山大学正、副校长，由此向广州市军管会提出解散临时校务委员会的请求。1951年2月12日，许崇清、冯乃超在中山大学员生欢迎会上发表讲话。许崇清指出："中山大学从抗战开始到敌人投降和解放前夕十几年，变动很大。它经历了两次逃亡、三次搬家和七次易长。……中山大学赖以维持下来的，只是中山大学的革命的传统精神。到了解放前夕，在青黄不接的时候，留校全体员生、工警保护维持的功劳是我们不能忘记的。解放后更得到刘代主任委员、王教务长回来主持校务

① 《叶剑英请示中山大学校长委派事》（1950年7月23日），载中共广东省委党史研究室、广东省档案馆、广东叶剑英研究会、广东叶剑英基金会编《叶剑英与华南分局档案史料（下册）》，内部资料，1999，第54页。
② 政协梅县九届文史委员会《梅县文史资料》29辑《梅县将帅录》第1卷，第94页。
③ 《我的经历》，载许崇清《许崇清文集》，广东人民出版社，1994，第8页。
④ 《中共中央同意许崇清为中山大学校长》（1950年12月6日），载中共广东省委党史研究室、广东省档案馆、广东叶剑英研究会、广东叶剑英基金会编《叶剑英与华南分局档案史料（下册）》，内部资料，1999，第57页。

和全校员生工警的一致努力，诸如接管、管理、改革的成绩是有目共睹的……在过去一年多的时间，学校的领导是由校委会集体负责，今后改为校长制，只是临时的领导形式渡到正规的领导形式的一个变换，但集体领导的精神是不至有变动的。当然，中山大学既已走向正规的轨道，今后的一切都要按照正规去做，即按照第一届高等教育会议所定下了的方针和任务、所通过的高等学校暂行规程和关于课程改革的决定及领导关系等去做。"[《人民中大》（1951年3月1日）] 许崇清的讲话，表明中山大学今后的任务是使国家的教育政策在中山大学得到落实与体现。

冯乃超先向校委会委员、全体老师和所有坚持工作岗位的同志致敬："这次中央派我来协助许校长主持中大，我感觉非常荣幸。许校长的名字和广东教育是分不开的，和中山大学也联结在一起；……我个人对高等教育没有什么经验。许多年前虽办过大学，但那是屡办屡被封闭的失败经验，办正规大学特别是在解放之后来办大学更是没有经验的。希望各位能够帮助我，在许校长的领导下，使我很快地熟习这个新的工作……解放以后，校委会做了不少的事，这应该肯定。但还要在现有的基础上提高一步，因此，要肯定和坚持我们的好经验，同时，改正一些工作上的缺点，使中大一年比一年办得更好……一两个人的力量是脆弱的，把希望寄托于一两个身上是不好的，事情是要大家干的，群策群力，中大就办得好……我们应该加强团结，搬去妨碍团结的障碍，我们的事情就会做得好。我们是有困难的，有不少的困难。我们应该把这些困难情况和问题，正确地、具体地向中央文委、教育部、中南局教育部和省方反映，这是很需要的，好让他们做决策时有所参考和依据，他们了解我们越清楚，帮助我们就会更实际。"[《人民中大》（1951年3月1日）] 冯乃超来中山大学上任之前做了一些工作，主要包括：请教办学经验、了解中山大学基本情况和邀请名师（包括邀请钟敬文回中山大学任教）等。

1951年2月19日，临时校务委员会主任刘渠、教务长王越及13位委员致函许、冯两位，报告中山大学现实状况，催请早日到校接管。"受命以来，时逾一载，在党及上级政府正确领导、全校师生员工协力合作之下，学校行政粗备条规，教学效能已见提高，员生思想改造亦初具基础。"[1] 许崇清、冯乃超于1951年2月22日参加了临时校务委员会第26次会议，开始接管中山大学各项事宜。[2] 同日，广州市军事委员会通知，中央已派正、副校长到校领导全校，临时校务委员会结束。中山大学临时校务委员会仅存续1年零1月，前后召开26次会议。1951年3月12日，许崇清、冯乃超正式接印视事。[3]

在临时校务委员会结束之后，党支部的公开也提上日程。1951年4月19日，中国共产党广州市中山大学支部举行公开大会，由秘密转为公开，被称为"人民中大空前未有的大喜事"。支部宣布公开的缘由："中国共产党广州市中山大学支部，在革命已在全国范围内取得基本胜利、人民民主专政政权日益巩固的今天，为了适应客观环境的要求，密切联系群众，加强统一战线工作，便于接受群众的监督和批评，借以改善党的领导和

---

① 《校务委员会会议记录第四本》，中山大学档案馆馆藏档案，档案编号：1951-XZ11-3（51）-6。
② 《函许崇清、冯乃超早日接管校务》，中山大学档案馆馆藏档案，档案编号：1951-XZ11-1（51）-2。
③ 《校长接印视事后各部照常工作》，中山大学档案馆馆藏档案，档案编号：1951-XZ11-1（51）-4。

作风，已于本月十九日公开。"［《人民中大》（1951年4月24日）］中国共产党中山大学支部书记刘渠同志致开会词，说明党的性质、任务和中山大学党支部公开的意义，历述中山大学党的斗争的光荣历史，勉励同志们珍重过去光辉的史页，努力克服支部和个人存在的缺点，虚心接受批评、监督，根据党中央"协助学校行政，办好学校"的指示，和全校师生工警在一道，为搞好人民中大而努力。在这一工作的过程中，促使党群的关系更加密切。在公开大会上，党支部书记刘渠作支部工作总结报告。接管期间，刘渠是临时校务委员会主任，同时担任中山大学支部书记，这说明刘渠支部书记的身份一直延续下来。部分校史书认为，冯乃超是中山大学党组织公开后首任党支部的说法应有误。

1951年9月5日，中山大学校务委员会成立，上午举行第一次全体会议。校务委员会常委会由正、副校长，秘书长，教务长，总务长，各院院长，各院代表各1人，工会和学生代表各1人等59人组成。校务委员会成立，标志着校长负责制在中山大学正式建立。"当时临时校务委员会已结束，新的校务委员会刚成立，在新旧交替之际，学校秩序还不大稳定，少数知名教授已离开中大到别的大学去，留校的教师也人心动摇。"[①]

在会上，冯乃超对临时校委会的工作进行了评价。他认为，对临时校委会的工作，有各种不同的了解，大家应把主要的问题提出来讨论，使大家有一致的看法，以加强团结，巩固成绩，从失败中吸取教训，使失败过的事不要再重复。他肯定这一时期主要成绩：一是进行政治思想教育，向群众解释政策，团结、动员大家完成学校的恢复工作，为正式上课准备了条件；二是拒绝少数反动捣乱分子的复职，拒绝业务能力低劣、不称职的教职员复职，克服了财政收支自由散漫及浪费的现象。也提出存在的问题，比如：当局不大了解当时教职员的心理，对留用人员以另外的眼光来看；送教职员去南京大学学习，使人把送南京大学学习一事当作一种惩罚；全校出去学习过的教职员只占全校的6.25%；系主任有职无权；等等。[②]

四、结语

新中国史是中国共产党领导中国人民为了实现民族复兴而努力的探索史、奋斗史、创业史和发展史，其中蕴含着弥足珍贵的历史智慧。新中国教育史作为新中国史的重要组成部分，包括新中国高等教育原点的大学接管与改造；作为孙中山先生于1924年在广州亲手创办建设的中山大学，也不例外地纳入其接管与改造的体系当中。在这个过程中，由于面临着摒弃旧的教育制度，建立新教育制度的根本变革，特别是教育工作者思想观念的差异，工作开展的复杂性是可想而知的。在中国共产党的领导下，经过多方的努力，中山大学的接管与改造，实现了向为党和人民事业服务的社会主义大学转变。对中山大学接管与改造过程细节的梳理及分析，深化对中山大学校史的研究，充分发挥其教育作用，既必要，也非常有意义。

---

① 王季思：《永怀与深思——悼念冯乃超同志》，《中山大学校友通讯》第2辑，1984年1月。
② 《中山大学校务委员会第一次全体会议录》，中山大学档案馆馆藏档案，档案编号：1-151-XZ1100-003-6。

创办红色学府　铸传红色基因

大连理工大学档案馆、校史馆　胡晓丽　刘元芳

　　大连理工大学的前身大连大学是由中国共产党亲手创建的一所新型正规大学，诞生于 1949 年 4 月 15 日中华人民共和国成立前夕。1950 年，大连大学建制撤销，工学院独立为大连工学院。1979 年 4 月，大连工学院（1988 年 3 月改名为大连理工大学）成立 30 周年校庆时，教育部在发给学校的贺电中称："大连工学院是我们党在解放后最早建立的一所工科院校。"大连理工大学的诞生时间正处于新、旧中国历史的转折期，学校的创校历程，以及"中国共产党亲手创建""人民的新型正规大学"的性质和特征，使其成为中国共产党领导高等教育、创建红色学府的一个缩影。本文通过一系列史料，详细回顾中国共产党领导创办红色学府，以及大连理工大学坚持不懈铸就和传承红色基因，永葆红色学府本色的历程。

一、大连大学创建的背景和红色学府特征

（一）1949 年前中国共产党创办高等学校的情况

　　据统计，1948 年 7 月，国内各类高等学校共 210 所。按办学层次分为大学、独立学院、专科学校三个层次；按办学性质分国立、省立和私立。大学有 56 所，其中国立大学31 所，私立大学 25 所；独立学院 79 所；专科学校 75 所。

　　中国共产党在领导中国人民谋求民族独立、人民解放的斗争中，十分注意培养各类人才，毛泽东曾经说过："没有文化的军队是愚蠢的军队，而愚蠢的军队是不能战胜敌人的。"中国共产党参与或单独创办了一批各类性质的学校：老上海大学、黄埔军校、中央红军大学、陕北公学、中国医科大学、延安自然科学院、老延安大学、老延安民族学院、老延安外国语学校。

　　我们党在领导人民革命的斗争中已经对建设未来的新民主主义国家作出了规划，包括发展高等教育事业。早在 1945 年 4 月 24 日，毛泽东在中国共产党第七次全国代表大会上所作的政治报告中就指出："为着建立新民主主义的国家，需要大批的人民的教育家和教师，人民的科学家、工程师、技师、医生、新闻工作者、著作家、文学家、艺术家和普通文化工作者。"

　　从 1945 年 8 月中国抗日战争胜利到 1949 年 10 月中华人民共和国成立，由中国共产党领导的解放区进一步发展了高等教育，以培养各种建设人才，在陕甘宁保留有延安大学，在晋察冀整顿了华北联合大学，在山东解放区成立了山东大学，在晋冀鲁豫边区成立了新华大学（后改名为北方大学），在苏皖边区成立了华中建设大学。[①]这些学校曾经

---

① 陈元晖、璩鑫圭、邹光威：《老解放区教育资料》，教育科学出版社，1981。

培养了大批革命与建设的干部，其教学的内容与方法一般地适合实际的需要，理论与实际结合得比较好，但其多半是短期训练班的性质。[①]

东北解放区由于解放比较早，高等教育发展更快，到 1949 年 8 月，经过整顿，有 12 所高等院校，它们是：东北大学、东北行政学院、东北鲁迅文艺学院、哈尔滨工业大学、哈尔滨农学院、哈尔滨医科大学、哈尔滨外国语专门学校、沈阳工学院、沈阳农学院、沈阳医科大学、延边大学、大连大学。

（二）大连大学是中国共产党亲手创建的一所新型正规大学

大连大学是中国共产党为迎接新中国成立亲手创建的一所人民的新型正规大学。

1. 大连大学创校的历程

1905—1945 年，旅大（大连旧称）被日本帝国主义侵占 40 年，人民遭受了残酷的殖民统治，享受不到正常的文化教育。当时的中小学主要培养日本学生，招收部分中国学生也是为了推行奴化教育。高等学校（旅顺工科大学、南满工业专门学校）教职员和学生几乎都是日本人。1945 年 8 月 15 日，日本无条件投降；8 月 22 日，为配合我国人民进行抗日战争而出兵东北的苏联红军，根据《中苏友好同盟条约》和有关协定进驻旅大，大连解放。旅大成为连接东北和华北两大战场的后方基地。刚刚组建的中共旅大地委和民主政府，在大力恢复生产、安定民生的同时，着手开创人民的教育事业。从 1946 年 9 月到 1948 年 9 月，先后创办了旅大建国学院、关东工业专门学校（以下简称"关东工专"）、关东电气工业专门学校（以下简称"关东电专"）、关东医学院、关东文法专门学校和关东俄语专门学校（以下简称"关东俄专"）6 所高等院校。其中的关东工专和关东电专，就是大连工学院的前身，图 1 展示了大连工学院的历史沿革。

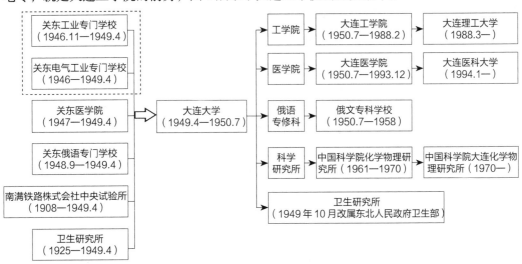

图 1　大连工学院的历史沿革

最早提出在大连办大学这一建议的是原全国政协常委、中国医学科学院顾问沈其震

[①] 马叙伦：《在第一次全国高等教育会议上的开幕词》，《人民日报》1950 年 6 月 14 日第 1 版。

同志。沈其震早年留学德国，解放战争时期任新四军卫生部长、中央军委卫生部第一副部长，新中国成立前夕被派往香港，在潘汉年同志的领导下做知识分子工作。1947 年冬，他前往哈尔滨参加卫生工作会议，走海路在大连上岸。他经考察了解到大连有苏军驻守，环境比较安定，已经具备了开办一所正规大学的良好条件。到哈尔滨后，他在中共中央东北局李富春同志那里打电报给周恩来副主席汇报工作时，就提出了在大连办大学的建议。

1948 年秋，东北和全国解放战争取得节节胜利。在此形势下，中共旅大地委为适应新中国成立后经济建设和文化建设的需要，落实东北局"要大力培养干部"的指示，1948 年 9 月 1 日和 8 日先后两次电告东北局并报中央，正式提出在大连筹建一所大学。报告中提出，旅大现处于战争中相对和平的环境，创办大学的物质条件（校舍、图书、实验设备等）是具备的，工厂甚多，尤便实习；大学名称拟为大连大学；以现有之工专、医学院、电专为基础，先开办医工两（学）院，建立正规学制。请东北局转请中央帮助解决校长、教授问题。报告还提道，苏军领导机关主动提议，对在大连设立正规大学一事态度"甚为坚决"，并"愿从物质、技术、教材等方面积极协助"。东北局即将电报转给中央。

党中央对东北局的报告极为重视。党中央认为，取得全国政权后，发展高等教育，除了对旧大学予以接收和改制，我们党必须有自己创办的人民的新型正规大学，位于东北解放区的旅大地区已经具备了创办这样一所新型正规大学的条件。1948 年 9 月 8 日，东北局转发旅大地委关于请示筹办大连大学的电文当日，正值中共中央政治局扩大会议在西柏坡开幕。这次会议为有计划、有步骤地夺取新民主主义革命在全国的胜利，从思想上、政治上、组织上做了重要准备。[1] 会议期间要部署、讨论各项重要议题，会后要抓紧落实会议精神和开展工作，党中央可谓日理万机。然而，就在会议结束的第二天，即 9 月 14 日，中央就起草同意东北局意见的复电文，而且，党中央的最高领导——毛主席和中央书记处的几位书记——朱德、刘少奇、任弼时都圈阅了电文，周恩来签发电文。9 月 21 日，党中央就作了电复。电文如下——"东北局：转来旅大地委两电均悉。同意创立大连大学、办医工两院及筹委会名单等各项建议，望努力进行。校长人选正物色中，教授当尽力延聘。该校教育方针计划须报告中央批准。"（图 2）足见党中央对创办大连大学一事已经深思熟虑、提前布局，彰显了党对发展全国高等教育的无比重视。

① 中共中央党史研究室：《中国共产党历史》第 1 卷（下册），中共党史出版社，2011。

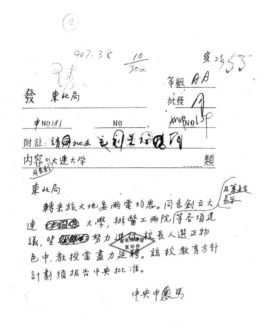

图2　1948年9月21日党中央给东北局关于同意创办大连大学的批复文件

党中央的批复极大地鼓舞了旅大人民。旅大地委抓紧落实中央的指示，于10月29日批准成立了中共大连大学委员会，11月2日，大连大学筹备委员会正式成立。

关于大连大学的校长，中央和东北局都很重视，认为这是我党第一次创办这样正规的理工医科综合性大学，一定要选有名望的干部来担任。经过上下多次酝酿，最后确定参加过红军二万五千里长征的老一辈无产阶级革命家、诗人和书法家、旅大区党委副书记、旅大行署（市政府）副主席李一氓同志兼任大连大学校长。

1949年4月15日，大连大学举办创校典礼，欧阳钦等旅大市党政领导、苏联驻军首长到校祝贺。李一氓校长在讲话中说："我们的大学是崭新的，是在中国共产党领导之下建立的，而且是建立在已经解放了三年多的大连。我们就必须首先弄清楚我们学校的方针，而且要培养出一种新的学风，新的、新民主主义的、实科大学的学风。"

1949年9月21日，在中国人民政治协商会议第一届全体委员会的开幕词中，毛泽东进一步指出："随着经济建设的高潮的到来，不可避免地将要出现一个文化建设的高潮。中国人被人认为不文明的时代已经过去了，我们将以一个具有高度文化的民族出现于世界。"大连大学就是我们党为迎接经济建设和文化建设高潮的到来而创建的一所红色学府。

2.大连大学的性质和特征

一是中国共产党亲手创建。从上述大连大学的创建过程可以清楚地看到，创办大连大学是由中共旅大地委提议，得到东北局认同、党中央批准。第一任校长是久经考验的老一辈无产阶级革命家李一氓，第二任校长兼党委书记是著名的马克思主义历史学家和教育家吕振羽，被习近平总书记誉为"为我国当代哲学社会科学发展进行了开拓性努力的名家大师"（据《习近平在哲学社会科学工作座谈会上的讲话》）。

大连工学院第一任院长屈伯川在《对建国前夕我党创办的大连大学的回忆》一文中说："大连大学在创建时，党组织选派的学校领导干部中，'八一五'（指1945年抗日战争结束）前参加工作的有48位。他们经过长期革命斗争锻炼，有领导工作经验，不少人受过高等教育。"

二是人民的新型正规大学。大连大学贯彻执行民族、科学、大众的新民主主义教育方针。《大连大学暂行校章》规定："本大学为正规的人民大学，以研究高深学术，培养新民主主义建设所需要之具有为人民服务的思想，有高等文化水平，掌握丰富的科学知识，学习掌握马列主义与毛泽东思想的精神与实质的高级专门人才为宗旨。"

大连大学的基础，即关东工专、关东电专、关东医学院和关东俄专，都是大连解放后由我党创办的高等学校；教师和学生都是新招聘和招收的，学生享受供给制；办学思想既继承了延安和解放区办学的光荣革命传统，又吸收了国内外大学的有益经验；办学时注意加强学生思想政治工作，强调学习抗大（中国人民抗日军事政治大学）"团结、紧张、严肃、活泼"和实事求是、艰苦朴素的新作风；教学上强调理论联系实际，"学与用统一""教与学统一"，强调"教员教好，学生学好"等原则。

大连大学从创办初期就强调正规化。统一领导，建立各种规章制度、条例、教学计划、教师标准、学生暂行规则、待遇标准等，保证以教育为中心的各项工作有章可循；学校机构、院系、专业设置规范，校舍和教学设备初具规模；聘请受过大学教育或在大学担任过教学工作的教师任教，他们中有王大珩、毕德显、张大煜、李士豪、胡国栋等一批著名的学者；为保证本科生质量，从北京、上海招收学生。通过入学考试选拔高质量新生，1949年9月从上海招收的300多名新生中，有1人后来为中央政治局常委，4人为两院院士；遵照东北局及东北人民政府《关于整顿高等教育的决定》的指示，开展整编组织机构、甄别学生、改变学生待遇、精简人事等工作。

根据苏联高等教育的经验，并吸收苏联专家的意见，东北人民政府于1950年7月6日发布命令，撤销大连大学建制，将大连大学所属各院及专科分别成为独立的大连工学院、大连医学院、大连俄文专科学校。

二、传承红色基因，永葆红色学府本色

作为中国共产党领导高等教育、创建红色学府的一个缩影与写照，大连理工大学在多年的办学探索实践中孕育出特色鲜明的红色基因，其基本特质为担当兴校强国使命的历史自觉、坚定不移跟党走的政治自觉、传承民族精神血脉的文化自觉，也内含着爱党兴党、为国为民的党性自觉。大连理工大学在中国共产党的领导下，坚持不懈传承红色

基因，始终坚持党的领导，坚持社会主义办学方向，突出思想政治教育，落实立德树人根本任务，保持和发扬艰苦奋斗、自强不息的进取精神，在践行教育报国初心使命的奋进历程中探索中国共产党建设红色学府的经验，永葆红色学府本色。

（一）始终坚持党的领导，坚持社会主义办学方向

大连理工大学自创建以来，以李一氓、吕振羽、屈伯川等为代表的学校领导，大多来自延安等老革命根据地，不仅在党内经过较长时间的锻炼，又是受过中外高等教育的高级知识分子，他们从一开始就抓住了办学的根本，强调自觉接受学校的创办者——中国共产党的领导，坚持以正确的办学方向和思路为立校之本，按"学校的规律办学校"，组织师生学习马列主义、毛泽东思想，注重师生的政治品质和思想修养，注重理论联系实际，强调实事求是、艰苦奋斗的作风，团结师生员工同心协力，办好新型正规大学。

大连大学的第一任校长李一氓是 1925 年加入中国共产党的老党员。新中国成立前参加过南昌革命、红军长征、抗日战争，曾担任国民革命军总政治部宣传部科长、南昌起义参谋团秘书长、陕甘宁省委宣传部长、新四军军部秘书长等职务。抗日战争胜利后，李一氓又担任过苏北区党委书记、华中分局宣传部长等职务。不仅具有坚定的共产主义理想和过硬的思想政治素养，在组织建设、管理等方面也具有多年经验。他在 1949 年 4 月 15 日学校创校典礼的讲话中不仅指出了大连大学的基本任务、办学方针，更提出了"学与用统一""教与学统一""向苏联学习"等原则。1949 年 7 月，李一氓因工作需要调离大连去北京。

大连大学的第二任校长吕振羽是著名的马克思主义历史学家、教育家。吕振羽青年时代就是国内著名的"红色教授"，曾积极参加了第一、第二次国内革命战争和解放战争，被誉为"进得书斋是学者，出得书斋是政治家"。[①]吕振羽于 1949 年 10 月 30 日到大连大学后，就一直强调学校应当服从党和政府的领导。他指出，"在创校之初，在中共中央、毛主席和东北局的方针下，中共旅大区党委就明确规定人民的正规大学。大连大学的开办，便是为了培养一批人民的、新型的工医技术人才。其教学方针、课程内容、学校制度等任何方面与过去地主资产阶级所办的大学均有原则上的区别。它首先要遵循科学与政治结合、为人民服务、和人民打成一片的精神……这就是区党委对连大的具体领导方针，也就是连大具体执行的基本方针"。[②]为此，吕振羽校长积极配合区党委工作，把"科学与政治结合""为人民服务""和人民打成一片"作为大连大学的办学方针，并在具体办学实践中无时无刻不向着这个方向努力，带领全校师生朝着人民的、正规的大学方向艰苦创业。

大连工学院首任院长屈伯川是共和国老一辈教育家，1928 年就读于国立中央大学理学院化学系，后赴德国留学，并于 1937 年获得德累斯顿工业大学化学工程博士学位。学成归国后，屈伯川前往延安，在党的领导下参与筹建延安自然科学院，任教育处处长。

① 罗若遐：《缅怀吕振羽同志》，《大连工学院校刊》1982 年 9 月 3 日第 3 版。
② 吕振羽：《连大一周年》，《大连大学校刊》1950 年第 1 期第 1—5 版。

1947年，屈伯川来到大连，在大连理工大学前身关东工业专门学校任校长，后又担任大连大学工学院院长、大连工学院院长、大连工学院名誉院长和大连理工大学名誉校长，领导大连理工大学的筹备、建设和改革工作整整50载。屈伯川院长在回忆大连大学创办的过程中指出，"建校当时，我们就遵照毛主席的教导，以解放区办学经验为基础，学习抗大的教育方针，把坚定正确的政治方向摆在首位，同时参照国内外大学的经验，组织教学，为办好社会主义理工科大学打好基础"。[①]

（二）突出思想政治教育，落实立德树人根本任务

大连理工大学在建校之初，就以为新中国培养"具有革命思想与掌握现代化专门科学技术知识的高等专门人才"为根本任务，并在长期的办学过程中，逐步形成了注重思想政治教育和理论联系实际的良好传统。学校的思想政治教育工作，不主张空洞的政治说教，而是本着"做人"与"做事"相结合的精神培养学生良好的政治品格和思想作风。1949年10月，学校招发的第一批学生到校不久，并没有直接开始专业课学习，而是进行了为期两个月零十天的思想政治学习，先抓牢思想政治，先培养为人民服务的人生观。只有用马列主义武装头脑，学生才能把专业知识运用到实处，才能真正成为人民的新型人才。1950年7月，学校成立政治教研室，并逐步开设"新民主主义论"（1953年改为"中国革命史"）、"政治经济学"、"马列主义基础"三门课程，成为在新中国首批主动开设思政课的高校。学校在长期思想的政治工作中，总结出了"一精三通五会"的工作要求，即政治教研室教员必须对所教授课程精通，对马克思主义三个重要组成部分通晓，会讲课、会写作、会调查研究、会做思想政治工作、会劳动。

1980年，大连工学院在总结研究了30年来师生思想政治教育工作成功经验的基础上，开设了在全国高等教育界具有首创性的高等学校思想政治教育课程"共产主义思想品德课"，这门课程将对大学生进行的世界观、人生观、价值观、形势政策和法律教育有机融合成一体。经过两年的实践检验，这门思想政治教育课程获得了显著成效，得到了国家教委的高度认可与重视，1984年，国家教委发布了《关于高校开设共产主义思想品德课的若干规定》，把大连工学院的《共产主义思想品德课》推广至全国。根据国家教委有关文件精神，大连工学院将社会科学系思想政治教育专业第二学位班划为研究生层次。1984年，在教育部专业卷宗中第一次写上"思想政治教育第二学士学位班"，表明党的思想政治工作进入高等学校专业。大连理工学院被确定为全国7个试点单位之一。2006年4月17日，学校党委印发了《中共大连理工大学委员会关于构建全员育人、全过程育人、全方位育人格局的实施意见》，提出树立并落实"三全育人"的科学理念和要求。进入新时代，学校大学生思想政治教育工作以习近平新时代中国特色社会主义思想为引领，以坚持立德树人为核心，以传承红色基因为主线，积极培育和践行社会主义核心价值观，深入推进思想政治教育工作与党的教育方针相结合、与学校事业发展相融合、与专业教

---

① 屈伯川：《彻底推翻"两个估计"，实现教育大治快上》，载屈伯川《屈伯川教育文集》，高等教育出版社，1997，第95页。

育体系相融合、与学生成长需求相融合的总体工作思路，为全面促进大学生健康成长成才，培养又红又专、德才兼备、全面发展的中国特色社会主义合格建设者和可靠接班人而奋斗。

（三）保持和发扬艰苦奋斗、自强不息的进取精神

艰苦奋斗、自强不息的进取精神是经由学校的创办者——中国共产党的倡导，历届党政领导人身体力行，全校师生员工长期共同奋斗而逐步形成的优良校风。大连理工大学的首届毕业生，原中共中央政治局常委、中央纪委书记尉健行认为："母校有个很可贵的地方，那就是以屈伯川老院长为代表的共产党人带领师生员工精心培育出来的优良校风。我在校学习时间虽然不长，但是受其熏陶，终身受益。"[1] 1949 年，屈伯川院长带着化工系主任张大煜教授和兼做工会工作的青年教师楼南泉赴沈阳迎接从关内各地考来的新生。张大煜曾在国统区上海交通大学任化工系主任，后转道香港投奔解放区。经过辽沈战役后的沈阳，物质生活很困难，他们住宿的旅馆房间里只有一张单人床。正当楼南泉为三个人如何睡觉犯难时，屈伯川抢先一步，恳请张大煜到床上睡，自己和楼南泉打地铺。他风趣地说："哎，南泉同志，这比起延安窑洞来，条件好多了。现在国家还困难，咱们省一点是一点。"说着就席地而卧。张大煜看到一院之长如此谦恭，很过意不去，坚请屈院长到床上睡，但屈院长已经脱去外衣，钻进被窝了。让楼南泉又一次感到惊讶的是，他看到屈伯川穿的衬衣上竟有大块的补丁。这一夜的经历对他的心灵产生了强烈的震撼，这是他第一次与共产党的干部一起办事，共同生活，他知道屈院长是留德化学工程博士，初到延安时曾受到毛主席的亲切接见，是延安自然科学院的主要筹建人之一。他感到老院长如此自然地处理三人的睡觉问题，虽然这是一件极为平常的小事，但却体现了党尊重知识、尊重人才，团结知识分子的政策，老院长虽接受过西方教育，但毫无洋气，具有从延安来的艰苦奋斗的革命传统。[2]

艰苦奋斗、自强不息的进取精神影响着一代代"大工人"砥砺前行，接续奋斗。其中，学校主楼建设就是这种精神的典型案例。20 世纪 60 年代初，正值国家遇到三年困难之时，主楼刚开工就出现要停工的危险，建筑工人大批撤离，为确保工程进度，学校党委决定动员师生员工，按计划分批分期参加义务劳动。当时粮食不够吃，施工设备简陋，劳动强度非常大，但广大参加劳动的师生，发扬自力更生、不怕困难的大无畏精神，经过 650 天的艰苦奋战，累计 12 万多个工作日，终于建成了占地 24000 平方米的主楼，于 1964 年 1 月准时投入使用，经专家工程质量验收，认为施工质量良好，为学校节省了大量建设经费。

（四）力学笃行，着力提升科研和服务能力，担当兴校强国的使命

大连理工大学自创校以来，在坚持以人才培养为本的同时，提倡教师进行科学研究，大力推动科学研究工作的开展，倡导教学与科研相结合，把传播科技知识和开拓科技知

---

① 孙懋德：《在北京听到的》，《大连理工大学校报》1985 年 2 月 6 日第 1 版。
② 张才蕙、项德铺：《院士心中的老院长》，《大连理工大学校报》1997 年 3 月 5 日第 3 版。

识领域两者有机统一起来。屈伯川院长提出，学校科学研究的方针是："根据国家总的要求，并结合我院教师专长和地理区位条件，着重围绕几个主要研究方向，广泛组织力量，突出重点，力求在主要研究方向上、重点研究题目上，用最快的速度达到国际先进水平。"[①] 他明确要求教师，一方面，要为国家培养又红又专的高级专门人才；另一方面，也要开展科学研究，为社会主义的经济建设和国防建设服务。学校附属的科学研究所在1949 年就开始了水煤气合成燃料、用苞米发酵制造丙酮与丁醇等科学研究，机械系等也接受了拖拉机试车等科研任务。1954 年，学校成立研究部，各种层次的科学研究活动在全校广泛开展起来。从 20 世纪 50 年代至 70 年代，学校组织多学科协同作战，先后完成在国民经济建设中具有重大意义的大连渔港、大连军港和大连新港三大工程的设计建设任务。从 20 世纪 70 年代开始，又组织多学科协力攻关，完成了对发展农业富有实际价值的 17 个大型化学肥料厂引进装置的消化吸收和国产化的技术咨询任务，受到化工部的表彰和奖励，被《光明日报》誉为"高校为国家重点建设项目服务的范例"[②]。大连理工大学始终以科技创新筑牢国家核心竞争力为基石，面向新时代高等教育历史使命，学校科技工作坚持面向世界科技前沿、面向经济主战场、面向国家重大需求、面向人民生命健康，以服务国家需求为导向，以助力东北振兴为己任，在国家核电、长征五号运载火箭、C919 大飞机、港珠澳大桥、天问一号等"大国工程"建设和"国之重器"研发中均做出重要贡献。

［本文系全国教育科学规划 2022 年一般项目"基于知识整合的交叉学科形成性评价与引导策略研究"（项目编号：BIA220087）、大连理工大学基层文化建设项目"用口述历史记录有温度的校史故事"（项目编号：DUTJCWH202225）研究成果］

---

① 屈伯川：《大连工学院十二年规划（1956–1967）》，载屈伯川《屈伯川教育文集》，高等教育出版社，1997，第 59 页。
② 《高校为国家重点建设项目服务的范例》，《光明日报》1988 年 2 月 10 日第 1 版。

从历次党代会看新中国成立以来党在高校领导地位的确立和完善

——以浙江大学为例

浙江大学档案馆　蓝蕾

党代会，即党员代表大会，是党的各级组织包括中央组织、地方各级组织和基层组织讨论、决定党的重大问题和选举党的领导机关的会议。党代会制度是党的一项根本组织制度。

教育家阿什比指出："大学的兴旺与否取决于其内部由谁控制。"在高校权力系统中，党委处于最高层次，既是领导核心，也是决策中心，统一领导学校的工作。

新中国成立后，高校领导体制经历了从校务委员会制到校长负责制、党委领导下的校务委员会制、党委领导下的以校长为首的校务委员会制、党的一元化领导制、党委领导下的校长分工负责制、新校长负责制的演变，最终确立了党委领导下的校长负责制这一具有中国特色的高校领导体制。按照《中国共产党普通高等学校基层组织工作条例》的规定，高校实行党委领导下的校长负责制，高校党的委员会统一领导学校工作；高校党的委员会委员由党员大会或党员代表大会选举产生，党的委员会对党员大会或党员代表大会负责并报告工作。作为党内最高权力机关，党代会在一所高校办学过程中具有重要且非凡的作用和地位。历次党代会不仅串起了一所高校新中国成立以来的党建历史，也浓缩了高校的办学战略和发展历程，而且体现了高校党代会制度建立、健全和完善的过程。

从 1956 年到 2017 年，浙江大学（以下简称"浙大"）共召开了 14 次党代会（第一次至第七次为党员大会，由于党员人数增加，也为了保持与党员大会的连续性，从 1985 年开始改为党员代表大会）。广大党员充分行使民主权利，积极献言献策，听取和审议学校党委与纪委的工作报告，研究和决定学校的重大决策，选举新的党委、纪委班子，确立并不断深化党对学校的全面、绝对领导，在新中国成立以来学校的改革和发展中发挥了决定性作用。

一、1956 年第一次党员大会前浙大党组织发展简况

浙大的中共地下党组织始于 1932 年。1949 年 5 月 3 日杭州解放时，浙大有中共地下党员 59 人，其中 53 人属于华东局下属的浙大总支部，由物理系助教许良英、王来棣等

先后担任书记，下设宣教、社团和系级 3 个支部。①1950 年 1 月 12 日。中共浙大党支部正式公开，并公布了全体党员名单。党组织的公开，一方面，促进了广大师生对党的认识，树立了党的形象；另一方面，也推动了党的建设和发展。

1949 年至 1952 年上半年，由于管理干部紧缺，同时也认识到高校改造工作的复杂性，党并未派出大批干部进入高校工作。按照教育部的规定，浙大和其他国立大学一样，实行校长负责制，校务委员会成为学校决策与监督实施的核心机构，校长及校务委员会的主要成员一般由知名教授担任。中共党组织则在组织师生员工开展政治学习、积极参与各项社会运动中发挥主导作用。1950 年 9 月，浙大工会成立，党组织进一步通过工会加强了对学校管理的参与和影响。根据中央教育部颁布的《高等学校暂行规程》，校务会及其常务会须有工会代表参与，在 1950 年 10 月改组的第 2 届校务委员会中，党员助教任雨吉以工会代表身份成为校务委员会及其常务委员会的成员之一。在随后的抗美援朝运动及镇反运动中，浙大先后成立抗美援朝保家卫国委员会及肃清反革命委员会，负责运动的领导，党支部及工会中的党员代表均成为上述组织的核心成员。

1952 年，为了开展大专学校"三反"与思想改造运动，党的专职干部开始进入高校工作。同年 5 月，中共浙江省委调金孟加及县级干部 3 人至浙大工作，组建中共浙江大学委员会，直接领导运动的开展。党委会由金孟加、李文铸、张树森、周芝山等组成，金孟加为党委书记，组织隶属关系由中共杭州市委改为中共浙江省委。1952 年 10 月 29 日，随着院系调整的完成，浙大党委进行组织调整，中共浙江省委任命刘亦夫为浙大政治辅导处主任兼浙大党委书记，同时金孟加调离浙大。同年 12 月 30 日，省委任命省文教厅厅长刘丹为浙大党委书记，刘亦夫改任副书记，党委成员包括刘丹、刘亦夫、李坚、张扬、张鸿恩、史景媛和李文铸等 7 人。②

随着党组织机构的建立与健全，党对学校的直接领导得到体现与加强，党员队伍也不断发展和壮大。截至 1956 年第一次党员大会召开前，全校党员总数达到 235 人。

二、浙江大学历次党代会简况

（一）第一次党员大会为浙大党代会制度确立奠定了坚实基础

1956 年 5 月 26 日至 6 月 17 日，浙大召开了第一次党员大会。

大会听取和审查了党委书记刘丹代表党委会所作的工作报告，改选党委会和监察委员会，选举出席浙江省第二次党员大会的代表，通过了大会决议。

大会认为，浙大在党的领导下，工作已有一定基础，党领导浙大的工作，无论是在贯彻执行党的高等教育的方针、党的知识分子政策，还是完成培养国家建设人才的任务方面和党的思想建设和组织建设，以及学校的基本建设等方面都是有成绩的。大会号召：

---

① 中共浙大党委《本校关于解放前后组织沿革情况调查报告》（1952 年 10 月），浙江大学档案馆馆藏档案，档案编号：ZD-1952-XZ-0001。
② 《校党委关于解放后本校历次政治运动和思想政治工作情况》（1962 年），浙江大学档案馆馆藏档案，档案编号：ZD-1962-XZ-0019。

必须从思想上、组织上健全党委的领导，严格遵守集体领导的原则来加强党对学校工作的全面领导，围绕教学中心做好政治思想工作和行政工作。

这是新中国成立后浙大召开的第一次党员大会。此次会议，使全体党员熟悉了党员大会的流程，履行了党员的民主权利，调动了党员的积极性，并使党员在工作报告拟写、候选人推选、党委和监察委班子选举、大会筹备、大会交流等方面积累了一定经验。

（二）第二次党员大会明确今后党在浙大的任务是培养具有社会主义觉悟的有文化的身体健康的劳动者

1958 年 2 月 14—25 日，浙大召开了第二次党员大会。

大会听取和审查了党委副书记刘丹代表上届党委会所作的工作报告，开展了大讨论，对学校自第一次党员大会以来的工作进行了总结与检查，明确今后党在学校中的任务是为培养具有社会主义觉悟的有文化的身体健康的劳动者而奋斗，大会通过了决议，并选举了下届党委会委员。

（三）第三次党员大会提出必须巩固和加强党对浙大的全面领导

1958 年 8 月 24 日至 8 月 31 日，浙大召开了第三次党员大会。

大会听取和审查了党委书记周荣鑫代表党委会作的《关于如何贯彻教育方针及今后任务的报告》和党委副书记刘丹作的《关于整风运动总结及今后任务的报告》，补选了党委委员，通过了大会决议。

大会对经过整风后的全校形势开展讨论，一致认为必须巩固和加强党对学校的领导，保证党对教育思想、教育方针、教育制度和教育业务的全面领导，坚决贯彻执行教育为无产阶级的政治服务、教育与生产劳动相结合的方针，培养共产主义全面发展的新人。

大会规划了 1958 年的任务：一是在全校展开人民公社的学习和讨论，掀起一个学习马列主义理论和毛主席著作的高潮；二是大力开展勤工俭学活动；三是积极开展科学研究工作；四是整顿组织，改进作风，进一步巩固和加强党的领导，贯彻党委领导下的校委会负责制。

（四）第四次党员大会提出加强党的领导，以提高教学质量为中心的办学方针

1959 年 2 月 28 日，浙大召开了第四次党员大会。

党委第二书记刘丹代表党委会向大会作一年来工作及今后任务的报告。报告共分四个部分：（一）1958 年学校在"大跃进"运动中的巨大成绩；（二）1958 年学校在"大跃进"运动中的经验；（三）1959 年的方针、任务；（四）加强党的领导，争取今年更大、更好、更全面地"跃进"。

大会提出以提高教学质量为中心的方针。

（五）第五次党员大会按照省委关于浙大逐步转为科学技术大学的决定，明确了当年的办学举措

1960 年 2 月 14—28 日，浙大召开了第五次党员大会。

大会听取了党委书记周荣鑫代表上届党委会所作的工作报告，总结了第四次党员大会以来贯彻执行党的社会主义建设总路线和党的教育方针的成绩与经验，大会根据省第三届党代表大会的精神和省委关于浙大逐步转为科学技术大学的决定，提出了 1960 年的任务，通过了大会决议，选举了新的党委会成员。

（六）第六次党员大会指出党在浙大的领导地位已确立和日益巩固，提出要把浙大建设成为社会主义的现代化的大学的十年发展规划目标

1963 年 6 月 8—23 日，浙大召开了第六次党员大会。

大会总结了学校自 1958 年以来的各项工作经验，大会指出，由于党的政治领导、组织领导、思想领导不断加强，以及党领导水平的提高和党的干部的工作经验的日益增多，党在学校的领导地位已进一步确立和日益巩固，在群众中的威信大大提高，党的各级组织也逐步健全，实现了党委领导下的以校长为首的校务委员会负责制，校党委已成为学校坚强的领导核心，实行着对学校工作的统一领导，师生员工的政治、思想和精神面貌发生了深刻的变化。

大会讨论、提出了学校今后十年的发展规划目标：为了实现社会主义建设的"四个现代化"，培养社会主义建设人才和提高科学技术水平，培养青年成为全面发展的坚强的革命事业接班人，把学校从现有基础上建设成为社会主义的现代化的大学。大会还着重讨论了阶级斗争和党的建设的问题，要求全校各级党组织通过加强党的思想工作和组织工作来贯彻党的路线、方针、政策。

大会听取、讨论并同意了党委副书记刘丹代表上届党委所作的工作报告，通过了大会决议，选举了第六届党委会委员。

（七）第七次党员大会明确了按既是教学中心又是科研中心的要求，将浙大建设成为社会主义重点理工科大学的办学目标

1980 年 7 月 20—22 日，浙大召开了第七次党员大会。全校 1139 名党员（全校共有 1243 名党员）参加了大会。

这是第六次党员大会后，时隔 17 年后召开的党员大会。这次大会既是在粉碎"四人帮"已三年多、全党工作的重点实现了伟大的战略转移、"四化"建设进入了决定性年代的新形势下召开的，也是在新党章（草案）正式下达后召开的。

大会召开前，学校开展了一个多月的筹备工作，听取各方面的意见和建议，对报告进行讨论和提出修改意见。

党委书记刘丹代表上届党委会作了《动员起来，为把浙大办成培养优秀科学技术人才、攀登科学技术高峰的社会主义大学而奋斗！》的工作报告。大会正式选举产生了第七届党委会委员和候补委员，并通过了大会决议。

此次大会根据中央关于"三位一体"和民主选举的精神，明确提出了革命化、专业化、年青化的要求和采用差额选举的方法。在新选出的 11 名常委中，5 名新当选的同志都有讲师以上的技术职称，常委的平均年龄从原来的 58.2 岁，下降到 53.3 岁，使常委领导班子按革命化、专业化、年青化的要求前进了一步。

此次大会明确了按既是教学中心又是科研中心的要求，将学校建设成为社会主义重点理工科大学的办学目标，为浙大指明了发展方向。

（八）第八次党代会决定这次党代会后实行校长负责制，明确党委工作的根本任务是加强党的建设；并明确学校的奋斗目标是"把浙大建设成为以理工为主，具有多门类、多学科，能适应世界新技术革命要求，高层次、高水平的社会主义第一流大学"

1985 年 10 月 13—15 日，浙大召开了第八次党员代表大会。

此次党代会是在全国教育体制改革全面展开、学校党政工作面临重大转变的情况下召开的。按党章规定，设立委员会的党的基层组织，可以召开党员大会，也可以召开代表大会。1956—1980 年，浙大先后召开了七次党员大会。由于人数的增加（当时全校党员 2200 余名），从 1985 年起改为召开党员代表大会。为保持与党员大会的连续性，本次大会称为第八次代表大会。

党委书记黄固代表上届党委作《大力加强党的建设，全力推进教育体制改革，齐心协力为办好浙大而努力奋斗》工作报告。龚兆元代表纪委作工作报告。大会选举产生了第八届党委会和新一届纪委委员，通过了大会决议。

大会明确学校的奋斗目标是"把浙大建设成为以理工为主，具有多门类、多学科，能适应世界新技术革命要求，高层次、高水平的社会主义第一流大学"。

大会明确决定这次党代会后实行校长负责制，明确党委工作的根本任务是加强党的建设，提高广大党员的思想政治素质，充分发挥党支部的战斗堡垒作用、广大党员在学校建设中的先锋模范作用，为此加强思想政治工作将是党委面临的重要任务。

（九）第九次党代会提出要深化教育改革、管理体制改革和后勤改革，提高教育质量，加强思政工作，坚持从严治党

1988 年 10 月 20—22 日，浙大召开了第九次党员代表大会。

大会听取并审议通过了党委书记梁树德代表上届党委作的《沿着十三大指引的方向，全面深化学校改革，不断增强党的战斗力》和周培源代表纪委作的《进一步解放思想，坚持在改革开放中从严治党》的两委工作报告，通过了大会决议，并选举产生了第九届党委会和新一届纪委会委员。

第九次党代会是在校长负责制逐步深化、党的工作面临新的转变的情况下召开的。大会重点讨论了思想政治工作体制和加强党的自身建设问题，确定今后几年党的工作任务为：（1）全面推进和深化教育体制改革。深化教育改革，全面提高教育质量；坚持科研工作为经济建设服务，以及与人才培养相结合的方针；完善校长负责制，加快管理体制改革步伐，改革人事制度；深化后勤改革，扩大校办工厂自主权。（2）加强和改进思想政治工作，逐步形成一个以行政为主、党政工团齐抓共管、教职员工共同培育和广大学生自我教育的新体制。（3）坚持在改革开放中从严治党，不断增强党的战斗力。

（十）第十次党代会提出必须坚持党的基本路线和社会主义办学方向，加强党的思想建设和组织建设，明确要加强党的领导，更好地发挥党组织的政治核心作用。

1991 年 12 月 18—21 日，浙大召开了第十次党员代表大会。

大会听取并审议通过了党委书记梁树德代表上届党委作的《加强党的领导，发挥政治核心作用，为完成新时期历史赋予我校的任务而奋斗》和徐裕钧代表纪委作的两委工作报告，通过了大会决议，并选举产生了第十届党委会和新一届纪委会委员。

此次党代会是在面临国际敌对势力推行"和平演变"战略和世界新科技革命的双重挑战的社会背景下召开的。大会进一步明确：在新的历史条件下，加强党的领导，更好地发挥党组织的政治核心作用是完成历史赋予我们的重任的根本保证。学校必须坚持党的基本路线和社会主义办学方向，加强党的思想建设和组织建设，继续推进学校综合改革和发展。

大会提出：必须加强领导班子建设和教师队伍建设，抓好党支部建设；不断加强各级党组织和全体党员的马列主义、毛泽东思想的学习和教育，坚定共产主义信念，更好地发扬党的三大优良作风；继续完善正确的政策导向，深化教育和科研体制改革；按照民主集中制的原则，完善校、系、处、所室务会议制度，充分发挥各级班子集体领导的作用，要在爱国主义和社会主义的旗帜下，最广泛地团结一切可以团结的力量，办好我们的学校。

（十一）第十一次党代会首次提出建设"世界一流大学"的奋斗目标，进一步明确要加强党的领导，更好地发挥党组织的政治核心作用

1995 年 12 月 18—21 日，浙大召开了第十一次党员代表大会。

大会听取并审议通过了党委书记梁树德代表上届党委作的《加强党的建设，为实现世界一流大学的目标而奋斗》和党委副书记郑元耀代表上届纪委作的《主动适应改革开放新形势，努力开创纪检工作新局面》两委工作报告。经过两天的分组讨论，大会选举产生了新一届党委会和纪委会委员，通过了大会决议。

大会充分肯定了四年来在邓小平同志"南方谈话"和党的十四大精神指引下，以建设有中国特色社会主义的理论为指导，学校在教学、科研等方面取得的成绩，充分肯定党的工作对坚持社会主义办学方向、维护学校稳定、促进人才培养和事业发展所发挥的重要作用。指出今后四年是学校实现"211 工程"规划第一步发展目标的关键时期，也是为 21 世纪初叶跻身世界一流大学行列打基础的四年，必须进一步深化教育改革，加强学科建设，建立一批国内领先、国际一流的学科，而党的领导始终是学校实现建设世界一流大学宏伟目标的根本保证，必须大力加强党的思想、组织和作风建设，充分发挥党组织的政治核心作用、战斗堡垒作用和党员的先锋模范作用，加强党风廉政建设，把全校党员和师生员工的思想统一起来，以出色的成绩迎接建校 100 周年，为实现学校"211 工程"的宏伟目标而奋斗。

（十二）第十二次党代会是在新浙江大学成立七年并实现实质性融合和历史性跨越的背景下召开的第一次党代会，提出了未来五年的发展思路

2005 年 12 月 20—21 日，浙大召开了第十二次党员代表大会。

大会的主题是：高举邓小平理论和"三个代表"重要思想伟大旗帜，以党的十六大和十六届四中、五中全会精神为指导，全面贯彻落实科学发展观，动员和团结全校师生员工锐意进取，扎实工作，推进各项事业又好又快发展，为实现学校"十一五"规划的目标和任务，加快把浙江大学建设成为具有世界先进水平的一流大学而努力奋斗。

大会听取并审议通过了省委常委、浙大党委书记张曦代表上届党委作的《以科学发展观统领全局，为加快建设世界一流大学而奋斗》和陈子辰代表上届纪委作的《加强党风廉政建设，为学校又好又快发展提供坚强的政治和纪律保证》两委工作报告。十个代表团分别对党委工作报告和纪委工作报告进行讨论并提出修改意见。大会选举产生了第十三届党委会和新一届纪委会委员，表决通过了两委工作报告决议。

此次大会是在新浙江大学成立七年并实现实质性融合和历史性跨越的背景下召开的第一次党代会。大会总结了浙大自 1998 年四校合并以来大力推进实质性融合，扎实开展教学、科研和社会服务工作，积极探索和推进各项改革，加快紫金港校区建设，调整学校空间布局等方面的工作。

大会认为，四校合并成立新浙江大学的七年来，校党委带领广大党员和师生员工，坚持以邓小平理论和"三个代表"重要思想为指导，树立和落实科学发展观，抓住机遇，促进融合，深化改革，加快各项事业发展，为创建世界一流大学打下了坚实的基础。

大会明确了学校今后五年的工作总体思路：以提高质量为核心，在教育教学创新、重大科技突破、领先学科培育、杰出人才和创新团队集聚、办学资源优化等方面实现又快又好的发展，为全面完成学校"十一五"规划和各项任务、主要办学指标稳居于国内大学前列、部分指标接近世界一流大学水平而努力奋斗。

（十三）第十三次党代会提出了学校建设世界一流大学的目标愿景，阐述了加快内涵发展、提升办学质量的工作方针，明确了进一步提高学校整体办学水平、加强学校持续发展和开创学校党建工作新局面的主要任务与举措

2011 年 12 月 9—10 日，浙大召开了第十三次党员代表大会。

大会的主题是：高举中国特色社会主义伟大旗帜，以邓小平理论和"三个代表"重要思想为指导，深入贯彻落实科学发展观，团结动员全校党员和师生员工，坚定远大理想，坚持求是创新，提高办学质量，实现跨越发展，为加快建设世界一流大学而努力奋斗。

大会听取并审议通过了党委书记金德水代表上届党委作的《志存高远，凝心聚力，求是创新，为加快建设世界一流大学而努力奋斗》和常务副书记陈子辰代表纪委作的《全面深化党风廉政建设，为加快建设世界一流大学提供坚强保障》两委工作报告。十个代表团分别对党委工作报告和纪委工作报告进行讨论并提出修改意见。大会选举产生了第十四届党委会和新一届纪委会委员，表决通过了两委工作报告决议。

第十三次党代会是在浙江大学创建世界一流大学，寻求新跨越的关键时期召开的一次十分重要的会议。

大会认为，自学校第十二次党代会以来，学校党委在中央和教育部党组、浙江省委的正确领导下，团结带领全校广大党员和师生员工，高举中国特色社会主义伟大旗帜，以邓小平理论和"三个代表"重要思想为指导，深入贯彻落实科学发展观，解放思想，深化改革，加快发展，促进和谐，学校各项事业取得了长足进步，综合实力显著增强，办学水平明显提高，为建设世界一流大学奠定了更加坚实的基础。

大会强调，要坚持党的教育方针和社会主义办学方向，坚持以质量为核心的内涵发展，全面实施学校"十二五"规划，大力推进人才培养、科学研究、社会服务、文化传承创新等各项事业，进一步加强可持续发展的保障体系建设，深入开展创先争优活动，不断提高党建工作科学化水平，推动学校整体办学实力和党的建设跃上新台阶。

（十四）第十四次党代会明确了新时代浙江大学的历史使命和发展目标；阐述了新时代建设中国特色世界一流大学的战略思路，提出了未来工作的战略主线和改革发展的基本方略；提出了未来一段时期学校党委管党治党、办学治校的重点任务

2017 年 12 月 28—29 日，浙大召开了第十四次党员代表大会。

大会的主题是：高举习近平新时代中国特色社会主义思想伟大旗帜，以党的十九大精神为统领，坚决贯彻习近平总书记对浙江大学的重要指示精神，团结动员全校党员和师生员工，不忘初心、牢记使命、忠诚担当、求是创新、勇攀高峰，扎根中国大地，加快推进"双一流"建设，为迈向世界一流大学前列而奋斗。

大会听取并审议通过了党委书记邹晓东代表上届党委作的《牢记使命 勇攀高峰 为迈向世界一流大学前列而奋斗》和纪委作的《强化监督执纪问责 推进全面从严治党 为迈向世界一流大学前列提供坚强政治保障》两委工作报告。各代表团分别对党委工作报告和纪委工作报告进行讨论并提出修改意见。大会选举产生了第十四届党委会和新一届纪委会委员，表决通过了两委工作报告决议。

本次党代会是在中国特色社会主义进入新时代、浙大走过 120 年光辉历程并启动"双一流"建设项目的关键时期召开的一次十分重要的会议。

大会明确新时代浙大的历史使命是：坚持以习近平新时代中国特色社会主义思想为指导，高水平建成中国特色世界一流大学，培养德智体美全面发展、具有全球竞争力的高素质创新人才和领导者，创造与传播知识，弘扬与引领文化，服务与奉献社会，为实现中华民族伟大复兴、促进人类文明进步做出卓越贡献。勇担新时代历史使命，核心任务就是要高水平建成中国特色世界一流大学。

大会明晰了浙大的发展目标，即经过三个阶段的努力，高水平建成中国特色世界一流大学：第一步是在中国共产党建党 100 周年、中国全面建成小康社会之际，学校进入世界一流大学行列，部分优势学科进入世界前列；第二步是再经过 15 年左右的努力，在中国基本实现社会主义现代化之际，学校跻身世界一流大学前列，高峰学科数量全国领先，更多优势学科达到世界前列水平；第三步是再经过 15 年左右的努力，在新中国成立 100 周年，建成富强、民主、文明、和谐、美丽的社会主义现代化强国之际，学校整体达到世界顶尖大学水平，更多的学科达到国际领先水平，为实现中华民族伟大复兴、促进人类文明进步做出卓越贡献。

大会号召，学校各级党组织、广大党员和师生员工紧密团结在以习近平同志为核心的党中央周围，在新一届学校党委的领导下，增强"四个意识"，坚定"四个自信"，扎根中国大地、加快推进"双一流"建设，为迈向世界一流大学前列而奋斗，为实现"两个一百年"奋斗目标和中华民族伟大复兴的中国梦做出新的更大贡献。

三、结语

纵观新中国成立以来浙大召开的十四次党代会（前七次为党员大会），虽然召开时间间隔不一致，但每次党代会（包括党员大会）特别是改革开放以来的历次党代会都是在学校处于发展的关键时期召开的。历次党代会客观评价各届党委工作，分析学校所处的历史方位和外部形势，确定历史使命、发展目标、战略思路，部署今后一段时期学校改革发展和党的建设任务；并经过充分酝酿和民主选举，产生新一届党委和纪委，为实现大会提出的各项目标任务提供了坚实的组织保证。

综上所述，浙江大学完善、成熟的党代会制度，一方面，不断加强并深化了党对高校工作全面、绝对的领导，确保党的路线、方针、政策在高校得以坚决有效地贯彻执行，坚持社会主义办学方向不动摇，起到了举棋定向的关键作用；另一方面，使党的民主集中制在高校得以实现和体现，使党内政治生活更加民主化、正常化，校内广大党员投身学校建设的积极性得以充分发挥、智慧得以有效凝聚。正是因为党对学校的全面领导，浙大得以在新中国成立以来的各个历史关键时期适时调整办学理念、发展目标和战略举措，与党和国家同呼吸、共命运，和国家、区域的发展同向同行、同频共振，扎根中国大地，坚定不移地朝着创建有中国特色的世界一流大学的宏伟目标迈进！

PART 3

中国大学校史研究 2022

Research on the History of
Chinese Universities in 2022

第三部分

学科、专业发展与调整研究

2022

从工科大学走向理工大学：

——1960年代浙江大学建设科技大学计划的挫折与转折

浙江大学教育学院　汪辉　田正平

在中国当代高等教育史上，"科技大学"一词直接来源于1950年代后期中国科学院举全院之力创办的中国科学技术大学（以下简称"中科大"）。由于中科大的专业设置直接对应基础研究前沿及国防尖端技术的研发，师资主要来源于中国科学院下属各研究所的研究人员乃至知名科学家，这使科技大学成为20世纪50—60年代以从事尖端前沿研究与拔尖人才培养为特征的高水平大学的代名词。中科大创办后，一些地区相继以其为模板创办科技大学。1958年9月，中共上海市委指定中国科学院上海分院负责创建中国科学技术大学上海分校，后改名为上海科技大学。1960年2月14日，浙江大学召开第五次党员大会。校长周荣鑫（1958—1961年在任）在大会报告中提出将浙江大学建成科技大学的口号。建设科技大学，对浙江大学自1952年以来形成的应用型工科办学方向及苏联模式的教育教学机制意味着什么？这一战略调整又是在何种背景下形成的？对浙江大学此后的发展产生了何种影响？这些是本文所要探讨的主要问题。

1949年以后，由于国际国内政治形势的影响，向苏联"一边倒"成为中国现代化建设必然而且是唯一的选择，教育领域也不例外，学习与引进苏联模式成为1950年代初中国高等教育发展的首要任务。通过院系调整，中国高等教育形成了以单科学院为特征的应用型人才培养体系，适应与匹配了计划经济体制对培养"即战型"人才的需求。不过，由于在学习与模仿苏联模式的实践中暴露出种种问题，如单科学院过窄的专业设置、人才培养中重应用操作轻基础理论等，尤其是不考虑国情要素照抄照搬苏联模式，从1950年代中后期起，这些问题逐渐引起中国高等教育界的反思，并使其结合国情与现实需要尝试对苏联模式进行改革和改造。有关1950年代中国高等教育界对苏联模式进行的改革，目前的研究主要侧重于宏观政策层面，通过两条道路的碰撞博弈，分析其展开与演变的进程特点。具体而言，可以认为在改革苏联模式时存在着政府和民间知识分子间的两条探索道路，两者碰撞的结果是以捍卫苏联模式为出发点的探索大获全胜并进而巩固、强化了苏联模式在中国的进一步发展。[1]或者可以将苏联模式的引进与改革更明确地聚焦在政府领导层，通过分析温和的"两种教育制度"与急进的"五七模式"方案的冲突过程，认为两者在中国的实践都存在着困境，由此预示着对新的教育模式和现代大学制度的探索的开始。[2]不过1950年代中后期改革苏联模式、探索高等教育发展的中国道路的

---

① 孔寒冰：《苏联模式在中国是如何被强化的》，《俄罗斯研究》2002年第4期。

② 张应强：《新中国大学制度建设的艰难选择》，《清华大学教育研究》2012年第12期。

实践，是否在政策层面有过明确的路径规划？宏观的顶层设计究竟如何影响基层的实施操作？在具体的改革过程中，一线大学是被动地等待政策的下达还是具有更强的主动变革意识去影响、推动政策的调整？限于一手资料的缺乏，目前的研究对此较少涉及。有鉴于此，本文希望通过对 20 世纪 50—60 年代浙江省及浙江大学围绕科技大学建设战略的相关档案文献的梳理，聚焦 20 世纪 50—60 年代单科制的工科院校是如何恢复理科专业设置并最终走上理工交叉的道路，分析改革苏联模式过程中高校自身的介入动机与实施策略，进而探讨该时期中国高等教育发展转型战略的特点及价值意义。

一、浙江大学建设科技大学方针的形成

1960 年 2 月 14 日，周荣鑫校长在浙江大学第五次党员大会的工作报告中明确提出建设科技大学的方针，他说：“根据省第三届党代表大会的精神和省委关于我校逐步转为科学技术大学的决定，1960 年的任务是：进一步提高教学质量；猛攻尖端技术，攀登科学高峰；大搞群众运动，为多快好省地培养又红又专的科学技术人才而奋斗。”

根据周荣鑫的解释，所谓“科技大学”，即以尖端技术研究和高层次人才培养为导向的高水平大学。报告明确，浙江大学计划于 1960 年增设 5 个新的尖端专业，4 个专门化。这些尖端专业主要围绕原子核物理与火箭技术工程学展开。同时基于开展科学研究是筹办尖端专业的生长点的认知，强调学校的重心是加强新兴尖端科学技术和基础理论的研究，为此要大抓重大科研项目的研究，由学校统一领导，分工负责。根据计划，1960 年，浙大将在原有系、教研组的基础上，设立动力、电子学和原子能等 7 个研究所、36 个研究室，以科研工作提升学校的办学水准。①

1952 年院系调整以后，根据新的以计划性和对口专业化培养为导向的高等教育体制的要求，浙江大学被定位为工业大学，专业建制以机械、电机、化工、土木等传统工程领域为主，目的是培养国家工业化急需的技术与管理人才。而周荣鑫的报告强调科研导向，重视尖端技术和基础研究的结合，实质上意味着浙江大学自院系调整以来形成的办学方针需要做重大调整。而这一调整方案是在 1950 年代后期特殊的历史背景下，由国家的战略意志、地方立足自身发展的政策意图以及高校企望改变院系调整后固化的外部发展生态的主动意志等多重因素合力促成的。

（一）国家层面的战略引导

在国家层面，20 世纪 50—60 年代，凝聚举国力量快速实现尖端技术领域的突破，是打破国际敌对势力利用尖端技术进行讹诈与封锁、改善国家生存空间、实现赶超战略的关键抓手。

1956 年，国务院颁布了《1956—1967 年科学技术发展远景规划》（以下简称“十二年规划”），这是新中国成立以后，国家制定的第一个综合性科技发展长期规划，对此后

---

① 周荣鑫：《中共浙江大学委员会向全校第五次党员大会的工作报告》（1960 年 2 月），浙江大学档案馆馆藏档案，档案编号：ZD-1960-XZ-0014。

中国的科技事业及国防军工事业发展产生了深远的影响。十二年规划确定了 12 个重点项目，包括发展原子能的和平利用和电子学方面的半导体、电子计算机、遥控技术等新技术门类。十二年规划发布的同时，1958 年 6 月，中共中央发出技术革命、文化革命的号召。在此宏观政策指导下，1958 年 5—9 月，部分工科院校和综合大学相继调整系科、专业与课程，增设工程物理、同位素应用等有关国防和尖端技术的新专业。

高校参与尖端前沿新技术领域建设的构想最早始于 1955 年。时任清华大学校长的蒋南翔在访苏考察原子核专业建设后即向高教部提出在北京大学和清华大学设置类似新专业设想的报告。计划当年即在北京大学设立核子物理、电子学、无线电物理、放射化学等专业；在清华大学设立实验核物理、同位素物理、远距离自动控制、电子学技术、无线电物理等专业。第二年再增设半导体、介电质、空气动力学、固体物理、热物理及稀有元素分离工艺等专业。[①]

蒋南翔报告提交后正逢十二年规划出台，清华大学遂于 1956 年正式设立工程物理系，设天然性及人工放射化学工艺学、实验核物理、同位素分离和反应堆设计与运转等 4 个专业。1958 年，增设工程化学系，此后又陆续增设高分子、核化工业等专业，并从哈尔滨工业大学、西安交通大学、大连工学院等 7 所工科院校调入 177 名学生。上海交通大学从 1958 年起先后设置无线电、应用物理、核动力装置、自动控制、数学及计算仪器等新专业。中国科学院于 1959 年 5 月创建中国科学技术大学后陆续在该校设立了原子核物理和原子核工程、高分子化学、高分子物理学等专业。

鉴于 1950 年代前期国家尚处于经济建设初期，国力有限，尖端前沿专业的建设采取比较集中的原则，限于少数精英高校。上述北京大学、清华大学是高教部直属的重点高校，上海交通大学是国防科学技术工业委员会领导的国防工业大学，中国科技大学更是中国科学院为服务"两弹一星"工程培养高技术人才而专门创立的高校。为了完成上述任务，高教部同时从全国抽调有专业研究基础的专家学者充实北京大学和清华大学。浙江大学副教务长胡济民和光学仪器教研组主任何增禄均于 1955 年被高教部调往北京大学和清华大学，分别担任北京大学物理研究室主任和参与筹建清华大学工程物理系。除上述两人外，高教部还同时函调浙江大学物理教研组主任王谟显参与筹建清华大学工程物理系。不过由于王谟显已为院系调整后浙江大学物理学科仅存的教授，浙江大学校方以"省委不同意科学院（清华）调，因王系浙大支援杭州大学的 17 人中的一个"为辞要求取消调令。[②]虽然高教部方面始终坚持"部里决定的，要建工程物理专业，一定要调"，但最终由于浙江省委的介入，王谟显得以留在浙江大学，并在 1960 年代以后成为浙江大学工程物理专业的主要负责人和浙江大学副校长。

1960 年 4 月，教育部[③]召开 23 所直属重点高校党委书记、校院长会议，讨论并制订了这些院校 1960—1962 年科技发展计划。其主要精神是，围绕原子能和喷气技术两大中

① 王孙禺、刘继青：《中国工程教育：国家现代化进程中的发展史》，社会科学文献出版社，2013，第 269 页。
② 高教部：《函复学校关于 1957 年专业设置等问题》，浙江大学档案馆馆藏档案，档案编号：ZD-1957-XZ-0086。
③ 1958 年 2 月，高教部与教育部合并为教育部，1963 年两部再度独立分设，1964 年又再度合并。

心，全面地开展尖端科技、国民经济重大科技问题和基础理论的研究。总的任务是：集中主要力量向尖端科学技术、国民经济建设中的重大科学技术问题和基础理论三个方面进军；按照"协作配套，各有特点相结合"的原则，将各校的教学、科学研究、生产组成"一条龙"。在若干主要方面，在三年内赶上世界最先进水平，并力争获得独创性的结果，为提前完成国家十二年规划做出贡献。[①] 由此，能否参与原子能和喷气动力技术研发与人才培养成为衡量 20 世纪 50 年代末 60 年代初中国高校学术水平的重要指标。

浙江大学并不在上述 23 所教育部直属重点高校之列，浙江大学自身的专业优势在工科专业，原子能及喷气技术研究力量薄弱。1959 年，中国科学院原子核科学委员会在调查全国高校从事原子能研究力量时，浙江大学上报名单仅教授 1 人、副教授 1 人、讲师 2 人、助教 6 人，其中有研究成果发表的仅王谟显等寥寥三人。[②] 1952 年院系调整中，航空系被整体抽调至南京参与组建华东航空学院，此后学校一直未恢复相关专业设置。因此，浙江大学并未被高教部安排参与上述国家重大任务。

（二）地方政府层面的政策推动

虽然在国家层面浙江大学并未有直接的机会被安排参与原子能和喷气技术等尖端领域的研究，不过转机来自浙江省政府方面的政策推动。1958 年 8 月 4 日，中共中央和国务院鉴于苏联模式下中央统管过多、地方缺乏积极性和主动性的问题，联合发布《关于教育事业管理权力下放问题的规定》（以下简称《规定》），强调改变过去以条条为主的管理体制，加强地方对教育事业的领导管理。[③] 在《规定》正式发布的同日，中央文教小组正式批复同意教育部下放 60 所高校归地方管理，浙江大学由教育部移交浙江省管理。由于浙江大学是当时浙江省内办学实力最为雄厚的高校，因此受到浙江省的高度重视，其校长一职在 20 世纪 50—60 年代的大部分时间一直由省长或副省长兼任，从而在专业设置方面获得了更多的发展空间和地方政府资源的投入。

浙江大学划归浙江省管理的 1958 年正处于"大跃进"运动的高潮阶段。按照中央科学小组在发展尖端科技方面提出的"中央和地方并举，大中小结合的方针"[④]，各省纷纷将快速实现尖端科学领域的突破作为发展本省科学的首要目标，将十二年规划所关注的原子能、半导体等作为重点领域给予关注。如河北省在报送 1959 年科学技术发展纲要的说明中即强调将猛攻尖端，依托南开大学和天津大学成立原子能中心，筹建热功率 1000 千瓦的反应堆，自行解决铀的提纯、浓缩和铀棒的制取并作为首要发展任务。浙江省也不例外。1958 年 4 月，浙江省成立科学工作委员会作为全省科研管理的主管机构。6 月，成立中国科学院浙江分院，与科学工作委员会合署办公，实际统筹管理浙江省内各科研机构。10 月，鉴于省内既有科学研究机构均为各相关业务厅局所设，为避免纠纷，科学

---

① 金铁宽：《中华人民共和国教育大事记》，山东教育出版社，1995，第 549—550 页。
② 浙江大学：《我校从事理论原子核研究的教师名单（1959 年 11 月 27 日）》，浙江大学档案馆馆藏档案，档案编号：ZD-1959-XZ-0237-008。
③ 金铁宽：《中华人民共和国教育大事记》，山东教育出版社，1995，第 459—460 页。
④ 中央科学小组/科学规划委员会党组：《关于十二年科学规划执行情况的检查报告》（1958 年 8 月 20 日），浙江大学档案馆馆藏档案，档案编号：ZD-1958-XZ-0057-005。

分院提出新设直属的 7 个研究所，包括原子物理、电子、冶金、机械、自动化等的研究所，重点发展尖端领域科研。具体发展方针是：大抓尖端科学，以任务带学科，结合生产，同时进行一些探索性的研究，边建、边研究、边工作[①]；提出"本省建设中的科学技术问题，尽可能逐步依靠本省的科学力量研究解决，并争取某些本省有条件的科学领域，逐步成为全国的中心"[②]的发展目标。

由于浙江省传统科研基础薄弱，新建 7 个研究所基本需要从零开始，根据省科学工作委员会统计，仅 1960 年即需要新进大学本科以上科研人员 540 人，其中省内无法解决，需从清华大学、北京大学、复旦大学等省外高校引入毕业生 427 人，专业方向涉及 100 多个，重点专业包括原子核物理、放射化学、无线电设计与制造、遥测遥控等。[③]在此背景下，浙江省方面自然将构建科研工作与科研人员培养机制的重心寄希望于浙江大学。1958 年 10 月，浙江省科学工作委员会即向浙江省委提出，以浙江大学为中心建设原子物理研究所和电子学研究所。[④]1960 年 3 月，浙江省科学工作委员会再次提出将浙江大学机械、冶金和土木等系直接改建为中国科学院浙江分院下属研究所的设想。[⑤]

从现有资料看，1959 年初，浙江省已明确了依托浙江大学发展尖端科技的方针。根据时任第一副校长、长期实际主持浙江大学工作的刘丹的笔记记录，1959 年 5 月 10 日，时任校长周荣鑫传达了浙江省委的指示，"学校抓尖端科学，抓原子、火箭、无线电三个中心。学校结合科研中心任务，统一规划，统一安排专业"。[⑥]在次日举行的另一次会议上，周荣鑫再次强调，以尖端建设带动其他学科发展，学校要积极抓尖端专业、抓专业提高、抓短缺专业，办学目标必须提高[⑦]，由此明确了浙江大学专业重心从一般工程专业向尖端领域转向的方针。此外，1959 年 10 月召开的浙江省文教小组会议上，在讨论省内高校发展规划时，对浙江大学提出的要求是除了要办好机械、电机、化工等传统工科，还要办好数理化专业。[⑧]这一方针除意在加强浙江在基础理论研究方面的力量外，重点也在服务与配合尖端专业的建设。

由于浙江省地处东南沿海，在 20 世纪 50—60 年代特殊的海峡两岸对峙格局下，国家有意识地控制并转移重要的产业及文教专业至内地发展，这使浙江省的社会文化事业

① 浙江省科学工作委员会/中国科学院：《浙江分院关于新建几个尖端科学研究所的初步建议》（1958 年 10 月 3 日），浙江省档案馆馆藏档案，档案编号：J115-005-009-033。
② 浙江省科学工作委员会：《对本省科学工作的方针和体制的初步意见（初稿）》（1958 年 7 月），浙江省档案馆馆藏档案，档案编号：J115-005-009-075。
③ 浙江省科学工作委员：《1960 年全省科研机构所需大学毕业生本省无法解决的专业统计表》（1960 年 3 月 2 日），浙江省档案馆馆藏档案，档案编号：J115-007-037-053。
④ 浙江省科学工作委员会/中国科学院：《浙江分院关于新建几个尖端科学研究所的初步建议》（1958 年 10 月 3 日），浙江省档案馆馆藏档案，档案编号：J115-005-009-033。
⑤ 《浙江省科学工作委员会为申请新建研究所和科委科学分院人员编制事的几点说明》（1960 年 3 月 26 日），浙江省档案馆馆藏档案，档案编号：J115-007-037-025。
⑥ 刘丹：《工作笔记：周校长传达省委指示》（1959 年 5 月 10 日），浙江大学档案馆馆藏档案，档案编号：1999-RW11-003-06。
⑦ 刘丹：《工作笔记：周荣鑫同志在各厂局会议上的指示》（1959 年 5 月 11 日），浙江大学档案馆馆藏档案，档案编号：1999-RW11-003-06。
⑧ 刘丹：《工作笔记：文教小组会议》（1959 年 10 月 13 日），浙江大学档案馆馆藏档案，档案编号：1999-RW11-004-013。

发展受到一定的影响。尽力补救因院系调整对浙江高等教育乃至浙江社会经济发展所造成的影响成为 1956 年以后浙江高等教育政策制定的主要出发点和立足点。[1] 1956 年，毛泽东在中央政治局扩大会议上发表《论十大关系》的重要讲话，强调在巩固中央统一领导的前提下，扩大一点地方的权力，给地方更多的独立性，发挥中央和地方两个积极性。[2] 由于最高领导的鼓励，地方独立发展的积极性空前高涨。如浙江省即明确了建立独立的工业体系、自力更生的方针。[3] 为了配合上述目标的实现，1959 年 10 月召开的浙江省文教小组会议讨论了全省 12 所高校的整体发展规划，除了确定将浙江医学院和浙江农学院分别升格为大学，并要求两校在省里指定的专业方向上实现突破，作为浙江高等教育领头羊的浙江大学更是被寄予厚望。主动介入国家战略发展的重点领域，追求更高的办学层次，进而带动全省高等教育的整体发展，成为浙江省在 1950 年代后期教育发展战略中赋予浙江大学的首要任务之一。[4]

（三）学校层面强力介入的愿望

对于浙江省要求浙江大学办学方向向尖端领域转向，浙江大学方面的态度究竟如何？从现有资料看，1959 年 10 月，浙江大学在提交浙江省教育厅党组的报告中已经明确，浙江大学 1960 年的专业设置规划中将包括应用数学、工程力学、工程物理（包含理论原子核和实验原子核两个专门化方向）、放射化学、无线电设计与制造、自动学与远动学等浙江省所要求的与原子能及火箭技术相关的专业[5]，显示出浙江大学对浙江省推动其发展尖端专业的态度是非常积极的。

这种积极态度主要是由于学校内部普遍觉得，新的尖端专业可以作为工程中的理科看，通过结合学校既有的工科专业，推进技术基础理论的研究。[6] 由于教师对单纯依靠工科专业在工程教育教学实践中出现问题的反思，因此其普遍对设置尖端专业这样虽然类属工程，但需要高深理科知识配合的专业抱有欢迎态度，希望以此提升理科专业在学校的地位，进而推动理工结合，提升教学质量和学校的办学水平。[7]

此外，通过调整办学定位提升浙江大学的办学实力，恢复浙江大学过去在全国高教界的影响力，也是浙江大学上下在基础条件并不成熟的背景下仍然积极支持发展新的尖端专业的一个重要的心理因素。

浙江大学在完成引进与消化吸收苏联工程教育的各个教学环节后，根据学校发展与国家工业化建设的需求，从 1955 年开始，逐渐增加新的专业设置。至 1957 年，本科专

[1] 详见浙江省委文教部《本部关于筹建杭州大学和浙江省高等学校情况报告》（1956 年）中有关院系调整及对高教部意见的讨论，浙江省档案馆馆藏档案，档案编号：J005-021-043-021。
[2] 毛泽东：《毛泽东选集》第 5 卷，人民出版社，1977，第 275 页。
[3] 刘丹：《工作笔记：周校长传达省委指示》（1959 年 5 月 10 日），浙江大学档案馆馆藏档案，档案编号：1999-RW11-003-06。
[4] 刘丹《工作笔记》中记录 1960 年全省招生工作会议分配浙大的任务时提及"省的大学，不要自己包办，凡地方能办，发展地方办，省的学校要把地方学校扶植起来"。（浙江大学档案馆馆藏档案，档案编号：1999-RW11-004-14）
[5] 浙江大学：《浙江大学现有规模、系科、专业设置设置情况及今后意见》（1959 年 10 月 14 日），浙江大学档案馆馆藏档案，档案编号：ZD-1959-XZ-0037-001。
[6] 刘丹：《工作笔记：电机系等座谈（1959 年）》，浙江大学档案馆馆藏档案，档案编号：1999-RW11-003-05。
[7] 《党委常委会上王谟显的发言记录》（1961 年 9 月），浙江大学档案馆馆藏档案，档案编号：ZD-1961-XZ-0003-002。

业增至 15 个，主要是在原有 4 个系的基础上增加的工科专业。在增设专业的过程中，学校主要基于对口合作的产业部门的需求及自身的师资实力等要素考虑新增专业申请，而高教部则基于国家财力负担及全国高校专业布局平衡作为审核批准的主要依据①，由此出现浙江大学申请设置的专业往往不被批准，而高教部要求浙江大学增设的专业则有一些是学校自身缺乏师资设备力量而无法开设的现象。加上在新教师分配、高教部组织的全国性学术会议的名额分配等方面不尽如人意之事时有发生，浙江大学上下普遍存在不满，觉得不如列入重点的同类学校那样受到照顾。②对比在全国院系调整前浙江大学在全国学术界的影响力，教师之间多有"走下坡路"的失落感，虽然学校多次利用 1959 年的国庆 10 周年及 1964 年的建校 67 周年庆祝活动突出宣传转型工业大学后学校的发展成就，但教师的这种情绪无疑给学校的主政者，特别是亲自负责浙江高校院系调整，并在 1952 年至 1982 年期间长期担任浙江大学负责人的刘丹以无形的压力。强化浙江大学的办学实力，挤入国内高校的前列成为此后浙江大学的奋斗目标和办学方针。③浙江省提出的科技大学建设方针正好给了浙江大学一个提升发展空间的机会。

1960 年 1 月，浙江大学正式完成了《1960—1967 八年发展规划》的制定。规划明确浙江大学将调整专业设置，大量增设国防和工业生产相关尖端专业，实现向科技大学的转型。同年 2 月的第五次党员大会将这一方针进一步明确与公开化。至此，浙江大学向科技大学转型的方针正式确立。

在 1950 年代和 1960 年代之交特殊的历史背景下，国家对原子能及火箭技术等"两弹一星"领域的高度重视，将能否参与该领域的技术研究和人才培养视为衡量高校办学水平高低的参考指标；地方出于自身发展的需要，将鼓励下属高校兴办尖端专业作为带动区域整体发展的主要突破点；高校除了对既有办学模式问题进行反思，更将设置尖端专业作为提升办学实力与影响力的主要途径。多重因素交织，促成了浙江大学在 1960 年发展战略和办学模式的重大调整。

二、科技大学建设方案的实施

第五次党员大会明确了科技大学的办学新方针后，浙江大学即从 1960 年下半年开始进入实质性的调整与改建工作。

首先，调整学校原有专业的建制，突出专业建设的尖端化方向。

1950 年代浙江大学的专业设置主要以对应国家经济建设的工程类专业为主。院系调整之初，浙江大学共设置了 10 个本科专业和 10 个专修科，这些专业主要分布在机械、电机、化工、土木等领域。1956 年取消两年制的专修科后，全校四年制本科专业达到 15 个。1958 年"大跃进"期间，专业建设节奏大幅加快，当年共新建了 20 个专业，使全校专业规模达到 8 个系 35 个专业。新增专业虽有部分如自动远动、电真空器件、放射化学

① 高教部：《函复学校关于 1957 年专业设置等问题》，浙江大学档案馆馆藏档案，档案编号：ZD-1957-XZ-0086。
② 同上。
③ 对原中国科学院教育处处长马先一的访谈记录（2018 年 1 月 24 日）。

等国家国防建设所需的尖端专业和数、理、化、力等基础理科专业，但大部分是浙江省工农业经济发展所急需的，如农田水利工程、农业机械制造、矿山机械等，体现了浙江大学专业建设应用服务的导向。建设尖端化的科技大学方针明确后，学校首要的工作是围绕科技大学建设的要求调整既有专业的结构。①

1960年1月制定的《1960—1967八年发展规划》明确要求对校内专业进行调整，将一般性的服务工农业生产的专业集中调出浙江大学，以便集中资源和精力投入尖端专业建设，突出浙江大学专业设置的前沿性、尖端性。根据规划，浙江大学需要将土木系的工业和民用建筑、河川枢纽及水电站建筑、建筑制品和预制构件生产等三个专业，加上机械系的农机和汽车拖拉机等专业调出浙江大学。②这些专业除工业与民用建筑外，均为1958年"大跃进"期间为服务工农业生产、因浙江省要求而新建的。1960年6月召开的浙江省招生工作会议上，对浙江大学的要求和定位进一步明确为"正确解决普及与提高问题，不要又普及又提高"，"主要抓尖端，补缺，培养科技人员"；"（专业建设）不要包办，要有所分工，地方能办的交地方办"③，重点强调浙江大学的专业建设必须以国防军工及关系国家经济建设的关键领域作为发展方向。

根据上述方针，1960年6月，浙江大学土木系、冶金系、筹建中的地质系及机械系的水轮机和水力机械制造专业的教职工256人（其中教师130人，占1960年全校专职教师853人的15.2%）及全体学生整体调离浙江大学，与浙江机械专科学校、电力专科学校等校合并新建杭州工学院。④通过组建杭州工学院，浙江大学将以服务本地经济为主的一般工科专业独立建制，从而使校内的专业设置可以更好地围绕尖端领域进行布局。杭州工学院组建后，浙江大学在校本部除了数、理、化、力等理科专业，还保留了机械、电机、化工、无线电和光学仪器等5个工科系，保留的专业都是能够和理科专业高度结合的，代表20世纪50—60年代国家关注的涉及关键技术的专业。

其次，以国际前沿和国家关注的关键领域为突破口，突出尖端专业的建设导向。

科技大学的初始目标是强化尖端专业建设。对于尖端专业的定义，浙江大学实际负责人、第一副校长刘丹在1959年3月的笔记中曾记录下浙江省方面的解释，"尖端的定义：除火箭、加速器、半导体外，每门科学都有自己的尖端"⑤。时任浙江省副省长刘剑也曾对浙江大学指示，"凡世界上有的新技术都要设专业"，主张"尖端专业，应办尽办"⑥，表明浙江省方面虽然大力推动浙江大学建设尖端专业，不过这种尖端专业是一种没有明确目标的泛指，所期望的是除服务国家国防军工建设外，也包括能够推进浙江工农业经

---

① 刘丹：《工作笔记：周校长在党委扩大会议上的指示》（1960年12月26日），浙江大学档案馆馆藏档案，档案编号：1999-RW11-004-12。
② 浙江大学：《1960—1967八年发展规划》（1960年1月），浙江大学档案馆馆藏档案，档案编号：ZD-1960-XZ-0041。
③ 刘丹：《工作笔记：招生工作会议》（1960年7月6日），浙江大学档案馆馆藏档案，档案编号：1999-RW11-004-14。
④ 浙江大学：《本校关于一九四九——一九六二年全校基本情况》（1962年），浙江大学档案馆馆藏档案，档案编号：ZD-1962-XZ-0040。
⑤ 刘丹：《工作笔记》，浙江大学档案馆馆藏档案，档案编号：1999-RW11-003-05，第10页。
⑥ 刘丹：《工作笔记：刘剑同志在高校科学会议上的讲话》（1960年12月12日），浙江大学档案馆馆藏档案，档案编号：1999-RW11-004-12。

济发展的关键技术。这些关键技术主要集中在火力发电、太阳能、原子能等能源工业，新材料、稀有金属等材料工业，机械化、电气化和自动化等工艺工具领域等。[①]不过和浙江省方面对侧重经济发展的尖端专业理解有所不同，浙江大学方面理解的尖端专业明显更偏向国防工业和自然科学前沿研究。《1960—1967 八年发展规划中更注重发展的是：无线电技术、半导体工学、电子计算机、遥测遥控、原子核物理、放射化学等国防军工相关的专业。[②]

杭州工学院调出不久，浙江大学即制定校内专业和系调整方案。根据该方案，全校专业将分为三个部：第一部为理科基础专业，设数学、物理、化学、力学 4 个系共 8 个专业，发展规模最大为 2000 人；第二部为工科应用专业，设机械工程、电机工程、化学工程、无线电工程和光学机械仪器工程等 5 个系 21 个专业，以解决国家工业建设的关键技术问题为目标，最大发展规模在 4500 人左右；第三部为新设置的国防军工绝密专业，其特点是人才培养与科学研究紧密结合，以开展探索性科学研究为重点，最大发展规模为 3500 人。[③]从整个方案看，其中的重点是服务国防军工的第三部的建设。此外，方案对理科专业的建设也显示了一定的重视度，这是因为浙江大学在尖端专业直接的研究力量薄弱，因此希望更多地借助理科专业的基础研究能力，将其转化至即将新建的国防尖端专业。

1960 年 10 月，经过校内决策层的多轮酝酿，浙江大学正式设置原子能工程和火箭工程两个系，下设原子核物理、放射化学、稳定性同位素分离、空气动力学与弹体、火箭材料、火箭发动机、火箭自动控制、无线电导航、陀螺及自动驾驶仪器等 9 个专业，开启了以尖端专业建设为导向的科技大学建设征程。为了保密，上述两系分别代号 10 系和 11 系，并迁至六和塔的之江大学旧址，改名第三部。由于新建专业全无基础，师资与生源必须集全校之力进行调配。师资方面，除了原子核物理系略有基础，由已设的工程物理教研组和化学系放射化学教研组合并组建，火箭相关专业由于学校自身没有任何基础，只能临时从光仪、电真空、无线电、自动远动、电缆、硅酸盐、无机物、化工机械、化工自动化、化学燃料、工程物理、数学、冶金等专业 1956 级和 1957 级学生中抽调符合绝密条件的 66 人提前毕业做教师进行组建。学生方面，为了快速搭起第三部两个尖端系各专业 1—5 年级的基本框架，学校从全校 2—5 年级学生中抽调符合绝密条件的 712 人进入第三部各专业，同时 1960 级新生 1216 人中也抽调了符合绝密条件的 400 人进入第三部各专业，1960 级新生中另有 350 人因符合机密条件被分到第一、第二部各机密专业，仅余 466 人被分到一般专业。整个调整幅度较大，全校老生 20% 调整了专业，新生 70% 是跨专业分配。[④]整个专业的建设过程极为仓促，明显显示出专业拼凑的痕迹。不过，在

① 刘丹：《工作笔记：关于拟定规划的方针》，浙江大学档案馆馆藏档案，档案编号：1999-RW11-004-12。
② 刘丹：《工作笔记：科技大学方向规划》，浙江大学档案馆馆藏档案，档案编号：1999-RW11-004-12。
③ 浙江大学：《系和专业设置调整方案（草案）》（1960 年），浙江大学档案馆馆藏档案，档案编号：ZD-1960-XZ-0020-001。
④ 《关于我校学生专业调整的意见》（1960 年 10 月），浙江大学档案馆馆藏档案，档案编号：ZD-1960-XZ-0030。

此过程中，1957 年以来所建的理科专业及相关交叉专业，如应用数学、工程物理、放射化学、力学等在第三部的新专业建设中提供了较多的师资与智力支持，这给刘丹等校领导留下了深刻的印象。1961 年，刘丹在校内讨论专业调整时明确表态，"力学对三部、建筑、机械、水机、水利等专业都有用"，"没理科，三部的尖端就上不去。三部是理与工高度结合的产物"。[①] 也正是从此时起，刘丹开始对在工科大学中加强理科专业建设、推进理工结合产生了坚定的信念，并在此后他主政浙江大学时期始终坚持将发展理科作为学校专业建设的重中之重。

最后，创新人才培养模式，构建高中、大学一体化的人才培养机制。

科技大学是以建设尖端专业和开展尖端科学研究为主要特点的高水平大学，这使构建能够适应尖端研究任务的高水平师资队伍、强化学生质量保障成为学校建设科技大学的首要任务。科技大学建设方针确定后制定的《1960—1967 八年发展规划》曾作了 1960 年当年选派 10 名教师赴苏留学、50 名教师到国内各高校进修及招收 20 名研究生作为师资补充的设想。[②] 由于科技大学实际运行时间较短，且尖端专业处于初建阶段，教学任务繁重，没有多余教师可以安排周转，上述设想最终未能实现，第三部的教师主要从全校各专业 4、5 年级提前毕业的学生中选拔，其业务能力更是主要通过参与学校组织的群众性科研课题提升。从 1961 年至 1962 年底第三部撤销时止，整体收效缓慢。

师资质量方面虽然提高有限，不过依靠浙江省的全力支持，这一时期在生源质量保障方面，通过探索集团化的附中建设，打造了高中、大学一体化的人才培养机制，以适应科技大学对高质量生源的需求。

1960 年 7 月，根据浙江省委指示，浙江省内办学质量较好的 4 所中学——杭州第二中学、镇海中学、吴兴中学和温岭中学划归为浙江大学管理，与原浙江大学附属中学共称浙江大学附属中学。上述 4 所新划为浙江大学附中的学校共有教师 190 人，学生 4895 人，其中初中 52 个班、高中 45 个班。将这些学校划归浙江大学管理的目的是配合浙江大学建设科技大学，为其准备质量较高的学生来源。对浙江大学附中所属各校的要求是：提高教学质量，课程内容逐步与大学衔接，避免课程内容重复、脱节，为学生进入大学学习打好基础，确保符合大学要求的毕业生均能直升进入大学。[③] 为此，浙江大学在教务处之外另成立普教处，分管成人夜大学及附属学校等。普教处成立后，即介入对上述中学日常教学工作的监督管理，规定每学期初、期中及期末需召开 3 次协调汇报会议，听取各校教学改革的进展情况与问题并做检查。从 1960 年起，浙江大学对附中各校实施教学改革，推进小中十年一贯制或初高五年一贯制，规定文理不分科，到高年级加强理科教学，重点是将大学基础课程提前下放至附中的高中段进行，要求在数理化等主要学科

① 刘丹：《在校党委常委会上的发言》（1961 年 9 月），浙江大学档案馆馆藏档案，档案编号：ZD-1961-XZ-0003-002。
② 浙江大学：《1960—1967 八年发展规划》（1960 年 1 月），浙江大学档案馆馆藏档案，档案编号：ZD-1960-XZ-0041。
③ 中共浙江大学党委：《关于划归浙江大学附属中学的情况报告》（1960 年 8 月 17 日），浙江大学档案馆馆藏档案，档案编号：ZD-1960-XZ-0060。

上达到或超过大学二年级基础课水平；第一外国语达到能翻阅外文专业书报的程度。[①]为了确保上述教学目标得以实现，浙江大学同时派出数理化及外语等基础课教师参与附中各主要课程教学计划的制订，甚至直接参与课堂教学。

通过上述这些措施，从 1960 年至 1961 年底，浙江大学在较短时间内初步形成了以尖端专业为导向的科技大学的基本的系科专业框架和拔尖人才培养体系。

三、科技大学建设的挫折

在科技大学设想形成的前一年，即 1958 年，8 月 20 日，中央科学小组和科学规划委员会党组联合向中共中央提交了《关于十二年科学规划执行情况的检查报告》[②]，报告在全国"大跃进"的气氛左右下，对十二年规划实施的总体状况做了相当乐观的预估，认为十二年规划的总体目标可以提前 5 年，在 1962 年完成；相当大一部分目标可以提前 7 年，在 1960 年完成；只有极少数项目要到第三个五年计划才能完成。总之，该报告乐观地预测，到 1962 年，我国科学技术水平可以赶上世界科学技术先进国家的水平。

受中央科学小组乐观预判的影响，无论是浙江省还是浙江大学校方，在制订、实施科技大学计划的具体步骤中，也是设定了过高的目标和过短的实施周期，要求通过科技大学的建设用八年时间实现跨越式发展，在 1967 年使浙江大学的专业水平和办学实力达到世界先进水平，建成世界一流大学。整个八年计划要求分成三个阶段完成：头年打基础、三年赶上、八年赶超。[③]而相对于上述宏大的目标，浙江大学自身的师资力量与设备资源远远达不到尖端专业建设的要求。科技大学的建设从启航之始即困难丛生，前路茫茫。

原子能与火箭专业等尖端专业的建设，首要的难题来自师资方面。由于浙江大学此前并未开展相关领域的研究，师资基础薄弱，尖端专业又是在浙江省而非教育部的推动下设置的，其师资得不到全国其他高校的支援而主要依靠校内各专业的调剂。第 10 系原子能系设原子核物理、放射化学和稳定性同位素分离三个专业，师资力量主要依托 1958 年成立的工程物理教研组和放射化学教研组。工程物理教研组和普通物理教研组在 1962 年末合并为物理学教研组时师资共 48 人，其中教授、副教授各 1 人，讲师 5 人，其余 41 人均为毕业时间不久的助教。[④]根据 1959 年浙江大学提交的报告，其中有核物理研究基础的仅 3 人。以火箭技术为主攻方向的第 11 系师资力量更为薄弱。由于浙江大学原无火箭技术相关专业设置，新建的第 11 系师资由力学、数学、无线电等专业抽调师生组建。为补充师资力量，学校不得不让高年级学生提前毕业从中选拔教师。该系"建系之初（教师）为 23 人，每个教研组仅 4—5 人。一年后教师 82 人，62% 为 1960 年提前毕

① 《浙江大学附属中学 10 年一贯制教育计划的说明》（1960 年 9 月），浙江省档案馆馆藏档案，档案编号：J039-012-085-074。
② 中央科学小组／科学规划委员会党组：《关于十二年科学规划执行情况的检查报告》（1958 年 8 月 20 日），浙江大学档案馆馆藏档案，档案编号：ZD-1958-0057-006。
③ 刘丹：《工作笔记：关于拟定规划的方针（1960 年）》，浙江大学档案馆馆藏档案，1999-RW11-004-12。
④ 浙江大学：《现有各专业简况登记表》（1962 年 11 月），浙江大学档案馆馆藏档案，档案编号：ZD-1962-XZ-0054。

业生"。这样应急组建的教师队伍除"1955 年前毕业的 10 个教师，基础好，有教学和科研能力，熟练掌握两门外语，能作为核心力量，负责主要课程、建实验室和科研"外，其余教师业务基础差，教学经验不足，只能承担辅导课和实验课。[1]由于教师普遍都是"转行而来，对建新专业心中无数。全系缺专业教材和较完整的教学计划，培养目标也不甚清楚"。师资力量薄弱的直接影响是教学工作无法安排，教学质量无法保证。"部分教师由于本身业务差，课程理论未很好掌握，教学质量不高，不能讲清概念，同学学不懂、有意见。"[2]虽然学校采用各种激励措施，鼓励教师边学边干，通过开展科研任务来提高业务水平，但由于时间较短，收效并不明显。

除师资由全校各专业抽调组建外，为了在短时间内快速搭起专业的基本框架，第三部的 9 个专业也是在 1960 年底从全校抽调了 1132 名学生，约占全校学生总数的 20%，组建成 1—5 年级各个班级。[3]由于学生来自全校各个专业，专业基础各不相同，合班上课，学习专业课和补习基础课同步进行，教学安排难度极大。

兴办尖端专业，更大的困难来自巨额的经费投入。根据浙江大学上报的预算，仅原子能研究所 1960—1962 年三年间所需设备仪器及研究经费即达 700 万元[4]，而浙江大学在 1950 年代末全年的经费预算也仅 500 万元左右。[5]经费的限制使得浙江大学原子核物理和放射化学专业的各种设施设备，如高压倍增器、质子静电加速器、回旋加速器等的购置计划一再推迟，第三部教学与科研要求的实验无法开出。[6]

最直接的难题来自外部国家政策的调整。科技大学建设实质性的启动时间 1961—1962 年正是国家面临严重经济困难的时间，为了优先确保经济建设和人民生活必需品的生产，从 1961 年开始，国家开始全面压缩高等教育规模。1961 年，杭州工学院撤销，所有师生员工及专业重新并入浙江大学。这意味着科技大学集中资源投入尖端专业的计划的破局。同时，由于 1962 年东南沿海战备形势严峻，教育部对在战备前线的浙江兴建涉及国防军工的尖端专业明确表示反对。[7]在内外形势的压力下，1962 年底，浙江大学正式撤销第三部，其 10 系和 11 系下设备专业或者撤销，或者与其他专业合并，从各专业抽调的师生分别回归原专业。从 1960 年底至 1962 年底为期两年的第三部，1961 届 11 系毕业 13 人，1962 届 10 系和 11 系分别毕业 17 人和 51 人[8]，至此正式结束使命。

科技大学从 1960 年开始启动，至 1962 年底解散第三部时止，只运行了两年左右时间。其最初设想的科研和大部分教学目标均未落实即告终止。对于科技大学的建设计划，刘丹在 1963 年 6 月召开的第 6 届浙江大学党员大会上总结为，"对学校工作的基本规律

① 《十一系报告》（1962 年 2 月 18 日），浙江大学档案馆馆藏档案，档案编号：ZD-1962-XZ-0291。
② 《三分部教学简报》（1962 年 2 月 27 日），浙江大学档案馆馆藏档案，档案编号：ZD-1962-XZ-0291。
③ 浙江大学：《系和专业设置调整方案（草案）》（1960 年），浙江大学档案馆馆藏档案，档案编号：ZD-1960-XZ-0020- 001。
④ 浙江大学科研处：《研究所科学研究经费计划表》（1960 年 2 月），浙江大学档案馆馆藏档案，档案编号：ZD-1960-XZ-0148- 001。
⑤ 《浙江大学 1957-1958 学年初报表》（1958 年 10 月），浙江大学档案馆馆藏档案，档案编号：ZD-1958-XZ-0032。
⑥ 刘丹：《工作笔记：原子能系（1960 年）》，浙江大学档案馆馆藏档案，档案编号：1999-RW11-004-12。
⑦ 浙江大学校史编写组：《浙江大学简史》，浙江大学出版社，1996，第 408 页。
⑧ 《浙江大学 1927-1962 学年学生情况统计》，浙江大学档案馆馆藏档案，档案编号：ZD-1962-XZ-0051。

认识不足，把教学改革、科学研究等看得比较简单容易；对社会义主建设的复杂性与艰巨性也认识不足，对学校事业的发展要求过急，造成了规模过大、专业设置过多，超过了实际的可能"①，这实质上也是 20 世纪 50—60 年代相当数量的高等教育政策目标无法落地的普遍原因。

四、专业调整中理工大学建设方案的最终确立

1961 年 1 月，中共八届九中全会基于国民经济所面临的困难局面，提出了"调整、巩固、充实、提高"的方针。根据这一方针，教育部门重点针对"大跃进"以来教育事业发展过快以致国民经济负担严重的问题加以调整解决。1962 年 5 月，中共中央召开全国高教工作会议并批转教育部党组"关于进一步调整教育事业和精简学校教职工的报告"，要求各级各类学校按照"五定"（定任务、定方向、定规模、定专业、定编制）要求进行精简整编。根据中央要求，浙江省高等教育进行了大幅度压缩。按照高等学校规模不宜过大的要求对现有规模过大的学校，需以多毕业、少招生和适当调整系科专业，逐步予以压缩的方针，至 1963 年，全省高校由原来的 20 所合并调整为 10 所，专业由原来的 126 个调整为 76 个，教职工及学生也分别减少了 20% 左右。②

在本轮调整过程中，作为浙江省规模与影响力最大的浙江大学首先做出调整。1961 年 9 月，浙江大学和原先由浙江大学部分专业为主体新建的杭州工学院合并，全校共设 14 个系 46 个专业，教师总计 1750 人，在校学生 9000 余人，加上干部及各类职工近 2000 人，成为名副其实的万人大学。因此，压缩专业数量和学生规模成为调整的首要目标。根据浙江省的要求，浙江大学的调整指标是专业压缩到 32 个，学生控制在 7000 人左右，因此，调整专业的选择和确认学校的发展方向就成为关键。

专业调整从与杭州工学院合并后的 1961 年 9 月开始，重点是调整专业的科目结构。由于校内外普遍认为浙江大学的规模扩大是因建设科技大学时扩充了相当数量的理科专业及理工交叉的尖端专业，因此裁并应该考虑的重点是，是否回归到此前的工业大学，是否需要裁并 1957 年以后新建的理科专业。另外，浙江省已于 1958 年创办了文理综合的杭州大学，因此，一个省内是否有必要同时设置两个理科专业，两校的理科是否需要整合，以及整合之后究竟以哪所大学为主就成了浙江大学专业调整之初的争论焦点。

1959 年，杭州大学正式创办后曾与浙江大学开会协调两校的理科培养目标。在此次协调会上，杭州大学方面即认为浙江大学根本不应该设置理科专业，同省之内两校都搞理科，力量严重分散，要求浙江大学调出部分理科师资充实杭州大学。1961 年，在全省高校重新压缩调整专业结构的背景下，合并两校理科专业的议题在浙江省委及杭州大学方面重燃。③

① 刘丹：《中共浙江大学委员会向全校第六次党员大会的工作报告》（1963 年 6 月 8 日），浙江大学档案馆馆藏档案，档案编号：ZD-1963-XZ-0014。
② 《浙江省高教局 1962 年工作总结》（1963 年 2 月 9 日），浙江省档案馆馆藏档案，档案编号：J039-015-123-073。
③ 《刘丹在研究学校规模的常委会上的发言记录》（1961 年 9 月），浙江大学档案馆馆藏档案，档案编号：ZD-1961-XZ-0003 -002

对于是否裁并理科的方案，浙江大学建校方的态度是非常明确的。1961年9月，在讨论学校规模调控的会议上，时任第一副校长刘丹作总结发言时表示，"美国有工则有理，有理不一定有工。工科好的学校都是有理的……我国办高等教育，从学苏联，而感到发展有局限性，需要在工科中搞理科"。其中办理科的理由是：①有利于工科学校打好基础，打基础没有理科是不行的；②有利于工科专业的生长，浙江大学化工系的生长主要是靠化学系带起来的；③有利于师资素养的提高，可以为研究生开高一级的数学、物理等各方面的基础课；④有利于整个学校的质量提高，提高质量集中在理工的高度结合这一点。[①]对于今后的办学方向应该去何处，刘丹等已经认识到学习借鉴的目标不能仅限于苏联，"要了解一下美国、日本、英国是如何做的。总结国内的经验、国外的经验、我们学校的经验，如办三部的经验"。在提及1949年前浙江大学办学的经验时，刘丹指出，"原来浙大有名是在于理科的水平很高，我们到1957年就感到要提高质量就办起理科，这些都是体会到效果的"。这里，刘丹通过老浙江大学的办学经验实质上已经意识到兴办理科专业对学校整体办学实力和影响力提升的积极意义。

认识到发展理科对学校建设的巨大价值后，浙江大学专业调整的方针就相当明确，即优先压缩工科，尽量保证理科专业的系统稳定。如刘丹所言，"工科方面要下决心压，43个专业压到30多个，保留小精尖"。对于理科的方针则是力保所有已建的专业，"数理化力合一个系"，缩小名义，但保留专业框架和力量。对于省教育厅建议全省高校集中力量建设一个数学基地的方案，浙江大学校方搬出教育部指示，以杭州大学是地区办的综合性大学，主要培养中等学校师资为由，力主"杭大的陈建功等先生调来我校更为适宜"作为回应[②]，以此显示坚决保留理科专业的决心和信心。

在专业压缩与调整过程中，除来自浙江省方面的压力外，教育部从全国专业平衡的角度，也希望浙江大学能够进一步凝练和突出工科专业的特色。基于对1950年代后期高等教育发展过快过急所导致的问题的反思，教育部于1961年9月颁布了《直属高等学校暂行工作条例（草案）》（以下简称"高教60条"）。高教60条系统总结和重新肯定了新中国成立以来高等教育建设的经验，从强化高等教育质量导向的立场出发，强调高校必须以教学为主，教学中以教师为主，对"大跃进"期间激进的、运动式的教育革命、教育改革进行纠偏。在高教60条出台后的专业调整中，教育部的总体倾向是回归苏联模式下强化专业教学的导向，以稳定高校教育秩序。

在讨论1963年的专业招生名额分配时，教育部的方案是浙江大学的数学和化学专业停招，名额转到机械和冶金等专业，同时希望浙江大学能保留精密仪器制造专业并在全国率先试办物理光学等专业。就全国而言，停办理科，强化工科，虽然是调整过程中贯彻保证重点方针的合理选择，但对浙江大学而言，其结果必然导致其回归到1957年前单

---

① 《刘丹在研究学校规模的常委会上的发言记录》（1961年9月），浙江大学档案馆馆藏档案，档案编号：ZD-1961-XZ-0003-002。
② 中共浙大委员会：《关于我校规模和专业调整几个意见的报告》（1963年4月18日），浙江大学档案馆馆藏档案，档案编号：ZD-1963-XZ-0009-004。

一的工科体制。对此，浙江大学校方明确表示了反对意见，强调"我校设置（数学、化学）这两个专业，原来目的是配合工科专业，加强基础理论教学，并为发展理工结合的新学科创造条件。经过几年来的努力，这两个专业都已具有一定的基础，若停止招生，从长远来说，对加强工科专业的基础理论及进一步发展将有所影响"。[①]对于教育部要求保留及试办新的工科专业，浙江大学校方则以基础薄弱为由，要求教育部大力给予师资力量和设备方面的支持，以便创造条件进行回应。[②]总体而言，基于理科专业在科技大学建设时期助力尖端专业发展的经验，浙大校方在1960年代初已经充分意识到发展理科对提升工科院校办学水准的巨大价值，由此在与教育部协调专业调整时始终坚持将保留并发展理科专业放在优先位置。

最终，通过与教育部的沟通协调，浙江大学的专业虽从1960年的46个压缩合并到1963年的25个，但数学、物理、化学和力学等理科专业都在调整中得以保留。

1963年6月，浙江大学召开第六次党员大会。刘丹代表浙江大学党委在向大会所作报告中明确提出学校的办学方向是"围绕基础理论、工程技术、理工结合的新学科三个方面，大力提高教育质量和学术水平，把我校从现有基础上建设成为社会主义的现代化的多科性理工大学"[③]。多科性理工大学口号的提出，意味着浙江大学在1960年科技大学建设中提出的理工结合、发展理科专业的方针得以延续，同时也标志着浙江大学从1952年以来单一工科大学办学模式转型的最终完成。

五、结语

改革苏联工程教育模式，探索新的高等教育发展道路是中国高等教育从1950年代中后期开始的主要课题。1956年6月，时任清华大学校长的蒋南翔在主持起草的中共北京市委高等学校委员会向中共中央的报告中指出，"1952年全国高等学校的院系调整有很大的成绩，但是有些措施是不够妥当的。清华大学、浙江大学原有的理学院是全国基础最好的，按照苏联经验把清华大学、浙江大学改造为多科性工业大学时，把理学院整个地调整出去了，只给它们留下了极少数的理科老教师……工科和理科是有密切联系的，当代最新的技术科学都需要坚实的理论基础，美国著名的麻省理工学院就是把工科和理科办在一起的，如果个别学校如清华大学参考它们的经验，兼办理科与工科，未尝没有好处"[④]。这里明确提出了借鉴学习美国麻省理工学院的工程教育模式，实质上也对苏联工程教育单一专业培养模式提出了质疑。

不过从实际的改革进程看，改革苏联高等教育模式并非自上而下有明确路径规划的，

---

① 中共浙江大学委员会：《关于数学和化学两个专业继续招生问题的报告》（1963年8月14日），浙江省档案馆馆藏档案，档案编号：J039-015-142-017。
② 中共浙江大学委员会：《关于我校规模和专业调整几个意见的报告》（1963年4月18日），浙江大学档案馆馆藏档案，档案编号：ZD-1963-XZ-0009-004。
③ 刘丹：《中共浙江大学委员会向全校第六次党员大会的工作报告》（1963年6月8日），浙江大学档案馆馆藏档案，档案编号：ZD-1963-XZ-0014
④ 蒋南翔：《当前北京市高等学校的几个问题的汇报》（1956年6月），载《蒋南翔文集》下卷，清华大学出版社，1998，第651—652页。

而是一种渐进的演变过程，其中更多地依赖高校自身的主动意志。虽然浙江大学于 1957 年在全国工科院校中率先恢复了理科专业设置，但这一举措并不意味着其已形成明确的改革苏联教育模式的目标意识，而主要是由于浙江省在筹建杭州大学遇到瓶颈时对其大力推动的无心插柳之举。[①] 不过这些理科专业在 1960 年代从零基础开始建设尖端专业的过程中发挥了巨大的基础支撑作用。虽然科技大学计划最终因国家政策影响及各种内外部原因中途夭折，但是基于科技大学建设的实践体验，浙江大学强化了对理科专业建设意义的认知并在面临多方调整压力的背景下反而加大了理科专业建设的投入力度。浙江大学 1963 年的理工大学建设方针某种意义上是其 1960 年科技大学建设方针的自然延续。也是在浙江大学建设科技大学的同时，全国主要的工科院校都普遍经历了开展教育革命、发展尖端专业的实践探索。虽然，这种探索同样存在着急功近利、忽视教育发展规律等致命问题，但通过发展尖端专业的实践探索，理科能够强化工科的发展基础，理工结合可以带动新兴学科发展成为包括浙江大学在内相当部分工科大学办学者的普遍认知。[②] 这种认知基础最终推动着中国工科院校和高等教育界逐渐扬弃苏联高等教育模式，开始有意识地探索新的中国高等教育的发展之路。

---

① 浙江大学：《拟自 1957 学年起逐年增开理科专业报请审批》（1956 年 12 月 26 日），浙江大学档案馆馆藏档案，档案编号：ZD-1957-XZ-0086。

② 根据浙江大学方面的统计，1961 年底，工科院校中已有清华大学、哈尔滨工业大学、上海交通大学、西安交通大学、天津大学、中南矿冶学院、上海工学院、武汉测量学院等近 10 所工科院校设置理科基础专业。（详见浙江大学档案馆馆藏档案，档案编号：ZD-1961-XZ-0003-002）

浅探中南矿冶学院的学脉渊源和对国家的贡献

中南大学档案馆　李君　张朝晖　曹阳　杨健康

中南矿冶学院（中南大学前身之一）是根据教育部院系调整方案于1952年11月1日由湖南大学、中山大学、武汉大学、广西大学、南昌大学和北京工业学院的地质、矿冶系（科）合并组建而成的。中南矿冶学院的组建并非临时起意，而是有一定的学科基础可循。中南矿冶学院在建院33周年之际，于1985年更名为中南工业大学。2000年4月，中南工业大学、湖南医科大学、长沙铁道学院合并组建中南大学。本文将就中南矿冶学院前身的学脉渊源和对国家的贡献作一个初步的探讨。

一、中南矿冶学院前身的学脉渊源

我国是一个文化古国，有着数千年的文化底蕴。但由于长期处于封建社会的统治之下，近代教育起步较晚。长期处于农耕社会，工业教育起步更晚。晚清期间开始提倡洋务运动，逐步开始举办新式教育，但初始都为兴洋务服务，开办的都是方言、格致、商务等方面的学科。查阅历史资料，民国成立（1910年）以前先后兴办的主要学校有：

建立于1893年的武昌自强学堂，初设方言、格致、算学、商务等四门，1902年改名为方言学堂，1913年更名为武昌高师，最后发展成为现在的武汉大学。

建立于1895年的天津中西头等学堂，开始就设土木、采矿、冶金、机械四门，是我国举办工业教育最早的学校，后发展成现在的天津大学。

建立于1896年的上海南洋公学，先设师范科，1900年上海校舍落成，增设铁路班和"识书院"，后发展成现在的上海交通大学、西安交通大学。

建立于1897年的浙江求是书院，初始课程设有国文、经史、科学、格致、化学、英文等必修课，1905年增设师范，1908年分为文科和理科两类，后发展成现在的浙江大学。

建立于1898年的京师大学堂，先是设立"仕学院"，让举人、进士出身的京官入院学习，设史学、政治、地理三堂，1923年设医学实验馆，1906年设政法学堂，1907年设博物实习科简易班，后发展成现在的北京大学。

建立于1901年的山东大学堂。初始教学内容为四书、五经，后为各科外国语课程，另设法制、心理学、算学、物理、化学、博物、地质、矿物等课，后发展成现在的山东大学。

建立于1902年的南京三江师范，1903年设理化、农业博物、历史与地理、手工图画四科，后发展成现在的南京大学。

建立于1903年的湖南高等实业学堂，初始设矿业、铁路建筑两个预科，即矿科和路科，是为官办，是我国以工业教育为主的较早的学校，即现在的湖南大学。

建立于 1905 年的上海复旦公学，到 1929 年拥有文、理、法、商四个学院，即现在的复旦大学。与之同年创立的还有唐山铁路学堂，设有矿科。

建立于 1906 年的山西大学堂，初始设法律、矿学、格致三科，即现在的山西大学。与之同年建立的还有广东高等师范学校，设有博物科，即现在的中山大学。

建立于 1907 年的上海法文医学堂，初设法文和医学两科，1912 年该校增设工科，即现在的同济大学。

建立于 1909 年的兰州大学，初始以讲授吏法、律例等课程为主。与之同年设立的还有焦作路矿学堂、国立铁路管理学院和铁路传习所。

从以上情况看，我国起步最早的工业教育是矿冶、铁路和机械，而其他工业教育则是 1910 年以后才逐步开始的。在新中国成立以后的院系调整中，原天津中西头等学堂的采矿专业分到北京矿冶学院，冶金分到了北京钢铁学院，机械则留在天津大学。而湖南高等实业学堂的矿冶分到了中南矿冶学院，铁路部分分到了中南土建学院，所以，中南矿冶学院是我国工业教育举办最早的几所学校之一。当时学部（教育部）有评语曰："中国自北洋大学堂而外，工程学科未有如湖南高等实业学堂之完善者。"这无疑奠定了中南矿冶学院在我国工业教育中的历史地位。

另外，从上述资料中也可以看到，由广东高师博物科发展成为中山大学的地质系也是在 1910 年以前，这也确定了中南矿冶学院在中国工业教育中的地位。

除湖南大学矿冶系、中山大学地质系以外，武汉大学矿冶系成立于 1938 年，广西大学矿冶系成立于 1934 年，南昌大学采冶科成立于 1925 年，北京工业学院的采矿、冶金专科前身是 1939 年成立于延安的自然科学院矿科。这 4 个矿冶系（科）虽然成立较晚，但也是新中国成立以前办得较好的矿冶系（科），所以由这 6 个地质、矿冶系（科）合并组成的中南矿冶学院是有悠久的学脉渊源和重要历史地位的。

悠久而文明的历史是具有良好素质的人一代又一代接力形成的。先后在这 6 个地质、矿冶系（科）执教的精英先贤有名有姓记载的不下数十人。其中许多人虽名声远扬，但由于年代久远，其事迹缺乏详细记载。仅目前能搜集到的资料看，有离校以后曾任国民政府教育部长的朱家骅；曾三任湖南大学校长、在法国获炼钢博士的胡庶华；有享受"英庚讲座教授"的钟伯谦、王子祐和曹诚克；有地矿世家、均为地矿教授的何杰、何绍勋父子；有为我国炼铜工业做出贡献的先行者周则岳；有我国第一位女性地质教授蔡承云；有在锑冶炼上造诣精湛的赵天从；有年轻有为、28 岁就担任教授的胡为柏；有在 1941 年为弄清陕甘宁边区地质构造参与进行地质调查，在边区找到了质地良好的铁矿和煤矿的武衡；有新中国成立以后担任过地质部长的李四光和担任过冶金工业部副部长的徐驰；有被选为中国科学院院士的陈国达和被选为中国工程院院士的黄培云。

有着悠久的历史和严谨的教学态度，再加上一大批名流执教，能够培养出大批的优秀人才也是必然的结果。

二、中南矿冶学院前身对国家的贡献

看一个学校的贡献无非看其出的人才、成果和经验。而对于新中国成立以前的中南矿冶学院前身来说，从当时的实际情况看，主要是看它培养了多少人才，它培养的人才对国家所做的贡献。矿冶教育起步早，但发展缓慢，培养的毕业生不多。湖南大学矿冶系从 1903 年到 1949 年的 46 年间共毕业学生 448 人；中山大学地质系从 1906 年到 1949 年的 43 年间，毕业学生 107 人；武汉大学从 1938 年到 1949 年的 11 年间，毕业学生 105 人；广西大学从 1934 年到 1949 年的 15 年间，毕业学生 100 人。平均每校每年毕业生不到 10 人。其余两校均缺乏数字记录，但估计情况也都类似。可见，中南矿冶学院前身在新中国成立以前的毕业生大概在千人以下。毕业人数虽不多，但满足了当时国家对矿冶事业的需要。由于当时教学严谨，又处在动乱时期，学生学习也努力，所以所培养的学生质量是比较高的。特别是新中国成立以后，党对知识分子十分重视，广大知识分子热情高涨，积极性空前提高，争相为国家做贡献。新中国成立初期，百废待举，工业亟待恢复和发展，急需人才应用，在那个人才奇缺的时期，他们发挥了积极的作用，做出了较大的贡献。早期毕业生的代表性人物有以下几位。

周则岳：1895 年生，1916 年毕业于湖南大学前身公立工业专门学堂。先后在美国加利福尼亚和科罗拉多矿冶学院矿冶专业学习，获矿冶工程师学位。1921 年回国，回母校任教，并先后在江西、湖南、上海、四川等多地工作。曾任民国时期资源委员会少将专员。抗日战争时期在湖南沅陵和四川彭县等地炼铜，从勘探、开采、选矿，再到冶炼，全过程都由他领导完成，终于生产出抗日急需的铜，是为我国铜冶金事业做出贡献的先行者。武汉大学矿冶系成立以后曾多年担任系主任，几乎能讲矿冶系中所有的课程。晚年专门从事有色金属冶炼的教学工作，是中南矿冶学院的知名教授。

陈国达：1934 年毕业于中山大学地质系，后赴北平地质研究院深造。以后一直在中山大学地质系任教，并任系主任。中南矿冶学院成立后任地质系主任，后任副院长。先前为中国科学院地学部委员、中国地质学会副理事长、全国科协学术出版社编委、国际地科联大地构造委员会副主席。1949 年起侧重于大地构造的研究。1956 年创立的"地洼学说"已发展成为国际上公认的地质科学新学派。主要代表作已收入《陈国达地洼学说论文选》，其中《地洼区（活化区）——大陆地壳第三构造单元》于 1982 年获国家自然科学二等奖，其在国内外地质界享有很高的声誉。

李薰：1913 年生，1936 年毕业于湖南大学矿冶系。1937 年以优异成绩通过省试，赴英国留学，1940 年获博士学位。在英期间，对关于冷加工对钢组织性能的影响，以及钢中氢的作用进行了深入研究，奠定了热处理去氢的基础，对世界钢铁技术发展有重大影响。1951 年响应中共中央号召，接受中国科学院院长郭沫若的邀请，毅然回国参加社会主义建设。先后担任中国科学院金属研究所所长、中国科学院沈阳分院院长，并被选为学部委员，又担任中国科学院技术科学部主任、中国科学院副院长。他做了大量有效的研究工作，先后为我国发展高温宇航材料和原子能事业做出了极大的贡献，为我国第一颗原子弹、第一颗重返地面卫星、第一架超音速喷气飞机、第一艘核潜艇研制成功提供了关键材料。1971 年，他受周恩来总理委托解决了航空工业中材料质量的关键问题，得到了高度赞扬。

张兴钤：1921 年生，1942 年毕业于武汉大学矿冶系。1952 年获麻省理工学院物理冶金博士。1955 年回国，任北京钢铁学院教授。1963 年以后，先后在二机部第九研究院、国营九零三厂和二机部军工局担任重要职务，后为中国工程物理研究院研究员。曾任中国核学会核材料分会理事长，1991 年当选为中国科学院技术科学部委员。在中国原子弹、氢弹的研制工作中，参与组织领导爆轰物理、特殊材料冶金等工作，为中国的核武器事业做出了重要贡献，曾因此获国家自然科学一等奖和国家科学技术进步特等奖。

杨烈宇：1918 年生，1942 年毕业于武汉大学矿冶系。1953 年起在大连海运学院执教，曾任教授、博士生导师。曾先后担任大连市人大常委会副主任、全国政协委员、全国人大常委会委员、中国农工民主党中央副主席、中国发明协会副会长等要职。曾被错划为右派，在下放劳动时始终不放弃技术事业，大胆革新，使工厂产品超过世界名牌，打入国际市场。粉碎"四人帮"以后，杨烈宇同志迎来了第二个春天，他致力于船机制造事业、离子渗透技术、物理气相沉积技术的研究，取得了重要成果。1981—1992 年获国家和省部以上成果奖 23 项，发明专利 3 项。撰写、主编、主审教材 20 余部。1998 年被载入《中国当代发明家辞典》，1991—1993 年连续 3 次被载入美国传记研究所出版的《世界杰出名人录》。

彭佐猷：1919 年生，1944 年毕业于湖南大学矿冶系。彭佐猷是石油钻井方面的专家。1949 年在玉门油田参加革命，曾任玉门油矿勘探公司副总工程师。1959 年转战松辽盆地，受命为松辽盆地石油勘探总指挥部副总指挥。1966 年任大港油田总工程师、副总指挥。1979 年任华北石油会战指挥部副总工程师。他把毕生精力奉献给了我国的石油事业，以身作则，吃苦耐劳，亲赴生产一线调查研究，认真摸清油田地下情况，再组织制定钻井生产方案。曾亲身参加并组织了大庆油田第一口井港 3 号和大港油田第一口井港 5 号的钻井、试油工作。1959 年获甘肃省先进生产者和全国生产者光荣称号，并出席了全国工业交通群英大会。

刘天泉：1927 年生，1952 年在湖南大学矿冶系学习，后被选送去波兰留学。1958 年回国，历任煤炭科学研究总院学术委员会主任、北京开采所总工程师和学位委员会副主席、中国工程院院士、第六届全国人大代表。他首创和发明了一门全新的涉及采矿、矿山测量、水文地质、工程地质、岩石力学、建筑及环保科学的边缘交叉学科，并将其在矿山建筑物、水体、铁路下和承压含水层上（三下、一上）安全采矿，矿山环保，矿山资源开发利用等方面进行了成功的应用，取得了一系列在国内外具有领先水平的开创性成果，是我国矿山采动响应与控制理论及特殊开采技术领域的开拓者和学术带头人。30 多年来，他积极研究我国煤炭生产中面临的淮河、微山湖、渤海地区河湖海水体下及华东、华北区厚流沙层下，石灰岩水压含水层上和城镇村庄建筑物下大量煤炭资源不能开发开采的问题，并坚持深入一线，主持完成了 100 多项科研课题和工程指导项目。他将研究成果运用在实践中，压煤 3 亿多吨，取得了巨大的经济效益和社会效益。他所领导的科研团队，获科研成果 60 余项，获国家和省部级奖 40 余项。

张逢铿：1922 年生，1944 年毕业于湖南大学矿冶系。先后在新疆、鞍山、上海、台湾等地工作。1952 年赴美深造，在圣路易斯大学主修地震学，获硕士学位。1958 年参加国际地球物理年美国南极勘探队，任首席地球物理师。1958 年 11 月 18 日登上南极，成为第一个登上南极大陆探险考察的中国人。在南极完成了《南极冰层震波速度之研究》《K 层厚度与物质结构之分析》两篇论文。由于其在探险期间的卓著功勋，张逢铿得到美国国家科学基金会和美国政府的重视，1963 年美国国家科学基金会将南纬 77°44′、西经 126°36′ 处定名为"南极张氏峰"。1974 年获美国国务院颁发的金质奖章和奖状。

除以上表现突出的代表人物以外，在生产一线、教学岗位、管理领域也还有一批卓有贡献的校友。

在钢铁生产方面，鞍山钢铁公司恢复生产初期，有 20 余名生产技术骨干是湖南大学矿冶系毕业生。1948 级毕业生成兰伯担任了鞍山钢铁公司的副总工程师，柳州钢铁公司副总工程师黄开炫、涟源钢铁厂副总工程师周孝廉、重庆黑色冶金设计院的高级工程师曹新荣也都是湖南大学矿冶系的毕业生。

在政府部门或科研院所担任技术管理领导职务的也不少，如广西大学矿冶系毕业的吴有芳担任过黑龙江省科委主任，李马可担任了冶金工业部技术司副总工程师，王宗绵担任了广东省石油化工厅副总工程师。武汉大学矿冶系毕业的汪雨生担任了冶金工业部规划设计院副总工程师，赵洪模担任了重庆有色金属研究所总工程师，王季明担任了四川石油管理局副总工程师，罗富辉担任了重庆钢铁公司副总工程师。北京工业学院前身延安自然科学院毕业的黄墨滨长期担任武汉钢铁公司领导职务。

不少毕业生对学校所在地方矿冶事业的发展也起了很好的作用，如湖南大学矿冶系毕业的唐宋、谭震、文心正、周翰夫、祝镇藩等对湖南有色金属冶金，特别是铅、锌、锑等工业的发展做出了重要贡献。有相当一批广西大学矿冶系毕业生留在广西工作，在广西的平桂矿务局、西湾煤矿、合山煤矿等单位工作，对广西的矿冶开发，如广西富贺钟的锡矿、梧州的冶锑等工业都起了重要的作用。北京工业学院前身延安自然科学院矿科虽办得时间不长、毕业生少，但在当时边区急需技术人才的情况下，毕业生毕业以后就投入战斗，解决了一些实际问题。

活跃在教学岗位上做出贡献的人也不少。如武汉大学矿冶系毕业的童光煦曾担任北京钢铁学院的采矿系主任，吴世隆、吴兵曾担任北京钢铁学院的教授，张以增任华中科技大学教授、博导；广西大学矿冶系毕业的陈展猷长期担任中南矿冶学院教授，丘继存、钮强担任东北工学院教授；南昌大学采冶科毕业生黄存绍长期担任中南矿冶学院教授，因表现突出，曾被评为全国教育系统劳动模范。

综观以上情况，中南矿冶学院前身的六个矿冶、地质系科毕业生中确实涌现出一批贡献突出的人物，他们不但在国内有较大的影响，其中一些人在国际上也具有较好的影响，在教学、科研、生产、管理各个领域都有自己的贡献。从矿冶具体业务看，在钢铁、有色、石油、煤炭、新型材料等各个方面都有做出较大贡献的代表人物，他们在新中国成立以后的建设工作中发挥了积极的作用。

湖北省属高等教育的调整、整合与发展

——以湖北工业大学为例

湖北工业大学档案馆　黄瑶

湖北省尤其是武汉市作为我国高等教育比较发达的地区，聚集了包括武汉大学在内的八所中央部属高校，以及湖北工业大学等在内的众多省属高校。由于高等教育管理体制原因，部属高校不能完全反映湖北省高等教育整体发展水平和面貌，而湖北省属高校如湖北大学、武汉科技大学等在相当长一段时间内不归属湖北省高教系统，也无法完整反映湖北省高等教育发展情况。湖北工业大学建校历史可追溯到1952年武昌农业学校建立，从1958年湖北农业机械专科学校（以下简称"湖北农机专"）举办高等教育以来，经历了湖北农业机械专科学校（1958—1984年，其中历经多次分合）和湖北轻工业学院（1979—1984年）时期、湖北工学院时期（1984—2004年）以及湖北工业大学时期（2004年至今），一直隶属湖北省高等教育系统。1984年，湖北农机专与湖北轻工业学院合并组建湖北工学院。2004年，湖北工学院更名为湖北工业大学。湖北工业大学的办学历程，见证了湖北省属高等教育的历史变迁和稳步发展，是湖北省属高等教育发展的一个缩影。

一、湖北省属高等教育初始尝试——湖北农机专的组建成立

湖北省属高等教育举办伊始便立足于服务经济社会发展的定位。因经济基础弱、办学底子薄，湖北省最初从创办中等专业学校开始，逐步集中资源创建高等专业学校，在改革开放之前一直以培养专科生为主。

1952年，国家按照"以培养工业建设人才和师资为重点，发展专门学院、整顿和加强综合大学"的方针，开始有计划、有步骤地对高校进行院校和专业调整。负责培养湖北省农业人才的原湖北农学院被整体并入华中农学院后，湖北省失去了属于本省的农业技术人才培养基地。为改变这种状况，湖北省决定先办中等专业学校，再办高等学校，于1952年建立了武昌农业学校，随后又建立了武昌农业机械化学校、武昌畜牧兽医学校等中专学校和湖北省农业干部学校，从而为农业生产合作社训练初级和中级技术干部及培养其他农业技术专门人才。

1957年，为了适应国家经济社会发展需要，集中人力、物力、财力办学，为湖北经济建设和社会发展培养更多更好的人才，湖北省农业厅决定将武昌农业学校、湖北省农业干部学校、武昌农业机械化学校、武昌畜牧兽医学校合并，组建湖北省农业学校，仍为中等专业学校。1958年，为适应农业生产"大跃进"需要，湖北省农业学校建立了机

务队，为学生的机务实习、学校基本建设和武汉市郊区农业生产合作社代耕服务。学校大力推进农场、工厂的建设，将实习工厂扩建为湖北省农业机械修配厂，扩大为生产工厂，以生产和修理农业机械为主。为了贯彻教育与生产相结合的方针，湖北省农业学校筹划扩大农场垦荒面积，并向湖北省农业厅上报了筹划扩建实习牧场和农场的工作报告，因湖北省农业学校调整，相关计划未能完全实施。

为了适应农业生产"大跃进"的发展需要，1958年10月20日，湖北省人民委员会决定，将湖北省农业学校调整为湖北农业机械专科学校（湖北工业大学前身）、湖北畜牧兽医专科学校和湖北园艺专科学校。这是湖北工业大学举办高等教育之始，也是湖北省属高等教育的初步探索。因此，从举办高等专科学校湖北农机专开始，湖北工业大学的初心和使命即为立足湖北，为湖北经济社会发展培养专门人才。

二、湖北省属高等教育的探索与实践——湖北农机专的教学与生产

作为湖北省属较早开办的高等院校和湖北农机行政管理体制之下的高等学校，为了实现农业大发展，在湖北省的领导下，湖北农机专从成立开始便贯彻"教学、科研与生产相结合"的方针政策。由于科研力量薄弱，学校结合自身特色和实际情况，实现教学与生产劳动相结合，彰显了学校办学特色。

湖北农机专成立之后，原湖北省农业学校实习工厂和实习农场被划分到湖北农机专。实习工厂主要生产链轨轴、活塞销、连杆铜套等零配件，还修理汽车、拖拉机，并承担学生金工实习和机车修理实习任务。实习农场是为各种农机具的田间实验和学生的生产实习服务，实习农场产出的牲畜、农副产品主要供应学校。除了实习工厂和实习农场，1958年，湖北农机专在以"钢为纲、全面跃进"的方针指导下，还开办了1个耐火材料厂、2个肥料厂。

1958年，国家颁布了《关于教育工作的指示》，确定了"两条腿走路"的方针，决定在全国各类学校贯彻"教育为无产阶级政治服务，教育与生产劳动相结合"的方针。湖北农机专将国务院方针作为办学的基本指导思想，发动师生参与生产实习和生产劳动。为了落实"两条腿走路"的方针，湖北农机专建校后，将全部师生下放到工厂、农场进行生产锻炼半年或一年，学生教学主要以结合生产实践的现场教学为主，没有进行课堂理论教学。1958年"大跃进"运动和人民公社化运动兴起之后，农业和教育领域都出现了"大跃进"，在此种情形之下，湖北农机专也开展了办学"大跃进"。1960年初，湖北农机专编制上报了《湖北农业机械专科学校1960—1967年高等及中等全日制教育事业发展规划（草案）》，提出：1961年招生本科生120人、专科生320人、中技生400人，在校生达到2090人，至1967年招收本科生600人、专科生320人、研究生50人，在校生达到3120人。在教育"大跃进"的背景下，学校从专科学校谋求向本科学校"跃进"，并在尚未培养本科生的前提下寻求培养研究生，得到湖北省大力支持。1960年9月1日，中共湖北省农业厅党组、中共湖北省农业厅党委会向学校发来通知，同意学校正式以湖

北农业机械化学院名义办学。当月，湖北省人民委员会指示，为了将办学与农业生产紧密结合起来，将湖北农业机械化学院从武汉城市迁往农村，永久校址为湖北沙洋县高桥镇（今湖北荆门沙洋县）。由于湖北省对省属农业院校的发展与定位尚未形成统一而稳定的认识，学校迁校计划仍处于调整过程中。

受 1959—1961 年连续自然灾害的影响，全国普遍存在生活物资紧张的问题。为了响应并落实党中央"大办农业，大办粮食"的号召，并通过农业生产培养学生的劳动意识、提高实习质量，进一步贯彻党的教育方针，同时也为了解决湖北省农业厅和学校自身副食品与物资供应困难的问题，湖北农业机械化学院在进行新校址建设的同时，又开垦了沙湖、石牌等农场。然而由于选址不当，加上苍忙上马，沙湖农场从建场到撤销的三年时间里，共遭受了六次水灾，水灾的直接后果是农作物减产或无收。石牌农场于 1961 年8 月筹备建场，但 1962 年 6 月至 7 月，汉江发生洪水，石牌农场被全部淹没，损失惨重。与此同时，沙洋新校址因投资大、工期长、建材缺，建设进度未能按计划顺利进行，一些工程最终未能完工便下马。1962 年 3 月 5 日，湖北省人民委员会召开迁校工作会议，会上反映湖北农业机械化学院建校工地需要继续投资 200 万元。因财政困难，会议决定湖北农业机械化学院暂时缓迁，沙洋高桥基建工地的建筑工程和基建物资全部移交给湖北省粮食学校。迁校计划以失败告终。

为解决"大跃进"运动和人民公社化运动导致农业、轻工业和重工业的比例失调问题，中央决定对国民经济实行"调整、巩固、充实、提高"的方针。为此，教育事业也必须进行调整。在这种情况下，湖北农业机械化学院在许多方面进行了相应的调整。因为国家农业现代化水平低，实际农业生产中电气化应用较少，发展速度缓慢，高校培养的农业电气化人才无用武之地，超出了实际生产的需要。湖北农业机械化学院在开办本科教育后不久，就接到指示进行调整，仍举办专科。仅半年之后，学校又恢复为湖北农业机械专科学校。

1962 年上半年，为了贯彻全国高教工作会议关于高等教育"压缩规模、精简人员、提高质量、合理布局"的原则，考虑到农机战线技术力量过剩、毕业生分配不出去，经湖北省农业厅批复，湖北农机专只举办农业机械化一个专业，将学校规模压缩到 360 人，并从 1962 年起，原则上三年不在社会上招生，改为以轮训农机系统干部为主，招生人数逐年削减。1962 年湖北农机专没有招生，1963 年招生 80 人，实际报到 73 人，1964 年、1965 年也没有招生，在校生人数逐年下降至 1966 年初的 83 人，实习工厂、实习农场也出现萎缩，办学规模缩减。

1966 年"文化大革命"后，湖北农机专的办学受到了严重冲击，教学与科研工作逐步陷于停滞状态。1968 年 4 月开始，在"文化大革命""抓革命、促生产"纲领的号召下，湖北农机专文化革命临时委员会领导成立了五七机电公社，把全校教职工编成临时性劳动组织，开展对外修理汽车、拖拉机和其他各种农业机械的劳动活动。

受到国家农业"大跃进"和湖北农机系统管理体制影响，湖北农机专在抓农业人才培养工作的同时，开展农业生产劳动工作，办学自主性不强，办学层次不高，正常办学受到较大冲击。

三、湖北省属高等教育的曲折发展——湖北农机专的分分合合

"文化大革命"期间，湖北农机专被撤销并入武汉工学院，学校办学陷入停滞。1970年8月，湖北省革命委员会着手对省内大专院校的布局、管理体制和人员编制进行调整，全省26所大专院校，保留12所，合并7所，撤销7所。1970年9月4日，湖北省省直文教战线"工、军宣队"指挥部下发《关于大专院校整编实施意见》，保留大专院校12所，其中将武汉工学院保留并改名为湖北农业机械学院，湖北农机专的人员、教学仪器设备由湖北农业机械学院接收，并入湖北农业机械学院。学院采用军事编制形式进行管理，将全院统编为三个大队，大队下辖连、排、班，以湖北农机专校址为基地，将湖北农机专大部分教职工编为第二大队，下辖机关连、农机连、电机连三个连。

并入湖北农业机械学院后，农业机械类专业教育未能正常开展。1970年11月，湖北农业机械学院上报招生计划，拟在沙洋分院招收农业机械修理、农业机械化专业短训班各90人，学习时间半年。因分院条件不具备，这两个短训班改在原湖北农机专校址招收。1972年和1973年，湖北农业机械学院以第二大队为基础，先后招收两批工农兵学员，各项教学任务主要由第二大队原湖北农机专教师承担。原湖北农机专的人员并入湖北农业机械学院后，大部分集中在第二大队，有一部分被调往学院农场，少量被抽调到学院其他机构工作，还有一部分被下放到洪湖农村、沙洋"五七"农场、东西湖柏泉农场和学院实习工厂劳动锻炼，改造世界观。

1972年，湖北省农业机械管理局恢复后，鉴于湖北农业机械学院将被国家农业机械部收管，而湖北省又需要大力培养农机技术力量和管理人才，便以中央要求"1980年实现农业机械化"目标为由，向湖北省革命委员会提出将原湖北农业机械专科学校从湖北农业机械学院分离出来，组建湖北省农业机械学校。1973年5月15日，湖北省革命委员会批准了湖北省农业机械管理局的要求，将原湖北农机专的房屋、设备和人员全部从湖北农业机械学院分出，组建湖北省农业机械学校，该学校属短期轮训性质，隶属湖北省农业机械管理局管理。

为了更好布局湖北省农机教育，湖北省领导考虑将湖北省农业机械学校与华中农学院农机系合并。为集中华中农学院农机系（当时隶属关系在湖北省）和省农机学校的办学力量，提高教学质量，加速技术队伍的培养，促进全省农业机械化事业，1975年元月20日，湖北省革命委员会批准湖北省农业机械学校与华中农学院农机系合并，合并后的华中农学院农机系，以湖北省农业机械学校校址为基础办学，相对独立。原华中农学院农机系的人员和教学设备，迁入湖北省农业机械学校。相对独立地游离于华中农学院之外的体制，又长期以湖北省农业机械学校名义对外，对农机系的发展带来了管理不畅、教学质量不高、物资供应不足等诸多问题，教职工在思想上也不安定。

1979 年 3 月 19 日，中共中央做出撤销 1971 年 8 月 13 日转发的《全国教育工作会议纪要》的决定，批判了否定教育战线 17 年来伟大成绩的"两个估计"。同月，农业部拟将华中农学院收归部管并定为全国重点院校，为确保湖北省拥有一所地方高等农机院校，湖北省决定将湖北省农业机械学院从华中农学院中分离出来，恢复办学。1980 年 7 月，华中农学院农机系全部迁回华中农学院本部。1980 年 8 月 12 日，教育部发文同意恢复湖北农业机械专科学校，由湖北省领导，设置农业机械化、农机修造、农机制造、农机电气化等专业，学制三年，规模 1200 人。至此，湖北农机专得以恢复。

四、湖北省属高等教育的整合创新——湖北工学院的组建和发展

长期以来，湖北省属高等教育缺乏多科性工业院校，制约了对地方工业经济发展的支撑作用。中共十一届三中全会以来，湖北高等教育事业取得一定发展，但省属本科院校规模小、基础差、结构不合理，缺乏综合性大学和多科性工学院与农学院。1983 年，针对省属院校办学基础薄弱的实际情况，湖北省决定大力加强省属高校建设，正式提出将湖北轻工业学院与湖北农业机械专科学校合并扩建为湖北工学院，武汉师范学院改建为湖北大学，将华中农学院荆州分院改建为湖北农学院。1984 年 6 月 15 日，湖北省委、省政府做出关于加速发展和改革湖北省高等教育的决定，组建湖北工学院等三所院校。湖北工学院作为湖北省属唯一的工科大学，是湖北省委高等教育改革的重要内容，对建成学术水平较高的省属高等教育体系、加速高级技术人才和管理人才的培养、促进湖北地区"四化"建设具有特殊的重要作用。

1984 年 4 月，湖北省人民政府就组建湖北工学院等三所院校的问题向国务院提呈了报告。经国务院同意，教育部批复将湖北轻工业学院和湖北农业机械专科学校合并改建为湖北工学院，同意学校发展规模为 5000 人。组建湖北工学院等院校，是湖北省委、省政府加速发展湖北省高等教育的重大措施，也是湖北省属高等教育进入稳步发展阶段的重要标志。

1985 年，湖北工学院正式成立。经时任国家主席李先念同志委托，时任全国人大常委会副委员长王任重同志为学院成立题词并题写了"湖北工学院"校名，湖北省人大常委会主任韩宁夫、省长黄知真、省政协主席黎韦等为学院成立题写贺词。

湖北工学院成立后，于 1986 年获得硕士授予权；2004 年更名为湖北工业大学；2014 年整体进入一本行列；2016 年入选"全国首批深化创新创业教育改革示范高校"；2018 年获得博士学位授予权并被列入湖北省"国内一流大学和国内一流学科"重点建设高校；2012 年、2016 年、2021 年三次入选"中西部高校基础能力建设工程"，被湖北省委、省政府定位为"在湖北省高教体系中起龙头示范作用的、水平较高的骨干大学"。学校发展进入新的阶段，立足新的历史方位，正朝着建设绿色工业学科、特色鲜明的高水平工业大学阔步前行。以湖北工业大学为代表的省属高校的发展，代表了湖北省属高等教育的整体发展方向。

五、结语

自 1958 年始办高等教育以来，湖北工业大学历经湖北农机专和湖北轻工业学院时期、湖北工学院时期和湖北工业大学时期，经历了数次行政管理体制变化和政治运动影响，学校分分合合，在曲折的办学道路中见证了省属高等教育从办中专、办高专再到办专科学院、办大学的发展历程，见证了湖北省属高等教育从培养专科生到培养本科生、研究生的人才培养水平提升全过程。湖北工业大学始终恪守"立足湖北，服务经济社会发展"的初心与使命，成为湖北省属高等教育发展和经济社会变迁的历史缩影。

20 世纪 50 年代武汉大学的院系调整

武汉大学档案馆　王美英　何睦临

20 世纪 50 年代的院系调整是我国高等教育领域的一项重大改革，既是服从国家经济建设的需要，亦是借鉴苏联高等教育管理模式的体现。新中国成立之初，国家需要大量的工科技术人才，而工科人才缺口很大，甚至到了一些急需专业的学生需要提前毕业分配的地步。这就要求高等教育与国民经济建设计划紧密相联，要调整院系，加强工程和科学技术教育。全国高等学校的院系调整从 1952 年开始，至 1953 年底结束。按照教育部的统一部署，武汉大学于 1953 年完成了院系调整。本文利用馆藏档案资料探讨武汉大学的院系调整，不妥之处，还请方家批评指正。

一、顺应时势，调整院系

民国时期的高等教育得到了较大的发展，有一些领域甚至走在世界前列，但是也存在一些不足：专业设置上文、理科多而工科少，重工业类专业更少；地区分布上极不合理，院系设置重复，办学的人力、物力较为分散，教学质量难以得到保证。新中国成立后，高等教育面临如何适应社会主义过渡时期总路线的要求以实现国民经济第一个五年计划的问题。随着国民经济的逐步恢复和发展，大规模经济建设急需各类专门人才特别是工业建设的专门人才，教育的重心自然就转移到与经济建设直接相关的高等教育尤其是工程和科学技术教育上面。原有高校无论在数量上还是质量上都远远不能满足国家全面经济建设的需要，必须加以调整。此外，院系调整是"全盘苏化"在教育领域的体现。新中国成立初期，在全国"学习苏联"的热潮中，高等教育界也提出了"借用苏联教育经验"的口号，按照苏联教育模式设置专业、进行教学，按照高等教育国有体制和高度分工的专门教育体系来建构中国的高等教育制度。

1950 年 6 月，教育部召开第一次全国高等教育工作会议。教育部部长马叙伦在讲话中提出："我们的高等教育，必须密切地配合国家经济、政治、文化、国防建设的需要，而首先要为经济建设服务。"[①]教育部开始制定和实施全国高等学校院系调整方案，对大学进行跨省、跨区的改组、撤销或合并。1951 年 11 月，教育部在北京召开全国工学院院长会议，与会代表提出全国工学院调整方案。1952 年，教育部根据"以培养工业建设人才和师资为重点，发展专门学院，整顿和加强综合性大学"的方针，在全国范围内进行了高等学校的院系调整。至 1952 年底，全国高等学校已有四分之三进行了院系调整，其中以华北、东北、华东等三区调整得较为彻底；中南区除了广州的高等学校已进行调整并在长沙设立了中南矿冶学院，其他院校尚未调整。中南高等教育管理局统一部署中南区高

---

① 马叙伦：《开幕词》，《新华月报》1950 年第 2 卷第 3 期。

等学校的院系调整工作，1953 年 5 月制订计划，9 月开始调整工作。武汉大学属于中南区①，就按照中南区的统一部署进行院系调整。②

二、调整过程，颇为顺利

（一）成立机构，加强组织工作

根据中南区高等学校院系调整委员会的要求，武汉大学于 1953 年 8 月中旬成立了武汉大学院系调整工作委员会，全面负责武汉大学的院系调整工作。院系调整工作委员会由行政、工会、党、团、民主党派、学生会、妇工团等单位推选的代表组成，校长李达任主任委员，江楹、韩德培任副主任委员。9 月 12 日，委员会在文学院二楼会议厅召开工作会议，刘滌源、蒋蒲、张瑞瑾、谭崇台、李崇义、吴熙载、孙祥钟、李守庸、周新民、余恒睦、吴于廑等出席会议，会议由谭崇台主持。③经过讨论，设立院系调整工作办公室，江楹兼任办公室主任，韩德培、余恒睦、吴于廑、李崇淮、叶守泽任副主任。办公室设在文学院三楼 332 教室。办公室下设宣传组、招待组、联络组与房屋家具调配组。宣传组组长吴于廑，副组长吴熙载。招待组组长李崇淮，副组长周新民、王燊，组员叶平贤、叶兴炽、辛业友、沈祖庄、黄慰曾、胡国瑞、贺新创、王世瑛、施潮等。联络组组长叶守泽，副组长苏烈。房屋家具调配组组长余恒睦，副组长李格非、许俊千、徐正凡。各组人员自 9 月 15 日开始办公，他们分工明确，各司其职，积极认真地开展迎送师生员工的各项准备工作。宣传组编印了来校须知、学校情况介绍及详细地图，以便调来武汉大学的师生很快熟悉珞珈山的环境和学校各部门的负责人及办公时间等。联络组分别派人到南昌大学、中山大学、广西大学、湖南大学等高校，与将要调来武汉大学的师生取得联系，了解他们原住房屋、开课、健康、子女入学、何时来校等情况，以便更迅速、更恰当地解决各种问题，同时也帮助即将离开武汉大学的师生们解决实际困难。招待组着手解决调进调出师生的行李搬运、交通、生活所需等各项事宜。为了接待的方便，各单位都派人参加招待组，民盟的高尚荫与施潮、总务处的周新民、工会的王典参加了

---

① 武汉大学的前身是清末湖广总督张之洞于 1893 年 11 月创办的自强学堂，开设方言（即外国语言）、算学、格致、商务四门，专门培养外语和商务人才。1896 年，矿务、化学学堂并入自强学堂。1902 年，自强学堂迁至武昌东厂口，改名方言学堂。1911 年，方言学堂被迫停办。1913 年 7 月，以原方言学堂的校舍、图书、师资为基础，改建成国立武昌高等师范学校，是当时全国六大国立师范类学校之一，设英语部、历史地理部、数学物理部与博物部，首批招生 124 人，当年 11 月正式开学。1922 年，改四部为 8 系，即教育哲学系、国文系、英语系、数学系、理化系、历史社会学系、生物系与地质系。1923 年，国立武昌高等师范学校更名为国立武昌师范大学。1924 年，国立武昌师范大学又改名为国立武昌大学。1926 年，国立武昌大学、国立商科大学、省立医科大学、省立法科大学、省立文科大学以及私立文华大学等合并组建国立武昌中山大学。国立武昌中山大学设有大学部和文、理、法、经、医、预 6 科，17 个系 2 个部。1928 年，国民党政府决定彻底改组武昌中山大学，组建国立武汉大学。10 月 31 日，国立武汉大学在东厂口校舍正式开上课。下设文、理、法四个学院。1932 年，国立武汉大学由武昌东厂口迁入珞珈山新校舍。1936 年，成立农学院，成为有文、法、理、工、农 5 个学院 15 个系以及 2 个研究所的综合性大学。1938 年，武汉大学西迁四川乐山，农学院并入中央大学。1946 年，恢复农学院，设立医学院，武汉大学迁回武昌珞珈山，设有文、法、理、工、农、医 6 个学院 21 个系 8 个研究所，是民国时期的四大名校之一，在国内外享有很高声望。1947 年，有教授 119 人，副教授 20 人，讲师 59 人，助教 68 人，特聘教员 1 人，职员 212 人，学生 1797 人。新中国成立后，武汉大学的办学规模进一步扩大，教学质量和科研水平进一步提高。
② 1953 年 7 月 2—8 日，中南区高等学校院系调整委员会召开第一次会议，研究讨论在调整计划执行中的师资、职工、调配、校舍、设备使用及其他有关问题。1953 年 8 月 3 日，中南区院系调整工作委员会再次召开会议，成立了南昌、桂林、长沙、武汉四个调整分会。
③ 《武汉大学院系调整委员会会议记录》，武汉大学档案馆馆藏档案，档案编号：41953XZ11023001。

招待工作，水电交通组、住宅管理组、事务组以及各院系也派人加入招待组。学生会专门派一名负责人招待新同学，各院系派一人参加招待工作。9月16日上午9时，招待组召开第一次会议，讨论欢送欢迎大会、联络、交通及搬运等问题。房屋家具调配组负责整理、调查武汉大学的房屋资料，克服各种困难调配房屋，使来校的师生到校后能够及时入住。组长余恒睦强调："现在的问题，能不能早点开学与房屋有密切关系……修建方面，新建房屋在本月廿日也可完成，文华图专工程也无大问题，农学院能住进去的话，仅能散开住进去。首先要搞好厨房，水利学院办公室先搬……要来的，我们还希望他们晚点来。所以房屋成了调整工作方面的重要的一点。"①

为了做好院系调整中的诸多具体工作，院系调整工作委员会与院系调整工作委员会办公室多次召开会议，研究解决调出调入师生的诸多实际问题。办公室第一次会议于9月14日在文学院二楼会议厅召开，李崇淮、孙祥钟、李格非、吴熙载、吴于廑、许俊千、余恒睦、丁荣、徐正凡、叶守泽等出席会议，会议由吴于廑主持，会上四个组分别发言，提出了问题，厘清了亟待开展的工作。大家还讨论了各组的工作职责，强调要团结协作，尽心尽力搞好院系调整工作。吴于廑对宣传组提出了要求，要区别调进调出的不同对象并进行有针对性的宣传。对调进的，要介绍学校情况、房屋家具情况以及邻居情况等，宣传干部要在妇工团、党、团、民主组织中产生，通过《新武大》与广播台等多种途径宣传调整工作的情况。9月19日上午8时，办公室召开第二次会议，讨论欢送离校师生、欢迎来校师生的相关事宜，商定于21日晚上6时召开欢送欢迎会议，参加人员有：各系系主任或代表，办公室全体工作同志，行政负责人，党、团、民主党派、妇工团、工会、学生会代表及各系学生代表，工厂负责人，附小负责人。9月19日上午10时，院系调整工作委员会在文学院332教室召开会议，路见可、徐开蜀、齐民友、李崇淮、丁继昌、游慧玉等参加，讨论调出师生的调出手续、党团关系、户口迁移以及补助金等事宜，决定由办公室统一筹划师生的离校问题，要求有计划、有步骤地进行。9月24日上午10时，院系调整工作委员会办公室在文学院332教室召开第三次会议，李崇淮、吴于廑、路见可、余恒睦等参加，李崇淮报告外文系英文组教师吴志谦与学生的离校时间，吴志谦定于9月27日离校，学生于10月6日离校。9月26日，办公室召开第四次会议，讨论来校师生的住宿、旅费等问题，商定将湖南大学来校师生的工资和旅费先寄去，并迎接华南工学院水利系调来的147名学生。他们9月30日到达武昌火车站，学校在火车站设立了临时招待站，安排工作人员及搬运工人，派车迎接学生。9月28日，办公室召开第五次会议，讨论来校教工子女入学、宿舍安排、来校离校师生的迎送以及招待等问题，如在招待方面，除了学校招待组，各系也成立了招待组，学校招待组与各系招待组分工明确：车辆交通、临时伙食、搬迁、安排住宅等由学校招待组负责，各系招待组则负责来校教员住定以后的生活问题、代搬行李、陪去家里等。9月30日，办公室召开第六次会议，继续讨论来校教员住宿和教工子女入学问题。为了迎接来校师生，会议决定在

---

① 《武汉大学院系调整委员会会议记录》，武汉大学档案馆馆藏档案，档案编号：41953XZ11023001。

工会俱乐部设立临时招待站，安排工作人员：教员刘滁源先生、李植枬先生、尹士杰先生，学生会2人，事务组1人，水电交通组1人。10月13日，办公室召开第七次会议，讨论院系调整结束前的有关问题，如调出教员的工资问题、来校教员的日常用具、房屋、伙食以及联欢会等问题，会上商定：在物质供应方面尽量满足来校教员提出的要求，为他们提供生活的方便，如给吴功贤先生增加一个书架，给钟金昌先生增加一张床，给姚薇元先生安装电表。为了欢迎新来的教员和学生，会上还决定10月16日分别召开教员联欢会和学生联欢会，李达校长出席会议并讲话，行政、工会、学生会以及被欢迎的学校代表都要发言。10月27日下午3时，武汉大学院系调整工作委员会办公室在文学院二楼会议厅召开第八次重要会议，即院系调整工作总结会议，路见可、王燊、黄慰曾、许俊千、余恒睦、李崇淮、刘滁源、游慧玉等参加会议，商讨遗留问题的解决，如进修教师妥当安置，尚未迁出、搬进家属按学习待遇照应，休学、复学、退学学生早日办理手续，各院系经费转入工作等问题。会议决定对院系调整工作委员会成立一个多月以来的工作进行总结，由黄慰曾先生执笔起草工作总结，王燊、曾启贡协助修改。①

（二）发动群众，进行思想动员

院系调整是艰巨复杂而又细致具体的工作，不可避免地会遇到很多困难。为了顺利地推进院系调整，必须使广大师生了解有关方针政策，明确其意义与重要性。学校于9月17日邀请中南高等教育管理局孙运仁同志来校作有关院系调整工作的报告，他在报告中详细地解读了院系调整的意义、方针与原则，号召师生员工发扬团结互助的精神，尽力克服困难，搞好院系调整工作。学校还组织教职员工学习与讨论有关院系调整的文件。大家讨论认真，发言踊跃，将要离校的工学院院长余炽昌说："现在，我们建设中的最大问题就是缺乏干部，这个培养干部的艰巨而光荣的任务就需要我们教育工作者来担当。"外文系周景俞先生说："院系调整就是为今后的教学改革创造条件，只有在院系调整之后，我们教育工作者才能在工作中发挥更大的光和热，我们的高等学校才能为祖国培养出全面发展的优秀建设干部，我国的教育事业才能与蓬勃发展的各项建设事业相适应而发挥它应有的作用。"物理系桂质廷先生说："我们的院系调整就是向苏联学习的重要的一环。"②电机系讲师周克定说："我们最近经过院系调整的文件学习和小组讨论，对于院系调整的重大意义，有了较明确的认识。……现在，我是亲身参加院系调整工作中的一员，我深深体会到，我们必须重视和积极参加这一工作，才能完成这一光荣而又艰巨的任务。……我觉得我们这次院系调整工作，从院、系、专业如何设置到各专业的课程如何安排；每个人的工作如何分配，房屋家具如何分配，仪器图书如何调整等都是细致而有重大意义的工作。这些工作，必须有广大的群众基础，必须大家团结一致，共同想办法，充分协商，克服宗派主义、本位主义等旧思想影响，服从组织调配，才能在上级的正确

① 《武汉大学院系调整委员会会议记录》，武汉大学档案馆馆藏档案，档案编号：41953XZ11023001。
② 《全体师生员工积极拥护院系调整》，《新武大》1953年9月26日第1版。

领导下，为搞好院系调整工作而贡献出自己的力量。"①将要离校的石琢先生说："我总希望早一天去，那边需要人，去了以后，大家可以在一块商讨、解决问题，克服困难。"俞宝传、唐棣两位先生说："我们做教师的主要任务就是搞好教学工作，为祖国、为人民贡献自己最大的力量。院系调整就是这个目的。我们个人的希望与祖国的要求是一致的，无论现在或者将来，祖国需要我们到哪里，我们就愉快地到哪里。"通过学习与讨论，广大师生员工进一步认识了院系调整工作的重要意义，一致认为院系调整是教学改革的首要步骤，标志着我国高等教育事业已进入一个新的阶段。部分调出师生中存在的"人地生疏""生活习惯不同"等顾虑也逐步地消除了。

（三）协同推进，调整颇为顺利

在院系调整工作委员会的得力领导与全体师生员工的积极支持下，武汉大学的院系调整工作顺利推进。

1.院系专业调整

第一阶段（1950—1952年），小规模院系调整。1950年5月，湖南大学水利系与武汉大学工学院土木系水利组合并，组建武汉大学水利系。1950年8月，武汉大学医学院与附设医院划归中南卫生部领导。1950年10月，武汉大学医学院与从上海迁至武汉的同济大学医学院合并，成立中南同济医学院②。武汉大学附设医院与汉口协和医院合并，改为教学医院。1952年，武汉大学农学院与湖北省农学院、湖南农学院、江西农学院、广西农学院、河南农学院的部分系科合并，成立华中农学院。武汉大学工学院矿冶系与湖南大学、南昌大学、广西大学等校的矿冶系及中山大学地质系合并，成立中南矿冶学院。华中大学经济系并入武汉大学经济系。武汉大学原有的法律、政治两系合并为政治系。1952年，河南大学、南昌大学、广西大学等校的水利系均划归武汉大学，与武汉大学的水利系合并，成立武汉大学水利学院。

第二阶段（1953年），大规模院系调整。1953年5月29日，政务院第180次政务会议批准了《中央人民政府高等教育部关于一九五三年全国高等学校院系调整的计划》，该计划规定了中南区院系调整的方案，"（一）湖南、广西、南昌三大学校名取消，进行统一调整：1.三大学的文、理系科并入武汉大学、中山大学；2.三大学的师范部分分别独立为湖南师范学院、广西师范学院及江西师范学院；3.三大学及武汉大学工学院、华南工学院的机械制造、动力机械制造、电机制造及动力部分合并，在武昌成立华中工学院；4.三大学及武汉大学工学院的土木系有关公路、铁路、工业与民用建筑部分，华南工学院的土木系有关铁路、桥梁部分，四川大学工学院土木系的铁路建筑部分及云南大学工学院铁道系工程组合并，在长沙成立中南土木建筑学院；5.三大学及武汉大学工学院的电机系电信部分、三大学工学院土木系工业与民用建筑结构部分、武汉大学工学院土木系的工程测量专修科及湖南大学工学院土木系建筑专修科并入华南工学院；6.广西大学、南昌大

① 周克定：《积极参加院系调整工作》，《新武大》1953年9月26日第2版。
② 同济医科大学的前身。

学俄文系科并入武汉大学……（二）华南工学院水利系并入武汉大学水利学院……（七）中南区各大学及师范学院等校外文系的英文部分全部并入中山大学，成立英国语文学系。（八）武昌文华图书馆学专科学校并入武汉大学，其校名取消"。[①]根据这个调整方案，武汉大学进行了院系专业调整[②]，如表 1 所示。

表 1 武汉大学各系科变动情况

学院	系（科）	变动情况
文学院	中文系	湖南大学中文系、南昌大学文史系并入
	外文系	武汉大学外文系英文组调往中山大学，俄文组与南昌大学、广西大学调入的俄文系合并，成立武汉大学俄文系
	历史系	湖南大学历史系并入
	哲学系	1952 年，合并到北京大学哲学系
法学院	政治系	1952 年政治系与法律系合并为政法系，1953 年改为法律系
	法律系	
	经济系	华中大学经济系并入，更名为政治经济学系
理学院	数学系	湖南大学数学系并入
	物理系	湖南大学、南昌大学物理系并入
	化学系	湖南大学、南昌大学化学系并入
	生物系	湖南大学生物系并入
工学院	土木系	土木系有关公路、铁路、工业与民用建筑部分调往中南土木建筑学院，土木系的工程测量专修科调往华南工学院
	机械系	调往华中工学院
	电机系	调往华中工学院和华南工学院
	矿冶系	1952 年调往中南矿冶学院
农学院	农艺系	调往华中农学院
	园艺系	调往华中农学院
	农化系	调往华中农学院
	森林系	调往华中农学院
医学院	不分系	调往中南同济医学院
水利学院	河港工程系	1949 年土木系设水利工程组，1950 年工学院设水利工程系，1952 年与河南大学等校水利系合并成立水利学院
	水利工程系	
	农田水利系	
	采矿专修科	1952 年，与矿冶系一起调往中南矿冶学院
	农业调查统计专修科	1952 年与农学院一起调往华中农学院
	粮食专修科	1952 年与农学院一起调往华中农学院
	茶业专修科	1952 年与农学院一起调往华中农学院

① 《中央人民政府高等教育部关于一九五三年全国高等学校院系调整的计划》，《党的文献》2002 年第 6 期，第 64—65 页。
② 1952 年 11 月，中央人民政府政务院第 19 次会议任命李达为武汉大学校长。1953 年 2 月 23 日，李达校长正式就职，李校长在原有工作的基础上主持完成了院系调整。

续　表

学院	系（科）	变动情况
水利学院	林业专修科	1952 年与农学院一起调往华中农学院
	银行专修科	1953 年后停办
	税务专修科	1953 年后停办
	土木专修科	1953 年后停办
	机械专修科	1953 年后停办
	电力专修科	1953 年后停办
	水利专修科	1954 年暑假后停办
	图书馆学专修科	文华图书馆学专科学校并入后新设

资料来源：《武汉大学解放后到 1953 年院系调整前系（科）设立情况》，武汉大学档案馆馆藏档案，档案编号：41953XZ11045-1001。

2.师生及图书调配

（1）调出师生。因为院系调整，武汉大学的部分师生调出。1950 年 10 月，武汉大学医学院和附设医院所属的教师 107 人、学生 146 人，从珞珈山迁至武昌东厂口附设医院原址，与从上海迁至武汉的同济大学医学院合并成立中南同济医学院。武汉大学农艺系全体师生（其中农艺系本科学生 105 人，茶业专修科 54 人，农业调查统计专修科 28 人）于 1952 年 9 月底迁往武昌宝积庵华中农学院本部。因校舍不够，园艺系、农化系、森林系等暂留武汉大学。矿冶系的全体师生及家属于 1952 年 10 月中旬迁往长沙。哲学系全体师生 20 余人于 1952 年 10 月初离校北上，奔赴北京大学哲学系。1953 年，武汉大学机械系、电机系、土木系及外文系英文组的教师 80 余人、学生 700 余人离开武汉大学，分别前往华中工学院、华南工学院、中南土木建筑学院及中山大学等院校工作和学习，例如：9 月 23 日下午，电机系电讯组三年级、无线电广播与通讯专业二年级、土木系工程测量专业及结构专业等的同学 180 余人离开珞珈山，奔赴华南工学院学习；同日，外语系英文组师生奔赴中山大学工作和学习。9 月 27 日上午，土木系师生调往中南土木建筑学院，行政及办公室负责人去欢送教员，学生会负责欢送学生。10 月 6 日，外文系英文组 3 位教员 59 位同学前往中山大学。

（2）调入师生。在院系调整中，文华图书馆学专科学校、湖南大学、南昌大学、广西大学、华南工学院等校的教师 50 余人、学生 700 余人调入武汉大学工作和学习。他们来校之前打电报或派代表与武汉大学院系调整工作委员会办公室取得联系，根据学校的调配情况按时来校。文华图书馆学专科学校的全体师生员工（教师人数不详、学生 60 人）于 1953 年 8 月 30 日来到珞珈山，学校广播表示欢迎。湖南大学的教员连家眷 8 家共 26 人于 10 月 2 日来校，招待组安排了人员和车辆去火车站迎接。湖南大学的 345 名学生于 10 月 3 日来到武汉大学，其中，中文系 48 人，历史系 30 人，数学系 56 人，物理系 66 人，化学系 86 人，生物系 59 人。南昌大学调入武汉大学的学生共计 280 人，其中文史系 41 人，俄文系二、三、四年级 106 人，俄专 12 人，物理系 57 人，化学系 64

人。广西大学俄文组 44 名学生调入武汉大学。华南工学院机械制造、动力机械制造、电机制造与水利系的 147 名学生于 9 月 30 日来校。中山大学政法系曾昭琼、刘燕谷、卢幹东、谭藻芬、喻亮、黄炳坤、尚彝勋、曾昭度、李冠仪等 9 人于 1953 年 10 月调入武汉大学。

表 2 武汉大学学生人数变动表（1952—1953 年）

院系	武汉大学原有人数	外校调入人数	1953 年招生人数	合计
中文系	64	湖南大学中文系 48，南昌大学文史系 41	25	178
俄文系	72	南昌大学俄文系二、三、四年级 106，广西大学俄文组 44，南昌大学俄专 12	30	264
图书馆学系	—	文华图书馆学专科学校 60	20	80
历史系	48	湖南大学历史系 30	25	103
经济系	199	—	20	219
数学系	61	湖南大学数学系 56	120	237
物理系	77	湖南大学物理系 66，南昌大学物理系 57	120	320
化学系	94	湖南大学化学系 86，南昌大学化学系 64	100（有机化学 50，分析化学 50）	344
生物学系	69	湖南大学生物系 59	40（动物学 20，植物学 20）	168
合计	684	729	500	1913

资料来源：《1952—1953 年院系调整时武汉大学学生人数变动表》，武汉大学档案馆馆藏档案，档案编号：41953XZ11045-1002。

（3）调出图书。在院系调整中，武汉大学给中南土木建筑学院、华中工学院分别调拨了很多图书、期刊。1953 年 9 月，武汉大学调往中南土木建筑学院的书刊合计 6642 册，其中，中文书籍 3439 册，西文书籍 1705 册，俄文书籍 458 册，《人民交通》《工程建设》《铁道工务》《人民铁道》《道路工务》等中文杂志 57 册，西文杂志 983 册。中文书籍中较为重要的有：清华大学俄文速成组编的《语法读本》、清华大学建筑系撰写的《城市计划大纲》、傅尚民翻译的《高等数学简明教程》、周方的《最小二乘方》、郭寿铎编译的《实用计算技术》、樊恒铎编的《计算尺的原理与用法》、王之卓的《平面测量教程》、张树森的《平面测量学》、叶雪安的《测量平差》与《普通测量学》。有的复本量很大，如傅尚民翻译的《高等数学简明教程》多达 24 册，叶雪安的《普通测量学》多达 47 册。[①]1953 年 11 月，武汉大学调往华中工学院的书刊共计 22321 册，其中中文书籍 10386 册，英文书籍 4202 册，俄文书籍 1988 册，中西文参考书 125 册，其他杂类书籍 223 册。*Wireless Engineer*（1932—1938）、*Engineering*（1937，1945—1949）、*Electical*

---

① 《武汉大学调往中南土建学院中文书清册》，武汉大学档案馆馆藏档案，档案编号：41953XZ11116001；《武汉大学调往中南土建学院西文、俄文书清册》，武汉大学档案馆馆藏档案，档案编号：41953XZ11117001；《武汉大学调往中南土建学院杂志清册》（1953 年 9 月），武汉大学档案馆馆藏档案，档案编号：41953XZ11118001。

Review（1947—1949）、*Engineering News-Record*、*World Power*、*The Technology Review*等西文杂志 3697 册，《工程周刊》《工程建设》《建筑月刊》《电信建设》《机农通报》《中南交通》《汽车和公路》《中南轻工业》《机械制造》等中文杂志 1502 册，《光明日报》《人民日报》等中文报纸 198 份。较为重要的中文书籍有：冯雄的《灌溉》、梁启超的《北戴河海滨志略》、刘天和的《问水集》、靳辅的《治河方略》、凌鸿勋编的《市政工程学》、方汉城的《造纸》、郑太朴的《物理学小史》、秦仲实的《科学在今日》、陈本端的《土壤稳定》、卢南生的《工业与电气》、王林等著的《电力工业的重大改进》、王季梅编译的《电机修理概论》、汪树模著的《电动机》、毛均叶编的《电报学》、倪尚达著的《无线电学》（上中下）等。①中南土木建筑学院与华中工学院均是院系调整中新成立的高校，缺乏图书资料。武汉大学给它们调拨书刊无疑是雪中送炭，对它们的教学、科研起到文献保障与支撑作用。

至 1953 年 10 月初，师生调配及图书设备搬运完毕，武汉大学的院系调整工作基本结束。院系调整较为顺利，既得益于武汉大学院系调整委员会的统一领导，又归功于办公室、宣传组、招待组、联络组与房屋家具调配组等全体工作人员的共同努力，他们充分发挥了主观能动性，凝聚了广大教师与学生的力量，有条不紊地开展各项工作，让调出的师生高兴地离校，调入的师生欢快地入校。不过，武汉大学的院系调整工作也存在一些不足，如宣传动员不够，在人员调配时引发了一些人的思想波动，有的与本人谈了话，有的与他人谈话，有的根本就没有谈话，导致被调配人员的情绪不好。院系调整工作之所以出现不足，其原因在于：（1）调进调出人员的名单公布太迟，影响院系调整整体工作的进程；（2）没有及时与被调配人员取得联系，致使迎送工作有些滞后；（3）宣传动员不够充分，效果不太好；（4）院系调整中的具体工作由宣传组、招待组、联络组与房屋家具调配组的工作人员负责，校院两级领导较少出面，职能部门人员参与较少；（5）宣传组、招待组、联络组与房屋家具调配组之间的配合不够紧密，汇报工作不够及时，出现的问题没有及时解决。

三、送往迎来，温暖人心

为了对离校与来校的同志表示祝贺，武汉大学校长办公室、中共武汉大学总支、中国民主同盟武汉大学区分部、中国民主建国会武汉大学全体会员、青年团武汉大学委员会、武汉大学教工会、武汉大学学生会、武汉大学妇工团全体团员等 8 个单位或团体在《新武大》上刊登了贺信，纷纷向离校和来校的同志表示祝贺，如武汉大学校长办公室代表全校师生员工于 1953 年 9 月 21 日专门向离校、来校的同志发了贺词："在全国规模的院系调整工作中，你们愉快地开始走向新的工作和学习岗位……谨代表全校师生员工向

① 《武汉大学 1953 年调往华中工学院书籍清册（一）》，武汉大学档案馆馆藏档案，档案编号：41953XZ11112001；《武汉大学 1953 年调往华中工学院书籍清册（二），武汉大学档案馆馆藏档案，档案编号：41953XZ11113001》；《武汉大学 1953 年调往华中工学院书籍清册（三）》，武汉大学档案馆馆藏档案，档案编号：41953XZ11114001；《武汉大学 1953 年调往华中工学院书籍清册（四）》（1953 年 11 月），武汉大学档案馆馆藏档案，档案编号：41953XZ11115001。

同志们致以敬意，并祝同志们在新的环境和新的条件下团结互助，克服困难，在工作上和学习上不断地创造出新的成绩，有力地支援伟大祖国的建设事业。"中共武汉大学党总支也向离校、来校的同志表示祝贺："同志们在这次调整中来到本校或离开本校，就是以实际行动服从了国家建设的需要，因而是十分光荣的。谨祝同志们在新的工作岗位上愉快积极、团结互助，努力完成自己的工作任务和学习任务，在把自己的才能更有效地贡献给人民的高等教育事业上，获得新的胜利。"作为教职工的娘家，武汉大学教工会对教职工非常关心，对离校的同志和来校的同志分别寄语："离校的同志们，我们热烈地欢送你们，相信你们一定会继续发扬已有的坚定勤劳的作风，更高度地发挥你们的力量，并和新环境中的同志们团结互助，为争取在教学工作中的更大贡献而努力。你们任何的成功，都将使我们欢欣鼓舞，激励我们更加迅速前进。来校的同志们，我们热烈地欢迎你们，我们决心诚恳地向你们学习，接受你们的经验，听取你们的意见，大家整齐步伐积极学习苏联，共同为办好人民的武汉大学而努力。"① 对于调走的教师所留下的零用及家具，学校代为集中存放，将来代卖以后再汇款给他们。

离开武汉大学的师生们对学校依依不舍，以多种方式表达自己的离别之情。土木系全体同学在《新武大》上发表了向全校师生员工告别的信函，"留校师生员工同志们：为了适应祖国大规模经济建设的需要，几天后，我们就要离开武大了，在我们相处的这些日子里，学习、工作把我们紧紧地联系在一起，老师们和同学们的亲切帮助，使我们在各方面都取得了很大的成绩。在此临别之际，你们又给个我们许多热忱的鼓励，帮助我们解决了许多困难，我们谨致以衷心的感谢，并决定在新的学习岗位上努力学习，为祖国发挥更大的光和热来答谢你们！土木系全体同学，一九五三年九月廿一日"。② 刘孟宇同学 1950 年 9 月考入武汉大学文学院外文系英文组学习，1953 年 10 月调往中山大学，临走前在校刊《新武大》上发表了一封情真意切的告别信《再见吧，亲爱的武大》③："我爱武大，用全心澎湃的感情爱她。不只是因为她有青天一样蓝、一样辽阔的东湖，四季常青的松林和宫殿一样壮丽的建筑；也不只是因为这里有朝气勃勃的生活、年轻的人群，更使我难忘的是我在这新生的祖国春光充溢的一片土地上度过了三年决定了我的生活道路的、珍贵的光阴。……我跟英文组的同志们将愉快地走上另一个学习岗位，但我们将同样幸福，同样用我们的一切力量战斗。因为那里与这里所不同的，不过是长江与珠江、东湖和南海，而她同样是毛主席春阳般的光辉照耀着的地方，是祖国春天的一角。让我们像百花在祖国的春天里一齐开放吧！"陈家骐同学 1951 年 9 月考入武汉大学文学院外文系英文组学习，1953 年 10 月调往中山大学时写了一篇感言《我爱武大，我也爱中大》："现在，我面临着一个光荣的任务，要响应院系调整的号召走到新的学习岗位上去了。我懂得这一英明的措施对于我们祖国的未来具有多么重大的意义，党和毛主席对我们的未来是多么深切地关怀着。我离开美丽的珞珈山，并没有丝毫的'离愁别绪'，有的只是充

① 《向本校院系调整离校来校的同志们致贺》，《新武大》1953 年 9 月 26 日第 1 版。
② 《土木系同学来函向全校师生员工告别》，《新武大》1953 年 9 月 26 日第 1 版。
③ 刘孟宇：《再见吧，亲爱的武大》，《新武大》1953 年 9 月 26 日第 2 版。

溢着胸膛的愉快和骄傲，因为我们不仅有着远大的目标，而且也一定会有更好的学习条件。"[1]

为了欢送离校的同志们与欢迎来校的同志们，学校院系调整工作委员会于 1953 年 9 月 21 日晚上在体育馆举行了盛大的联欢晚会。中南高等教育局孙运仁同志也参加了晚会，并代表中南高等教育管理局向离校、来校的同志们表示祝贺："在今天的晚会上，我们看到了一种新气象，那就是由于院系调整，教师的阵营加强了。"来校不久的图书馆学专修科徐家麟先生以愉快的心情说："来到武大，好像回到自己家里一样的愉快。"[2]晚会结束后，就开始聚餐，进餐时，师生之间、教师之间、同学之间互相举杯祝贺，互致问候，充满和谐欢乐的气氛。

四、意义重大，影响深远

武汉大学的院系调整具有重大的意义。一是调出院系为培养国家经济建设所需的专门人才做出了贡献，为我国的工业化建设和科学技术发展奠定了基础，对于国家的建设起到了推动作用。医学院与上海同济大学的医学院合并，组成了中南同济医院。农学院与湖北农学院合并，组成了华中农学院。工学院调整出去，与其他高校的相关专业合并，组成了华中工学院、中南矿冶学院、中南土木建筑学院。外文系英文组调整到中山大学，哲学系调整到北京大学等。国家建设迫切需要的系科专业如机械、动力和土木等从武汉大学调整出去，与其他高校的相关专业一起集中成立了新的专门学院，如华中工学院、中南土木建筑学院，为培养国家经济建设所需的专门人才奠定了基础。二是一些院系与专业师资及学生的调入，进一步增强了武汉大学的文、理科实力。文华图书馆学专科学校并入武汉大学[3]，成为图书馆学专修科，大大增强了武汉大学在图书馆学、档案学科方面的实力。文华图书馆学专科学校不仅是我国最早开办图书馆学专业教育的学校，而且是我国最早的、新中国成立前唯一开办档案管理专业教育的学校。文华图书馆学专科自创办至并入武汉大学历时 33 年，其间成就显著，创办和发展了图书馆学、档案学专业教育，培育了大批专门人才，为图书馆事业及档案管理事业的发展做出了较大贡献。南昌大学俄文系、广西大学俄文组的师资调入武汉大学后就改变了武汉大学外文系俄文组师资较为缺乏的状况。湖南大学中文系、历史系、数学系、物理系、化学系、生物系等学生 345 名以及教师调入武汉大学，南昌大学文史系、物理系、化学系等 280 名学生及教师调入武汉大学，大大增强了相关院系的实力。可以说，院系调整后，武汉大学成为一所文、理科为主的综合性大学[4]，主要任务是培养理论或基础科学（自然科学和社会科学）方面从事研究工作或教学工作的人才。院系调整后，武汉大学共有数学、物理、化

---

[1] 陈家骐：《我爱武大，我也爱中大》，《新武大》1953 年 9 月 26 日第 2 版。

[2] 陆天：《不平常的晚会——欢迎来校欢送离校同志晚会速写》，《新武大》1953 年 9 月 26 日第 2 版。

[3] 1920 年 3 月，韦棣华女士在文华大学创办图书科。文华大学图书科以独立的专业系统地通过学校教育来培养图书馆专门人才。1929 年 8 月，成立私立武昌文华图书馆学专科学校。文华图书馆学专科学校不仅是我国最早开办图书馆学专业教育的学校，而且是我国最早的、新中国成立前唯一的开办档案管理专业教育的学校。1951 年 8 月 16 日，中南军政委员会派员正式接管私立武昌文华图书馆学专科学校，学校更名为文华图书馆学专科学校。

[4] 1953 年院系调整后，全国共有 13 所综合性大学，武汉大学即是其一。

学、生物、中国语言文学、俄文、历史、法律、政治经济学等9个系以及图书馆学专修科，设有数学专业、物理专业、有机化学专业、分析化学专业、动物学专业、植物学专业、中国语言文学专业、俄文专业、历史专业、法律专业、政治经济学专业、图书馆学专业等12个专业。1953年度共有教师327人，学生2084人。

当然，院系调整在一定程度上也削弱了武汉大学的整体实力，对武汉大学学科的发展产生了一些影响。武汉大学历经几十年的发展形成了自己的专业特色和学科专长，由于工学院、农学院等一些院系的调走，武汉大学由文、理、工、农、医等系科比较齐全、结构比较协调的综合性大学变成类似欧美的文理学院，严格分成文科和理科，文、理科又各自按照传统的学科分类组成系科和专业，文、理科之间没有真正融合，自身专业之间也缺乏渗透和交融，理工分家，各专业之间缺少联系，难以相互渗透，不利于学科的综合发展，造成了学生知识结构单一，缺乏与其他学科专业相互渗透、融会贯通的问题，限制了学生的全面发展。正如教育部部长马叙伦在1953年9月10日在《关于综合大学的方针和任务的报告》中所说："在某些地方调整时未能照顾到某些大学的原有优点与系科特长及本身的需要，或者移重就轻，使其多年积累起来的能代表该校特点的教学基础失掉应有的作用，或者把某些重要系科连根拔掉，使该校其他相关系科的教学和研究工作受到影响。"[1]

---

① 马叙伦：《关于综合大学的方针和任务的报告》，载上海市高等教育局研究室、华东师范大学高校干部进修班、华东师范大学教育科学研究所编《中华人民共和国建国以来高等教育重要文献选编》（上），（出版者不详），1979，第104页。

1950 年代同济大学调整纪实

——以医科为主

华中科技大学同济医学院院史文化研究会　陈英汉　柯育萍　邓静萍

同济大学的历史自 1900 年德国医生宝隆（Erich Paulun）博士创建同济医院始。在此基础上，1907 年，中德合作开办了德文医学堂（Deutsche Medizinschule），中国人称"同济德文医学堂"（同济是"Deutsche"的沪语谐音）。1909 年，宝隆去世，同济医院遂改名为"宝隆医院"（Paulun Hospital）。1912 年，同济德文医学堂增设工科，改称"同济德文医工学堂"（Deutsche Medizin und Ingenieur Schule）。1917 年，教育部下达训令，学校改名为"同济医工专门学校"，成为由华人主持的私立学校。1919 年，教育部拨款在吴淞建新校区。1924 年春，吴淞新校区落成。1924 年 5 月，教育部下达训令，学校改名为"同济医工大学"。1927 年，国民政府正式命名其为"国立同济大学"（Staatliche Tung-Chi Universität）。1930 年，医、工两科改名为医学院、工学院。1937 年 7 月，成立理学院。1937 年 8 月，淞沪战役爆发，日军飞机轰炸吴淞地区，同济大学师生遂开始了近 9 年的颠沛流离，辗转浙、赣、湘、粤、桂、滇、川七省，最后在四川省南溪县李庄镇（现属宜宾市翠屏区）和宜宾县驻学近 6 年。1945 年在李庄增设法学院。

1946 年 4 月，同济大学复员上海。此时的上海同济大学吴淞旧址已经成为废墟，宝隆医院一度被日军改为陆军医院。日本战败后，医院被洗劫一空，中美合作所抢先接收了宝隆医院并改名为"中美医院"。同济大学动用各种力量，终于收回了同济的校产并租用了一些房产。1948 年 6 月，成立文学院。

至 1949 年同济大学共设 5 个学院：医学院（前期、后期、护校、医检学校）、工学院（电机工程系、机械工程系、造船工程系、土木工程系、测量系、大地测量所、工业职校）、理学院（化学系、物理系、数学系、动物系、植物系）、文学院（哲学系、中文系、外文系、历史系）、法学院（法律学系）。

1949 年

5 月 28 日，上海市人民政府、中国人民解放军上海市军事管制委员会（以下简称"上海市军管会"）成立。

6 月 25 日，上海市军管会派军事代表杨西光、上海市副市长韦悫接管同济大学。

8 月 1 日，同济大学校务委员会成立（夏坚白为主任委员，唐哲任常委、医学院院长）。

9 月 2 日，上海市军管会主任陈毅、副主任粟裕对同济大学发布命令："查该校文、法学院学生人数过少，兹经本会考虑决定将该学院各系合并于复旦大学文、法两学院各同系，以求合理发展。"

9月15日，同济大学文、法学院迁往复旦大学，并入复旦大学。

9月7日，国立同济大学校务委员会召开第12次会议。有医学院委员提出文、法学院并入复旦大学以后，空房可否给医学院使用。李正文军代表说："（1）同济校舍分散，今后医、工、理三院决予集中一处，将于半年至一年时间实现此项计划。目前各部分以暂维现状为宜。与其一迁再迁徒费人力物力，不若暂时忍耐将来集中时一劳永逸。（2）同济医、工、理三院具有成绩，将来当力谋继续发展，幸勿因文、法学院之并入复旦而有所怀疑。……"

查同济大学校务委员会第1次会议记录（1949年8月1日）至第32次会议记录（1949年12月28日），再无任何有关迁校的文字记载。

8月10日（邓小平）曾致电中共中央："上海同济大学原已决定迁东北，我在北平时，据贺诚说东北不一定需要同济之医学院，而西南则医、工两科均缺，该校迁四川较迁东北作用更大。从将来西南建设着眼，建议将同济大学改迁四川，是否有当，请重新考虑。"[①]（注：贺诚，当时任中共中央军委总卫生部部长）

中共中央是否有回复邓小平，目前无法查到有关资料。这是文字最早提到的同济大学搬迁。

9月，军委卫生部曾在北京召开全国卫生行政会议。据参加会议的唐哲院长回忆说："迁校一说由来已久，起初中央有意迁同济往东北，因谣琢繁兴作罢。嗣于去年（1949年）中央卫生会议席上中南区要求迁同济医学院至武汉，当时虽未做决定，大致均表赞同。"（摘自1950年4月20日会议记录）。

在同济医科内迁武汉的过程中，笔者认为齐仲桓和唐哲起了非常重要的作用。

齐仲桓（1910—1970年）：辽宁法库人。1935年毕业于沈阳奉天医科大学。1937年参加新四军，任新四军卫生部医务主任。解放战争期间，他先后担任华中军区卫生部部长、华东军区和华东野战军卫生部副部长。1949年新中国成立后，曾先后任中南军政委员会卫生部副部长、部长，中南文教委员会副主任。1955年任中央卫生部部长助理、中华医学会副会长。作为医科毕业生，齐仲桓曾任华东军区的卫生部负责人，后来又任中南区的卫生部负责人，对于上海和武汉的医学教育情况自然非常清楚。在他担任中南军政委员会卫生部副部长期间，他深感中南地区医疗卫生教育事业的落后，而上海地区又有数所医学院校，同济医科的实力雄厚而又施展不开的情况他是知道的。因此他力主从上海迁一所医科院校到武汉去。从1950年到1955年，他精心策划，事无巨细，倾尽全力工作，往来于武汉和上海之间，为同济医科迁往武汉做出了重大贡献。

唐哲（1905—1993年）：四川广安人。1930年毕业于同济大学医学院。曾任同济大学医学院教授、校医。1943年下半年，同济大学24位教授（含唐哲）在李庄联名上书国民

① 杨胜群、闫建琪：《邓小平年谱（1904-1974）》（中），中央文献出版社，2009，第834页。

政府教育部，强烈要求撤换丁文渊的校长职务（史称"反丁事件"）。丁文渊于 1944 年 7 月被迫辞职离校。1947 年 9 月，丁文渊在上海再次出任同济大学校长。1948 年 7 月，唐哲被迫停聘离校。1949 年 8 月 1 日，同济大学校务委员会成立，唐哲被任命为常委、医学院院长。由此可见唐哲的爱憎之情。1949 年新中国成立后，唐哲历任同济大学医学院院长，华东军政委员会卫生部副部长，中南行政委员会卫生局副局长，武汉医学院院长，湖北省第二至第四届政协副主席，湖北省第五至第七届人大常委会副主任，民盟第三届中央委员和第四、第五届中央常委，民盟湖北省委第三至第六届主任委员，中华医学会第十届理事。唐哲任同济大学医学院院长 32 年，是同济医科任职最长的领导人。

1949 年小结：中央有意迁同济医科至武汉，起初是中南区提出（中南军政委员会设在武汉）。但是这一年没有任何文字资料显示这一意图。据唐哲回忆，口头意见肯定有。邓小平可能也是从中央军委卫生部部长贺诚处听说。

1950 年

2 月，政务院做出将同济大学医学院迁到武汉的决定，据说这一决定此时仍属于"内部决议"，并未下发正式文件。网上和许多文章里面都有这句话，但笔者始终查不到有关证据文件。

3 月 22 日上午，国立同济大学校务委员会第 43 次会议记录记载："外传本校医学院有将迁移武汉之说，应否根据目前情况提出意见供献政府参考，请讨论。"

会议提出意见：（1）大学院校之分布调整，请政府作全国性之通盘筹划；（2）迁移调整，请在国内形势经济及发展等条件适合之下执行；（3）调整任何院校，请根据以上两点办法办理，以免使员生不安，影响教学，增加行政困难。由此可见，关于迁校之事同济大学校方也没有收到过正式文件。这是笔者第一次在同济大学档案中见诸文字谈到迁校。

3 月 28 日，学校综合各方意见，向华东教育部提交了《上海国立同济大学校务委员会对于本大学医学院传将被迁往武汉一事之意见书》（七份）：查本校医学院传有迁校武汉之说，该院前后期教授曾经集会研究，其他各院亦纷纷加以研讨。校委会就各方意见详加商讨。兹将总结所得拟意见书呈送并准予分转中央人民政府政务院、中央教育部及卫生部、中南卫生部、华东卫生部、上海军管会等以备参考，谨呈。国立同济大学校务委员会主任委员夏坚白。

（下文摘自意见书）

一、我国目前大学之分布与院系之设置，确乎未尽合理，此于国家建设事业有极大影响，绝非局部问题，宜就全面观察，而不宜就部分处理。毛主席说"宁慢勿乱"即是此意。

二、大学院校之迁移调整，宜就全面审度。而其付诸实施也，尤须视一切条件之是否适合。当此解放战争尚未结束，各地灾荒严重，支前救灾，处处需财，而经济建设高潮将至，文化建设高潮有待之际，轻重缓急，似亦宜加考量。

三、本校对于医学院之迁移，非持反对之见，惟如上述之两点，认为似有考虑之必要。今迁武汉之说窃以为未尽适当，亦当非其时。如此次传说本校医学院将迁武汉，员生悬揣疑虑，惶惶不安，影响教学，行政平添许多困难，此实值得顾虑者，尚祈垂察。

3月29日送出公文至4月18日，20天内无文字记载。笔者猜测私下沟通必定频繁。

华东教育部电话通知同济大学全体校委于4月19日上午9时前往教育部举行座谈。座谈会上，华东军政委员会教育部唐守愚副部长宣布中央决定：同济大学医学院迁往武汉，理工学院迁往大连。唐守愚副部长指出迁校方面之原则数项：（1）不影响学生学业；（2）尽可能不使物资遭受损害；（3）有计划有步骤，充分准备有利条件逐级迁移。迁校步骤方面，唐副部长指示：（1）校委会下设迁校委员会须请职工代表参加，并就各学院设分会；（2）分别派员前往接洽察勘；（3）设法使同仁情绪安定，不因迁校而影响业务。此外，唐副部长强调：迁校后仍用同济名义。并在本星期六（22日）将亲莅本校工学院对全体师生员工口头宣布上项决定。

4月22日上午10时，华东教育部唐守愚副部长在同济大学工学院大礼堂对全体同济大学师生员工作报告（无报告记录）。

4月22日上午11时，同济大学校务委员会第47次会议综合委员意见总结如下：搬家在不妨碍学习工作下进行，最好在暑假期间搬，不要在寒假期间搬。搬之前须俟中南东北两区对迁校所做之准备条件成熟，并派参观团到东北、中南实地了解情况后再定一切。目前各院须按最低限度之需要做成计划。同时再做一逐步发展的计划。医院部分要考虑到教学和业务的双重任务。在搬之前，请教育部注意，不要让他校来拉我们的教授。

5月10日，同济大学校务委员会第49次会议决议：（1）组织两个代表团分赴大连、武汉；（2）任务为了解大连、武汉之一切情况，是否具备本校迁去之准备及迁去后之需要条件，以及本校迁去后之未来地位和任务暨与当地原有性质相同之校院关系如何。

5月17日，同济大学校务委员会第50次会议通过两代表团名单。

5月20日，两代表团全体与校务委员会举行联席会议，决议：（一）代表团任务与职权，依据校委会第49次会议决定，为了解大连、武汉目前对本校迁去之准备及去后之需要条件，以及本校迁去后之任务暨与当地原有性质相同之校院关系，并调查研究一切有关学校资料，商谈一切有关学校问题；（二）代表团调查结果应做出总结报告，在返校报告做决定以前不得发表。

5月23日，同济大学医学院代表团一行11人动身赴武汉考察，于26日抵汉。代表团组成人员：团长唐哲（医学院院长），副团长林竟成（中美医院院长），团员金问淇（中美医院妇产科教授）、梁之彦（生化教授）、于光远（中美医院皮花科教授）、武忠弼（病理讲师）、徐增祥（中美医院工会代表）、吴滋霖（学生代表）、王自模（学生代表）、陈汉兴（教务职员）、刘煌（华东教育部科长）。代表团6月5日离汉，8日抵沪，12日印发《国立同济大学医学院代表团总结报告》（以下简称《总结报告》）。《总结报告》首先叙述了代表团在武汉的 11 天日程，中南军政委员会及武汉大学医学院、协和医院领导和群众对代表团的热烈欢迎程度给代表团留下很深的印象，甚至感到"窘迫"。中南军政委员会卫生部齐仲桓副部长、林副部长亲自到汉口江边码头冒雨等候；武汉大学医学院范乐成院长、武汉大学医学院周裕德院长带领学生在武昌车站欢迎；中南军政委员会邓子恢副主席在官邸会见唐哲、金问淇、梁之彦、林竟成、于光远五位教授。这些都让代表团成员非常感动。《总结报告》接着介绍了中南区、武汉市的一般情况及教育、医疗卫生设施概况，又介绍了中南区卫生部对同济大学医学院迁往汉口的准备。代表团参观了武汉市各医疗单位，与有关单位进行了座谈。最后代表团对于同济医学院迁汉的观感和意见是：（1）中南区军政和卫生当局对于本院迁汉是有准备和决心的；（2）中南区军政和卫生当局对于同济大学医学院是十分重视的；（3）武汉大学医学院对于与本院合作是有诚意的；（4）中南区和武汉市医事卫生建设是具有重要性和远大的前途的；（5）迁校之具体条件在中南区方面已在有步骤地、迅速地准备中。代表团建议：（1）速即进行迁校动员，包括全医学院及中美医院工作人员之思想动员，以及实际动员得力人员提先前往武汉，参加教学和卫生建设工作；（2）速即成立迁校委员会和建校委员会，把重心放在武汉方面，并慎重考虑人选；（3）应尽一切可能依照在汉商谈记录，将前期人员于本年秋季开学前，后期人员及中美医院工作人员最晚于明年暑假迁至武汉。

5 月 29 日，代表团与中南卫生部、武汉大学医学院举行为期 4 天的座谈会。讨论事项：（1）本年秋季开课及班次调整问题；（2）招收新生问题；（3）房屋问题；（4）设备问题；（5）人事问题；（6）实习医师待遇问题；（7）编制问题；（8）概算问题；（9）建校委员会问题；（10）附设护校及医检科迁汉问题；（11）其他问题。

6 月 5 日，代表团离汉，8 日抵沪，12 日印发《国立同济大学医学院代表团总结报告》。

5 月 23 日、24 日同济大学理、工学院代表团一行 15 人分批由上海出发赴大连考察。代表团组成人员有：李国豪（工学院院长）、薛德焴（理学院院长）、刘先志（教务长）、王福山（物理系主任）、汤腾汉（药学教授）、方俊（测量系教授）、程福秀（电机系主任）、陈彬（土木系学生）、范加仑（土木系学生）、王时炎（测量系教授）、王介忱（事务组主任）、陈介人（工会人员）等 12 人，由李国豪、薛德焴担任正、副团长。代表团另有华东教育部沈副部长、郑科长及警卫员，共计 15 人。代表团参观了大连大学、工业博物馆、校舍、教职员宿舍及工厂等地。

6 月 5 日，李团长、薛团长及刘教务长进京报告，其余团员全部返沪。12 日，印发《国立同济大学理、工学院代表团总结报告》（内容见李国豪院长报告）。

6 月 21 日，同济大学校务委员会召开扩大会议，唐哲院长在会上报告了医学院代表团访问武汉的情况：

全校对迁校问题非常关心，详细情形已记载在报告当中。我们一行在汉口期间每日除举行座谈以外，大部分时间均为参观武汉两地医学院、医院。我个人所得总的印象是中南区医药卫生水准不如华东，而武汉市尤不如上海，考其原因则在人才缺乏，所以急需谋医药事业之发展，对同济医学院的迁去确有迫切需要。同时对医学院迁去，中南方面有下列三项准备。（一）经费：本年准备大米三千万斤合人民币二百四十亿（中南已通过报请中央核准）；（二）房屋：原来武大医学院的医院及新买的七座宿舍为我们前期上课、实验、办公、住宿等用；（三）指定跑马场一处约四百廿亩土地作为将来医科大学之基址。关于同济名义问题，中南卫生部齐（仲桓）部长表示同济迁来武大以后与医学院合作，如同济人愿意放弃原名，中南方面甚为赞同，如认为有悠久历史关系，不愿改名，亦可保留。对于同济迁去，如有公私困难，中南愿意大力支持。邓子恢副主席亦有同样表示，商谈迁校步骤计分三个阶段：（一）从现在到明年暑假，同济、武大一、二年级在武昌新址上课，武大三年级到上海上课，扩大与武大之合作医院（协和医院）；（二）在跑马场逐步建筑后期教室、实验室、医院、宿舍等房屋；（三）同济医学院后期及中美医院与附校全部迁汉，暂以协和医院作临床教学之用，俟跑马场建筑完成，则"前期""后期""协和"三个机构合而为一，科馆领导，以学术地位资历为准绳。待遇问题，凡上海去的人原则上保留上海待遇，折合武汉的工薪单位，使上海去者不致遭受损失，至全国有统一办法时则全国一致，没有问题了。其他私人方面之困难，如子女就学、配偶就业、家具书籍搬迁等，均可尽量照顾大家并准备每人（或每家）最基本的家具，如床、柜、凳、锅、灶等。

理工学院代表团团长李国豪院长报告了访问大连的情况：

代表团到大连的详细情形已载报告书，兹再作一简单说明。东北方面事先只知道我们要搬，但没有具体化，其后晓得代表团来，才着手准备房屋，所以是临时筹措的。教室、实验室、办公室方面，原来指定工农中学及实验小学校舍，因为面积不够，又请他们将和以上两室毗连的大连大学第三宿舍让给我们。工厂厂房一座，比我们的大得多，教职员宿舍，秀月街的可住五六十家，智仁街的可住八十家。但还不够。大连当局说，在大连住的房子有办法，可零星解决学生宿舍。暂时指定中央旅馆给我们，可容二百五十人。我们希望合计有一千二百人的宿舍四千平方公尺，请大连方面设法解决。回沈阳后谈到待遇及其他问题，照大连大学规定，技术方面教授可无问题，职工差得多。当局表示可考虑照顾。此次赴大连所得一般印象，东北情形与上海大不相同，即以工业建设来说比关内进步得很多，上海好像是为教育而教育，而东北则是为工业需要而教育。过去在东北有日本技术人员三十万人，现在差不多都已遣送回去，所以东北对人才很迫切，尤其对理工科学校特别表示欢迎。同济搬去倒不是本身能不能发展的问题，而是我们能不能跟得上东北工业前进的速度。至于同济与连大（大连大学）的关系，他们曾再三表示要保持同济传统，两校相同的系，可以分别重点发展。大连及连大负责方面对本校迁去均诚恳欢迎。商谈问题亦非常恳切。东北需要太大，谁都包办不了，希望团结互勉。代表团对这一点的印象非常好，受了很大感动。

夏主席补充报告：

6月6日下午，代表团李国豪、薛德焴、刘先志三位先生从沈阳到了北京，我们很想和有关首长研究迁校的问题，可是那时各首长都忙于开会，一直到11日方才在中央教育部宿舍，与华东吴部长、唐副部长、沈副部长，东北车部长、邹副部长、闫处长，大连大学屈院长等会谈，同济方面是我和李、薛、刘三位先生。当时根据代表团的总结报告，迁校似乎是没有什么问题的，于是就谈怎样的迁法，一次还是分批，一次是在今年还是明年，分批是一年级先去还是三、四年级先去。华东教育部方面认为分批困难太多，不如今秋一次迁去为是，东北教育部方面表示希望快一点迁，最好在7月10日左右先由行政负责人带两三百学生去把房子住起来，到10月底搬清。我当时曾经说，上海校内的反应怎样还不晓得，所以虽互相交换点意见，可是没做任何决定。此外还谈了好些，没有得着具体结论。

最后会议决议：关于医学院迁移武汉事项在医学院迁校委员会成立以前，授权医学院院务会议处理，并报告校委会追认。医学院因有与武汉大学医学院联合招生之议，故是否参加华东统一招生，由医学院院务会议决定报校委会转报教育部。

至此，同济大学校务委员会已经不再讨论医学院迁移之事，授权医学院院务会议自行决定。

6月23日，同济大学医学院第7次院务会议决议：

本院本年度招生因前奉华东教育部同意将单独举行，分别参加华东区同济大学、中南区武汉大学医学院统一招生，各取正取生50名、备取生10名，即日电告武汉大学医学院。

本年度五年级81名拟按各人成绩予以分派实习，最优者20名派送武汉，较次者30名派送中美，最次者31名派送市卫生局。

本年度应届毕业生76名内经卫生局同意由院保留任用，其中拟留：中美医院29名，中南区17名，前期15名，合计共61名。

6月28日，同济大学校务委员会召开第55次会议，决议：

根据6月25日华东教育部唐副部长指示，同济大学迁校事，须听取同济全体师生员工意见。本校校委会根据院校内广泛反映意见，认为理、工学院以目前情势而言条件不足，事实困难，仍以在上海为宜。据实呈请华东教育部转呈中央教育部核定，早定人心，以利工作。至于迁校原则，俟后再详尽讨论。医学院迁校事，仍按6月21日校务委员会议决，授权医学院院务会议广泛征求意见，慎重处理，并报本会核备。

校务委员会提出：一年以来，校委会同仁虽竭尽绵力服务学校，但心余才绌，成效殊鲜，值兹新旧学年交替，下学年度工作之筹划部署，经纬百端，深虑非同人所能胜任，故特建议华东教育部将本校校委会予以改组，另选贤能，期利校务（全体校委提出辞职）。

7月3日，同济大学医学院举行第8次院务会议，院务委员取得以下共识。

前期意见：（一）对迁校原则一致同意；（二）一般认为应即先行准备；（三）当组织专门迁校机构；（四）希后期方面能再综集一些有价值意见。

后期意见：（一）迁校原则正确，大家拥护不怀疑；（二）满意代表团的总结报告并拥护，职工的调查资料不全、照顾不够是其缺点；（三）从速成立迁校委员会，筹划迁校大计；（四）待遇、人员的分配存在问题，是主要的、值得注意而力求解决的问题。

7月5日，中央教育部电令："关于同济大学迁校问题，即令该校夏坚白主委，刘先志教务长及薛德焴（理学院）、李国豪（工学院）、唐哲（医学院）、林竞成（中美医院）等院长，工、理、医各院学生会主席，于斋日前来部商讨决定。"

7月8日下午，座谈会在中央教育部举行，四时半开始，九时结束。

首先，马部长请同济师生报告，同济方面9人先后发言，各就此次迁校问题发生后师生的反应加以叙述，师生员工的反映文件并于当时递呈各首长参考。发言时间每人均占半小时。这一次的会谈，教育部各首长均未发言，只是听取同济师生的报告。但到最后马部长说："东北的董副部长即将于当晚去东北，所以请他讲几句话。"

东北教育部董纯才副部长表示："东北始终欢迎同济去东北的，这次的事，实在因为当时开会很忙，直到同济代表团抵达，还没有什么准备，可是高主席下命令要赶快给同济在大连寻觅房屋，结果在很短的时间内找着了，这证明东北人民政府是用了力量的。"最后董副部长还说："东北是遵中央命令的，如果中央决定同济迁往东北，东北是绝对欢迎的。"

7月9日，继续举行座谈，由各首长先后讲话，十时开始至下午二时结束。

中南教育部潘梓年部长讲话要点：变动不一定坏，不过不要太勉强，亦不要片面。大家要团结，思想上不妨多酝酿，条件不够应加努力，不应该放弃，要看国家需要，要彼此商量，中南教育部是服从中央教育部的决定和尊重同济医学院及中南卫生部的意见的。

华东教育部唐守愚副部长说明华东处理此事之经过。

中央教育部韦悫副部长讲话要点：（1）高教处不歧视同济；（2）各院分迁两地是好的；（3）困难不是不能解决的；（4）迁校原则是对的，希望可以实现迁校；（5）迁校是三大行政区首长会商决定，得到中央同意的；（6）与大连大学的合作可以进一步商讨。

中央教育部办公厅刘主任讲话要点：（1）同济师生员工大家关心迁校，认真讨论是好的；（2）要有原则地讨论，要找是非在哪里；（3）正确的民主是少数服从多数，下级服从上级；（4）个人的利益与前途，要与全体人民的利益统一在一起，这样的利益才是真正的利益；（5）土地改革不能等到全国统一后才着手，有利于最大多数的人民是对的，否则是不对的；（6）高教会议无权决定一切，教育部也不能，必须政务院通过才行。

中央教育部高教司张副司长讲话要点：（1）高教司是华北高教处改过来的，所以对全国各地高教不能尽明；（2）迁校的原则是对的，条件要满足好，不满足要去创造条件满足。

中央教育部马叙伦部长讲话要点：

（1）学校的设置和变更，原则上政府有权处理。这次高等教育会议通过（中央文教会亦通过）的《高等学校暂行规程》里也有明确规定，这是要请大家注意的。至于毛主席最近发表的"有步骤地谨慎地进行旧有学校教育事业和旧有文化事业的改革工作，争取一切爱国知识分子为人民服务，在这个问题上，拖延时间不愿改革的思想是不对的。过于性急、企图用粗暴方法进行改革的思想也是不对的"这个指示当然是我们一致拥护的，尤其是教育行政机关应该奉行的，我们也常说"改革必须有计划有步骤"，我们也的确采取了"稳步前进"的态度，在这次高教会议上就显著表现了这个精神，但是我希望大家注意毛主席指示的整个精神，不要单强调一面。

（2）革命后的教育工作是必须遵照《共同纲领》进行的，在第四十六条里规定了"人民政府应有计划有步骤地改革旧的教育制度、教育内容和教学"，第四十七条也规定了"有计划有步骤地……加强中等教育和高等教育……以应革命工作和国家建设工作的广泛需要"。中央教育部是最高执行教育政策机关，必须执行《共同纲领》规定的政策，本着毛主席过去和最近的指示来做。

（3）旧教育必须改革，是被全国教育界公认了的，就高等学校现在的分布情形来说，就是最显著的、不合理的现象，照道理来说可以立刻加以改革，但中央教育部成立了大半年，还是谨慎地来做，为的是从全局来看，要做得合理，不敢草率从事。至于调整问题，同济校委会的意见是"院校调整应待全国解放之后做通盘筹划"，这种意见是不尽合理的。我在这次高教会议开幕时也说道，"我们要在统一的方针下按照必要和可能，初步地调整全国公、私立高等学校或其某些院系，以便更好地配合国家建设的需要"，这话是经会议全体代表同意了的。"初步调整"正是有步骤地实现计划。通盘筹划是需要的，不过办事既要照顾全面，也要照顾特殊，这就是所谓权衡轻重缓急，视需要和可能，能改进一点是一点。

（4）这次同济迁校问题，是为着适应革命后国家建设需要而提出的，也是调整高等学校的初步工作，至于昨天听报告，有的说为何不把交通大学迁移，这是因为交大和同济显然有不同之点，现在可以不多说，同济的分别迁移，很明白的是因为东北需要理工院校，中南需要医学校。而且它们都认为同济是有成绩的，迁去之后可以帮助当地解决问题，同时学校也能得到更多的发展。所以迁校不仅对于东北和中南有很大的好处，对同济也是有好处的。经过东北、中南、华东三大行政区的最高首长的会商而得到中央的同意，这是符合《共同纲领》文教政策要求的，而且是既照顾全面又照顾特殊的，这是很正确的。

（5）这次同济迁校问题，经过一个酝酿的过程，不但经三大行政区的考虑和中央的同意，并且同济派了两个代表团去东北和武汉进行商洽、了解情况，从代表团报告上看，医学院已协商妥帖，理工学院对迁移问题，原则上并无反对，夏主委等亦表示同意。昨天听报告了解了各方面的意见，也有一部分同学反对迁校的，但顾虑最多的还是迁校的条件和步骤，这一点我们也是同意的。听说同济校委已向华东教育部提出辞职，华东尚未转来，即使转来，我们不但不让他们辞职，而且还认为他们不应辞职的，所以我请领导校委会的夏主委先向他们说明，而且夏主委也一定会积极负起责任，因中央对夏主委是很信赖的。关于医学院问题由校委会授权医学院院务会议妥善处理，我们同意。理工学院也可由理工学院再加考虑，希望夏主委妥善处理，部里决不会鲁莽强迫。

（6）最后，昨天听到同济师生发言，大家都注意全校的团结，这是很好的，但团结是有原则的，是为国家大多数人民的利益而团结的，我们希望同济全校的师生紧密地在这样的原则上来团结。

7月10日上午九时，马部长来招待所访晤，互谈在新社会里服务应取的态度，并谈了些有关高教问题。最后，我们一致请求马部长将他昨天的讲话给我们一个书面的文件，他表示同意。

7月11日早晨，张副司长、唐副部长先后来访，告诉我们，马部长的书面文件，因为要经马部长与政务院周总理谈过后才能发出，并说12日马部长还要和我们再谈一次话，所以我们原定11日发布书面文件改在12日，并电告上海本校。

7月12日上午九时三十分，我们七人同往教育部，与马部长、韦副部长、刘主任、张副司长晤面。马部长先宣读部令：

中央人民政府教育部发布关于同济大学迁校问题的决定　1950年7月12日

中央人民政府教育部认为：同济大学迁校的原则是完全正确的，医学院迁武汉、校部及理工学院迁大连，是符合国家建设需要和同济本身发展的利益的，但这一正确原则的执行，则需要取得师生极大多数的同意。在条件没有具备以前，需要等待和进行说服工作。学校迁移的实际进行，应在学校方面及中南军政委员会与东北人民政府方面，对于各项有关问题有了充分准备之后，妥善实施。

根据上述原则，决定如下：

一、关于同济大学医学院迁武汉问题，同意该校校务委员会授权医学院院务会议妥善处理，并呈报中央人民政府核准。至于何时迁移及如何迁移等具体问题，由华东军政委员会教育部，同济大学医学院（一方）与中南军政委员会教育部、卫生部（另一方）协商办理。

二、理、工两学院决定本年度仍留上海，希望华东军政委员会教育部、同济大学校务委员会（一方）与东北人民政府教育部（另一方）继续妥为协商，并将协商结果呈报中央人民政府教育部，以便最后确定。

7月17日，同济大学医学院第9次院务会议议决：组织迁校委员会。

7月21日，同济大学医学院迁校委员会第一次会议在中美医院举行。

7月26日，迁校委员会常设委员会第一次会议在院长室举行，通过《本院迁校委员会组织大纲（草案）》。

8月27日，中央教育部高等教育司张宗麟副司长在华东军政委员会教育部召集有关方面开会座谈，参加会议的有华东教育部唐守愚副部长、沈体兰副部长，华东卫生部崔义田部长，中南卫生部齐仲桓副部长，同济大学校委会夏坚白主任，同济大学医学院唐哲院长，中美医院林竟成院长（陶桓乐代）。"会议记录摘要"指出：遵照中央人民政府教育部 1950 年 7 月 12 日关于同济大学迁校问题的决定和马叙伦部长的指示，关于同济大学医学院（包括中美医院）迁院问题谈得一致意见：

一、同济大学医学院本年度一年级新生暑假开学，一律至武汉报到上课。二年级学生，暂行在上海及武汉分别上课。武汉大学医学院三年级学生来上海同济大学医学院上课。

二、同济大学医学院附属医院中美医院全部迁武汉，但为照顾上海市民的医疗需要，中美医院应分步骤迁移，以便上海市能陆续补充人才及设备。

三、今后同济大学医学院一切有关迁院事宜及有关教学行政等其他事宜，由同济大学医学院直接呈请华东教育部核批，同时抄报同济大学校务委员会。

四、原则上批准已成立的同济大学医学院迁院委员会，具体项目经华东教育部审核后批准。

五、华东教育部、华东卫生部、中南卫生部、中南教育部及同济大学医学院五单位共同组成同济大学医学院迁院指导小组，负责指导同济大学医学院一切迁院事宜，并决定华东教育部为主任，中南卫生部为副主任。

六、同时在武汉组织建校委员会，由中南文教委员会任主任委员，中南卫生部任副主任委员，负责一切建校事宜。

9 月 16 日，武汉新校舍八馆设计图样寄往中南军政委员会卫生部审核。

9 月 17 日，在上海所招 1950 年度第一批新生 28 名启程赴汉；第二批新生 20 余名 25 日启程；第三批新生 9 名 30 日启程。

中南区请调教授、医师前往协助：内科定王辨明教授、王心铱医师及郝连杰医师前往，另正物色一检验人员前往；妇产科定刘新华医师前往；眼科定陈任教授前往。

9 月 27 日，同济大学秘书处致函医学院：奉华东教育部 9 月 20 日通知，饬即知照遵行。贵院今后有关教学行政等事宜，由院直接呈请华东教育部核批。所有与本部实施划分之技术上问题：（1）医学院之财务经济，10 月 1 日起直接向华东教育部领款报销；（2）医学院办事人员编制表，请院务会议拟定，送校洽商调用人员。

9 月 29 日，建校委员会人选（上海方面）业经提名委员会提出，唐哲、林竟成，以及梁之彦、姚永政、李赋京、陈任、王辨明等 5 名教授合计 7 人。

前寄出八馆设计图样，中南齐部长表示因经费原以食米计算，目下米贱而材料上涨，如依样兴建超出预算，请酌减少幢数或缩小建筑面积，当经召商八馆决定原则四项：（1）各建筑原定三层一律暂改二层；（2）教室、实验室面积一律减半；（3）设中央供应室以替代分设之饲养室；（4）请武汉工程师来沪计划。

中南齐部长电催本院建校委员及其他去汉人员即日上道。

10 月 14 日，教育部批复同济大学："你校医学院划分后，医学院诸委员，既已另行参加该院院务会议，同意你校校委会以后举行会议，即暂由夏坚白、刘先志、杨烈、李国豪、薛德焴、汤腾汉、翟立林、潘道暄、范加仑等九人出席。"

至此，医学院已经正式与大学分开，医学院校务委员不再参加同济大学校务委员会会议。

10月4日，中南军政委员会批准建校委员会的组织和委员名单。

中南同济医学院建校委员名单：潘梓年（中南教育部部长）、齐仲桓（中南卫生部副部长）、陈剑修（中南教育部副部长）、林之翰（中南卫生部副部长）、范醒之（中南财委副主任）、周裕德（武汉大学医学院院长）、唐哲（同济大学医学院院长）、林竟成（中美医院院长）、李赋京（同济大学教授）、陈任（同济大学教授）、梁之彦（同济大学教授）、姚永政（同济大学教授）、马仲魁（武汉大学医学院教授）、范乐成（武汉大学医学院院长）、姚克方（协和医院院长）、殷传昭（武汉大学医学院支部书记）、洪宝源（同济大学教授）、章元瑾（同济大学教授）、金问淇（同济大学教授）、李晖（同济大学副教授）、童尔昌（同济大学副教授）、管汉屏（协和医院教授）、齐又秦（协和医院院士）、高景星（协和医院副院长）。

10月5日，医学院迁汉建校委员会沪区委员及指导小组第一次联席会议在上海常熟路本院院长室举行。

建议与决定：（1）本院人员之薪给与等级问题；（2）争取全部教授赴汉问题；（3）关于中南迫切需王辨明教授赴汉工作事；产科刘新华医师亦已决定先期赴汉；（4）建校委员会开会时，主持各科、馆教授应轮流列席；（5）关于赴汉人员配偶就业问题；（6）中美医院汇报步骤问题，一是原则上应有步骤地分批迁，二是技术问题应由中美医院提出具体方案，并与中央、华东卫生部三方一起研究解决；（7）中南房屋建造约在十月可开始兴工，希望提供意见，并望建校委员早日到汉；（8）目前参考书及仪器均感缺乏，为应付日后中南需要，拟先由各科、馆开具详明清单，送中南方面审酌拨款大量购置；（9）关于院内政治学习指导，目前欠缺专人负责，拟请华东及中南方面协助解决此一问题。

10月20日，在沪建校委员乘船赴汉。

10月28日，建校委员会第一届第一次会议在中南卫生部举行。

齐仲桓副主任委员（主席）报告要点：本次会议主要解决三项问题。（1）建校的建筑问题；（2）中美医院迁院问题；（3）本会今后如何执行经常任务，以及应如何组设一经常办事机构问题。

10月29日，建校委员会第一届第二次会议在中南卫生部举行。

会议主席齐仲桓副部长报告要点：（1）迁校建校费，原列预算3000万斤米，旋请追加600万斤，共为3600万斤；（2）近来因建筑材料价格增高，米价低落，原请3000万斤建筑费遂感不够；（3）兹按三种不同建筑材料估价列表，请各位研究比较，即以砖房地板为准，亦当须追加3000万斤，钢骨水泥，则超出更多；（4）原则方面，为如期完成迁校任务，必须于明年暑假完成建筑工程，如在今年十一月开工，当可及时竣工，一方请求财委帮忙追加，一方在建筑部分，希望再精打细算。

范醒之委员报告要点：（1）建校费系单独成立预算，用中央拨发之专款，不在中南开支；（2）说明国家财经及中南财经目前情况；（3）建议解决超支3000万斤办法，一是就中南卫生部今、明两年预算中各匀出500万斤，二是请中央追加1000万斤，三是中南财委筹拨1000万斤；（4）代表财经支持今年动工计划，不加变更，在预算未确定前，可代向银行贷款。

全体出席人员在听取范主任财经情况报告后，深受感动，并对范主任于无办法中寻求解决办法之苦心，表示无限感戴，并通过如下决议：

（1）八个学馆及宿舍等建筑于今年开工；

（2）争取尽可能于明年暑假完成；

（3）除生理、生化两馆照原计划各加2000平方公尺，病理馆减少1200平方公尺外，余照原设计办理，各馆内部设计再按实际需要重新加以研究；

（4）大部建筑采用砖瓦木料，个别的照顾特殊需要，得采用钢筋水泥地板；

（5）医院病房用钢筋水泥，争取于明年二月动工；

（6）建立建筑小组，由刘允年、周志昌两工程师参加，赶速研究进行。

1950年小结： 3月，迁校传言纷起，同济大学校委会向上级递交意见书。4月，华东教育部宣布中央迁校指示。5月，派两个代表团分别赴武汉、大连考察。6月，医学院考察后同意迁武汉，理、工学院考察后要求暂缓迁大连；同济大学校委全体要求辞职。7月，中央教育部令全体校委赴京商讨迁校问题，中央教育部发布同济大学迁校的决定；医学院成立迁校委员会。9月，武汉新校舍八馆设计图样寄往中南卫生部审核；在上海招录的新生陆续赴武汉上课。10月，医学院与大学正式脱开独立；建校委员离沪赴汉，第一次会议在中南卫生部举行。

1951年

2月26日，中南同济医学院建校委员会第二届一次会议在中南卫生部会议室召开。

齐仲桓主席报告：说明同济医学院迁校决定的经过、历次会商情况，以及中南对于建校准备方面所做各项具体工作，并说明由于抗美援朝奉令冻结现金，停止建筑，加之武汉布置防空疏散，影响了第一届建校委员会决议的实施。

孙仪之部长报告：中央对于迁校决定的正确性已经各方共同一致的认识，由于抗美援朝的需要，不得不将建筑费预算加以缩减，希望再考虑商讨建校问题时，能体念国防第一的原则，早日完成迁建任务。

陈建秋委员报告：中南需要同济迁来，以及中南具有无限发展前途的优越条件，同济同仁必能不计传统形式的名称问题，争取实质上优良传统的发扬光大。

唐哲委员报告：同济同仁对于迁校认识已无问题，对建校条件在思想上尚未完全趋于一致。事实上已陆续有师生、物资到汉，亦即开始迁校工作，建议本次会议应充分考虑未来一切可能的发展，在照顾各种可能情况的基础上来做具体决定，以期一切决定得以完全实现，并望更深入地相互了解各方情况，圆满地完成建校任务。

范乐成委员报告：武大医学院在准备合作上已完成各项具体工作，希望本次建校委员会做出具体决定，并早进行建校工作。

周裕德委员报告：说明协和医院添建房屋、扩充病床及与武大、同济派往参加工作人员合作无间的情况，欢迎同济早日迁汉。

3月1日，中南同济医学院建校委员会第二届三次会议在中南卫生部会议室召开，会议决策如下：

一、建筑计划

（1）建院地点决定在汉口华商跑马场。

（2）教学房屋本年就按原设计标准先建三个馆，然后配置七馆使用。

（3）1952年希望完成跑马场500床的教学医院建筑。1953年希望完成其余四馆的建筑，以及礼堂、宿舍、办公厅、会议室等必需房屋。

二、迁校步骤

（1）一、二、三各年级于本年九、十月开始全部迁汉，四、五、六年级本年先迁一部分。

（2）中美医院及四、五、六各年级未迁部分，1952年迁竣。

三、新校名及使用时期

（1）本会建议使用"中南同济医学院"或"中南同济医科大学"名称。

（2）暑期招生前改用新校名。

四、秋季招生问题

（1）医本科招生220名，公共卫生专修科招生60名。

（2）招生地点以中南地区为主（公共卫生专修科全部在中南地区），医本科可在沪招收约40名。

3月2日，中南同济医学院建校委员会第二届四次会议在中南卫生部会议室召开，会议决策如下：

一、唐哲委员报告小组会商估计运输费、包装费及一部分设备费需款情形

（1）校产部分按760箱估计，共约需4亿元。

（2）家具、铁床等约需3亿元。

（3）人员部分：一、二、三年级教职员和学生，以及教职员眷属连行李、较贵重家具，约需4亿1千万元。后期部分约需1亿元。

以上合计约需款12亿元，另加预备费3亿元，共计约15亿元。

（4）建筑费中未列之设备，如电表、电话、电扇、火炉、脚踏车、打字机、窗帘、木器等共需11亿元，加预备费4亿元，共15亿元。

两共合计约30亿元。

二、马仲魁委员报告补充图书、仪器需款情形

（1）第一期请拨款10亿元。

（2）第二期与第三期均请拨5亿元，连第一期共20亿元。

（3）由各部门先拟详细预算，呈中南卫生部核定拨款。

5月16日，国立同济大学附设中美医院林竟成院长呈文同济大学医学院，要求将"中美医院"改称为"同济大学医学院附属同济医院"。华东军政委员会教育部18日批复，同意更名为"同济医院"并报中央教育部核备。

6月23日，中央教育部批复准予备案。

8月13日，中南同济医学院第三次建校委员会会议召开，讨论秋季开学与迁校步骤问题，以及房屋分配与教职员子女转学、眷属就业问题

8月，华东教育部依据中央教育部关于将私立光华大学与私立大夏大学合并组建华东师范大学的决定，将不适合师范大学系科设置的两校土木系共338人并入同济大学，同时将同济大学理学院的动物系和植物系与光华大学生物系合并，组建华东师范大学生物系。

9月6日，中央教育部和华东教育部决定将交通大学、大同大学、圣约翰大学、震旦大学、之江大学、上海市工业专科学校、华东交通专科学校、中华工商学校和同济大学9所学校的土木、建筑、测量各系、科、组全部集中于同济大学。

9月20日，中央人民政府教育部批复，同意同济大学医学院迁来汉口与武汉大学医学院合并改称"中南同济医学院"。

9月21日，正式启用中南军政委员会教育部颁发的新印章。

9月21日，武昌分部（原武汉大学医学院旧址）一年级新生开始上课。

10月21日，唐哲院长率教授及二年级学生80人抵汉。

10月29日，二、三年级学生在汉口跑马场新址大饭厅和大礼堂开始上课。

10月31日，教育部通知，原同济大学医学院暨附属医院改隶华东卫生部领导。

11月7—9日，举行中南同济医学院临时院务委员会第一次会议。

明年计划争取上海医学院后期及武昌分部全部迁汉。明年迁建费政府约可拨发600亿元，拟以200亿元为宿舍建设费，350亿元为医院大楼建筑费，50亿元为迁移及设备费，学生宿舍建筑费尚在设法筹措中，各项工程争取于明年3月动工。修正通过中南同济医学院临时院务委员会组织章程、中南同济医学院学则等制度。

1951年小结：2月，由于抗美援朝，资金紧缩，教学建筑减少一半，但仍然完成了部分学馆、宿舍、食堂和大会堂的建设。9月，中南同济医学院挂牌。10月前期，部分教师和学生赴汉，在跑马场新校址上课。11月，临时院务委员会成立，制定各项制度及条例。

1952年

1月23日，中南同济医学院临时院务委员会第五次常务委员会议，修正通过中南同

济医学院经费开支处理暂行办法等制度。

春季，委托同济大学冯纪忠教授设计同济医院住院部大楼，半年后拟动工。因资金紧缺，延至 1953 年 5 月开工。

8 月，武昌分部（基础各科）迁来汉口新校址。

9 月，前期迁校工作已全部完成。

8—9 月，华东教育部又决定同济大学理学院的数学系、物理系调整至复旦大学，部分师资调整至华东师范大学；理学院的化学系调整至复旦大学、华东化工学院等校；工学院的机械系、电机系、造船系调整至交通大学；工学院的土木系水利组调整至华东水利学院。调整结束后，新同济大学设立了铁路公路、上下水道、结构、建筑和测量 5 个系。

10 月，中南军政委员会批复准予发行《中南同济》校刊。

12 月 31 日，中南军政委员会卫生部部长齐仲桓、华东军政委员会卫生部部长崔义田、上海市人民政府卫生局局长王希孟、同济大学医学院附属同济医院副院长卢琇、中南同济医学院教授章元瑾在上海签订《关于同济医院迁汉合约》。

关于同济医院迁汉问题协议如下（摘要）

一、为符合同济医学院迁校目的，照顾中南区医学教学需要，原则上同济医院全部迁汉，但同时为照顾上海市劳动人民及公费医疗的需要，同济医院最好在迁汉前扩大医院编制员额。

二、同济医院具体迁移步骤：1954 年秋开始迁院，于 1954 年终前迁移完毕，其中妇产科则于 1953 年秋迁汉。如照顾教学需要，自 1953 年起，同济医院一部分教学人员即应往返沪汉间进行教学。

三、同济医院在迁院前，该院行政及业务上受上海市卫生局与中南同济医学院双方领导，有关社会服务与教学业务应双方照顾，医院经费由上海市卫生局供给，医务人员由同济医院根据批准之编制自行设法补充。

1952 年小结：医学院继续制定各项制度及条例，各项工作开始走上正轨，开始筹备后期同济医院迁武汉的工作。同济大学继续进行院系调整。

1953 年

5 月 22 日，同济大学医学院在上海同济医院院长室召开第六次院务会议。唐哲院长宣布：我院院部结尾工作大致已告竣事，少数留沪工作人员亦已迁、并医院办公，故院部已可正式结束。会议决定：22 日起向上级呈缴印信，并登报公告。所有未了业务，分别由中南同济医学院及附属同济医院接办。

5 月，同济医院主楼建筑开始动工。建筑标准在同济医院教授的要求下按最高标准——钢筋混凝土和水磨石地坪，第一期床位 500 张，造价 590 万元（300 元/平方米）。

6 月 1 日，中南同济医学院第一届教职工代表大会开幕

6 月 23 日，中南同济医学院党总支召开第一次会议，殷传昭任书记。

6月29日，中央人民政府卫生部关于原同济医学院之教学医院上海同济医院迁移汉口市提出两点意见（摘要）：

一、同济医院迁移时，原则上应将教学及医疗方面所必需的器材、设备等一并迁往汉口，一般非必需者可留于原址。

二、同济医院原址，根据情况，应拨给上海第一医学院，作为该院之儿科医院。

1953 年小结：同济大学医学院成为绝唱；除同济医院外，前期已全部迁至武汉；前期教室、实验室基本完工；同济医院建筑正式开工。

1954 年

4月3日，在武汉举行中南同济医学院第一届毕业生毕业典礼，本届毕业生64人。

6—8月，武汉发生特大洪水，全市开展防汛工作，故影响同济医院的建筑工作。

9月24日，武汉市硚口区人民政府批复开办职工子弟小学。

9月28日，汉口协和医院移交中南同济医学院领导。

9月28日，正式成立附属同济医院迁汉迁建委员会与迁建办公室。同济医院迁汉工作正式启动。动员和准备工作进行了半年，详细进程可参看马先松的相关文章。①

11月25日，同济医院迁汉人员名单正式公布，迁汉的正、副教授21人，讲师、助教100余人，护士、医技人员60余人，行政技术工人40余人，计220余人。正教授中，除耳鼻喉科专家李宝实（后任第二军医大学副校长、长海医院院长）、骨科专家屠开元（后任第二军医大学副校长、长征医院院长）经中央卫生部批准调任军队医院任职外，其他全部来汉。

1955 年

1955 年春节后，同济医院迁汉职工及家属数百人，扶老携幼，包乘数艘客轮，3月底全部抵达武汉。

5月，同济医院主楼全部完工。

5月15日，中南同济医学院附属同济医院在汉口新址举行开幕典礼。

8月1日，中南同济医学院正式改为"武汉医学院"，原汉口协和医院改为"武汉医学院第一附属医院"，原同济医院改为"武汉医学院第二附属医院"。

至此，一所具有48年历史的医学院和55年历史的医院从上海整体搬到武汉，历时5年。

后注：1956年下半年，同济大学测量系调往武汉，著名大地测量学家、副校长夏坚白随之调任武汉测量制图学院副院长（武汉测量绘图学院后经历武汉测绘学院—武汉测绘科技大学—武汉大学测绘学院改名历程）。

---

① 马先松：《同济大学医学院及附属医院内迁武汉记事》，载《武汉文史资料》编辑部编《武汉文史资料》，武汉市政协文史资料委员会，2016，第17—18页。

从裂变到重组

——云南大学院系调整与地区高教格局塑造

云南大学党史校史研究室　卫魏

20 世纪 50 年代初期，国家出于恢复发展国民经济、巩固共和国新生政权以及学习苏联的考虑，开始对旧有高等教育体制进行改革，在全国范围内进行大规模的院系调整。在这场被称为"速度之快、程度之深、力度之大、范围之广、影响之巨，在中国百年高等教育史上几乎无出其右"[①]的调整中，云南大学响应高教部颁布的《关于高等学校领导关系的决定》《高等学校暂行规程》等文件精神，通过调出、独立、撤销、改组已有院系学科的方式，与其他被调整大学一起形成 20 世纪后半叶西南地区的高等教育格局，并奠定了新中国成立后云南省高等教育发展的基本格局，在服务国家和地方建设需要、培养大批高等专门人才的同时，一定程度上也造成了云南大学人文教育的衰落。

一、裂变：调出国防和建设急需学科，构建西南高教新格局

20 世纪 50 年代初期，国家在大范围内对高校进行院系调整，主旨在于加强高校与工农建设及生产发展的联系，使其更好地服务于国家经济和国防建设，进而在高等教育层面巩固新生政权。当时的云南大学，是民国时期 30 所国立大学之一，具有"被《不列颠百科全书》列为中国十五所最具世界影响力的大学之一"的美誉，在西南乃至全国的地位毋庸置疑。但新中国成立后，由于云南大学实力雄厚却偏居西南边陲一隅，无法为京津沪中心地区及工业建设发挥应有的作用。因此，从 1951 年开始，云南大学服从中央教育部、卫生部、工业部及云南省政府等部门的调令，陆续将自己的优势学科院系调整到西南地区。

首先，云南大学将航空工程等与国防建设相关的学科调整到四川大学，进一步促使西南地区工科结构的优化。1951 年 3 月，教育部在北京召开的航空工程系（科）会议，提出"积极配合国防建设，有效集中使用力量，培养航空建设人才"的思路[②]，确定了全国高校各航空系的调整方针。1951 年 4 月，云南大学奉中央教育部"航空系原则上一律并入四川大学"的调令[③]，将云南大学航空系整体迁到四川，共调出教师 8 人，职员 3 人，学生 29 人。1952 年，四川大学航空系又与清华大学航空系一道，合并建立北京航空学院（即现今的北京航空航天大学）。其次，云南大学将蚕桑、畜牧、土木工程、政法等攸关国计民生和社会发展的基础学科，相继调整到四川、重庆、贵州等地，为西南地区农、

---

① 包丹丹：《1952 年院系调整再解读》，《教育学报》2013 年第 2 期。
② 中国航空工业史编修办公室：《中国航空工业大事记（1951—2011）》，航空工业出版社，2011 年，第 3 页。
③ 《批复并通知有关航空系迁并事由》，云南大学档案馆藏档案，档案编号：1950-Ⅱ-25-27。

工、文法学科的发展奠定基础。1953年3月，根据教育部及西南军政委员会的通知，云南大学"农学院蚕桑系师生员工共计九十二人奉令调入四川北碚的西南农学院，畜牧兽医系师生员工共计三十三人，奉令调入成都四川大学。教员朱继藩一人，奉令调入贵州花溪贵州农学院"。[①] 8月，云南大学工学院土木工程系并入重庆建筑学院和四川大学，铁道管理系工程组并入重庆建筑学院和中南土木建筑学院（今长沙大学），"调出教师十一人，学生九十九人"。文法学院法律系、政治系并入重庆西南政法学院，"调出教师十三人，学生一百八十五人"。[②]

在1950年至1953年的三年时间内，云南大学在国家经济凋敝、百废待兴的形势下，主动服务中央在国防安全、工业建设以及社会民生等方面的发展部署，将"文法、理、工、农、医5个学院18个学系"的规模体系进行拆分，将优势的学科、经验丰富的教师以及专业过硬的学生，一并调整到四川成都、重庆及贵州地区，促成西南地区综合学科的合理分布和专门学校的快速发展。据《四川教育史稿》统计，1949年，四川本土共有全国性的公立及私立大学4所，即国立重庆大学、四川大学、私立华西综合大学及私立成华大学，其中，文、理、法、医、工、农等学科集中分布在国立重庆大学和四川大学2所高校内。云南大学通过院系调整及学科迁出，直接参与组建重庆大学、西南农学院、重庆建筑大学、西南政法学院等专门大学，增强四川大学在航空、水利、土木工程方面的学科实力。可以说，云南大学以高瞻远瞩、主动服务的魄力，使本处于中心和辉煌的自己逐步裂变，不断推动四川、重庆等高等教育新中心的形成，参与塑造20世纪50年代初西南地区高等教育的新格局。

二、重组：工、农、医专门学科独立发展，形成云南高教新格局

1950年2月，云南和平解放后，云南人民政府在面临如何将接管的工厂、矿山、银行、铁路及航运等进行国营化，如何将云南丰富的生物、矿产、能源用于恢复国民经济建设的问题时，急需大量高级的专门性人才。但当时云南省的人才现状却是"社会发育程度低，劳动者科学文化素质低"[③]，"科技底子薄，起步晚，尤其是高级技术人才匮乏"[④]。云南省高等、专门人才现状与地方推动建设的需求明显不相符，这种矛盾势必要求本省唯一的综合国立大学——云南大学做出改变和提供支持。

首先，根据西南高教局向云南大学发出的高教〔1954〕人字1612号通知，1954年，云南大学工学院独立建校，成立云南省有色金属勘测与开采的专门大学——昆明工学院。1953年7月，高教部部长马叙伦在全国高等工业学校行政会议中提出，"从1953年起，国家进入经济建设的新时期，集中力量发展重工业。……以培养工业建设人才和师资为重点，发展专门学院，整顿和加强综合大学"。1954年8月7日，西南高教局向云南大学发出第

---

① 《我校蚕桑系师生共计九十二人奉令调往四川北碚农学院等》，云南大学档案馆馆藏档案，档案编号：1953-Ⅱ-009-15。
② 云南大学志编审委员会：《云南大学志·总述》，云南大学出版社，1993，第172页。
③ 钟世禄：《中国共产党在边疆少数民族地区执政方略研究》，云南人民出版社，2016，第339-340页。
④ 蔡寿福：《云南教育史》，云南教育出版社，2001，第125页。

1612 号通知，"经政务院批准，你区云南大学工学院独立建校，成为以有色金属和采矿为重点的多科性工学院，定名'昆明工学院'"。1954 年 9 月 1 日，新中国成立后云南省第一所高等工科院校——昆明工学院成立。9 月 8 日，《云南日报》头版以"适应有色金属工业建设发展需要，昆明工学院已正式成立"为题，进行详细的报道和广泛的宣传。工学院独立发展，"从云南大学调出教师 111 人，职员 62 人，工人 84 人，学生 525 人"。[①]

其次，根据中央高教部和卫生部联合发出的 788 号、1160 号通知，云南大学医学院独立建校，成立致力于改善云南省医疗卫生水平的专门大学——昆明医学院。1952 年 10 月，为培养大批高水平、高质量的医药专门人才，以改变和提高云南边疆的医疗卫生条件，西南卫生部及文教部发文云南大学："为着准备今后院系划整工作，希你校医学院独立建校计划连同院址蓝图一并测绘报部为荷。"[②] 1955 年 9 月 20 日，中央高教部和卫生部联合发文通知云南省委、人委及云南大学，"云南大学于 1956 年在昆明开始独立建校，定名为昆明医学院"，[③] 并成立昆明医学院筹备委员会。随后，经过院址基建、设备资产划拨、人员调配、经费筹拨后，1956 年 9 月 1 日，昆明医学院宣告独立建院。此次医学院独立发展，"从云南大学调出教职工 132 人，学生 284 人"。[5]

最后，根据高教部制定颁发的《云南大学农、林学系独立建院方案》，云南大学农学院独立发展，建成云南省高等农林人才培养的专门学校——昆明农林学院。1956 年初，云南大学向高教部拟呈《云南大学对于农学系、林学系独立建院的意见》，提出筹设云南农学院。未几，高教部颁发制定《云南大学农、林学系独立建院方案》，明确规定，"决定云南大学农学系、林学系在 1957 年独立建为云南农学院"。5 月 10 日，省农业厅、省林业厅及云南大学共同组成筹备委员会。1957 年，因为政治运动干扰及国家政策调整，高教部下达"暂不独立，停止建筑"的指令，农学院独立建校之事被搁置。而且，由于政出多门、事权不一，筹委会对于院名之事多有变动。1958 年，云南省委重提此事，云南大学"奉省委决定，云南大学农、林两系于 1958 年暑假独立建院"。1958 年 7 月，在云南大学的努力斡旋下，农、林两系的师生员工及图书设备搬迁完毕，开始面向全国招生。1958 年 11 月，昆明农林学院召开成立大会，正式宣告成立。在此次农学院独立发展的过程中，云南大学"调出教师 102 人，教辅人员 8 人，学生 554 人"。

新中国成立后，云南大学从推动地方建设需要出发，配合高教部、工业部、卫生部等国家部门的专业调整和院系重组工作，将地方急需的优势院系学科调出独立发展，促使云南省高教格局的变化。据统计，院系调整前，云南有高等学校 3 所，即云南大学、昆明师范学院及五华书院。院系调整之后，云南省拥有云南大学、昆明师范学院、昆明工学院、昆明医学院、昆明农林学院 5 所高校，由之前以云南大学为中心转变为各类专门大学均衡发展，极大地满足了地方对于有色金属开采、医药卫生改善及农林开发的需求。与此形成对比的是，云南大学由之前 5 院 18 系的规模削弱为"仅余文、理两科"，

① 云南大学志编审委员会：《云南大学志·总述》，云南大学出版社，1993，第 173 页。
② 谭茂森：《云南大学行政后勤管理综述》，云南大学出版社，2019，第 430-475 页。
③ 《云南大学医学院独立为昆明医学院的通知》，云南大学档案馆馆藏档案，档案编号：1955-Ⅱ-001-18。

由全面的综合性大学转变为培养理论及基础科学研究与教学专门人才的、较为单一的综合性大学，且隶属关系的重要性逐渐下降。据统计，"'一五'期间，云南大学、昆明工学院归高教部直接领导，昆明医学院由中央卫生部领导"。[①]1958年院系调整结束后，"云南大学由教育部直接领导改为下放归云南省人民政府领导"。[②]显而易见，云南大学以院系的拆分、自我中心的转移、隶属地位的下降，直接推动、塑造了云南省高等教育发展的新格局。

随后，云南大学协助筹委会在基建规划、经费筹拨、设备购置等方面做了大量工作，尤其是在解决师生员工迁出时的思想波动、生活困难、人事纠纷等问题上的价值凸显。

三、反思：地方专门人才培养兴起与高校人文教育衰落

经过1951—1958年全国范围内的院系调整，西南地区形成以高教部直接管辖重点工业大学和部分综合性大学、相关部委管辖深度专门化大学、地方教育厅管辖部分综合性大学和专门化大学的高教格局，云南省高教格局亦在此范畴。在国家和地方的大力统筹支持下，由云南大学调整到西南地区或在省内独立发展的院系学科，经过重组或单独建校后发展成为国家急需的专门大学，并在专门人才培养上取得突出成就。

据统计，经过院系调整，1956年，四川省工、农、医、法、师范等专门大学的招生人数为26694人，相比于1953年的10019人，短短三年时间内招生人数增长约1.5倍。1958年，云南省高校经过院系调整后拥有专业28个，其中理科8个，师范8个，工科6个，农科3个，医科1个，文科仅有2个。其中，"昆明医学院当年招生353人，11月7日毕业生58人，在校学生775人"。[③]刚刚成立两年的昆明医学院，其学生规模已经超过1946年全国大学平均在校生557人的规模。由此可见，经过院系调整后，西南地区以及云南省的专门人才培养规模的发展是迅速而有效的，这与国家"以培养工业建设人才和师资为重点，发展专门学校，整顿和加强综合大学的方针"[④]相吻合，也符合云南省"加速专门人才的培养，满足地方建设急需"的现实要求。

但是，经过院系调整后，"中国成为当时世界上综合性大学、文科在校学生和文科教育比重最小的国家"[⑤]。这从云南大学院系调整前后的文科变化可见一斑。1951年院系调整前，云南大学"文法学院设有文史、外国语文、政治、经济、法律、社会6个系，以及西南文化研究室和社会学研究室"[⑥]，包含刘文典、刘尧汉、方国瑜等一批经验丰富的名师，在国内历史文化研究、边政建设、边疆民族研究、西南文化传承等方面影响力不容小觑。经过院系调整过程中的调出、合并、撤销、重组后，至1958年，云南大学文科只剩下中文和历史2个系，且"文法学院"的学院建制被取消。在这个过程中，除了政治、经济、法律相继调去省外大学，1952年，西南文化研究室被撤销；1954年，社会学系被

① 蔡寿福：《云南教育史》，云南教育出版社，2001，第649-651页。
② 《云南大学志》编审委员会：《云南大学志·大事记》，云南大学出版社，1993，第232页。
③ 向达治：《昆明医学院校史1933-1998》，云南人民出版社，2001，第184页。
④ 包丹丹：《1952年院系调整再解读》，《教育学报》2013年第2期。
⑤ 杨东平：《精神重建与制度创新》，《东方》1995年第1期。
⑥ 《云南大学志》编审委员会：《云南大学志·大事记》，云南大学出版社，1993，第232页。

撤销。值得一提的是，云南大学社会学系不仅承载着人类学中国本土化的实践，田野调查的兴起以及费孝通、陶云逵、许烺光、江应樑、瞿同祖等人的学术影响力，而且承载着费孝通所言的"抗战时期内地知识分子在严酷的条件下做着有意义的事情，我们对自己的国家有信心，对自己的事业有抱负"①，在精神层面体现出战时知识分子群体在艰苦环境中的国家抱负及学术自信。社会学系的裁撤，不仅是学科层面的停办，而且是"打断一个历史悠久而又有成绩的学校的传统"，一定程度上造成云南大学学术场域内社会科学家和人文学者的分离。加之院系调整后，云南大学的各类专业在课程设置、教学内容、评价体系等方面服从国家和地方需要，过于强调"产生"和"使用"，忽略了其中人文熏陶和精神的养成，一段时间内造成包括云南大学在内的人文教育的衰落。

总而言之，从新中国成立初期的区域高校结构优化、大学均衡分布以及专门人才培养的角度看，云南大学在院系调整中所做的贡献是毋庸置疑的。这种贡献不仅体现在调出航空工程、铁道管理、蚕桑、农林等优势学科充实西南地区综合及专门大学的发展，将力量雄厚的学院独立发展成为云南省工、农、医等专门性大学，而且体现在云南大学在院系调整中的主动性及配合性上。院系调整工作对云南大学来讲，是学科整体迁出、某学科不同系别迁往不同大学、不同学科在内部的打乱重组，这势必会打乱已经沿用20余年的既定秩序，引起知识分子群体思想的波动以及教学工作、学生管理的不通畅，尤其是工科的消失以及文科的没落。但是从目前掌握的有关云南大学院系调整的档案史料看，云南大学并无被动、推却或者惧怕问题的行为，而是积极对师生进行思想改造，实地解决调整过程中的问题，主动提交调整方案，并且对高教部、工业部等中央部门相关调令的响应是"短时而有效的"。可以说，云南大学以边疆高校服务国家战略、西南地区高教和地方教育的积极性与主动性，促进区域和地方的办学效益，参与构建和主动推动西南地区和云南省的高等教育新格局，为国家工业化进程和科学技术发展培养大批专门人才，在特定历史时期下促进国家高等教育的发展。

参考文献

[1] 王红岩. 20世纪50年代中国高等学校院系调整的历史考察[M].北京：高等教育出版社，2004.

[2] 党跃武.院系调整与四川大学[M].成都：重庆大学出版社，2018.

[3] 董云川.冷漠的教育：大学朝向一流的根性缺失[J].高教探索，2019（10）.

[4] 褚照锋，张继龙.从整合到分化：高校院系调整的动力机制——基于大跨度学院的多案例研究[J].教育发展研究，2022（5）：30-37.

[5] 王世岳.一次教学功能最大化的尝试——论20世纪50年代中国高校的院系调整[J].河北师范大学学报（教育科学版），2015，17（5）：45-50.

[6] 孙俊，潘玉君.体制与认同：高校地理院系调整的启示[J].地理研究，2022，41（4）：960-979.

① 费孝通：《简述我的民族研究经历与思考》，《中央民族大学学报》2000年第1期。

1955 年上海第一医学院分迁创建重庆医学院决策始末

重庆医科大学校长办公室　杨现洲　裴鹏

　　20 世纪 50 年代中期，高等教育部在第一轮高等学校院系调整的基础上，根据中央指示开展了小规模的高等学校布局调整，将部分沿海城市高校迁往西部城市。其中，上海第一医学院（今复旦大学上海医学院，下文简称"上医"）全迁重庆，建立重庆医学院。后经各方努力，最终上医从全迁重庆调整为抽调部分师资力量创建重庆医学院（今重庆医科大学，下文简称"重医"）。上医分迁创建重医，是当时沿海高校西迁的组成部分，上医也是西迁的唯一一所医学院校。但从全迁到分迁的决策调整过程来看，其又与其他西迁高校有所不同。梳理和回顾这段历史，有助于我们更全面地认识、更深入地研究新中国高等教育布局调整和"西迁"这段特别的历史。

一、中央决定上医全迁重庆

　　1955 年初，根据中央关于编制五年计划的方针和沿海城市基本建设一般不再扩建、新建的指示，高等教育部党组重新研究了沿海城市高等学校的分布情况和当年的基本建设任务，提出了《关于沿海城市高等学校 1955 年基本建设任务处理方案的报告》，并于 3 月 30 日上报国务院二办林枫主任并报总理。报告提出，"经与有关各方面协商，采取减少沿海城市高等学校招生任务，适当缩小今后的发展规模，并配合国民经济发展的需要，特别是按照新工业基地的分布情况，相应地扩建内地学校、提前在内地新增新校等措施"，拟立即着手在西北、西南、中南等地区筹建 13 所学校。初步方案包括：将交通大学机械、机电等专业迁至西北设交通大学分校；将上海第一、第二两个医学院部分专业和师资迁至重庆附近新建重庆医学院；将上海复旦大学在重庆设分校……

　　3 月 31 日，林枫将此报告签呈陈毅副总理："这个方案，二办已经讨论过，认为可以同意。其中有些具体问题……尚需进一步研究，以后当专案报告。"4 月 2 日，陈毅批示："送陈云副总理核示。"4 月 7 日，陈云批示："这一件的主要任务是沿海城市的大学内迁，共有十三起几十个学校或专科。据林枫同志说，这是政治局那次听陈毅同志报告上海情况后指示工厂学校内流的方针拟定的。林枫同志认为……用母子学校（即分校）的办法可以动员沿海学校的教员去内地……我认为可以同意林枫和高等教育部党组的意见。"陈云批注："经刘、朱、彭真、小平阅后退国务院总理办公室。"除周恩来、陈云、陈毅之外，刘少奇、朱德、彭真、邓小平四位国家领导人也圈阅了此文件。[①]

　　4 月上旬，在通过卫生部、高等教育部和上海市委接到关于迁院的指示后，著名医

---

① 《高等教育部〈关于沿海城市高等学校 1955 年基本建设任务处理方案的报告〉及中央领导同志的批示》，载西安交通大学档案馆《交通大学西迁纪念册》，西安交通大学出版社，2016。

学教育家、上医主要创始人、时任副院长颜福庆教授（当时院长位置空缺）立即开展了相关工作。考虑到内迁重庆首先要解决的问题是基建问题，颜福庆派总务长刘海旺于4月11日赴北京高等教育部、卫生部了解具体要求，接受相关任务后转到重庆联系建院事宜。[1]同时，上医副院长李文将赴京参加4月14日至30日召开的高等工业学校综合大学校院长座谈会，颜福庆请其抽空向高等教育部、卫生部有关领导进一步请示迁院、建院问题。

4月26日，刘海旺与重庆市城建委等有关部门就重庆医学院建院问题进行了研究。[2]此次会议纪要记载："中央决定上海第一医学院搬来重庆，在重庆建立重庆医学院。医学院的规模将容纳4200名学生，需设置2100张病床，除重庆原有病床1000多张供学生实习外，需要再建能容纳1000张病床的医院……工程要求今年做一部分，明年完成大部分，以便明年暑假上医从上海搬来，后年完成全部工程……由上海第一医学院、中央卫生部与市有关单位组成建校委员会，报请市委和中央卫生部批准。"

与此同时，上海市委也开始部署交通大学、上医等高校的内迁动员工作。4月28日下午，上医召开院务委员会第二次会议（扩大会）作迁院动员，院务委员会委员和附属医院、各系、各教研组负责人近60人参加会议。会上，副院长黄家驷报告了中央要求沿海高校内迁的背景和上医迁院的有关要求，强调国家对文化教育机关非常重视，迁院是光荣的任务。上医迁往重庆，1955年有15000平方米的建筑任务，计划办学规模为4200名学生，初步考虑分两年搬完，1956年搬基础部，1957年完成迁院工作。他特别提醒："在未搬前尽量因陋就简。例如木器，不能搬去，所以决定原则上停止购买木器，至于必要的仪器还是可以购买。"[3]

就在上医开展迁院动员的同一天，在北京开会的李文写信给颜福庆、黄家驷，报告就迁院问题请示卫生部贺诚副部长的情况："据贺指示，当前我们的任务是先将新型医学院建立起来，规模仍为4000人，病床为2000张。"[4]李文返沪后在5月6日的院长办公会议上传达卫生部指示，再次肯定上医迁渝，1955年筹建面积15000平方米。

5月16日，卫生部医学教育司季钟朴司长专程到重庆，听取刘海旺汇报重庆医学院筹建情况，察看拟作为校址地块，明确指示建院工作要在重庆市委和市政府领导下进行，迁院工作要借鉴同济医学院内迁武汉的经验，充分做好动员。他特别强调："上医全部人员都要迁去重庆，不要因取消上海医学院的名义，就降低了教学质量，要办成全国最新型的医学院。"[5]

5月22日，李文、黄家驷两位副院长赴渝考察拟建校址和重庆市内医院情况。随后，

---

① 《上海医科大学纪事》编纂委员会：《上海医科大学纪事（1927-2000）》，复旦大学出版社，2005。
② 《研究重庆医学院建校问题的会议记录》，重庆医科大学档案馆馆藏档案，档案编号：1955-DQ11-1。
③ 《1955年4月28日上海第一医学院院务委员会第二次会议记录》，复旦大学档案馆（医科）馆藏档案，档案编号：1955-DZ21-6。
④ 《关于筹建重庆医学院的往来信件及重庆医学院建院委员会1955年工作情况报告》，复旦大学档案馆（医科）馆藏档案，档案编号：1955-DZ21-161。
⑤ 同上。

上医于 6 月 14 日向卫生部报告，请求协调重庆市划拨原民国时期市政府的房屋，用于整合重庆市第一、第二医院，建设 800 张床位的教学医院和部分教室、实验室，以补充上医整体内迁后自建附属医院床位的不足。

上述各方面信息均显示，卫生部对上医的安排，是整体迁到重庆，建立重庆医学院，内迁的不仅包括学校师生，还包括医院和医疗人员。实际上，《文汇报》1955 年 9 月 4 日头版头条刊发的新华社稿件《十一所新建高等学校进行筹建工作》中，表述仍然是"上海第一医学院将迁至重庆，建立重庆医学院"。

二、全力推进基建工作

在接到迁校指示后，刘海旺受委派于 1955 年 4 月下旬先行到重庆联系接洽，与重庆市城建委等有关部门就重庆医学院建院问题进行研究，初步确定了建院工程安排。随后，刘海旺在重庆市枣子岚垭犹庄巷 10 号（今重庆医科大学附属儿童医院附近）选了一幢可容纳 20 多人住宿的房屋，准备租来用作建院的办公场所和上医来往人员宿舍，年租金 2700 元。[1] 颜福庆在刘海旺的来信上批示："同意，可租 2—3 年，可照汇款。"犹庄巷 10 号成为重医创业的起点。

5 月 25 日，重庆市召开"重庆医学院建院委员会"成立大会，宣布重庆医学院建院委员会由颜福庆任主任，程占彪（重庆市城建委主任）、李文、刘海旺 3 人为副主任。[2] 重庆市市长任白戈到会并讲话，正在重庆考察教学医院的李文、黄家驷和刘海旺等一起参加了会议。

6 月 9 日，重庆市人民委员会以"奉中华人民共和国卫生部指示筹建'重庆医学院'由"，颁发并启用了"重庆医学院建院委员会"和"重庆医学院建院委员会办公室"两枚印章。至此，重庆医学院建院委员会正式全面开展工作。

作为重庆医学院建院委员会主任，颜福庆在谋划和指导学校、医院的布局与建设上投入了大量的精力。6 月初，上医召开院务委员会临时会议，专题审议重庆医学院建院任务书。在讨论到重庆建院的建筑如何设计时，颜福庆提出要专门成立基建设计小组，主要任务是负责研究确定不同建筑的结构布局、内部设备和总体部署。根据颜福庆提议，基础部（学校部分）基建设计小组由陈海峰、徐丰彦、杨铭鼎、陶煦、谷镜汧、庄鸣山、苏德隆、李亮、林飞卿等组成，医院基建设计小组由林兆耆、胡田成、钱悳、崔之义、胡懋廉、王淑贞、陈翠贞等组成。[3]

6 月下旬，颜福庆从北京乘飞机转赴重庆督办建院的基建工作。在渝期间，重庆市委书记曹荻秋、市长任白戈先后会见了颜福庆，对上医迁往重庆表示热烈欢迎，并主动提出把老市府（原民国时期市政府）的房子交给上医作为医院用房，同时也提出希望上医

① 《关于筹建重庆医学院的往来信件及重庆医学院建院委员会 1955 年工作情况报告》，复旦大学档案馆（医科）馆藏档案，档案编号：1955-DZ21-161。
② 吴小翎主编《重庆医科大学校史》，重庆大学出版社，2006。
③ 本书编写组：《1955 年 6 月 2 日上海第一医学院院务委员会第三次会议记录》，复旦大学档案馆（医科）馆藏档案，档案编号：1955-DZ21-6。

把护士学校也一并搬到重庆。①

颜福庆听取了建院委员会副主任程占彪、刘海旺以及王耕野（上医基建科科长）等人对前期工作的汇报，并现场察看拟建学校地块。7月初的重庆气温渐高，73岁高龄的颜福庆，不顾天气炎热，亲自前往还是农田荒坡的拟建校址考察，在面积700多亩、高度差达到300多米的山地上下奔波，随后正式确定重医选址潘家坪（今天的重庆医科大学袁家岗校区）。通过仔细的现场考察，他把之前方案中学校在山下和医院在山上的布局做了对调。为方便患者就医，他认为将学校放在歇台子的半山坡上，靠近潘家坪招待所（今渝州宾馆），把综合医院（今重庆医科大学附属第一医院）布置在靠近两九公路的山下洼地更为合适。

颜福庆以建院委员会主任的身份，首次主持召开了重庆医学院建院委员会会议，并代表建院委员会与重庆设计院签订了委托设计合同。重庆市城建委、市建筑工程局、市设计院负责人和建院委员会成员等参加会议。颜福庆在这次会上讲了些什么，虽然现在已经无从考证，但重医的筹建工作显然由此得以加快推进。半个月后，王耕野在写给李文、颜福庆的信中如此说："自颜院长在此召开建院委员会会议后，各部门都主动来督促我们。"②

三、努力争取保留上医

1955年5月19日至6月10日在北京召开的全国文化教育工作会议，全面研究了文教卫生事业的合理部署、统筹安排问题。会后，国务院二办林枫主任于7月12日向中央和毛泽东主席报告了会议情况。在这份由毛主席批准签发的《林枫同志关于1955年全国文教工作会议向中央的报告》中，明确提道："关于高等学校的部署问题，认为原计划在第一个五年计划后三年新建的17所高等学校，应将其中14所改在内地新建，并具体安排了新建的地点和步骤。内迁的学校只限于4校（上海交通大学迁西安，青岛山东大学迁郑州，南京华东航空学院迁西北，上海医学院成立重庆分院），其余院校只作个别系科的调整。"③

根据全国文教工作会议确定的高校调整最新方案，上医虽然仍在内迁的4所高校之列，但表述变成了"成立重庆分院"。这个方案显然与卫生部此前指示的"全迁重庆"有所不同，由此也给上医的师生带来了困惑与混乱。

6月14日，正在北京送审《重庆医学院建院任务书》的刘海旺传回了新的消息，"关于迁校问题，中央正在考虑除学校人员和教学设备外，医院的一切设施均原地不动"，"建院总任务相关的定额和造价标准、医院迁移、设施搬迁等问题均没有明确的原则"，

---

① 《关于筹建重庆医学院的往来信件及重庆医学院建院委员会1955年工作情况报告》，复旦大学档案馆（医科）馆藏档案，档案编号：1955-DZ21-161。
② 同上。
③ 《林枫同志关于1955年全国文教工作会议向中央的报告》，载《中华人民共和国重要教育文献》，海南出版社，1998，第512页。

并指出"颜院长来京当面与部长谈，很有必要"①。

考虑到在重庆的基建工作有诸多重大问题需要卫生部指示，且究竟是迁院还是建立分院也需要尽快明确，颜福庆于 6 月 23 日前往北京请示工作。对于德高望重的高等医学教育泰斗颜福庆的到来，卫生部领导非常重视，卫生部党组书记、副部长徐运北，副部长贺诚、崔义田，以及医学教育司季钟朴司长和人事司、财务司的相关司长与颜福庆一起，专门为上医迁院问题开了一次专题会。卫生部领导强调，中央决定在四川办两所医学院，除了四川医学院，还要建重庆医学院，具体是由上医整体迁到重庆，还是由上医在重庆建立分院，可以再考虑，请上医与上海市有关方面协商。

结束北京工作后，颜福庆于 6 月底乘飞机转道重庆勘定校址，督办基建工作。而恰在此时，原中共中央华东局统战部副部长陈同生，在华东局撤销后主动申请到高校工作，并于 6 月下旬被派到上医，担任党委书记兼院长。

回到上海后，颜福庆在 7 月 11 日向院长办公会报告了卫生部关于迁院与建立分院问题的指示。考虑到迁院或建院方案迟迟不定，将影响师生的安心工作和学习，同时也影响重庆建院工程的推进，颜福庆与早已相识的新任党委书记、院长陈同生进行了坦诚深入的交流，毫无保留地阐述了他对上医全迁重庆或者分迁建分校的想法。②

作为上医主要创始人，颜福庆陪伴上医近 30 年，呵护着上医从幼苗成长为参天大树。这已经不是他第一次遇到是去是留的选择关口。1930 年，当时上医还是国立中央大学医学院，就面临医学院是留在上海还是搬到中央大学所在地南京的选择。最终，颜福庆选择了把医学院留在上海。同样，上医也不是第一次长途迁徙。抗战期间，为了救亡图存，1939 年，上医从上海出发，颠沛流离，几经辗转迁到昆明白龙潭，一年后再度辗转到重庆歌乐山办学，抗战胜利后于 1946 年复员返沪。回到上海后，上医用了 10 年时间休养生息、发展提升，综合实力达到了全国顶尖水平。以 1956 年国家评定的一级教授为例，北京大学以 27 位名列第一，上医以 16 位名列第二，比第三名多出 5 人。当时全国医学院校共评定 70 位一级教授，上医占 23%。③从师资水平上看，上医无疑已是当时全国最好的医学院校之一。

因此，这轮调整，如果上医全迁重庆就是再次连根拔起，不仅离开了熟悉的发展环境和优越的教学科研条件，而且失去了成熟且高水平的 6 所附属医院支持，这样的"移栽"必然会让上医元气大伤。特别是内迁到当时社会经济等各方面条件远远落后于上海的重庆，学校的发展势头必然会受到极大的影响。对上海而言，上医及其医疗人员的全迁也会对当地的医疗卫生事业和人民健康保障带来不小的影响。

从接到迁校的指示起，颜福庆没有表示不同的意见，全力开展在重庆建院的工作，因为上医内迁是中央的指示，关系到高等教育布局和区域经济社会建设的大局，其必须

① 《关于筹建重庆医学院的往来信件及重庆医学院建院委员会 1955 年工作情况报告》，复旦大学档案馆（医科）馆藏档案，档案编号：1955-DZ21-6。
② 钱益民、颜志渊：《颜福庆传》，复旦大学出版社，2007。
③ 徐彬：《1956 年一级教授评定之研究》，南京师范大学硕士论文，2007。

要顾全大局、服从中央的安排。但如果可以在"全迁重庆"和"在重庆建分校"两者中做选择，颜福庆当然支持建分校，虽然上医分出一些力量免不了要受影响，但上医还能留在上海发展，名字也能保留，又能完成在重庆新建一所医学院的任务，为新中国同时建设两所高水平的医学院，这当然是最好的选择！

听了颜福庆推心置腹的心里话，饱经战火洗礼与生死考验的陈同生被深深地打动了。他强烈地感受到这位 70 多岁老人平静话语中无法掩饰的对上医的深情与呵护、对新中国医学教育事业的热忱与挚爱，他下定决心要与他一起努力，在完成新建重庆医学院任务的同时，争取将上医留在上海。陈同生和颜福庆反复商量后，决定以上医党委的名义正式提出两种方案，积极向上海市委汇报，争取上海市委支持上医留上海并在重庆建立分院的方案。

8 月上旬，卫生部向上医发来电报，催促学校加速内迁工作。同时，国务院二办批准本年度在重庆的基建任务增加 12500 平方米，连同原来的 15000 平方米，共 27500 平方米，任务十分紧迫和艰巨。陈同生和颜福庆等人一边积极推进重庆基建工作，一边为保留上医、建设分校的方案努力。8 月 24 日，上医院长办公会议再次讨论重庆医学院建院问题，并一致认为在重庆建立分院方案比较好，应向上海市委和中央积极争取。上医党委审议通过了《关于上海第一医学院在重庆建院或迁院的意见》（以下简称《意见》）①，分别于 8 月 30 日、9 月 1 日报送给上海市委与卫生部党组、高等教育部党组。

这份《意见》开篇作了分析和明确表态：

> 在重庆建立一个医学院，并由我院负责，已由中华人民共和国卫生部明确指示，我院也正在进行设计工作，准备在今年第四季度施工。究竟是我院全部迁移或我院在上海的任务不变但抽出一部分力量在重庆建设一个新院，中央尚未最后确定。我院慎重考虑，认为从我院本身着想，全院迁移的困难较小。如抽调力量建立新院，则一切设备均须新制，人力亦分散，困难较多。但从国家需要来考虑，在第一个五年计划中，全国需发展六个新的高等医学院校，在重庆建立一个新的医学院，也早已纳入中华人民共和国卫生部的计划。如果我院全部迁移，就需另建一医学院才能符合国家计划。其次，如我院全部迁移，全部教学人员和大部分医疗人员必须迁往重庆……必然影响上海市人民的医疗保健工作。根据以上理由，我们认为保留上海原有任务，同时抽调力量在重庆建立新院较为合理。

《意见》提出，"在中央未做最后决定以前，我们仍作为两个方案提出"。第一方案是全迁，即全院迁往重庆，药学系不迁，交由上海第二医学院领导。学生按先一、二年级，后三、四年级分两批（五年级学生留上海实习），教师按先基础教研组，后医疗、卫生、儿科分三批在 1956—1957 年迁往重庆。其中特别强调，"医疗系迁往重庆时，很多医院的设备为教学所必须，应带往重庆，希望在今年九、十月间，中华人民共和国卫生部派

---

① 《关于上海第一医学院在重庆建院或迁院的意见》，重庆医科大学档案馆馆藏档案（复制件），档案编号：1996-XZ11-13-04。

员来上海与我院及上海市卫生局和其他有关方面洽商决定原则"。第二方案是分迁，即抽调部分力量在重庆建院。具体来说是抽调儿科系全部和医疗系部分力量，建立重庆医学院。

四、中央批准分迁创建重医

上医的这份《意见》发出后，上海市委很快进行研究，并于9月26日向中央做了报告，建议考虑第二方案。由于卫生部党组迟迟没有反馈意见和信息，陈同生于9月下旬赴京请示建院工作，并在七届六中全会召开前找到周恩来总理，向他报告了上医面临的有关迁院与建院的问题。根据陈同生自京返沪后在上医院务委员会第六次会议上的讲话记录，周总理并不知道上医全迁重庆的方案（4月初周总理圈阅的高等教育部报告中，所提新建重庆医学院是采取林枫所说的"母子校"的办法）。①对上医党委提出的抽调部分力量在重庆建院、在沿海与内地建设两所高水平医学院的方案，周总理予以肯定，并要求陈同生按照方案兼任重庆医学院院长，把这所新的医学院建好。

10月6日，卫生部党组派医学教育司季钟朴司长、人事司陈源琛副司长、计划财务司周洪生司长与陈同生一起对抽调上海第一医学院部分力量在重庆建立重庆医学院的方案进行了具体的研究，确定了领导干部配备、筹备委员会组建、学院领导关系等重点原则意见。在此基础上，卫生部党组于10月10日向中央上报了《关于抽调上海第一医学院部分力量在重庆建立重庆医学院的方案》及其附件。②

卫生部党组上报中央的方案支持上医党委《意见》中的第二方案，并简要说明了理由。

我们重新研究了上海第一医学院党委对该院在重庆建院或迁院两个方案的建议，考虑结果认为：第二方案即抽调上海第一医学院部分力量在重庆建院更为合理。如上海仍保留第一医学院，重庆增加一个医学院，则既可更多地培养卫生干部，又能照顾上海市的医疗力量，不致因迁院而受到很大影响，同时也不违背高等学校合理部署、沿海城市基本建设一般不再新建与扩建的方针。

陈同生回到上海后，于10月27日主持召开院务委员会第六次会议，报告了在北京请示工作的情况，通报了抽调力量建立重庆医学院的方案。③他告诉大家，这个方案已经征得上海市委、卫生部等同意，正在报请国务院批准，可以在系务会上传达。陈同生通报抽调方案主要内容包括：

（一）上海第一医学院儿科系全部、医疗系部分迁重庆。上海第一医学院设医疗、卫生、药学三系，重庆医学院设医疗、儿科二系。

① 《1955年10月27日上海第一医学院院务委员会第六次会议记录》，复旦大学档案馆（医科）馆藏档案，档案编号：1955-DZ21-6。
② 《关于抽调上海第一医学院部分力量在重庆建立重庆医学院的方案》，重庆医科大学档案馆馆藏档案（复制件），档案编号：1986-XZ11-16-03。
③ 《1955年10月27日上海第一医学院院务委员会第六次会议记录》，复旦大学档案馆（医科）馆藏档案，档案编号：1955-DZ21-6。

（二）上海第一医学院负责新建重庆医学院的任务，负责调派熟悉业务的副院长一名，医疗系、儿科系主任各一名，全部课程的各教研组主任……重庆医学院未建成之前，院长由上海第一医学院院长兼任，以便于人员调配。

（三）重庆医学院所需要的高级教师及教学行政领导干部，应主要从上海第一医学院调派并尽量做到专任……

（四）重庆医学院的各种教学与医疗设备一般需新制，但如果上海第一医学院有剩余可以调拨，则应尽量调拨，以资节约。需要自行制备的教材，上海第一医学院有关部门人员应负责制备。

（五）请重庆市委、上海市委及上海第一医学院考虑加强重庆医学院筹备委员会的工作，积极负责筹划基建、干部教师调配、设备采购等工作。上海第一医学院应即着手制订为重庆医学院逐年调配干部和教师的计划。

（六）重医所需教学人员由上医抽调 2/3，其他单位抽调 1/3。行政人员重庆市给其配备 2/3，从上医抽调 1/3。

（七）组建重庆医学院筹备委员会，负责重庆方面的建院工作。颜福庆任主任委员，副主任两人，一为刘海旺，另由重庆市派一人担任。

11 月 5 日，中央向上海市委、四川省委和重庆市委发出《复上海第一医学院在重庆建院或迁院的问题》01731 号电文："高教部、卫生部党组已提出了'关于抽调上海第一医学院部分力量在重庆建院的方案'。中央认为，调上海第一医学院部分力量在重庆建院的意见是妥当的。"①

至此，上医"分迁"建设重医的方案经中央批准正式确定。

五、"母鸡下蛋"奠定重医基础

新中国成立后，政府大力发展高等医学教育，作为当时办学水平、师资力量排在国内前列的医学院校，上医积极响应号召，先后支援了近 10 所医学院校的建设。重庆医学院是上医投入最多、支援最大的一所学校。1956 年 2 月 8 日，颜福庆在全国政协二届二次会议上作大会发言，他自豪地说："上海第一医学院很光荣地接受了中央所交给我们的一切任务，去年我们支持了新疆医学院，现在我们又接受了建立重庆医学院的任务，而上海原有的教育任务不减少，这个双重担子我们已经挑起来了！"②

从 1955 年 5 月起，上医向重医派遣人员的工作历时 5 年，总计调入 415 人（含因照顾家庭关系由上医协调从其他单位调入的医护和行政后勤人员），其中教师、医师 260 人，教辅、医技 60 人，护理 52 人。在这些人中，不仅有 24 位资深的教授、副教授（包括一级教授钱惪、二级教授陈世骧），还有一大批高年资讲师和许多优秀的年轻助教。到1957 年底，除中央统一分配来校的毕业生外，重医全校师资 90% 都是由上医调配的。以

---

① 《同意抽调上医部分力量在重庆建立医学院的批复》，重庆医科大学档案馆馆藏档案（复制件），档案编号：1986-XZ11-16-04。
② 《颜福庆在政协全国委员会第二次会议上的发言》，《浙江日报》1956 年 2 月 8 日第 5 版。

上医编写的经典教材《实用内科学》一书为例，1952 年第一版的 6 位编委中有 3 位（钱惪、郑伟如、刘约翰）调到了重医。

这 400 余名西迁的上医人，不仅创建了重庆医学院，还创建了重医附属儿童医院（1956 年 6 月开业）、附属第一医院（1957 年 6 月开业），还把重医 1962 年接收的重庆市第四人民医院快速改造成为具有较高水平的附属第二医院。30 年后的 1986 年 10 月，上医校长张镜如教授亲临重庆祝贺重医建校 30 周年时提道，上医分迁建设重医，"分走了一大批骨干，上医因此'元气大伤'"[①]。

在办学物资方面，上医毫无保留地支持物资非常匮乏的重医。中央批准方案中提出的"各种教学与医疗设备，上医有剩余可以调拨者应尽量调拨"，"需要自行制备的教材，第一医学院有关部门人员应负责制备"。上医的图书资料、仪器设备，大到大型显微镜，小到一只昆虫针插标本，凡有两套的，都支持重医一套。重医解剖教研组最初教学使用的 400 具遗体都是 1956 年从上海运到重庆的。[②]新生的重庆医学院，医学图书、期刊奇缺。上医图书馆于 1956 年 4 月支援重医原版外文书刊和影印书刊近 5000 册，此后又陆续整理了许多图书杂志和新到期刊，请分批赴渝的教师带往重庆交给重医图书馆和附一院图书馆。此外，上医还发动教师开展图书捐赠，钱惪、张昌绍、吴绍青等多位教授带头，向重医捐赠了少则数十、多则上百册的中英文图书和杂志。上医还以颜福庆、黄家驷、胡懋廉、钱惪 4 位院长的名义，致函中华医学会总会和秘书长方石珊，请求总会支持，将中华医学会上海分会积存的国内外过期副本杂志捐赠一批给重医。同时，上医还报请上海市委医教协调小组，由医教协调小组出面请上海第二医学院、第二军医大学清理重复、过期的医学书刊杂志捐给重医，解决重医图书、期刊严重匮乏的问题。

上医分迁部分力量创建重医，这一做法后来被形象地称为"母鸡下蛋"。因为"母鸡"的强大，初创的重医从诞生起就站在了较高的起点上。1956 年 6 月，重医第一任教务长陶煦在第一期招生简章上撰文介绍重医，题目就叫作"老有基础的新学校"。新重医的厚实基础，既来自上医 30 年积淀的办学理念和优良传统，又来自上医配备的优秀师资队伍，还来自上医毫无保留的物资支持。当重医建成后，相隔几千里的两所医学院，都是学校与附属医院紧挨在一起，连学校大门前的道路都拥有相同的名字——医学院路（这也是全国仅有的两条"医学院路"）。

1956 年 9 月，卫生部和高等教育部共同派出检查组，对 1955 年开始新建的 3 所医学院（另外两所为新疆医学院、内蒙古医学院）开展检查。检查组在给卫生部和高等教育部领导的报告中，对重庆医学院在短短一年的时间内建成给予高度评价，充分肯定了重庆医学院"从教务长、总务长、教师直到教学行政人员、教学辅助人员等骨干都是由母校配备的，学校建筑、设备购置也是母校负责的，教学准备工作也是在上海进行的"成功经验。

① 《张镜如校长与吴味辛校长会谈记录》，重庆医科大学档案馆馆藏档案，档案编号：1986-XZ11-2-02。
② 《上海第一医学院教学设备科支援重庆医学院仪器设备工作小结》（1960 年 2 月），复旦大学档案馆（医科）馆藏档案，档案编号：1960-DZ26-297。

从 1955 年至今，在创校先驱的带领下，几代人近 70 年接续奋斗，重医这颗"蛋"，已经发展成为综合办学实力位居全国前列的独立设置医科大学。学校有 8 个基本科学指标数据库（ESI）全球前 1% 学科，传染病学、儿科学、神经病学、临床检验诊断学 4 个国家重点学科，临床医学、儿科学、医学检验等 19 个专业入选国家一流本科专业，国家儿童健康与疾病临床医学研究中心、超声医学国家重点实验室等 5 个国家级科研平台，产出了世界首台超声聚焦肿瘤治疗系统——海扶刀、全球首款上市的化学发光法新冠病毒检测试剂等一批原创性成果，培养了各层次医学人才 15 万名，其中包括中国科学院院士、长江学者、国家杰青等高层次人才和大批医疗行业骨干精英。8 所直属附属医院中，附属第一医院、附属儿童医院、附属第二医院连续多年入选"中国最佳医院排行榜"。2015 年，重庆医科大学入选教育部、国家卫健委和地方政府共建的首批 9 所地方医科大学之一，成为中国高等医学教育队伍中一支有重要影响的力量。

习近平总书记指出，"西迁精神"的核心是爱国主义，精髓是听党指挥跟党走，与党和国家、与民族和人民同呼吸、共命运，具有深刻现实意义和历史意义。[①] 历史的车轮滚滚向前，陈同生、颜福庆、钱悳、左景鉴、石美森……创校先驱和西迁前辈们的名字，在时间的长河里熠熠生辉，指引着代代重医人前进的方向。今天的重庆医科大学，正在以立德树人为根本任务，以培养医德高尚、医术精湛的人民健康守护者为使命，积极为发展祖国医学教育事业、护卫人类生命健康等建设教育强国和健康中国贡献智慧与力量。

（本文撰写过程中得到复旦大学档案馆和重庆医科大学档案馆的大力支持，复旦大学校史研究室主任钱益民老师给予了热心指导和鼓励，特此致谢！）

---

① 习近平：《扎实做好"六稳"工作落实"六保"任务 奋力谱写陕西新时代 追赶超越新篇章》，《人民日报》2020 年 4 月 24 日第 1 版。

1952 年前后院系调整中的华南师范学院

华南师范大学档案馆　　陈海平

一、院系调整背景

新中国成立至今，全国高等院校先后经历过三次大的院系调整，分别是 1952 年前后的院系调整、1956 年前后的院系调整[①]以及 20 世纪 80 年代中期开始的新一轮院系调整。1956 年前后的院系调整主要针对高等学校在地域间的不平衡，20 世纪 80 年代中期开始的院系调整则以院校合并为主要特征，所以也被称为"院校合并"，这两轮院系调整与华南师范大学的关系不大，华南师范大学主要经历的是 1952 年前后的那一轮院系调整。

1952 年前后的院系调整，是按照党中央和国务院"以培养工业建设人才和师资力量为重点，发展专门学院与专科学校，整顿和加强综合大学"这一总方针而进行的（1951年 9 月 24 日《人民日报》社论）。华南师范学院正是在这一大背景下组建和扩充起来的。按照学界的研究，1952 年前后的院系调整，一般又划分为两个阶段，即 1949—1951 年（开始阶段）、1951 年 11 月—1953 年底（全面调整阶段）。

院系调整同时肩负着为国家培养急需的专门人才和深入改造旧式大学的任务。为了培养专门人才，按照苏联模式，组建了大量专科性质的学院，如工学院、农学院、师范学院等专科院校；为了改造旧式大学，将革命大学的师生或部分院系调整进入旧式大学，承担改造任务。

二、华南师范学院正式组建

1949 年，新中国成立后，土地改革顺利完成，同时国防、政治、经济建设加速发展，广大人民对于文化教育的需要大大提高，1951 年前后的统计显示，全国小学儿童达到3700 多万，比战前增加了 55%。1951 年 5 月 18 日，中央教育部马叙伦部长在政务院第85 次政务会议上作了《关于 1950 年全国教育工作总结和 1951 年全国教育工作的方针和任务的报告》，其中提道，"以各大学现有的师范学院、教育学院、教育系和个别的文理学院为基础，向着每一大行政区办一所师范学院，每一省或两三个省办一所师范专科学校的方向发展"。同年八九月间召开的初等教育及师范教育会议，又通过了今后五年内争取培养百万人民教师的议案。

为了适应当时中等教育师资训练的迫切需要，中央人民政府决定扩大师范教育规模，华南师范学院就是乘着这阵东风顺势组建完成的，大体而言，学院组建于 1952 年院系调

[①]　关于新中国成立初院系调整阶段划分的问题，不同学者有不同的观点，本文主要采用的是苏渭昌的观点，他根据当时高等教育部在 1954 年曾宣布"今后非十分必要，短期内不再轻易调整变动"这一事实，将新中国成立初院系调整分为"1952 年前后的院系调整"和"1956 年前后的院系调整"两个阶段。

整的开始阶段。①

1950 年，广东省文理学院上报的解放前学生、教职员、工人调查表中记载，在 1949 学年第一学期，文理学院设有中国语文学系、外国语文学系、历史学系、教育学系、物理学系、化学系、生物系和地理系 8 个学系，学生 646 人，教员 64 人，职员 23 人，当时学院师生、员工人数总计 765 人。学院就是在这个基础上一步步发展起来的。

依据中央教育部关于高等师范教育的调整设置原则，从广东实际出发，广东省文教厅于 1951 年 6 月得到广东省政府同意后，向中南教育部提请将广东文理学院加以充实，改为师范学院，以负起培养广东中等学校师资的任务。根据广东省文教厅上报给中南教育部的《关于将文理学院改设为广东师范学院的初步计划》，原定方案是将广东文理学院充实后，改为广东师范学院。按照该计划，1951 年下学期，文理学院更名为广东师范学院，仍按文理学院时期 8 个学系设置，不过为了适应实际需要，将物理系改设为数理系，并增设体育专修课，两年毕业。原有附属机构继续办理，并增设幼稚园和夜中学各一所。各学系及附属机构，逐步扩充，三年内将数理系发展为数学和物理两学系，增设保育、艺术、图书馆三个专修科，增设附属师范学校和托儿所各一间，成立教育研究所，培养教育科学研究人员和教授高等学校科目的师资。成立函授部，帮助本省、区中小学教师和教育行政干部进行专业上的学习和进修。在逐步充实设备和师资后，设法改组为师范大学。

计划上报后，中南教育部经缜密考虑，认为应当扩大范围，照顾华南两省一市（广东省、广西省以及广州特别市，当时海南属于广东省），改为华南师范学院，并指明以原广东省文理学院为基础，将中山大学师范学院及华南联合大学教育系与之合并。接到中南教育部关于成立华南师范学院的指示后，广东文理学院草拟了《华南师范学院建校计划草案》，广东省文教厅和广东文理学院、中山大学、华南联合大学各派数人组成了"华南师范学院筹备委员会"，负责学院筹建各项工作，委员会以杜国庠厅长为主任委员，于 1951 年 8 月底首次召开会议，确定执行上级指示的各个实施步骤。

创设华南师范学院之时，上级指示以广东文理学院为基础，这一决定是因为广东文理学院当时不但是一个有革命光荣传统的学校，而且它的师生在解放前能够艰苦奋斗，虽在抗战期间经历流离转徙，但科学仪器和图书设备却保留完整，这就成为发展高等师范教育一个难得的有利条件。而作为重要组成部分并入的中山大学师范学院曾经比较庞大。从 1943 年的《国立中山大学现状》来看，8 系 1 科，教职员 100 余人，学生 500 余人。1945 年秋，中山大学师范学院奉教育部的命令，进行师范改制。改制之后，师范学院仅剩下教育系（含公民训育系）和体育系。原来的国文系、史地系、数学系、理化系、

---

① 广州区院系调整工作委员会在报告中指出，广州区高校院系调整工作，从 1952 年 2 月下旬开始筹备，到 11 月中旬各院校开学上课止，共计 10 个月的时间。不过从全国的形势来看，结合相应特征，笔者认为华南师范学院成立时所经历的当属 1952 年院系调整的前期准备阶段，在这个过程中，不仅华南师范学院成立，同时成立的还有华南工学院、华南农学院等，1952 年广州区高校院系调整委员会基本也是在这个框架之下调整的，所以可以将华南师范学院成立时的调整划归到 1952 年前后院系调整的历史阶段。

博物系、英语系等6系分别划归文学院或理学院，另外教育研究所也保留。因此，合并组建华南师范学院时，中山大学师范学院只余下其中的教育系和体育系，教育研究所仍留在中山大学。华南联合大学教育系所在华南联合大学，是在1951年由广州市私立广州大学、国民大学、文化大学和广州法学院等4所私立学校联合组建，以便适应国家的需要，培养专门人才，其中教育系，则是由原广东国民大学和私立广州大学文学院下设的教育系合并而成。华南师范学院组成部分基本情况如表1所示，华南师范学院成立后的组织系统如图1所示。

表1　华南师范学院组成部分基本情况

	广东文理学院	中山大学	华南联合大学
学系	8个（中文系、外语系、历史系、教育系、物理系、化学系、生物系、地理系）	2个（教育系、体育系）	1个（教育系）
附属机构	附中、附小及工农教育实验区、石榴岗测候所	教育研究所（未并入）	—
教工人数	约150	约20	约5
学生人数	约200	约70	约30

注：（1）学生人数未计入本届已毕业学生及新生；（2）数据来源于《华南师范学院建校计划草案》（1951年7月24日）

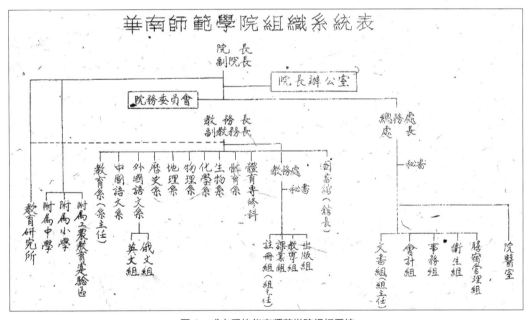

图1　成立后的华南师范学院组织系统

广东文理学院、中山大学师范学院与华南联合大学教育系三个华南高等教育单位的合并为华南师范学院的健全发展奠定了良好的基础。

1951年9月10日，当年考取华南师范学院的一年级的新生以及华南联合大学教育系学生到院报到并注册。20日，中山大学教育系和体育系的学生入院报到。10月5日，中南教育部正式批准华南师范学院成立。

三、华南师范学院实力扩充

时间进入1952年，中央教育部加快了院系调整的步伐，5月拟定的1952年全国高等学校院系调整计划，系统地提出各类院校的具体调整原则，其中，"师范学院每一大行政区必须办好一至三所，培养高中师资；各省可办专科，培养初中师资。师范学院设系应严格遵照中等学校教学计划所需要系科，纠正过去与大学同学科设系的倾向"。

1952年的院系调整计划开始前，华南师范学院已经完成组建，按照该计划方案，中南大区需要创办1—3所师范学院，以培养高中师资，华南师范学院正好属于计划创办的师范学院之一，因此在1952年得到了进一步的扩充。

伴随着全国院系调整的大范围铺开，华南师范学院办学规模迅速扩大。为贯彻执行中央人民政府相关决定，广东省文教厅于1952年2月成立了广东省广州区高等学校院系调整工作委员会，在中央人民政府教育部和中南军政委员会教育部的领导下进行筹备工作。

根据中央的调整方案，广东省广州区高等学校院系调整工作委员会在调整方案中规定：为了充实和加强华南师范学院，将南方大学（以俄语专修科学生和教师为主，包括苏联专家）、岭南大学（以教育系教师为主）、海南师范学院、南昌大学师范部地理专修科、广西大学教育系、湖南大学史地系地理专修科等调整并入华南师范学院。为了加强华南师范学院师资力量，又从广东法商学院调来曾近义、黄明慧、吴大基、潘蔚4位老师，从华南工学院调来彭海祥老师。1953年，又决定将海南师范专科学校调整并入华南师范学院，校址也由黄华路迁往石牌南方大学原址（见表2）。另外，根据调整方案，原中山大学附中、岭南大学附中、华南联合大学附中、华南师范学院附中等4校合并调整为华南师范学院附属中学，原中山大学附小、华南联合大学附小、华南师范学院附小等3校，合并调整为华南师范学院附属小学，并在中山大学原有托儿所基础上设立幼儿园1所。

上述调整方案于1953年8月贯彻执行完毕。

表2 1952年院系调整中并入华南师范学院各院系基本情况

并入大学	调整并入时间	调整并入学系	调整并入教工人数	调整并入学生人数
南方大学	1952年10月	文教学院俄文系	8	24
岭南大学	1952年11月	教育系	11	27
海南师范学院	—	全院	—	52
南昌大学	1953年9月	师范部地理专修科	2	14
湖南大学	1953年10月	史地系地理专修科	3	51
广西大学	1953年10月	教育系	1	52
海南师范专科学校	1953年8月	数学、语文专修科	18	75

注：数据来源于各学院移交的师生名册。

按照上级指示精神，学院的系科设置要坚持围绕建设社会主义高等师范学校的要求和适应培养中学师资以及政治工作人员的需要，也就是中学课程对应的师资需求。华南师范学院组建时，由于师资缺乏，没有设数学系、政治系。学院师资队伍在院系调整中不断加强，结合上级关于系科设置的要求，学院在调整时增设了两个学系，即1952年增设了数学系，1953年增设了政治教育系，主要培养中学政治理论教师和政治工作人员，同时负责全院公共政治理论课的教学。增设两学系之后，连同以前设立的教育、中文、外文、历史、地理、生物、物理、化学和体育学系，全院共有11个学系。

学校除学系扩充之外，组织机构也随之扩大和充实，1953年8月增设政治辅导处，下设组织科、宣教科和青年工作科，并设科长。原有的教务处和总务处下属的组一律改为科，并设科长，各科工作也做了适当调整。教务处原有的4个组调整为3个科：教务行政科、教学研究科和实习指导科。总务处原有的5个组调整为3个科：财务科、事务科和生活管理科。

学院师生的规模在院系调整中扩大。1951年华南师范学院组建完成后，共设有9系1科，分别为教育系、中国语文系、外国语文系、历史系、物理系、化学系、生物系、地理系、体育系和体育专修科，全院学生460人，专任教师86人，兼任教员20余人，职员30余人。到1952年，学院增设了数学系，学生共计1119人，专任教师163人，学生人数和教工人数都翻番。而且，为了培养更多师资，学院还增办了各类师资短训班，调整时期学院所在的黄华路校址位置狭小，又地处市区无法扩建，难以容纳日渐庞大的师生群体。为此，调整委员会刚开始时决定将中山大学文明路校址拨给华南师范学院使用，建设经费也正式下拨，不久后，南方大学停办，校舍空出，委员会及时调整方案，将学院整体迁往南方大学所在的石牌，学院由此在石牌校区扎根并进一步发展壮大。

1982年，广东省高教局给广东省人民政府提交关于将华南师范学院改名为华南师范大学的报告，广东省人民政府接到报告后向教育部提请将华南师范学院改为华南师范大学，教育部复文称华南师范学院为广东省属大学，由广东省政府批准同意，并报教育部备案即可。同年10月，广东省人民政府批复同意学校改名为华南师范大学，自此，学校多年的改大夙愿终得偿。学院改名，是广东省教育事业发展和"四化"建设的需要，也是学院长期努力加强自身建设的结果。

四、结语

回望那段历史，我们可以发现，不同于其他高校既有院系调整进入，又有院系调整出去，在华南师范学院1952年前后的院系调整中，一直是其他相关院系的调整并入，这些新鲜血液的注入，为华南师范学院的发展壮大奠定了坚实的基础。而这与当时新中国刚刚成立国家急需培养大量师资直接相关，也就是说，华安师范学院的发展壮大本身就是伴随着国家对师范教育的迫切需求而起来的。及至世纪之交，学校顺利跻身"211工程"建设高校，也正是因为借了师范教育的东风。待到进入新世纪，学校相继成为教育部和广东省政府共建高校、广东省高水平建设高校以及世界一流学科建设高校，这也与当年奠定的坚实基础有关。所以，师范教育是学校的根本，也是我们的初心，我们需要牢牢把握这个根本，不忘教育初心，牢记育人使命。

浅析新中国成立后工科类高校院系调整的过程与影响

——以大连工学院为例

大连理工大学档案馆、校史馆　刘晓梅　李哲　郭聪

　　新中国成立后，我国文化教育事业和高等教育系统经历了意义重大的巨变。新型教育系统的改革在中国共产党直接指导，政务院、文教委及高教部的推动下开展。改革包含许多方面，在系统改革开展的过程中也涉及了思想道路、组织机构、学科院系和管理方式等方面的变化。学界现有研究普遍认为，新中国成立初期的高等教育体系通过院系调整建立。但追溯、分析史料记载可知，院系调整是促进教育体系改革的重要环节，同时也是当时国家为解决工业发展力量薄弱、应对国际环境形势的历史选择，工科类院校遂成为院系调整过程的重点方面。本文通过查找大连工学院相关校史，多角度探究 20 世纪 50 年代以来，大规模院系调整对中国工科类高校的发展影响。

一、20 世纪 50 年代院系调整的历史源起

　　早在新中国成立前夕，中国共产党就十分关注新型高等教育体系的建设工作。1949 年 1 月 16 日，北平座谈会议的召开传达了相关会议精神：对现有大学的发展思路以维持现状、稳步前进为主，进而强调教育改革不能求快，必须谨慎。大连理工大学的初始前身——大连大学工学院即是在这样的背景下创办的。因此，从维稳的发展态度可以看出，院系调整并非我国高等教育事业体系改革的第一步骤，其历史发展源起可分为以下几个方面。

（一）新中国高等教育体系革新的要求

　　1949 年 9 月，在第一届中国人民政治协商会议中，通过了具有中华人民共和国宪法性质的《共同纲领》。其中明确指出"中华人民共和国的文化教育为新民主主义的，即民族的、科学的、大众的文化教育""中华人民共和国的教育方法为理论与实际一致。人民政府应有计划有步骤地改革旧的教育制度、教育内容和教学法"等。[①]《共同纲领》根据新民主主义革命精神提出了影响此后多年的高等教育事业建设方针。伴随着新中国的成立，原先在半殖民地半封建时期产生的高等院校教学模式已经无法适应新民主主义时期的教育体系发展，教育变革势在必行。

　　1949 年 12 月，教育部举行了首次全国高等教育工作大会，传达会议精神：教育必须为国家建设服务，学校必须向工农开门，培养国家建设所急需的各种人才；发展教育工作的方针应是普及与提高相结合；以老解放区社会主义教育实践为基础，吸收旧教育中有益

---

① 中央教科所：《中华人民共和国教育大事记（1949—1982）》，教育科学出版社，1984。

的方法，并参考苏联教育模式，综合运用多方面力量，建设新民主主义教育等。[①]本次会议以《共同纲领》作为工作指引方针，对全国教育工作实施进行了具体化安排，由此拉开了全国高等教育体系革新的序幕。"三反"运动、思想改造运动也从方向上逐渐树立高等院校对国家工业建设发挥重要作用的概念。

1. 苏联办学、发展经验的借鉴

第一次全国教育工作会议中提出借鉴苏联办学经验，改造中国原有的教育制度：在创办新大学的同时改造老大学，并将私立大学和教会大学取消。1950 年召开全国高等教育会议，会议讨论了新中国高等教育事业建设方向。参会学者阿尔辛杰耶夫对苏联的教育模式改革策略——为适应国家对技术干部的迫切需要，将综合性大学改为"学院"的举措进行阐释。[②]由于当时我国存在巨大的经济和工业发展缺口，因此，教育要配合国家建设的观点得到了广泛的认可。参照苏联高等教育体系建设经验，吸收苏联专家的建议，东北人民政府于 1950 年 7 月 6 日发布命令，取消原先大连大学建制，重组分别成立大连工学院、大连医学院和大连俄文专科学校。大连俄文专科学校的设立也更好地为借鉴苏联发展经验提供支持。

2. 国家经济发展的需要

1952 年，新中国成立后过渡时期的总路线制定完成。其对我国高等教育发展提出了新的要求，即通过模式体系变化调整培养能够满足国家建设急需的人才。前文中论述大连大学改建分立学院，从三学院设立的侧重方向即可看出当时国家发展的需求，工科类院校即是重中之重。1953 年，我国开始实行第一个五年计划，计划经济和大规模的工业建设尚需大量专业人才尤其是工科类人才。在新中国成立前，工科类高校稀缺，相关院校的地域分布和结构不合理，学科设置也无法满足国家多方面均衡发展的需求。为了调和高校人才培养和工业生产建设需求之间的矛盾，同时为"二五"计划做好准备，我国逐步调整高等教育的发展方式，扩大开办各类高校和中专学校的规模，加快办学进度，大力培养国家建设所需的各类人才。教育部于 1952 年提出"以培养工业建设人才和师资为重点发展专门学院整顿和加强综合性大学"的方针。其中措施之一是调整综合大学工科类院系专业，根据集中教学和地域分布合并重组，建立多科性工业大学或专门工学院。[③]大连大学建校伊始，其下属工学院（大连工学院）正是在国家工业化建设最需要的时期创建，因此大连工学院是院系调整的先锋部队。经过院系调整后，学院由原先 9 个系减少为 3 个系，为工业和经济发展做出了重要的贡献。

3. 国际形势和环境的走向

1950 年朝鲜战争爆发，中国人民志愿军于 10 月进入朝鲜半岛作战。朝鲜战争也让中国的国际环境形势受到重大影响，我国与美国等西方国家形成了政治上和发展上的对立

---

① 刘光：《新中国高等教育大事记》，东北师范大学出版社，1990。
② 鲍嵘：《学问与治理——中国大学知识现代性状况报告（1949—1954）》，学林出版社，2008。
③ 刘超：《创建"新教育"的战略与策略——共和国初期高等教育变革的历史进路》，《清华大学教育研究》2019 年第 6 期。

关系。因此，我国在政治和外交政策方面，采取"一边倒"和"赶超"的战略思想。国家在国际环境中面临的艰难处境，也让高校在加强思想政治学科建设的同时，从教育系统方面学习苏联办学的发展经验。这一点也和日后大规模的院系调整有着较密切的关系。

二、院系调整过程中的大连工学院

（一）20 世纪 50 年代的院系调整

1.调整初始

1951 年，我国召开了全国工学院院长会议，全国范围的大规模院系调整也伴随着本次会议一同展开。在工业发展长期停留于零基础的情况下，国家为解决此问题，必须优先选择发展工业，工科类院校及工学相关学科院系在这一策略中随即承担起为全面工业化提供人才培养支持的责任。此次大会提出了《全国工学院调整方案》，并且拟定了工学院院系调整的基本原则：一是将许多大学的文、理、法学院系合并，调整和加强综合性大学；二是将各大学的工学院和工科各系合并，组建多科性工业大学或独立为专门工学院，基本形成主要专业比较齐全的学科体系。[①] 1952 年和 1953 年，全国高校进行了大规模的院系调整，开展以工科类方向为主的学科调整和重组工作。

大连工学院的院系调整最早在 1951 年已经开始。1951 年 3 月 14 日，东北人民政府教育部根据工业部指示，拟将大连工学院冶金工程合并到东北工学院。同年 11 月 26 日，为适应国防建设需要，大连工学院电讯工程系交中央人民政府人民革命军事委员会工程学院接办。

2.调整的具体阶段

第一阶段：1952 年，以华北、东北、华东为重点全面进行院系调整。此轮调整根据前文提及的已有高等院校教育改革方针进行，大连工学院正是在此时开始第一次大规模院系调整。1952 年，学院应用数学系学生全部调到东北师范大学，部分教师调到东北人民大学和东北地质学院；应用物理系学生调到东北师范大学和东北人民大学，部分教师调到东北人民大学和东北地质学院；电机工程系调往东北工学院。同年，东北工学院化工系、土木系、机械系的汽车专业师生以及哈尔滨工业大学化工系研究生随同苏联专家调至大连工学院。经此轮调整，王大珩、郑建萱、吴式枢、陈百屏、李华天、吴鸿适、解俊民等大批具有较高学术水平和教学经验丰富的教师相继离开了大连，但另一批具有同等学术水平的教师如聂恒锐、侯毓汾、林纪方等调入大连工学院，成了教学和科研中新的骨干力量。苏联专家米哈依洛夫、脱罗辛柯、斯特洛姆的到来，提高了学院外籍师资水平，有助于借鉴学习苏联经验。

第二阶段：1953 年的院系专业调整侧重于在中南区域进行，同时也对西北、西南进行局部的院系和专业调整，本轮调整是对上一年院系调整的补充和延续。原则上改组旧有大学庞杂的专业设置，增设工科类相关高等院校。这一时期，原大连工学院化工系液

---

① 《习仲勋传》编委会：《习仲勋传》（下册），中央文献出版社，2013，第 213–214 页。

体燃料组的教师、学生全部调往北京，合并至新建成的北京石油学院；哈尔滨工业大学土木建筑系水利工程专业学生及苏联专家调来大连工学院；大连海运学院的港工专业师生来到大连工学院，曾留学美国、学有专长的唐立民讲师等同时来校。苏联专家郭洛瓦切夫斯基与上文提及的三位苏联教师成为大连工学院建立后第一批进入学校工作的外国专家。

至此，大连工学院初始阶段的9个系经过院系调整后只剩下4个，即机械、造船、土木、化工。为了进一步契合国家工业建设发展需要，有计划、按比例地培养各种专门人才，学校根据高等教育部的指示，开始在各系设立专业。在苏联教育经验和中国人民大学于国内较早设立的学校管理模式影响下，大连工学院形成了"学校—系"两层次组织结构，扁平化的管理方法有利于将学校思想和教学计划传达给系一级教学单元，提高决策的顺畅、通达程度。

第三阶段：1955—1957年的高等院校布局调整。在这一阶段，高等教育部根据国家经济布局的变化，对高等院校的院系、专业设置和地区重新调整，从而逐步改变当时高等院校与工业发展分布不均的情况。从已建设形成的工科类高等学校中进行同类专业抽调拆分，再迁至中部地区建校，增设新专业的同时提高了内地大学的办学能力，也改变了高等院校过于集中分布在少数沿海大城市的局面。在此阶段，大连工学院的院系调整提前完成，于1955年结束，且此阶段学院拆分的重点院系迁移至上海建校。1955年，造船工程系教师、苏联专家、学生调到上海的交通大学。大连工学院原造船系师资力量雄厚，并已培养两届能力水平较高的毕业生。广大师生虽然对学院有着深厚的感情，但毅然服从国家的调动。至此，院系调整随着大连大学至大连工学院的变化过程，全部完成。

20世纪50年代院系调整的结束，意味着新民主主义高等教育体系在全国基本确立，教育的性质发生了根本性变化，尤其对工科类院校的形成有重要影响。从大连工学院的层面来说，经过院系调整，学校的领导关系由东北人民政府工业部领导改为中央人民政府重工业部直接领导，从而更好地发挥了大连工学院这所由中国共产党亲手创办的多科性工业学校的作用，学校所需教学科研经费也由中央重工业部负责划拨。后大连工学院又由中央重工业部领导改为高等教育部领导。在这一时期，大连工学院院长屈伯川提出开展科学研究工作，学校成立研究部、创办学刊、建立科学报告会制度、建设现代化实验实习基地，并于1954年建成具有世界先进水平的海洋动力学实验室。院系调整和科研方向的侧重为大连工学院跻身教育部直属全国重点大学做了准备。

（二）社会主义现代化建设时期的教育体系调整

1978年国家开始进行改革开放，伴随着社会主义市场经济体制的逐步确立，我国的高等教育体系建设面临着新的机遇和挑战。面对国家层面新的变化和发展思路，一些高校及相关学科专业开始尝试通过各种方式合并或重组，这实际上是新一轮的院系调整。为了适应国家社会主义现代化建设的需要，以及顺应世界范围内科学技术迅猛发展的形势，大连工学院在此期间进行各项改革，对学科体系和专业设置再次进行调整。一系列的适时举措使大连工学院自20世纪50年代院系调整后形成的单科院校模式逐步发展成为以工科为主，应用理科、管理学科和应用文科协调发展的多科性大学。大连工学院与当代科技发展既高度分化，又高度综合的整体化趋势相适应，也使学校人才培养模式在知识结构和课程改革上逐步进入综合性发展趋势。

大连工学院在学科、院系和专业设置上开展了 5 个方面的重组增设工作：一是发展应用理科，大连工学院于 1979 年成立了工程力学系、数学系、物理系；二是加强新兴学科、交叉学科、边缘学科或专业的建设，微电子技术、电子精密机械、图书情报学、环境工程、等离子体等新兴学科相继建立；三是改造和更新机、电、土（水）、化类的老专业，这些老专业代表国民经济的基本行业，通过引入新理论、新技术、新工艺，将信息工程、系统工程、控制工程等内容引入教学和科研；四是迅速发展经济管理类专业，创办中美合办的中国工业科技管理大连培训中心，成立管理工程系；五是成立社会科学系、外语系，设立文科类专业，解决文科与理科分离的矛盾。

在此期间，大连工学院在克服重重困难后，办学条件也有了较明显的改善。学院看到了改革开放对社会人才的适应性需要，适时抓住教育事业发展的重要机遇，丰富了新中国成立初期工科类高等院校精专但单一的教育体系模式。与此同时，大连工学院不断推进与国际范围内各大高校的学术交流合作，在国内外的知名度不断提升。学院逐步形成适应学科综合发展和高度分化的现代化科技教育体系，国家教育委员会于 1988 年 1 月正式批准大连工学院改名为大连理工大学，学校由此进入了新的发展阶段。

三、院系调整对大连工学院发展的影响

20 世纪 50 年代的院系调整是我国高等教育体系形成的重要组成部分，同时也适应了新中国成立初期国家工业建设的需要，这在当时是符合国家发展方向的必然选择。此举也从根本上改变了旧中国重工业发展短板以及不能大范围全面培养工业技术相关人才的落后状况。大连工学院通过这次调整，院系结构由电机工程、电讯工程、机械工程、土木工程、冶金工程、化学工程、应用物理、应用数学、造船工程 9 个系调整为机械工程、化学工程、土木工程 3 个院系。从原先学科比较齐全、理工结合的多科性学院，调整到相对单一的工学院。学科专业调整程度虽大，让原先大连工学院众多优势学科的核心力量减弱，但化工、水利类专业得到了高度精专的加强，全校专业设置的方向和任务也随着人才需求与培养计划清晰明确，对新中国初期工业建设和教育发展做出的贡献颇丰，进而对其未来成为教育部直属全国重点大学有所积累。从这一层面来看，大连工学院的院系调整对今后学校自身和国家工业的发展很有利。

20 世纪 50 年代院系调整也存在需要注意和反思的地方。此调整几乎完全移植和照搬苏联的教育体制，照搬了苏联工业院校的设置模式。而事实上，苏联文、理、法科类综合大学确实与工科类大学有明显区分，但院校创立之初已经普遍明确学科方向，较少存在对已建成多学科综合类大学进行院系拆分重组的情况。经过院系调整后的大连工学院师资力量和设备迁移至不同的地区与学校，理科和工科的分散调整也不利于学科综合发

展。后根据国家和社会经济发展的需要，学校另起炉灶，再次恢复已经被调走的部分院系和专业。因此，20世纪50年代院系调整在一定程度上影响了大连工学院的发展速度。

在20世纪50年代的大规模院系调整过程中，大连工学院在前进中虽然有曲折，但步伐是坚定的，成绩是巨大的，此轮院系调整逐步使学校进入了新的历史时期——全面建设新的教育制度、教学体系和向科学进军的阶段。而20世纪80—90年代，学校新一轮学科、院系整合适逢改革开放的发展节点，大连工学院完成了到大连理工大学的转型，抓住了社会发展机遇进行教学机制革新。院系的调整和发展使得学校总体办学水平获得较大提升，综合实力显著增强。

四、总结

综上所述，院系调整在国家不同时期的战略层面和教育体系形成过程中一直是关键性的环节，一定程度上可以通过高校学科院系的发展和调整，从侧面观察社会发展节奏和方向。在借鉴学习先进发展经验的同时，也应全面参考当下布局情况，在稳定均衡发展的同时着力重点教育及科研领域的突出建设，避免完全借鉴。

20世纪50年代，为适应国家计划经济和重工业建设的发展需要，高校相应地进行院系拆分、迁移；20世纪80—90年代的学科调整亦是认识到国家发展方式的变化后，在高等教育体系作出的适应性反馈。工科类院校在不同阶段均是调整的主体，并反映着我国工业体系的发展过程。从方法论角度来看，两次调整与时代发展趋势高度契合，也为国家和社会建设不断作出贡献，培养大批满足社会建设需要的人才。高校院系调整促进了我国高等教育事业的发展，为经济和工业建设提供了强大动力，优化了全国的高校布局，尤其是工科类院校的办学效益；同时，也对高等教育体系改革、核心教育资源的整合和国家现代化建设发展计划有着突出作用。我国高等教育体系的改革思路对今后教育事业的发展同样具有重要的参考意义。

上海中医学院成立之初师资来源考

上海中医药大学党史校史办公室　刘红菊

一、历史背景

截至 1948 年，上海三所著名的私立中医院校——上海中医学院（中医专门学校）、中国医学院、新中国医学院停办。

自 1949 年上海解放到 1956 年，上海卫生工作者协会和上海市中医学会，在市卫生局的领导和支持下，举办中医师进修班，培训 1600 余名学员；上海市国医训练所在新成区举办民办公助性质的中医师进修班。1956 年 5 月 27 日，《人民日报》发表《积极培养中医，壮大卫生工作队伍》的社论，指出"随着人民保健事业的发展，除必须大量培养西医外，还必须大量培养中医，才能满足人民群众在医疗保健方面的要求，并且使祖国医学遗产得到继承和发扬。这是发展我国卫生事业的一项重大任务，也是我国历史特点所决定的一项历史任务"。社论预告了国家兴办的中医学院即将诞生。

二、学校筹建准备

1956 年 5 月 2 日，上海市第十一人民医院医师章巨膺和上海市卫生局办公室主任王金城受上海市人民委员会委派，肩负起筹建上海中医学院的使命，来到上海市立首家中医医院——上海市第十一人民医院。5 月 5—11 日，浙江省军区转业干部李林等四人，奉调来到上海市第十一人民医院，遂成立了筹备组和党支部，李林任支部书记。

5 月 21 日，租赁北苏州路河滨大楼部分建筑，暂作临时校舍；筹备组迁入办公，随即进行调配干部、聘任教师、拟订教学计划、确定课程设置等工作。

1956 年 7 月，由上海第一医学院（复旦大学上海医学院）全面负责代招工作，除了安徽考生在安徽集中考试，其余考生均于 7 月 6 日、7 日在医学院路 138 号集中考试，考试科目有语文、物理、化学、达尔文主义基础、政治常识以及专业课。招生来源为当时中专即卫生学校的毕业生、卫生系统专业干部以及应届生，来自上海、江苏、浙江、福建、山东、安徽，录取 124 名。

1956 年 8 月 6 日，国务院以〔56〕国二办周字第 19 号批文正式批准，在北京、上海、广州、成都分别成立四所中医学院。

根据卫生部 1956 年 9 月《关于筹建中医学院具体问题》的指示，中医学院的培养目标为：继承和发扬祖国医学遗产，有计划地培养为社会主义建设、为人民保健事业服务，具有马列主义的世界观，体魄健全，掌握医学知识和医药技术的高级中医人才。发展规模暂定为 1200 人（1957 年调整为 720 人），确定学制为 5 年（1957 年改为 6 年）。

三、初期师资来源

1956 年 9 月 1 日下午 2 时，在河南路桥畔国华大楼大礼堂里，举行上海中医学院成立暨开学典礼。全体教职工 71 人和第一届招收的 120 名学生参加会议。金仲华副市长代表市人民委员会宣布上海中医学院成立，任命程门雪为院长，章巨膺为教务主任。程门雪院长发表了就职讲话。上海中医学院的历史帷幕就此拉开。

中医课程设置共 16 门。其中，中医基础课 9 门：医学史、医经、金匮要略、伤寒论、温病学、本草学、方剂学、诊断学、各家学说（含医案）；中医临床课 7 门：内科、外科（含喉科）、妇科、儿科、伤科、眼科、针灸。

中医师资配备。根据《中共上海市委关于调剂和补充职工问题的规定》，从本市有关单位和社会上调配、聘任一批具有较高名望、有高深理论水平、有丰富临床经验的中医师为专职教师（38 人），又从上海市第十一人民医院延聘 26 名兼职教师，组成了一支 64 人的最初教师队伍。其中有：程门雪、石筱山、秦伯未、章次公、陈大年、杨永璇、陆瘦燕、姜春华、黄宝忠、王超然、王玉润、金寿山、张伯臾、顾伯华、黄文东、朱小南、徐仲才、丁济民等。他们大多是解放前三所私立中医学院的教师或从三校毕业后又在三校从事教学多年的教育工作者。

同年 6 月，根据毛泽东提倡西医学习中医的指示，市卫生局举办了第一期西医离职学习中医研究班。当时该班 56 名学员均参加学校的筹建工作，在制订教学计划以及编写教材方面发挥了一定的作用（后该班改由上海中医学院承办）。

现代医学基础和西医课程设置 12 门：生物学、解剖学、组胚学、生物化学、生理学、微生物学、寄生虫学、病理学、药理学、内科学基础、外科学总论、公共卫生学。

现代医学任课教师均为兼职，主要是上海第二医学院（以下简称"二医"）的专业老师。国务院就〔56〕国二办发文《中华人民共和国卫生部关于筹建中医学院的具体问题》〔56〕卫教徐字第 1237 号，其中问题五"领导干部及教师的配备办法"中关于"现代医学基础课教师"提道：上期中医学院由上海第二医学院负责……如负责院校一时配备有困难，可暂采取兼课办法，以后陆续配备。对负责院校的师资补充，我部于 1957 年统一考虑解决。

四、兼课教学中的问题

在实际教学中，发现有不少问题，为此，1956 年 10 月 9 日，中医学院院长程门雪起草一书关于成立专门西医教研室的报告抄送高教部、上海市卫生局和高教局（〔56〕沪中医发字第 47 号）。报告对卫生部关于现代医学课程请外校老师兼课一说持不同意见：我们经与有教学经验的西医教授研究讨论后，认为该项课程 1957 年下半年才有，可以要求高教部在明年同意分配师资时也考虑我院的分配数字。由于本院系中医学院，专业课程与二医不同，所以现代医学基础课如由二医兼的话，很难与中医专业课密切配合。同时也影响我院对现代医学教师的培养，因为从发展前途来看，我院迟早要建立有关现代医

学的各个教研组的,为了及早打下基础,所以要求单独成立教研组,医学基础课及现代医学课必须独立。理由如下:

各基础课如解剖学要配合中医的理论教学,以神经内脏作为重点,血管及其他部分次之,可能要与中医十二经络配合起来。

生理与病理部分都要偏重整体来结合中医各方面基本理论,所以有些讲义要进行修改,不能把西医的一套全部搬过来。这样一来,一定要储备教师,专心研究,与中医紧密联系进行编写,因而十分有必要单独成立教研组。

药理部门,在中医方面应注重生药学,与现代医学的药理学不相配合的,一定要争取专门研究生药学的专家来任课。

二医兼课影响我院整个课程的安排,如本学期的体育课因由二医体育教师兼任,故都不得不排在上午,以致影响本院中医专业课的安排。

教师应为教授、副教授,因我院课程精简,如由二医兼带我院的课程,他们必定是以自身为主,势不能保证我院的课程质量,这样必将影响学生的学习情绪,影响我院威信,更影响工作人员的信心。

二医教授本身工作很忙,不可能除任课外再来我院参加教务会议。同时也将影响各课教材的准备、充分的计划以及共同开展研究工作。

另外,适合于来我院西医教课的,据目前初步了解已有以下诸人……其次,市卫生局也可以调配一些教内科、外科基础课的教师。

五、抽调兄弟院校师资来中医学院

1957年7月12日,上海市人民委员会发文给市高教局、卫生局和上海中医学院(〔56〕沪会秘字第71191号),决定:中医学院的行政领导由市高教局负责,中医和西医基础课师资的配备和中医教学业务的指导等仍由市卫生局负责。

1958年2月,卫生部明确上海中医学院交由上海市领导。中央抽调林其英来院担任副院长。中共上海市委决定由第二军医大学和上海第二医学院抽调一批干部和师资,加强学校领导和师资力量。

1958年1月23日,上海中医学院发函"为商调强元康等十七位同志来我院任教学及行政工作"致第二军医大学:我院成立一年多来,因师资不足影响教学及正常工作进展,现经市委组织协调,帮助我院解决了干部及师资问题,对兄弟院校的这样大力支持表示衷心的感谢!为了做好长期的一切准备,因而请将商调我院的干部师资(名单附上)给予介绍信。"

1958年2月5日,向上海第二医学院发出商调函:"我院因师资不足,为此曾与贵院进行了数次协商,确实做了很大的努力,表示衷心的感谢。现经本院研究后,不久要开课,能否请将下列名单给予介绍来我院工作为盼。"

同年3月,又发商调函"承贵院的支持,甚为感激。经研究后,现商调……"

抽调工作基本在当年 1 月至 3 月完成，在短短 2 个月内，第二军医大学先后有 39 人、军事科学院 7 人、上海外语学院 3 人、上海第二医学院 9 人、上海水产学院 2 人赴上海中医学院。教学课程除了文学、外语、体育等普识教育课程，大多数为现代医学课程，主要有解剖、病理、生理、生化、寄生虫、微生物、药理等，基本涵盖了现代医学基础课程。这些教师的职称有副教授、讲师、助教、技术员，这对于初创时期的中医学院不啻是一支重要的教学力量。

这些教师来到中医学院，就一如既往、认真踏实地投入新的工作岗位。没有教具就自己设计，没有标本就自己动手做，除了搞好教学工作，他们也积极学习中医学知识，以现代医学视角思考、分析中医学，其中的不少老师后来成为中西医结合基础学科的带头人。比如，曾兆麟老师作为生理老师调入，曾任生理学教研室主任，1986 年成立中医病因病机研究室，他任主任；张陈福老师作为病理生理老师调入，1987 年成立了中医治则治法研究室，他担任研究室主任。至 1958 年，上海中医学院教职工数达 204 人。

可以说，上海中医学院能在短短 4 个月实现从零到有，离不开社会方方面面的支持。与诸多历史悠久的高等学府相比，中医高等教育在中国只能说是刚起步。上海中医学院于 1993 年正式更名为上海中医药大学，招生规模从当年的区区百人，到如今的 2 千多人，校址也从当年的河滨大楼移步零陵路，再到张江高科园区。中医院校的使命也从满足社会基本医疗服务向更深层次发展。如何能更好继承和发扬中医学宝库，如何精准地进行医疗等需要当代中医人认真思考、琢磨、探索。

参考文献

[1]上海中医药大学.杏苑光华——上海中医药大学建校五十周年纪念文集[M].上海：上海中医药大学出版社，2006.

[2]上海中医药大学校志编纂委员会.上海中医药大学志[M].上海：上海中医药大学出版社，1997.

向重点大学冲刺

——浙江农业大学的"211 工程"建设

浙江大学历史学院　肖如平

"211 工程"是国家提出的面向 21 世纪，重点建设 100 所左右的高等学校和一批重点学科的重大工程，目标是要力争在 21 世纪初有一批高等学校和学科、专业，在教育质量、科学研究和管理方面达到世界较高水平，甚至世界领先水平，建立适应社会主义市场经济体制和科技体制改革需要的高等教育新体制。"211 工程"的提出和实施，是中国高等教育面对 21 世纪的挑战而提出的战略决策和战略布局，对中国高等教育的改革发展、高校的结构体系产生深远的影响。是否被列入"211 工程"，将关系到各高校能否在 21 世纪获得国家重点支持，在中国高等教育中占据重要地位。因而，进入"211 工程"，成为国家重点建设的 100 所高校之一，是时代赋予浙江农业大学全体师生的艰巨任务。本文主要利用校史档案资料，对浙江农业大学（以下简称"浙江农大"）申报和建设"211 工程"的历程作一简要的回顾。

一、"211 工程"的申请

至 1990 年代初，浙江农大已发展成为一所规模较大、学科门类较为齐全、师资力量雄厚、办学条件良好、办学成绩显著的省属重点大学，在国内外享有较高的声誉。尤其是党的十一届三中全会以后，浙江农大一直得到中央和地方各级领导及有关部门的重视与支持。农业部把浙江农大作为重点高校予以扶持，曾投资兴建 2.8 万平方米的中心大楼。1978—1979 年，农业部在遴选部属重点院校时，曾努力推动将浙江农大列为部属重点大学，但因当时浙江省决策上的原因，浙江农大错失机会，未能列入部属重点院校，这成为浙江农大师生心里的一个痛。[①] 1982 年，出席在杭州召开的农业教育研讨会的中外专家在考察浙江农大后，对学校的办学条件、人才培养质量、科研水平、发展前景等方面作了充分肯定和高度评价，对浙江农大未能列入农业部重点院校而深感惋惜。

虽然错失成为部属重点大学的机会，但此后浙江农大的历届领导班子始终将把学校建设成为国家重点院校作为努力的目标。1991 年 12 月 31 日，国家教委、计委和财政部联名上报《关于落实建设好一批重点大学和重点学科实施方案的报告》。报告指出："一致同意国家设置与国家经济、社会发展相适应的重点大学和重点学科建设项目（简称'211 工程'项目）。""211 工程"项目提出后，浙江农大的领导在倍感压力的同时，也欣喜地感到，学校冲刺国家重点大学的机会来了。经过慎重的考虑和详细的研究，学校认

---

① 北京农业大学、南京农业大学、华南农业大学、沈阳农业大学、华中农业大学、西南农业大学、西北农业大学被列为农业部部属重点高校。

为，"浙江农业大学已基本具备进入 100 所全国重点大学行列的必要条件"。1992 年 6 月 18 日，浙江农大首次向浙江省教委提出，学校将申请列入"211 工程"，希望得到省教委、省政府的重点支持。"国家教委等中央有关部委决定设置重点大学和重点学科建设项目，以促进我国高等教育事业与国民经济的进一步发展。浙江农业大学是一所规模较大、学科门类较全、基础较为雄厚、在全国农科院校中名列前茅、国内外享有声誉的综合性农业大学，是浙江省重点大学。几十年来，培养了一大批高级农技人员，分布在全国各省市，许多人已成为农业科技、行政管理骨干。而且大量科技成果已在生产中得到广泛应用，起到很好的作用。……据国家要重点发展农业科学技术、繁荣农村经济的战略部署以及我校现有基础与发展潜力，我们在认真研究之后，认为我校已基本具备进入 100 所全国重点大学行列的必要条件。为此要求省教委、省政府给我们重点支持和帮助，使浙江农业大学不再失去新的机遇，列入全国重点大学行列。"[①]

8 月 26 日，国务院第 111 次会议决议："原则同意教委和有关部门提出要面向 21 世纪，重点办好一批（100 所）高等学校的'211 工程'规划意见。"10 月 29 日，中共中央政治局常委会议通过了"211 工程"规划意见，认为"把这些学校办好可以把整个高等学校带动起来"。[②]党中央和国务院对"211 工程"的批复和重视，极大地鼓舞了浙江农大的领导，其也更加感到申报"211 工程"的紧迫性。11 月 20 日，浙江农大正式向浙江省教委、省政府、国家教委、高教司提出了申请。"国务院已原则批准'211 工程'计划，国家教委将会同国家计委有计划地选择一批代表国家水平的重点大学，采取适当的特殊政策，提高教育质量和办学水平，力争到二十一世纪初进入世界先进水平。对此，我校很受鼓舞。近几年来，我校在省委、省政府和省教委的领导下，在人数、经费等主要条件劣于全国八所重点农业大学及一些规模较大的其他院校的情况下，全校教职工齐心协力，团结奋斗，教学、科研、推广、开发等各方面有了很大的发展。在教育质量、科研水平、学术地位上始终处于全国农业院校前列，甚至一些反映学校地位、学术水平、办学层次的统计指标可与部分办学规模较大、教职工人数较多的综合大学和理工科院校相媲美。因此，在继我校上报你委的'浙农大〔92〕159 号《关于要求列为国家重点大学的报告》'之后，我们再把一些全国高校的比较指标附上，供参考。根据这些项目的比较情况，我们认为我校理应列为我省省属院校中争取进入'211 工程'的第一推荐院校。请予批准。"[③]

在此次报告的附件中，浙江农大还进行了初步的论证，从 6 个方面列举了浙江农大的优势：（1）博士点学科 13 个，全国高校排名第 40 位，全国农业院校排名第 3 位；（2）博士生导师 24 名，全国高校排名第 43 位，全国农业院校排名第 3 位；（3）国家级重点

① 《关于要求列为国家重点大学的报告》(浙农大〔92〕校字 159 号)，浙江大学档案馆馆藏档案，档案编号：ND-1992-XZ-0010-0001。
② 《关于再次要求将我校列为国家重点大学的报告》(浙农大〔92〕校字 341 号)，浙江大学档案馆馆藏档案，档案编号：ND-1992-XZ-0010-0002。
③ 《关于再次要求将我校列为国家重点大学的报告》(浙农大〔92〕校字 341 号)，浙江大学档案馆馆藏档案，档案编号：ND-1992-XZ-0010-0002。

学科点 3 个, 全国高校排名第 34 位, 全国农业院校排名第 3 位;(4)中国科学院学部委员 2 人, 全国高校排名并列第 18 位, 全国农业院校排名第 2 位;(5)科技经费 1990 年 600 万元, 全国高校排名第 57 位, 全国农业院校排名第 2 位;(6)科技论文 1990 年 264 篇, 全国高校排名第 41 位, 全国农业院校排名第 3 位。①

1993 年 1 月 12 日, 国务院正式批准"211 工程"计划。同年, 国家教委发出《关于印发〈关于重点建设一批高等学校和重点学科点的若干意见〉的通知》,"211 工程"正式在全国启动。1993 年 4 月, 浙江农大向浙江省教委、省政府提交了精心准备的《浙江农业大学"211 工程"申报材料》。在申报材料中强调: 把我校列入"211 工程", 不仅对学校今后的建设与发展具有十分重要的意义, 而且对浙江省国民经济和农村经济、社会发展具有极其重要的作用。② 5 月, 浙江农大又提交了《浙江农业大学申报列入"211 工程"计划补充材料》, 从知名教授、办学物质条件、人才培养、国家级三大奖项、国际交流与合作、科技推广、社会服务等方面补充了大量翔实的材料。

学校的申请报告得到了浙江省委、省政府的支持。1992 年 9 月, 浙江省政府经过研究决定, 拟将省属重点高校浙江农业大学、杭州大学、浙江医科大学列为浙江省"211 工程"申报院校, 并上报了国家教委。1993 年 5 月 28 日, 浙江省委书记、省人大常委会主任李泽民, 省人大常委会副主任许行贯、杨彬一行视察了浙江农业大学。他们认真听取了校党委书记马寿根、校长夏英武关于学校教育改革, 调整专业方向, 建立学院, 深化机关机构改革, 充实教学、科研一线, 吸引更多的高级人才来校工作, 争取早日列入国家"211 工程"的情况汇报。李泽民对浙江农大的教学、科研、推广、开发等方面取得的成绩表示满意。他说, 浙江农大本来就应是部属重点院校, 新一届班子上任后, 心齐了, 关系顺了, 有活力, 有实力。农大有很多自己的优势, 师资、教学科研力量较强, 有些优势还在全国领先, 成果开发、校办产业也搞得比较好。希望学校进一步努力, 培养更多的高级人才, 为发展浙江经济和现代农村建设做出贡献。③

二、省"211 工程"的评议与建设

1993 年 3 月, 浙江省正式启动了"211 工程"的申报工作。同年 10 月 29 日至 11 月 2 日, 浙江省教委组织了由 10 多位省内外专家组成的"211 工程"评议组, 对浙江农业大学、杭州大学、浙江医科大学 3 所学校申报"211 工程"项目进行了评议。通过审阅申报材料, 听取学校介绍和实地考察, 专家们一致认为这 3 所学校各具优势和特点, 有较强的竞争力, 并对各校的办学设施、办学质量、人才培养、科学研究等方面提出了改进意见。

"211 工程"的立项申报和评议专家组的改进意见, 进一步厘清了学校发展的思路,

① 《关于再次要求将我校列为国家重点大学的报告》(浙农大〔92〕校字 341 号), 浙江大学档案馆馆藏档案, 档案编号: ND-1992-XZ-0010-0002。
② 《关于上报浙江农业大学"211"工程申报材料的报告》(浙农大〔93〕校字 150 号), 浙江大学档案馆馆藏档案, 档案编号: ND-1993-XZ-0010-0003。
③ 熊义勤:《李泽民视察浙江农业大学》,《浙江日报》1993 年 5 月 29 日。

树立了信心。为了列入国家"211工程"，学校采取了一系列措施。

一是成立了校"211工程"领导小组。1993年，经校校务委员会决议，校"211工程"领导小组由校长夏英武任组长，副校长程文祥、蔡立三、凌备备等任副组长，各有关部门负责人为成员。下设办公室，由党办、校办主任沈益民同志任主任。①

二是设立了"211工程"建设配套基金。1993年，学校从计划外经费中划出440万元，设立了"211工程"建设配套基金，主要用于学科建设和基础实验室建设。1994年，学校又从计划外经费中划出500万元，充实学校"211工程"建设配套资金，用于学科建设和主要面向本科生的教学实验室建设。②此外，1994年2月，学校向省政府申请3000万元的经费支持，用以建筑新图书馆，建设重点学科和重点实验室。③同年，浙江省政府拨给浙江农大、杭州大学、浙江医科大学3所高校6000万元经费，专项用于"211工程"的建设。④

三是调整专业结构，提高办学层次。为加强经济类、工程技术类、动物类学科建设和研究生培养、管理工作，促进农业与经济管理科学、工程技术科学、动物科学的紧密结合，调整专业结构，提高办学层次，深化教育改革，争取进入国家"211工程"，学校在浙江省教委、省政府的支持下设立了经济贸易学院、工程技术学院、动物科学学院和研究生院。⑤1994年9月30日，浙江省委书记办公会议决定将浙江农大和浙江省农村经济管理干部学院合并。⑥1995年1月16日，浙江省农村经济管理干部学院正式并入浙江农大，这对优化办学资源配置、提高办学规模效益和办学质量、推动浙江农大的"211工程"建设起了积极作用。⑦

经过一年多的努力，浙江农大的学科建设水平有新的提高，3个国家级重点学科，3个全国唯一的博士点学科和4个部、省级重点实验室得到进一步加强与重点扶持；5个学科被评为省重点学科，4个学科被评为省重点扶持学科。科研工作进一步得到加强，科研项目、经费、成果数、论文发表数有较多增加。同时，师资队伍建设也得到进一步加强，拥有国务院学位委员会学科评议组成员8名，国家自然科学基金学科评议组成员2名，国家教委高校设置评议委员会委员1名。有2名年轻教授入选国家教委"跨世纪优秀人才计划"（全省高校2批共有5名），1名青年副教授获国家教委"资助优秀年轻教师基金"，1名女青年副教授获1994年全世界仅有5名获得者的"国际杰出青年妇女水稻研究

① 《关于进一步加强争取列入"211工程"工作的报告》（浙农大〔93〕校字400号），浙江大学档案馆馆藏档案，档案编号：ND-1993-XZ-0011-0003。
② 《关于要求解决"211工程"建设经费的请示》（浙农大〔94〕校字60号），浙江大学档案馆馆藏档案，档案编号：ND-1994-XZ-0028-0001。
③ 《关于要求解决"211工程"建设经费的请示》（浙农大〔94〕校字60号），浙江大学档案馆馆藏档案，档案编号：ND-1994-XZ-0028-0001。
④ 《关于要求重新制定省高校"211工程"建设经费分配方案的紧急报告》（浙农大〔94〕校字65号），浙江大学档案馆馆藏档案，档案编号：ND-1994-XZ-0028-0002。
⑤ 《农大成立了三个学院和研究生院》，《杭州日报》1993年5月31日。
⑥ 《关于浙江农业大学与浙江农村经济管理干部学院合并实施方案的报告》（浙农大〔94〕校字345号），浙江大学档案馆馆藏档案，档案编号：ND-1994-XZ-0005-4。
⑦ 《浙农大和省农村经济管理干部学院合并》，《浙江日报》1995年1月17日。

奖"。学校还着眼于21世纪学科带头人和新一代博士导师的培养，遴选了首批30名中青年学术梯队骨干进行滚动培养。总之，浙江农大已基本具备了国家教委关于"211工程"预审的要求。

三、国家"211工程"的预审和立项

1995年11月，国务院正式批准了《"211工程"总体建设规划》。该规划明确提出，"211工程"中拟覆盖的院校和学科点，将分层次、分期、分批梯次展开建设。到20世纪末为第一阶段，2000年以后为另一阶段。"211工程"作为国家重点建设项目，将列入国民经济和社会发展中长期规划与第九个五年计划。国家"211工程"建设项目的立项，采取专家咨询和行政部门决策相结合的方式进行。立项的程序分为预审、预备立项、评审和批准立项。只有通过预审的学校才有资格进入国家"211工程"，成为100所高校之一。自此，各高校正式开始了"211工程"的预审和立项工作。

为了全力迎接省"211工程"部门预审领导小组的预审，1995年12月4日，浙江农大对学校"211工程"领导小组进行了加强和充实，并聘请陈子元院士为学校"211工程"建设专家咨询委员会顾问。此时的浙江农大面临着巨大的挑战。至1996年11月，已获得国家教委批准并通过"211工程"预审的高校超过90所，其中农业院校已达4所。这对于尚未取得预审资格的其他高校而言，竞争的激烈程度可想而知。浙江农大是否能够取得预审资格并顺利通过预审，已是一个相当严峻的问题。

11月27日，浙江农大正式向浙江省政府提出"211工程"部门预审申请。在申请报告中，其首先回顾了学校自1993年以来在"211工程"建设方面的准备工作，明确提出"根据国家教委关于'211工程'预审的要求，对照我校的实际，我们认为，我校已基本具备进行'211工程'部门预备的条件"[①]。

12月3日，经国家教委批准，浙江省"211工程"部门预审领导小组同意浙江农大的预审申请，并决定于12月26日开始对浙江农业大学的"211工程"建设进行为期3天的部门预审。预审专家组以石元春院士为组长，成员由下列人员组成（按姓氏笔画排列）[②]：

王启东　浙江省人大常委会副主任、浙江大学教授

毛达如　中国农业大学校长、教授，原农业部教育司司长

石元春　全国科协副主席、中国科学院院士、中国工程院院士、中国农业大学教授、原北京农业大学校长

卢永根　中国科学院院士，华南农业大学教授、原校长

卢良恕　中国工程院院士、中国农业大学教授、原中国农业工程大学副校长

---

① 《关于要求对我校进行"211工程"部门预审的报告》（浙农大〔96〕校字33号），浙江大学档案馆馆藏档案，档案编号：ND-1996-XZ-0001-0004。

② 《关于对我校进行"211工程"部门预审时间安排和专家组组成的请示》（浙农大〔96〕校字34号），浙江大学档案馆馆藏档案，档案编号：ND-1996-XZ-0001-0005。

陈吉元　中国社科院农村发展研究所所长，中国农业经济学会副理事长、研究员

郑小明　杭州大学校长、教授

强连庆　复旦大学教授、原副校长

阙瑞麟　浙江省政协副主席、中国科学院院士、浙江大学教授

潘云鹤　浙江大学校长、教授

12月26日，浙江农大"211工程"部门预审会正式举行。浙江省委副书记、省"211工程"部门预审领导小组组长刘枫，副省长徐志纯，省政协副主席阙瑞麟和省有关方面负责人陈文韶、马洵等参加了预审会开幕式。刘枫代表省委、省政府发表重要讲话。他说："浙江农业大学是浙江省属重点大学……学校的整体办学水平比较稳定地居于全国高等农业院校的前列。浙江省委、省政府十分重视浙江农大的建设和发展。国家教委提出'211工程'以后，1992年9月，我省就要求对浙江农大等校进行立项预审。从1993年3月开始着手组织申报工作以来，省高校'211工程'评议组和省'211工程'部门预审领导小组多次到农大，与校领导一起精心规划，认真落实'重在建设'的方针；国家教委负责同志也对农大的'211工程'建设给予关心和指导。欢迎各位专家对浙农大的改革与建设多提宝贵意见，多给予关心和支持。"专家组组长石元春教授在会上讲话。学校党委书记童芍素也在会上发了言。[1]

预审期间，专家组成员，国家教委代表和浙江省委、省政府及有关部门负责人听取了校长夏英武关于浙江农大进入"211工程"的情况汇报，考察了近20个教学、科研单位以及实践基地，分别召开了学科带头人、中青年学术骨干座谈会。专家组对浙江农大申请进入"211工程"的整体建设规划和夏英武校长的汇报进行了认真的评议，一致认为浙江农大办学基础和条件好，整体学术水平较高，是一所规模较大、学科门类较多、师资力量较强、教育质量和办学效益较高、在全国高等农业院校中居于前列的农业大学，一致同意浙江农大通过"211工程"部门预审。[2] 1997年2月15日，浙江省人民政府正式批准了浙江农大"211工程"部门预审，并准予立项，同时抄送国家计委、国家教委、财政部备案。[3] 至此，浙江农大顺利通过了"211工程"部门预审，成为国家面向21世纪重点建设的百所大学之一。

浙江农大通过"211工程"部门预审后，根据预审专家组和有关部门的意见，学校在教育改革、学科建设、人才培养、科学研究及保障体系等方面进一步厘清了思路，明确了"211工程"建设的指导思想、总体目标及"九五"期间的主要建设任务和重点建设项目，确立了浙江农大"211工程"建设的总体目标：到2010年，把浙江农业大学建设成为一所能适应现代科学技术发展趋势，主动适应浙江和我国东南沿海地区农业与农村发展需要，学科优势明显、师资力量雄厚、办学效益显著、整体水平居全国高等农业院校

① 熊义勤：《浙农大开始"211工程"预审工作》，《浙江日报》1996年12月27日。
② 熊义勤：《浙江农大通过"211工程"部门预审》，《杭州日报》1996年12月29日。
③ 《浙江省人民政府关于浙江农业大学通过"211工程"预审并准予立项的批复》（浙政发〔1997〕23号），浙江大学档案馆馆藏档案，档案编号：ND-1997-XZ-0009-1。

前列，并有一定国际影响的多科性、综合性农业大学。

1997 年 4 月 15 日，在完成"211 工程"重点建设项目可行性报告的编制后，浙江农大向省政府提出了对可行性报告进行论证的申请。[①]经省政府批准，同意在 4 月 29—至 30 日对浙江农大"211 工程"重点建设项目可行性报告进行论证；并确定专家组名单，由中国农业大学校长毛达如为组长，中国科学院院士、中国科学院上海植物生理研究所沈允钢研究员为副组长，以杭州大学副校长王重鸣、安徽农业大学常务副校长李增智、浙江工业大学校长吴添祖、浙江大学常务副校长胡建雄等人为专家组成员。

4 月 29 日，浙江农大"211 工程"重点建设项目可行性报告论证会在教学楼接待厅举行。中共浙江省委副书记、省政协主席、省"211 工程"建设领导小组组长刘枫，浙江省副省长、省"211 工程"建设领导小组副组长徐志纯，以及省人事厅、财政厅、省教委等有关单位负责同志出席了论证会。党委书记童芍素、校长夏英武，以及邹先定、朱军、蔡立三、程家安、黄祖辉、赵匀等校领导参加了会议。副省长徐志纯在会上作了重要讲话，童芍素代表学校致欢迎辞。副校长朱军教授代表学校向专家组作了关于"211 工程"重点建设项目可行性研究报告的汇报。汇报分为六大部分，其中第三部分提出了浙江农大"211 工程"建设的总体建设目标，第四部分提出将基础农学、园艺学、农业环境与资源、昆虫学、作物遗传育种、动物生产学、农业经济及管理、食品科学、农业机械化工程 9 大学科作为"九五"期间的重点建设项目。

专家组根据国家计委、国家教委、财政部《"211 工程"总体建设规划》的基本精神，认真审核了浙江农大"211 工程"重点建设项目可行性研究报告，并经分组讨论和集中评议后认为，浙江农大"211 工程"重点建设项目可行性研究报告指导思想明确，实事求是，符合两委一部"211 工程"总体建设规划要求，建设项目突出了重点学科，并兼顾了基础设施、基础教学和公共服务体系，项目安排基本合理。报告提出的"九五"建设目标是恰当的，经过努力是可以实现的，对预期效益的分析也是客观具体的。专家组一致同意通过《浙江农业大学"211 工程"重点建设项目可行性研究报告》。[②]

会后，浙江农大根据专家组的审核意见，对可行性研究报告进行了修改和完善，并将报告和专家意见呈报省政府、国家教委"211 工程"办公室。同年 9 月，浙江省教委、浙江省计划与经济委员会、浙江省财政厅共同对浙江农大"211 工程"重点建设项目可行性论证报告（修改稿）进行了审核，并得到了浙江省政府的批复。同年，浙江农大的"211 工程"重点项目建设已全面启动。

四、进入"211 工程"的原因浅析

1992—1997 年，浙江农大经过近 5 年时间的努力，最终通过了"211 工程"的预审

---

① 《关于申请对我校"211 工程"重点建设项目进行可行性论证的报告》（浙农大〔87〕校字 07 号），浙江大学档案馆馆藏档案，档案编号：ND-1997-XZ-0009。
② 《关于浙江农业大学"211 工程"重点建设项目可行性论证报告专家组审核意见》，浙江大学档案馆馆藏档案，档案编号：ND-1997-XZ-0009；陆兴华：《浙农大通过"211 工程"立项论证》，《杭州日报》1997 年 5 月 1 日。

和论证，真正步入了国家重点大学的建设行列。其过程虽有曲折，但最终获得通过。一是因为浙江农大经过多年的建设，已发展成为一所规模较大、学科门类较多、师资力量雄厚、办学条件较好、办学效益较为显著的省属重点大学，在国内外享有较高的声誉。根据 1995 年统计，浙江农大已拥有 14 个博士点学科，在全国高等农业院校中排名第 3 位；3 个国家级重点学科，在全国高校排名第 34 位，全国农业院校排名第 3 位；2 个部级重点开放实验室，3 个省级重点实验室，在全国农业院校中排名第 3 位；覆盖 13 个博士点的博士后科研流动站 1 个，在全国农业院校中排名第 2 位；中国科学院院士 2 名，在全国高等农业院校中排名第 2 位；科研经费 1994 年 1313.2 万元，在全国农业院校中排名第 3 位；1994 年在全国 1246 种科技期刊上发表论文，在全国高校中排名第 42 位，在全国农业院校中排名第 1 位，据 SCI 统计，在全国高校排名第 63 位。[①] 整体办学水平已达到了全国前 100 所大学的应有水平，完全符合进入"211 工程"的条件。

二是浙江省和学校都非常重视"211"工程的申报。浙江农业大学、杭州大学、浙江医科大学 3 所浙江省属重点高校各有特色并具有较强的竞争力。但考虑到 3 所学校同时进入"211 工程"有一定的难度，浙江农大提出了联合办学的设想。1994 年 6 月 7 日，浙江农大校长夏英武等人向省委副书记刘枫、副省长徐志纯、省教委主任陈文韶详细汇报了浙江农业大学、浙江医科大学和浙江工业大学 3 校成立浙江联合大学的建议，认为通过联合有利于形成整体优势，增强办学活力和实力，有利于提高规模效益和教育质量，有利于形成合力，争取早日进入国家"211 工程"，创建一流大学。[②] 同年 9 月 14 日，浙江农业大学、浙江医科大学和浙江工业大学正式向浙江省委、省政府提交了《关于要求组建浙江联合大学的报告》，并提出了三校联合办学的思路和具体办法。[③] 徐志纯副省长、陈文韶主任对三校合并表示支持，认为三校联合是一件大好事，有利于三校进入"211 工程"。[④] 浙江省委、省政府组织专家进行了讨论和论证。1995 年，浙江省八届人大二次会议以及浙江省政府工作报告中多次提到"推动若干所高等院校逐步合并或实行联合办学"[⑤]。因此，在整个申报过程中，浙江省在各方面给予了浙江农业大学有力的支持。

三是四校合并的启动为浙江农大的"211 工程"申报提供了新的助力。1996 年 3 月 12 日，浙江农业大学原校长朱祖祥院士和浙江大学副校长王启东在全国人大会议上向中央政府提出由浙江大学、浙江农业大学、浙江医科大学三所同根同源的大学重新合并组成新浙江大学。李岚清副总理当即表示赞成，并当场询问杭州大学是否加入，形成四校合并。[⑥] 该提议在人大会议上得到了中央领导和教育部的肯定。3 月 28 日，浙江省委书记办公室会议专门研究四校联合办学问题，会议认为：李岚清、国家教委指示四校联合办

① 《浙江农业大学部分统计指标》，浙江大学档案馆馆藏档案，档案编号：ND-1996-XZ-0007-1
② 《关于组建浙江联合大学的方案》，浙江大学档案馆馆藏档案，档案编号：ND-1994-XZ-0027-0002。
③ 《关于组建浙江联合大学的报告》，浙江大学档案馆馆藏档案，档案编号：ND-1994-XZ-0027-0001。
④ 《刘枫副书记、徐志纯副省长、陈文韶主任在听取三校关于联合办学汇报时的谈话要点》，浙江大学档案馆馆藏档案，档案编号：ND-1994-XZ-0019。
⑤ 《省八届人大二次会议所定的主要任务基本完成》，《浙江日报》1995 年 2 月 19 日第 1 版。
⑥ 《四校联合办学联席会议的会议记录》，浙江大学档案馆馆藏档案，档案编号：ZD-1996-XZ-069。

学是积极的，方向是正确的，体现改革精神，有利于优化结构、资源配置，省委应给予积极支持，应积极推进。^①由三校联合办学到四校合并，使浙江农大进入"211 工程"不仅得到了浙江省的大力支持，而且还得到了中央和教育部的支持。

---

① 《书记办公会议纪要〔1996〕5 号》《四校联合办学联席会议的会议记录》，浙江大学档案馆馆藏档案，档案编号：ZD-1996-XZ-069。

专业与行政

——浙江医学院"西学中"运动研究（1958—1961年）

浙江大学历史学院　张凯　韩奕宁

中国近现代医疗卫生体系的形成并非一个一劳永逸或有着预先规划的过程，而是基于不同时期的社会历史背景逐步形成的过程。新中国成立之后，中国形成了一个"官方的多元医疗卫生体系"[①]。中医政策经历了由"中医科学化"到西医学习中医，再到中西医结合的过程。1956年，北京、上海、成都、广州建立了四个中医学院，在1961年，全国各地都建立了三级中医医院、研究所和教学医院，全国统一的中医教材在此时编写发布，西医学习中医运动成为中医体制化的重要组成。[②]若以浙江医学院1960年前后西学中的实践为线索，基于医学知识建构的思路，既能充分讨论西医学习中医运动的教育实践，又能考察在特定时代背景下医学教育发展的走向。

一、"中医科学化"与"中西医结合"

民国时期，中医教育一直未纳入国家的教育体系中，基本处于较为零散的发展状态。1937年，民国政府卫生署成立中医委员会，在成立会上讨论了中医学校及中医教材问题，但对中医教育的合法化未予肯定。1937年，李宗黄等28人在国民党五届三中全会上提出《中西医平等决议原案》，要求将中医学校加入教育系统、卫生机关并用中西医、政府拨款中医院、机关学校录用中医等要求，此案虽获通过，但却因全面抗战爆发而未能实现。[③]

1950年8月，新中国第一届全国卫生会议在北京召开，在会议中明确指出了"面向工农兵""预防为主""团结中西医"为我国卫生的三项原则。该会通过了《关于发展医学教育和大量培养卫生人才的决议》，决议指出，为扶植中医，要在省、行政区举办中医学校。[④]中医逐步被纳入政府的医疗卫生体系，参与到人民大众运动之中。以此为目标，政府教导中医要开展疫苗接种以及提供其他的基本医疗服务。同时，只要中医能够证明自己熟悉一些基本的西医知识，政府就给予他们行医的权利。[⑤]这种被招募到官方医疗卫生体系中的行为并没有保持中医学科系统的独立性，更像是对西医的一种补足。"虽然在组织中医办联合诊所、动员中医参加防治疾病工作方面做了不少工作，中医药在医疗

---

① 蒋熙德、雷祥麟：《中医的体制化》，吴章、玛丽·布朗·布洛克编《中国医疗卫生事业在二十世纪的变迁》，蒋育红译，商务印书馆，2016，第259页。
② 朱潮、张慰丰主编《新中国医学教育史》，北京医科大学、中国协和医科大学联合出版社，1990。
③ 朱潮主编《中外医学教育史》，第116页。
④ 朱潮、张慰丰编《新中国医学教育史》，北京医科大学、中国协和医科大学联合出版社，1990，第348页。
⑤ 蒋熙德、雷祥麟：《中医的体制化》，吴章、玛丽·布朗·布洛克编《中国医疗卫生事业在二十世纪的变迁》，蒋育红译，商务印书馆，2016，第264页。

卫生工作中也取得了一定的成绩，但卫生部门领导没有从根本上重视发挥中医药的作用，相反地却采取了一些限制和排挤中医的做法。"不久，卫生部出现了"中医科学化"、提倡"中医学习西医"的做法，并对中医提出了苛刻的要求。1951 年，卫生部公布《中医师暂行条例》。1952 年，公布《中医师考试办法》等。1953 年，全国 92 个大、中城市和 165 个县登记，据上述条例审查的结果，只有 14000 多名中医合格，绝大多数被取缔。参加考试的中医，也只有少数合格。同时，在医院中，由于中医治疗费用没有被纳入公费医疗，故而限制了中医在医院中的成长空间；高等教育中也没有中医药这一学科，影响了中医药人才的培养。[①]

1953 年，毛泽东对卫生部领导工作提出严厉批评，并对中医工作重新做了指示。1954 年 9 月，刘少奇提出："看不起中医，是卑躬屈膝奴才式的资产阶级思想。"1955 年，卫生部部长贺诚被免职。同时，中医的价值越来越受到国家的重视，中医被纳入国家公费医疗体制，中医工作范围全面扩展。1955 年 12 月，中医研究院在北京成立，同日，首个西医离职学习中医班在京开学。之后的一年内，北京、广州、上海、武汉、成都、天津六大城市举办了西医离职学习中医班，参加学习的有 303 人，之后各省、市纷纷开始依照行政等级举办相应规模和水平的西医离职学习中医班。1956 年，毛泽东提出了今后中西医发展的走向是"中西医结合"，"要抽调 100—200 名医科大学或医学院校毕业生交给有名的中医，去学他们的临床经验"。[②]西医学习中医相关措施在全国得到了推广。

自 1954 年起，国家逐渐倡导西医学习中医，浙江医学院在对待中医思想上紧跟国家步伐，于 1955 年 4 月组织全校性的中医政策学习，批判歧视中医思想。[③]在当时的谈话记录中也可看出浙江医学院内部学习中医的想法，如解剖学教授王仲侨说："对西医学习中医的问题，思想问题倒不是很大，但究竟如何学、怎样开始学不知道，毛主席提出来说不要忘本，这是对的，现在有许多事实也已经证明了，大家也明确了，现在有关部分已在研究中，将来如何有计划地学习还成问题。"[④]浙江医学院附属儿童保健医院院长厉矞华："我是西医，想学中医，我想学习中医中的伤寒和针灸，党不指出我不会去学，但不容易听懂。"[⑤]浙江医学院的附属医院引入中医。附属第一医院 1955 年即聘请中医师二人，建立了中医科，开始进行门诊。1956 年在传染病房附设 12 张中医病床，以中医疗法收治慢性肾炎、尿毒症、肝硬化、传染性肝炎等病人。1957 年又单独设立中医病床，到 1958 年 12 月 15 日，门诊 29224 人，住院 43 人（1957 年 2 月—1958 年 11 月）；附属妇女保健医院特约中医师一人进行妇科门诊；各个附属医院都进行中西医会诊。[⑥]可见，此时中医

---

① 王致谱、蔡景峰主编《中国中医药 50 年（1949-1999）》，福建科学技术出版社，1999，第 8 页。
② 新疆军区生产建设兵团卫生防病指挥部编《毛主席对卫生工作的指示》，1968，第 83-88 页。
③ 浙江医科大学校史编写组：《浙江医科大学校史（1912-1982）》，1982，第 27 页。
④ 《一九五五年十二月十五日浙医王仲侨、屠宝琦访问记录（五号）》（1955 年 12 月 15 日），浙江大学档案馆馆藏档案，档案编号：YD-1955-DQ-0015-001。
⑤ 《一九五五年十二月十五日浙医王仲侨、屠宝琦访问记录（五号）》（1955 年 12 月 15 日），浙江大学档案馆馆藏档案，档案编号：YD-1955-DQ-005。
⑥ 《浙江医学院关于贯彻党的中医政策，开展学习祖国医学工作情况》（1959 年 10 月），浙江大学档案馆馆藏档案，档案编号：YD-1959-DQ-026。

已经逐步进入医学教育与临床实践之中。

二、浙江医学院"西学中"的实践

1958年11月15日，卫生部在河北省保定市召开全国中医中药工作会议，同时举办河北省中医中药工作展览会。随后，全体高等医药院校代表由卫生部组织到西安参观和座谈。18日，中共中央作出《对卫生部党组关于组织西医离职学习中医班总结报告的批示》，这被视作西医学习中医正式开始的标志。12月4日，中共浙江医学院委员会正式发布"关于开展学习中医，贯彻中西医合流的决议"。[①] 20日，召开中共浙江医学院第二届党代会，100名代表、470名党员参会。会议选举霍亚夫为党委书记，林尧、彭祖德为监委书记，检委会由7人组成，新的浙江医学院党组织将对"西学中"运动在校内的展开发挥领导作用，各项工作主要在浙江医学院党委和医疗系总支安排下展开。[②]

当"西学中"运动具体在高等医学院校及其附属机构中开展时，虽然国家和省政府确立了大政方针，并定期检验，但是运动在校内展开和落实的具体事宜都需要学校内部进行安排，并不提倡循教条办事。浙江医学院在学习中医的总结报告中要求"由各教研组、医疗科室结合专业"来"确定具体目标，不能千篇一律"，在同学学习的过程中，"也要根据当前总的学习目标及教学条件，有一确切的恰当的目标"。对浙江医学院来说，如何在校内开展运动、落实政策是一件需要在开展的过程中逐步摸索的事。浙江医学院及以浙江医学院为代表的众多医学院校在当时的条件下组织学习中医是存在困难的，浙江医学院在向省卫生厅递交的报告中提道，学习中医应该做到"两条腿走路"，即"在破除迷信，解放思想的原则下，一方面积极运用现有条件开展学习，一方面又逐步创造学习条件，少数人离职去学习，较迅速培养成为新的中医教学医疗骨干力量，多数人在职结合专业学习，同时向中西医合流前进……采取灵活的方式学习，不要局限于一种方式，不要受到条件限制"[③]。在既有困难的条件下运用有限的资源，同时"创造学习条件"。在国家给予直接帮助有限的情况下，需要浙江医学院自己"采取灵活的方式"，"不要局限于一种方式，不要受到条件限制"，适应这种局面。"少数人离职去学习，较迅速培养成为新的中医教学医疗骨干力量"成为中医教学师资缺乏时的应对措施。

在"西学中"的落实方式上，浙江医学院既根据自身院校专业等情况具体安排，又积极借鉴国内其他医药高校、地方的"西学中"经验，以及模仿"西学中"过程中那些为国家所宣传和表彰的做法。1958年12月，包含浙江医学院代表在内的浙江省第一次赴京参观小组15人，以王毅生和周申晋为正、副组长，奉命参加保定与首都为期10天的中医中药和爱国卫生运动展览会。[④] 1959年1月，包含浙江省卫生厅、浙江医学院暨直

---

① 《中共浙医委员会关于开展学习中医贯彻中西医合流的决议》(1958年12月4日)，浙江大学档案馆馆藏档案，档案编号：YD-1959-DQ-001~2。
② 浙江医科大学校史编写组：《浙江医科大学校史（1912-1982）》，1982，第35页。
③ 《浙江医学院关于贯彻党的中医政策，开展学习祖国医学工作情况》(1959年10月)，浙江大学档案馆馆藏档案，档案编号：YD-1959-DQ-028。
④ 《第一次赴京参观小组参观河北省中医中药展览会汇报》(1958年12月)，浙江大学档案馆馆藏档案，档案编号：YD-1958-DQ-0074-037。

属单位及杭州、宁波、温州市卫生系统等 19 名医务教育工作者的考察团队在高峰等人的率领下于 11 日自杭州启程赴西安市进行考察，先后对西安医学院、第四军区大学、中国医学科学院、陕西分院针灸研究所、陕西省医院、西安市中医院、西安市第四医院以及红十字会医院等 8 个医疗教育研究单位进行考察。① 同时，浙江医学院还参与高等医学院校之间的校际交流。1958 年 8 月，上海第一医学院暑期参观团曾来浙江医学院考察，并且在报告中提道，该校同武汉医学院、湖北医学院、中山医学院、湖南医学院、浙江医学院之间是"兄弟院校"，并且通过参观"学习了许多先进事迹，基本上完成了党委和院部交给我们的任务"。在上海第一医学院的考察报告中，他们还采用了一整套相同的标准对几所院校的情况和相关指标进行了横向对比，并且对各个院校特有的经验进行了归纳。②

1959 年 1 月，成立了浙江医学院中医工作领导小组，该小组以时任浙江医学院副院长张永祥任组长，王季午、李茂之、何任、徐高友等同志为副组长，郁知非、余文光、刘天香、厉矞华、潘澄濂、汪国材、陈际隆、吕兆齐、吕忠良、许殿英等同志为组员，专门负责对中医的领导工作。领导小组定期召开会议，以便及时解决有关中医的各项具体问题。③ 张永祥在 1 月 6 日学习祖国医学的动员大会上发表了《关于开展学习中医的动员报告》，该报告批评片面强调卫生事务的专业性和技术性，而着重强调中共对医药卫生工作领导的权威性，并且指出是否学习中医本质上是一个政治问题，要解决这个政治问题，就需要发动群众，展开鸣放辩论："在贯彻党的中医政策中存在着严重的两条道路的斗争。一条是坚持党的团结中西医、继承和发扬祖国医学遗产、一切从 6 亿人民出发的正确道路。一条是资产阶级的奴化和权威思想、歧视、轻视和排斥中医的道路。这两条道路展开了剧烈的斗争。现在公开要坚持消灭中医的人是不太多了，但是对党的中医政策抱怀疑、消极怠工的人并不是没有了。因此要想贯彻党的中医政策，就必须先从思想上整顿，展开一个群众性的鸣放辩论。"④ "西学中"作为医学政策，在落实的过程中以动员群众形式展开，发动群众普遍学习中央批示、卫生部报告、《人民日报》社论等有关中医政策文件；通过诸多形式讨论和批判"中医不科学""中医没有理论""中医是中世纪医学"等思想。⑤ 1 月 13 日，经过两月余的准备，浙江省西医（离职）学习中医班于浙江医学院正式开学。各个中医学习班（西医学习中医班）的学员都是由本省各地抽调来的西医师，在开始正式学习之前，都需要接受政治思想教育。始业教育的中心内容是党的中医方针、政策。同时，为了提高认识，推动中医教学，还必须学习当前形势与任务和

---

① 《浙江西安参观团西安市中西医合流参观总结（附医院工作）》（1958 年 2 月 4 日），浙江大学档案馆馆藏档案，档案编号：YD-1958-DQ-0074-002。

② 《上海第一医学院 1958 年暑期参观团参观学习总结》（1958 年 8 月 22 日），浙江大学档案馆馆藏档案，档案编号：YD-1958-DQ-0074-055。

③ 《中共浙委员会关于贯彻党的中医政策的补充意见》（1959 年 3 月 18 日），浙江大学档案馆馆藏档案，档案编号：YD-1959-DQ-0080-003~4。

④ 《关于开展学习中医的动员报告》（1959 年 1 月 6 日），浙江大学档案馆馆藏档案，档案编号：YD-1959-DQ-0080-014。

⑤ 《浙江医学院关于贯彻党的中医政策，开展学习祖国医学工作情况》（1959 年 10 月），浙江大学档案馆馆藏档案，档案编号：YD-1959-DQ-026。

党的教育方针问题，而始业教育的方法则是"通过大鸣、大放、大辩论、大字报的群众运动方式与自学文件、专题总结报告相结合，在分清是非、提高认识的基础上写出学习总结"①。

1958年11月6日，浙江医学院成立了中医教研组，以负责全院工作人员在职学习及本科、专科学生近2000人的中医教学工作，教员来自各个省直属的医疗机构，共17人：浙江中医院6人，浙江中医院研究所5人，浙江中医进修学校2人，浙医附属一院中医科3人，浙江医学院病理生理教研组1人。同时，还设置党员专业秘书1人。②中医教研组俱为兼职教师，本身教学、医疗工作较为繁重，上课时间有时也难以固定。如浙江省西医离职学习中医班的学员提道："客观条件不允许老师离职，所以只好在职兼课……为了教好课，我们尽力协助老师，并强调学生尊重老师，如派辅导员帮老师备课、画图。在时间上也不计较，尽量给予老师方便，如老师白天开会，没空讲课，就移到晚上讲，白天学员就自修。"③一年之后，中医教研组人员得到了扩充。1959年4月，增加了4名专职辅导员；8月，在南京中医学院进修的医师3人返回浙江医学院参加了教研组，专职担任教学工作。但是，浙江医学院的中医教研组力量依旧较为薄弱，有许多在职教师和学生都反映存在不少问题，以及没有建立必要的活动。④

在"西学中"过程中，浙江医学院将中医学习内容纳入本科和专科学生的医学教育内容中。1958年12月，在中共浙江医学院委员会发布的《关于开展学习中医，贯彻中西医合流的决议》中指出："要把现在的学生培养为中西医合流的，既能掌握世界先进医学知识，又能掌握祖国医学知识的新型医师……学生各年级按教学计划循序学习，最终在毕业时达到中西医合流的新型医师的标准。"⑤在之后副院长张永祥发表的动员报告中也指出，最终的目标是"使他们毕业出去不仅是个西医生，同时也是个中医生。使医学院每一个毕业学生都能掌握中西医两套本领，成为一个能治能防、能中能西的全面医生"⑥。中医教研组针对不同中医学习者发布了在职干部学习中医的教学计划、浙江省中医研究班教学计划（草案），以及面向中医学习班的哲学教学计划和始业教育计划；重新修订了在校学生的教学计划，增加了中医科的教学时数，规定中医理论课为300学时，并有8周的中医临床实习。1959（专）、1960（医）与1961（医）级均集中两个月时间学习中医学概论。

① 《浙江省中医学习班始业教育计划（草案）》（1959年1月7日），浙江大学档案馆馆藏档案，档案编号：YD-1959-DQ-0070-013。
② 《浙江医学院关于贯彻党的中医政策，开展学习祖国医学工作情况》（1959年10月），浙江大学档案馆馆藏档案，档案编号：YD-1959-DQ-0070-026。
③ 浙江省西医离职中医班薛春荣：《政治挂帅，大搞群众运动，为学好祖国医学而奋斗》（1960年2月17日），浙江大学档案馆馆藏档案，档案编号：YD-1959-DQ-0070-059。
④ 《浙江医学院关于贯彻党的中医政策，开展学习祖国医学工作情况》（1959年10月），浙江大学档案馆馆藏档案，档案编号：YD-1959-DQ-0070-028。
⑤ 《中共浙医委员会关于开展学习中医贯彻中西医合流的决议》（1958年12月4日），浙江大学档案馆馆藏档案，档案编号：YD-1959-DQ-0080-001。
⑥ 《关于开展学习中医的动员报告》（1959年1月6日），浙江大学档案馆馆藏档案，档案编号：YD-1959-DQ-0080-015~016。

在"西学中"开始的第一个学期，学校将中医学习纳入教学计划，规定在校生的中医学时共 518 时（其中 318 学时讲授理论及讨论，200 学时实习），以南京医学院《中医学概论》为教材进行学习。1959（专）、1960（医）、1961（医）三个年级共 952 人在为期两个月的时间内集中学习《中医学概论》，并在之后接受了 8 周的中医临床实习；1961（专）、1962（医）级共两班 521 人也开始了《中医学概论》的学习。在 1959 年第二学期，根据第一学期的经验和卫生部修订教学计划的指示重新修订了本校本、专科中医学习计划。学习目标更加明确切实，改为通过学习"掌握祖国医学基本知识及一般诊疗技术"；学时、讲授方法、讨论、实习亦都做了新的安排：中医前期的理论学时由原本的 318 小时缩减为 286 小时，授课方法主要以理论讲授和必要讨论结合为主，后期医学实习要求更多地结合临床展开教学，并且由于意识到先由高年级同学学习中医再帮助低年级同学学习效果较好，故而将中医学习一律安排在中高年级（5、6、7 三个学期）进行。同时，由于该学期买不到《中医学概论》，并且该书是在中医学院教学经验上编写出来的，并不完全适用于浙江医学院这种一般的医学院，在第一学期的使用中就发现，"《中医学概论》范围是较广的，篇幅是较大的，文字是难懂的，上学期教学中都没有全部教完"，故而在第二学期的本、专科中医教学中，浙江医学院内部编写了中医教材并投入使用。①

浙江医学院内部及附属医院各级教学人员、医护人员及一般行政人员等在职人员在"西学中"过程中进行了群众性的、广泛的中医学习。学时共计 288 时，每周一次进行 4 学时的学习，大约在一年半的时间内完成学习。全院教职员分别在一院和院本部两个地方学习（一院、二院教师和医师、护士等在一院，儿童保健院、妇女保健院及本部教师、医师、护士等在院本部）。②学习采取讲授和自学相结合的方式。在职学习除专业学习、理论学外，还采取了短期在职训练的办法普遍学习针灸等。

继面向浙江医学院内部及附属医院发起的广泛的中医学习之后，浙江医学院院委于 1960 年 2 月 15 日发出《关于进一步加强在职人员学习中医的通知》，在此精神要求之下，浙江医学院第一期半脱产学习中医班于同月 22 日正式开学。参与第一期半脱产学习中医班的在职医教人员在浙江医学院医疗系总支的直接领导下，由各附属医院支部以及基础部总支选送，共 24 人。按来源分，有基础部计 6 人，后期各教研组共 18 人（选自 19 个教研组）；按职务分，有教研组正、副主任 4 人，主治医师、讲师 2 人，住院医师、助教 18 人；以中青年为主，年龄最大者 44 岁，最小者 25 岁；政治面貌上，党员 7 人，团员 3 人，党团人员占总人数的 41.7%。浙江医学院党组织和学校十分注重半脱产学习班的思想与学习情况，为便于对其进行具体管理而单独在班中成立了一个党支部，成立会议由医疗系总支书张新华同志主持，半脱产学习中医班党支书亦参加半脱产学习，并且成立了一个团小组。在行政组织上专门设班，选定班长，并将班级分为 3 个学习小组，

---

① 《浙江医学院关于贯彻党的中医政策，开展学习祖国医学工作情况》（1959 年 10 月），浙江大学档案馆馆藏档案，档案编号：YD-1959-DQ-0070-026。
② 《浙江医学院关于贯彻党的中医政策，开展学习祖国医学工作情况》（1959 年 10 月），浙江大学档案馆馆藏档案，档案编号：YD-1959-DQ-0070-026~27。

其中二院 8 人与内基教研组 3 人合并为一组，一院 3 人、儿童保健院 2 人与妇女保健院 2 人合为一组，基础部单独一组。①

半脱产学习中医班学制为两个月，在两个月中，学员每日通过脱产半天对中医集中进行学习。除学习中医外，学员的学习活动和内容还包括通过鸣放辩论端正中医学习的思想、毛泽东著作的学习等。在学习过程中，部分参与学习的同学对于中医存在抵触情绪，担心学习中医花时太多而收效甚少，如"害怕花工夫太多，得不偿失""花很多时间在学习中医上没有收获，还不如把这部分时间去学外文等更划得来""学中医太费时间，不像学生理、生化那样可以有预期效果""西医学中医思想有抵触，不想学，只是在形势逼迫下，才勉强跟跟"②。

此时，浙江医学院于 1959 年 1 月承办了浙江省卫生厅委托代办的西医离职学习中医班。浙江省首期西医离职学习中医班共包含学员 74 名，按原定计划拟抽调 80 人，但"由于各地工作紧张或条件不合难于完成"。其中包括来自浙江军区的 17 名，以及从浙江省各专区、县市中抽调的医药卫生工作者 57 名。西医离职中医班存在的问题主要为师资问题，包括师资不足，中医药学教研组的教师全系兼职，没有专职讲课的教师；同时，中医教研组存在教学方法不到位、解释不清的问题；另外，也存在业务水平不高的状况，如"辅导教师目前只有刚从中医进修学校毕业的、干过几年的中医二人，水平较低"③。这影响了学员学习的效果。据："全班 72 人的初步统计显示，"基本上能听懂的（80% 能听懂）只有 10 人，占 13.9%，能听懂一半的（懂 50%）有 23 人，占 31.9%，连一半也听不懂的有 39 人占 54.2%；有些人几乎完全听不懂，反而觉得上课是负担，倒不如在家看看书收获大"④。同时，参与离职学习中医班的学员也表现出对从事中医工作积极性不高的现象或是业务水平不到位的现象。"愿意献身于祖国医学事业的、肯学习、能刻苦钻研、理解较好的有 28 人，占 38.9%；学习要求不够高、钻研不够或虽努力钻研但限于水平而仅能基本掌握的有 42 人，占 58.3%；仍然怀疑中医科学性或带有个人主义动机、不安心、不积极学习，或由于水平过低、虽努力而不能基本掌握的有 2 人，占 2.8%。"⑤

这既是由于中医班毕业后去向并不明确，学员对自己的前途感到担心，又是因为学员本身对中医学习不重视、不认可中医的效果，如"我是产科医师，产科主要是靠手术，中医没有手术，今后如何应用结合法？……学两年后叫我去做教师我是不想干的"，"现在学多少算多少，反正回去后中医不行还用西医"。由于中医学习存在困难，不少学员存在畏难情绪，"有人认为中医班只是训练班，甚至有人认为几个月就可以解决问题回去，

① 《西医半脱产学习中医班简报（第一期）》（1960 年 2 月 26 日），浙江大学档案馆馆藏档案，档案编号：YD-1959-DQ-0070-040。

② 《西医半脱产学习中医班简报（第二期）》（1960 年 2 月 28 日），浙江大学档案馆馆藏档案，档案编号：YD-1959-DQ-0070-042。

③ 《浙江省西医离职学习中医班开办以来的基本情况与存在问题》1959 年 4 月 20 日，浙江大学档案馆馆藏档案，档案编号：YD-1959-DQ-0080-058。

④ 《浙江省西医离职学习中医工作简报（第六期）》（1959 年 5 月 30 日），浙江大学档案馆馆藏档案，档案编号：YD-1959-DQ-0070-044。

⑤ 《浙江省西医离职学习中医班开办以来的基本情况与存在问题》（1959 年 4 月 20 日），浙江大学档案馆馆藏档案，档案编号：YD-1959-DQ-0080-058。

用不到那么长时间，同时由于文化、理论、医学基础等水平不高，引起了较普遍的畏难情绪，对于能否学好信心不足"①。

西医学习中医运动在浙江医学院正式开始之后，中医研究开始在浙江医学院的总体科研中占据一席之地。1959 年初，在全校范围内建立了中医中药、癌肿、病毒、矽肺、寄生虫病、原子医学等 6 个专题研究组织，要求各个教研组及医院临床科室根据自身的业务特点拟定专题研究项目，有关中医的科学研究教研组均有选题。从该年（1—10 月）的完成项目情况看，中医中药研究占 16%。② 这些中医中药研究项目作为向国庆十周年献礼的重要组成部分，在该年的五一劳动节和七一建党节分别开展了全校性的中医药学研究评比展览，以为献礼做准备。③ 1960 年，对祖国医学的研究被列入浙江医学院科研重点题目，在 1960 年科研规划的 17 个重点题目中，祖国医学有 4 个，占了 1/4，其中有些是尖端性研究。④ 1961 年，浙江医科大学接到中央卫生部和省卫生厅通知，要求准备有关中西医结合经验交流会的通知及参加省厅座谈会。浙江医科大学总结并选送了相关重点项目上报。⑤

1959 年，浙江医学院附属第一医院增加了中医眼科，中医病床由 7 张增为 20 张（其中传染病 4 张、外科 5 张、内科 6 张、泌尿 2 张、肺科 3 张）；第二医院增设了中医皮肤科，特约中医师在周一、周三、周五下午分别坐诊半天；儿童保健院特约老医师朱鞠舫增设了中医儿科。附属医院的中医门诊工作也不断增加，各个附属医院均开展了中西医联合会诊，在当时这是评价"西学中"工作成果的重要指标之一。"西学中"运动对西医师请中医师联合会诊起到了很大的促进作用，此前存在"到病人不可挽回时，西医才以试试看的消极态度请中医会诊，效果往往不好，病人未吃药，或只吃了一天药就死亡了"的情况，而在"西学中"运动开展之后，西医的态度转向积极，并且在中西医会诊之中促进了二者的互相学习。⑥ 中西医会诊在重大事故的抢救中也得到了贯彻，如浙江医学院附属一院、二院在 1959 年 11 月对因杭州农药厂反应锅爆炸重大事故而受伤的 76 名病人的抢救过程中，在西医治疗之外，亦请到内、外、眼、皮肤科的中医师共同会诊，制定了统一治疗的方案，后续对治疗方案的商定也都在中西医共同参加的状况下进行。⑦ "西学中"运动中，中医中药理论、技术在临床上应用，各个附属医院、各个科都已开始应

---

① 《浙江省西医离职学习中医工作简报（第六期）》（1959 年 5 月 30 日），浙江大学档案馆馆藏档案，档案编号：YD-1959-DQ-0070-044。
② 《浙江医学院科学研究工作总结（草稿）》（1959 年 3 月–1959 年 10 月），浙江大学档案馆馆藏档案，档案编号：YD-1959-DQ-0002-104。
③ 《中共浙医委员会关于贯彻党的中医政策的补充意见》（1959 年 3 月 18 日），浙江大学档案馆馆藏档案，档案编号：YD-1959-DQ-0080-003。
④ 《浙江医学院关于贯彻党的中医政策，开展学习祖国医学工作情况》（1959 年 10 月），浙江大学档案馆馆藏档案，档案编号：YD-1959-DQ-0070-028。
⑤ 《浙江医科大学、医学科学院收文第 825 号》（1961 年），浙江大学档案馆馆藏档案，档案编号：YD-1961-DQ-0042-006-007。
⑥ 《浙江医学院关于贯彻党的中医政策，开展学习祖国医学工作情况》（1959 年 10 月），浙江大学档案馆馆藏档案，档案编号：YD-1959-DQ-0070-027。
⑦ 《关于杭州农药厂伤亡事故抢救情况的报告》（1959 年 12 月 2 日），浙江大学档案馆馆藏档案，档案编号：YD-1959-DQ-0002-0078~079。

用中医，主要是针灸技术和中药的应用。

附属医院全体人员除了参加在职人员学习中医班，还分两个阶段接受了普及性的针灸学习和中医理论学习。1959年3月，浙江中医院（后浙江医科大学附属中医院）组织了全体医务人员普及针灸性的学习，配合十四经络循行路线的基本知识、针法，十四经络的主要穴位、主治症、配穴方法及应用等的学习，还组织了针灸考试，参加考试人员共211人，其中得5分的有115人，得4分的有74人，得3分的有22人。之后进入第二阶段中医学概论的学习，学习内容包括阴阳五行、脉象、经络、病因、症候分类、诊法（四诊八纲）、治疗法则等基本理论和方剂药物的学习；中西药剂人员学习中药学概论，特别是西药人员要掌握中药的产地、性味、功能以及采集、泡制等方法；最后转入分科一病一案的学习，在该阶段，发动中医师编写讲义供院内的西医师学习使用。[①]

在"西学中"运动中，院内还发起了广泛的采风运动，要求大力收集民间的秘方、验方，收集秘方、验方的途径主要有：下厂下乡、依托亲友关系、登门拜访名中医。在收集民间秘方、验方之后要通过实验检验，并对其进行整理汇编。[②]从1959年的总结报告中，可以看到"民间采风"活动在"西学中"运动中之浩大：自1958年12月浙江医学院正式展开"西学中"运动以来至1959年10月，不到一年的时间内，共收集了秘方、验方、单方、土方10114件，各种书籍51本，民间采风所收获的民间医学智慧自然不能抹杀，然而，从这份报告所显示的整理和汇编完毕的数字来看，已整理完毕秘方、验方、单方、土方200多件，而已汇编秘方、验方、单方、土方集数4集，整理数只占搜集数的不到百分之二。[③]这既是因为搜集数量之庞大、整理任务之艰巨，亦是因为汇集自民间的这些药方良莠不齐，在使用前需要经过实验检验，故而能够予以保留的自然要打折扣。

三、"专业化"与"行政化"

西医学习中医本身作为国家医学发展的政策，以运动的形式展开，这对于浙江医学院而言十分特殊，相比于之前或是当时在院内开展的其他所有政治运动，它首次如此明确、直接而深入地将医学技术和学术内容本身作为政治运动的内容，这使得原本作为专业性学科由学术圈范围内少数人对其进行专业性讨论的内容，转而变成了全民性讨论的内容，要达到这一点，不仅伴随着医学理性的讨论，更需要使用政治话语来表述医学专业内容，赋予医学专业性事务以特定的政治意含。二者几乎同时发生并且相互联系，前者是自上而下的推行过程，然而国家的政策推行并非自上而下、单方面权力加给的结果，上之政策需要有自下而上配合政策的措施才能得以落实。西医学习中医运动与其说是西医与中医向着"中西医合流"的方向前进，莫若说是西医借助中医以补充自身，在此过

---

① 《坚持政治挂帅，大搞群众运动，加强中西医团结，实现中西医结合》（1960年7月23日），浙江大学档案馆馆藏档案，档案编号：YD-1959-DQ-0070-037~039。
② 《中共浙医委员会关于贯彻党的中医政策的补充意见》（1959年3月18日），浙江大学档案馆馆藏档案，档案编号：YD-1959-DQ-0080-003。
③ 《浙江医学院关于贯彻党的中医政策，开展学习祖国医学工作情况》（1959年10月），浙江大学档案馆馆藏档案，档案编号：YD-1959-DQ0070-030。

程中，中医仍缺乏完全独立的学术地位，仍是作为对西医本身的一种补充。"西学中"运动赋予了医学专业性行为以特定的政治意涵和属性，而在某种程度上影响了医学发展的方向。

西医学习中医的过程中，发动全体医护人员学习针灸技术和中医理论，其中，护士们大规模地参与了针灸技术和中医理论的学习。"护士也应当好好地学习，那种认为医师学习重要、护士学习不重要的观念是错误的。护士学习中医后不仅加强了护理工作而且成了医师更有力的助手，并且在工作需要的时候护士也可以去当医师，这对加强医护协作、消除医护界限是有极大作用的。"① 正如张永祥在动员报告中所言，护士参与学习针灸技术和中医理论这一点——通过将部分可操作性强、技术含量较低的任务从专业医生手中分离出去，交给护士去操作，改变了原本的医护技术分工关系，将护士也纳入对病人的治疗过程之中，护士由原本侧重于"看护"的身份，现在由于掌握了针灸技术而多了"治疗"的身份，"看护"和"治疗"之间的界限有时竟变得模糊不清。与此同时，护士学习针灸，并通过针灸技术参与治疗过程这一点意味着原本的"医学技术"定义发生了改变——"医学技术"的准入门槛降低了，或者说，"医学技术"的定义被拓宽了，在病患的治疗中，医术不再是一个纵向意义上水平高低的问题，医生和护士之间也不再是医生比护士更精通技术，而是医生和护士二者在对患者的治疗中承担了不同的分工，浙江省赴西安参观团在其西安市中西医合流参观总结报告中提道："该院的外科医生学习走在护士后面，出现了护士带动医师学习的场面，该院的针灸门诊也是由两个学习好的（护士一人、杂工一人）所包下来的，就全市范围而言，针灸基本上由护士来做了。"②

虽然在浙江医学院的附属医院还没有出现针灸完全由护士包干的状况，但是的确存在护士大范围积极学习针灸技术，并通过针灸对病人施治的情况。此处"护士带动医师学习""针灸基本上由护士来做了""学习好的"这些关键词，意图突出护士在新的医护分工中，能够比医师更好地从事他们的新分工，这一点在"西学中"运动中被赋予了强调群众性、否定资产阶级精英思想的政治意涵，正如一份报告中所说的："医好病人不仅需要医师，还需有护士、工友的劳动，改变医师高人一等的思想。"③ 相似的情况在当时大规模的采风运动中也得到了体现，采风运动强调将民间的秘方、验方进行整理，作为医学知识的重要内容，声势浩大的采风运动强调知识来源和话语权的变化，"知识"不再是来自"权威"，而是来自"群众的智慧"；同时，采风过程中还体现出了"西学中"所蕴含的另一个意思——强调民族主义，西医精英们中有许多有着留学英美、德日或是在教会和国外基金会创办的医学院校中接受医学教育的经历，而西医本身就象征着一种对中国本土医学、文化和传统破坏的意涵，忽视民间采风就是忽视中国长久历史之中中国人

---

① 《关于开展学习中医的动员报告》（1959年1月6日），浙江大学档案馆馆藏档案，档案编号：YD-1959-DQ-0080-015。
② 《浙江西安参观团西安市中西医合流参观总结（附医院工作）》（1958年2月4日），浙江大学档案馆馆藏档案，档案编号：YD-1958-DQ-0074-010。
③ 浙江医学院：《关于医学教育中教学、生产劳动、科学研究的三结合》（1959年4月24日），浙江大学档案馆馆藏档案，档案编号：YD-1959-DQ-002。

民自己的智慧，是盲目崇拜西洋文化的奴化表现。

（中医）这一份宝贵的、丰富的文化遗产不仅对我国的民族繁衍起了巨大作用，而且在世界的医学中曾居于先进的地位，对朝鲜、日本、印度以至西欧各国的医学都曾起过推进的作用。我国的"切脉法"很早就传到外国作为诊断疾病的重要根据。李时珍的《本草纲目》，早在17世纪时就被译成拉丁文，在欧洲流传。至于针灸疗法，则至今仍为很多国家的医生所采用，并且在有些国家现在还在进行研究……奴颜婢膝地拜倒在西洋文化面前，不管它是糟粕还是精华，于中国人民有利还是无利，一律焚香顶礼；反过来，对于自己的民族文化，则是百般鄙视，认为一无可取之处，应当统统抛到垃圾堆里。胡适之流的"全盘西化"，便是这种奴化思想的代表。这种奴化思想表现在对待祖国医学遗产上，便是盲目否定中医，直至消灭中医。

"西学中"运动带来的对知识群众性的强调还表现在师生关系的改变上，"西学中"运动的影响首先是医学教学内容和方法探讨的扩大化。在医学科学研究中，群众性知识得到强调，如和"西学中"运动几乎同时发生的教育革命认为："使那种认为科学研究工作似乎只是少数'专家''教授'能做的事情，'青年教师是不能问津的'，至于学生要做科学研究更是难以想象的错误认识，得到了彻底的纠正。"[①]

对医学群众性的强调并不代表着医学的发展排斥尖端医学技术和其专业性，恰恰相反，医学的尖端性和专业性发展在"西学中"运动中得到了强调，而这种强调更多地立足于党和政府"西学中"政策的正确性。医学事业本身内部存在着张力，作为业务而具备专业性，同时，作为国家特殊的行政管理事务，需要由国家进行领导，又具有行政事务的权威性。1953年，中央针对王斌和贺诚所倡导的偏重西方，主要是苏联的专业医疗卫生发展模式予以批评，要求以预防性的群众运动强化专业知识要服从于革命理想的模式。[②]

这种张力充分体现于内行与外行的话语之间，浙江医学院附属妇女保健院内就出现了"外行领导内行"的现象。"保健院党组织中的一部分领导干部对院内高级知识分子很不好。主要是这几位干部的工作有问题，其次他们都不懂业务，也不向懂业务的人学习钻研，形成对知识分子有隔膜、压制批评、一批评就扣上帽子的状况。"[③]在妇女保健院日常医院事务的处理过程中，常常出现"外行"和"内行"之间的矛盾。院领导在医院事务管理方面之所以产生意见相左的情况，往往是因为在医院管理事务上存在应当是政治问题还是业务问题的分歧。对于副院长而言，医院的管理问题本身是一个政治正确的问题，专业化业务管理需要服从革命领导，而其本人正是在强调文件落实的同时确认自己在医院行政管理方面的地位的。在伙食实行食堂制这件事上，她并没有从自己采取的措

① 《浙江医学院科学研究工作总结（草稿）（1959年3月-1959年10月）》，浙江大学档案馆藏档案，档案编号：YD-1959-DQ-0002-0104。

② Kim Taylor:Chinese medicine in early communist china,1945-1963.London routledge curzon,2005，转引自蒋熙德、雷祥麟：《中医的体制化》，吴章、玛丽·布朗·布洛克编《中国医疗卫生事业在二十世纪的变迁》，蒋育红译，商务印书馆，2016，第264页。

③ 浙江大学档案馆藏档案，档案编号：YD-1955-DQ-0015-007。

施业务角度来看是否合理而与刘天香进行争辩，而是以"敌视运动"这样定性式的政治话语来否定刘的话语权，直接将刘排除在这件事的管理之外；而对于刘天香而言，她认为医学方面专业性知识的发挥恰恰能体现党的行政权威性。另外，刘天香指出："（副院长）不深入群众、采纳群众意见"和"护士们的意见"。刘天香本人则是在新中国成立前就担任了该院的妇女保健工作，并且在工作中深入人心，恰好符合了"群众性"。

陆琦医师直接提出了将"专业性"和"政治正确性"相结合的要求。陆琦本为留日西医，从事西医外科，家中有中医学术背景。1955 年，他在外科（痔疮）治疗中引入了中医的用法并将此法上报华东卫生院，在华东卫生院的支持下获得研究成功并将此技术推广。对此，他首先肯定了政府和党在技术领导中的决定性作用："政府支持我培养我，对我的教育很大，如果不是今天的政府，当然有技术也不能发挥，我只有在医生的岗位上多医好病人来报答政府。"进而，对于自己的"西医"身份，他认为，医学学术和技术上的身份区分并不重要，需要强调的是技术为国家服务的功能和自己这个技术人才的政治身份——"新中国的医生"："有的对我的身份搞不清，我人是西医，用的是中药，我想这一个问题，不管中医也好，西医也好，要把病人医得更好，中西医都有责任，我想今后不要分为中西医，都成为新中国的医生，这样互相学习互相提高。……因社会一天比一天进步，思想还落在后面，就要跟不上社会的发展，如有的在技术之上专为自己打算，学习中医没有开始，就批评中医不好，这些必须来一个措施，才能纠正这种思想。"①医学技术不应该是"专为自己打算"的，而应该是呼应国家和人民的需求的，陆琦在此呼唤着国家主导下的新医学知识和医药事业的专业化管理，而医药事业的专业化管理，更能够反过来体现国家和党的权威性。

专业性和政治正确性相结合正是在"西学中"运动以及彼时发生的一系列运动中不断实现的，故而，在这个过程中，医学知识本身的"专业性"面向因政治介入发生了转变，同时，国家对医药事业的管理也变得更加直接和高效。此前，医生被视作具备专业性但在思想上并不完全与国家意识形态合拍的"知识分子"，而通过"西学中"运动等一系列运动，以及在此时期内将政治面貌作为首要考虑对象的一大批新的医学人才的培养，医生在专业性身份之上带有了政治正确性，以"专"为导向的医学知识和管理体系转向了"又红又专"。此时，专业性和行政性之间的张力得到了调和，二者走向了结合。"西学中"是新中国成立后中医政策转向的一个重要步骤，它延续了中共自延安时期开始的中医传统，而浙江医学院在 1958 年开始落实西医学习中医政策是全国高等医学院校落实"西学中"政策和开展"西学中"运动的一个缩影。"西学中"不仅作为政策，与当时的其他政治运动相结合，赋予了医学丰富的政治含义，也对中国医学之后的发展方向产生了重要影响。

---

① 《访问陆琦医师记录》（1955 年 12 月 16 日），浙江大学档案馆馆藏档案，档案编号：YD-1955-DQ-0015-009。

部校联合办学的探索（1987—1997年）

——以中央电力部门与上海交通大学联合办学为例

上海交通大学党史校史研究室　何菲

一、引言

新中国成立后，随着高度集中的计划经济的确立，国家对高等教育实行集中、统一领导，建立了以"国有公办"为特征的高等教育办学体制，形成了一元化办学格局，全国高校由中央教育行政部门及其他相关部门"切条归口管理"，建立起"条条分割"的高等教育管理体制。此后，鉴于高校过度统一管理的状况，采取分级管理，将条条式的中央部门领导变成块块式的地方领导，但由此造成"块块领导"下的高等教育"大跃进"，于是重新强调中央的统一领导，高校的管理权限从块块管理转向条块管理。[①]

条块分割式的办学体制在一定程度上调动了部门和地方的积极性，但也有着明显的弊端，尤其是作为单科性院校的中央部门所属高校，各专业设置基本趋同，难以满足业务部门所属单位对于多样化人才的需求；办学经费有限，小而全的模式又导致投资面过广，办学效益不高，影响扩大招生，也影响教学质量提高；部门封锁、条块分割，导致部门所属高校与国家教委和地方高校存在各自分离、相互隔绝、资源利用低效等问题，不能实现人才的双向流动，违反了教育社会化的趋势，也无法适应经济日益市场化的需求。[②]

改革开放以后，在高校体制改革的大背景下，国家鼓励和倡导探索跨部门、跨地区的联合办学模式，在中央部门之间、地方之间、中央和地方之间联合培养学生，进行科学研究和技术开发，以期打破高等教育条块分割的不合理现状。在这一时期，积极推行联合办学的中央产业部门很多，有煤炭部、石油化工总公司、国家旅游局等[③]，其中，水利电力部是探索联合办学较早且规模较大的中央部门之一[④]，其特色是与师资、设备、生源条件好的国家重点院校开展联合办学，此类联合办学的数量占总规模的70%[⑤]，与上海

① 皇甫林晓、梁茜：《新中国成立70年来高等教育办学体制改革的历史回顾与未来展望》，《大学教育科学》2020年第1期。

② 许英才、陈德亮等：《关于中央业务部门办学体制改革的思考》，《电力高等教育》1993年第3期；朱承平：《关于中央业务部门高校管理体制改革方向的思考》，《中国高教研究》1993年第1期；徐敦潢、咸立亭：《关于改革中央部门所属高等学校管理体制的思考》，《中国高教研究》1993年第2期；国家教育发展研究中心"教育体制改革研究"课题组：《中央业务部门办学和管理体制改革研究报告》，《教育研究》1994年第11期；唐景莉：《高等教育告别部门办学》，《中国教育报》2000年9月25日，第1版。

③ 邵金荣：《发展跨部门、跨地区联合办学，深化高教管理体制改革》，《中国高等教育宏观管理体制改革研究》，高等教育出版社，1994，第95页。

④ 1981年，水电部即开展与福州大学的联合办学，此后广泛地与陕西机械学院、华中农学院联合办学。早于1985年《中共中央关于教育体制改革的决定》中积极倡导部门、地方之间联合办学和1988年国家教委推动的联合办学。参见周凤瑞：《用人部门和高等学校联合办学是发展高等教育的有效途径》，《高等工程教育研究》1985年第3期。

⑤ 邵金荣：《发展跨部门、跨地区联合办学，深化高教管理体制改革》，《中国高等教育宏观管理体制改革研究》，高等教育出版社，1994，第95页。

交通大学的联合办学即是其中之一，也是当时水利电力部投资规模最大的联合办学项目。

既有对于部校联合办学这一新的办学形式的研究，多从高等教育发展角度或者高教管理体制改革层面研究联合办学的意义[①]，或整体地总结联合办学的效益，静态地总结办学特点、原则、模式，探讨经验、教训等。[②]然而，教育体制改革是一个系统工程，尤其是 1985—1998 年，高等教育领域政策变动尤为频繁，置身其中的任何事件都会受到大的改革的影响。联合办学是教育体制改革的一项重要举措，其本身的发展也深受高教领域，甚至整个产业部门其他改革因素的影响，因而本文拟将中央电力部门与上海交通大学作为部校联合办学的个案，置于高教改革背景下，考察近十年联合办学的历程，以及办学过程中的问题和解决方案，以期丰富对部校联合办学的认识。

二、联合办学的缘起与合作的达成

（一）水利电力部的考虑

在改革开放初期，中国电力高等教育面临着人才短缺的难题。据水利电力部教育司规划，在 2000 年以前，全国水利电力系统每年约需补充大学本科毕业生 1.1 万人。[③]1987 年以前，水利电力部所属院校有河海大学、武汉水利电力学院等 15 所大专院校，但是电力行业人才缺口相当大，国家分配只能解决很少一部分，自己培养也仅能满足系统平均需要的 1/3，不能适应人才队伍建设的需要，"全靠我们自己办大学，难度也是非常大的"，另外，"由于条件所限，大量新专业在长时间内难于培养出高质量的专门人才"。[④]因而，通过部校联合办学是一种有益的尝试。事实上，水利电力部早在 1981 年就开始与福州大学实施联合办学，以期加快电力人才的培养。截至 1986 年底，与水利电力部联合办学的学校有福州大学、成都科技大学等 10 所。[⑤]可以说，水利电力部对于联合办学有较为丰富的经验。

基于电力工业迅猛发展的态势，1985 年，经国家批准，水利电力部在上海闵行开发区扩建上海电力学院新校区，征地 451 亩，规划本科生 4300 人，研究生 500 人，在职培训 200 人。[⑥]水利电力部在上海已建有一个电力学院，但属于中等专科学校。为适应电力行业对更高水平的电力人才的需求，水利电力部酝酿成立一个电力高等院校，并决定在闵行扩建上海电力学院新校区，其时征地工作都已结束，办学地点就在上海交通大学闵行校区附近。

---

① 此类研究颇多，不一一列举，参见周凤瑞：《用人部门和高等学校联合办学是发展高等教育的有效途径》，《高等工程教育研究》1985 年第 3 期；翁史烈：《联合办学，发展高等教育》，《上海高教研究》1987 年第 4 期；张岂之：《开展联合办学，推动教育改革》，《中国高等教育》1989 年第 Z1 期等。

② 参见林学清、刘明杰：《试论联合办学管理体制》，《电力高等教育》1991 年第 4 期；范祖德、陶爱珠等：《我国高校联合办学的现状、前景及对策》，《高等工程教育研究》1992 年第 1 期等。

③ 水利电力部教育司：《联合办学，多出人才，出好人才》，《中国电业》1987 年第 8 期。

④ 《在上海交通大学电力学院成立大会上的讲话》，上海交通大学档案馆藏档案，档案编号：永久 -1348。这是时任水电部副部长姚振炎在电力学院成立大会的发言稿中画去的内容，但应该是电力高等教育面临的真实情况，而在电力学院成立大会这一场该内容可能不太合适，故而姚振炎将其画去。

⑤ 水利电力部教育司编《全国水利电力教育统计资料（1950—1987）》，华北电力学院印刷厂，1988，第 50-51 页。

⑥ 《水电部与我校长期联合创办上海交通大学电力学院》，《上海交通大学通讯》1987 年第 2 月，上海交通大学档案馆藏档案，档案编号：永久 -1341。

就独立办学还是与上海交大联合办学这个问题，水利电力部党组展开了激烈的讨论。从主观而言，水利电力部下设专门办理电力教育的教育司，具有办理部属高校的资质与经验。客观而言，将一个中等职业学校直接办成高等院校，在师资、基础课程设置、培养学生的能力上都不具备优势。[①] 而 1980 年代中期的上海交通大学，电力学科呈现一种蓬勃发展的态势，水利电力部领导认为，"从对电力事业的发展来讲，从对学生负责来讲，都划到交通大学比较好"，最后党组会议以"一票反对，其他都赞成"的结果，通过了与上海交通大学联合办学的决议。

（二）上海交通大学的发展现状

1980 年代是上海交通大学蓬勃发展的时段。1983 年，为了拓宽办学空间，在上海市政府的支持下，划地 1500 亩，建设规模为在校生 8000—9000 人的闵行新校区。1984 年，闵行新校区正式开始征地和规划设计。4 月 2 日，上海交通大学被列为国家重点建设、重点投资的十所大学之一，为闵行新校区建设提供了重要的资金保证，但上海交通大学仍然面临后期建设的资金压力问题。

1980 年代，上海交通大学电类学科的发展也步入全新的阶段。交通大学电机系成立于 1906 年，名师荟萃，力量雄厚，培育了一大批电力英才。20 世纪 50 年代，电力学科大部分教师和学生西迁，保留了有限的教学力量。在改革开放的背景下，上海交通大学电力相关学科不断谋求发展。为适应世界新技术革命形势的需要，上海交通大学于 1984 年 4 月 28 日，以电机工程系和电子工程系为基础，将电类专业合并拟筹建电子电工学院，意图发挥交叉学科的优势，促进电类专业的长足发展。1985 年 7 月 20 日，召开电子电工学院成立大会，为了加强与中央部委的联系，聘请电子工业部副总工程师童志鹏兼任院长。在部校联动办学上，积累了初步经验。

1986 年 12 月中旬，上海交通大学举办了全国部分高校电机（气）工程系系主任座谈会，清华大学、西安交通大学、哈尔滨工业大学等 14 所重点大学的系主任、著名教授，水利电力部、机械工业部有关领导应邀参加会议。其中，水利电力部副部长张凤柞作《"七五"期间我国电力工业发展的人才需求》报告。本次会议决定成立电机（气）工程系系主任联席会，并以会议名义向国家教委、国家科委及水利电力部等有关领导部门提出《关于加速培养我国电力建设人才的建议书》，显示出上海交通大学发展电类学科的决心。

（三）联合办学意愿的达成

1987 年 2 月，国家教委召开教育工作会议期间，水利电力部委托教育司司长许英才与上海交通大学校长翁史烈就联合办学问题进行了讨论，基本达成将上海电力学院已办的本科和规划中的本科、研究生共 5000 人的规模，以及已征土地和建校的 9700 万元投资全部调整、划转到交通大学，组建电力学院，实行联合办学的意向。14 日，水利电力部副部

---

① 《原水利部部长钱正英同志访谈记录》，上海交通大学党史校史研究室藏，访谈时间：2006 年 7 月 20 日。

长杨振环接见翁史烈，杨振环传达了联合办学的意见，翁史烈随即向国家教委副主任朱开轩、秘书长郝克明作了汇报，教委领导赞成联合办学的动议。28 日，许英才一行专程赴沪与上海交通大学方面具体磋商。3 月 7 日，许英才司长一行会见上海市教卫党委的相关领导，上海市教卫领导肯定了联合办学是教育体制改革的一个重要方面，"这件事方向正确"，"一定能出效益，一定能提高质量"。次日，许司长与上海交通大学签订初步协议。①

3 月中旬，上海交通大学校长翁史烈、总务长范祖德等一行人前往北京，与国家教委、水利电力部协商合作细节。17 日，上海交通大学、水利电力部相关人员向国家教委报告联合办学问题后，国家教委副主任朱开轩认为，双方合作推进很快，在水利电力部与上海交通大学联合办学上"水电部很有远见"，"这件事方向对头"。② 18 日，上海交通大学校长翁史烈在水利电力部汇报联合办学情况时指出，"与上海交大联合办学这件事我们部党组认真讨论过，"钱部长非常支持……部党组一致赞成和上海交大联合办学"，"办学究竟怎么办，全部由交大决定"，"办学过程中，估计困难很多，与交大商量一起克服"。③

4 月 22 日，上海交通大学正式与水利电力部签订了《水利电力部、上海交通大学关于联合举办电力学院的协议》。④ 4 月 24 日，国家教委正式批准了协议中联合办学的方案，肯定了水利电力部、上海交通大学联合办学的重要意义，"这样大规模长期联合办学，是教育体制改革的一件大事，一定要认真办好。希望部、校通力合作，周到细致地做好有关方面的工作，注意研究解决联合办学中出现的各种问题，努力探索和积累联合办学的经验"。⑤ 纵观整个联合办学的协商过程，为了依托上海交通大学的优势，提高办学效益，加速培养电力建设方面的高质量人才⑥，水利电力部采取了积极主动寻求合作的态度。与此同时，为了争取电力高等教育的发展、加强与水利电力部在电力科技领域展开校部合作，上海交通大学高效配合，最终促成了此次联合办学的实现。

中央电力部门与上海交通大学联合办学分为两个阶段，第一阶段是 1988—1992 年，水利电力部和上海交通大学联合在上海交通大学校内建立一个办学实体——电力学院，从 1988 年开始投资，总投资控制在 9700 万元以内，投资后的固定资产所有权属于水利电力部，管理经营权属于上海交通大学。联合办学日常事务由交通大学领导，成立联合办学理事会商讨发展建设的重大问题。初步的招生方案是培养 5000 人，其中本科生 4500 人，研究生 500 人，职业培训 200 人。⑦ 第二阶段是 1993—1997 年，经过 5 年的建设，电力学院已形成布局合理的实体。为了建成一个更高水平的办学实体，充实设备和

---

① 《关于与水利电力部联合办学的请示报告》，上海交通大学档案馆馆藏档案，档案编号：永久 -1341。
② 《国家教委副主任朱开轩同志在听取水电部和上海交大联合办学问题后的讲话（1987 年 3 月 17 日下午记录稿）》，上海交通大学档案馆馆藏档案，档案编号：永久 -1347。
③ 《水电部副部长姚振炎同志在听取上海交大校长翁史烈关于和水电部联合办学情况汇报后的讲话（1987 年 3 月 18 日上午）》，上海交通大学档案馆馆藏档案，档案编号：永久 -1347。
④ 《教育体制改革的一条新路子》，《交大简报》（1987 年），上海交通大学档案馆馆藏档案，档案编号：长期 -3627。
⑤ 《关于同意水电部与上海交通大学联合办学和上海电力学院办学方案的批复》，上海交通大学档案馆馆藏档案，档案编号：永久 -1347。
⑥ 《水电部与我校长期联合创办上海交通大学电力学院》，《上海交通大学通讯》1987 年第 2 月，上海交通大学档案馆馆藏档案，档案编号：永久 -1341。
⑦ 《水利电力部—上海交通大学关于联合举办电力学院的协议》，上海交通大学档案馆馆藏档案，档案编号：永久 -1347。

师资，能源部与能源投资公司决定再投资 5000 万元，培养 2600—3000 名学生。①

1988 年 4 月，中央决定撤销水利电力部，组建能源部。1993 年 3 月，又撤销能源部，组建电力工业部。联合办学实施以来，不论中央部委体制如何变化，前后 3 个主管部门对上海交通大学电力学院的建设与发展始终给予高度重视和支持。1987—1994 年，联合办学理事会先后举行过 6 次会议，每次都由部长或副部长率领在教育司、科技司等部门担任理事的司长、局长前来上海交通大学参加会议。

这次联合办学得到了普遍的关注，引起广泛的社会反响。《人民日报》认为，"这所电力学院是为适应我国电力工业发展的需要，充分发挥工业部门智力投资的积极性和重点高校办学的优势而创办的"②。《文汇报》的报道称，联合办学是"教育体制改革中的一个新的尝试"③。《解放日报》也认为，"深入进行的教育改革，促成了水利电力部与上海交大进行大规模长期联合办学——建立上海交通大学电力学院"④。《中国教育报》登载国家教委副主任刘忠德讲话："国家一直在积极倡导联合办学，这种办学形式受到了各方面的欢迎，已被实践证明是可行的，并已有了相当的发展。联合办学像上海交大电力学院这样规模的学校，在我国还是首次。"⑤

根据联合办学的协议，中央电力部门为上海交通大学的发展提供了资金支持，而上海交通大学电力学院承担为中央电力部及其下属企业培养专业技术人才的任务。下文主要从中央电力部门的投资及其效果与上海交通大学办学效果两方面来分析联合办学具体而微的实践过程。

三、联合办学的投资及其效果

中央电力部门与上海交通大学联合办学，分为两个投资阶段：按计划第一阶段为 1988—1992 年，由水利电力部投资 9700 万元；第二阶段为 1993—1997 年，由能源部和国家能源投资公司分 5 年投资 5000 万元，每年 1000 万元，由能源部提供 300 万元，能源投资公司提供 700 万元（见表 1）。⑥

表 1　电力部门与上海交通大学联合办学投资细目

项目	第一阶段					第二阶段				
年份	1988	1989	1990	1991	1992	1993	1994	1995	1996	1997
投资额 / 万元	1000	2000	1500	1500	500	1000	1000	700	/	/

资料来源：上海交通大学校史编纂委员会编《上海交通大学纪事（1896—2005）》，上海交通大学出版社，2006；《电气期颐》编纂委员会：《电气期颐：上海交通大学电气工程系纪事（1908—2008）》，上海交通大学出版社，2008。

第一阶段预期投资 9700 万元，因上海电力学院前期在闵行已经着手征地 451 亩土地

---

① 《能源部—上海交大联合办学协议书（1993—1997）》，上海交通大学档案馆馆藏档案，档案编号：长期–5155。
② 《上海交通大学电力学院成立》，《人民日报》1987 年 11 月 21 日第 3 版。
③ 《水利电力部和上海交大联合办学，交大电力学院今秋招生》，《文汇报》1987 年 6 月 16 日第 4 版。
④ 《上海交大进入发展新时期》，《解放日报》1987 年 11 月 21 日第 1 版。
⑤ 《水电部投资近亿元与上海交大联合办学》，《中国教育报》1987 年 11 月 28 日第 1 版。
⑥ 《能源部—上海交大联合办学协议书（1993—1997）》，上海交通大学档案馆馆藏档案，档案编号：长期–5155。

的工作以及进行部分前期建校的投资[1]，用去约 3200 万元。因此，如表 1 所示，1988—1992 年，上海交通大学共收到电力部门的资金为 6500 万元[2]。

在第一阶段投资中，1989 年投资的 2000 万元，为诸年度投资额之最。究其原因，是1988 年底电力学院连续发生了部分学生不上课的事件。电力学院学生对尚在初建阶段的闵行校区的学习环境意见较大，一部分二年级学生提出，到三年级时和其他大多数院系三年级学生一样回徐汇校区就读的要求。为此，校长翁史烈和其他校领导、电力学院领导与 50 名学生干部代表举行两次座谈，对学生提出的问题一一予以解释，并表示学校将提出关于加强闵行校区建设的若干措施。元旦过后，学生全体上课，教学秩序恢复正常。上海交通大学认为，这是闵行校区发展速度过快，与此相适应的一系列设施、后勤条件、管理体制及奖励政策等未能匹配到位导致的，学校需要加快进行新校区建设，重视学生的思想教育和情绪疏导，维护学校的安定团结。[3]

为改善办学条件，1988 年底，上海交通大学制定了包括图书馆、设备、交通、体育设施等在内的一系列整改措施，并积极与国家计委、电力部门沟通，希望提高投资强度，增加年度投资至 2500 万元。在能源部副部长史大桢的支持下，实现了 1989 年度 2000 万元的投资额。[4]虽然投资额少于上海交通大学的预期，但能源部教育司司长坦言，"我们13 所（部属）大学没一个拿到 1000 万"，翁校长也承认，能源部在投资方面"做了很大的努力"。[5]另外的资金缺口，翁史烈校长还积极与能源投资公司姚振炎总经理沟通，争取资金援助。姚振炎是上海交通大学土木工程系校友，1987 年举办联合办学第一次理事会时即赴会支持，此次他亦慷慨地表示愿意"从他的 2000 亿的投资里'割掉'一点"。翁校长随即与国家计委副主任张寿联系，争取计委同意将投资公司的部分资金投入电力学院项目的计划。[6] 1989—1992 年，能源投资公司拨付上海交通大学的基本建设资金共计 4050 万元，于 1999 年征得电力工业部同意，将从能源投资公司获得的全部本金和利息上报财政部核销[7]，足见电力部门对上海交通大学支持力度之大。1990 年，第三次理事会召开时，能源投资公司总经理姚振炎当选为联合理事会理事长，副总经理吴敬儒则当选为理事[8]，这也为第二阶段与能源投资公司的后续合作埋下了伏笔。

至 1992 年，电力部门的 9700 万元投资全部完成。基于部、校双方的良好合作，为了将上海交通大学电力学院建成一个更高水平的办学实体，能源部和能源投资公司计划

---

[1] 《关于与水利电力部联合办学的请示报告》，上海交通大学档案馆馆藏档案，档案编号：永久 -1347。
[2] 1990 年的《关于能源部与上海交大联合办学基建总投资实施情况和今后安排意见的报告（供理事会讨论用稿）》中提及："现在 9700 万元投资至 1990 年底将完成 6593 万元，差额 3107 万元。能源部和能源投资公司已安排在 1991 年及 1992年二年内拨款。"如此，则与表中资金数据不相符。《关于能源部与上海交大联合办学基建总投资实施情况和今后安排意见的报告（供理事会讨论用稿）》，上海交通大学档案馆馆藏档案，档号编号：长期 -4586。
[3] 《电气期颐》编纂委员会：《电气期颐：上海交通大学电气工程系纪事（1908—2008）》，上海交通大学出版社，2008，第 148 页。
[4] 其与中央的具体沟通见《翁史烈校长致信史大桢副部长》，上海交通大学档案馆馆藏档案，档案编号：永久 -1468。
[5] 《能源部—上海交大联合办学第二次理事会纪要》，上海交通大学档案馆馆藏档案，档案编号：永久 -1468。
[6] 《翁史烈校长致信张寿副主任》，上海交通大学档案馆馆藏档案，档案编号：永久 -1468。
[7] 《上报国家电力公司 1999 年度基建财务决算》，上海交通大学档案馆馆藏档案，档案编号：1999-CK11-28。
[8] 《能源部—上海交大联合办学理事会第三次会议纪要》（1990 年 11 月），上海交通大学档案馆馆藏档案，档案编号：长期 -4586。

再共同投资 5000 万元，实际投资如表 1 所示，1993—1997 年，共计 2700 万元。前后两期投资，加上能源投资公司投资，电力部门直接投资在联合办学上的资金高达 16450 万元。

在投资资金的具体使用上，上海交通大学分两类做出安排：第一类用于基建投资；第二类用于电力学院专业实验设备购进、学院开办、师资引进等方面，一般归为设备费。

根据联合办学对基本建设的规划，"上海交大电力学院院址设在上海交大二部内。上海电力学院在闵行新建的土地，由上海交大负责与原交大二部的范围统一调整总体布局"。① 第一阶段 9700 万元的总投资如何分配使用，学校内部出现意见分歧：一种认为，学校正处于大规模建设时期，基建资金压力较大，应将大部分资金用于基建；另一种认为，联合办学对于学科的发展也同样重要，需要划出部分用于专业建设。② 就资金分配问题，1988 年 7 月 6 日，上海交通大学校长翁史烈召开电力学院工作协调会议，协调电力学院基建和教学准备工作、设备定购和人才引进之间的矛盾。7 月 25 日和 10 月 4 日又两次召开协调会。③ 闵行二部工程实验楼建设滞后，工程试验无法展开。由于 1988 年要再接受 2 800 名新生入学，上海交通大学在经费、基建、实验室建设的准备上，都有很大的资金缺口，即使这样，"与会领导一致认为学校将优先帮助电力学院创造办学条件"，决定"在水电部投资中拨给学院 300 万元专项经费，用于教学实验设备的购置，其中包括电工实验室建设费用"。④

上海交通大学基建部门也积极争取经费支持，其意见主要体现在 1990 年 10 月拟定的《关于能源部与上海交大联合办学基建总投资实施情况和今后安排意见的报告（供理事会讨论用稿）》中，他们在对资金的使用安排上原则上同意将 2500 万元用于设备投资，但同时提出"在具体实施时总投资的安排我们首先保证征地、建房"。⑤ 在 1990 年 11 月第三次理事会上，经部、校双方的商讨，多数意见更倾向于保证用于电力学院专业建设方面的投资，并对 2500 万元的设备费做出更为明确和具体的分配：划出 2500 万元作为第二类设备经费，其中 1800 万用于电力学院实体内装备实验设备，700 万用于电力学院开办费及电力学院以外的联合办学专业发展经费⑥，并未强调基建部门对资金使用具有优先权。⑦ 但就资金分配的比重而言，我们可以看到，第一阶段的投资仍然是以基本建设为主。

第二阶段的 5000 万元资金，由上海交通大学根据电力学院发展需求提出，"为使电

① 《水利电力部—上海交通大学关于联合举办电力学院的协议》，上海交通大学档案馆馆藏档案，档案编号：永久 -1347。
② 《原翁史烈校长秘书陈泓的访谈》，访谈时间：2022 年 11 月 19 日。
③ 《电气期颐》编纂委员会：《电气期颐：上海交通大学电气工程系纪事（1908—2008）》，上海交通大学出版社，2008，第 147 页；《电力学院筹建工作协调》，上海交通大学档案馆馆藏档案，档案编号：长期 -3859。
④ 《一九八八年第五次校长办公会议纪要—会议内容——听取电力学院的工作汇报》，上海交通大学档案馆馆藏档案，档案编号：永久 -1408。
⑤ 《关于能源部与上海交大联合办学基建总投资实施情况和今后安排意见的报告（供理事会讨论用稿）》，上海交通大学档案馆馆藏档案，档案编号：长期 -4586。
⑥ 《能源部、上海交大联合办学理事会第三次会议纪要》（1990 年 11 月），上海交通大学档案馆馆藏档案，档案编号：长期 -4586。
⑦ 《关于能源部与上海交大联合办学基建总投资实施情况和今后安排意见的报告（供理事会讨论用稿）》（1990 年 10 月）、《能源部、上海交大联合办学理事会第三次会议纪要》（1990 年 11 月），上海交通大学档案馆馆藏档案，档案编号：长期 -4586。

力学院具有一定的规模及相应之水平，尚需下达设备经费 4000 万元及基建经费 1000 万元"[①]。第二阶段的协议亦如是安排，"上海交通大学将上述 5000 万元的相当比例用于装备电力学院的实验室，使之达到国内一流大学的水平，其余可用于急需的基建项目和电力学院以外与联合办学有关的专业实验室的设备"。[②] 在第四次理事会上，上海交通大学安排一半作为设备费，"其中主要投在电力学院实体内"[③]。

近十年来，在电力部连续的基建经费支持下，投资 2100 多万元建成总建筑面积 3.2 万平方米的电工力学楼、电力楼、能源楼、电机楼、信控楼 5 幢实验大楼，以及应用电子技术、电工及电子学、电机、高电压、电力系统、继电保护及远动自动化、能源工程实验中心等实验室，还投资 1800 万元用于购置教学科研实验设备，学院所属各系的基础实验设备均得到充实和更新，达到国内先进水平。到 1995 年，全院有实验室 7 个、电工实习基地 1 个、计算站 3 个、电化教室 2 个，拥有仪器设备固定资产约 2244.47 万元。至 1995 年，各系基础实验设备已基本充实与更新，达到国内先进水平。电力系的电力系统调度员管理自动化仿真系统、能源系的循环硫化床试验台、电机系的 400 千伏组装式冲击电压发生器和 0.5 级峰值电压表、信控系的电力电子技术实验室已初具规模，加上建院前的电机、高电压试验大厅和动态模拟实验室，为教学科研提供了良好条件。

联合办学推动了上海交通大学电力学院师资队伍建设和教学科研水平的提高。1987—1997 年，电力学院建院初有教师 125 名，其中教授 6 名、副教授 40 名，有高级职称的教师占 36.8%。至 1997 年，有教师 158 名，其中教授 32 名、副教授 61 名，有高级职称的教师占 58.9%。

水电部的主要投资，除满足联合办学的相关院系建设之外，还用于建设了服务于全校广大师生的教学大楼、学生宿舍、学生食堂、教工住宅及体育设施等。[④] 对于涉及全体层面的基建项目如教学大楼，优先于电力学院实验室用房建设，"由于当时基建经费用于建教学大楼，实验室用房压缩，信控系的生产过程自动化实验室及电机系的高压实验室的实验用房停建"[⑤]。根据协议，"由水电部负责投资建设的校舍、设备等固定资产的产权属于水利电力部所有，由上海交大长期使用"[⑥]。中央电力部门投资建设的教学楼、体育场馆、宿舍、食堂等场所至今依然在使用。

即便是用于电力学院实验室建设的费用及设备费，也划出部分直接用于全校的基础实验室建设。1800 万元可用于电力学院实体内购置实验设备，包括面向全校的电工实验室；"电机工程系的设备费也有少量用于基础实验室"；"信控系应用电子技术专业采用开

① 《电气期颐》编纂委员会：《电气期颐：上海交通大学电气工程系纪事（1908-2008）》，上海交通大学出版社，2008，第 171 页。
② 《能源部—上海交大联合办学协议书（1993—1997）》，上海交通大学档案馆馆藏档案，档案编号：长期-5155。
③ 《电力工业部上海交通大学联合办学及电力学院 1993 年工作汇报》（1993 年 11 月），上海交通大学档案馆馆藏档案，档案编号：长期-6192。
④ 《能源部与上海交大联合办学基建总投资实施方案》（1990 年），上海交通大学档案馆馆藏档案，档案编号：长期-4586。
⑤ 《电力学院建院五年工作总结》，上海交通大学档案馆馆藏档案，档案编号：永久-1713。
⑥ 《水利电力部—上海交通大学关于联合举办电力学院的协议》，上海交通大学档案馆馆藏档案，档案编号：永久-1347。

放实验方法……每年面向 6000 名学生开放基础实验室，每个学生实验时数平均大于 54 学时"。① 上海交通大学用 108 万元充实了以电工学为主的基础实验室，更新了设备，使学校非电专业的电工学实验水平有了质的提高，这对非电专业学生改善知识结构、强化机电一体化意识有极大促进，其深远意义将在学生毕业后的工作实践中得到体现。②

因此，中央电力部门与上海交大联合筹办电力学院，惠及的不仅是电力学院本身，对于学校的整体发展也意义重大，其投入资金数额甚至可以媲美同一时期的国家投入，详见表 2。

表 2　1985—1996 年上海交大基本建设经费来源情况

年份	总投资 / 万元	国家投资 / 万元	电力部门投资 / 万元	其他来源投资 / 万元
1985	2118	1500	/	618
1986	2220	2000	/	220
1987	2387	2202	/	185
1988	3090	1924	1000	166
1989	4396	2050	2000	346
1990	3924	1940	1500	484
1991	3980	1800	1500	680
1992	4538	2008	500	2030

资料来源：上海交通大学校史编纂委员会编《上海交通大学纪事（1896—2005）》，上海交通大学出版社，2006；《电气期颐》编纂委员会：《电气期颐：上海交通大学电气工程系纪事（1908—2008）》，上海交通大学出版社，2008。

表 2 梳理了 1985—1996 年上海交通大学基本建设经费细目，国家投资和中央电力部门投资是重要的来源。尤其是 1988—1991 年，电力部门的投资占总投资的平均比例达 38%，最高为 1989 年的 45%；四年间，电力部门投资上海交通大学的资金几乎可比肩国家投资数额。如果加上能源投资公司在第一阶段的投资，电力部门的投资成为上海交通大学早期闵行校区建设最重要的资金来源。

其时，1985 年开始建设的上海交通大学闵行校区（原称闵行二部），正在如火如荼地展开后续建设。这样电力学院建设也就融入了上海交通大学闵行校区整体建设之中，中央电力部门充分尊重上海交通大学的自主性，在整个投资中自始至终支持、信任"交大"，甚至对于用在惠及全校师生的重大工程亦表示支持，正如上海交通大学早期闵行校区的主要主持者感慨道："当年这个情况下，我们重振雄风搞闵行（校区建设），他们（水电部）起了很大作用。"③

四、联合办学的招生、就业问题

在联合办学之初，水利电力部对联合培养期待很高，认为上海交通大学师资条件好、

① 《上海交通大学电力学院初步建设成果及今后发展之设想（讨论稿）》，上海交通大学档案馆馆藏档案，档案编号：长期-4586。
② 《电力学院建院五年工作总结》，上海交通大学档案馆馆藏档案，档案编号：永久-1713。
③ 《上海交通大学原副校长范祖德的口述访谈稿》，上海交通大学党史校史研究室藏，访谈时间：2022 年 1 月 19 日。

学生入学起点高，如果办学条件进一步改善，将培养出更高质量的人才，并且展开期待："试想今后我国电力系统每年得到千余名上海交大毕业生，将是多么可喜的事情！"[①]但是，在部、校联合办学的实践中，招生、就业都面临着不少的难题，部、校双方都做出了相当程度的努力。

《水利电力部—上海交通大学关于联合举办电力学院的协议》对联合办学的招生与毕业分配作了规划。招生由水利电力部根据人才需求情况提出，并与交大商定，上报国家教委；毕业分配根据年度计划，水利电力部与交大商定，由水利电力部下达计划人数，交大负责实施。

联合办学的初步招生方案是培养 5000 人，其中本科生 4500 人，研究生 500 人，职业培训 200 人。为此，上海交通大学对招生作了七年规划，从 1987 年至 1995 年分段实现 5000 人的招生目标（见表 3）。[②]但实际上，历年招生都未能达到既定目标，上海交通大学深感联合办学的招生和毕业分配工作存在实际落实上的困难，在 1988 年第二届联合办学理事会召开之前草拟了一份《上海交通大学关于与能源部联合办学中 1989 年招生工作和毕业分配的几点意见》，以期开会商讨解决办法。

表 3　上海交通大学电力学院 1987 年招生规划与 1987—1990 年实际招生情况

年份	1987	1988	1989	1990	1991	1992	1993	1994	1995
1987 年招生规划 / 人	210	650	951	914	991	1327	1354	1439	1582
1987—1990 年实际招生情况 / 人	250	643	487	487	542	685	720	730	730

资料来源：《招生规划表》（1987 年），上海交通大学档案馆馆藏档案，档案编号：永久 -1347。《1987—1990 年招生情况和 1991 年以后招生计划（讨论稿）》上海交通大学档案馆馆藏档案，档案编号：长期 -4586。

通过表 3 可知，1987—1990 年的实际招生情况与 1987 年的招生规划相差较远。究其原因，一方面，联合办学从一开始就面临着缩减投资的局面。1988 年，中央组建能源部，启动政企分开、权力下放的政府机构改革，中央部门原有的教育经费一般从企业折旧费中提取，政企分开后折旧费归企业支配，因而能源部可支配的教育经费减少了，非经营性投资大幅度缩减，最低减至原有的 30%。[③]诚如上海交通大学校长翁史烈所讲，"办学的规律对投资速度有强烈要求"[④]，学生宿舍、教学楼、实验室等都需要提前投入，电力部门的投资速度跟不上上海交通大学办学的需求，导致招生规模始终无法扩大。另一方面，上海交通大学的专业建设尚待完善。《水利电力部—上海交通大学关于联合举办电力学院的协议》提出的专业规划是：电力学院由电气工程系、动力工程系、自动化系、土木建

[①]　水利电力部教育司：《联合办学，多出人才，出好人才》，《中国电业》1987 年第 8 期。
[②]　《招生规划表》（1987 年），上海交通大学档案馆馆藏档案，档案编号：永久 -1347。
[③]　国家教育发展研究中心"教育体制改革研究"课题组：《中央业务部门办学和管理体制改革研究报告》，《教育研究》1994 年第 11 期；邵金荣：《发展跨部门、跨地区联合办学，深化高教管理体制改革》，《中国高等教育宏观管理体制改革研究》，高等教育出版社，1994，第 95 页。
[④]　《上海交大校长翁史烈致信张寿》（1988 年 11 月 21 日），上海交通大学档案馆馆藏档案，档案编号：永久 -1468。

筑工程系共 10 个专业组成。[①]在其他系分设联合办学专业，有计算机及应用、通信工程、焊接、环境工程、工业管理工程、技术经济、科技英语等专业。1987 年暑期，张志竟等电力学院筹备人员到西安、北京、南京、杭州进行调查，拟定了 8 个专业的教学计划。[②]1988 年 3 月，电力学院邀请上海电气工程领域的领导机关、高校、工厂、研究机关的代表来校为新成立的上海交通大学电力学院出谋划策，到会人员对电力学院的专业设置、课程安排、科研方向、设备采购等方面提出了中肯的建议。[③]根据上海交通大学对相关院校的调研，以及听取有关专家的建议，在已有专业的基础上，上海交通大学对新成立的电力学院专业设置做了相应调整，组建了 4 个系：电力工程系，下设电力系统及其自动化、继电保护与自动远动技术两个专业；能源工程系，下设电厂热能动力工程、热能工程两个专业；电机工程系，下设高电压技术及设备、电机专业；信息与控制系，下设应用电子技术、生产过程自动化专业。其他院系有关联合专业也做了相应调整，有计算机及应用、通信工程、焊接工艺及设备、科技外语、工业及民用建筑 5 个专业。在专业设置上，上海交通大学尽力调整，满足电力部门的发展需求，电厂热能动力工程、继电保护与自动远动技术、应用电子技术、生产过程自动化专业是上海交通大学应水利电力部的需求创设的新专业。[④]新设专业刚开始起步或尚在筹备，因此对招生工作难度预估不足。

有鉴于此，上海交通大学 1988 年、1989 年连续两年"向能源部和联合办学理事会报告，完成 9700 万元投资，估计形成 2600 名在校生规模"[⑤]。1990 年第三次联合办学理事会上，能源部建议 5000 人的培养目标不变，但目前可以适当缩减招生计划，"我们不想速度过快，可以适当放慢"。电力部门认为投资办学是一个"能源教育工程"，电力部门所属高校也需要资金投入，上海交通大学的投资需要保障但不能挤压对其他高校的投资。[⑥]1990 年第三次联合办学理事会决定："根据当前形势，在不突破总投资 9700 万元的前提下，将原定的 5000 名在校学生规模调整为近期规模 2600 名在校生是实事求是、合乎实际的。"同时决定，在完成 9700 万元的投资，形成 2600 人的规模后，双方将进一步商讨以后的合作事项。[⑦]1990 年的《关于能源部与上海交大联合办学基建总投资实施情况和今后安排意见的报告（供理事会讨论用稿）》论及能源部实际下达的招生任务是每年 500 人左右。[⑧]

能源部要求联合办学培养高级工程技术人才，其中一个保障是招考的学生分数要达到一定的要求。1988 年是联合办学招生的第一年，获得了"考分比重点学校录取线高

① 《水利电力部—上海交通大学关于联合举办电力学院的协议》，上海交通大学档案馆馆藏档案，档案编号：永久 -1347。
② 《水利电力部—上海交通大学联合办学理事会第一次会议》，上海交通大学档案馆馆藏档案，档案编号：永久 -1347。
③ 《电气期颐》编纂委员会：《电气期颐：上海交通大学电气工程系纪事（1908-2008）》，上海交通大学出版社，2008，第 146 页。
④ 《能源部—上海交通大学联合办学第二次理事会纪要》，上海交通大学档案馆馆藏档案，档案编号：永久 -1468。
⑤ 《关于能源部与上海交大联合办学基建总投资实施情况和今后安排意见的报告（供理事会讨论用稿）》，上海交通大学档案馆馆藏档案，档案编号：长期 -4586。
⑥ 《能源部—上海交通大学联合办学第二次理事会纪要（记录稿）》，上海交通大学档案馆馆藏档案，档案编号：永久 -1468。
⑦ 《能源部—上海交大联合办学理事会第三次会议纪要》，上海交通大学档案馆馆藏档案，档案编号：长期 -4586。
⑧ 《关于能源部与上海交大联合办学基建总投资实施情况和今后安排意见的报告（供理事会讨论用稿）》，上海交通大学档案馆馆藏档案，档案编号：长期 -4586。

20分"①的好成绩。上海交通大学在招生工作中注意贯彻"德智体全面考核，择优录取"的原则，1990 年招录的本科生中，省市"三好学生"和优秀干部占比 29%，团员占比77%。②可见，上海交通大学电力学院招入的学生质量尚可。

毕业分配工作同样问题凸显。1987 年，上海交通大学与水利电力部刚刚达成合作之际，即实现招收新生 404 名，并从相近专业调配毕业生 62 名输送至电力部门③，开创了我国办学史上当年投资、当年开学、当年见效的先例，水利电力部对此尤为满意。④但是，此后的毕业分配状况不及预期（见表 4）。

表 4　1987—1993 年电力学院各专业毕业生分配至电力部门所属单位的情况

毕业、分配情况	A 类专业						C 类专业	
	电力系统及其自动化	继电保护与自动远动技术	电厂热能动力工程	电机	高电压技术与设备	生产过程自动化	热能工程	应用电子技术
毕业人数	619	90	133	388	264	0	402	157
分配人数	401	67	106	61	165	0	115	26
比例	65%	74%	80%	16%	63%	0	29%	17%

注：电力部门根据需求将专业分为三个类别。A 类专业是培养量小于需求量，要求全部部内分配；B 类专业是培养量和需求量平衡，原则上要求全部部内分配；C 类专业是培养量大于需求量，在满足部内需求的前提下，可以部外分配。
资料来源：《电力学院建院五周年工作总结》，上海交通大学档案馆馆藏档案，档案编号：永久-1713；《电力工业部上海交通大学联合办学及电力学院 1993 年工作汇报》，上海交通大学档案馆馆藏档案，档案编号：长期-6192。

需要指出的是，继电保护与自动远动技术专业自 1987 年开始招生，电厂热能动力工程专业自 1988 年开始招生，而生产过程自动化专业迟至 1990 年才完成专业配置及招生工作。因而，这三类专业毕业人数较少或出现空缺，但已有毕业生的继电保护与自动远动技术、电厂热能动力工程两个专业，向电力部门所属单位输送人才的比例较高，分别为 74% 和 80%。而作为属于 A 类专业的上海交通大学传统强系电机专业则输送率相对较低，甚至不及两个 C 类专业。1995 年，电力部门在总结 1994 年毕业分配工作时，认为存在的一个不足是，"有些联合办学的高校执行协议不够理想"⑤。根据上海交通大学分管电力学院的负责人回忆，电力部门也曾向他反映，上海交通大学在输送毕业生上"没有完成任务"。⑥

---

① 《能源部—上海交通大学联合办学第二次理事会纪要（记录稿）》，上海交通大学档案馆馆藏档案，档案编号：永久-1468。
② 《上海交通大学电力学院初步建设成果及今后发展之设想》，上海交通大学档案馆馆藏档案，档案编号：长期-4586。
③ 上海交通大学志编纂委员会编《上海交通大学志（1896-1996）》，上海交通大学出版社，1996，第 865 页。
④ 《水利电力部、上海交通大学联合办学理事会第一次会议》，上海交通大学档案馆馆藏档案，档案编号：永久-1347。
⑤ 《关于印发电力工业部 1995 年毕业生供需信息交流会会议纪要的通知》，上海交通大学档案馆馆藏档案，档案编号：ZH1-4 95-5。
⑥ 《对原上海交通大学副校长、电力学院院长白同朔的访谈》，上海交通大学党史校史研究室藏，访谈时间：2022 年 1 月 6 日。

其实，合作伊始，上海交通大学将毕业生分配到水利电力部工作有着实际的政策困难。随着教育改革的深化，国家逐步提出改变新中国成立之初形成的"统包统分"的毕业生分配制度，逐步将竞争机制正确引入高等学校，增强人才市场的活力和动力，从而使高等教育更好地为社会主义建设服务。1985 年 3 月，国家教委批准在清华大学、上海交通大学进一步实行"双向选择"的毕业生分配改革试点工作。

1987 年第一次联合办学理事会上，上海交通大学校领导对毕业生分配问题颇为忧虑，认为成立的联合办学理事会"首先要研究分配改革方案"，并提出要争取水利电力部的支持，"关于毕业生分配和改革我手里已有一个方案，但很不满意，这里既要我们研究，还希望用人部门也有个优惠办法，这就能够把这个工作做得更好，做到切实"[1]。水利电力部相关领导也了解到这一特殊情况："毕业分配上，清华和交大是改革试点单位，我们定个几条，共同研究。"水利电力部、教育司也对与上海交通大学联合办学给予充分的信任："电力学院不管是联合办学部分，还是国家计划部分，都是为做好电力事业服务。"[2]

上海交通大学、清华大学在总结前三年试行《招聘、推荐与考核录用相结合的办法》的经验基础上，就 1988 年 2 月 21 日国家教委发出的《关于改革毕业生分配工作的通知》，进一步扩大招聘、录用毕业生的范围，把这项改革试点再向前推进一步，以逐步实行在国家分配方针、政策指导下，毕业生选择职业、用人单位和学生双向选择的制度。3 月 15 日，国家教委正式批准上海交通大学毕业生实行"不包分配、由学生和用人单位双向选择"的分配制度。新的毕业分配制度正式在上海交通大学实施，也就意味着毕业生择业的自主性有了更强有力的政策支持。

幸而，在总结 1988 年夏季毕业分配的经验之后，为了保证工作环境比较艰苦的地区和行业也能得到一定数量的毕业生，11 月 24 日，国家教委发布《普通高等学校定向招生、定向就业暂行规定》，这样，其他部门所属高校可根据实际需求招收定向生，定向生在校期间除享受国家规定的普通全日制高校学生的待遇外，还可根据学习成绩和表现享受定向奖学金，毕业分配时"根据确定的地区或部门范围内实行'双向选择'就业"[3]。

以此为契机，12 月，在上海交通大学召开联合办学第二次理事会，专题讨论了招生与毕业分配问题。上海交通大学根据国家的定向招生、定向就业的文件精神，向能源部提议：（1）电力学院所有专业与其他联合培养专业一样对待，所不同的是，仅在招生宣传中向考生介绍；（2）电力学院外的通信、工业管理、技术经济、工业与民用建筑等专业招收委托培养生，考生志愿表填"委托培养"一栏，录取时需在含有"毕业后服从去能源部所属单位工作"字样的协议书（或保证书）上签字方能报到入学，就业前景好的科技英语、计算机、焊接专业也按照"委托培养"的办法，招生时相对集中于某几个省市（隔年可轮换）；（3）为了保证边远地区获得一定数量的毕业生，建议能源部与有关部

---

① 《水利电力部、上海交通大学联合办学理事会第一次会议》，上海交通大学档案馆馆藏档案，档案编号：永久-1347。
② 同上。
③ 《中国教育年鉴》编辑部编《普通高等学校定向招生、定向就业暂行规定》，《中国教育年鉴1989》，人民教育出版社，1990，第 804 页。

门商量由交大招收定向生，定向生在校时享受全日制在校生一切待遇，且享受定向奖学金，按照定向招生分配。

能源部肯定上海交通大学为保证毕业生分配到能源部做出的努力。但是，谈及招生的委托培养，让校方颇感顾虑的是，很多省市将委托培养放在最后招生，而且可以降低20分录取，如此则招生质量难以保障。能源部表示，"艰苦边远地区（要签协议），其他的不签也行"，对"定向招生"政策未最终敲定，还是鼓励上海交通大学在学生思想方面多做工作，让学生有志于事业，面向基层。①

就全国地区、行业的不平衡性而言，高校毕业生从个人发展角度考虑，更多地选择去经济相对发达的地区就业是必然的。为解决某些边远地区和工作条件比较艰苦的行业人才缺乏的问题及满足重点单位的人才需要，1989年3月，国务院批转国家教委《关于改革高等学校毕业生分配制度报告的通知》，决定"在国家任务的招生计划中要安排一定比例，实行定向招生、定向就业"②。11月6日，能源部也向所属及联合办学高校发起征求改进高校毕业生分配工作的意见，"现阶段仍实行以国家计划为主的分配方法，学习在分配工作中起重要的中介作用……在专业对口的前提下，坚持面向基层，大务（力）充实生产、建设第一线"，"坚持部属高校为能源系统服务的培养方向，加强供需双方的合作，在各行业自愿和互利的前提下，进一步加强煤、电、油、核行业之间毕业生的交流与调剂"。③次年2月20日，能源部正式印发《〈能源部电力高校实行"定向招生、定向就业"的暂行办法〉和1990年定向招生计划的通知》④，决定为国家重点水电和火电建设基地，电建、送变电、发电等电力基层单位招收定向生，科研、设计、机关等单位不属于定向范围。具体院校任务：葛洲坝水电工程学院、长沙水利电力师范学院、东北电力学校、上海电力学院和东北水利水电专科学校等五所院校，面向全国系统定向招生；电力专科学校可根据实际需要，面向大区定向招生；武汉水利电力学院、华北电力学院和上海交通大学电力学院、成都科技大学水利电力学院、陕西机械学院水利水电学院、福州大学等四所联合办学院校，根据需要也可以实行定向招生。

但是，根据1990年11月举行的联合办学理事会第三次会议，能源部"赞成上海交大继续实行'国家计划指导下的双向选择'毕业分配方针"，上海交通大学应未实行"定向招生、定向就业"政策，能源部表示在毕业分配工作时会提供一定量的需求信息，交大方则加强引导，尽可能使大多数学生服务于能源系统。⑤

上海交通大学与电力部门联合办学招生采取颇具策略性的方法。招生计划仍然放在

---

① 《能源部—上海交通大学联合办学第二次理事会纪要（记录稿）》，上海交通大学档案馆馆藏档案，档案编号：永久-1468。

② 《国务院批转国家教委关于改革高等学校毕业生分配制度报告的通知》，《中华人民共和国国务院公报》1989年第12期，第489-493页。

③ 《能源部关于改进高校毕业生分配工作的意见》（征求意见稿），上海交通大学档案馆馆藏档案，档案编号：ZH1-489-03。

④ 电力工业部政策法规体制司编《中华人民共和国电力工业法规汇编（1990-1992）》第1册，中国科学技术出版社，1994。

⑤ 《能源部—上海交大联合办学理事会第三次会议纪要》，上海交通大学档案馆馆藏档案，档案编号：长期-4586。

国家招生计划中，非定向招生，也非委托培养，但须在招生计划中注明"与电力部门联合办学"字样，并要求学生填写"志愿书"。录取学生在"志愿书"中须承诺毕业后将分配到电力部所属有关单位工作，如攻读研究生学位，毕业后也将分配至电力部所属有关单位工作。①若选择不填"志愿书"，则通知书无效。为此，甘肃招生办专门发函上海交通大学，"贵校与电力部联合办学，拓宽办学道路，是一项积极的改革举措。但据此对学生毕业后的去向，做出类似委托培养的限制，不符合国家教委的相关规定"。委托培养学生一般指定就业单位，且普遍有专项奖学金，但与电力部联合办学的学生无专项奖学金②，且限制就业去向，此为地方招生办颇感疑惑的问题。上海交通大学复函表示会慎重处理，白同朔副校长指示，"'志愿表'不愿填就算了，不追究"③，这在某种程度上显示出上海交通大学在招生中的柔性处理原则。

1988—1997 年，随着国家教育改革的深化，招生录取和毕业分配政策在不断调整。为了满足电力部门对于高质量人才的需求，上海交通大学艰难地在国家政策夹缝中找出路。其时，正值工厂发展、产品换代，工业界要求补充大量的高层人才，不仅急需招收名牌大学的研究生，也需要招聘专业过硬的本科生，但当时研究生与工业界缺乏联系，自身也缺乏兴趣，不愿到工厂去，少数本科生去了，也不安心扎根基层，以致国营大厂面临着人才断层，谁来接班的问题尤为紧迫。因此，上海总师联谊会主动提出要与上海交通大学的教授、学生座谈。电力学院有针对性地开展对学生的宣传引导，1988 年 11 月 22 日，电力学院邀请上海市若干著名企业的厂长或总工来交大，与本院的研究生和本科生座谈，主要议题是他们怎么从广大毕业生群体中冒出来，成长为总工、厂长的。座谈时，研究生院、兄弟系等单位的教授、研究生也来参加。④

为树立学生的信心，1989 年 12 月 24 日，上海交通大学与能源部（原水利电力部）联合办学第二次理事会在教师活动中心召开之际，史大桢理事长与学生举行座谈会，介绍了中国电力形势，指出搞"四个现代化"电力是战略重点，但全国严重缺电，华东地区尤为严峻，煤不到位，运不出来，上海很多机组停电；鼓励学生要有时代感、责任感。张凤祥副部长指出电力工业的特点是技术密集、投资密集，中、法、日、美等国能耗的差距大，要求学生努力学习，不仅要认识到差距，还要担负起责任。⑤

就毕业生分配工作而言，将毕业生无一流失地全部输送到电力部门，几乎是一个不可能完成的任务，但上海交通大学在履行协议上仍做出了不小的努力。那么，上海交通大学输送至电力部门的毕业生到底呈现何种特点？由于数据有限，本文选取 1990 年、1993 年数据情况较好的两个年份，做具体分析。

---

① 具体文件见《关于上海交通大学招生录取有关问题的函》（上海交通大学档案馆馆藏档案，档案编号：ZH1-1 94-14），以及《关于九四年甘肃省考入我校学生填写"与电力部联合办学"，志愿书的说明》（上海交通大学档案馆馆藏档案，档案编号：ZH1-1 94-14）中有联合办学招生办法的相关说明。
② 1988 年第二次理事会，史大桢、张凤翔向相关学生授予"电机工程优秀学生奖学金"证书，与此专项奖学金不同。
③ 《关于上海交通大学招生录取有关问题的函》，上海交通大学档案馆馆藏档案，档案编号：ZH1-1 94-14。
④ 《电气期颐》编纂委员会：《电气期颐：上海交通大学电气工程系纪事（1908-2008）》，上海交通大学出版社，2008，第 148 页。
⑤ 同上。

如表 5 所示，1990 年，上海交通大学向能源部所属单位输送了从 17 个专业毕业的 116 名毕业生。从毕业生人数来看，电力学院在能源部所属单位就业的毕业生人数占总人数的 74%，电力学院外的联合办学专业与非联合办学专业向能源部输送的毕业生的人数基本持平。从专业上看，虽有部分联合办学专业出现分配空缺，但诸如材料科学、精密仪器、无线电技术等多个非联合办学专业，皆有毕业生前往能源部所属单位就业，超过既定的 13 个联合办学专业数，实现多元化的人才就业格局。

表 5 1990 年上海交通大学分配至能源部的毕业生情况

院系及属性		专业	人数	小计
联合办学专业	电力学院	电力系统及其自动化	66	86
		高电压技术与设备	10	
		电机	5	
		热能工程	3	
		热能动力机械与装置	2	
	其他院系	计算机科学工程	11	16
		焊接	3	
		通信工程	1	
		工业管理工程	1	
非联合办学专业	其他院系	材料科学	3	14
		精密仪器	3	
		无线电技术	2	
		工程力学	2	
		工业电气自动化	1	
		高分子材料	1	
		流体传动及控制	1	
		机制工艺及设备	1	
总计				116

资料来源：《上海交通大学毕业生分配名单》（1990 年），上海交通大学档案馆馆藏档案，档案编号：长期 -4586。

如表 6 所示，上海交通大学毕业生就业地域分布较广，遍布 22 个省（区市），1 个国家重点工程，在江、浙、沪就业的人数较多，约占总数的 56%。在能源部所属重点单位就业的有 26 人，占就业人数的 22%；联合办学专业生源在能源部所属单位就业的生源总数中，占 16%，但在重点及基层单位就业的毕业生中，联合办学专业毕业生占比较高，达 73%，其中就业于国家重点工程长江葛洲坝工程局的 3 人，全部来自联合办学的电力学院，这表明联合办学对国家重点和基层单位建设起到了人才支持作用。除联合办学专业外，上海交通大学其他专业如材料科学、工业电气自动化、精密仪器、无线电技术等也有毕业生在国家重点和基层单位就业，支持国家能源行业建设。

表6 1990年上海交通大学毕业生分配至能源部所属单位的地域及重点工程分布

就业		沪	苏	浙	津	皖	闽	晋、冀、鲁	鄂、豫、湘、赣	黑、吉、辽	云、贵、川、渝、桂、疆	葛洲坝	总计
就业总人数		49	8	8	1	6	1	4	11	15	10	3	116
重点单位及基层单位	就业人数	3	4	4	/	1	/	1	2	4	4	3	26
	联合办学专业就业人数	1	3	4	/	/	/	/	2	2	4	3	19

注：能源部所属重点单位是指国家重点水电和火电建设基地；基层单位是指电建、送变电、发电等电力基层单位；学校、科研院所、设计院、机关等单位，包括中外合资企业不属于重点单位。

资料来源：《上海交通大学毕业生分配名单》(1990年)，上海交通大学档案馆馆藏档案，档案编号：长期-4586。

如表7所示，1993年，电力学院总生源353人，联合办学生源299人，国家教委生源54人，联合培养人数占总人数的85%左右。电力系统及其自动化、继电保护与自动远动技术、电厂热能动力工程、高电压技术及设备、电机等培养量小于需求量的急需专业，输送率达到60%及以上，最高达84%，唯有新设的急需专业生产过程自动化由于首批招收的25名学生1994年才毕业，该专业未能向电力部输送人才。联合办学向国家特重和重点工程，以及电力部输送人才的比例达到65%，国家教委的输送率为9%，足见联合办学的必要性和重要性。电力学院外的联合办学专业，如焊接专业毕业生57人，有9人在电力部所属单位就业，科技外语专业38人，仅有3人就业于电力部所属单位，人才流失率较高。[1]

表7 1993年电力学院毕业生分配情况

类别		电力工程系		能源工程系				电机工程				信息与控制系				电力学院		
		电力系统及自动化		继电保护与自动远动技术		电厂热能动力工程		热能工程		高电压技术及设备		电机		应用电子技术		生产过程自动化		电力部	教委	总计
生源类别		电	教	电	教	电	教	电	教	电	教	电	教	电	教	电	教			
生源总数		63	0	30	0	66	0	32	15	32	0	20	39	56	0	0	0	299	54	353
生源去向	国重	1	/	1	/	3	/	4	2	2	/	3	3	8	/	/	/	22	5	27
	电	49	/	23	/	46	/	15	/	25	/	9	/	5	/	/	/	172	0	172
	小计	50	/	24	/	49	/	19	2	27	/	12	/	13	/	/	/	194	5	199
	比例	79%	/	80%	/	74%	/	59%	13%	84%	/	60%	8%	23%	/	/	/	65%	9%	56%

注："电"指的是电力工业部（简称电力部）；"教"指的是国家教委（简称教委）；"国重"指的是国家特重和重点工程。电力部明确指示，毕业分配人数"国家特重和重点工程要确保，其优先级高于部内（含广东、海南电力局，华能公司）"。

资料来源：《电力学院九三届毕业生分配情况统计表》，上海交通大学档案馆馆藏档案，档案编号：长期-6192。

---

[1] 《电力工业部、上海交通大学联合办学及电力学院1993年工作汇报》，上海交通大学档案馆馆藏档案，档案编号：长期-6192。

《电力学院建院十周年工作汇报》总结了电力学院办学十年的成就，"电力学院共招收本科生 4398 名，研究生近 400 名；毕业本科生 3668 年，研究生 380 名；有 1900 余名毕业生分配到电力部所属电力系统工作，还有 700 余名毕业生分配到国家重点单位或留校工作"[1]。

其时，国家提出"经济要腾飞，电力要先行"方针，电力工业发展可谓进入黄金时代[2]，但是，为什么那么多学生未选择到电力部门所属单位就业？

从电力部门方面来看，为了电力行业的长足发展，在就业地区和单位上有其考虑，即优先保证国家重点工程的用人需求，也强调面向基层，尤其想要平衡地区人才需求，鼓励毕业生去经济欠发达但人才缺口较大的地区就业。此原则与学生的就业意愿很难达成一致。就学校而言，联合培养招生时，学生虽签署了"志愿书"，但"志愿书"缺乏强制执行力；而且，电力部门的计划招生额是根据招生当年情况进行预估确定的，4 年后的人才需求极有可能发生变化，从而导致学生无法按约到指定地区和行业就业。就学生而言，上海交通大学是国家重点大学，学生在就业市场上优势明显，其议价能力较强；改革开放后的上海经济快速发展，电类专业对口企业较多，就业市场广阔，国际化大都市的区位优势又让上海交通大学的学生有了更多的升学及就业选择。因此，俗称"电老虎"的电力行业，未必成为学生的首要选择。

五、结语

为适应社会主义市场经济的要求，从 1985 年国务院发布《中共中央关于教育体制改革的决定》，到 1998 年国家出台《中华人民共和国高等教育法》，高等教育领域经历了一系列的改革举措。跨部门、跨地区联合办学是为解决中国高等教育长期以来条块分割的弊端……中央电力部门与上海交通大学的联合办学探索，是这一阶段各种摸索的一个较为典型的案例。

中央电力部门与上海交通大学联合办学，以逾亿元的投资规模将电力学院建设成一个布局合理的办学实体，在完善硬件设施、更新实验设备、优化专业布局、引进师资力量等方面有着极大的推动作用。与此同时，电力部门还极大地支持了上海交通大学早期闵行校区的建设。上海交通大学在招生、就业面临政策和社会环境极大变迁的背景下，努力完成为电力部门的基层和边远地区输送人才的任务，取得了一定成绩。

中央电力部门为上海交通大学的发展提供了资金支持，而上海交通大学电力学院承担为中央电力部门所属企业培养高质量专业技术人才的任务。这种新式的办学体制既解决了高校发展的资金问题，又在一定程度上解决了行业发展面临高质量人才短缺的问题，为高校办学体制改革提供了丰富的历史经验。高校间联合办学、校企间联合办学以及中外联合办学等各种形式的办学模式依然广泛存在，如何在改革中寻找平衡，并借鉴此前的部、校办学经验，仍是持续至今的一个课题。

---

① 《电力学院建院十周年工作汇报》，上海交通大学档案馆馆藏档案，档案编号：1997-XZ11-21。
② 《在上海交通大学电力学院成立大会上的讲话》，上海交通大学档案馆馆藏档案，档案编号：永久-1348。

抗日战争时期陕甘宁边区俄语教育探析

延安大学历史文化学院　张雪梅　孔妮

20 世纪 40 年代初，苏联派遣了一些医生和技术人员到延安，中共中央为了方便和苏联交流，决定在延安培养俄文人才。1941 年 3 月，抗日军政大学三分校成立俄文队，不久，发展成为俄文大队；同年 12 月，俄文大队转为中央军委军事学院俄文科；1942 年 5 月，俄文科调整为中央军委俄文学校；1944 年 6 月，俄文学校增设英文系，改名为延安外国语学校。[①]延安外国语学校是中国共产党领导创建的专门培养外语干部的高等院校，在不断摸索办学规律的过程中逐步建立了外语教育的延安模式，为新中国外语教育事业发展提供了可借鉴的范例。

《中国外语教育史》《中国近现代外语教育史》等是目前研究俄语教育的代表性著作，北京外国语学院、黑龙江大学等学校校史中也有涉及抗战时期俄文教育的内容。此外，何方、马列、何理良、麦林、师哲、付克等延安外国语学校 20 余位师生的回忆录，还原了边区俄语教育发展的历史面貌。本文在前人研究的基础上进一步梳理外语教育延安模式的内涵，总结边区俄语教育的主要成就和意义。

一、抗日战争时期边区俄语教育的发展背景

"在整个新民主主义革命时期，学习和掌握外国语，既是学习革命理论和革命经验的需要，也是反帝反法西斯斗争的需要。"[②]

首先，苏联与中共的直接联系是边区俄语教育发展的直接动机。1937—1938 年，苏联向中共提供了步枪、子弹、机关枪、炮弹、通信设备等军事物资和纸张、白糖等生活物资。[③]1939 年 12 月 31 日，吴玉章组织成立中苏文化协会，延安分会推动边区与苏联的沟通交流。[④]1941 年 6 月，苏联遭到德国的突然进攻，中共中央预见到要打垮法西斯联盟就必须在国际上建立广泛的反法西斯统一战线，尤其是与苏联联合作战。[⑤]为了形成和苏联及其他反法西斯国家的有效配合，培养俄文人才迫在眉睫，故"延安的外语学习和外语教育是从服务当时革命中心任务——打倒日本帝国主义开始的"[⑥]。其次，上海外国语学社和上海大学的建立是边区俄语教育发展的基础条件。俄国十月革命激发了马克思主义思想在中国的传播，上海外国语学社通过短期培训培养了五六十名青年学生赴俄学习先进革命真理，而由中共最早创办、培养革命干部的上海大学设立俄语课程，推动了留学教育的

① 北京外国语学院校史编辑委员会：《北京外国语大学简史 1941–1985》，外语教学与研究出版社，1986，第 1 页。
② 付克：《中国外语教育史》，上海外语教育出版社，1986，第 46 页。
③ 黄明光、杨秀富：《论抗战时期桂林俄语教育概况及短暂繁荣原因》，《百色学院学报》2019 年第 4 期。
④ 吴玉章、程文、陈岳军：《吴玉章往来书信集》，重庆大学出版社，1993，第 119 页。
⑤ 付克：《中国外语教育史》，上海外语教育出版社，1986，第 51 页。
⑥ 李传松、许宝发：《中国近现代外语教育史》，上海外语教育出版社，2006，第 100 页。

发展。^①大量的留苏生回国后投身于外语教育事业，比如，从事俄语教育的曹靖华、王之湘、刘泽荣等。^②留学教育给发展俄语教育提供了必需条件，为充实外语教学内容和更新外语教学方法提供了借鉴之处。^③再次，中共外交需要是边区外语教育发展的推动因素。1944年6月9日，交际处在周恩来的指导下秉承"宣传出去，争取过来"的使命接待了由斯坦因等18位成员组成的中外记者团。记者团在回归之后相继出版了《延安一月》《红色中国报道》等著作，这是继斯诺之后西方媒体对中国敌后抗日根据地规模最大的一次报道。^④1944年7月25日，美军观察组的军官乘飞机抵达延安^⑤，包瑞德上校率领一行18人到延安后，朱德等领导人设宴洗尘并举行晚会，祝"中美盟邦团结增进"。^⑥党中央把接待美军观察组视为"是我们在国家间统一战线的开始，是我们外交工作的开始"。最后，大批知识青年涌入延安学习马克思主义思想，推动了边区俄语教育的发展。

二、抗日战争时期边区俄语教育的发展历程

（一）业余俄文班

为满足俄语学习需要，延安文化俱乐部开设俄文讲习班^⑦，教师由北京大学俄语专业毕业的王禹夫担任。后因马列学院业务需要，院长张闻天请刚从苏联回国的师哲在学院开设一个俄文讲习班。两个俄文讲习班初期上课人员多达200余人，后由于俄语难度大，只有纪忠泉、唐海、陈波尔、吴良珂等20多人坚持下来，他们之中大部分人后来成为中央研究院俄文研究室的骨干。俄文讲习班初期教材是由师哲和王禹夫主编，以语法为基础，辅以课文练习，随编随教。^⑧此外，还有一套王禹夫从哈尔滨带来的老式俄文课本，师哲为提高俄语教学质量对这套课本进行改造，增加了与中国实际相关的内容。早期边区俄文讲习班虽具有业余学习班的性质，但在战时情况下培养了一批初步掌握俄语的学员，如翻译过陀思妥耶夫斯基作品的陈波尔、利用业余时间译出过水平不错的文章的纪忠泉等，为边区开展正规的俄文教育奠定了基础。

（二）抗日军政大学三分校俄文队（1941年3月至1941年12月）

1939年7月，抗日军政大学三分校（以下简称"抗大三分校"）在延安成立，主要担负培养陕甘宁边区八路军留守兵团干部及临近省区知识青年的任务。1940年10月，抗日战争进入战略相持阶段，抗大三分校根据中央军委的指示酝酿筹建俄文队，由张培成负责筹备工作。1941年3月，为了适应抗战形势和军队建设需要培养俄文军事翻译干部，抗大三分校俄文队在毛泽东和周恩来同志的直接关怀下建立，校址设在延河北岸清凉山东麓的黑龙沟。第一批78名学员分为初步掌握俄文知识的第一区队，没有俄文基础的第

① 郝淑霞：《中国俄语教育史（1708—1949）》，南开大学，2015，第141-142页。
② 付克：《中国外语教育史》，上海外语教育出版社，1986，第38页。
③ 李传松、许宝发：《中国近现代外语教育史》，上海外语教育出版社，2006，第52页。
④ 袁西玲：《延安时期的翻译活动及其影响研究》，上海外国语大学，2014，第46页。
⑤ 林迈可：《八路军抗日根据地见闻录》，国际文化出版公司，1987，第103页。
⑥ 《延安的军队首长欢迎美军观察组》，《新华日报》1944年9月5日第2版。
⑦ 冯乐璋：《我国近代外语教育研究》，西北师范大学，2002，第20页。
⑧ 李传松、许宝发：《中国近现代外语教育史》，上海外语教育出版社，2006，第102页。

二区队和从前线抽调、具有中学文化程度、由连排干部组成的第三区队，曹慕岳任队长，汪涵芝任政治指导员。同年6月，66名学员入学组成俄文二队，白映奎任队长，徐继远任政治指导员。7月，中共中央在安塞县办的航空工程学校并入抗大三分校成立工程队。因需学习俄文，将98人改编为俄文三队，陶铁英、李本人、刘俊杰相继担任队长，刘瑞祥、崔庆元、肖琛相继任政治指导员。俄文一、二队是以培养军事翻译为目标，俄文三队则是为了培养飞行员和机械师。后为整合力量，三个俄文队合并成一个俄文大队，有多年留苏经历的常乾坤担任大队长，何振亚、何辉燕任副大队长，李觉民任政治指导员。这一时期俄语教学主要是以语音、语法、会话为主，教材主要有《俄文文法》《俄语文法初级教程》《俄语自习捷径》。

（三）中央军委军事学院俄文队（1941年12月至1942年5月）

1941年12月，抗大三分校与军政学院的高干队合并成立军事学院，这是一所为培养团级以上具有相当独立工作能力的军事工作干部、直属军委总参谋部的高级与中级学校。[①]朱德任校长，叶剑英任副校长，郭化若任教务长，陈伯钧任副教务长，黄志勇任政治部主任。学院下设指挥队、俄文队、炮兵队、工程队和参谋训练队五个队。其中工程队和俄文队是由抗大三分校俄文大队改编而成的：原俄文三队单独成立工程队，教学编制为工程科；原俄文一、二队合编为俄文队，教学编制为俄文科。俄文科与俄文队为平行单位，俄文科是学院教务长直接领导的教学业务部门，卢竞如任俄文科主任，主管教学工作；俄文队是院长直接领导的行政、党务、军事管理部门，常乾坤任俄文队队长兼教员，负责教学任务，曹慕岳任副队长，负责军事、行政管理和物质生活保障，张培成任政治教导员，负责党务和政治工作。俄文队以大力培养通晓俄语、能说话、能联系实际的俄文翻译人才为目标[②]，共127名学员，分为5个区队，教师分别由常乾坤、刘风、张培成、卢竞如、李洁民担任。俄文队开设俄文课和政治课，教学以俄文为主，在课时安排上俄文课时约占80%，政治课约20%。学员在校半年多的时间里学习了俄文语法、日常生活会话等内容，初步打下了学习俄文的基础。

（四）中央军委俄文学校（1942年5月至1944年6月）

1942年5月，军事学院俄文队与中央军委总参谋部第四局（编译局）合并成立中央军委俄文学校，校址仍设在延安东关黑龙沟，曾涌泉任校长，王弼任秘书长，叶和玉任政治处主任，卢竞如任教务处处长，邹载道任校务处处长。俄文学校是我党在革命战争年代进行正规外语教育的开始，也是我党亲手创办的第一所以培养军事翻译干部为主要目标的外语专门学校。[③]俄文学校的教学编制为俄文队，曹慕岳任队长，杨桢任副队长，孟华任政治指导员。学校以培养具有军事知识及坚定政治立场的高级翻译干部为目的，此外还承担翻译俄文著作的任务。学制两年，第一年进行政治教育，专修俄语语法

① 中央档案馆：《中共中央文件选集》（第13册），中共中央党校出版社，1991，第258页。
② 付克：《中国外语教育史》，上海外语教育出版社，1986，第51页。
③ 吕才：《北京外国语大学组织史》，北京燕山出版社，2001，第21页。

及进行作文、翻译练习，第二年以俄文原版军事著作为教材，锻炼和提高翻译能力。[①]学员主要来自我军前方部队的连长、营长、指导员、教导员、少数后方干部以及跋山涉水、冒着生命危险从全国各地奔赴延安的优秀爱国青年，共 130 余人仍编为 5 个区队，除个别调整外大多数学员在原区未动，为了便于对女生的生活管理，专设 1 个女生区队共 27 人，但学习仍分别编在 5 个区队内。

1943 年 7 月，延安大学俄文系并入俄文学校，使俄文学校俄文队的规模有所扩大。延安大学俄文系于 1941 年秋季将 80 余名学员分为甲班和乙班，黄正光（越南人）担任系主任兼主讲教师，唐国华和李松青等担任助教。除以大班方式讲授政治课外，延安大学俄文系还采用小班方式上语法、会话等课程。三个月时间，延安大学俄文系学子排演了《今晚九点半》的俄文剧[②]，甲班的学生大部分能翻译文章[③]，并担任翻译苏联报纸刊物及编辑俄华字典工作，同时领导乙班同学会话。[④]俄文系并入俄文学校之后，学生调入 15 人，除增加随调教师黄正光和唐国华外，又调进两位在苏联毕业的朝鲜籍教师韩斌和李荣华。俄文学校的教员分为语言教员和语法教员。语言教员 3 人分别是黄正光、李荣华、常乾坤，教一班和二班的是越南人黄正光，教三班和四班的是朝鲜人李荣华，以上两个外国教员采用俄语教学；语法教员是刘群、钟毅、杨化飞、赵洵 4 人。[⑤]1943 年 10 月，俄文学校迁至清凉山北麓的丁泉砭。11 月，延安军事学院并入绥德抗大总分校，工程队的 26 名学员转入俄文学校学习，学校按其俄语程度把他们编入各区队学习。12 月，俄文学校举行了一次文化测验，班次做了较大调整，需要提高汉语水平的 27 名学生编成一个国文班，其余学生调整为 4 个俄文班。

（五）延安外国语学校（1944 年 6 月至 1945 年 9 月）

1944 年，周恩来同志从重庆回到延安，指出为了适应美军观察组即将来延安工作的需要，同时也为新中国及早准备外交干部，外语人才（包括英语人才）的培训工作一定要加强。[⑥]6 月，中共中央决定将中央军委俄文学校改建为延安外国语学校，仍归中央军委编译局领导，曾涌泉、杨尚昆先后担任校长，云青任副校长，李兆炳任秘书长，叶和玉任政治处主任兼党总支书记，卢竞如任教务处处长，王力华代理校务处处长。学校分俄文系和英语系，俄文系有 104 名学员，英文系有 73 名学员。由于战争形势发展以及时间地域的特殊性，在学制上没有作硬性规定，师生可根据需要随时调离学校，基本学习 3 年时间。在课程设置方面，主要分为讲读、语法、会话和翻译四种课程形式。讲读课一般每周上 3—4 次，每次 2 学时，内容分为三个部分：一是由教师选择《红星报》《消息报》《真理报》等苏联报刊中侧重军事方面的社论通讯；二是从当时现有的俄文书籍如《列宁文选》中节选部分内容；三是教员自行编写的有关气候变化、战争进程、抗战故事、

① 陈俐：《诗人翻译家曹葆华评传》，四川大学出版社，2016，第 246 页。
② 《延大俄文系排演今晚九点半》，《解放日报》1942 年 2 月 7 日第 4 版。
③ 《延安动态》，《新华日报》1942 年 3 月 30 日第 2 版。
④ 《延大俄文系编纂俄华字典》，《解放日报》1942 年 2 月 28 日。
⑤ 民间影像编委会：《民间影像》第 4 辑，同济大学出版社，2014，第 65 页。
⑥ 付克：《中国外语教育史》，上海外语教育出版社，1986，第 53 页。

领袖人物等主题内容。[①] 讲读课起到提高阅读能力、扩大词汇量和知识面的作用。语法课主要应用刘泽荣的《俄文文法》和师哲、王禹夫的《语法讲义》教材让学生熟悉字母、读音、拼写、语法、词类等。会话课通常以讲读材料方式进行，材料大都是语法结构简单、内容浅显的课文，或是由教师编写的反映当时现实生活内容和国内外形势的短文，或是从苏联报刊上选来的生动有趣的故事。翻译课内容包括汉译俄和俄译汉，开课时间大约在学习俄语半年之后。上课以实践训练为主，学员当场或课后完成指定材料翻译，教师进行评改后把共性问题进行讲解。在课程内容方面，除学习专门课程外，俄文系还以上大课或者讲座的方式开展政治教育，内容包括马列主义、哲学、政治经济学、中国革命史、联共党史等，此外还设有军事课和军事训练。

三、抗战时期边区俄语教育的主要成就

（一）艰苦创业培育俄语人才

抗战时期由于特殊的革命背景，俄语学员流动性较大，但基本保持百余人的规模（见表1）。其中男生人数多于女生，抗大三分校时期人数最多，军事学院人数次之，俄文学校时期人数最少。经过系统学习后，多数学员达到能阅读原文、日常交流、翻译文件资料的水平。抗战胜利后，延安外国语学校师生兵分两路分别前往华北和东北办学，成为创办俄文专科学校的中坚力量。杨化飞、李则望、高世坤、罗焚、尹承玺任华北联合大学外国语学院俄文系教员；屈洪任北方大学文教学院外文班教员；谢家彬、邓友民、张天恩、阎明智等十余人在东北民主联军总司令部附设的外国语学校工作。此外，边区俄语教育为新中国培养了一批德才兼备的革命干部，比如蓝曼、凌祖佑、白布佳、秋江等军事人才，李则望、马列、许文益、何方、何理良、高士坤等外交人才，张天恩、苏英、尹企卓、罗俊才、付克等外语教育人才。

表1 抗日战争时期边区各阶段学习俄语人数统计

队（班）男女生人数	抗大三分校俄文队			军事学院俄文科					俄文学校				外国语学校			
队（班）	一	二	三	一	二	三	四	五	一	二	三	四	一	二	三	四
男生	62	56	98	17	16	19	29	21	22	15	20	13	24	24	22	28
女生	16	10	0	5	6	6	0	8	3	2	5	7	2	2	5	7
小计	78	66	98	22	22	25	29	29	25	17	25	20	26	26	27	35
总数	242			127					87				114			

注：根据《北京外国语学院简史（1942—1985）》中学生名单整理而成。

（二）专兼职结合建设师资队伍

延安外国语学校采取专兼职结合与中外互助的方式建设教师队伍，教师分为两部分，由军委组织统一调集，其中一部分为在苏联长期留学或工作过、俄语水平较高的老同志，他们负责讲授理论知识，如先后在基辅军官联合学校和莫斯科军事工程学校学习的师哲

---

① 王麦林、何理良：《延河畔的外文学子们》，外语教学与研究出版社，2013，第76页。

兼任马列学院俄文讲习班的教员，王弼、常乾坤、刘风、王琎等中共早期培养和储备的航空干部兼任俄文教员，在苏联东方大学毕业的张培成兼职抗大三分校和军事学院俄文科教员等，留苏经历使得他们拥有较强的口语能力和丰富的革命理论知识。另一部分为在国内高校学习的同志，其负责笔译、批改作业以及辅导答疑，他们大都在东北的旧哈尔滨工业大学和东北俄国人办的有关单位中工作过[1]，如在哈尔滨工业大学毕业的李洁民。专兼职结合与中外互助的方式使得俄语教师不拘泥于形式，始终采用和选择对学生最为有利的教学方法，依据客观形势和学员接受能力因材施教。

表 2　抗战时期边区延安外国语学校各阶段教员名单

姓名	国籍	工作性质	工作经历
王禹夫	中国	兼职	俄文讲习班教员
师哲	中国	兼职	马列学院讲习班教员
张培成	中国	兼职	抗大三分校俄文队、军事学院俄文科兼职教员
李洁民	中国	专职	抗大三分校俄文队、军事学院俄文科、俄文学校教员
陈钰	中国	专职	抗大三分校俄文队教员
李海	中国	专职	抗大三分校俄文队、军事学院俄文科、俄文学校、外国语学院教员
王玉	中国	专职	抗大三分校俄文队、军事学院俄文科、俄文学校教员
王弼	中国	兼职	抗大三分校俄文队、军事学院俄文科兼职教员、俄文学校秘书长
刘风	中国	专职	抗大三分校俄文队、军事学院俄文科、俄文学校教员
常乾坤	中国	兼职	军事学院俄文科、俄文学校兼职教员
王琎	朝鲜	专职	抗大三分校俄文队兼职教员、军事学院俄文科教员、俄文学校教员
卢竞如	中国	兼职	抗大三分校俄文队教员、军事学院俄文科兼职教员、俄文学校兼职教员
钟毅	中国	专职	抗大三分校俄文队、军事学院俄文科、俄文学校、外国语学院教员
邵天任	中国	专职	抗大三分校俄文队、军事学院俄文科、俄文学校、外国语学院教员
金涛	中国	专职	抗大三分校俄文队、军事学院俄文科、俄文学校教员
刘群	中国	专职	军事学院俄文科、俄文学校教员
黄正光	越南	专职	外国语学院教员
唐国华	中国	专职	外国语学院教员
杨化飞	中国	专职	外国语学院教员
赵洵	中国	专职	外国语学院教员
李荣华	朝鲜	专职	外国语学院教员
韩斌	朝鲜	专职	外国语学院教员

注：根据《北京外国语学院简史（1942–1985）》中教员名单整理而成。

（三）大胆创新探索教学方法

科学的教学方法是边区俄语教育发展的重要手段。边区俄语教学以传统的语法学习为主，按照字母发音、拼读、词汇、句型和语法的顺序展开。常乾坤主张在语法学习中深入浅出、循序渐进，要求学员不死记硬背，要根据俄国人的思维搭积木式地排列词

---

[1] 付克：《延安时期的俄语教育》，《中国俄语教学》1983 年第 4 期。

语。① 延安外国语学校贯彻理论与实际相一致的教学原则，"坚决废止注入式、强迫式、空洞的方式"，以直接教学为主，"采取启发的、研究的、实验的方法"②，听、说、读、写、译并举，充分发挥学生的自动性和创造性。此外，各班级通过设立外语会话小黑板，出外文墙报、办讲演会、辩论会、讨论会等形式，营造良好的外语学习氛围，增进外语学员的学习兴趣，提高其实践能力。针对边区教材短缺的问题，教师结合自身经验和边区教育实际情况以及学员俄语基础，大胆创造出符合学生俄语学习水平的资料，如有关抗日战争、边区人民生活、反国民党封锁、劳动生产和延安军民关系、延安气候等方面的文章。

四、抗战时期边区俄语教育的意义

抗战时期边区俄语教育高度自信地实施了不同于原来"只在综合性大学和师范院校培养外语人才、只使用外国引进教育的新路、只培养学生的阅读能力、只采用单一的培养目标"③ 的外语教学模式，开创了中国共产党领导的专门培养外语人才的延安模式，对新中国乃至当今的社会高等俄语教育发展产生了深远影响。

第一，确立了马克思主义在外语教育中的指导地位。边区俄语教育始终旗帜鲜明地坚持中国化马克思主义的指导地位。首先，高度重视思想政治教育。延安外国语学校俄文系开设哲学、政治经济学、中国革命史、联共党史等政治理论课，由陈唯实、张庆孚、陈炳炎、何定华等理论家采用上大课的方式讲授，由周恩来、董必武、叶剑英、杨尚昆等领导人以讲座方式到校做时事述评。其次，结合抗日战争和边区建设创造性地"增加中国历史与中国情况及党的历史与党的政策教育"④ 等党史课程。最后，师生积极响应毛泽东"自己动手、丰衣足食"的号召，在南泥湾附近的杜甫川开辟了农场，既开荒种地，又烧木炭；在东门外的飞机场边开辟了菜园，办起了大车运输队、养猪队、豆腐坊等。延安外国语学校的师生将忙时劳动和闲时学习有效结合，交谈会话皆采用俄语，在改善物质生活的同时保证了教学工作。外文学子们"在劳动中，不断地改造着自己。夜里，躺在土炕上，抚摸着发粗的两臂和赤色的胸膛：就是这样，炼成了钢！"⑤

第二，确立了党在高校的领导地位。坚持中国共产党对高校的领导不仅是边区俄语教育，更是延安时期高等教育的根本保证。首先，延安外国语学校是在周恩来等中央领导人的亲切关怀下成立的。其次，党中央选派优秀的党政干部加强学校领导，朱德、叶剑英、曾涌泉、杨尚昆等先后担任学校校长。最后，学校建立健全党组织，保障党的政策方针和学校教育计划的贯彻实施。抗大三分校俄文队由汪涵之任政治指导员兼党支部书记，设立由 3 名学生、队长和政治指导员组成的支部委员会；军事学院俄文队继承抗大三分校党组织系统，分设两个党支部，保证学校教育计划顺利完成，并纠正与行政并立

---

① 朱敏：《开国将帅和他们的儿女》，当代世界出版社，1999，第 232 页。
② 中央档案馆：《中共中央文件选集》（第 13 册），中共中央党校出版社，1991，第 260 页。
③ 郑体武：《继往开来中国俄语教育三百年国际学术研讨会论文集》，上海外语教育出版社，2009，第 209 页。
④ 中央档案馆：《中共中央文件选集》（第 13 册），中共中央党校出版社，1991，第 257 页。
⑤ 张薇华：《诗路人生》，群众出版社，2001，第 58 页。

的不正确现象，分别由学员张开帙、么仲选兼任党支部书记；[①]在俄文学校党总支部委员会领导下设立五个支部，分别是由政治处、教务处和俄文队组成的支部，编辑处和翻译处组成的支部，校务处和工勤人员组成的支部，俄文队学员组成的两个支部。

第三，确立了俄语教育服务于党中心工作的办学定位。抗日战争时期，边区俄语教育从开办业余训练班到外国语学校，始终服务于抗日战争这个党的中心任务，培养目标从"适应抗战形势的发展和我军部队建设的需要，培养俄文军事翻译，以加强抗战力量，早日驱逐日本帝国主义出中国，争取抗战的最后胜利"[②]，到"培养通晓俄语、能说话、能联系实际的俄文翻译人才"，再到"培养具有军事知识及政治立场坚定的高级翻译干部"，又到"培养新中国的外交人才"，以"培养俄文军事翻译"为原点，随着革命形势变化做出相应调整，完成比较完善的教学任务和课程安排，根据培养目标决定课程类型和内容成为延安时期俄文教学自始至终遵循的准则。[③]

第四，确立了"学用一致"的办学理念。在战时教育方针的指导下，延安外国语学校以培养俄文军事翻译为目标，牢牢把握"少而精"的教学原则，制定政治军事课和俄文科两种课程内容，采取启发的、研究的、实验的教学方法，集中力量上好讲读课、语法课、会话课和翻译课，注重教学活动与社会实践的统一。

总之，1941—1945 年是中国共产党创办外语教育的发轫阶段[④]，在当时的艰难困苦条件下，从抗大三分校俄文队到延安外国语学校，以培养俄文军事翻译干部为目标，创新俄语教学方法，为新中国成立后大规模培养俄语人才和创办俄语专科院校提供了有益的历史经验[⑤]。

---

① 曹慕尧：《延安抗大俄文队：中国两所大学的发源地》，《党史纵横》2002 年第 7 期。

② 付克：《延安时期的俄语教育》，《中国俄语教学》1983 年第 4 期。

③ 郝淑霞：《新中国成立前中国共产党领导的俄语教育概观》，《中国俄语教学》2006 年第 3 期。

④ 王定华：《心系国家坚守使命，北京外国语大学 80 年办学历程透视》，《中国教育报》2021 年 9 月 20 日第 3 版。

⑤ 闫洪波：《从历史回顾中看中国俄语教学的特点》，《中国俄语教学》1999 年第 4 期。

PART 4

校史人物研究

中国大学校史研究 2022

Research on the History of
Chinese Universities in 2022

于右任与西北农林科技大学

西北农林科技大学档案馆　杨恒

于右任（1879—1964 年），原名伯循，笔名右任，陕西三原人，辛亥革命元老、著名书法大师、爱国诗人和杰出教育家，曾任国民党第一届中央执行委员，国民政府审计院院长、监察院院长等职。

20 世纪二三十年代，中国军阀混战，社会动荡，国家百业凋敝，特别是西北一带，灾祲连年，农事日废，民生日困。1931 年 9 月 18 日，震惊中外的"九一八"事变爆发，日本在吉林、黑龙江发动进攻，短短三个月占领东北全境，接着，发动全面侵华战争。在国家内忧外患之际，于右任等一批有识之士在国防建设的重要区域，开启了发展西北农业教育的实践探索，寻求救国救民之路。

一、创办的斗口村农事试验场成为"西农"高水平综合型试验站

1929 年，陕西大旱，田园荒芜，人们背井离乡，四处流亡。于右任目睹自己的家乡——陕西省三原县斗口村遭受灾害的惨痛景象，遂产生建立农事试验场的想法，通过农业技术培训、试验示范与推广，改良农业，增加生产，救民于水火。

（一）锲而不舍，支持农事试验场渐进式发展

于右任以自己祖遗和本户族约 300 亩土地为基础，又以公平价格收买客户出卖的田地，于 1931 年办起了斗口村农事试验场。通过渐进式发展，1933 年，试验场面积达 500 余亩，建有楼房五间、厩舍一间、厨室一间、茅棚数间；备有洋犁、中耕器、喷雾器、大车等农用工具；饲养牲畜、家禽若干。1935 年，建起了第二办公室。此后，试验场陆续购买斗口村附近田地.到解放前，试验场规模达到 1200 亩。

创办试验场的土地购置费、基础建设费等由于右任出资。另外，试验场经常费、职薪、临时费等均由于先生私人供给，国立西北农林专科学校（以下简称"西北农专"）筹备主任王玉堂在西北农专筹备工作报告中曾描述，在 1933 年的时候，于右任先生每月供给试验场 350 元。

（二）聘贤纳才，为农事试验场建立强大智库

在农事试验场发展的过程中，于右任先后聘任毕业于私立金陵大学农专科的农业专家辛尚志先生为试验场首任场长，果树专家杨蕴章为试验场第二任场长，曾任国民政府检察院秘书（厅级）的刘鲁堂为试验场第三任场长，由私立金陵大学毕业、曾参加农村救亡工作的刘多桂为试验场第四任场长。

1933 年，于右任邀请西北农专新聘园艺筹备员陈国荣及筹备主任王玉堂参观、考察斗口村农事试验场。同年，还邀请西北农专筹备处干事、园艺专家原芜洲和马天衡前往

斗口村农事试验场考察调研，为试验场的发展把脉开方。两位专家经考察后，对试验场的性质定位、组织、设备、功能分区、灌溉、营造防风林、果树栽培方法、场区绿化等提出了具有前瞻性的意见和建议。

1935 年，于右任诚邀西北农专园艺系教授兼系主任、园艺场场长及附设高等职业学校校长吴耕民先生，从日本和山东各处为试验场引进苹果、梨、桃、柿、葡萄等优良品种，并邀请山东园艺技工进行栽培示范。

获得美国康奈尔大学农学硕士学位的农业专家段瑞生曾多次受于右任先生邀请到试验场指导工作。

我国著名果树专家、曾担任中国农业科学院郑州果树研究所研究员的崔致学，1946 年金陵大学园艺系一毕业，就被于右任招募至斗口村农事试验场担任园艺部主任。

（三）开展广泛的引种与区域栽培试验

按照于右任先生的设想，试验场共划分为作物区、果树区、蔬菜区、苗圃区 4 个区。

作物区以麦、棉栽培试验为主，杂粮及豆类栽培试验次之，面积 700 多亩。

果树区引进枣、苹果、梨、桃、樱桃、柿、李、栗、葡萄、胡桃 10 种，以苹果、梨、葡萄品种居多，面积 400 多亩。

蔬菜区引进抱子甘蓝、牛心甘蓝、花椰菜、洋扁豆、秦椒、白菜、葱、萝卜、芫荽、丝瓜、当时稀有蔬菜、西红柿等，面积 10 多亩。

苗圃区繁殖有君迁子、胡桃、石榴、枣、刺槐、乌桕、玫瑰、毛桃等优良品种，面积 30 余亩。

（四）开办农技培训班

为加强农业技术培训，在于右任先生的主导下，试验场开办了三期农技培训班，"招收具有高小以上文化程度的学员，试验场供伙食和文具用品，实行半工半读……共计培养学员百余人"。据史料记载，培训班学员日后大都成了本地农技骨干：有的获得农技师职称；有的考入农业高等院校继续深造；有的由试验场的技术人员晋升为正、副研究员，潜心农业科学与技术攻关，传播农业专业知识。1933 年，供职于三原斗口村试验场的严协和，经过试验场技术培训和几年的实践锻炼，前往金陵大学农学系就读，毕业后赴斗口试验场主持场务，后成为陕南林务局、安康农改所、省办槐芽林场等农林界的业务精英。

（五）开展改良小麦推广，为军粮民食之供给贡献力量

在国难严重的紧要关头，于先生认为陕西省作为我国国防建设的重要区域以及我国主要产麦省份之一，对于抗战期间军粮民食之供给关系甚巨；陕西的农业发展，除积极扩大食粮作物栽培面积外，尤宜推广改良品种，以增加生产。于先生号召试验场积极投身于陕西省改良小麦推广，为军粮民食之供给贡献试验场的力量。仅 1940 年，试验场联合西北农场在泾阳县推广蓝芒麦 12 万亩，在三原县推广蓝芒麦 1.2 万亩。据 1933 年 9 月—

1935 年 3 月国立西北农林专科学校筹备概况考证，西北农专在筹备期间就曾从斗口试验场引进小麦和棉花等良种。

（六）开创陕西苹果商品性栽培之先河

试验场成立后，于右任极力主张率先开展苹果引种与栽培试验。1934 年，试验场从山东青岛、烟台及日本等地引进苹果苗木，建立丰产示范园，此期间引进的主要苹果品种有黄魁、早生旭、祝、红玉、元帅、青香蕉、印度、倭锦、国光等。1936 年春，试验场在陕西省耀县建立苹果园 16 亩，其品种有倭锦、元帅、国光、红魁、青香蕉等。1947 年，试验场又在铜川王益乡高原村建立苹果园 10 亩，开创陕西苹果商品性栽培之先河。

经过于右任先生多年呕心沥血的经营，广泛开展农业优良品种选育、栽培试验示范、农技人才培训、农业良种良方推广等农业教育实践的斗口村农事试验场，已发展成为享誉关中乃至西北地区的农业试验推广基地，并引起了国际社会的关注。1946 年 8 月 22 日，由美国加利福尼亚大学副校长兼该校农学院院长的赫契生博士率领的中美农业技术合作团慕名参观斗口村农事试验场，并对试验场取得的实绩给予了很高的评价。

先生创办的斗口村农事试验场，现已发展成为西北农林科技大学以小麦、玉米等粮食作物为主体，服务多个学科的集科研、教学、推广、成果展示四位一体的高水平综合型试验站。

二、筹创国立西北农林专科学校

20 世纪二三十年代，于右任等一批有识之士深感"西北一带亟当从事开垦，讲究农业。若设农林专校培养人才，可藉学术机关与地方人士合作，以学校为造林及垦荒之中心，再求民族之生路，全国家之命脉，庶几可得"，发出了"开放西北，建设西北""兴学兴农"的强烈呼吁，倡导在"中国旧文化发源地上建立中国新文化"，并着手筹办建设西北的高等农业教育事业。

（一）主创西北农专顶层设计

1932 年 10 月，于右任和张继、戴传贤三名提案委员联合陈果夫、居正、陈立夫、段锡明、叶楚伧、顾孟余、朱家骅、洪陆东、余井塘等国民党中央委员，向中国国民党中央执行委员会政治会议提交了《建设西北专门教育之初步计划》提案书。1932 年 10 月 27 日，中国国民党中央执行委员会政治会议第 327 次会议通过了该提案，成立了"筹建建设西北专门教育委员会"，于右任被推举为筹备委员。

1932 年 12 月 14 日，"筹建建设西北专门教育委员会"更名为"建设西北农林专科学校筹备委员会"，并在国民政府教育部召开了第一次建设西北农林专科学校筹备委员会会议，公推于右任、张继、戴季陶为本会常务委员。

1934 年 3 月 22 日，在国民政府教育部举行的第 6 次建设西北农林专科学校筹备委员会会议上，公推于右任担任校长。3 月 30 日，中国国民党中央执行委员会政治会议第 401 次会议决议于右任担任西北农专校长。

1936 年 7 月，国立西北农林专科学校筹备工作结束，于右任卸任校长一职。

作为创办西北农林专科学校的发起人、筹建西北农林专科学校的核心成员及领导者，为了确保筹备工作顺利进行，于右任曾多次向中国国民党中央执行委员会政治会议举贤荐能，丰富、扩大筹备委员会队伍。1933 年 8 月，于右任向中国国民党中央执行委员会政治会议提出，西北农林专科学校现正在陕西积极筹备，拟推该省政府主席邵力子同志为西北农林专科学校筹备委员会委员，以便就近协助。经 1933 年 8 月 24 日中国国民党中央执行委员会政治会议第 371 次会议讨论并决议通过，由教育部加聘，并函国民政府转饬遵照办理。1933 年 10 月，于右任和张继向中国国民党中央执行委员会政治会议提请加推王世杰为西北农林专科学校筹备委员会筹备委员。1934 年 2 月 1 日，中国国民党中央执行委员会政治会议第 393 次会议决议通过了该提议。

在总计召开的 7 次事关学校前途命运的建设西北农林专科学校筹备委员会会议中，除第 7 次会议因公务缠身，委托王玉堂代为参加外，前 6 次会议于右任均亲自出席，全程主导参与了筹委会章程、筹委会议事规则、学校办学经费、筹备建设程序、上海劳动大学校产处置、校址、学校规程、学校组织架构、学校编制原则、学校各系主任教授之聘请等与学校筹建相关重大事项的筹划与决策，并作为会议主席，主持了第 4 次筹备委员会会议，而且将第 5 次建设西北农林专科学校筹备委员会会议设在了自己的公馆，为西北农林专科学校的顶层设计鞠躬尽瘁。

（二）推荐王玉堂为学校筹备主任，成立廉洁、高效筹备处

1933 年 6 月 23 日，建设西北农林专科学校筹备委员会第 3 次会议决定校长人选，嗣因被选人力辞不就而一时难觅相当人员充任，而学校筹备事务又势不容缓，于是于右任提出，并商得戴季陶同意，暂聘王玉堂为西北农林专科学校筹备主任，以利进行。1933 年 8 月 23 日，王玉堂率筹备处人员自西安办事处抵达武功县政府所在地（今武功县的武功镇）建立筹备处，正式启动学校筹建工作。1933 年 10 月 5 日，建设西北农林专科学校筹备委员会第 4 次会议正式聘请王玉堂先生为学校筹备主任。学校筹备处成立后，王玉堂迅速组成一支艰苦创业的团队，在着手购买土地、规划校园、修通道路、建造校舍的同时，及早制订计划、聘请教师、设置专业，使建校、招生等诸多任务一并完成。在学校筹建过程中，王玉堂勤俭节约，与筹备人员一起住窑洞、食粗饭，过着极其清苦的日子。为节省经费，王玉堂不仅经常舍弃坐地收购的办法，自行组织人力进山伐木、筑窑、烧灰、制砖等工作，而且于 1933 年 11 月 3 日，上书国立西北农林专科学校筹备委员会于右任、戴季陶、张继三常委，"……为本校前途计，为筹备顺利计，愿在此期间自动将每月薪俸减少一百元，庶几公款得以余裕，筹备前途因之顺利。而主任之私衷，亦可以稍自安耳。伏乞"，主动要求减薪，以充作学校筹建经费。王玉堂学校前途至上、假私济公的高尚情操及奉献精神，为西北农专筹备工作树立了行为标杆。

王玉堂的工作得到了于右任的充分肯定："以台端任事以来，苦心筹划，夙著贤劳，丁兹筹备，进展时期尤殷畀倚……"王玉堂也取得了于右任的信任。1935 年 8 月 1 日，于右任亲笔写信给王玉堂,"我决不能就职,望弟以筹备主任维持,至要至要",委托王玉堂以筹备主任主持校政。

正是于右任先生慧眼识才,选择了一位甘于为学校前途奉献的筹备主任,组建了一支廉洁高效的筹备队伍,才造就了在极其艰苦的条件下,组织修建的三号教学楼等一大批建筑,在经历了80多年的日晒雨浊、抗日战争期间日军敌机4次狂轰滥炸和"5·12"地震灾难的情况下,今天依然墙正梁端、书声琅琅,成为学校历史的见证者、西北农专筹备处高效廉洁的丰碑。

(三)倾心西北农专筹建

于右任身为国民政府监察院院长,虽然公务缠身,仍多次亲临筹备现场,视察、指导筹建工作。1933年10月25日,于右任亲临位于武功县城的西北农专筹备处,在邵力子、杨虎城、王玉堂等人的陪同下赴武功县张家岗实地考察。到头道原头,用望远镜看校址对面牧场、渭河及太白山,屡赞其伟大,继又步行到卜村土窑洞筹备处工作人员驻地视察。晚上在筹备处,照王鸿训工程师制成的建筑校址平面图,讨论多次,最后决定校址以方里(相当于现在的540亩)为原则,必要时可缩短,校门确定为4个,又对拟定建筑略图稍加改正多处。于右任要求校门须有伟大、恢宏气象,使一般人望而得有壮观。26日,于右任又和邵力子、杨虎城、王玉堂等人赴宝鸡,然后坐斗子到距宝鸡县约20里许的宝鸡峡(宝鸡县太阴村峡口)视察,认为宝鸡峡为天然最合理想之水库良址。28日晨,于右任在武功县县政府大堂举行的有千余人参加的欢迎大会上,劝告武功人勤俭持家、立志学好,经过大荒劫之后,应有一番大觉悟,并强调西北农专设置于武功之种种重大意义,今后武功人民应爱护西北农专,予以帮助。

1934年8月19日,于右任在邵力子的陪同下,来校视察建筑工程、农艺、园艺成绩及各处工作概况。20日,又赴眉县林场参观、视察。

1935年1月18日,于右任临校视察,小住4日,对于一切工作,悉加指导,并向教职员学生作极具期望之训话。

于右任先生在回乡祭祖期间,也不忘西北农专的筹建事业。1933年11月9—12日,于右任一回到自己的故乡三原就邀王玉堂和新聘园艺筹备员陈国荣等人在三原共商校事,详细探讨了学校的购地预算、建筑费议案、筹备员聘任及月薪等重大事项。

于右任虽然不能长期亲临现场处理西北农专筹备事务,但他常常以电告、手谕等多种形式,对西北农专的筹建予以指导。1933年11月3日,关于西北农林专科学校的医院发展,于右任电告筹备主任王玉堂,"校医事先由小规模做起,候其回京提交议会,再执行扩充"。

学校附设高职1935年暑期开始招取新生,地点定为北平、西安、甘肃、宁夏、青海5处。1935年7月上旬,于右任手谕:除甘、宁、青三省招考,函请各该省教育厅代办外,西安、北平均派专员办理。

筹建工作,千头万绪。于右任先生以运筹帷幄、决胜千里的气概与胆识,以筚路蓝缕、开启山林之精神，外联内决，开启了艰难的西北高等农业教育事业的奠基之路。

（四）现场坐镇，为学校大楼建筑招标把关

学校大楼是国立西北农林专科学校的奠基性工程，于右任高度重视，并对招、投标工作亲自把关。

1934 年 7 月 16 日，国立西北农林专科学校筹备处通过上海《新闻报》等媒体，发布学校大楼建筑招标广告。

1934 年 8 月 4 日，国立西北农林专科学校筹备处在南京国民政府考试院举行投标会议。前来投标的企业有申泰营造厂、成泰营造厂、陶德顺营造厂、志仁营造厂、建业营造厂共 5 家在国内建筑行业颇具影响力的营造厂。

1934 年 8 月 10 日，在南京国民政府考试院进行了大楼建设工程开标仪式。开标当日，身为西北农专校长的于右任和国民政府教育部总务司司长雷震、作为本校筹备委员会常务委员戴季陶的代表陈天锡、学校建校工程师刘梦锡、学校筹备处主任王玉堂等专程前往国民政府考试院，对整个工程招标工作进行了全程的现场监督。开标结果为：标价最高的是申泰营造厂，为 43 万余元；标价最低的是建业营造厂，为 36 万余元。经于右任等督察组成员的详细审核与评判，最终建业营造厂以最低标价获得了大楼建设的承包权。

学校大楼，这座民国时期的西北第一高楼，今天的世纪精品工程，是于右任先生亲自把关招标的杰作。

（五）提出西北农林专科学校编制原则，布局学校二元学科发展体系

1934 年 3 月 22 日，建设西北农林专科学校筹备委员会第 6 次会议审议通过了于右任提议的西北农林专科学校编制原则。在该编制原则中，于先生明确提出了西北农专本科应设农艺组、森林组、畜牧组、兽医组、农业经济组、园艺组、水利组、农业工程组、农艺化学组 9 组，西北农专附设高职应设农艺科、森林科、畜牧科、兽医科、园艺科 5 科；阐明了西北农专本科与附设高职应同时开办，并详陈了同时开办的九大理由。一是西北农专高职造就之中等技术人才与农专本科所造就之高等技术人才均为现实农业所必需，同时造就，方为上策。二是若西北农专先仅设高职，不设本科，一方面，高职教材缺乏来源；另一方面，国家迫切需要的农业高等技术人才短期难以造就，两相并进，较为完善。三是西北农专亟宜开办本科各组，从而使近年由于遭受天灾而无力至外省求学深造的大批西北地区高中毕业生能有深造专门学业之机会。四是西北青年具有升入专科学校学力者很多，只是因为缺乏专科学校，导致有的荒废前功，有的沦为失学失业者，有的群趋于文法学科。这些状况均无益于地方实际需要。西北农专本科各组之开办实为必要。五是西北青年在平、津、沪、汉各地求学者，多年来备受天灾及农村破产之影响，中途辍学者为数至多。西北农专开办本科各组，一方面，可使这些辍学学生进学有途；另一方面，就近求学，可补救学生家庭经济之穷。以西北目前情况论，此办法实不可缓。六是国内有志开发西北之青年，愿投身西北实地求学者应不乏其人。西北农专开办本科各组，会使四面八方的有志青年闻风向往。这种生源大融合不仅会促使西北当地青年更加奋勉，而且会使学校的学术程度因比较而提高。七是西北农专开办的本科各组附有实际试验及推广之工作，能为专门学人提供研究平台，能够实现教学相长之效果。八是西北农专本科各组是就西北地方急切需要而设，理应与附属高级农业职业学校同时开办。九是西北农专本科尚未开办，若单成立附高，则与专科学校规程相背。

学科编制原则，勾勒出了西北农专本科和高职二元学科体系协同发展的基本构架，阐明了学校二元学科体系协同发展的必要性与紧迫性，是西北农专学科建设的行动指南。

（六）助推西北农专的西北农业调查与研究事业

1934 年 7 月，西北农专筹备处奉西北农专筹备委员会常务委员于右任令，派安汉为特派员随带调查员李林海、筹备员李自发等前往甘肃、宁夏、青海三省调查农业状况并筹设农场，本校分函甘、宁、青各省政府及建设厅，届时予以协助，以利进行。安汉等人于 7 月 12 日由西安首途西上，经陕西彬县、长武以至甘肃平凉，历时 16 日抵兰州，沿途调查地势、水利、森林、土壤、气温、地价、牲畜、作物等，30 日由兰州转赴青海，直达西部湟源、共和、贵德各县，又从青海北上抵甘州、安西、宁夏一带及西至天水等处，历时四月之余。沿途考察农情颇为详细并择定本校应设农场各地点。学校在甘肃设立的农场位于兰州以西四十里之西古城，已聘温仲兴开始筹备。1934 年 11 月下旬，安汉等调查结束回校。于右任为 1936 年出版的《西北农业考察》一书亲自题写了书名。

1934 年，于右任还托沈宗瀚博士在甘、青两省代本校调查农林实况，并请土壤专家美国人梭颇博士来校进行土壤学相关试验研究。梭颇对学校规模宏大的农场非常赞慕，拟再来做长时间之研究。

于右任先生凭借个人的号召力，吸纳安汉、沈宗瀚、梭颇等业界名流参与西北农业调查与研究，助推西北农专科研与推广事业的开展和深入。

（七）典立理论教学与实践结合的西北农专办学理念

在西北农专筹建过程中，于右任非常强调实验、实践等办学条件的重要性。他认为：办学条件不备，遂使贤能却步。即使勉强留住人才，也是人才、经济与时间的浪费；农场、林场、牧场等附属场所也是办学条件的重要组成部分，附属场所（农场、林场、牧场）未完成，不宜开办本科；即使不开办本科，农场、林场、牧场等亦万不能不备。并提出：西北农专的筹建要优先成立各重要研究所及聘定专家，并迅速开办农、林场。1933 年 10 月，筹备工作首先着手建设农、林、园艺等各实习实验场所。农场场址在杨陵三道原杜家坡村，由我国早期著名棉花栽培育种专家郝钦铭和著名农学家、农业教育家沈宗瀚主持筹建；林场分设三处，眉县分场由来自德国的著名林学家戈特里布·芬茨尔主持筹建，咸阳、武功两分场均由我国著名林学家齐敬鑫主持筹建；园艺场场址在杨陵二道原，由曾任劳动大学农学院院长的著名园艺学家郭须静（字厚庵）等主持筹建。其中，郭须静在筹建园艺场的过程中，因劳累过度，英年早逝，于右任先生亲自为其主持后事。

在筹建场站的同时，学校开始了科学研究。于右任高度重视学生的田间实践环节。1935 年 6 月上旬，于右任电令西北农专："近因值收麦期间，特停课一周，俾学生实地练习统计试验、田中获麦等，并将此项练习即做学生成绩，当即令饬高职遵办矣。"结果学生获益极多。

正是于右任"先建场站，后建系（组）"的筹建思想及对学生田间实践的高度关切，才奠立了理论教学与实践结合的国立西北农专办学理念。

（八）吸纳陕西省水利专科班入校，促生水利组提前开课

陕西省水利专科班为我国近代水利工程专家李仪祉先生所创建。20 世纪 30 年代初，李仪祉先生在兴办陕西关中泾惠、洛惠水利工程时，每感人才缺乏，于 1932 年呈陕西省政府批准建立陕西省水利专科班，附设于陕西省西安高级中学，1933 年春开始招生。

1934 年 3 月，于右任在拟定西北农林专科学校编制原则时，拟设立水利组。同年 5 月，于右任与李仪祉反复协商，双方同意将陕西省水利专科班改为西北农专水利组。1934 年 6 月 19 日，陕西省政府第 100 次政务会议议决通过这一改组议案。同年 9 月 1 日，西北农专完成接收陕西水利专科班本科生、预科生 76 名，教职员 18 名，聘李仪祉教授兼任西北农专水利组主任，正式开学。当时因西北农专正在基建，仍借用西安高级中学房舍就地办学，1935 年 8 月，迁至武功张家岗西北农专校部。

陕西省水利专科班的"嫁接"入校，节约了学校水利组筹建的时间成本、招生成本、教师招聘成本等，前置了学校水利组的启动时间。

于右任先生亲手创立的国立西北农林专科学校，历经 80 多年的发展，先后成为国家"985 工程"和"211 工程"重点建设高校，首批入选国家"世界一流大学和一流学科"建设高校，正在向产、学、研紧密结合，特色鲜明的世界一流农业大学迈进。

三、"十年万井"计划惠泽"西农"

卸任西北农专校长后，于右任仍然心系西北农专的发展。1941 年夏，于右任视察西北后，萌生"十年万井"计划，以救西北之穷，谋西北之利。1942 年 8 月 1 日，中国工程师学会在甘肃兰州召开中国工程师学会暨各专门学科联合年会。于右任将该计划电达大会研究、讨论。与会专家一致认为于先生提出的"十年万井"计划是一项切实、有效、易行的西北水利补助工程，为目前亟应举之事。旋即成立西北区"十年万井"计划研究会，任命国立西北农学院水利系主任沙玉清为主任委员，并委托该研究会会同国立西北农学院负责实施。

（一）建议开设农田水利专修科（凿井班），培养凿井人才

当时我国凿井技术极不成熟，缺乏凿井理论以及凿井机械运用的训练，至于掌握良好凿井学理论与技术的专才就更为稀缺。于右任建议教育部在国立西北农学院内增设农田水利专修科（凿井班），招收高、初级中学毕业生，授以地质、土壤、水文、水力、凿井、机械等科，并注意实地之练习，修业年限暂定为两年。

（二）提倡开展与凿井计划相关的研究试验

西北黄土高原土层深厚，地下水碱涩，加以交通阻梗，器材缺乏，无论凿井技术还是及推行方策，均须经详密之研究与独特之创造，才能克服各种难关，取得理想结果。于右任倡议计划实施前应进行水源探测、水质检查、地质构造、凿井工具、凿井材料、凿井方法、汲水机械、井水利用等项目之研究。

（三）强调开展与凿井计划相关的察勘调查

西北各地的地下水源、地层构造、农业现状、工业基础、交通状况等迥然各异。于右任强调，应组织调查队派赴各地做实地察勘，并择重要地点开凿试井，并详加研究。

（四）制订"三步走"凿井计划

第一年（1943年）为"筹备期"，其主要工作为训练人才、预备机械，并组织察勘队二队分赴西北各处实地调查。第二年（1944年）为"试凿期"，组织凿井队五队，选择甘肃省的适宜地点举行试凿，以每队平均凿井四口计，共可凿试井二十口。自第三年（1945年）起为"普凿期"，由中央政府筹设西北凿井机关，负责按年以数学级数推算进行，实行普凿。至第十年（1953年）则全计划完成。

（五）确立凿井地点布局原则

于右任先生认为，凿井之目的应以国防交通为首，确保无论平时、战时，即使遇大旱之年，仍须充分供给西北军民之饮用及交通上、工业上必需之水量。同时，要满足高原农业之需要。故凿井之地点应优先选择在西北各省之重要城市及军事战略要地，其次为交通要道之各镇、各站，然后推广到乡村，再由乡村辐射推广到高原农田。

（六）西北水利专业考察，迈出"十年万井"计划第一步

为了推动"十年万井"计划的实施，中国工程师学会组织了一个由国立西北农学院沙玉清教授和陕西省水利局陈之颛工程师负责的水利考察团。该团于1943年4月1日自兰州出发，先后考察了甘肃河西地区，当年宁夏的居延地区（今内蒙古的额济纳旗）以及新疆的哈密、迪化（今乌鲁木齐）、伊犁、塔城、阿尔泰、阿克苏、焉耆等7个地区，往返10余月，行程3600余里，1944年1月21日结束考察，回到兰州。

考察归来后，从1944年上半年开始，沙玉清先生先后在《大公报》《中央周刊》《西北水声》上发表《十年万井之真谛》《十年万井 建设西北》等文章，对西北地区的水利事业进行了全面的分析述评。特别是1945年6月，沙玉清与一同考察的陕西省水利局陈之颛共同撰写的《河西居延新疆水利考察报告》，把所考察的每一地区之水源、水利现状、将来之展望，以及建议都详细地总结、概括了出来。这些翔实、丰富的第一手考察资料与系统总结，丰富了西北农学院水利系的教学内容，为西北农学院开展西北水利研究与技术推广奠定了坚实基础。

四、结束语

于右任的农业教育实践，以经世致用为特征，富有创新性和时代感，是其农本观念、悯农意识、教育救国思想的具体体现，对我国西北现代高等农业教育的发展具有拓荒、奠基作用。其农业教育实践成果是我国现代农业高等教育的宝贵财富与优良发酵剂，

经过反复的酿造与发酵，不断焕发出新的活力与创造力，推动我国农业教育事业的持续发展。由先生亲手创立的国立西北农林专科学校，历经 80 多年的发展，先后成为国家"985 工程"和"211 工程"重点建设高校，首批入选国家"世界一流大学和一流学科"建设高校，正在向产、学、研紧密结合，特色鲜明的世界一流农业大学迈进；先生创办的斗口村农事试验场，现已发展成为西北农林科技大学斗口农业试验示范站，承载着学校 7 个学科的科研、推广以及学生实习等任务；先生"十年万井"计划的技术依托单位国立西北农学院水利系已发展成为西北农林科技大学水利与建筑工程学院，肩负着学校率先创建国际一流学科的重要使命。

参考文献

[1]《果树学报》编辑部.深切悼念我国著名果树专家崔致学研究员[J].果树学报，2005（2）：100.

[2]张波.于右任诞辰一百二十周年纪念文集[M].咸阳：西北农林科技大学出版社，2000.

[3]王文慧.民国西农纪事：1932—1949[M].咸阳：西北农林科技大学出版社，2015.

[4]高华，赵政阳，梁俊，等.陕西苹果品种发展历史、现状及育种进展[J].西北林学院学报，2008（1）：130-133.

[5]校闻.中美农业技术合作团莅陕[J].国立西北农学院院刊，1946（5）：5.

[6]闫祖书.西农抗战记忆[M].咸阳：西北农林科技大学出版社，2015.

[7]中国第二历史档案馆.于右任"十年万井计划"案[J].民国档案，1999（4）：43-45.

[8]李靖，马孝义.西北农林科技大学水利与建筑工程学院院史（1934—2014）[M].咸阳：西北农林科技大学出版社，2014.

陈嘉庚的企业社会责任观初探

厦门大学档案馆　石慧霞

作为一名杰出的企业管理者，陈嘉庚先后经历了 14 年（1890—1904 年）助父经商和 30 年（1904—1934 年）独立创业经营，前后长达 44 年。陈嘉庚的企业王国屡克艰难、频创佳绩、叱咤风云，特别是在企业主营的橡胶生产、加工和制造业，陈嘉庚开创了华人经营橡胶业的黄金时代，对于促进星马地区的繁荣，做出了不可磨灭的贡献。[1] 他也因此成为侨界翘楚，被誉为"华侨商圣"[2]。20 世纪初，鲍恩指出，公司的社会责任就是认真地考虑公司的一举一动对社会的影响。[3] 企业家的企业社会责任观是指企业家关于企业与社会关系的系统观念。据西方企业管理理论，作为社会组织一员的企业，企业社会责任是社会在一定时期对企业提出的经济、法律、道德和慈善期望。回顾陈嘉庚的创业史，对于处理发展企业与履行社会义务的矛盾、企业效益和社会责任孰先孰后、个人如何对待"取得"和"奉献"的关系等，陈嘉庚都形成了自己一贯而清晰的思想观念，即今天所称企业家的"企业社会责任观"。陈嘉庚的企业社会责任观不仅是他本人长期自觉主动和由内而生的价值追求的反映，更是海外商界华侨为了民族生存发展奋力拼搏的缩影。

一、陈嘉庚的企业社会责任观

20 世纪上半叶，陈嘉庚创业时期，社会对企业家和企业尚未赋予明确的社会责任要求。中西方学者关于企业社会责任的研究刚刚起步。[4] 某种意义上说，陈嘉庚企业社会责任观的形成是一种自发到自觉的探索过程。陈嘉庚创业于南洋，这里是中西文化的汇聚之地。《孟子》曰："穷则独善其身，达则兼济天下。"陈嘉庚的企业社会责任观既受到西方现代企业制度和文化的影响，同时深受中国优秀传统和伦理道德的滋养，他将企业作为一个道德主体进行运营管理，他把海外华侨爱国爱乡、奋斗自强的高尚情怀与自我实现的人生理想紧密结合，并贯穿企业经营活动的始终，消除企业至上、利润至上的价值取向，通过不断地参与和投入社会公益实践，实现了企业经济目标与社会责任目标的协调统一。

（一）初创时期：重义轻利　诚信果毅

1903 年，父亲陈杞柏的顺安米店亏空，债台高筑、停业清盘。陈嘉庚非常感慨："家君一生数十年艰难辛苦，而结果竟遭此不幸，余是以抱恨无穷，立志不计久暂，力能做

---

① 魏维贤、许苏我：《椰阴馆文存补编》，南洋学会出版，1987，第 41 页。
② 陈经华主编《伟人伟业——纪念陈嘉庚先生诞辰 140 周年》，中国文化出版社，2014，第 3 页。
③ 哈罗德·孔茨、西里尔·奥唐奈、海因茨·韦里克：《管理学》，郝国华、金慰祖、葛昌权译，经济科学出版社，1993，第 689 页。
④ 企业社会责任概念起源于西方，是指社会在一定时期对企业提出的经济、法律、道德和慈善期望，即社会认为企业应承担经济责任、法律责任、伦理道德责任以及慈善责任。详见：苏勇：《管理伦理学》，东方出版中心，1998，第 2 页。

到者，绝代还清以免遗憾。"① 1904 年，30 岁的陈嘉庚不得不独立创业，开启了他的创业之路，筹资在新加坡建设黄梨厂。为了在黄梨行业竞争取胜，他四处奔走，考察新加坡黄梨业的供、产、销和经营管理各环节，经过一番市场调研，"为人所不为"，选中样式复杂、少人问津的"杂庄"黄梨罐头投入生产，很快占有了新加坡"杂庄"黄梨罐头大半市场。1907 年，企业初战获胜，陈嘉庚认为最急迫的事情是偿还父亲米店停业时所欠债款。他联系债主商议清还的消息一传出，友人纷纷劝阻："洋律父子债不相及，况顺安之败，实由若辈所致。今诸押主皆有产业在其掌握，一旦价值升即可抵偿，君何必汲汲于清偿耶。"陈嘉庚却认为："诚然，但余必终以父债未清为耻。善济者不待富而后行，度力所至则为之耳。"② 中国传统文化"诚信守诺、欠债还钱"的理念在陈嘉庚思想中牢牢扎根，他不为亲友的苦劝所动，以企业初创的第一桶金还清了父债。

陈嘉庚企业初创，根底浅薄，拿出一大笔钱还债后，经营更显拮据。由此可以看出，陈嘉庚企业社会责任观在他创业之初就显露端倪，他是从"为人"而不是"为利"出发，重义轻利、诚信果毅。父亲陈杞柏原本在商界信誉崇高，旧债还清不久，长期卧病在床的陈杞柏没了遗憾，了无牵挂地离开人世，这对于陈嘉庚不失为巨大的安慰。意外的是，陈嘉庚坚持偿还父债，在当地华人社会中被传为佳话。陈嘉庚"值得信赖、重信守义"的品质在星马侨商中获得广泛称赞。这样一个由内而生的自觉行动使陈嘉庚获得业界比金子更宝贵的商业信誉，而且收获了父亲一生积累的人脉资源，为陈嘉庚日后在商界宏图大展奠定了扎实的社会声誉基础。

（二）发展时期：善用财富 贡献社会

陈嘉庚企业渡过初创期的举步维艰后，各种挑战接踵而至。陈嘉庚筹划有方，抓住商机，在继续经营黄梨罐头加工制造业的同时，涉足大米销售加工、黄梨种植、树胶种植、冰糖生产、船务业等。1913 年，经过近 10 年的独立创业，他的企业取得令人瞩目的发展，拥有资产近百万，39 岁的陈嘉庚已是一位羽翼丰满、不容轻视的资本家、工业家和种植商。同时，他也是一位信誉卓著、久经考验的商人。

在当时的南洋社会，比陈嘉庚有钱、腰缠万贯的企业家不在少数。陈嘉庚与他们最大的不同之处在于，他从未被财富所累，始终保持着自己的金钱观："取诸社会、用诸社会"，"财由我辛苦得来，亦当由我慷慨捐出"③；金钱如肥料，散播乃有用④；他慷慨地把企业盈利贡献于社会公益。1907 年，偿还父债不久，陈嘉庚就投身于争取华侨利益、侨社进步的事业当中。作为发起人之一，他在新加坡筹建了道南学堂，他带头捐资、大力劝募、督导学政，道南教学质量名列前茅，深受侨众欢迎。同时，陈嘉庚不仅自己捐，还大声疾呼，投入大量智慧和心血倡导、组织社会募捐。1917 年和 1918 年，天津、广东发生水灾，陈嘉庚先后担任天津筹赈水灾游览会会长、新加坡同济医院筹赈广东水灾负

① 陈嘉庚：《南侨回忆录》，中国华侨出版社，2014，第 412 页。
② 洪永宏编撰《陈嘉庚新传》，八方文化企业公司，2003，第 28-29 页。
③ 杨进发：《战前的陈嘉庚言论史料与分析》，新加坡南洋学会，1980，第 27 页。
④ 新加坡南侨总会编《陈嘉庚言论集》，星洲南侨印刷社，1949，第 8 页。

责人等，领导组织募捐。

1910 年，受革命同志炽热的爱国之情和孙中山"驱除鞑虏，恢复中华，建立民国，平均地权"革命政纲的影响，他正式加入同盟会；同一年，当他发现清廷驻新加坡领事馆对侨民诉讼案办理不公，他立即写信给新加坡中华总商会申诉，因急公好义，陈嘉庚即被选为中华总商会第六届委员会协理。1911 年 10 月，辛亥革命爆发，11 月，福建省光复，革命军政府面临库空如洗、民心动摇、治安堪虑的困境。虽然陈嘉庚再创业资历和资产上尚不具优势，但因其兼具同盟会会员、热心社会公益等条件，被新加坡闽侨推选为福建保安会会长。陈嘉庚不负众望，带头捐款，以其杰出的领导能力在一个月内就募得 20 余万元，有力地支援了革命军政府。

陈嘉庚在经营企业的过程中，始终热切关注着星马社会的发展和祖国的命运。对于企业成长中快速积累的财富，他认为：无为之费，一文宜惜；正当之消，千金慷慨。[①]陈嘉庚的儿子陈国庆曾经回忆说，陈嘉庚虽是所谓的富豪，但他的生活非常节俭。而且陈嘉庚无论在新加坡还是在祖国家乡，从来没有将企业所得作为自己的储蓄，陈嘉庚说，经营企业只是抱着"公忠尽职之心"。陈国庆说，陈嘉庚平时身上的现金不超过 5 元，从不乱花一分钱，即使是怡和轩附近的菜馆、咖啡店，也从未光顾。一生只看过一部电影，是在新加坡首都戏院看的，是一部为筹赈会义演的片子。[②]在企业发展时期，陈嘉庚参加革命和公益活动，不仅没有影响企业发展，而且提升了陈嘉庚服务、贡献社会的格局，拓宽了他的视野、打开了企业发展窗口。

（三）鼎盛时期：立意高远　倾心教育

办好企业是陈嘉庚人生事业规划的重要组成部分，但不是他事业规划的终极目的。"既称事业，必有体系"，他认为，"振兴工商业的主要目的在报国，而报国的关键是在提倡教育"[9]；"教育不振则实业不兴，国民之生计日绌"。随着陈嘉庚企业的不断壮大，"办实业、兴教育"成为支撑他事业走向辉煌的动力之源。"教育之必需经济，经济之必赖实业。实业也，教育也，固大有互相消长之连带关系也，明矣。"[9]"无实业则教育经费从何来，无教育实业人才从何出？"[9]因此，陈嘉庚的商业利润越多，他兴教育的决心和投入就越大。在国难深重的时代背景下，陈嘉庚坚定地认为教育是立国之本，兴学乃国民天职。作为国民一分子，他对自我价值有深刻认知，更有自觉行动。

陈嘉庚在看待企业与社会关系时，已经跳出企业的局限，站在社会和国家需求的角度看企业能为社会做什么、能承担什么样的职责，所以他的企业社会责任观不仅是实现企业的社会价值，更是希望企业能够在改变国家落后、被动挨打这方面发挥最大价值。

随着他企业的壮大，他兴学的力度也不断加大，特别是他在集美创办了幼儿园、小学、中学、师范学校、专科学校等一系列教育机构之后。当他的企业达到鼎盛时期，他向公众宣布捐出自己当时的全部资产筹办大学。大学筹办耗资巨大，陈嘉庚已经充分地

① 王增炳、陈毅明、林鹤龄：《陈嘉庚教育文集》，福建教育出版社，1989，第 170、187—188、319、331 页。
② 陈国庆：《我的父亲》，载《回忆陈嘉庚》，中国文史出版社，1984，第 52—58 页。

显示了他对教育的热衷和贡献，为什么还要办大学？陈嘉庚认为，要持续地办好已经捐助的这些基础教育机构，除了企业需要不断地投入办学经费，更重要的是要有优秀的师资，而这些师资只能靠大学培养。1921年，他将自己当时的全部资产400万元捐出，创办了厦门大学。从最早创办"惕斋"学塾始，有人曾统计，陈嘉庚一生在开办费及经费方面先后捐助了国内和海外118所学校[1]，国内主要在家乡集美，海外主要在他的创业所在地新加坡。

陈嘉庚不愧为商界奇才，他在菠萝和米店生意获利后，敏锐地发现了橡胶业的巨大市场前景，将橡胶种子套种在菠萝园当中，并且预言20世纪将是橡胶的世纪。橡胶树成为陈嘉庚的摇钱树。1925年，陈嘉庚的橡胶产业达到了巅峰。他拥有面积90多万亩的胶园，成为南洋华侨大橡胶园主之一，雇用员工达到2万多人，有80多个商务机构、100多个代理商家。各种各样的橡胶制品分销全球各地，公司品牌的胶鞋、轮胎及其他橡胶制品成为国际名牌，畅销全球五大洲。[2] 1925年，陈嘉庚的实有资产达到1200万元，陈嘉庚自认为这是他一生中商业登峰造极、得利最多及资产最巨之时。

陈嘉庚信心满满地加大对厦门大学和集美学校的建设与投入。1925年春，陈嘉庚在集美学校增设航海科，5月，购置荒地并辟农林试验场，筹办集美学校农林部。同年冬，他函告厦门大学、集美大学两校长，可增加经费，扩充设备，并拟捐建厦门、福州、上海三处图书馆。[3] 1926年，厦门大学在陈嘉庚的大力支持下，重金礼聘优秀师资，以优厚的待遇吸引了一批知名学者来校任教，师资得到快速充实，研究取得新进展，厦门大学国学研究院云集了林语堂、沈兼士、鲁迅、顾颉刚等一批著名学者，创办伊始就成为全国三个国学研究的中心之一。陈嘉庚的商业利润越多，他兴教育的决心和投入就越大。"兴实业、办教育"成为陈嘉庚对自己事业体系整体规划的理想蓝图。

（四）困境时期：抉择从容　坚守责任

企业家的社会责任观不仅体现在企业成功时，更反映在企业陷入困境、企业家面临企业利益与社会担当的矛盾时。陈嘉庚的企业从鼎盛进入困境是在第一次世界经济危机爆发前，当时橡胶价格经历了长时间的剧烈震荡。1926年，胶价突跌，从每担200多元跌至90元，各胶厂利润锐减，此后三年，胶市都无好转迹象，陈嘉庚的企业支柱——树胶工厂出现乏利现象。祸不单行，在树胶工厂经营渗淡之时，陈嘉庚的公司又遭到日本胶商针锋相对的市场竞争。陈嘉庚的公司时为南洋最大橡胶制品公司，1928年，日本制定"经济南侵"的扩张政策，日本资本家以国家力量在新加坡设树胶公司，与陈嘉庚的公司展开竞争。陈嘉庚公司主要的产品胶鞋，6成在东南亚销售，其余销往中国。日商有组织有领导地进行削价倾销，依仗其政府补贴，以低于市价2—3成甚至低于成本的价格，抢夺陈嘉庚的公司胶鞋制品的市场份额，日货充斥了整个东南亚市场。陈嘉庚的公

① 曾讲来主编《陈嘉庚研究文选2》，厦门大学出版社，2007，第118页。
② 卢业苗：《百年市场一百雄》，广东经济出版社，2000，第371页。
③ 王增炳、余纲：《陈嘉庚兴学记》，福建教育出版社，1981，第110页。

司遭到严重损失。不仅如此,由于陈嘉庚创办的《南洋商报》积极倡议南洋华侨反对日本侵略、抵制日货,并揭露奸商贩卖日货的行为,陈嘉庚重要的橡胶品制造厂遭人纵火,"飞来横祸"使公司蒙受 100 多万元的财物损失。[①] 陈嘉庚的公司受到重大打击,陈嘉庚不得不低价出售了 11000 多亩的胶园,资产大幅缩水,企业陷入困境。

面对困境,陈嘉庚倾心教育、报效国家的企业社会责任观反而更加突显。他首先统一思想,要求各分行、分店每周将柜内现金及银行存款合计总数汇至总部,缓解公司资金压力;紧接着,重新修订《陈嘉庚公司分行章程》,在该章程页眉,陈嘉庚撰写醒目的警语与员工共勉:战士以干戈卫国,商人以国货救国;我退一寸,人进一尺,不兴国货,利权丧失;商战之店员,强于兵战之军士;能自爱方能爱人,能爱家方能爱国;惟有真骨性方能爱国,惟有真事业方能救国;在公司能为好店员,在社会便为好公民……[②]

在企业遭遇危机之时,陈嘉庚坚守企业社会责任,加速产品研发,在其他橡胶制品公司裁员之际,他却在树胶制造厂投入更多资金,征招更多员工,设立更多分销点,使其公司得拓展:员工一度达到峰值的 3.2 万人。

陈嘉庚认为,树胶工业前景光明,"小国如日本有大小胶品工厂 400 多间,大国如中国却无一间"。在陈嘉庚看来,新加坡地理条件优越,劳力、原料资源丰饶,有足够之设施,为此他不惜垫资扩充。同时,他亲自在胶品制造厂进行多项科学实验和产品开发,其中 4 项获得英国政府颁发的多项专利权(见表 1),陈嘉庚不仅被海峡殖民地政府视为星马最卓著的工业家,也被视为发明家。

表 1   以陈嘉庚名义申请获英政府颁发的专利(1924—1932 年)

年份	专利发明项目
1924	发明、改良轮胎胶底、内胎
1927	新方式用以配套皮靴及皮鞋上层
1928	新发明:胶带木屐 改进:胶制箱、行李和草胶袋之制造方法
1932	发明新方法以制造一种可折叠、由气体压缩而成之防水性胶制饼干盛器及其他同类产品

陈嘉庚扩充胶品厂的策略显然超越了企业私利目的,蕴含着他对中国工业现代化的设想。他希望把自己的胶品制造厂办成一所训练学校,使技术人员、熟练工人将来可以回到中国发展工业。

陈嘉庚在胶品工业的扩展宏图在当时的时代背景下最终没能彻底改变公司状况,但在这个过程中,陈嘉庚的公司从未拖欠厦门大学、集美大学两校的经常校费。1926—1934 年,公司先后汇给两校校费 335 万叻币。陈嘉庚将支持厦门大学、集美大学两校明确写入新修订的《陈嘉庚公司分行章程》中:"厦集二校之经费,取给予本公司,本公司之营业,托力于全部店员;直接为本公司之店员,间接为厦集二校之董事。"[③] 当英国汇丰

---

① 陈碧笙、杨国桢:《陈嘉庚传》,福建人民出版社,1981,第 38-39、40、149 页。
② 陈嘉庚:《陈嘉庚公司分行的眉头警语》,载厦门市集美区档案局编《集美寻珍》第 11 辑,人民日报出版社,2018,第 173 页。
③ 陈嘉庚:《陈嘉庚教育文集》,福建教育出版社,1989,第 155 页。

银行提出停止供给两校经费，即给予继续贷款时，他严词拒绝，"宁可企业收盘，决不停办学校"①。1931 年 1 月底，公司已无现金汇给厦门大学、集美大学两校，陈嘉庚公司的经济基石开始动摇，严重的资金周转问题出现，陈嘉庚将自己在新加坡经禧律 42 号大厦卖掉，宁可企业收盘，决不停办学校。

（五）主动清盘：明心见性　自我实现

对于企业家而言，最不想看到企业破产倒闭，这对他们而言意味着失败。破产是每个商人、企业家最害怕的字眼，一旦宣布破产，他的财产就要被冻结和清算，以还清他的全部欠债，从此不得再做生意，直至还清全部欠债为止。

20 世纪 20 年代末，在世界经济危机背景下，欧美和加拿大等国纷纷筑起关税壁垒以阻挡外货，英国殖民当局出于保护宗主国利益等需要，对新马等地企业竟然采取冷眼旁观、伺机打压的态度。1933 年 5 月，英国政府在加拿大渥太华召开帝国经济会议，英国殖民当局拒绝在海峡殖民地各处设立关税壁垒，以免影响宗主国及日本之竞争。陈嘉庚公司失去了殷切盼望的保护后，蒙受惨重损失，此举无疑使陈嘉庚重振企业的希望再次破灭。对于陈嘉庚而言，仍存一线希望的是，《渥太华协议》规定，马来西亚输往英国的胶鞋享受优惠国待遇，此可以击退一些非优惠国包括日本。不到最后一刻绝不放弃的陈嘉庚准备大规模扩大出口英国的胶鞋生产，未料公司董事会为保障英帝国利益，指定一家英国公司垄断，不允许其他商人包括华商参与。②"一家专卖"暴露殖民地政府有意打压陈嘉庚公司的企图。陈嘉庚彻底明白在外国资本钳制之下，没有强大的祖国做后盾，华侨不可能得到平等的待遇和尊重。

董事会越权与英商签约之后，陈嘉庚认为"与其被人搞垮，不如自行停业"。他积极谋划，将公司基础较好的几家胶厂及食品厂，分别出租或转让给李光前、陈六使，并与他们订立"君子协议"，注明今后获利，抽固定比例充作厦门大学、集美大学校费。1934年，陈嘉庚主动将自己的企业清盘，舍弃企业，保住学校，继续履行企业的社会责任，这是陈嘉庚在面对企业生死关头做出的选择：终结企业，承担社会责任。一位印尼华侨，在自己家乡支持教育，办了多所学校，被称为"印尼陈嘉庚"。接受采访时他说："我怎么能和陈嘉庚相比，1943 年我到马来西亚参观橡胶园时，我看到陈嘉庚企业的橡胶园外面，挂着很多大大的红布条，写着'集美学校校产、集美学校校产'。"企业收盘后，陈嘉庚更加凝神专注于带领东南亚华侨投入抗日救亡伟大斗争的战役当中。在社会舞台上，他的才华得到充分发挥，他那炽热报国的赤子之心焕发出夺目异彩，辉耀史册。

二、陈嘉庚企业社会责任观的影响因素分析

陈嘉庚生活在中国历史剧变的年代，也生活在东南亚社会与政治大动荡的年代。他的企业社会责任观正是特定的时代背景、社会环境、家族氛围和自身性格特质等多种因

---

① 洪永宏：《陈嘉庚的故事》，鹭江出版社，2002，第 130 页。
② 因陈嘉庚没有接受银行停办学校的要求，公司被改组为股份制，陈嘉庚只是公司董事；此外，陈嘉庚长期将企业盈余寄回国内兴学办教育，引起了英国政府的警觉。

素相互碰撞、交互影响的结果。

（一）民族危亡的鞭策激励

陈嘉庚生于国难、长于国难。1874年，陈嘉庚出生于福建厦门集美村。鸦片战争的失败，导致清政府签订《南京条约》，使得厦门被迫成为"五口通商"的一个口岸；在陈嘉庚出生的那一年，日本进犯与厦门遥遥相望的台湾，清王朝签订了屈辱的《中日北京专约》，承认琉球为日本属国。陈嘉庚耳闻目睹中国沦为半殖民地半封建社会，列强蚕食，清政府衰败，侵略者在中国横行霸道、贩卖鸦片、把村民当作"猪仔"运到南洋做苦力的局面，等等。

这一时期，中国不仅发生"人祸"，也惨遭现代史上规模浩大的数次天灾，如旱灾、水患、瘟疫，致使生灵涂炭。陈嘉庚的母亲和妹妹就是这一时期染上鼠疫而死。更加令人悲痛的是，清政府的腐败无能，不仅没有使灾情缓解，更置灾民于水火之中。

20世纪初，反对清王朝的革命浪潮冲击着南洋华侨社会，新加坡同盟会分会的成立，以及孙中山"人皆激发天良，誓死为爱国之运动"的激励，陈嘉庚的思想受到很大影响，1910年，他和弟弟陈敬贤剪掉长辫，加入同盟会。1919年，辛亥革命胜利，福建光复，数千年的专制统治被推翻，海外华侨为之欢欣鼓舞。

民国光复后，陈嘉庚对企业与社会之间的关系有了进一步认识。他认为建设祖国当务之急是发展实业和兴办教育："无实业，则教育费从何来；无教育，实业人才无可出。"[1]崇高的家国情怀和爱国情操，激发了陈嘉庚加快企业发展的决心，明确了他在南洋竭力发展实业、为办学提供经费的宏图伟业。1919年，五四运动宣告了新民主主义革命的开始，更让陈嘉庚看到了民族的希望，这样的时代剧变和客观因素使得他更加坚定和急迫地筹划回国创办厦门大学，将他实业兴学的步伐推向了最高点。

（二）中华传统文化的滋养

陈嘉庚的成长地集美，是一个名副其实地汇"集"了山川之"美"的乡村。秀丽的自然景色以及集美深厚的文化底蕴深深陶冶着陈嘉庚幼小的心灵，他很早就对故乡有强烈的感情。[2]他小的时候常常听乡亲们讲述民族英雄郑成功英勇抗清的故事，产生了无限向往之情，郑成功保家卫国的高大形象在陈嘉庚的幼小心灵里播下了爱国、忠义的种子。

陈嘉庚少年时代曾在集美私塾学习9年，熟读四书五经，虽然他说自己对国文"一知半解"，但事实上，旧学教育为他打下了良好的中文基础，更是培养了他日后不断自修中国语文和文化的习性。儒学思想中的"忠、孝、仁、义，克己、自励，己所不欲、勿施于人"等深深地影响了他的行为处事。我们甚至可以看到他兴教育过程中对包括学校校训、楼宇建筑名称等的命名都饱含着对中国传统文化的热爱和敬意。

陈嘉庚到南洋经商后，也成为新加坡孔教会的忠实会员。逐利四方的经商精神与诚实守信、重义轻利的中华传统文化奇妙地交织在一起。儒家思想文化对他的影响随处可

① 北京集美校友会编《回忆陈嘉庚》，中共中央党校出版社，1994，第102页。
② 魏维贤、许苏我：《椰阴馆文存补编》，南洋学会，1987，第2页。

见：他最早在家乡创办的私塾，起名为"惕斋"，取自"惕厉其躬谦中有度，斋庄有敬宽裕有容"，意思是希望学生谦虚谨慎，尊老敬贤[①]；他把从中华传统文化中汲取的智慧用于公司建章立制，他希望企业员工遵守儒家的伦理规范和道德原则，如"君子喻于义，小人喻于利""先义而后利者荣，先利而后义者耻"；陈嘉庚坚持守信重义，宁愿牺牲企业发展时机，坚决杜绝企业"损人利己""欺诈猎利""降志辱身"等行为，他把从中华传统文化中汲取的智慧用于企业管理，反过来，中华传统文化促使他把"事之所宜"当作心中至高无上的道义。

（三）自我格局的不断提升

企业社会责任思想看起来是处理企业和社会的关系，其实是企业家对自我与外部关系认知在企业当中的反映。19世纪下半叶，在门户洞开、鸦片毒害和洋货倾销的冲击下，厦门百姓生活凄惨，在陈嘉庚生活的小环境集美，同宗族亲为了一点私利常吵闹不休，同族相残。特别是有一次，乡里同宗族亲因建房屋起了争议，发生大规模的流血械斗事件，以至于官府派兵才停止械斗。正当大家为日后乡里乡亲如何相处束手无策时，陈嘉庚的母亲深明大义，将家里积蓄倾囊而出，抚恤死伤家属，感召了械斗双方，这件事给陈嘉庚留下了深刻印象[②]，使他深受母亲仁爱之心的影响。

独自创业后，陈嘉庚担负起重振家业的重担。当他自力更生用企业初创所得还清父债时，与其说他是了却了父亲的心愿，不如说他是坚定了在面对企业"为利"或"为义"时的自我选择。此后，当他谋划商战并更加积极地参与社会公益事业时，他的眼界更加高远，实现了企业由"利己"向"利他"的思想转换。陈嘉庚通过加入同盟会和在企业融入社会公益事业的学习实践当中，进一步明确了实业救国要通过教育，通过提高全民的文化素养，才能改变国家落后挨打、实现救国报国理想的理念。

（四）世界眼光的理念引领

世界眼光，是以开放和自信的心态观察他国企业经营的视野。陈嘉庚的创业地在新加坡，企业的生产、经营活动主要在海外。他的企业发展战略，大多基于对世界经济的研判。他说："世界各国奖励实业，莫不全力倾注。在其国内，一方讲求制造，抵抗外货之侵入；一方锐意推销，吸收国外之利益。制造推销，兼行并进，胜利自可握诸掌中。"[14]"办实业、兴教育"也是他长期、广泛进行国际考察后得到的收获。他说："欧美先进各国，统计男女不识字者不及百分之六七，日本为新进之邦，亦不满百分之二十，我国则占百分之九十余，彼此相衡，奚啻霄壤。国民识字之程度如此，欲求免天演之淘汰，其可得乎？""鄙人所以奔走海外茹苦含辛数十年，身家性命之利害得失，举不足撄吾念虑，独于兴学一事，不惜牺牲金钱，竭殚心力而为之。"[③]他关注到中国与欧美国家教育的差异，认为"欧美各国教育之所以发达，国家之所以富强，非由于政府，乃由于全

---

① 陈少斌、庄牧：《陈嘉庚是位不谋实利的实业家》，载陈少斌：《陈嘉庚研究文集》，2002，第45~52页。
② 洪永宏：《陈嘉庚新传》，陈嘉庚国际学会，2003，第8页。
③ 陈嘉庚：《陈嘉庚自述》，安徽文艺出版社，2013，第548页。

体人民。中国欲富强，教育欲发达，何独不然"①。所以，这也是他不顾个人身家性命的利害得失，不惜投入企业所有资产，殚心竭虑为之的根本原因。

相比欧美各国，祖国教育落后的状况，坚定了陈嘉庚兴实业、办教育的决心。他的企业社会责任观中饱含外争国权、内利民生之深意。"我国人口居世界第一位，沿岸领海环抱万里，不让任何大国；而所有船舶之数尚不足与最少船舶之国比拟，甚至世界数十国航业注册，我国竟无资格参加，其耻辱为何如？"又如，"我国海岸线最长，渔产最富，而渔业不甚发达，抚躬自问，惭愧滋深！"②因此，陈嘉庚及其企业义无反顾地负起了"直追之责"，他预先规划，以企业所得在家乡开办了水产航海教育，并在学校还未正式开学的前两年，就资助学生到海外接受相关培训，为水产航海教育准备师资，以实现他"造就渔业航业中坚人才，以此内利民生，外振国权"的宏愿。

三、陈嘉庚企业社会责任观的当代价值

陈嘉庚企业社会责任观伴随着他的独立创业过程逐步明晰，也与他的人生观、世界观和价值观同步走向成熟。可以说，陈嘉庚的企业社会责任观是奠定他成长为或者说被誉为"华侨商圣"的底层逻辑所在，也是他个人人生目标和价值追求的重要表征。陈嘉庚的企业社会责任观不仅对于读懂和理解陈嘉庚个人作为企业家的人生轨迹有重要的参考价值，而且，对于当代企业家，对于海外华侨，对于他所捐助创办的一系列教育机构如厦门大学等都产生了重要积极的现实影响。

对于当代企业家而言，陈嘉庚的企业社会责任观跳出了企业社会责任与商业行为对立的误区，形成了"振兴实业、报效国家"的系统思维和爱国实践。2020年7月21日，习近平总书记在北京主持企业家座谈会时指出，爱国是近代以来我国优秀企业家的光荣传统。企业营销无国界，企业家有祖国。优秀企业家必须对国家、对民族怀有崇高使命感和强烈责任感，把企业发展同国家繁荣、民族兴盛、人民幸福紧密结合在一起。③在当时新加坡殖民统治的商业环境下和祖国危亡、国家积贫积弱的历史背景下，虽然陈嘉庚最终没能改变公司状况，创造更加辉煌的业绩，但他将自己的公司当作推动社会机体发展、祖国走向强大复兴的组成部分，其中展现出来的企业经营格局和视野对于全面理解和认识企业家社会责任观的形成历程与内外部条件，对于推动企业家认识到企业发展与国家富强唇齿相依、企业成功离不开与社会的共同发展提供了可供借鉴的重要案例。

对于海外华侨而言，陈嘉庚的企业社会责任观反映了特定时代背景下中华传统文化及西方现代文明对海外华侨创业者的影响。他们把企业社会责任的实践与"天下兴亡，匹夫有责"的家国情怀交织在一起，这便成为当时海外创业者们寻找救国报国之路、实现爱国兴国理想的重要途径。陈嘉庚热爱祖国，关心侨居地人民，同情、支持世界的正义和进步事业。他参与社会公益、资助教育，培养的人才遍布世界各地。除了在国内创

① 王增炳：《高教理论研究与实践》，厦门大学出版社，2001，第201页。
② 《百年集大·嘉庚建筑》编写组：《百年集美·嘉庚建筑》，厦门大学出版社，2018，第12页。
③ 习近平：《习近平在企业家座谈会上的讲话》，《人民日报》2020年7月22日第2版。

办学校，作为企业家，陈嘉庚在侨居地创办和赞助了多所学校，鼓励学生积极为新马社会的经济、文化和教育事业服务。他招收各国华侨华人子弟或外籍人士到中国读书，积极鼓励毕业生走向世界，这些思想内涵和行为实践对于我们今天做好海外华侨工作、鼓励华侨华人融入祖国复兴伟业，无疑具有积极有益的启发意义。

对于他所捐助创办的一系列教育机构甚至各类教育组织而言，陈嘉庚的企业社会责任观是学校培育人才珍贵的教育资源。当然，因为历史与现实的传承连接，在他捐助创办的教育机构中，他的企业社会责任观更有条件与师生、校友产生情感上的连接，深入到他们心灵深处，对于学校做好立德树人、完善学生人格养成工作，推动校友企业和社会环境和谐美好具有重要的促进作用。以厦门大学为例，陈嘉庚的企业社会责任观助力厦门大学培养了一大批在社会经济、商业领域的杰出人才，对于营造社会各界重视教育、支持教育无疑产生了深远影响。陈嘉庚企业社会责任观所激发的爱国、感恩、奉献精神成为厦门大学精神文化的重要组成部分。以校友对学校的捐赠反哺为例，厦门大学的学生们在学期间和走入社会后，其个人价值观与财富观深受"创校人"陈嘉庚"立意高远、倾心教育""善用财富、服务社会"的影响，在其个人成长的过程中，校友们也始终不忘回报学校、热心公益，特别是企业家校友对教育事业的关心关注、对母校厦门大学的捐资助学方兴未艾、历久弥新。

历史　精神　使命

——记中国近代著名医学教育家、公共卫生学家颜福庆

中南大学档案馆　杨健康　张朝晖　曹阳　李君

颜福庆（1882—1970年），男，字克卿，祖籍福建厦门，生于上海江湾镇（现属上海市虹口区）；1904年毕业于上海圣约翰大学医学院，后赴南非多本金矿当华工医生；1906年到美国耶鲁大学医学院深造，1909年获耶鲁大学医学博士学位，同年又到英国利物浦热带病学院学习，获该院热带病学学位证书。

颜福庆毕生致力于医学教育、医学管理和医学临床事业，为促进中国近代医学事业的发展做出了重要贡献，是我国近代最杰出的医学教育家与公共卫生学家之一。探讨颜福庆的大学教育思想以及学会办学思想，尤其是总结他在民国时期先后创办湖南省红十字会医院（湖南省人民医院前身）、湖南湘雅医学专门学校、国立第四中山大学医学院、中山医院等医学教育、医疗机构以及兴办杂志与学会的成功及其管理经验对于今天的医学教育、医学临床以及学术的管理仍然具有重要的借鉴意义。

一、他是一段文脉赓续的历史

中国的高等教育史远远长于西方国家，如中央官学、国子监等早在近两千年前就出现了。然而，这种高等教育只是相对于当时的初级教育而言，真正现代意义上的高等教育、大学出现的标志则是1898年清政府设立的京师大学堂，最早的西医学校是由传教士开办的，或与传教士有关。对西医学校在中国近代教育史上的影响，历史学家章开沅先生曾指出，"在中国教育近代化过程中起着某种程度的示范与导向作用"。的确，从以下可以看出，其评价十分中肯。

（一）兴医办学的缘起

"你能够开办一所大学医学院，这是多么扣人心弦的字句啊！这是我一生奋斗的目标"，这是美国传教医师、医学教育家爱德华·胡美的心声，听闻雅礼协会拟在中国创办医院和医学校，1900年获得美国约翰·霍普金斯大学博士学位的他怀揣着这样的梦想，来到了中国湖南，在雅礼协会的资助下，于1905年创办了湖南雅礼医院（湘雅医院的前身），医院起步之时，受经费短缺以及当时的湖南对西医不甚了解的影响，举步维艰，后来虽也有平民和士绅上门求医问药，但总的来说，医院各方面的发展还是比较缓慢，在人员上，胡美只聘请了一位侯公孝医师作为自己的助手，离创办医学校的愿景还是很遥远。

1909年，颜福庆作为第一个获得耶鲁大学医学博士学位的亚洲人，满怀志向地来到了湖南，协助胡美医生办院与办学，并担任内科医师。受中国传统文化和基督世家的双

重影响以及多年海外留学的经历，英语语言能力、社交能力以及办事能力出众，尤其是其堂兄颜惠庆又任职北洋政府外交部高层，使他成为联系雅礼协会与湖南士绅阶层的重要桥梁，诚如胡美对他的评价，"颜医生的出现像一根避雷针，避免了许多灾难，在这个保守的湖南省内，再没有其他事物能够这样充分地得到中国人的信任。"

大家知道，对于病患而言，"医护同道，医护同行，医护同治"是对病患最完满的治疗和安慰，正因如此，为了给医院提供优质的护理人才，1911年，作为现代医学教育在湖南的发端，胡美帮助妮娜·盖治女士创办了雅礼男女护病学校（今中南大学护理学院源头），地址在雅礼医院内。

1912年，湘督谭延闿的母亲患大叶性肺炎，遍访名中医，不得而治，无奈之下，求医于颜福庆医师。在他的精心治理下，谭母高烧即退，不久便痊愈，慈母病情的转好使得谭延闿发出了"西方有这么好的技术，我们为何不学习和引进"的感叹，也正是这一因病结缘的契机，使得雅礼协会与湖南合办医学校的愿景得以实现。

1912年，教育部颁布了一些废除封建教育，建立近代教育体系的决议和法令。1912年10月，教育部公布《大学令》（壬子学制），1913年经修改后称"壬子癸丑学制"。规定医科分医学、药学两门，其修业年限为医学预科一年，本科四年，药学预科一年，本科三年。这个"壬子癸丑学制"是针对西医提出来的教育法令，它以政府的名义认可了西医，并推动了西医教育在中国国内的发展。

基于以上两方面，另外加上1912年12月谭延闿私下欣闻雅礼协会愿出资在湖南办一所医学校，在以他为首的湘省高层的积极促成下，经过颜福庆从中牵线，并与北洋政府斡旋，经北洋政府许可，1913年，湖南省政府出资3000万，雅礼协会出资1400万购地，签订合办湘雅医校、院的契约，并以"湘雅"冠名体现中美合办的性质。湘，是湖南省的简称，指湖南省；雅是YALE译音"雅礼"的首字，代雅礼协会。

1914年春，湘士绅组织湖南省育群学会，作为签约的技术桥梁，代表湖南省政府与雅礼协会确认签约，约文中，湖南育群学会名下的责任实际由湖南省政府承担，双方还明确：医学校、医院、护病学校统一冠以"湘雅"名称并付诸实施。至此，由颜福庆担任首任校长的中国现代史上一所中外合作办学之医学教育典范湘雅医学专门学校（预科）在中南重镇——湖南长沙成立。

雅礼医院、雅礼男女护病学校以及湘雅医学专门学校的建成、发展与招生，开启了湘雅历史上著名的"胡颜"时代，他们共同书写了湘雅历史上的灿烂篇章。湘雅的文脉也在后人的承扬下，历经百年风雨洗礼，在发展中壮大，在壮大中发展，绵延办学至今。

（二）湘雅董事会的成立与《湘雅医学会章程》的制定与拓展

章程作为大学的宪章，是大学依法行使办学自主权的总纲领，是大学利益相关方行使权利、履行义务的基本依据。为使兴医办学向良好方向发展，同时厘清和保护湖南省政府、美国雅礼协会以及湘雅三方的权益，湘雅办学伊始，就成立了湘雅医学会以及确定了由雅礼协会推定的胡美、解维廉、赫尔辉、盖葆耐、茅爱理5位美方董事；谭都督委派的朱廷利、粟戡时、颜福庆、聂其焜、萧仲祁为湘雅医学会董事部的中方董事；并正式以文本形式约定湘雅医学会为湘雅系统的最高管理机构，统管湘雅医院、湘雅男女护病学校和湘雅医学专门学校，这样也就产生了湘雅历史上的第一部章程——《湘雅医学会章程》。颜福庆作为中方董事之一，参与了该章程的制定，它虽然被冠以章程之名，但实际上是湘雅初期管理的顶层设计，其文本结构与内容概要如表1所示。

表1 《湘雅医学会章程》文本结构与内容概要

文本结构	内容概要
总则	本部依照湖南育群学会与雅礼协会所订合同组织之
法律属性和规范	阐述学院的基本职能、命名、位置、法人的基本特征
财政	阐述收入来源及经费使用方式
治理结构	阐述董事部与干事部的组成、任命、权限、会期以及医院、医校相关问题，包括表决等

《湘雅医学会章程》是湘雅创立时的纲领性文件，它首先体现了湘雅兴医办学的缘起、办学性质与管理特色。在办学目标上，其就清楚地表述为："解除当地人民的疾苦，推动当地的知识与文化发展。"其次，它对本校与利益相关者的权利和责任进行了明确的表述，特别是明确了雅礼协会、董事会以及学校分别应该做什么，不应该做什么，这些基本的表述是为了体现学校从部分出资方（美国雅礼协会）那里获得自治权利的合法性。

随着湘雅医学专门学校招生规模的扩大以及本科教育的施行，为规范教育教学管理，1916年，校长颜福庆在已有《湘雅医学会章程》的基础上，主持增补制定了《湘雅医学专门学校第二次报告书》和《湘雅医学专门学校学则》，这两份文件主要是从治理结构上对湘雅医学教育的人才培养目标和教育教学管理进行制度化的规定。具体文本结构和内容概要如表2、表3所示。

表2 《湘雅医学专门学校第二次报告书》文本结构与内容概要

文本结构	内容概要
人员构成	董事及干事姓氏录、教职员姓氏录
办学目标	阐述大学的基本职能、设施供给
治理结构（教育教学管理）	临症实习、入学资格、学科程度、课程表、各学科教授大意、入学须知

表3 《湘雅医学专门学校学则》的文本结构与内容概要

文本结构	内容概要
培养目标	以养成医学专门人才为宗旨
治理结构（教育教学管理）	详尽阐述了入学转学及退学、修业年限、学年学期及休业日、学科程度及授业时间（教学计划）、学业成绩考查、操行成绩考查、禁令、各项规则（教室、自修、食堂、寝室、阅报室、邮筒、考试及试验考试、操场、实习室、课余、藏书室、休业、请假、服务）、赏罚、征费 [学费、膳食费、校服费、试验设备预交费（可退）、书籍费]。

表2和表3这两份文件，是迄今能找到的、最早的关于湘雅医学教育的管理规章，可认为是湘雅教育史上初期的主体性基本制度，它们虽然没有被冠以"章程"的名字，

也没有湘雅后期章程的完善、具体，但其实际效用等同于章程。

上述湘雅办学初期管理制度主要是在一批居于大学教育主导地位的自由知识分子（胡美、颜福庆）的推动下，凭借北洋政府对大学教育的控制无力以及社会转型、西学东渐所提供的机遇和条件而确立的，从中可以看出这些管理制度的制定与确立，明显具有"自下而上"的特点以及与颜福庆和胡美的个人影响以及人格魅力有关，诚如陈平原先生对蔡元培在北京大学改革的评价："有其位者不一定有其识，有其识者不一定有其位。有其位有其识者，不一定有其时——集天时、地利、人和于一身者，才有可能有蔡元培出掌北京大学时之挥洒自如。"同理，颜福庆对湘雅的管理何尝不是如此呢？

二、他是一种锲而不舍的精神

（一）致力于公共卫生事业

1911 年春，发源于东北的鼠疫沿京汉铁路向南蔓延，湖北省向雅礼医院紧急求助，要借颜福庆到鄂指导防疫，湖南、湖北唇齿相依，为将疫情阻挡在华中以北地区，在湖南士绅的支持下，是年夏，颜福庆亲赴汉口指挥防疫工作并担任华中地区防疫总指挥。他甫一上任就意识到疫情的严重，立即在京汉铁路成立卫生服务部，给每位卫生服务部成员注射鼠疫疫苗；动员社会各界参加防疫，鼓励民间捕杀老鼠并予以奖励；在京汉铁路沿线设立监视员，在黄河以北主要交通要道设立稽查员，防止携带病菌的个人和车马进入华中地区。通过这样的联防联控和群防群控，最终取得了抗击鼠疫的胜利，为湘雅历史上第一次防疫出征赢得了口碑。

通过此次公共卫生事件，颜福庆深知预防医学以及公共卫生医学事业在中国医学事业中的重要性，同时他也意识到必须从源头上建立完善的公共疫情防控理念和防控机制，并推动工作力量向一线下沉。为此，1914 年，他在主持签订的第一次湘雅合约中就明确："要设立一个研究中国传统特殊疾病和公共卫生问题的实验室。"

湘雅医学专门学校一创办，就开设了预防医学、公共卫生学课程，他亲自授课；领导湘雅与长沙市政改造会合作，掀起了一场环境卫生革新运动；亲自带湘雅学生到湖南、江西产煤区，对因生活污水以及大小便肆意排放引起的钩虫病进行调查与治疗。1916 年 4 月，他申请到美国中华医学基金会资助，前往哈佛大学专门进修了一年的公共卫生学。进修期间，他专程到拉丁美洲参加钩虫病防治工作，以积累针对不同人种的防治与救治经验；他向美国洛氏基金会国际卫生委员会提出申请，请求在控制钩虫病感染方面得到经验、经费以及人员的帮助，后得以实现。

（二）公医制与社会服务部的倡导与推行

"公"一字是相对于"私"而言的，在《说文解字》中，对"公"一字的释义是"心底无私"。在对"行医的目的究竟是什么，是为人，还是为己"这一决定医德高下、人生境界高低的人的本性问题上，颜福庆进行了响亮的回答。第一，提出并推行了"公医制"，他认为医师就是要全力以赴、无私心地为病患治病，也就是常说的"医道为公"。

第二，支持自己的夫人与胡美夫人在湘雅医院开设社会服务部。1923年10月版的《湘雅》杂志中《最近湘雅大事记》对社会服务部的创设缘由以及工作宗旨进行了专门的介绍：

> 医院之设社会服务部，为世界之新发明。美国首创此制，成效卓著。盖疾病与公共卫生状况、经济状况及学校工厂、家庭生活，俱有密切关系。平时昧于预防之术，病时不知诊治之途，病后不明调养之法。或以无力就医，任其变剧；或因误投药石，变本加厉；或以信仰不专，功亏一篑，致成残废；或竟丧生者，不知凡几。至贫病颠连而无告者，所在皆是，此社会服务部之所由设也。贫病者予以免费，残废者教以手工，无家可归者代为谋生，入院时慰之以温言，住院时代访其家属，出院时探问其瘥状，子病代慰其父母，母病则代育其婴儿，残废者则介绍于善堂，死亡者代营其丧葬，盖其主旨，不仅在医病而在医人，一以国无废人为归，其意至良，其法至善矣。

> 本院向有此部，由颜福庆夫人（曹秀英）及胡美夫人赞助一切，只以乏人专任其责，且无专家主理其事，不克发展。前年专聘美国巴女士来华，在北京国语学校专习华语一年后，去冬来湘，创设此部。现以调查为入学办法，将来之事业正未可限量，惟欲发明而光大之，是全在社会之赞助耳。

从此，湘雅医院设有真正意义上的免费门诊和免费床位，这些项目开支的来源，为社会贤达或善举富商捐助，这是颜福庆思想中"以医治贫苦病患为本"的又一体现。

（三）湖南红十字会医院（湖南仁术医院）与仁术护校的创建

世界红十字会由《日内瓦公约》于1863年提倡创办，总部设在日内瓦。它是善人发善心为做善事结成的公益性联盟，最初的宗旨是为战争和武装暴力的受害者提供人道保护与援助。上海是当时西学传入中国的第一商埠，中国红十字会发轫于1904年的上海，是沟通中外慈善事业的桥梁。1911年，中国红十字会湖南分会组建，颜福庆出任首任会长。

1911年10月10日，在中国武昌发生了一场旨在推翻清朝统治的兵变，史上称为"武昌起义"，它是辛亥革命的开端，战斗十分惨烈，伤亡人员众多，湖南、湖北一衣带水，为救治伤兵，在湖南省政府的支持下，1912年，颜福庆联络各方，领导创建了一所医院并亲任院长，专门救治武昌起义中受伤的官兵，并医治无钱就医的平民和流浪者。这所医院被命名为中国红十字会湖南分会医院（今湖南省人民医院前身），其名与中国红十字会以及世界红十字会遥相呼应。

同时，为了给医院提供优质的护理人才，在各方的支持下，颜福庆创办了与医院相配套的护理学校，并给护校起名为"仁术"，由他本人兼任护校校长。"仁"一字出自《论语》，引申义是"爱人"，"术"在《说文解字》中释义为"邑中道也"，引申义是"技艺"，"仁"与"术"结合，构成了"仁术"一词。爱人不是凭空的臆想，也不是无谓的行动，要用什么手段或方法来爱人？颜福庆以"仁术"来命名护校，回答了他基于医术（道）的爱人的人本主义思想。

后在他的主持下，中国红十字会湖南分会医院更名为"湖南仁术医院"，医院和护校一并移交当时的湖南省民政厅主管，这是后话。"仁术"两字经过医院百年的衍义和扩充，与"仁心"结合成"仁心仁术"，成为湖南省人民医院的精神砥砺至今。

（四）国立第四中山大学医学院及中山医院的创设

"西医"一词是相对于中医而言的，是中国人提出的一个范畴，西医在 2500 年前由希腊医学家希波克拉底奠基，明末清初由一些传教士在把基督教带到中国的同时，也把西方近代科学和医药学一起带到了中国，但西方医学真正开始影响中医发展是在 19 世纪初期，尤其是牛痘接种法以及西医外科和眼科治疗技术的传入，为西医在中国的发展奠定了基础，中国近代史上第一所西医院是 1835 年由传教士在广州建立的眼科医院。鸦片战争后，西医院陆续由中国的沿海进入内地，但这些医院都是由西方教会建立且都是教会独资。

1924 年 2 月，中华医学会在南京国立东南大学（今东南大学）召开，在会上，作为国人杰出代表的颜福庆慷慨陈词："西医必须大众化，西医必须中国化。大众化、中国化不是由外国医生来实现的，而必须由中国医生自己来实现。"

众所周知，教育是实现人才培养的载体，在颜福庆看来，要实现西医的中国化，必须通过高等教育培养学生来实现，对此，颜福庆在会上大声疾呼："依靠我们的力量，以我们所受的教育，大展宏图，不正是在医学领域争得一席之地的大好时机吗？如果不抓住机会，我们的声誉在不久的将来将受到影响。"

他在会上号召大家："我们的目标应该是，建立一所代表中国人最高水准的医学院，超过任何一所国人办的同类医学院校。"

全体会员一致同意，在中华医学会会员最集中的东南地区建立一所医学院。

带着在湘雅及湖南省红十字会医院、北京协和医学院建成与运行积累的成功经验，颜福庆于 1927 年奔赴上海，在各方的支持下，创设了民国时期我国全资的唯一一所国立医学院，这所医学院便是当代高等教育"985"工程实施之前的上海医科大学（现复旦大学医学院），成功办学之后又建成了附属中山医院，实现了他的愿望。

办学伊始，颜福庆亲自组建医学院公共卫生科，并创建吴淞卫生公所，作为公共卫生实验区，积极开展城市和农村卫生工作，且坚持始终。

上述种种何尝不凸显了颜福庆一直秉持的医道为公的爱国主义高尚情操呢！

三、他是一种追求卓越的使命

（一）倡议成立中华医学会和湖南医学会

在中华医学会成立之前，医学界只有中国博医会，其每两年举办一次会议，这个学会的主体是来华传教的外国医生，原则上不吸收中国人参加，对中国人加入的条件十分严苛。

在出席中国博医会第三次会议时，也就是 1915 年 2 月 5 日，颜福庆、伍连德、俞凤宾、萧智杰等 21 位中国医师在就餐时，就当时中国人大部分依然相信中医、西医举步维艰的困境，为获得政府和百姓的尊重与信任，共同表达了主张组建以中国人为主的医学会的强烈心声。

经过多方筹措与协商，1915 年 7 月，经北京政府教育部批准中华医学会立案，11 月，《中华医学杂志》创刊号并刊载了颜福庆发表的《中华医学会宣言》。1916 年 2 月，首届中华医学会大会在上海召开，因颜福庆治学谨严、医德高尚、言传身教、门墙桃李、服务人群，被大家一致推荐为中华医学会第一任会长。

通过总结中华医学会的办会经验以及多方人脉的积累，1924 年 7 月，颜福庆联络了在长沙的 28 名中国医师和外国医师成立了湖南医学会，他亲任会长。在他的领导下，湖南医学会围绕"巩固医家交谊，尊重医德医权，普及医学卫生，联络华洋医界"的宗旨开展活动。

（二）支持兴办《湘雅》杂志

多年的兴医办学经验使颜福庆认识到："大学之本在教师，大学之要在科研，但大学之魂更在学术自由、学术发展与学术推崇。"基于此，颜福庆支持兴办了《湘雅》杂志，并选派学生李振翩担任主编。该杂志是湘雅向全社会普及医学科学知识、师生交流学术的平台，共出版了 2 期，它的诞生为后来《湘雅医学院院刊》的创刊提供了蓝本。

（感谢中南大学档案馆黄珊琦先生对本文的指点）

新中国第一所本科高等气象学府首任院长罗漠生平

南京信息工程大学档案馆（校史馆） 沈桂凤

新中国成立后，我国气象事业迅速发展，气象服务领域从国防建设扩大至国民经济各部门。1959 年 7 月 31 日，国务院《关于加强气象工作的通知》中指出："几年以来，我国气象事业有了很大的发展。气象台、站已经从解放初期的 72 个发展到 1958 年的 2755 个；绝大部分省和专区建立了气象台，各县建立了气象（候）站，各级气象管理机构也基本上建立起来了。"面对气象服务的新任务和台站的大发展，气象系统已有专业技术人员无论在数量或质量上都远不能满足需要，急需大量既有较为系统的理论知识，又具有较强实际动手能力的中高级技术人员。只有创办一所培养高级气象专业人才的高校，才能满足这种迫切的社会需求。时值"三年困难时期"，国力不彰，但尽快办学、尽快培养高级气象专业人才，成为许多科学家和中央气象局领导的共同愿望。

在时任中国科学院副院长、中国气象学会理事长竺可桢先生和新中国首任气象局局长涂长望先生的呼吁下，1960 年 1 月 12 日，教育部批复中央气象局同意建立南京大学气象学院。新中国第一座本科高等气象学府诞生，并迎来了它的首任院长罗漠。

罗漠（1916—1996 年），江西九江人，参加过淮海、渡江、解放上海等战役，曾任华东航空处雷达研究所政委、华东军区气象处政委、军委气象局气象台台长、中央气象局观象台台长、南京大学气象学院院长等职。

一、懵懂少年多才艺，革命火种初播下

罗漠，1916 年 2 月出生于江西九江沙河镇牌楼村一书香门第，家学深厚。其祖父是清朝举人，参加过辛亥革命，曾任九江政务部部长。罗家在当地社会地位较高，物质基础丰厚，家中长辈对儿女们寄予无限期望，罗漠及兄弟姐妹自小在父亲教导下学诗读文，家族传承家风极好。罗漠自幼聪慧，深得家长欢心，能自由地发展自我爱好，极为爱好诗词和文艺。

1927 年国共分裂后，1928 年始，罗漠家乡即有共产党领导的武装队伍，其中领导人有罗漠表兄欧阳学端、欧阳学昆、黄蔚陶等，他们给少年罗漠的心中播下了红色的革命火种。其间，为避难，罗漠一家迁至乡下，罗漠姑妈被国民党统治下的军队严刑拷打兼言语辱骂，这一事件激起了罗漠心中对国民党政府的怒火。加之参加革命的表兄们英勇行动（欧阳学端成立了九江县乡村第一个革命的群众性组织——岷山书社、岷山地区第一个党支部，任中国工农红军赣北独立营营长，1929 年壮烈牺牲），乡间民众常常与罗漠一家谈到之前红军在乡下帮助穷人分田到户，提倡婚姻自由，不迷信，并组织妇女协会、儿童团、赤卫队等事，更使罗漠对中国共产党好感倍增。

1935 年，罗漠与表兄黄蔚华（黄蔚陶之弟）在江西省第四农业专门学校初中毕业后，一起到江西省立九江乡村师范读高中。北平"一二·九"学生运动后，反动政府对青年学生严加控制，政治空气十分沉闷，国民党对管辖的所有中学都派了军事教官，包括罗漠所在的师范学校，有师生因私藏进步书刊而获罪。师生们恼恨国民党特务，对于国民党的统治十分不满。罗漠表兄黄蔚华深受其兄黄蔚陶之影响，思想极为进步，有志于参加革命，经常阅读马克思主义书籍及其他进步书刊，且常与罗漠讨论时事。高中二年级寒假，罗漠与表兄黄蔚华同到表兄欧阳学端作战牺牲的战场凭吊时，罗漠内心生出了对革命英雄强烈的敬慕之情。自小爱好诗词文学，以及家乡红军及身边共产党员的影响，促就了他内心的正义感以及投身革命的信念。

1936 年 12 月 12 日西安事变后，比罗漠高一级的同学颜思贤来信说准备去找红军，颜思贤的家乡铅山、弋阳一带，是当年方志敏同志创建的革命根据地，红军很活跃，领导人是黄道（中国共产党早期优秀党员，与方志敏齐名，是红十军、新四军创造者之一。抗日战争时期，任新四军驻赣办事处主任、中共东南分局委员、宣传部部长兼统战部部长，并兼任江西省委书记）。1937 年 7 月 7 日卢沟桥事变后，日本帝国主义发动大规模侵华战争，全国人民掀起抗日救亡的热潮，老师没有心思授课，学生没有心思听课，大家都关心抗战形势。1937 年 11 月 15 日，日军占领上海，昆山、苏州相继失守，江西省立九江乡村师范学校迁往江西铅山县河口镇。罗漠回家告别母亲，决心为了祖国、为了母亲奔赴抗日战场！

1938 年 2 月 9 日，罗漠与同学谭哲夫到江西铅山县河口镇入学，当时入学的一批本地生中有很多进步的同学，罗漠经常与他们交往，他们介绍了许多进步的书籍给罗漠，如《八路军将领传略》《政治常识》《解放与群众杂志》《大众哲学》等。彼时的罗漠对共产主义有了进一步的认识，并且在看到延安抗日大学与陕北公学的招生广告后，决定毕业后到延安去。他的旧友颜思贤告诉他：黄道领导的游击队和南方几省的游击队，改编为国民革命军新编第四军，经河口开赴安徽前线，将汇聚于皖南敌后抗日杀敌。

二、投笔从戎图救国，身经百战凯旋归

1938 年 6 月，罗漠高中毕业，与几位同学一同到南昌新四军办事处（黄道是办事处主任），陈述了参加革命的志愿。9 月得到答复：因敌人切断了陇海线，要到延安去，必须绕大圈子，路不好走，现在有几位同志要去皖南新四军军部，你愿意到那里去吗？罗漠知道黄道的军队在皖南敌后抗日杀敌，欣然同意。经同学周彬介绍，罗漠填写了民族解放先锋队的志愿表，被批准入伍。9 月下旬，罗漠偷偷背着大哥罗其泽（时任国民党江西省军管区少校军官）换上了军装，由浙赣线转换汽车，到了皖南泾县云岭新四军军部，并作诗一首：

> 振臂欢呼还一笑，秋风万里着征衣。
>
> 兴亡烽火弥天炽，安得终朝笔砚为。

所不忍离亲渐老，宽心兄弟尚护围。

扬鞭我自乘风去，不斩楼兰誓不归。

1938 年 10 月，罗漠被编入新四军军部教导总队第六队（皖南）受训。1939 年 3 月，罗漠加入中国共产党，毕业后被分配到部队去前线抗日，他十分高兴，临行前到黄道儿子黄知真（7 岁随父亲黄道参加赣东北起义，抗日战争时期是中国人民解放军后勤工作的卓越领导人）处告别，黄知真勉励罗漠好好学习，勤奋工作，树立革命乐观主义精神，做好吃苦的准备……这番话对罗漠后面的革命生活有很大的作用。

1939 年春，罗漠所在的部队进入皖南地区，肩负起抗日的责任，工作十分紧张。临近夏天，罗漠生病，思念家乡与母亲，写了一封信给江西遂川的大哥罗其泽，并引用了清朝黄仲则的一首诗："今日方知慈母忧，天涯涕泪自交流，忽然破涕还成笑，岂有生才似此休？……"不久接到三哥罗其渊的来信和诗，信上说母亲思念罗漠，日夜悲伤，盼速归，以孔孟之道斥罗漠单身远游，是为不孝，并令罗漠及早离队归家。罗漠理解母亲思念儿子的情意，望儿回家是人之常情，但罗漠的信仰与意志不能改变。因此，他在回三哥的信中十分恳切地说："从古以来忠孝不能两全，现在中国人民正在受难，我们怎能寻求个人家庭的安乐而置国家安危于不顾？"

皖南事变发生前夕，罗漠被分配到陈毅司令所在的新四军江南指挥部下面的二支队四团，1939 年秋，其参加了人生中的第一次战斗，大获全胜。罗漠在革命中不断积累对敌作战经验，曾带领一个连队单独行动，参加过地方县委会配合建立地方政权等。此后，罗漠随军在江南敌后战斗，又在苏、浙、皖地区参加抗日反顽战斗，并转战苏中、苏北地区开展反顽自卫战，不断取得胜利，经"七战七捷"还参加了淮海、渡江、解放上海等战役。革命时期，罗漠在部队先后担任过学员、文教、宣教科科员、青年干事、青年团团委书记、组织股长、宣教科科长、政治处副主任、组织科长、后勤处政委等职务。解放盐城时罗漠所在团获首功，首先攻入盐城，使苏中苏北两区连成一片，战争进入由守转攻的新局面。罗漠先后三次负伤，第一次是 1946 年 12 月在盐城卞仓攻坚战撤退时手部被子弹打伤；第二次是 1947 年 12 月解放角斜镇战役，在敌人的枪林弹雨中，罗漠与战士们奋不顾身，越过敌人防线，冲锋在前，罗漠一边战斗，一边向敌人喊话发动政治攻势，头部被两枚弹片打中负伤；第三次是 1949 年 5 月解放上海攻坚战中，罗漠右小腿被炸伤，导致三级甲等伤残。

三、铮铮铁骨诗为伴，篇篇诗文展柔情

罗漠自幼天资聪颖，少承家学，文化底蕴深厚，诗文颇具才气。在革命战争时期，罗漠充分发挥个人特长，为我党的政治宣传工作做出了重要贡献。罗漠多次到农村教当地妇女、儿童学唱革命歌曲，向广大群众宣传党的抗日救国方针政策，并用诗词记录了战火纷飞年代前仆后继、救国救民、视死如归、慷慨大义的革命者。

1940 年，汪精卫在南京成立伪中央政府，日伪勾结，清乡扫荡，祸国殃民，形势险

恶，斗争极为残酷。在革命困苦反扫荡期间，罗漠写了一首歌曲《反扫荡》（由何士德作曲），展示了革命者的乐观主义精神，登载在《抗敌报》上，广为传唱。他的这首歌既宽慰了自己，也激励了广大革命志士和革命群众的士气。

反扫荡

反扫荡！反扫荡！延陵大捷血战繁昌！

英勇牺牲的革命战士，壮烈殉国的吴副团长！

他们的鲜血喷满敌人的胸膛，他们的战绩发扬了民族的光！

粉碎敌人分进合击，夺取敌人精锐武装，

这是我们空前的胜利，回答了顽固分子无耻的诽谤！

同志们，我们要踏着先烈的血迹前进！反扫荡！反扫荡！

罗漠著有诗集《书剑集》，共收录 300 多首诗，诗集中记录了罗漠所经历的革命戎马生涯、对新中国气象事业的展望、对大好河山秀丽风光的不吝赞美，也表达了对领导人、战友的眷眷怀念，是罗漠一生行踪和思想轨迹的反映及写照。罗漠的诗大多直抒胸臆，反映现实生活，展现了其坦坦荡荡、爱憎分明的革命者情怀。

在中国气象学会成立 60 周年之际，罗漠赋诗祝贺并追忆竺可桢先生：

（一）

地覆天翻六十年，疾风骤雨紧相连；

台风过后碧空现，万里河山旭日妍。

（二）

竺翁首创新基业，研测风云六十年。

气象英才真辈出，满城桃李颂前贤。

1985 年，在南京气象学院建院 20 周年校庆时，罗漠写诗庆祝：

廿载辛耕地，攻坚齐向前；

任凭风雨妒，屹立大江边。

桃李妍全国，群花鲜满园；

接班欣有托，何虑虀霜添。

四、气象学院建金陵，首任院长赴新程

20 世纪 50 年代初期，罗漠被委以重任，投身新中国气象事业。1951 年任华东军区气象处政委后，罗漠先后担任军委气象局首任气象台台长、中央气象局观象台台长，直至 1960 年又赴南京创办南京大学气象学院（1963 年改名为南京气象学院，现为南京信息工程大学），毅然担当起建设新中国第一所以气象为主的本科高等院校这一重任。

建校初期，正值国民经济困难时期，物资短缺，院址地处远郊，办学条件十分艰苦。罗漠带头与学生同吃同住同学习，号召全校师生发扬抗大（中华人民抗日军事政治大学）

精神，自力更生，艰苦创业，全校师生挤住在一幢宿舍楼内，师生们边上课边参加建校劳动，自己动手搬砖头、运水泥、铺煤渣、修道路。没有办公室，老师们就在宿舍里办公、备课；没有教室，学生们就在尚未完工的服务楼和仓库间上课；没有水喝，师生们从几里地外一起拉来饮用水……罗漠亲笔题写"艰苦朴素、勤奋好学"作为校风，激励全校师生以苦为乐、以苦为荣。

艰苦建校的同时，尽快培养新中国自己的气象科技人才是重中之重。罗漠非常重视教育质量的提升和学生实践能力的培养，他提出，培养学生在理论方面不低于北京大学、南京大学气象系的水平，在实际动手能力方面要超过北京大学、南京大学气象系水平的目标，开创了实践与理论相结合的育人路径，于1961年确立了第一份教育方案，确定了1961级培养目标和教学计划，初步形成了"基础＋能力"的人才培养模式。全校上下采取多种举措严抓教学质量，重点是师资队伍的建设和培养，一起创建学院的朱和周、冯秀藻、王鹏飞、章基嘉、顾钧禧、田明远、夏平、朱乾根等一大批气象科研业务骨干组成的专家团队亲上讲台，既是教学和研究的主要力量，也是培养和考核青年教师的主力。考核青年教师最主要的方法是抓好新教师的试讲，罗漠和各系主任、老师常常有针对性地听青年教师试讲并进行点评，青年教师们非常认真地对待试讲，多方找参考资料，反复修改教案，多次练习后才上台试讲，试讲通过后才能走上讲台。学校"厚基础、重实践"的理念既体现在课堂的学习上，也体现在学生在基层台站的生产实习上，罗漠亲自带队深入地方气象基层台站，检查学生的实习情况，听取基层台站对教学工作的意见和建议，逐步打造学校气象人才培养特色办学优势。罗漠还支持老师们开展人工影响天气等科学研究，引导教师关注科教融合，对南京信息工程大学办学指导思想的确立和发展做出了不可磨灭的杰出贡献，成为中国高等气象教育历史上浓墨重彩的一笔。

罗漠对工作的要求非常严格，但是对同事和学生却非常亲切，善于倾听群众的意见。在罗漠的带领和全校师生的共同努力下，南京气象学院得到顺利创办和建设，成为新中国培养气象人才的摇篮，其培养的第一届和第二届学生中有三名学生后来成为两院院士，培养的毕业生工作后大多成为国内气象事业的骨干。时至今日，南京信息工程大学的毕业生不仅遍布全国各地，还有很多致力于世界气象事业的发展。罗漠高尚的革命家品质和卓越的教育家才干，奠定了南京信息工程大学气象教育的基础，推动了新中国气象高等教育事业的发展。

中国首位冶金工程师吴健留英派遣研究

——以上海图书馆馆藏盛宣怀档案和上海交通大学档案馆馆藏档案为基础的考察

上海交通大学党史校史研究室　叶璐

吴健（1874—1955 年），又名吴治俭，字任之、慎之，江苏金山人。1887 年入圣约翰书院，读完中学、大学。1895 年毕业后相继任圣约翰大学、南洋公学英文教习。他是中国首位冶金专业留学生、钢铁冶金工程师、汉阳铁厂首位中国工程师。[1]吴健自 1908 年底留学回国后即供职于汉冶萍公司，直到 1927 年上半年。[2]曾任汉厂、冶厂厂长等要职，参与汉厂扩建、冶厂筹建等重要工程，是汉冶萍公司一位重要的中高级经营管理者，是我国近代早期钢铁冶炼技术与经营的先驱之一。

目前关于吴健的研究成果有限，较多散见于一些著作或文章中[3]，未有专门著述。我国著名冶金工程技术专家、曾任原冶金部副部长及首届国家钢铁研究总院院长陆达曾评论："晚清以来，如李维格、王宠佑、吴健、严恩棫、周仁、周行健、周志宏、叶诸沛等一批科学技术专家，他们或创办实业，或从事科学研究工作，或在学校任教，成为发展中国近、现代冶金科技事业的奠基人、开拓者和带头人。"[4]这充分说明像吴健等人作为中国近代钢铁界专家和冶金科技事业的开拓者，已经得到中国科技界的认同。

一、问题提出

吴健作为我国第一位冶金工程师，曾在汉冶萍公司经营、扩张、发展过程中起到举足轻重的作用。他在南洋公学任教期间，得有机会遣派至英国专习"铁厂工艺"。然

---

[1]　见徐盈：《当代中国实业人物志——吴任之》，《新中华》1944 年复刊第 11 期，第 114 页："他是钢铁界最早的留学生中间的一个。"中国科学技术协会编《中国科学技术专家传略》（工程技术编·冶金卷 1），北京：中国科学技术出版社，1995，第 15 页："吴健，我国第一位钢铁冶金工程师。"方一兵、潜伟：《中国近代钢铁工业化进程中的首批本土工程师（1894—1925 年）》，《中国科学史杂志》2008 年第 2 期，第 120-122 页："吴健是汉阳铁厂送出的第一个学生，也是中国第一个攻读冶金专业的留学生。……1908 年底吴健回到汉阳铁厂，成为汉阳铁厂第一位中国工程师。"

[2]　关于吴健从汉冶萍公司辞职的情况，据《郭承恩致夏偕复函（1923 年 4 月 17 日）》，湖北省档案馆《汉冶萍公司档案汇编（五）》，武汉：华中科技大学出版社，2021，第 2267 页："本月十三日接到吴厂长洋文公函。"郭承恩"接奉四月二十一日新字第十七号公函，……商同季代厂长（季厚堃）赶为备办。"由此可知，吴健最晚于 1923 年 4 月 21 日前不再担任汉阳、大冶两铁厂厂长。另据《吴健致盛恩颐、潘灏芬函（1927 年 3 月 19 日）》，湖北省档案馆《汉冶萍公司档案汇编（五）》，武汉：华中科技大学出版社，2021，第 2027 页："健以才力不胜，屡请辞职，迨至（民国）十二年四月冶炉出铁，始蒙准予解职。……今行将解职。"以及《吴健致公司董事会函（1923 年 12 月 5 日）》，湖北省档案馆《汉冶萍公司档案汇编（五）》，武汉：华中科技大学出版社，2021，第 2026 页："健以才力不逮，叠请辞职，蒙调委总事务所办事，遵于本年四月交卸本兼各职。"可知，吴健从 1923 年 4 月辞去汉、冶厂长后，调到上海汉冶萍公司工作，于 1927 年 3 月从汉冶萍公司离任。

[3]　如徐盈主编《当代中国实业人物志》（1944 年）、中国科学技术协会主编《中国科学技术专家传略》（1995 年）、吴启迪主编《中国工程师史》（2017 年）、方一兵与潜伟合著文章《中国近代钢铁工业化进程中的首批本土工程师（1894—1925 年）》等。

[4]　王同起、瞿冕良：《李维格的理想与事业：拯中原于涂炭 登亿兆于康庄》，中国档案出版社，2000，第 323 页。

而"学界对孙宝琦、盛恩颐、夏偕复、蔡锡勇、吴健等与汉冶萍公司关系的研究相对缺乏"[1]，对吴健的派遣留学经历更鲜有提及。就笔者所见，方一兵、潜伟以一小节篇幅叙述了吴健与南洋公学具结画押得以出洋求学的事件。[2]王宗光主编、欧七斤编著《上海交通大学史》（第一卷）也勾勒了吴健被遣派留英、学成回华的大致情形。[3]吴健出国求学之"一波三折"、友人相助等个中细节却不甚丰满、未尽呈露。

基于此，本文在主要参考上海图书馆、上海交通大学、上海市文史研究馆有关吴健档案的基础上，结合《愚斋存稿》《盛宣怀年谱长编》《交通大学校史资料选编》《上海交通大学史》《汉冶萍公司档案汇编》等探源补罅，细述吴健从南洋公学萌发留学想法到被派遣成功这一过程，既能增加专门性成果以填补空白，又能在一定程度上反映和复原近代中国留学情况，更愿为学界系统化、深度化开启吴健微观研究添砖加瓦。

二、无资补"缺"：错失赴美机会

1895 年，吴健于圣约翰大学毕业，正式担任该校英文教习员。1899 年，赴南洋公学任事。1899 年 9 月 3 日，吴健以南洋公学中院英文教习身份参加掌教第一次聚议，会议明确了其所授课程：中院二班外国舆地课和三班英文读本课。1901 年，吴健兼教公学附属高等小学堂体操课。据汪凤藻致盛宣怀函可知，其时吴健"每月支薪一百两"[4]。这一时期，吴健一直怀有"赴欧深造"的志向。[5]

南洋公学创办人盛宣怀将派遣学生出洋历练视为培养人才的重要途径，还在筹办公学期间，他就有所计划，"仿日本海外留学生之例，给官费就学外国或就试于各国大学堂"[6]。南洋公学即在 1898 年始派学生赴日游学。后来盛宣怀力主留学欧美，1901 年，始遣学生赴美留学。其间，吴健正在公学教习英文，目睹学生和教习（如陈锦涛、王宠惠）留洋求学，自是充满期望。

距公学首次选派学生赴英半年多，1902 年 6 月，闻知留美中院生胡鹏运中途归国[7]，吴健随即上书公学提调伍光建，希望伍氏代为转陈借补胡鹏运缺赴美游学一事：

为恳请补额资遣游学事，上书提调，恭求代达，稔已仰邀勋鉴矣。顷荷提调面谕，忻悉补额一节，已蒙督办俞允，准将自美返国之胡生鹏运学费移资治俭，仰聆之下感激莫名。[8]

由上可知：一方面，吴健"恳请补额资遣游学"愿望非常强烈，这与清末国家和社会

① 杨洋：《改革开放以来国内汉冶萍公司研究的回顾与前瞻》，《社会科学动态》2020 年第 1 期。
② 方一兵、潜伟：《中国近代钢铁工业化进程中的首批本土工程师（1894—1925 年）》，《中国科学史杂志》2008 年第 2 期。
③ 王宗光、欧七斤：《上海交通大学史》第一卷，上海交通大学出版社，2016，第 200 页。
④ 《汪凤藻致函盛宣怀》（1902 年 7 月 30 日），上海图书馆馆藏盛宣怀档案，档案编号：SD044560。
⑤ 《吴任之自传》（1953 年 8 月 23 日），上海市文史研究馆馆藏稿本。
⑥ 《南洋公学纲领》（1896 年 8 月 11 日），上海图书馆馆藏盛宣怀档案，档案编号：SD044964-2。
⑦ 胡鹏运是南洋公学第一批赴日留学生胡礽泰。据《上海交通大学史》（第一卷）第 187—192 页载：1898 年 9 月，南洋公学选派胡礽泰（赴美后改名胡鹏运）等 6 名学生赴日并经清政府总理衙门获准。1899 年 1 月乘船赴日，并进入日华学堂补习日语和基础科学。在日华学堂肄业后，胡鹏运于 1900 年 12 月底，在日本横滨会合章宗祥胞兄章宗元同轮赴美留学，后胡鹏运因故于 1902 年中途归国。
⑧ 《吴治俭致函汪凤藻》（1902 年 6 月 27 日），上海交通大学档案馆馆藏档案，档案编号：LS2-001。

上存在的留学畏难情绪相较，为之一新。庆亲王奕劻权倾一时，其子载振"拟先行入贵胄学堂，请求一切，预备他日出洋。并闻贝子因庆邸年齿渐衰，不忍远道重征，故出洋之举暂行以缓"①。可见在留学问题上，吴健的意向积极向上，行为主动积极，实属可贵。

另一方面，盛宣怀俞允赴美，但就学费一项未有申明。时近暑假，吴健不想浪费时日，遂上书公学总办汪凤藻，"正可就道，庶抵美以后即得径入美国学堂肄业"，并希望汪凤藻咨请盛宣怀批示"拨给经费"②。原因就在于吴健家境清贫，兄妹众多。他在自传中写道："先父益三公，因家道清贫，弃学就商……自一八九四年起，患脑溢血卧床十九年，于一九一二年逝世。我九岁失侍（母），继母亦早逝。我有兄弟六人、妹二人。……二十六岁时，重父命娶林氏。"无论是"大家"还是"小家"，日常生活开销用度，他都得支撑维持。

此外，清末时期留学欧美的费用向来颇巨。以留学英国为例，1901年10月，南洋公学首先公派李复几、曾宗鉴、胡振平、赵兴昌4名学生赴英留学。是年10月4日，盛宣怀指令拨给4人"川资、治装费银2516两，第一年常年经费银3330两，合计5846两"③。平均计算每人也需近1500两，远超吴健任教的全年总收入。

汪凤藻收到吴健请求后，于6月27日呈请盛宣怀，"查照资遣赴美学生成案，酌给整装洋三百元、川资洋五百元，六个月学费、月费共美金洋二百五十元，仍饬到美择定学堂后，速将所学科目详细禀报。以四年为限，学成即行回华"④。汪凤藻借此次呈请向盛宣怀力争包括整装、川资、学费、月费在内的赴美留学经费，不料盛宣怀却未答应，于7月1日照复汪凤藻，"吴治俭赴美游学既系抵胡鹏运之缺，所有整装、川资，胡鹏运均已领过，接遣者自未便再行开支"。盛氏虽拒绝支付吴健学费，却给出建议："闻在美华商业已集有巨款，凡华生皆可取资肄业。本堂已有二人愿自备资斧前往。吴治俭何不令其照办，以节堂费。"⑤

吴健即与在美华商联系，却被告知"旧金山华商佽助学费之举，系由粤人集赀专为粤省而设，款亦无多"⑥。吴健不得已只得再向公学求助。公学总办汪凤藻致函盛宣怀："恳将治俭每月薪水暂准借作学费，以三年为期，或一并预支或按年发寄，俾得一意就学，进习专科。俟毕业回华，仍可力图报效，勉将所借学费分年归偿，以重公款。"⑦汪凤藻提出预支薪水以解吴健经费之燃眉。但天不遂人愿，此次吴健赴美终因"未蒙准给整装川资，又苦无力自措，至今未克成行"⑧。

清末留学经费来源总体分为两类：一是公费，二是自费。上文所提及的华商资助，实际上属于民间借款，归根结底也是一种自费。汪凤藻为吴健筹措经费之时，提出预支薪

---

① 《振贝子将入贵胄学堂》，《笑林报》1907年6月20日第2版。
② 《吴治俭致函汪凤藻》（1902年6月27日），上海交通大学档案馆馆藏档案，档案编号：LS2-001。
③ 王宗光、欧七斤：《上海交通大学史》第一卷，上海交通大学出版社，2016，第198-199页。
④ 《汪凤藻致盛宣怀函》（1902年6月27日），上海交通大学档案馆馆藏档案，档案编号：LS2-001。
⑤ 《盛宣怀照会汪凤藻》（1902年7月1日），上海交通大学档案馆馆藏档案，档案编号：LS2-001。
⑥ 《汪凤藻致盛宣怀函》（1902年7月30日），上海图书馆馆藏盛宣怀档案，档案编号：SD044560.
⑦ 同上。
⑧ 《汪凤藻致盛宣怀函》（1902年10月23日），上海交通大学档案馆馆藏档案，档案编号：LS2-001。

水，也就是向南洋公学拨款单位轮船、招商二局等国家机构贷款。可惜没有成功，原因在于清末还未形成贷款留学的大环境和制度。[①]如果确立贷款留学制度，吴健赴美留学当可成行。[②]

三、时来运转：终遂向学之忱

仅过三个月左右，吴健出洋留学又有转机。1902 年 10 月间，盛宣怀向清政府奏派汉阳铁厂总办李维格出洋考察学习："兹查有总办湖北铁厂三品衔候选郎中李维格，心精力果，体用兼赅，本来谙熟方言，近复留心工学，臣与李维格坚明约束，铁厂之成败利钝，悉以付之。"[③]据此，盛宣怀赞扬李维格才干，欣赏其能"留心工学"，并将铁厂成败重任交付与他。

10 月 19 日，李维格致函盛宣怀："派往外洋英国学习铁厂工艺之学生，系现充南洋公学英文教习吴治俭，上海人，年纪未详，二十余岁。今日已令具呈切实甘结，拟请照会南洋公学汪总办，以便接洽。"[④] 10 月 23 日，盛宣怀接到李维格函请后照会汪凤藻，"查有南洋公学英文教习吴治俭有志专门之学……派令吴治俭即在外洋随同李郎中前赴各国考察一切，学费、月费两项自应准其开支"[⑤]。汪凤藻接到照会后，同一天立即安排吴健与南洋公学签订出洋留学甘结，即保证文书：

具甘结吴治俭，今承南洋公学资遣出洋，学习钢铁厂工艺。以学成为度，不论年限。学成回华，在湖北汉阳铁厂充当工师。头两年每月薪水银贰百两，以后每年月加银贰拾伍两，加至肆百两为止。如欲别就，即将所有出洋学费缴楚，方能离厂。如在外洋学业未成而欲回华，亦须缴回学费。具此甘结是实。

光绪二十八年九月二十二日　具甘结吴治俭

父：吴锡祥

保：顾缉庭[⑥]

吴健时年 29 岁（28 周岁），终由李维格举荐，得南洋公学资助放洋学习。与此同时，在吴健学费、月费已定的情形下，公学总办汪凤藻继续呈请盛宣怀："整装、川资两项，该教习实在无力筹措，应请俯准一并照案支给。"[⑦]盛宣怀随即批准："吴治俭既已具结前往外洋学习工艺，准即如请，由南洋公学发给整装、川资两项银两，以示体恤。"[⑧]随后，南洋公学支付吴治俭治装费规元 264 两 6 钱 8 分、赴英船费规元 458 两 7 钱 5 分、

① 胡连成：《走向西洋——近代中日两国官派欧美留学之比较研究（1862—1912）》，吉林大学出版社，2007，第 68 页。
② 《文部省第三年报》其一第 14-15 页。转引自武安隆：《日外文化交流史论》，江苏人民出版社，2019，第 136 页："1875 年（明治八年）发布《文部省贷费留学生规则》，明确规定：……留学费用采取贷款制，即每人每年生活学习费一千元，旅费另给，……上述贷款自毕业后第三年起开始归还，并须于二十年内还清。"综合日本文部省贷款留学规定和汪凤藻所言预支薪水，二者纯属一事。汪凤藻所提议或可为清末贷款留学制度最早之雏形，只可惜未被盛宣怀认可。
③ 沈云龙：《近代中国史料丛刊续编》第十三辑，文海出版社，1975，第 235 页。
④ 《李维格致盛宣怀函》（1902 年 10 月 19 日），上海图书馆馆藏盛宣怀档案，档案编号：SD017237.
⑤ 《盛宣怀照会汪凤藻》，1902 年 10 月 23 日（光绪二十八年九月二十二日），上海交通大学档案馆馆藏档案，档案编号：LS2-001.
⑥ 湖北省档案馆：《汉冶萍公司档案汇编》（一），华中科技大学出版社，2021，第 236-237 页。
⑦ 《汪凤藻致盛宣怀函》（1902 年 10 月 23 日），上海交通大学档案馆馆藏档案，档案编号：LS2-001。
⑧ 《盛宣怀照会汪凤藻》（1902 年 10 月 23 日），上海交通大学档案馆馆藏档案，档案编号：LS2-143。

1903 年上半年学费规元 1312 两 7 分[①]，另有行李、零用费规元 37 两 5 钱 8 分[②]，共计规元 2073 两 8 分，远超吴健年薪 1200 两的执教薪水，亦可侧证其确无力自筹。

吴健最终能够出洋留学，原因有三。其一，留学对象有变。1901 年首派留欧生，是南洋公学"因上院缓办而对不能照章升学的中院毕业生采取的权宜之举。等到 1902 年夏第二届中院生毕业时，公学筹备设立了具有'上院'性质的政治班。……但是，公学向欧美选派留学生事宜并未停止，暂无学生可派，便转向选派教习"[③]。其二，李维格、汪凤藻等援手襄助。为吴健争取经费的汪凤藻，其时身为南洋公学总办，为下属职员铺就前程自不待言。另举荐人李维格，曾任南洋公学提调兼师范学院英文教习，与吴健于英文课业方面想必多有切磋。李维格离任南洋公学之后，先后掌管汉阳铁厂学堂及与西人合办的商务、铁厂冶炼事业。正是李维格谨遵铁厂创办人盛宣怀"留心工学"的旨意，才挖掘了"有志专门之学"的吴健。其三，汉阳铁厂发展需要。自 1898 年公学相继选派学生留日、留美、留欧，绝大多数学生攻读外交、法律、政治、财政、商务、教育、军事、矿务、化学、机械、桥梁等专业。1901 年赴美留学的陈锦涛是第一位研习"铁厂工艺"的学生，但 1902 年 3 月 8 日，陈锦涛致函南洋公学，"因年长体弱，很难继续学习铁厂工艺，请求改习教育、理财"[④]。盛宣怀予以批准。唯一一位铁厂工艺学习生放弃，汉阳铁厂又急需工艺人才，自然需要"补额"。后两点也应是盛宣怀同意派遣吴健出洋学习铁艺的主要原因。

10 月 24 日，吴健自沪登日船"博爱丸"，随出洋考察的李维格踏上赴英求学之路。此次求学有两点值得注意。其一，成行迅速。从 10 月间盛宣怀奏派李维格出洋考察、李维格选派吴健赴英求学，到准经费、具甘结，再到 10 月 24 日吴健随李维格出发，其间手续繁多、环节相扣，前后耗时却不到一月。这与此前吴健申请赴美补额留学境况有云泥之别。其二，专业指定。吴健赴英学习铁厂工艺，这在李维格致盛宣怀函中已写明。吴健此前在圣约翰大学、南洋公学任英文教习，与钢铁工艺并无太多交集。上述两点看似不合常理，却反映出清末留学计划性之外的一种临时性：因事派遣。[⑤]正因为汉阳铁厂总办李维格出洋考察已定，需才孔亟，而机缘巧合之下，吴健就成了最合适人选。

四、盛、袁之争：留英资费改归汉厂支付

就在吴健出洋之际，直隶总督、北洋大臣袁世凯掀起对轮船招商局、电报局的争夺，这次事件虽与吴健无直接关系，但其事态发展及结果对吴健留学经费改拨产生了间接影响。

南洋公学经费由盛宣怀掌管的轮船招商、电报两局众商所捐，轮船招商局"岁捐

① 《张美翊致盛宣怀函》（1903 年 6 月 22 日），上海交通大学档案馆馆藏档案，档案编号：LS2-001。
② 《交通大学校史》撰写组：《交通大学校史资料选编（1896—1927）》第一卷，西安交通大学出版社，1986，第 93 页。
③ 王宗光、欧七斤：《上海交通大学史》第一卷，上海交通大学出版社，2016，第 200 页。
④ 王宗光、欧七斤：《上海交通大学史》第一卷，上海交通大学出版社，2016，第 184-194 页。
⑤ 胡连成：《走向西洋——近代中日两国官派欧美留学之比较研究（1862—1912）》，吉林大学出版社，2007，第 45 页。

六万两"，电报局"岁捐规元 4 万两"①，通过这些常费来维系公学日常活动。盛宣怀早年入李鸿章幕府，逐渐成为李的得力干将。1901 年 11 月 7 日，李鸿章卒。袁世凯即日署理北洋大臣、直隶总督。没有李鸿章庇护，盛宣怀之宦途也一时困顿。1902 年 10 月，盛宣怀父亲盛康病逝，盛宣怀依制须去职丁忧。此时，袁世凯执掌北洋已近一年，根基渐稳，遂借机筹划对盛宣怀制下轮船招商、电报两局的争夺，逼盛氏"解去利炳"②。

两人数次交锋之后，至 1903 年初，袁世凯已在争夺战中掌握主动。1 月 15 日，清政府任命袁世凯为电务大臣、吴重憙为驻沪会办电务大臣。2 月，盛宣怀卸任招商局督办，袁世凯派亲信杨士琦为总理，徐润为会办。最终，袁世凯将轮船招商、电报两局控制在自己手中。

袁世凯将两局收入囊中之际，便着手向盛宣怀另一事业——南洋公学发难。1 月 24 日，袁世凯电告盛宣怀，"闻南洋公学已罢散，是否趁此停办，或请南洋另酬款。请酌"③。袁世凯威胁盛宣怀要他停办南洋公学，否则停止轮船招商局和电报局的拨款。盛宣怀却不为所动，坚持开办公学。2 月 3 日，盛宣怀回电袁世凯，公学"开办已六年，中外观听所系。若遽废止，殊觉难堪。……查轮、电两局，原拨公学每年十万两，本年起遵即停拨。又船局另捐二万两，电局另捐二万元，原奏系充商务学堂、东文学堂各经费，拟请暂准照拨，改充出洋肄业经费，使卒业诸生不致半途而废"④。2 月 5 日，袁世凯同意盛宣怀请求，"轮、电两局各拨南洋公学常年经费十万两，本年起应即停拨。其船局另捐二万两，电二万两，即遵示暂改充出洋肄业经费"⑤。

袁世凯对轮船招商、电报两局的争夺以及向南洋公学的发难，也间接影响到吴健游学经费的支出。上文所述船局二万两、电局二万两，共约四万两充作出洋经费，根本不足以具付所有留学生的费用。以 1902 年所有"游学生支款项"为例，共计规元五万六千二百四十六两七钱七分⑥，已超出四分之一强。

袁世凯同意保留南洋公学遣派学生出洋求学的费用，却停拨公学经费，南洋公学不得不转嫁经费、开源节流。时任公学提调代总办张美翊于 1903 年 6 月 22 日致函盛宣怀，针对刻下公学经费奇绌，"仰恳宪台垂念该员考求铁政系供铁厂日后任使，所有该员吴治俭学费以及毕业归装等项，改由铁厂给发，饬知总办汉阳铁厂迅将西历本年下半年学费英金一百五十镑汇寄英国吴治俭手收"⑦。张美翊恳请盛宣怀将留学经费改由汉阳铁厂给发，不仅如此，张还希望"将上年十月公学所发该员治装、川资、学费银二千零三十五两五钱划还公学"⑧。

翌日，盛宣怀回复张美翊，同意"自西历本年下半年起，改由湖北铁厂支给学费"，

① 王宗光、欧七斤：《上海交通大学史》第一卷，上海交通大学出版社，2016，第 20 页。
② 夏东元：《盛宣怀年谱长编》（下册），上海交通大学出版社，2004，第 770 页。
③ 骆宝善、刘路生：《袁世凯全集》第 10 卷，河南大学出版社，2013，第 602 页。
④ 沈云龙：《近代中国史料丛刊续编》第十三辑，文海出版社，1975，第 1319 页。
⑤ 骆宝善、刘路生：《袁世凯全集》第 11 卷，河南大学出版社，2013，第 3 页。
⑥ 《交通大学校史》撰写组：《交通大学校史资料选编（1896—1927）》第一卷，西安交通大学出版社，1986，第 94 页。
⑦ 《张美翊致盛宣怀函》（1903 年 6 月 22 日），上海交通大学档案馆馆藏档案，档案编号：LS2-001。
⑧ 同上。

但对于张氏提及的治装、川资、学费等划还，盛宣怀表示"既已出支，自应免其划还"①。据盛、张两函可知，南洋公学实际仅为吴健支付了一个学期（1903 年上半年）学费、整装费和川资费。自此吴健完全由汉阳铁厂全过程培养：资助、学艺、任使。7 月 1 日，张美翊致函汉阳铁厂总办盛春颐、会办宗得福，告知汇寄吴健经费的方式、频次以及公学已付各费的清单。② 7 月 3 日，张美翊又致函吴健，告知经费改章的详情，并请将英国住址、学堂、专业及毕业时间等情况速向汉阳铁厂呈明。③

7 月 11 日，汉阳铁厂盛春颐、宗得福致函张美翊，告知"吴治俭赴英费用账及洋文住址单均已诵悉"，并言明"铁路总公司支发英金一百五十镑，仍以奉托贵公学代汇至英国伦敦蓝博德监督，转交吴治俭查收应用，以后遵当半年一汇"④。经费由汉阳铁厂托铁路总公司拨发并交予南洋公学，公学转汇至英国后再交吴健。这一过程虽辗转，但吴健留学经费一事毕竟得以安顿。张美翊于 7 月 20 日将经费腾挪周折落定情形函告吴健："是款虽改归汉厂，而汇兑仍由公学自较熟习。"⑤ 此后，吴健在英经费便由汉阳铁厂给付。

1904 年，吴健入约克省歇菲尔大学，专攻冶炼钢铁合金。1907 年，得冶金学位文凭及荣誉级冶金学士称号。1908 年，得冶金硕士学位。1908 年下半年，吴健启程回国，途经美国，并参观美国各大工厂。⑥《颜惠庆日记》也证实吴健经美回国一事。1908 年底，吴健抵沪，即赴汉阳铁厂任化铁炉副工程师职。由此开启了中国第一位钢铁工程师在汉冶萍的奋斗历程。

五、结论

吴健家境清贫，不能如富家子弟般自备资斧放洋游学，只得借助持久不懈的努力和稍纵即逝的机遇实现他赴欧深造的志向。而这一过程中的九曲连环，恐怕连其本人都无法预知。通过勾稽档案、挖掘线索、梳理脉络，我们可知先是吴健自己无力筹措治装、旅费等而痛失赴美求学机会，继而获李维格举荐、汪凤藻为其全力争取经费，赴英求学才不致再次落空。20 世纪初留学遣派后，袁、盛二人争夺轮船招商局、电报局，因两局拨发经费问题而波及南洋公学，盛宣怀居中转圜，改由汉阳铁厂拨款助学；最终峰回路转，吴健得以顺利求学，并于 1908 年底回国供职汉阳铁厂，成为我国第一位冶金工程师。

透过吴健辗转曲折的留学经历，足可管窥清末留学一些基本面向。一是派遣过程具有临时性。尽管清政府对国家派遣及管理留学生在留学政策、主管部门等方面逐步完善、渐成体系，但对于个中学校而言，派遣过程仍具有随意性、不成体系化。当时南洋公学派往欧美的留学生，管理形式、管理办法各不相同，并无统一规范。⑦ 从胡鹏运、陈锦

---

① 《盛宣怀致函张美翊》（1903 年 6 月 23 日），上海交通大学档案馆馆藏档案，档案编号：LS2-001.
② 《张美翊致汉阳铁厂总办盛、会办宗函》（1903 年 7 月 1 日），上海交通大学档案馆馆藏档案，档案编号：LS2-001.
③ 《张美翊致赴英学习钢铁生吴治俭》（1903 年 7 月 3 日），上海交通大学档案馆馆藏档案，档案编号：LS2-001.
④ 《盛春颐、宗得福致函张美翊》（1903 年 7 月 11 日），上海交通大学档案馆馆藏档案，档案编号：LS2-001.
⑤ 《张美翊致函吴治俭》（1903 年 7 月 20 日），上海交通大学档案馆馆藏档案，档案编号：LS2-001.
⑥ 《吴任之自传》（1953 年 8 月 23 日），上海市文史研究馆馆藏稿本.
⑦ 欧七斤：《晚清南洋公学留学教育论述》，《历史档案》2015 年第 4 期.

涛等留学生因故中途归国、转业，到吴健因条件合适便临时起意，即刻被选派出洋，并未事先定好计划，南洋留学生的出国选派方面，尚没有形成一定的制度规范。二是经费筹措渠道少。如前文所述，清末留学经费筹措大抵只有公费、自费两个渠道，未能萌发出国家贷款留学。这主要是因为清朝当时对外支付巨额战争赔款，对内发展洋务运动，这些都耗费甚巨。如果实行贷款留学制度，清末留学生人数定会有较大改观。联系吴健个案，盛宣怀却做了有益探索，在南洋公学经费难以支撑的情势下，盛氏在出资主体上做了"转移"，保证吴健顺利求学。三是留学专业具有指定性。清朝官派留学生所学专业，通常在派遣之时就已确定，因为这涉及留学目的、政府需要何种人才。之所以选派吴健出洋学习，就是因为盛宣怀欲发展汉阳铁厂事业。留学专业选择的目的性再明确不过。吴健留英始末，体现出留学政策渐趋完善过程中既有常态化制度的延续，如经费筹措和专业选择；也有例外情况的发生，如因事临时派遣和经费供给关系适时调整。这虽是个案，但也能体现和反映出一定的共性，骎骎而上的留学事业不只有显见的浩荡和光彩，背后也有不易和艰辛。

吴健作为中国第一位钢铁冶金工程师，在近代史上赫赫有名。但现阶段研究论述极少，提及时段多是汉冶萍任职期间。除前文已述之外，《汉冶萍公司志》（2017 年再版）、《汉冶萍公司档案汇编》（2021 年）等也有涉及。然而，最基本生卒年份或均不详，或一端未知一端不确，更遑论其参与公司经营管理带来的具体、详尽、全面的影响。吴健是汉冶萍公司史上一位重要人物，这类人物的研究需要"引起社会关注"①。

---

① 湖北省档案馆：《汉冶萍公司档案汇编·序言》（一），华中科技大学出版社，2021。

罗振玉与许璇

浙江省徐霞客研究会　张小宇

罗振玉（1866—1940 年），字叔蕴，号雪堂，出生于江苏淮安，祖籍浙江上虞（今浙江省绍兴市上虞区），署名"上虞罗振玉"，中国近代考古学家、农学家、教育家。1896 年，他与蒋伯斧在上海创立农学会，发行《农学报》，介绍国内农业发展概况，专译东西方农书农报以传播近代农学知识。1898 年初，又创设"东文学社"，教授日文。1900 年秋，罗振玉任湖北农务局总理并兼任农务学堂监督。1901 年夏辞职后，主持江楚编译局，开始编译出版《教育世界》杂志。同年冬，奉江、鄂两省奏派赴日本考察教育。1902 年，罗振玉受盛宣怀延聘，出任南洋公学东文科监督。1904 年，端方出任江苏巡抚，聘任罗振玉为教育顾问，并委托其创办江苏师范学堂。1906 年，罗振玉奉调进京，任学部参事兼京师大学堂农科监督等职。[1]

许璇（1876—1934 年），字叔玑，浙江省瑞安人。我国著名农业经济学家、农业教育家、我国农业经济学科的开创者。1913 年 7 月，毕业于日本东京帝国大学农科，获农学学士学位，曾任北京农业大学校长、浙江大学农学院院长，1924—1934 年，十年连任中华农学会会长（理事长），著有《粮食问题》《农业经济学》等著作。

1898 年 2 月，瑞安务农支会成立，瑞安与罗振玉建立了联系，为许璇习"新学"留"洋学"找到出路。1901 年 10 月，许璇就读于南洋公学译书院东文学堂，罗振玉、王国维分别为学堂监督、执事，日本学者藤田丰八、田冈岭云为正、副教习。1903 年，罗振玉被两广总督岑春煊聘为教育顾问，许璇、章鸿钊等东文学堂学生被聘为广东学务公所编撰员。1904 年 4 月，罗振玉推荐东文学堂学生陶昌善、许璇、盛德镕、周作民四人以广东官费身份留学日本。1909 年 3 月，罗振玉派充京师大学堂农科大学监督。1913 年，许璇就聘于北京大学校农科大学农学科专任教员兼农场场长，历任北京农学院院长、浙江大学农学院院长、中华农学会会长等职。

一、许黼宸与瑞安务农支会

胡珠生先生在《温州近代史》一书中指出，温州最早出现的维新事物是瑞安务农会、利济学堂、算学书院等，它们标志着温州旧学转向新学、西学，也标志着温州开启了近现代化。光绪二十三年（1897 年）4 月，罗叔蕴（振玉），徐仲凡（树兰），蒋伯斧（黼）、朱祖荣等在上海创办务农会，瑞安士绅陈虬、黄绍箕、黄绍第、林和叔、周拱藻、王恩植、鲍锦江、杨世环等数十人先后入会。其中，陈虬是首批入会会员之一，也是最

---

[1] 张亮、张建富：《中国近代农学事业的奠基者罗振玉评述》，《唐山师范学院学报》2011 年第 4 期。

早加入上海务农会的温州人^①，并参与起草农学会章程^②。

光绪二十四年（1898年）2月，黄绍箕、孙诒让、洪炳文、黄绍第等39人^③为发起人，筹办瑞安务农（支）会，并集资入股。黄绍箕、黄绍第为正、副会长，孙诒让任研究部部长，洪炳文任试验部部长，项申甫、周拱藻为总习收支，许黼宸、陈范、王镜澄、林向黎、洪锦淮、吴诒寿、戴庆良、杨世环、黄绍裘、章明申、周屏翰、胡赞元等均分司职事，会所附设于卓公祠，以神农庙为郊外办事处。

《瑞安务农支会请官立案禀》称，"则欲求富强，必以广兴农学为首务"，"采欧美种植之方，以兴本邑自然之利"，《瑞安务农支会试办章程》指出，"是会为广利源开风气起见，禀请地方官通详立案，会所暂设城中之卓忠毅公祠内，创办会友，共三十余人，照沪上总会定章，开具姓名衔秩，专函通知，为沪会之支会，以收联络翊助之益"。办会宗旨为"广利源开风气"，明确瑞安务农会是上海务农会的支会。

许黼宸^④即许璇的父亲，是瑞安务农支会司职，据《林骏日记》载，（1897年）十二月廿二日，许黼宸筹措瑞安务农支会经费，与林骏协商收回"籍田"，"晨，许竹友（黼宸）孝廉折柬来邀，盖近日创设农学会，欲将余家昔年所掌籍田作众用也"，并邀请林骏入会，"（1898年）正月初四，早晨，同林和叔过许竹师孝廉家，各立合同耕种籍田租札，竹友前辈又邀余入务农会"。

1897年5月，上海农学会创办《农学报》（初名《农学》），瑞安人士在《农学报》上发表多篇文章。据不完全统计，共有15篇，内容涉及瑞安务农支会章程、温州农业介绍及研究、有关农业信息报道等。^⑤瑞安务农支会与浙江海宁树艺会、江苏如皋农桑公社并称为三大地方农学会。

瑞安务农会与上海务农会紧密联系，为许璇就读南洋公学译书院东文学堂提供了信息来源，虽然没有直接证据证明许璇通过务农会报考东文学堂，但有旁证可以说明这个问题。1901年5月，温州的林大同、项骧、郭弼、林文潜（四人均为瑞安人）及王理孚

① 《农学报》第一册（1897年）刊登了上海务农会首批会员名单，前10位有"蒋黼、罗振玉、汪康年、梁启超、徐树兰、朱祖荣、邱宪、马良、马建忠、陈虬"。"农会题名"是以（入会）先后为次序，进行统计刊登，陈虬是第10位入会会员，在前10位会员中，"蒋黼、罗振玉、徐树兰、朱祖荣"4位是上海务农会的发起人，汪康年是上海务农会的支持者及发起平台的提供者，梁启超是维新先进人物。
② 《陈志三拟务农会章程》（分二册连载），从文章内容及结构看，此文不是"章程"而是"章程修改建议稿"，如，第一条"原会 首原创会宗旨，如马君所拟第一条例；第二条"正名 如马拟第二条例"，是对马姓先生起草的章程提出的修改建议和意见。陈虬字志三。
③ 《瑞安务农支会会友题名》39人分别为：孙诒让、黄绍箕、黄绍第、项芳兰、周拱藻、杨世环、王恩植、鲍锦江、沈凤镛、许黼宸、孙诒泽、孙诒谌、孙诒揆、洪炳文、洪炳枢、洪炳镛、洪锦淮、洪锦濂、项方蔚、项方良、项方昕、项方纲、陈范、戴庆良、王镜澄、王镜江、王镜寿、黄绍裘、章明申、吴诒善、吴诒训、林向黎、周屏翰、林调梅、黄式莹、陈兆熊、胡赞元、金绒、吴冠藻。
④ 许黼宸（1855—1902年），字祝西（卣），或字竹卣，或称竹友。清德宗光绪十五年（1889年）举人，以学行闻于时，弟子自远方至者尝十百人，许璇随父课读。同治十一年（1872年），孙锵鸣聘其为孙家塾师，为诒钧、诒绩、诒泽、诒谌等诸子授教，张棡在孙家随读，也为门生。光绪二十年（1894年），协助孙诒让设筹邑城团防局。光绪二十四年（1898年），与孙诒泽、洪炳文、黄绍弟等39人为发起人，筹办瑞安务农会。许黼宸是晚清瑞安知识分子群体中的一员，许黼宸为人善良、随和，不争利、不争名，热心公益事业。
⑤ 文章包括以下部分。组织章程：《瑞安务农支会叙》《瑞安务农支会请官立案禀》《瑞安务农支会试办章程》《陈志三拟务农会章程》（上海务农会）；温州农业介绍及研究：《瓯越茶述》《瓯浆志略》《瓯茶利病条陈》《瑞安会员洪炳文述》《瑞安土产表》《温州蜜柑盆栽法问答》《永嘉树桑》《温州种蔗情形报告》《瓯柑情形报告》等；有关农业信息报道：《瓯设支会》《瑞安务农支会题名》《害虫伤稼》《机器制茶》等。

（平阳人）等报考南洋公学"经济特科班"（以下简称"特班"），其中，林文潜求学于杭州日文学堂，与同乡陈黻宸、宋恕交往密切，并认识蔡元培。林文潜及侄子林大同看到招生广告①后报考特班。5月18日，蔡元培为他们9位浙江籍学生进行保荐。蔡元培日记载，"所保应南洋公学特科试学生题名：林祖同（正允）瑞安人，林文在（周髓）瑞安人"。南洋公学特班学生林大同、项骧、郭弼、林文潜与南洋公学东文学堂学生许璇是温州近代史上第一批"新学"学生②，也是晚清民初知识分子群体的主要组成部分。

二、许璇与东文学堂

光绪二十二年（1896年），南洋公学由清末著名实业家、教育家盛宣怀创建于上海，南洋公学是中国近代历史上最早的新式学校之一，是上海交通大学的前身。南洋公学初创时期，以培养高端"法政"人才为办学目标，《南洋公学章程》规定，"公学所教"，以"西国政治家、日本法部文部为指归，略法国国政学堂之意"，"以专学政治家之学为断"③，重点培养法律、政治、外交、商务等人才。南洋公学是以"学习西方各国的科学技艺为指归"。但是，当时我国有关西方科学技艺的书籍十分缺乏，为了解决教学用书匮乏问题，南洋公学早在1898年就奏准附设译书院。1901年8月，根据译书的需要，又开办了译书院东文学堂，培养日语人才。

1901年10月，南洋公学公开招考东文学堂东文"译书之员"，东文学堂初定招生30名，"（报）到者三百二十七人"，经过初试、复试，最终录取40名，许璇榜上有名。11月27日，东文学堂正式开学，《东文学堂拟定章程》载，"以使学者习东国语言文字，通各国历史及政法之学，速成有用之才为宗旨"，学制三年；"第一年课东语、东文，兼授万国地理、政治、地理历史及法学通论"，"第二年课西洋近代史、理财学、宪法……"，"第三年课外交史、行政法、民法……"④。罗振玉、王国维分别任学堂监督、执事，日本学者藤田丰八、田冈岭云为正、副教习。

《南洋公学东文学堂同学录》（1923年8月）共收录了46名同学的姓名、别号、年岁、籍贯、时任职务，如"姓名：许璇；别号：叔玑；年岁：四七；籍贯：浙江瑞安；时任职务：教育部编审员"。《上海交通大学史》载，"在（东文学堂）同学中有陆军中将丁锦、上海医院院长王曾宪、财政部科长沙曾诒、农商部司长黄艺锡。尤以近代地质学鼻祖章鸿钊、文学家吴梅、银行家周作民、名中医丁福保、近代农学开山许璇等为著名"⑤。这是许璇第一次与罗振玉有交集，也就是这一次交集为许璇埋下了农学的种子。

---

① 1901年5月1日起，南洋公学在《中外日报》上连续两月刊出50多期增设特班招生广告："本公学现在增设特班，专教成材之彦，各省学识淹通之士，无论有无出身，会习西文与否，均可觅具保人，赴本公学报名。"

② 温州文化历史上有两次高峰：第一次是南宋时期"永嘉学派"；第二次是晚清民初时期"后永嘉学派"。晚清民初时期是中国社会转型时期，是新旧文化交替时期，温州出现了以"三孙五黄"为代表的知识分子群体，包括东瓯三先生、南洋五学子、日本留学生群体。晚清民初知识分子群体相继崛起，改变了此前温州人士默默无闻的落后状况，对温州社会的政治、教育和学术文化有过深刻的影响。

③ 王宗光主编《上海交通大学史（1896~1905）》第一卷，上海交通大学出版社，2011，第25页。

④ 王宗光主编《上海交通大学史（1896~1905）》第一卷，上海交通大学出版社，2011，第263页。

⑤ 王宗光主编《上海交通大学史（1896~1905）》第一卷，上海交通大学出版社，2011，第152、262、263、266、269页。

三、许璇与留学日本

1902 年底，因"墨水瓶退学事件"，东文学堂与特班、师范班同时停办，东文学堂师生各奔东西。1903 年初，许璇回瑞安老家担任瑞安中学东文教员，下半年就职于湖北学报馆。同时，罗振玉被两广总督岑春煊聘为教育顾问。1904 年初，许璇、章鸿钊等同学被聘为广东学务公所编撰员。东文学堂学生章鸿钊的《六六自述》载"（1903 年）秋间，奉罗叔蕴夫子函召，谓行将入广州办学务，命予同行。遂于十月间随同罗师、藤田师坐日本海轮到广州。时广州初设两广学务处，以管理两广教育事宜。予即在学务处襄办编辑教科书事务。"①其中，罗叔蕴为罗振玉字，又字式如、叔言；藤田师，即藤田丰八，两者均为南洋公学东文学堂的老师。

1904 年 4 月，两广学务处推荐 23 位学生公费留学日本，东文学堂学生陶昌善、许璇、盛德镕、周作民 4 人名列其中。《六六自述》载，"翌年（1904 年）初春，予犹在广州。时当局有派遣东西洋留学生之议……则惟以谋得官费出洋留学为上策，而今乃正其时矣"。《六六自述》又载，"遂于四月初，由藤田师领导选拔生二十许人，从香港换乘美国蒙古号海轮，遄赴日本。是时所最喜慰者，同行中尚有东文学堂旧同学四人，即陶昌善（俊人）、许璇（叔玑）、盛德镕（霞飞）、周作民是也"②，"予偕同学抵日本京都后，即由藤田师与京都第三高等学校③协商补习办法。时该校校长为折田彦市先生，乃一老教育家也。其对邻邦远来学子尤表同情，愿倾力援助之。遂为予等于本校内专设预备班，厘定课程，并选派本校教授分任教课，算学为森外三郎先生，英文为伊藤小三郎先生，日文日语为大野德孝先生，皆名教授而尤具热心者"④。

据统计，1903—1942 年，日本第三高等学校中国留学生有 107 人，其中升入帝国大学的有 53 人，升入京都帝国大学的有 33 人，占 80%。⑤ 1903 年，王季序是第一位日本第三高等学校的中国留学生，第二批就是 1904 年入学的许璇等 23 位中国留学生⑥，其中，浙江有 3 位：许璇⑦、章鸿钊、陶昌善；广东有 7 位：卢公辅、何崇礼、汤叡、张淑皋、金殿勋、杨永真、王敬秋；江苏有 7 位：严思樾（自费）、盛德镕、周维新（作民）、王季绪（自费）、沙曾诒、陈亮熙（自费）、张文廉，广西 3 位：岑兆麟、周清镌、苏松寿；贵州

---

① 章鸿钊：《六六自述》，武汉地质学院出版社，1987，第 14 页。
② 比对《南洋公学东文学堂同学录（1923）》，应该还有沙曾诒。
③ 即日本第三高等学校。中国学生留学日本开始于 1896 年，留学学校分为私立学校和官办学校。按照日本帝国大学招生惯例，其生源基本来自各高等学校。日本第三高等学校是日本关西地方升入帝国大学的预备教育机构，设有大学预科，1894 年，正式纳入日本高等教育体系，是官办学校。日本第三高等学校又是京都帝国大学的前身，1897 年，在日本第三高等学校专门学部的基础上成立了京都帝国大学，京都帝国大学是日本关西地方的最高学府，是仅次于东京帝国大学的日本第二帝国大学。
④ 章鸿钊：《六六自述》，武汉地质学院出版社，1987，第 16 页。
⑤ 赵瑞：《日本第三高等学校中国留日学生之研究：以伪满洲国留日学生为中心》，硕士学位论文，浙江工商大学，2014。
⑥ 《清国留学生公馆第五次报告》附录《分校分省人数统计表》为 22 人，1905 年 9 月 22 日《申报》报道《调查留学日本人数表》中也是 22 人。甘肃 1 位：田骏丰是在《同学姓名调查录补遗》中。
⑦ 《官报》第 38 期"姓名：许璇，年龄：27 岁，出身地：瑞安，费别：广东，来日时间：光绪三十年四月（1904 年 4 月）学校：第三高等学校第二部，入学时间：（空白），卒业时间：光绪三十二年八月（1906 年 8 月）"（第 277 页）。
《清国留学生会馆第五次调查报告》（1904 年 10 月）附录《同学姓名调查录》第 10 页：姓名：许璇；字号：叔玑；年龄：26 岁；籍贯：浙江瑞安；到日本时间：光绪三十年五月；费别：官费；就读学校：第三高等学校。

有 2 位：夏同纯、任斌略；① 甘肃有 1 位：田骏丰②。这 23 位留学生即是藤田丰八选拔的 20 许人。

1905 年，预科学习期将满，学校视同学实际成绩，除陶昌善转入日本札幌农科大学预科、章鸿钊转入第二部（本科）学习外，其余同学再继续读预科一年。在日本留学期间，许璇与罗振玉有密切联系。1909 年 4 月，罗振玉第二次前往日本考察，在日考察期间，许璇三次拜访罗振玉。罗振玉日记载：（1）六月初九日，晨起，服部博士、余君达夫、许叔玑、沙诵先、马幼愉（裕藻）来谈。（2）初十日，午间赴叔玑、仲祜诸君之约，至牛迂区早稻田鹤卷町太和馆午饮。（3）十五日，晨，林君泰辅、许叔玑、薛剑峰来。

在罗振玉及藤田丰八的直接指导和支持下，许璇与章鸿钊（后因农科名额有限，转学地质学）、陶昌善（后就读日本札幌农科大学预科）、周作民（后因籍贯问题，被迫取消广东官费而中止学业，提前回国）③等就读农学，计划培养农学人才。1910 年，许璇完成 6 年（2 年预科、4 年本科）中学教育，同年考入东京帝国大学农科学习，1913 年毕业并取得农学士学位。因罗振玉（1909 年）曾任京师大学堂农科大学监督，以及东文学堂教员藤田丰八、同学章鸿钊（1911 年毕业回国）均有京师大学堂农科大学工作经历，这些老师、同学为许璇留日毕业后入职北京大学校农科大学提供了基础。

表 1　京师大学堂职教员名单（国立北京大学廿周年纪念册）

姓名	职位	任职时间	备注
罗振玉	大学农科监督	宣统元年正月至民国元年四月	
服部宇之吉	东文兼伦理心理教员	光绪三十年正月至光绪三十四年十二月	
蒋黻	经文科教员	光绪三十年正月至光绪三十四年十二月	
藤田丰八	农科教员	宣统元年十二月至宣统三年二月	
章鸿钊	农科教员	宣统三年十月至民国元年四月	

罗振玉创办的上海农学会及《农学报》为许璇埋下了农学种子，南洋公学东文学堂是许璇的农学深造基础，罗振玉推荐以官费留日使许璇开启了农学之路，京师大学堂农科大学（后改称北京大学校农科大学）是许璇从事农学教育研究的始发地，也是归属地。

① 《清国清国留学生公馆第五次报告》附录《同学姓名调查录》第 9、10、11 页。
② 《清国清国留学生公馆第五次报告》附录《同学姓名调查录补遗》。
③ 周作民，1908 年秋回国，在南京法政学堂任翻译，1912 年任南京临时政府财政部库藏司科长，1913 年升任北京政府财政部库藏司司长；章鸿钊，宣统三年（1911 年）回国，任京师大学堂农科教员，1913 年南京临时政府农工商部任职；陶昌善，宣统三年（1911 年）回国，1912 年任南京临时政府实业部农务司司长；沙曾诒，1909 年回国，1920 年任北京政府财政部科长。

进向大时代去

——《觉悟》与青年陈望道的形象建构

复旦大学档案馆　刘晓旭

　　《民国日报》的副刊《觉悟》是"五四"时期影响巨大的"四大副刊"之一。陈望道自 1920 年起参加该刊的编辑工作，在《觉悟》上发表了大量文章，包括翻译作品、学术作品、散文杂感、诗歌、小说与人物推介等。文章数量多，体裁丰富，内容覆盖面广。这些连续不断发表的文章构成解读 20 世纪 20 年代前期陈望道精神世界的宝库。从中既可窥见翻译完《共产党宣言》的陈望道对外部社会问题及其解决途径的思考，又可感受到陈望道丰富的情感世界。1924 年，邵力子离开《觉悟》，《觉悟》的办刊倾向发生变化，陈望道也几乎不再为《觉悟》撰稿。

　　1919—1924 年这 5 年间，陈望道在《觉悟》上共发表了 235 篇文章①，约占陈望道作品总数的 42%，大致可分为文法修辞及美学研究类、科学普及类、翻译类、散文杂感类、诗歌与小说类、介绍与广告类。其中，后三类文章数量较多、前人研究较少，是了解 20 世纪 20 年代前期陈望道思想世界的重要窗口，也是本文讨论的重点。

　　陈望道在《觉悟》中发表的文章为我们建构了青年陈望道的形象，清晰地展示了 28—33 岁的青年陈望道丰富的精神世界、群体活动和城市印记，为我们理解 20 世纪 30 年代甚至之后"模糊的"②陈望道提供了视角和依据。

一、青年陈望道形象的自我建构

　　陈望道在《觉悟》上用过的笔名共 12 个，分别是：陈望道、望道、道、佛突③、晓风、晓、春华、平沙、V.D.、一介、一个义乌人④、南山⑤。这些笔名呈现出了不同的形象，是陈望道对自我的"分工"和"扮演"，为我们从各个侧面认识陈望道这个复杂人物、解读不同思想倾向的文章提供了路径。最为突出的是两组，分别是：佛突、陈望道、望道、道⑥，以及晓风、晓⑦。

---

①　连载的文章计 1 篇，在他人文章后的附记、附言等，未纳入统计数量。
②　20 世纪 40 年代之后，陈望道不再书写自我，其形象只能通过具体的活动推测，故用"模糊的"来概括。
③　佛突是"望道"二字英文译音第一个字母 V.T. 的中文转译，陈望道自述"回家乡义乌译《共产党宣言》。……在白色恐怖下，我用'佛突'这个笔名"。见宁树藩、丁淦林《关于上海马克思主义研究会活动的回忆》，载《复旦学报（社会科学版）》1980 年第 3 期。
④　笔名"一个义乌人"仅在《国语上一个可以注意的问题》（1921 年 2 月 28 日《觉悟》）用过一次，以"现身说法"阐释义乌方言的语尾问题。
⑤　笔名"南山"仅在《我很望天气早些冷》（1919 年 8 月 27 日）中用过一次。
⑥　以"佛突""陈望道""望道""道"署名的文章作者，本文均用望道指代。
⑦　以"晓风""晓"署名的文章作者，本文均用晓风指代。

陈望道对社会问题有着深刻的认识，"经济是一切社会问题底总枢纽"[1]，给出了一系列完整的解决办法，主张阶级斗争，"我们所谓争斗是阶级的争斗；是分处掠夺与被掠夺两边的阶级……争斗一次，恶劣性多少总可减少一度；争斗强烈一点，那恶劣性多少也总可格外消除一点"[2]。他积极运用唯物理论描绘理想社会，"古人只说真、美、善，不说利。可是他们却要衣、要食、要住。'唯物史观'底动人，决不只是小人底贪利，精神病者底幻象"[3]。他也善于总结经验教训，为劳工们提出斗争的实际建议，"中国劳动问题第一步的解决，就是振兴正当的'劳动联合'"[4]，"我们谈社会主义，也要作如是想，总要使一般群众引到有理想的一条路，才行！"[5]进而提出普通劳动、工业劳动、实业劳动"联合"及与资本家"决斗"的办法，号召每位平民参与社会的改造，"而我们所有希望的，原希望在一般平民，并不是在什么'超人'，什么'英雄'！所以请诸位，不要把这个问题，轻易看过！"[6]

以"佛突""陈望道""望道""道"署名的文章中，体现的是陈望道作为马克思主义先驱、传播者的一面。这方面的自我建构随着年纪的增长、阅历的增加而不断丰富、深刻，成为后来陈望道形象的主体。

以"晓风""晓"署名的文章，主要用于发表感情充沛的文学性作品和杂感，如果说"望道"的文章是陈望道对外部世界、对社会现实的理性思考，那么"晓风"的文章则更多地体现他对社会风俗、妇女问题[7]、文学和个人生活的感性内省，往往提出问题、发出感叹，却踌躇困惑，不知如何解决。这一方面是编辑《觉悟》的需要，"扮演"这样迷惘彷徨的人格来拉近与广大知识青年的距离，另一方面也是他内心柔软的写照。

"晓风"是充满"爱"和"情"的，渴望造就一个"爱"的社会。他在《论爱——答闻天先生》中说，"我相信将来可以有更合理的社会，更幸福的人生；……简单说：对于压迫阶级，抵抗便是爱；对于同阶级或更下阶级，协助便是爱。我以为主张暴烈的抵抗是残忍无爱的人；在这世界而主张弱者不抵抗，也便是别一方面的残忍者"[8]。至于如何既不暴烈地抵抗，又不完全不抵抗，"晓风"没有给出答案。"晓风"温情地审视和追寻"人"的价值与意义，"在资本主义的社会里，如果家无恒产又且身无绝技，便想找点所谓'非人的生活'做，也很不容易，也还须非常努力，何况是人的生活"[9]。

"晓风"针对具体事件而发感慨，"望道"理智冷静地总结分析并提升，在关于法律问题的几篇杂感上体现得更加明确。有读者来信提到新的湖南宪法，"晓风"回信道："现在的议员、律师以及普通法家，除少数外，都是蒙昧者的集团，他们哪里有一个是通

① 陈望道：《反抗和同情》，载《觉悟》1920 年 11 月 18 日。
② 《罢工底伦理的评判》，载《觉悟》1921 年 3 月 6 日。
③ 《我们底最高理想：美、真、利、善》，载《觉悟》1920 年 9 月 20 日。
④ 《劳动问题第一步的解决》，载《觉悟》1920 年 11 月 22 日。
⑤ 《劳动联合》，载《觉悟》1920 年 12 月 30 日。
⑥ 同上。
⑦ 1921 年 8 月 3 日《民国日报》副刊《妇女评论》创刊，陈望道任主编，他关于妇女问题的文章开始主要发表在《妇女评论》上而不是《觉悟》上了。
⑧ 《论爱——答闻天先生》，载《觉悟》1921 年 7 月 17 日。
⑨ 《人的生活》，载《觉悟》1921 年 3 月 21 日。

人情的！"①甚至直言："法科的人生是复辟党的人生，是印板的人生，是绣花枕的人生，是市侩的人生！……文科的人生早快过来呵！人们互相了解地，人们互相爱护地，人们互相平等地。"②"晓风"对法律人情绪化的厌弃，在"望道"那里有了明确的批判对象和批判原因："他们于新近的外国妇女立法不知，于新近的外国劳工立法不知，——蒙昧之甚，几于无比。真是亏他们还做一个人！或者说，是知的。那么为什么不说话？做议员忙罢，做官僚忙罢，鼠营狗偷忙罢？晓得为甚不说？蒙昧的堕落者呵！蒙昧的堕落者呵！你们既有机会制宪，为什么还干那压迫妇女与劳工的勾当呵！"矛头直指官僚集团的堕落，并非他们"不通人情"，并非他们不能互相了解，不知爱护、平等，而是他们才恰恰是压迫者或压迫者的帮凶。

从以上诸例可以看出，让"望道"与"晓风"承担不同的形象和文风，是报刊传播的策略，也是陈望道有意识地、主动建构自身形象的一部分。而从他的行文附记、题材选取上，可看出更多不自觉的个人建构。用一个字形容陈望道这个时期的内心世界，那就是"痛"。身体上的病痛、身处旧制度的悲痛、反思"一师风潮"的精神苦痛缠绕着他，诉诸笔端，让我们看到一个"多情感"③的陈望道。

陈望道多次在文中主动提及自己的身体状况，如他在给读者的回信中提道"因身日多病，竟致忘却"④，"我现在感冒，喉狠干痛"⑤，甚至专门有一篇名为《病了》的文章，言学者多病是因"中国此刻真是人手太缺，这少数的几个人几乎须包办一切的学问"。

然而肉体疼痛对他的折磨远不及精神上的痛苦。陈望道与张六妹是包办婚姻，陈望道长期与妻子分居并以兄妹相称，1921 年 6 月，在娘家分居的妻子张六妹病故，他在与挚友刘大白的通信中悲痛地写道："我近来的悲感，大半是为吾妹因婚事夭死。你晓得我底泪是不肯轻易流泻的，这次我竟几次啜泣呢！我满身浸着我也在其中的婚制底罪恶底悲感。……泣了却又自笑，因为我太是女性的了！"1921 年六、七月间，陈望道关注、思考着婚恋问题，写下大量随感录。"男子几千年来压抑了女性，使女性成了这样的景象，我们每看见我们社会上姊妹们的身理心理的缺陷，常觉着有一种罪恶的耻辱迫来。恨不得化身千万，让女同胞宰割，赎我几千年祖若宗不可洗涤的污浊！"⑥他将女性的遭遇、困境归因于男性的压迫，"损害女子体格上的健全（如缠足），损害女子底人格"⑦。而这本应属于全体男性的问题，往往因陈望道自身悲剧的婚姻经历，让他对女性怀有强烈的负罪感。这"悲感"⑧属于个人化的、非理性的情感体验，他在回复一位女性读者的信中强调了这一点，他说："我说我要祷祝有崇拜女性者，这只是我男性忏悔情感底流露，

① 《没有好结果的湖南宪法》，载《觉悟》1922 年 1 月 13 日。
② 《从法科的人生往文科的人生》，载《觉悟》1921 年 12 月 8 日。
③ 刘大白给"晓风"的公开回信中写道："你是个多情感的人。凡是多情感的，总多少有点毗于女性。"见《婚制底罪恶底悲感》，载 1921 年 6 月 28 日《觉悟》。
④ 《"作文法讲义"中的一个疑问》，载《觉悟》1922 年 4 月 25 日。
⑤ 《怎样做"劳动者底同情"？》，载《觉悟》1920 年 11 月 29。
⑥ 《男性所偿还的》，载《觉悟》1921 年 6 月 29 日。
⑦ 《知与情》，载《觉悟》1921 年 6 月 30 日。
⑧ 《答〈关于婚制罪恶感〉的两封信》："我底悲感是现在婚制底罪恶感。"载《觉悟》1921 年 7 月 4 日。

并不是我底主张。主张应以充实的理由为基础，我底这话——祷祝崇拜女性底话——却在《知与情》这个随感录里自认矛盾呢！足见我那祷祝崇拜女性的话，只有情感来领略了。"①

反思"一师风潮"，事业未竟，革新者内部矛盾重重，则给陈望道不幸的婚姻生活之外更添一层理想前途未卜之痛。"一师风潮"后，浙江教育界思想大退步，提倡"读经子"，大谈"君臣之义"，陈望道在发表《与全国教育会联合会书》《何绍韩反省的时机》等文猛烈抨击之余，不免灰心感慨，在诗歌《送吴先忧女士欧游》中写道："一年事业付东流，只此盛情不休！不休！尽向文化运动史中求！"②曾参与"一师风潮"的范尧深骤死，陈望道不禁低回黯然地写道："范君在'浙潮第一声'中，对外固然备受烦劳和苦痛，对内也曾收到同伴中几个自私而冒称为公者的排挤。……然而文字何用，从前看文字而兴起者，不又都沉默去了么？我们无力消除黑暗，文字何用呵！"③

对这些痛苦，陈望道往往用"美"来消解、排遣。他自述，"我底阅读美学书，最初是由于吴煦岵先生底诱导。曾有一时读性很浓"④，他与吴女士的交往，恰在这个时期。正如他在《美学概论》中写道："人生，也是无论人生自身及其再现，都可以做美底内容。……从最简单的，如个人底心理，或则喜悦，或则愤怒，或则悲哀等……都无不可。"⑤他本人就极善于从生活日常中发现美，譬如诗歌《花瓣》，只有两句话，是陈望道与邵力子的对话："伊底花瓣落在你底袖上了，把彼夹在《伦理学底根本问题》中罢！"⑥诗后有附记，讲述了这首诗的故事：陈望道与邵力子一同坐电车，车身震动，一位女士手中花束的花瓣纷纷落下，落在了坐在她身畔的陈望道的衣袖上，便有了这对话。这两句诗一语双关，在那段时间发表的一众文章中显得清新可人。⑦陈望道关注生活的细节感受，不论是身体上的病痛还是琐碎的美，他把对生命的体验放大后写入随感，并将这种体验的视角延伸到他人身上，细腻地观察、描写日常极为细微的片段。如以痛苦的感受反观他人："现在女人多是家庭奴隶，现今劳工就是工钱俘虏，其拘牵、劳瘁有胜于我。"⑧又如《小诗一首》，描绘了与友人对话的片段⑨，朋友间互相牵挂、熨帖的感情跃然纸上。

陈望道在文学性质的作品中，特别注意日常细节的描绘。他寻找记忆中的温暖、美好来暂时忘却眼前的现实，而其中最重要的，便是母亲。1921年夏，陈望道发表了大量关于婚恋、家庭、青年出路的作品⑩，整体基调是晦暗的，他描述了诸多不幸，也饱含了

---

① 《一个女性底说话》，载《觉悟》1921年7月3日。
② 1921年3月21日。此诗有"吏胥追迫时，谁替我分劳担忧？军警围困时，谁给我握算持筹？"之语，明指"一师风潮"事件。
③ 《对于范尧深君骤死的感想》，载《觉悟》1921年11月20日。
④ 陈望道：《美学概论·编完之后》，载《陈望道全集》第3卷，浙江大学出版社，2011，第378页。
⑤ 陈望道：《美学概论》，载《陈望道全集》第3卷，浙江大学出版社，2011，第351页。
⑥ 《花瓣》，载《觉悟》1922年4月16日。
⑦ 这段时间他的文章还有《浙江底空气》《灵和肉》《文学与生活》《看了共学社出版的某书》等，文中负面情绪较多。
⑧ 《随感》，载《觉悟》1921年3月22日。
⑨ 《小诗一首》，载《觉悟》1923年5月6日。
⑩ 如《青年悲哀底原因》、《女性底演说》（译作，原著堺利彦）、《记忆》、《朋友》、《罢了》、《东方文坛因青年女作家而起的旋涡》、《婚制底罪恶底悲感》、《男性所偿还的》、《文化与两性关系》（译作，原著岛村民藏）、《知与情》、《答〈关于婚制罪恶感〉的两封信》、《我底恋爱观》、《易白沙在广东蹈海自杀》、《"两个心"与"无心"》等。

自身经历的痛苦，回忆母亲无疑是这晦暗中的一道光。

正如舒斯特曼推崇的日常生活的美学一样，审美"以某种方式满足应付他的环境世界中的机体需要，增进机体的生命和发展"①。陈望道在外漂泊，在感到孤独、焦虑、痛苦，需要被爱着的时候，往往会想到母亲，他在《慈母》②一诗的附记中评论道："力子先生将这首诗给我看，我读了也泪如下雨了！唉！谁想起慈母底这般神情会不泪如下雨呀！"该诗描绘的"儿已远去：汽笛声声／泪珠如雨！"的情形，想必与陈望道自身产生了强烈共鸣。母亲给他心灵的抚慰，甚至让他把对母亲的敬爱推及所有女性，把自己对妇女问题的关注和呼吁归因为对母亲的深厚感情："我觉得无论甚么人对于父母，如果没有特殊情形，总觉得母亲比父亲格外可爱可敬。……因有这关系，所以我们底感情时常催促我们，替一般母性说一点话，就是妇女问题。"③他寻找记忆中的温暖来暂时忘却眼前的现实，还移情他人，观照他人的生活状态，代入自己，《西泠路上所见》便是如此，"路旁的小弟弟真个别致，他说：'妈呵，打了我底背，仔细痛了手上的你自己！'"

在观照他人的同时，陈望道不断重塑自己与母亲的关系，更增添了对母亲的敬佩，而不能侍奉母亲的内疚感也隐现其中。在小说《天底》④中，他细腻地描述了阿麟要去俄国留学，遭遇爱他的母亲以死相求的对话场景，"这女人说到这里，眼睛很猛烈地看着青年心胸，似乎在诊断青年胸波底律动。忽又将眼光移注青年脸上：'……听我！阿麟，不要去，听我罢！'"最终阿麟为了母亲放弃了前往俄国。小说写于1920年12月，阿麟即叶天底，叶天底1920年9月在外国语学社学习俄语和马克思主义著作，次年春获准赴俄学习，最终未能成行。这篇小说以细致入微的体察，道出了叶天底心底的纠结，这固然是因为陈望道与叶天底往来密切，可知内情，更重要的是陈望道想起了自己，他经历过同叶天底一样的面对母亲挽留的场景，细节的书写如出一辙："（母亲）只是怅惘地站着，不转瞬地瞪视我。……'明儿，你去了哪！'"⑤陈母虽依恋儿子，最终还是"放了手"，陈望道对此印象深刻，以至于朋友说起类似的话时，他瞬间就想到了相对开明的母亲，并陷入对母亲的回忆。⑥

我们从《觉悟》里的文章中，能清晰地勾勒出陈望道的自我形象建构：理性、冷静，引领青年向前，却也感性、迷惘，不知往何处去；坚定地追寻理想道路，却也不免陷入困境；向生活琐碎处、回忆处排遣、消解痛苦，有时也伴随着低回的感伤。

二、群体中的青年陈望道形象建构

陈望道在《觉悟》上发表的文章可以清晰地对应他现实的群体活动，即《觉悟》作者群体和早期中共党员群体。《觉悟》中的235篇文章反映了陈望道在这两个群体中的活

---

① 理查德·舒斯特曼：《实用主义美学——生活之美，艺术之思》，彭峰，译. 商务印书馆，2002。
② 常特：《慈母》，载《觉悟》1921年6月16日。
③ 《不能以常理论了！》，载《觉悟》1921年1月27日。
④ 《大底》，载《觉悟》1920年12月3日。
⑤ 《记忆》，载《觉悟》1921年6月2日。
⑥ 见《记忆》。

动及与群体成员的交集，前者是明确、公开的，后者则是模糊、隐晦的。在这两个交际网络中定位陈望道，为我们考察陈望道形象的建构提供了更开阔的视野。

邵力子作为《觉悟》的主编，依靠个人的聚合力，凝聚了陈望道、刘大白、施存统等人为其长期撰稿，其办报宗旨立场明确，已有多篇论著研究。①陈望道在《觉悟》中发表的文章的立场，与该刊是基本一致的，即推动新文化和宣传马克思主义。

在推动新文化方面的群体活动中，值得注意的是陈望道对新诗创作的实践。陈望道对诗歌领域的关注，几乎仅限于《觉悟》时期，受群体和时代影响显著。他创作的 17 首新诗，也带有明显的群体交际功能和实用目的，如针对"六二"学潮而发的《为什么》，《觉悟》上连续刊登了五首以"为什么"为题的诗歌，陈望道、叶楚伧、刘大白、苏兆骧、肖舫等人的这五首诗歌从揭露本质、同情遇难者、呼唤各界重视等角度声援"六二"学潮，立场鲜明，发声一致。又如《觉悟》在同一期同一版面刊载了叶楚伧的《爱》和陈望道的《罢了》，次日又刊发了朱枕薪的《读楚伧底〈爱〉和晓风底〈罢了〉》，三首诗歌发表时间、主题都一致，可见是现实讨论活动的结果展示。陈望道还探讨了诗歌形式方面的"韵律"问题，散见于陈望道的《旧梦诗序》《谈韵律》《感谢大白君申说补足我底〈谈韵律〉》、刘大白的《评论：读晓风君底〈谈韵律〉》《对于晓风君申说"形式律"的一点意见》等文章。陈望道将其关注的文法修辞、美学与对诗歌形式内容的探讨相结合，提出反对"因袭"旧人旧语的观点。而此后②，尤其是刘大白去世后，陈望道便不再涉足该领域。后以"平沙"为笔名发表的新诗作品多注明"青年创造社"③。可见，陈望道的诗歌创作受群体尤其是一二好友的影响极大，他的创作实践是诗社活动、群体唱和、公共意见发表的产物。在艺术领域也大体如此，艺术的小群体主要有陈望道、韩端慈、吴庶五、罗正璧、尤韵泉、张世玄等人④。

围绕在主编邵力子周围的作者群体以《觉悟》为平台，发起关于社会热点问题的讨论，以此构建公共知识空间。陈望道虽非"意见领袖"，但也积极参与了群体的讨论。譬如，1924 年，杨贤江发表《国故毒》一文，批评澄衷中学国文会考的题目，杨贤江和澄衷中学校长曹慕管由此展开了关于整理国故的一系列论战。⑤陈望道作为支持新学、支持白话的一方，连续发表了《答曹慕管先生》《"老马"与"复辟"》《自称"研究新文学者"底文气谈》等文章，同杨贤江、邵力子、刘大白一道，在《觉悟》上发文，与曹聚仁、陈晓钟等人辩论。陈望道的这些文章大多是意气之争，为了纠正对方对自己认识和评价方面的错误，不惜逐字逐词地推究其含义，但对于需要怎样的国文教育、如何面对"国故"，甚至如何面对新学和旧学，几乎没有涉及。

---

① 如员怒华的《五四时期四大副刊研究》（华中师范大学出版社 2018 年出版）、张涛甫的《报纸副刊与中国知识分子的现代转型》（广西师范大学出版社 2007 年出版）、张坤的《五四时期邵力子思想研究》（华东师范大学 2016 年硕士论文）、尹世尤的《〈觉悟〉副刊与马克思主义在中国的传播》（湖南师范大学 2003 年硕士论文）。
② 1924 年，陈望道与刘大白等一同编辑《民国日报》另一副刊《黎明》，其中多发表现代诗歌，亦是一征。
③ 该社团人员、主张、活动等尚不可考。
④ 《韩端慈女士底生涯》，载《妇女评论》1923 年 1 月 24 日。
⑤ 论战的详细经过可参朱家英《新旧文学的易地交锋："国故毒"论战平议》，载《求索》2017 年第 9 期。

可以说，陈望道参与的社会热点问题讨论，大多呈现出为群体、为"队友"发声的倾向；与之相应地，即反对另一群体、反对"对手"。譬如《时事新报》副刊《学灯》上《女子剪发问题平议》对女性的论调是："大都浑浑噩噩，头脑的简单，知识的饥荒，简直是和原人时代差不多。"陈望道在《还能看轻女子么？》①中驳斥了这一观点，反称《学灯》作者是"和原人时代差不多的男子"。又如《漏丑了！》②一文，讽刺《学灯》标榜白话文与新式标点，实则标点错误百出，白话文亦不通。前述《"老马"与"复辟"》③一文亦特地拎出《时事新报》这个"对手"："今日在《时事新报》上看见了上海澄衷中学校长曹慕管君致杨贤江君的一封信，满幅都是《镜花缘》中多九公倚老卖老的口气。"《评东荪君底"又一教训"》④也是如此，陈望道逐句批评张东荪"共产主义不适合中国国情"的观点。同期互相支应的，还有李达的《张东荪现原形》一文。邵力子也跟进，发表《再评东荪君底"又一教训"》⑤。

实际上，1919 年陈望道留日归国不久，即在他后来强烈批评的《学灯》上发表了《扰乱与进化》《机器的结婚——兽畜之道德》《我之新旧战争观》《因袭的进化和开辟的进化》等文章，宣传人类平等、解放。时匡僧、俞颂华任《学灯》主编⑥，提倡白话文写作，关注新文化中的热点问题，陈独秀、李大钊、蓝公武、杨昌济也都为《学灯》撰稿。1920 年 5 月起，李石岑、郑振铎先后主编《学灯》，主张文化运动应远离政治运动⑦，介绍科学知识，研究到自由之路的方法⑧。从陈望道为《学灯》撰稿到强烈反对《学灯》可以看出，陈望道参与文化运动是出于社会改造的政治目的，当走中庸、稳健路线的《学灯》与自己的理念相乖离时，便与其分道扬镳，正如邵力子所说："马克思主义研究会斗争的对象，在上海以《时事新报》及副刊《学灯》为主，在北京以《晨报》为主。因为他们反对马克思主义，在青年中有影响。"⑨

在与"对手"辩论的过程中，《觉悟》作者群成员之间不断加强彼此的认同感，联系更加紧密，在更多的领域找到共同话题，在交流与争鸣中不断靠近，成为"战友"。"新南社"便是一例。据柳亚子回忆，新南社的发起在 1923 年 5 月，共 8 位发起人：柳亚子、叶楚伧、胡朴安、余十眉、邵力子、陈望道、曹聚仁、陈德徵。"除了我（指柳亚子）和十眉外，另外的人都是《民国日报》的分子。所以，也可以说，新南社是以《民国日报》

---

① 《还能看轻女子么？》，载《觉悟》1921 年 4 月 24 日。
② 《漏丑了！》，载《觉悟》1921 年 2 月 18 日。
③ 《"老马"与"复辟"》，载《觉悟》1924 年 3 月 23 日。
④ 《评东荪君底"又一教训"》，载《觉悟》1920 年 11 月 7 日。
⑤ 《再评东荪君底"又一教训"》，载《觉悟》1920 年 11 月 8 日。
⑥ 匡僧 1919 年 2 月至 4 月 25 日任《学灯》主编，俞颂华 1919 年 4 月 25 日至 1919 年 7 月 26 日任《学灯》主编，陈望道发表在《学灯》上的文章均处于这一时期。
⑦ 李石岑《述感》："一种可疑惧之现象，即借文化运动以扩大政治上之活动范围事业。以政治活动为目的，文化运动为条件，则政治活动成熟之时，文化运动之内容，不堪问矣。……从事政治活动之人，固不宜牵动文化运动之分子，而从事文化运动之人，复并有政治活动之色彩者，并非诚意之文化运动家也。"载《学灯》1920 年 7 月 4 日。
⑧ 郑振铎《今后的学灯》："（一）研究到自由之路的方法，（二）介绍关于哲学、文学、社会科学、自然科学各方面的知识。"载《学灯》1921 年 8 月 1 日。
⑨ 邵力子：《党成立前后的一些情况》，载中国社会科学院现代史研究室、中国革命博物馆党史研究室：《"一大"前后中国共产党第一次代表大会前后资料选编（二）》，人民出版社，1980 年。

为大本营的。"①《新南社成立布告》中明确指出新南社的精神，是"提倡民众文学，而归结到社会主义的实行"。从以《觉悟》群体为主的新南社的主张反观，亦知《觉悟》群体共同发声、反对《时事新报》《学灯》的目的便在于宣传社会主义。

宣传社会主义的这一目的使陈望道既处于《觉悟》作者群体，又处于早期中共党员群体。在早期中共党员群体中，陈望道主要在教育②、传播战线上做工作，而传播马克思主义的阵地之一，便是《觉悟》。也即陈望道在早期中共党员群体中的作用，经陈独秀、邵力子的纽带作用，通过《觉悟》的群体话语呈现。

陈望道借《觉悟》宣传马克思主义的主要形式是翻译日本进步学者的著作，有《马克斯底唯物史观》《劳动运动通论》《劳工问题底由来》《个人主义与社会主义》四篇，集中在 1920 年 6 月至 1921 年 8 月。陈望道主持或参与《新青年》《劳动界》《共产党》等刊物的编辑工作也正在此时，这与他在马克思主义小组的活动紧密相关。从内容上看，《新青年》《觉悟》中介绍马克思主义思潮的文章均较为"温和"且一致，不涉及社会革命的宣传。如前述与张东荪等人的论战，在《觉悟》这个阵地上进行之后，时任《新青年》主编的陈望道收录了自己与邵力子的两篇文章进入《新青年》③，而没有收录李达较为激进的那篇。

相比之下，李达主编的《共产党》中的文章④则"激进"得多。《共产党》中的文章不署真名，据陈望道自己的说法："《共产党》月刊，起初我参加过工作，后来我转到文化教育方面去了，具体情况已记不起。"⑤据此推测，陈望道应没有为《共产党》撰过稿。陈望道这种"隐蔽""温和"的态度，一方面是因为时局不允许公开宣扬，另一方面与陈望道本人的思想倾向有关——他更加倾向于在文化领域做启蒙工作，而不擅于做具体的革命活动。包惠僧曾回忆："到 1921 年 1 月间……先后吸收了邵力子、陈望道、沈雁冰入党，但是他们都是有职业的人，没有多少力量推动工作。"⑥李达的说法也与包惠僧一致："陈望道教书也不管事。"⑦可以看出，陈望道与早期中共党员群体的关系不像与《觉悟》作者群体那样联系紧密，他多参与文艺战线上的斗争，而较少参与具体的运动。1922 年 5 月，陈望道脱离党组织之后，与这一群体几乎不再联系。

从陈望道之后脱离党组织、在文艺和教育阵线上战斗的选择上看，这一时期《觉悟》那些探索、启蒙、唤醒民众的文章更加符合陈望道的实际想法，在思想倾向上，他更加贴近《觉悟》的作者群体。

还应看到的是，处于群体中的陈望道不仅仅同"战友"一道"口诛笔伐"，不仅仅为

① 柳亚子：《南社纪略》，上海人民出版社，1983，第 90—91 页。
② 如在党培养干部的学校外国语学社任教员、在党创立的革命学校上海大学任中文系主任，到春晖中学、立达学园等地演讲，积极宣传马克思主义。
③ 《关于社会主义的讨论》，载《新青年》第 8 卷第 4 号。
④ 《共产党》1920 年 11 月 7 日创刊，1921 年 7 月终刊，与《觉悟》中马克思主义倾向译文的发表时间一致。
⑤ 宁树藩、丁淦林：《关于上海马克思主义研究会活动的回忆——陈望道同志生前谈话纪录》，载《复旦学报（社会科学版）》1980 年第 3 期。
⑥ 包惠僧：《党的一大前后》，载《一大回忆录》，知识出版社，1980，第 28—29 页。
⑦ 李达：《中国共产党成立时期的思想斗争情况》，载中共中央党史研究室、中央档案馆：《中国共产党第一次全国代表大会档案文献选编》，中共党史出版社，2015，第 114 页。

宣传新文化运动、宣传马克思主义做"螺丝钉""传声筒",他在《觉悟》里还存在着不少观点较为"调和"的文章。譬如《讨论文学的一封信——整理中国文学和普及文学常识》[1]一文提出,若成立中国文学史研究会,首先应审别伪书、考究版本,整理古书宜分段落、采用新式标点。与前述论战时的一味否定不同,这里陈望道对"整理国故"并不完全排斥,而是寻求怎样用新的眼光看待旧的内容。他读《西游记》便是如此,从中挖掘出珍惜生命、重视人身的关键词加以阐释,"《西游记》每于行者妄戮之后,辄言'人身',意思说,妖魔可诛,只是不可妄戮人身。我从这一点,也觉得西游思想很有可取。因为它是中国指示人身可贵的一种著作;这著作在今日的中国也不易找得!"陈望道对传统文化的"暧昧"态度或可用群体主张与个人观点的调和来解释。为了抢占话语高地,抢夺读者资源,扩大影响力,诸多一致的观点持续发声十分必要,这也是为何陈望道的《"老马"与"复辟"》等文章并不就"整理国故"话题本身讨论,而是显得有些"意气之争",站在己方为了反对而反对。

又如前述与张东荪的论战,是马克思主义与基尔特社会主义的思想交锋。陈望道虽参与了论战,但他批驳的重点在于张东荪排斥一切社会主义:张东荪在《我们为什么讲社会主义》[2]中大力宣传社会主义,而在《自内地旅行而得之又一教训》中却说要"开发实业"而不是"空谈主义",这显然与李达的观点并不完全一致。后来,陈望道也翻译了基尔特社会主义代表人物罗素的《产业主义与私有财产》《中国文明与西洋》等作品。陈望道矛盾、调和的一面从他个人形象的建构中也能得到印证。与陈望道交往密切的夏征农对其述评可谓恰如其分:"他主张研究研究,研究研究马列主义,不要发动斗争。"[3]

在《觉悟》搭建的公共知识空间里,陈望道同与其身份相似的《觉悟》作者群体一起讨论社会热点问题,通过相似的主张、共同的"对手"、一致的目标联结在一起,在交流与争鸣中不断增进身份认同,呈现出一致的群体面貌,建构了陈望道群像的那一面。在非群体活动的某个具体话题上,陈望道又表现出调和的取向,从与群体的异趣方面揭示了陈望道的个性。

三、从建构到"消亡",青年陈望道形象的"启示"意义

1924年之后,一桩桩突发政治事件纷至沓来,深刻影响了知识分子的心态,知识界参与社会事件的方式也不断变化,陈望道等早年积极推动新文化运动、热情宣传社会主义者,逐渐转入地下,转入边缘地域。《觉悟》此时早已因邵力子的离开而转变办刊倾向,陈望道也极少再发表对社会宏观问题的见解。

1928年,陈望道在给汪馥泉的信中写道:"现在中国是在动,是在进向大时代去。"[4]"进向大时代去"既是前述陈望道形象建构的推动力,也是陈望道的形象因个人心

① 《讨论文学的一封信——整理中国文学和普及文学常识》,载《觉悟》1922年11月12日。
② 载《解放与改造》第1卷第7号。
③ 张东荪:《我们为什么讲社会主义》,纪录片《大师·陈望道》中夏征农的口述。
④ 陈望道:《1928年1月31日致汪馥泉的信》,见孔另境编《现代作家书简》,上海书店出版社,1936,第168页。

态、地域变迁、时代发展而变化的概括。1919 年，陈望道留日回国，到杭州教书，一年后因"一师风潮"离开杭州来到上海，从闭塞保守的内陆到思潮涌动的口岸，地域的变迁、对比加深了陈望道对上海的认同，譬如他批评杭州过于陈腐、"沉静"的文化氛围："文化的空气么，谁有闲工夫谈到这些呢？"①从上海到杭州去，是"暂时告别人的生活"②。上海多元的思想潮流、众多的社团群体，为陈望道提供了实现抱负的社会环境，也让有相同理想抱负的知识分子聚合在一起，逐渐形成对周围人的"虹吸效应"，通过群体交往建构陈望道的形象。上海开阔的文化视野从文艺题材、内容方面丰富着陈望道的形象，陈望道以"春华"为笔名的《觉悟》作品即为例证，内容涵盖日本诗人介绍③、德国戏剧介绍④、现代诗翻译⑤、西方文学名词介绍⑥、文学理论介绍⑦等。包容开放的城市精神也建构着陈望道的形象。

《觉悟》从个人、群体、城市地域角度建构的陈望道形象，随着时代的发展，从 20 世纪 20 年代后期开始变化甚至"消亡"。20 世纪 20 年代后期，陈望道已在文艺界颇有声望、地位，身份、心态的变化促使他从感受者转变为思考者，文章中最直观的呈现便是文学性的创作逐渐减少直至完全消失，个人建构中感性的一面隐没下去。身份、心态的变化还促使陈望道在群体中从追随者转变为影响者，与感性、彷徨的"晓风"不同，20 世纪 30 年代的陈望道思想更为成熟，他在《贡献给今日的青年》⑧中鼓舞、号召青年诸君"为被压迫者而反抗压迫者，为被侵略者而反抗侵略者"，他在语言文字领域作为领袖，组织起以自身为中心的群体交际网络。据乐嗣炳回忆，大众语运动，是陈望道邀请沈雁冰、胡愈之、叶圣陶等十二人讨论决定运动的方针后，又邀集各报刊编辑和部分著作者会谈，由陈望道主持的。⑨此时的陈望道已由"《觉悟》时代"百家争鸣的一隅走向引领时代思潮的中心。

正如陈望道致汪馥泉的信中所说："我的不想说话只想做事久了的心，现在似乎也常想写一点。"⑩这通书信道出了陈望道从 20 世纪 20 年代后期起，开始注重"做"而不是"说"了。他评价《镜花缘》时，明确用了"解决问题"一词："《镜花缘》的特殊贡献只在起诉抗议，不在解决问题。"可见其从摸索改造人进而改造世界的道路，转变为结合现实找到可以深耕的"细分领域"，并在这一领域做具体的实事。20 世纪 30 年代，陈望道明确提出"中国现在的文学，我以为应该大众化"⑪，大众化的具体措施，就是从适合大众

---

① 《浙江底空气》，载《觉悟》1922 年 4 月 9 日。
② 《往杭州去的路上》，载《觉悟》1921 年 1 月 24 日。
③ 《东方文坛因青年女作家而起的旋涡》，载《觉悟》1921 年 6 月 15 日；《东方文坛两种珍异的诗集》，载《觉悟》1921 年 7 月 7 日；《"文艺讲座"介绍》，载《觉悟》1924 年 9 月 25 日。
④ 《德国表演派戏剧杰作在东京开演》，载《觉悟》1921 年 7 月 7 日。
⑤ 《归雁》（民歌，原著霜田史光），载《觉悟》1921 年 7 月 13 日；《大水扬声》（原著贺川丰彦），载《觉悟》1921 年 9 月 5 日。
⑥ 《文学小辞典》，载《觉悟》1921 年 9 月 13 日、9 月 15 日。
⑦ 《象征底分析》（翻译），载《觉悟》1921 年 10 月 23 日；《诗与文体》，载《觉悟》1922 年 12 月 27 日。
⑧ 陈望道：《共现给今日的青年》，载《中学生》1932 年第 21 期。
⑨ 乐嗣炳、杨景昭：《怀念陈望道教授》，载上海鲁迅纪念馆编《陈望道先生纪念集》，复旦大学出版社，2006。
⑩ 见陈望道 1928 年 1 月 31 日致汪馥泉的信。
⑪ 《对文学大众化问题的看法》，载《北斗》1932 年 7 月 20 日。

的语言入手："容易连带发生了忽视口头文学，乃至于歧视口头文学的现象。……文学所不可缺的，并非文字，乃是语言"①，"只要我们提倡的文化能够代表大众，适合大众的需要，自然会得到大众的拥护"②。1934 年，他创刊《太白》，与夏丏尊、叶圣陶、陈子展等人共同发起大众语运动。通过一系列有意识的、具体活动的推动，意图把文化从少数精英手里交到民众手中。

陈望道总结"五四时代"和"五卅时代"时说："五四时代还带有浓重的个人主义倾向，然而到了五卅时代，群众的力量格外见得大。"③他的行为也确如他总结的那般随时代而动："五四时代"表现自我，强调改造人——"要为真""要为善""要为美"，"要求得一个面面充实的人生"④；"五卅时代"发动大众语运动，创刊《太白》，在文化领域发动群众。

从《觉悟》到《太白》，伴随着陈望道身份、心态的变化和时代潮流的影响，他逐渐从文艺界边缘走向中心。在这一转变中，"《觉悟》时代"个人建构的陈望道形象理性的那一面不断强化，从发现问题的"说"到解决问题的"做"；而感性的那一面则渐渐模糊，不再主动展示。因婚恋问题、出路问题的痛苦彷徨也随着他的再婚和找到了斗争方向而真正消解，后来标签化、脸谱化、成熟化的陈望道形象逐渐形成。可以说，"《觉悟》时代"作为陈望道形象建构的肇始和生长点，为我们研究之后的陈望道思想做了铺垫。

在陈望道形象变化的过程中同样可以看到群体的作用。原先的《觉悟》作者群体由于政治立场分歧、死亡、地域相隔等分道扬镳，早期中共党员群体也由于陈望道的脱离组织而基本断绝来往。⑤取而代之的是聚集在鲁迅周围的左翼文艺群体和陈望道在各处任教职时的教师群体。虽然陈望道在"《太白》时代"的文章远不如"《觉悟》时代"的多，但从实际活动中能清晰地看到陈望道对群体的引领作用。譬如，他在广西省立师范专科学校任教期间，掀起反对"文言复兴"逆流的论战，创办《月牙》和名为"普罗密修士"的壁报，倡议开展"关于中国社会性质问题"的讨论，等等。这些事件延续了"《觉悟》时代"陈望道的关注点和主张，不同的是，他用具体行动落实了这些主张，从边缘地带走向了群体中心。

可以说，"《觉悟》时代"是个人、群体甚至城市共同建构陈望道的形象，而"《太白》时代"则是陈望道主动隐去自身个性，而以具体的活动影响群体。为了扩大影响力，他甚至把目光放到如何排版、编辑这等细微之处⑥，研究大众的喜好。

20 世纪 40 年代之后，陈望道完全不再书写自我，我们只能通过亲朋故旧对"望老"的叙述探寻一二。倪海曙回忆陈望道时提到一个细节："我回到家里，垂危的父亲恰巧气

---

① 《关于文学的诸问题》，载《文学》1933 年 7 月。
② 出自 1935 年 10 月陈望道作为新教员代表在全校师生大会上所作的题为"怎样负起文化运动的责任"的演讲。
③ 陈望道：《五卅运动和文学的关系》，载《陈望道全集》第 6 卷，浙江大学出版社，2010，第 107 页。
④ 《谈新文化运动》，载《觉悟》1923 年 8 月 28 日。
⑤ 能说明 20 世纪 30 年代陈望道与中共关系的材料极少，见钱益民《30 年代陈望道与中共的关系》，载《世纪》2019 年第 4 期。
⑥ 陈望道：《论游记要分版发行》，载《陈望道全集》第 6 卷，浙江大学出版社，2010，第 98—99 页。

绝。事后先生知道，一再问我跟父亲见着了没有。"①这让我们依稀从中看见了那个"《觉悟》时代"中"多情感"的陈望道。

比较不同时期陈望道的形象可看出，《觉悟》是陈望道思想的肇始时期，相对稚嫩，但这一时期建构了最为完整、最为真实的陈望道的形象。陈望道的形象虽然随着时代的变迁、群体交际的变化而呈现出或"说"或"做"，或"影响"或"被影响"的特点，思想也不断成熟，但他所关注的、主张的、信仰的，从未改变，形象内核也从未改变，个性的陈望道隐没在了大时代中，看似消亡的形象仍能依据他后续的活动在"《觉悟》时代"中找到印记。

回看《觉悟》，它不仅仅是我们了解陈望道 20 世纪 20 年代思想的窗口，更全面建构了陈望道的形象，为我们理解其时代选择，理解其今后的活动提供了视角。

---

① 倪海曙：《春风夏雨四十年——回忆陈望道先生》，知识出版社，1982，第 282 页。细节发生的时间为 1956 年。

谈谈李汉俊在武汉大学的系列活动

武汉大学历史学院　涂上飙　张译文

党的早期领导人中，有一批与武汉大学有着十分紧密的联系，如董必武、陈潭秋、李达、李汉俊等。从时间上看，李汉俊是在武汉大学待的时间最长、与武汉大学联系最为紧密的一位。

李汉俊，1890 年生于湖北潜江，原名李书诗，号汉俊，笔名李人杰、人杰、汉俊、汉、海晶、先进等。他是中共建党时期最有影响的思想家、理论家之一，是中共早期马克思主义理论宣传的先驱，被认为是党内"最有理论修养的同志"，也是中共上海发起组的主要成员之一，先后担任了中共上海发起组的书记和代理书记。

1922 年，李汉俊离开上海回到武汉，一边热情投入轰轰烈烈的革命运动，一边从事教育工作。他利用学校这个讲台，积极宣传马克思主义和社会主义思想，发起、开展了一系列革命活动，培养社会所需要的专门人才，在武汉大学历史上留下了浓墨重彩的一笔。

一、在"国立武昌高师"从事教学及开展革命活动

为表达的方便，笔者将李汉俊此时的活动，从 1922 年"国立武昌高师"时期写到 1926 年武昌大学时期。

（一）开展教学及主持校务活动

1922 年 9 月，李汉俊来到国立武昌高等师范学校（以下简称"国立武昌高师"）任教。国立武昌高师成立于 1913 年秋季，是当时计划办理的全国六所高等师范学校之一，为华中各省（也不限于这几省）培养中等学校所需要的师资。到 1924 年 2 月，经呈准改名国立武昌师范大学（以简称"国立武昌师大"）。为期不过两年，又被改名为国立武昌大学。

1.宣传唯物史观，传播进步思想

李汉俊在国立武昌高师期间，专门开设了"唯物史观"这门课，成为我国高等院校第一个将唯物史观列为高校教材的教授。他编写了《唯物史观》（上下册）的教材，用浅显易懂的道理，讲述了人类发展史，综述了各种哲学流派，阐明了唯物史观的基本原理。为了使学生更好地掌握这门科学理论，他还精心绘制了详细的唯物史观公式，使学生一目了然。李汉俊还在大学里开设了"社会学"这一新科目，对于什么是社会学的疑问，李汉俊解释道：社会是"同类的有情者生命上相互必须的关系"，社会学就是讲这种关系的学说。

李汉俊在历史社会学系筹建了历史社会学研究会，一些进步师生纷纷参加，共产党

员任开国、季永绥等主其事。他们在校内办起图书室，收藏马克思主义的书籍和进步书刊，吸引了许多学生。李汉俊以历史社会学研究会为核心，团结了一批进步学生，展开活动，"形成了政治思想上的左派"。为了扩大宣传阵地，在邵力子的支持下，1924年12月1日，由历史社会学研究会编辑的《社会科学特刊》，在上海《民国日报》上与广大读者见面。在当时的报纸上，由一个学校的研究机构办一个特刊是罕见的，这也说明李汉俊等宣传社会科学是不遗余力的，该特刊以宣传社会主义和社会科学为宗旨。

2. 主持武昌大学校务

武昌大学是在国立武昌师大的基础上改办的，存在于1924年12月到1926年10月。1924年12月，教育部委派北京大学教授石瑛担任校长，改名武昌大学，这实际上是师范大学向综合性大学的转型。但石瑛到任后，没有大的变动，也没有新聘教授。学生代表向他提建议，要求调整教授阵容，但最后没有实行，这引起了学生的不满，他们对原有的教授也不太热情。尤其到下学年开学，仍未聘得新教授，应开的课程缺乏教师担任，因而教授和学生对石瑛的信任度大大降低。

同时，大学附属中、小学领取经费（附属中、小学经费都列在大学预算中）时，经常遭到石瑛的指责，教职员怨恨不断。1926年4月，石瑛派一名姓胡的同志接任附中主任，遭到附中教职员和学生的反对，坚决拒绝胡某到校。因为此事，石瑛非常恼火，即下令解散附中，停发经费。于是附中学生到大学请愿，包围校长室。大学和附中的几个学生把石瑛捆绑在坐椅上，并进行了殴打。后经过另一部分大学生解围，事件得以平息。事后，石瑛召集紧急主任会议，开除大学生赵承思、杨希震、皮天泽、王之相、雷汉杰等5人（后4人原系附中毕业生），就回到北京去了。

石瑛走后，校内由李汉俊及黄季刚、张斑、杜佐周、陈鼎铭、陈辛恒等教授组织校务委员会，各系劝导学生照常上课，把当年暑假毕业的第9期学生安排毕业，维持了大学一段的时间稳定。1926年秋，国民革命军到达武汉，国立武昌大学停课。

（二）利用国立武昌高师讲台开展革命活动

李汉俊在国立武昌高师除进行教学科研活动外，还积极开展革命活动，其影响非常大。

1. 参与京汉铁路工人大罢工

中国共产党成立后，建立了中国劳动组合书记部，集中力量从事工人运动。在党的领导下，以1922年1月香港海员罢工为起点，掀起中国工人运动的第一个高潮。1923年2月4日爆发的京汉铁路三万名工人大罢工，使第一次工人运动高潮达到顶点。

在京汉铁路工人大罢工运动中，李汉俊积极参与其中。1923年1月30日，李汉俊带领国立武昌高师历史社会学系4名爱国学生和林育南、陈潭秋、施洋、林祥谦等，赴郑州参加京汉铁路总工会成立大会，并组织参加了2月7日京汉铁路工人在汉口举行的罢工活动。这次活动造成了举世闻名的"二七惨案"，林祥谦等32名工人惨遭枪杀，李汉俊也由此遭军阀通缉。随后他北上到其兄李书城（中国近代民主革命家，1949年后任农业部部长）处避难，并通过李书城的关系在北京政府的外交部、教育部、农商部任职。

1923 年夏，国立武昌商科大学（后成为武汉大学的一部分）的学生自治会主张聘请国立武昌高师的教授耿丹来校任教务长，获得学校同意。耿丹任教务长后，把曾经的同事李汉俊请来任社会学教授。耿丹新聘了不少教授，在新聘的教授中，社会学教授李汉俊最受学生欢迎，因而兼任了研究班教授。大学研究班是对专门部各班和应届毕业学生开设的。研究时间为一年，允许选读规定的课程，考试合格后发给大学毕业文凭。四年级应届毕业生不愿读大学研究班者，只发专门部的文凭；愿读大学研究班者，准许入班学习。大学研究班开学时，首先开设"辩证唯物论"一课，由李汉俊教授讲授，讲授时几乎轰动全校。参加研究班的学生计有沈质清、陆琮等 20 余人。因其他课程聘选教授不易，中途停办了。1923 年秋，李汉俊又回到了国立武昌高师，继续担任历史社会学系的教授。

2.支持湖北女师学潮

1922 年秋，李汉俊刚到国立武昌高师任教授，就与董必武、陈潭秋等领导了轰动一时的女师学潮，迫使湖北省立女子师范学校（今武汉第三十九中学的前身，以下简称"湖北女师"）校长王式玉辞职。

1922 年初，《武汉星期评论》刊发了湖北女师教师刘子通的一篇文章，校方认为其"宣传赤化、贻害学生"而解聘了刘子通。该校学生徐全直、夏之栩、李文宜、杨子烈、庄有义、陈媲兰、袁溥之、袁震之（她们中的徐全直、夏之栩、李文宜、袁溥之、袁震之，后来分别与陈潭秋、赵世炎、罗亦农、陈郁、吴晗结婚）等到校长室质问，为何要解聘刘子通老师，女师学潮就此爆发。

为避免纠纷，校方在暑假给 7 名带头挑起事端的学生的家长写信，让他们把孩子转走。新学年开学，有 2 人转走，其余 5 人仍旧返回学校。结果学校先是不让返校的 5 人上课，后直接将她们开除了。被开除的学生气愤至极，到校长室砸烂了开除牌。省教育厅为杀一儆百，也挂出了开除湖北女师 5 名学生的牌子。湖北女师学生立刻整队到教育厅请愿静坐，震撼了武汉三镇。

双方相持多日，为解决问题，李汉俊与董必武、陈潭秋等中国共产党人发动教育界支援湖北女师学生，最后迫使湖北女师校长王式玉辞职，并恢复 5 名学生的学籍。后来这 5 名学生提前毕业，没有学完的课程由李汉俊、董必武、陈潭秋等几位武汉大学校友在校外授课。

为了帮助解决湖北女师学潮问题，国立武昌高师张继煦校长就此开始兼收女生。其实国立武昌高师的校章规定只招男生，到第 9 期兼收女生，但女生以旁听生名义招进。因为张继煦与湖北女师校长王式玉是经心书院的同学，也曾一起留学日本。当时招收女旁听生，是希望被开除的学生能来这边就读。虽然 5 名学生没来，但陈端本、汪中正等湖北女师的学生就利用这个机会到校旁听了。由于女旁听生的学行成绩表现很好，学校在学年届满时召开会议，决定将旁听生收作正式生。于是，学校从第 10 期起，招生简章上标明"男女兼收"。当时本地的大学还没有男女同校，而这一做法，恰好开了历史的先河。

3.参与反帝爱国运动

1925年5月30日，五卅运动在上海爆发，迅速在全国掀起反帝爱国狂潮。李汉俊作为国立武昌大学的教授，积极参与武汉地区的反帝爱国运动。

为声援上海的五卅运动，江城人民开展了如火如荼的反帝运动。英帝国主义压制反帝运动，调集军舰停泊在汉口江边示威，安排巡捕在租界巡逻。6月10日下午，英国太古公司"武昌"轮抵达汉口后，该公司雇员与码头工人发生纠纷，殴打码头工人余金山，打伤2名工人，激起了工人们的极大愤慨。11日，数千名码头工人举行游行示威，强烈抗议英帝国主义者殴伤中国工人的暴行，坚决要求惩办凶手。英国驻汉总领事下令英国军舰上的海军陆战队全副武装登岸，与其他帝国主义国家的义勇队一起，用刺刀驱逐抗议群众，后用机枪扫射。当场打死40余人，打伤30余人，制造了汉口"六一一"惨案。

汉口"六一一"惨案爆发后，李汉俊倾其全力参加了围绕惨案交涉的各项活动。7月6日，他被湖北工团联席会议公推为"对惨案应提出条件"的审查委员。通过不屈不挠的斗争，他与全国的各类进步组织、各方革命力量一道，为反帝运动做出了自己的贡献。

二、筹建国立武昌中山大学

1926年秋，北伐军攻下武汉。为了培养革命人才，1926年12月28日，国民党中央和武汉国民政府，决定将国立武昌大学、国立武昌商科大学、湖北省立文科大学、湖北省立法科大学、湖北省立医科大学以及私立文华大学等合并，组建国立武昌中山大学（也叫国立第二中山大学），任命邓演达、董必武、戴季陶、郭沫若、徐谦、顾孟余、章伯钧、李汉俊、周佛海等9人组成国立武昌中山大学筹备委员会。此时，李汉俊为学校的创办做了大量的工作，直至牺牲自己的生命。

（一）积极参加筹备系列活动

当时，在国立武昌大学基础上改建的大学，初定名为"中央中山大学"，后定名为"国立武昌中山大学"。李汉俊与周佛海、徐谦被指定为筹备员。根据合并学校情况，他们讨论计划设立文、理、商、法、医、农、工7院。

1926年12月28日，国立武昌中山大学筹备委员会正式成立，李汉俊与邓演达、董用威（董必武）、戴继陶、郭沫若、徐谦、顾孟余、章伯均、周佛海等为筹备委员，正式开始筹建国共合作创办的新大学。

12月29日，在湖北省党部会议厅，李汉俊与其他委员召开第一次筹备委员会会议。讨论决定1927年2月1日开学，还决定了筹备会的地点、经费来源、内部组织的人员构成，决定聘任各科教授，在未开课以前月薪120元。

此时聘任的教授，有很多以后都一直在国立武汉大学任教，如吴道南（物理学教授，日本东京帝国大学毕业）、叶志（物理学教授，德国柏林大学毕业）、曾珹益（数学教授，美国哥伦比亚大学毕业）、汤璪真（数学教授，德国哥廷根大学毕业）、萧君绛（数学教授，日本东京帝国大学毕业）、张珽（生物学教授，日本高等师范学院毕业）、何定杰（生物学教授，巴黎大学毕业）、陈鼎铭（化学教授，日本西京帝大毕业）等。

作为筹备委员，李汉俊一般不缺席会议，尤其是重要的会议。1927年1月27日，筹备委员会召开第七次会议，李汉俊与徐季龙、周佛海、章伯均、包泽英、胡宪文等出席会议。议决的事项有：争取2月1日开学，最迟不过2月15日；2月8日以前恢复学生正常的学校生活，开学后学生要先举行考试后编排年级；决定组织起草委员会，负责起草学校组织大纲并审查各科课程等事宜；议决编纂课程原则、学系设置要求；决定增聘教授；等等。

（二）主持成立国立武昌中山大学

经过李汉俊与徐谦、顾孟余、章伯均、周佛海等人的认真准备后，学校决定于2月15日上午10时在原国立武昌大学礼堂举行开学典礼，由于国民政府主席谭延闿到访而推迟到20日举行。

大会举行的当天，李汉俊与徐谦、顾孟余、周佛海、章伯均作为学校正式委员出席，还请有国民政府委员孙科、邓演达主任，省党部代表孔庚、董必武，司法部胡宏恩，中央政治学校教官施存统，总政治部连瑞琦，《自由西报》骆传华，全省学联陈德森，学校教授张境存、郭冠杰、戴修瓒等百余人，本校学生千余人。济济一堂，盛况空前。

大会经历了奏国乐，全体就位肃立，向党国旗、总理遗像行三鞠躬礼，主席（中央执行委员代表）恭读总理遗嘱，默哀三分钟，大学委员及教职员就职宣誓，学生向主席来宾及大学委员、教职员致敬礼，主席致词，筹备委员报告筹备经过，大学委员致词，来宾演说，教职员演说，学生答词，奏乐，唱国民革命歌，呼口号，摄影照相等环节。李汉俊在孙科代表政府致词后，向大会报告了学校筹备工作的基本情况，包括开学日期、院系的设置、组织机构、教授聘任以及学生遗留问题处理等。

在国立武昌中山大学开办短短10个月里，李汉俊非常重视学生的政治思想工作。在他的坚持下，学校专门成立政治训练委员会，推选共产党员董必武、陈潭秋、钱介磐为委员。他还鼓励学生参加火热的革命斗争实践。在武汉每一项重大政治活动中，都可以看到国立武昌中山大学学生的身影。国立武昌中山大学是国共第一次合作的结晶，体现了这一时代的精神，其教学内容和方法都灌注了革命教育的内涵，是一所新兴的大学。同时，李汉俊还积极争取教育经费，改善教师薪酬，关注工农子弟上学问题、海外留学生问题，使湖北教育呈现一派欣欣向荣的景象。

三、为挽救革命而英勇献身

在大革命的后期，尤其是"宁汉合流"以后，革命的形势急转直下，当很多人都在为自己寻找出路的时候，李汉俊却全然不顾，继续为革命鼓与呼，直到壮烈牺牲。

（一）发动学生声援震寰纱厂工人运动

1927年11月，武昌震寰纱厂的工会执委被人枪杀，厂方同时开除4名剪发女工，双方进行了针锋相对的斗争。28日午后4时，在李汉俊等人的鼓励支持下，国立武昌中山大学的女生前往震寰纱厂声援女工。她们在工厂附近演说，厂内突然开枪，当场死1人、伤2人，20多名学生被捕。听到噩耗后，国立武昌中山大学的四五百名男生赶来援助，被军警围在厂内，29日早晨才被释放。29日上午，国立武昌中山大学的学生发起武昌全市学生联合大会，议决援助被捕学生及被开除女工。到下午，有500余名学生列队向震寰纱厂出发，捕获该厂工会改组委员雷汉卿、丁西庚、熊良牙、伊春山、伊赴发等5人，将其拖到工厂后的空场，用手枪将他们击毙。后组织宣传团，领导民众千余人，到工厂游行。军阀认为，这一切都是受向忠发的指使，目的是乘机暴乱。被捕的马红、梅玉科、纪李华、许蕴达、田常、许白池、吴复、陈梦兰、李子芳等9人，军阀认为是聚众的领导者，目的是造成大屠杀的赤色恐怖局面，要处以死刑。他们最后都英勇就义。

李汉俊因发动国立武昌中山大学的学生到工厂联络工人反对军阀统治，被武汉卫戍区司令胡宗铎以共产党"赤色分子"的罪名通缉。

（二）拯救保护一批革命同志

那时，桂系军阀已经占领武汉，许多共产党员和革命同志被抓。李汉俊和国民党元老孔庚及要员邓初民、詹大悲等人，以省政府名义下令释放了300多名共产党员和"嫌疑犯"，营救保护了一大批共产党干部，国立武昌中山大学学生中的共产党员、共青团员也受到他们的保护。

（三）在军阀的大逮捕中英勇牺牲

随着国立武昌中山大学革命活动的不断高涨，12月16日3时，武昌卫戍程汝怀师长奉命派兵三营包围国立武昌中山大学，搜查东厂口国立武昌中山大学第一院、粮道街第二院、三道街第三院，当时逮捕学生17人，其他教职工及学生皆被军警严密监视，17日都没有撤防。据统计，16日共逮捕百余人，其中有俄国人数名，都拘押在黄土坡武昌卫戍办事处。

卫戍部之所以前往武昌中山大学抓捕，是认为国立武昌中山大学为共产党的总机关部。此前的15日下午，有国立武昌中山大学的学生二三百人游行演讲，散发传单。15日夜里，大学的第三院召开过紧急会议，许多同志主张向国民党进攻。为防共产党暴动，国民党在16日进行了搜查。在第三院搜出传单、符号、旗帜、危险品甚多。最后，国立武昌中山大学教职工、学生200余人被捕。17日下午1时搜查完毕，大学的第三院留有军队驻守。

当军队搜查国立武昌中山大学时，李汉俊前往汉口日租界避难。军队搜查时原准备法日租界同时搜查，初次交涉时未得到日本领事馆的同意。再次进行交涉时，得到日本领事馆许可。军队于17日晚7时将日租界中街（今胜利街下段）42号团团围住。当军队进屋搜查时，李汉俊与詹大悲正对坐下围棋，危诰生、潘康在旁观看。于是军队将李汉俊及省政府财政厅长詹大悲逮捕，押送卫戍司令部。

军阀胡宗铎认为李汉俊、詹大悲有"通共"嫌疑，从截获的电报中可知二人与广州起义有联系。在共产党机关内搜出密码本，译出电报后得知是第三国际命令詹、李二人在武汉暴动，响应广州起义。胡宗铎认为二人罪名昭著，不用讯问，立即枪毙。于是二人由武装卫士押至济生二马路养仁模范医院前，执行枪决，各中两枪而亡，时间还不到晚上 9 点。当时北风呼啸，二人暴尸街头，詹大悲穿蓝缎绒袍，李汉俊穿灰黑呢袍，二人均未穿鞋。同一天，卫戍司令部还枪决了共产党员陈转运及张见之、张和福三人。李汉俊时年 37 岁，为中国革命流尽了最后一滴血。

1952 年，毛泽东批准追认李汉俊为烈士，亲笔签发了 0011 号"革命牺牲工作人员家属光荣纪念证"。

李汉俊英勇就义后，他的后代继承了他的革命遗志，继续为中国革命和社会主义建设做贡献。有四代后人延续着武汉大学情缘，选择为武汉大学的兴旺发达奉献青春和力量。李汉俊的子女有李声簧（男）、李声馥（女）、李声馞（女）。李声簧曾借读国立武汉大学理学院数学系，后走上革命道路。李汉俊的长女李声馥考入湖北省立医院高级护校（后成为武汉大学的一部分），毕业后把自己的一生献给了医护事业。李汉俊的次女李声馞，一生就没有见过父亲，李汉俊牺牲后的 20 天她才来到人间。李声馞于武汉大学化学系毕业后，留校任教成为武汉大学化学系任教授。她一生爱岗敬业，2021 年 7 月，在她去世前夕，她将多年辛苦积攒的 50 万元捐给了武汉大学教育发展基金会。李声馞的先生黄锡文教授毕业于武汉大学物理系，留校后先后在物理系和电子信息学院工作，从事教学与科研工作 40 多年。李汉俊的第三代、第四代都有人在武汉大学学习和工作。

参考文献

中共湖北省潜江市委党史研究室，中共一大会址纪念馆.李汉俊全集[M].北京：中共党史出版社，2013.

浅析人文社会科学领域老一辈学者的精神和品格

——重温中国人民大学校史上的人物故事

中国人民大学校史馆　楚艳红

2022 年 4 月 25 日上午，中共中央总书记、国家主席、中央军委主席习近平来到中国人民大学考察调研时，充分肯定了中国人民大学光荣的革命传统和鲜明的红色基因。他希望学校要"加强校史资料的挖掘、整理和研究，讲好中国共产党的故事，讲好党创办人民大学的故事，激励广大师生继承优良传统，赓续红色血脉"[①]。本文简要梳理和回顾在中国人民大学校史上的吴玉章、成仿吾、艾思奇、范文澜等几位重要人物的点滴故事，重温老一辈中国人民大学学者的精神和品格，通过几位共产党人的生平事迹、办学治校的片段，展现中国共产党的宗旨使命在教育领域的生动实践。这些共产党人身上所折射出的党的光荣传统和优良作风，在全面建设社会主义现代化国家新征程上，必将汇聚成为培养堪当民族复兴重任的时代新人的伟大实践中的强大信心和磅礴力量。

一、怀着至深的家国情怀，上下求索救国之道

中国人民大学是从延安走来的大学，学校的很多老教授本身就是无产阶级革命家，参与过抗日战争和解放战争。吴玉章老校长早在 1925 年就加入了中国共产党，但奉命暂不公开身份，仍留在国民党内做统战工作。成仿吾老校长参加过著名的二万五千里长征，并在近半个世纪中先后五次翻译《共产党宣言》。苗力田、吴大琨等老教授都曾在抗日战争期间为美军担任翻译。尚钺教授先后两次被国民党逮捕入狱，经受住了酷刑考验。此外，罗国杰、吴宝康、肖前等老教授都是早年加入我党地下党组织，投身革命。无论在革命战壕，还是在教育战线，这些人所有的奋斗和努力的出发点与目标，都是祖国和人民。

德国哲学家费希特认为，学者的真正使命是"高度重视人类一般的实际发展进程，并经常促进这种发展进程"。这一命题，在中国人民大学老一辈学者中，有特别突出的体现。吴玉章、成仿吾、范文澜、艾思奇等都心系国家民族命运，立志为国家的独立和富强而进行革命、海外求学或者进行各种形式的宣传和斗争。在他们心中，家和国是同等重要的。吴玉章在回忆录《辛亥革命》中提道，甲午战败的消息传到家乡时，他正在家为母守孝。家庭的不幸与国家的危亡叠加在一起，他和二哥为此痛哭不止，"我们当时悲痛之深，实非言语所能表述"。在回忆八国联军入侵北京和《辛丑条约》签订时，吴玉章又引用了"伤心又是榆关路，处处风翻五色旗"的诗句表达屈辱与悲痛。1903 年，吴玉

[①] 《习近平在中国人民大学考察时强调 坚持党的领导 传承红色基因 扎根中国大地 走出一条建设中国特色世界一流大学新路》，《人民日报》2022 年 4 月 26 日第 1 版。

章为救国图强赴日本留学，写下了慷慨沉郁的述怀诗：

> 不辞艰险出夔门，救国图强一片心。莫谓东方皆落后，亚洲崛起有黄人。①

艾思奇于1927年、1930年两次赴日本留学，1928年5月3日"济南惨案"发生，中共东京支部组织同学回国，以示抗议。艾思奇便随同"留日各界反日大同盟"回国。1931年，"九一八"事变后，艾思奇和许多同学出于爱国义愤，再次毅然弃学回国。在日本期间，艾思奇考入了福冈高等工业学校采矿系。同时，他利用课余时间刻苦自学马克思主义经典著作，坚定了对马克思主义的信仰。他对父亲所主张的"工业救国"的道路也有所批判。他在给父亲的信中写道："在帝国主义侵略和封建势力的桎梏下，单讲建设工业能达到救国的目的吗？"他坚信只有马克思主义才能救中国。

1925年，五卅运动发生后，范文澜参加了天津人民组织的反帝斗争。这期间，不论是在南开校园的集会上，或是在市民的游行队伍里，都可见到他的身影。他积极宣传爱国主义，讲国民责任，提倡牺牲精神，鼓励青年奋发图强，创造祖国的美好未来。1926年，范文澜加入了中国共产党，确立了共产主义信仰。②

曾担任陕北公学校长、华北联合大学校长等职务的成仿吾同志，早年怀着富国强兵的目的，留学日本学习造兵工程。由于清政府签订了丧权辱国的"二十一条"，热血青年对卖国政府和黑暗社会极为愤慨。他于1915年底再度赴日，即与郭沫若、郁达夫等人开始了新文学活动，结成了革命文学团体——创造社。正如他自己所说："就在这时，大约在1916年，我和郭沫若等一起开始我的文学工作——我们一共六个人，多半是帝国大学的学生。从这时起，我选定了文学职业，对武器和军队丧失兴趣了。"成仿吾的作品，主要是启迪人们的爱国思想，抨击黑暗社会，批判封建愚昧。他在《从革命文学到文学革命》《全部批判之必要》等著名的文艺评论中，开始运用辩证唯物论和历史唯物论的观点，来分析文学发展的方向和中国革命应走的道路。③

二、坚持实事求是，注重理论联系实际

"实事求是"是党的思想路线，也是中国人民大学的校训。从1937年建校至今的85年，是党创办的高等教育不断发展壮大的85年，也是中国发生天翻地覆变化的85年，这期间包含了抗日战争、解放战争、新中国成立初期、改革开放和建设新时代中国特色社会主义等各个时期。在这一过程中，国家和社会的主要矛盾不断变化，新情况、新问题不断涌现，需要解放思想，实事求是，积极回应时代所提出的课题。特别是像中国人民大学这样一所以人文社会科学为主的大学，"实事求是"的学风、校风贯彻各个时期，在教学、科研、人才培养等方面都起到了特别重要的作用。

人文社会科学是以人类社会的发展为研究对象，其绝大多数学科都是与人、与人类社会的政治、经济、文化等密切相关的。从文化传承和发展的角度看，它必然首先反映

---

① 吴玉章：《辛亥革命》，人民出版社，1961。
② 潘汝暄：《范文澜》，载中国人民大学高等教育研究室校史编写组编《中国人民大学人物传》，中国人民大学，1993。
③ 陈光：《成仿吾》，载中国人民大学高等教育研究室校史编写组编《中国人民大学人物传》，中国人民大学，1993。

国家、民族和社会群体文化传统中的某种思想观念和价值体系。所以,从这一角度看,人文社会科学就不单是承载着传授知识的任务,同时也有传授和发展主流思想观念与价值体系的作用。从另外一个角度讲,人文社会科学工作者以何种思想观念和价值取向进行问题研究,如何结合实际情况回应时代的呼唤,参与推进和拓展中国式现代化的伟大实践,是与具体问题本身一样重要的问题。实践证明,中国的人文社会科学发展最关键、最根本的是要以与实践相结合、与时代相结合的马克思主义为指导。

1946年4月,北方大学召开首次全校师生大会,校长范文澜发表了全校重要讲话。他指出:"我们的宗旨,既是全心全意为人民服务,那么,也就必须养成一种与此完全一致的校风,'实事求是'的校风。"在范文澜从事马克思主义史学研究的40多年里,无论是言谈还是行动,都处处印证了他实事求是、严谨治学的学风。他将其治学方法形象地归纳为"天圆地方"。所谓"天圆",即要有灵活的头脑,勤于思考;所谓"地方",就是要能坐得下来,埋头苦干,潜心于读书和科研工作。他还认为做事与做学问一定要"专"和"通"结合,在"通"的基础上"专",做到直通、横通、旁通、路路通。他说:"方针确定以后,认真做下去,要有'不知老之将至'的精神。"至于"实",他发表《反对放空炮》一文,批评那种主观的、浮躁的有害学风,提出要踏踏实实进行科学工作。

1950年10月3日,中国人民大学举行开学典礼,刘少奇在讲话中说,中国人民大学是"我们新中国第一个办起来的新型的大学",有了解放区教育传统的中国人民大学应该起一些示范作用,要办好学校,必须加强团结和发扬实事求是的精神,强调"不要主观主义、教条主义、经验主义,要辩证唯物主义,以实事求是的精神学习、工作"。这是对学校过去校风、校训的总结,也是对新组建的中国人民大学的殷切期望。中央提出的中国人民大学教育方针是"教学与实际相联系,苏联经验与中国情况相结合"。在贯彻这一方针的过程中,第一任校长吴玉章以身作则,身体力行,成为坚持理论联系实际的典范。

在教学工作中,吴玉章十分重视理论与实际相联系,强调要有目的地去研究马列主义理论,使马列主义的普遍真理和中国革命的具体实践结合起来。他说:"系统地学习马克思列宁主义,并不仅仅是熟读这些导师的著作,最主要的是要掌握马克思列宁主义的立场、观点和方法,来发现问题、提出问题、分析问题和解决问题。"他反复强调:"马列主义是真理,但不可能把一切事物事先都具体地规定出来,要从实践中得出规律。不合规律就要失败,从失败中得到教训,使之合乎规律,才能得到成功。"他又说:"毛泽东思想是贯穿我们教学和科学研究的一根红线,但它不能代替具体的经济学、历史学、语言学和文艺理论。"他要求教师在教学中联系历史实际以阐明理论,联系当前革命和建设的实际以培养学生的实际工作能力,联系学生的思想实际以使学生树立为革命学习和为人民服务的思想。为了帮助师生更好地了解实际,他积极倡导、鼓励各系科同政府有关业务部门、工矿企业建立固定的联系。[①]

---

① 刘葆观:《在神州大地上崛起——中国人民大学回忆录》第1卷,第100页;张腾霄:《殷勤培后代,青春百花开——怀念老校长吴玉章同志》,中国人民大学出版社,2000。

三、与时俱进，信仰和坚持科学的马克思主义

1948 年，吴玉章校长在华北大学成立大会上的讲话中提道："现在我们是处在历史转变的伟大时代，我们的任务特别重大。世界在不断地进步，不是与日俱进，而是与时俱进，我们一定要迅速地前进，要勇敢地前进，决不要停滞，更不能落后。我们要有决心改造旧的社会，建设新的社会。"吴玉章一生为光明和进步而不断求索，被称为"一部活的中国革命史的缩影"。在屡败屡战的各种斗争中，他逐渐找到了马克思列宁主义，实现了从参加辛亥革命到成为坚定的马克思主义者的转变，他说："马克思列宁主义传到中国以后，我才找到了真理，踏上了一条正确光明的革命大道。"

一部中国人民大学的学校发展简史，就是中国文科高等教育学科设置、人才培养具体任务设定和事业发展任务不断与时俱进的发展史的缩影。1978 年，成仿吾主持恢复中国人民大学的工作。这时，他已是 80 多岁的老人，但革命精神不减当年，他指出：学校的恢复不是简单的复原，而是要在恢复中提高，在恢复中发展。1980 年，他适时地提出课堂重点讲授、增加学生自学时间、逐步实行学分制和高年级学生要继续学习外语课的几点教学改革意见。他的这些意见，对中国人民大学的发展是很重要的。

与吴玉章和成仿吾不同，艾思奇虽在中国人民大学工作时间不是很长，但其长期兼任中国人民大学马列主义基础教研室主任，其经典之作——哲学教材书《辩证唯物主义历史唯物主义》正是在中国人民大学肖前教授等骨干的参与下完成的。艾思奇曾在中国人民大学前身陕北公学等学校从事教书育人和科研工作。

2020 年 1 月，习近平总书记在云南考察艾思奇纪念馆时，称赞艾思奇是"能够把马克思主义本土化讲好的人才"[①]。延安时期，毛泽东曾称赞《大众哲学》是一本"通俗的而又有价值的"著作，推动了马克思主义在中国的传播和普及。1984 年，曾担任蒋介石高级顾问的马璧返回大陆时，为艾思奇故居题诗：

一卷书雄百万兵，攻心为上胜攻城，蒋军一败如山倒，哲学尤输仰令名。

"理论一经掌握群众，也会变成物质力量"这一句话在《大众哲学》对中国革命的贡献中得到经典诠释。据说，"1949 年秋后，蒋介石检讨战败于大陆的原因，承认非输于中共之军队，乃败于艾思奇的《大众哲学》"。据不完全统计，艾思奇的《大众哲学》解放前印行了 32 版。许多青年正是在它的影响下走向延安，很多人也正是在它的影响下走上革命道路。《大众哲学》创新形式和话语风格，大胆创新，并实现了马克思主义哲学中国化文本的通俗性和价值引领性，不但满足了当时社会大众渴望了解马克思主义的朴实愿望，更是成为当时马克思主义哲学在中国传播的引领者。

四、坚持人民至上，始终与人民站在一起

"江山就是人民、人民就是江山"，是马克思主义人民性的充分表达，是中华文化民本思想精髓的生动体现，是中国共产党区别于其他政党的显著标志，也是引领百年大党

① 《习近平强调要把马克思主义本土化讲好》，人民网，2020 年 1 月 20 日，http://jhsjk.people.cn/article/31556978.

取得一个又一个伟大胜利的历史经验总结。

吴玉章老校长之所以最后信仰了马克思主义并于 1925 年加入了中国共产党，是因为马克思主义坚持人民至上，而人民至上的这一观念与其个人奋斗和追求的理想高度契合。吴玉章在回忆录《辛亥革命》一书中写道："只有人民群众才是历史的创造者和历史的裁判者。"他回忆 1911 年内江起义成功时，自己被推举为内江军政府行政部部长，当时，数千名群众欢呼，声振屋瓦，把他拥到县署去办公。那一刻，他深切地感受到群众力量的伟大，真是"顺之者昌，逆之者亡"。当时，有一名名为林畏生的悍将，傲慢且纵容士兵四处扰民。为了维护刚刚成立不久的蜀军革命政权，吴玉章挺身而出对其进行审判。吴玉章说："我们革命的宗旨是推翻清朝专制政府，实行民主政治，解除人民痛苦，并不是以暴易暴。……如果我们今天刚一胜利，就横行霸道，和清朝官吏一样，实在违反革命初衷……"①

革命是为了人民，而不是统治人民。正如 1940 年初中共中央庆祝吴玉章六十寿辰时毛泽东在祝词中写的那样："一个人做点好事并不难，难的是一辈子做好事、不做坏事，一贯地有益于广大群众，一贯地有益于青年，一贯地有益于革命，艰苦奋斗几十年如一日，这才是最难最难的！我们的吴玉章同志就是这样一个几十年如一日的人！"

1949 年，在中华全国自然科学工作者代表会议筹备会全体会议上，吴玉章强调："自然科学工作同志们，组织起来，团结起来，更好地把我们的智慧贡献给人民，造福于人民，全心全意为人民服务，这就是我们的志愿，这就是我们今后工作的出发点。"

25 岁就撰写出《大众哲学》的艾思奇，早在学生时代就热情地与两位进步同学组织工人夜校，为附近兵工厂、造币厂的青年工人补习文化。他曾将反映劳动人民心声的《伏尔加纤夫曲》译成中文，交由老乡聂耳，并向聂耳介绍了一些马列主义书籍，两人成了亲密的战友。由于聂耳英年早逝，艾思奇本人也没有关注过署名，这首经典的《伏尔加纤夫曲》的译者成为"佚名"。

1935 年 10 月，经由周扬、周立波介绍，艾思奇加入了中国共产党。1935 年底，全国救国会和文化界救亡协会成立。艾思奇积极参加了这些组织的活动，并在陶行知创办的"山海工学团"讲哲学，听众是工人和失业的青年。1937 年春，艾思奇负责编辑杂志的出版社——读书生活出版社遇资金困难，艾思奇捐出《大众哲学》稿费，其才得以坚持和发展。

艾思奇的心是和人民大众的心息息相通的。新中国成立后，他多次下乡、下厂，边调查研究，边辅导干部群众学习，继续致力于马克思主义哲学的宣传普及工作。同时，他又认真总结工人、农民学哲学的经验。他一贯平易近人，不摆架子，与群众亲切聊天，细心地了解他们的生活情况，言谈中总是充满深挚的感情，充分体现了党密切联系群众的优良作风。②

1946 年，范文澜在全校学工人员大会上，讲述了北方大学的宗旨、任务、学风、校风、组织机构等问题。这个讲话实际上成为北方大学建校的纲领。学校以培养全心全意为人民服务的人才为方针，以"实事求是"为校风，提倡自由思想、民主讨论、互相学习、追求真理。北方大学的领导干部和骨干教师，有的来自延安，有的来自晋、冀、鲁、豫边区，有的来自国民党统治区。范文澜善于团结他们一道工作，群策群力，办好学校。在工作中，他保持着延安干部的优良革命传统，事事处处以身作则，深入群众，艰苦创业，受到师生员工的敬重。中国人民大学被命名组建后，虽然范文澜服从组织安排到中国科学院任副院长、历史研究所第三所所长等职务，但是中国人民大学的老师有问题向他请教时，他都欣然应允，并耐心接待。中共浙江省委纪律检查委员会网站上刊登着的《范文澜：清白世家 书香传人》一文提道：范文澜反对浮夸、出风头、相互标榜等不良习气。他家中只有几件备用的服装、几件陈旧的家具，虽已是部长级干部，配有专车，但他走亲访友，都是步行或乘公共汽车。他对应得的数以万计稿费也分文不取，谁劝都不听，逝世前将稿费全部作为党费上交。范文澜表示："我就是做这个工作的，我的生活不坏，为什么要有稿费！"

党的二十大报告中指出，中国共产党为什么能，中国特色社会主义为什么好，归根到底是马克思主义行，是中国化、时代化的马克思主义行。重温老一辈学者在艰辛探索中走上信仰马克思主义光明道路的故事，倾听他们关于坚持人民至上、坚持实事求是、与时俱进的心声，对我们坚持对马克思主义的坚定信仰、对中国特色社会主义的坚定信念，以及把马克思主义基本原理同中国具体实际相结合、同中华优秀传统文化相结合，积极回答时代和实践提出的重大问题、培养堪当民族复兴重任的时代新人，具有重要意义。

黄钰生与西南联合大学校舍委员会

南开大学党委宣传部　陈鑫

刚毅坚卓的西南联合大学（以下简称"联大"）精神，形成于抗战时期的艰苦环境。对办学来说，最基本的物质条件是校舍，而恰恰是校舍问题，让流亡而来的联大人陷入了前所未有的困境。正如陈岱孙所说，来到昆明才真正意识到，联大"成为一所被剥夺了办学物质条件的大学"。以往我们读到不少有关联大办学空间的回忆与研究文章，联大人是通过怎样的工作机制应对校舍难题的？工作背后又蕴含了怎样的心灵史？要了解这些问题，需要我们进一步探讨联大校舍委员会的运作，研究校舍委员会的召集人黄钰生。

一、从建设长到校舍委员会主席

联大为解决校舍问题，先后设立了建设处和校舍委员会。建设处运行时间较短，仅存在于 1938 年 1 月至 8 月。校舍委员会则自 1938 年 8 月成立，基本持续至联大结束。虽然先后有两个机构、两种机制，但机构负责人——建设长和校舍委员会主席均由黄钰生一人担任。

黄钰生，字子坚，生于 1898 年，曾先后就读于南开中学、清华学校，留美获芝加哥大学教育学与心理学硕士，回国后任教于南开大学，历任哲学系教授，文科主任，南开学校大学部主任、秘书长。联大时期，南开大学校长张伯苓一般不在昆明，黄钰生成为南开方面参与联大校务的主要代表之一，除出差或有明确事务外，一直参与顶层决策。根据档案记录，联大常委会共召开 385 次会议，黄钰生约出席 300 次；校务会召开 57 次，黄钰生出席 40 次；在常委会主席梅贻琦有事离开昆明时，黄钰生还一度代为主持工作。[①]

在联大的前身长沙临时大学（以下简称"临大"）时期，三校曾由北京大学负责教务、清华大学负责总务、南开大学负责建筑设备的最初分工。黄钰生作为建设长，遽然受命。安排两三千名师生上课与住宿谈何容易！临大借用了清末驻军旧营房做学生宿舍，可是没有床。"为了在地板上把稻草垫铺得厚一点"，黄钰生"心急如焚地忙得不可开交"。

临大迁至昆明成立西南联合大学不久，按照国民政府要求，筹备设立师范学院，黄钰生被推任为院长。师范学院不同于其他学院，自成体系，后又设有附属中学、小学，办有在职教师晋修班等，可以说是一所"校中校"，任务繁重艰巨。黄钰生对办好师范学院颇有抱负，请求辞去建设长一职，专心治院。学校同意了其辞呈，并撤销了建设处。然而实际上，黄钰生并非因这次职务变动而卸去重任。

---

① 联大常委会记录、校务会记录，见北京大学、清华大学、南开大学、云南师范大学编《国立西南联合大学史料二·会议记录卷》，百花文艺出版社，2009。

在联大，每遇专项事务，往往成立一个由教授组成的委员会来应对，这是联大治校一大特色，也是常规教育教学、行政运转之外，校务开展的重要机制。这些委员会由常委会决定设立，有的为常设，有的为临时。据笔者初步统计，黄钰生在联大参与了近 30 个专门委员会，并在其中 10 余个委员会中担任召集人。① 比如，他曾任联大校史上非常重要的湘黔滇旅行团指导委员会主席、闻一多教授丧葬抚恤委员会主席。1938 年 4 月，联大成立建筑设计委员会。当时正带领学生步行赴滇的黄钰生被任命为委员长，到达昆明后即投入新校舍建设。可是此时的校舍事务不仅仅是建筑设计而已，联大在昆明办学几乎全无准备，校舍方面差不多是从零开始。特别是 1938 年下半年，联大即将迎来新一届学生，而一度驻蒙自的文学院、法商学院也将迁至昆明，解决校舍问题迫在眉睫。在这样的背景下，8 月 30 日，校舍委员会成立，已经卸任建设长的黄钰生又担任起校舍委员会主席，可以说是又一次临危受命。

二、校舍委员会主要工作和运行机制

校舍委员会成立时共聘请了 8 名教授担任委员，即黄钰生、樊际昌、沈履、冯友兰、吴有训、陈序经、施嘉炀、毕正宣。② 对照此时的行政分工，我们可以发现，樊际昌为教务长，沈履为总务长，冯友兰、吴有训、施嘉炀、陈序径、黄钰生分别为文、理、工、法商、师范五院长，毕正宣为总务处事务组主任。也就是说，该委员会包含了联大除常委外所有行政、教学主要负责人，以及与工作关系密切的事务组主任，成员结构具有席位制的特点。此后，随着人员流动，校舍委员会也经历过改组。比如，1939 年 10 月校舍委员会改组后，除原 8 人外，又聘请训导长（训导长一职为本年 7 月新设）查良钊加入。③ 1940 年，总务长沈履去职，继任者郑天挺参加校舍委员会。查良钊、郑天挺的加入均可视为席位制的体现。此外，联大工程处处长王裕光、会计组主任刘镇时以及训导处诸人也有参与校舍委员会会议、讨论校舍事务的记录④，不过，他们是作为委员，还是因职务相关临时参会，还有待进一步考察。

由于校舍委员会并无专档，黄钰生本人也无日记和校舍工作回忆录，所以无法直接查询工作详请。但是从近年逐渐整理披露的其他相关档案、他人日记、回忆资料中，我们仍可大致勾勒出校舍委员会的主要工作内容。

（一）寻觅勘察

因为办学空间不足，联大几乎自始至终在寻找合适的校舍用地、用房。在校舍委员会成立前夕，由黄钰生任主席的建筑设计委员会觅定三分寺附近，进行测量清丈、征地

---

① 北京大学、清华大学、南开大学、云南师范大学编《国立西南联合大学史料二·会议记录卷》，百花文艺出版社，2009。
② 联大常委会第 86 次会议记录，北京大学、清华大学、南开大学、云南师范大学编《国立西南联合大学史料二·会议记录卷》，百花文艺出版社，2009，第 66 页。
③ 联大常委会第 123 次会议记录，北京大学、清华大学、南开大学、云南师范大学编《国立西南联合大学史料二·会议记录卷》，百花文艺出版社，2009，第 112 页。
④ 郑天挺：《郑天挺西南联大日记》1940 年 8 月 3 日、8 月 6 日、1942 年 2 月 2 日，中华书局，2018。

建设，此后这里建起了联大最主要的新校舍。然而一处校舍不足以安置全部师生，无论是租、是建，都要以寻勘为先导，这项工作主要由校舍委员进行，档案中有黄钰生向常委会报告勘察校址校舍的多次记录。随着日军空袭愈烈，联大几度计划疏散。比如，1938年10月，联大计划将文、法两院及师院一部分迁往晋宁县盘龙寺，1941年又觅地昆明城郊梨烟村（也作梨园村、龙院村）筹建师、理两院校舍。由于种种原因，疏散计划并未最终实施，不过在档案、日记中，可以看到黄钰生等反复进行前期勘察、择地造房的情况。除了在昆明郊县疏散，1940年，樊际昌、黄钰生等还曾赴四川泸县、叙永县勘察，此后联大一度设立叙永分校。[①]

（二）谋划建设

虽然具体建筑事务一般由工程处联系有关公司负责，但校舍委员会也深度参与了前期谋划和后期验收。比如史料可见，1941年9月24日，黄钰生向常委会报告筹建梨烟村校舍事，说"偕同吴有训、郑天挺二先生与徐敬直工程师接洽"，"据估计约需建筑费国币一百五十万元"。[②] 1943年3月15日，郑天挺约王裕光至黄钰生家，"共商建筑学生宿舍事"，"约需大小五十间，费在五百万左右"。[③] 1944年10月20日，黄钰生、郑天挺、赵世昌验收昆中北院新建楼房后，表示"有不合适、不坚实者均令改造，然后验收"。[④]

（三）租赁房屋

除了觅地自建，联大还租用多处房舍应对校舍不足问题，主持其事的也是校舍委员会。比如，1941年9月4日，黄钰生曾向常委会报告"关于本学年校舍计划及向各方进行租赁情形"。[⑤] 为避空袭，昆华中学、昆华工校、昆华师范、昆华农校等本地学校曾疏散到晋宁、呈贡等县，腾出的校舍便成了联大租用的重要房源。此外，联大还租用了多所会馆。郑天挺日记记录了一次签约现场："至太华饭店与两广同乡会签两粤会馆租约，凡四条，租金年二万"。[⑥] 代表校方签字者为常委蒋梦麟、梅贻琦，但黄钰生、郑天挺等校舍委员也是签约的主要参与者。

（四）校舍分配

1938年校舍委员会成立后，召开了多次会议，拟出《本校校舍分配办法十四条》。该分配办法于11月16日经常委会审议修正后通过。[⑦] 11月26日，常委会又通过了"校舍

---

① 联大常委会第158、159次会议记录，载北京大学、清华大学、南开大学、云南师范大学编《国立西南联合大学史料二·会议记录卷》，百花文艺出版社，2009，第155、156页。

② 联大常委会第191次会议记录，载北京大学、清华大学、南开大学、云南师范大学编《国立西南联合大学史料二·会议记录卷》，百花文艺出版社，2009，第198页。

③ 郑天挺：《郑天挺西南联大日记》1943年3月15日，中华书局，2018。

④ 郑天挺：《郑天挺西南联大日记》1944年10月20日，中华书局，2018。

⑤ 联大常委会第188次会议记录，载北京大学、清华大学、南开大学、云南师范大学编《国立西南联合大学史料二·会议记录卷》，百花文艺出版社，2009，第193页。

⑥ 郑天挺：《郑天挺西南联大日记》上1940年5月31日，中华书局，2018。

⑦ 联大常委会第94次会议记录，载北京大学、清华大学、南开大学、云南师范大学编《国立西南联合大学史料二·会议记录卷》，百花文艺出版社，2009，第74页。

分配详表""各建筑之用途详表"。① 两个详表对每一处校舍建筑、每个房间都进行了盘点，对全校各单位办公、教学、住宿、后勤保障等用房进行了分配。② 联大校舍一直处于变动之中，学生也不断有毕业、入学等新情况，校舍分配需要时常调整。档案中可以看到1939 年的《新校舍分配决议》《二十九年秋季校舍分配计划》、1941 年的《租用之昆华中学校舍支配办法》、1942 年《关于全部校舍分配的决议》、1944 年的《校舍调整办法》等。③

除上述事务外，由于联大多处校舍曾遭日军轰炸，因此校舍委员会还参与了校舍修缮事务，如黄钰生、郑天挺曾"令工匠估价修缮前炸之小楼"④。校舍委员会还曾开会"审查修缮账目"。⑤

从以上举例中，我们不仅可见校舍委员会全过程主持联大校舍工作的情况，也可略探其运行机制。校舍委员会委员由常委会聘请担任，其中投入工作最多的是主席黄钰生和总务长郑天挺，各院院长作为校舍委员，会在涉及本院用房时有针对性地参与勘察、租赁等工作。对一些问题，委员会开会商讨，经研究后，提出方案报常委会决策，最终根据常委会意见修正后发布、施行。正如上文所说，成立各种委员会是联大重要的工作机制，对校舍委员会运行方式的考察，也可以为了解其他委员会以及联大校务运作提供参考。

三、校舍工作的困难与任劳任怨的坚持

需要注意的是，校舍委员会工作的背景是战火纷飞、客居他乡、物价飞涨、三校合作，因此必然要面对许多难以解决的问题。就连性格温和、坚韧的联大常委会主席梅贻琦，也在一次和郑天挺、查良钊、黄钰生谈校舍难题时"颇觉恼丧"⑥。

（一）困难首先源于日军侵扰

校舍问题从根本上说是战争造成的。联大为避战火来到昆明，又因敌军尾随而至，不得不随时准备疏散、迁校。联大校舍被日军当作轰炸目标，建好的校舍被炸，租用的校舍也被炸，在轰炸中还有联大人罹难。⑦

（二）房源紧张

联大多处校舍租自昆明本地学校，在空袭稍稀时，各校纷纷希望回城，这当然无可厚非，却令联大难以应对。比如，1940 年 4 月，因昆华工校催腾校舍，黄钰生、郑天挺、樊际昌、查良钊、吴有训、毕正宣等校舍委员一同约其校长，请求续租一年，未获同

---

① 联大常委会第 95 次会议记录，载北京大学、清华大学、南开大学、云南师范大学编《国立西南联合大学史料二·会议记录卷》，百花文艺出版社，2009，第 76 页。
② 北京大学、清华大学、南开大学、云南师范大学编《国立西南联合大学史料三·经费、校舍、设备卷》，云南教育出版社，1998，第 249—255 页。
③ 北京大学、清华大学、南开大学、云南师范大学编《国立西南联合大学史料三·经费、校舍、设备卷》，云南教育出版社，1998。
④ 郑天挺：《郑天挺西南联大日记》1943 年 10 月 18 日，中华书局，2018。
⑤ 郑天挺：《郑天挺西南联大日记》1942 年 2 月 2 日，中华书局，2018。
⑥ 梅贻琦：《梅贻琦西南联大日记》1942 年 9 月 18 日，中华书局，2018。
⑦ 《国立西南联合大学大事记》，载北京大学、清华大学、南开大学、云南师范大学编《国立西南联合大学史料一·总览》，云南教育出版社，1998。

意。① 7 月,昆华中学教导主任上门索还校舍,"其势汹汹"②;8 月,昆华师范校长来索校舍,"坚执五日必须移让"③。不过,随着战事危机再起,各校回城之事暂罢。至 1942 年,昆华工校再次索还校舍,原本借此上课的联大附中无处安身,一度欲移至太华寺,却遭云南省主席龙云来函拒绝。据郑天挺日记,"外间有种种流言,谓龙因子女未得入校,对联大深为不满,以致各地有房舍者亦不敢租与联大"④。流言并非无风起浪,据黄钰生晚年回忆:"那几年附中声誉渐好,省政府主席想送他的女儿来上学,我们坚持先考试后入学原则,表示考及格才收。后来这孩子到别的中学去读书了。"⑤虽然联大租不到房舍的原因是否为此很难确认,但联大附中确实不得不延迟两月开学,又露天上课三周,黄钰生专门写家长信道歉。⑥

(三)经费支绌

联大曾几次向国民政府争取建筑经费支持,但未获满意结果。其中,黄钰生至少两次代表联大起草"说帖"。其一写给教育部部长陈立夫。1941 年 5 月 19 日,梅贻琦在重庆面见陈立夫。陈问:"昆明校舍如何,是否拟在乡间筑建?"梅贻琦告以准备在梨烟村造房,并拿出黄钰生的说帖,结果陈答曰:"学校既然打算出四十万元,当无须再添许多。"⑦梨烟村造房计划徘徊至 1943 年,最终作罢,经费不足是一项主要原因。黄钰生的第二份说帖,写给行政院院长兼财政部部长孔祥熙。1944 年 3 月,孔祥熙视察昆明,梅贻琦提交了这份说帖,这次得到建筑费 300 万元。然而此时物价高涨,300 万照市价计,仅够 30 间宿舍建筑之用。而教授们原来的愿望是建筑宿舍 400 间。由于"与校中同人希望相差太远",当梅贻琦在临时校务会上报告这一消息时,"众大哗",有人甚至主张拒绝接受。作为说帖起草者,黄钰生也遭到埋怨,成为众矢之的,结果他推说有课,先行离开会场。⑧

(四)校内误解

用房短缺下,校舍分配复杂敏感,很难人人满意。1942 年 9 月 9 日,校务会上报告《教职员宿舍调整办法提请公决案》时,黄钰生"正奉命出外寻觅校舍",未在会场,与会者对方案"多所指责"。事后,黄钰生向梅贻琦书面陈词,校舍分配办法虽由校舍委员会拟具,但是经常委会核准后才施行,自己只是校舍委员会召集人,"设计审有未周,而施行则不能负责"。⑨黄钰生招致怨嫉的另一个原因,是他兼任联大附校主任。他将联大附校视为"得意之作",力图用南开中学的经验,按高标准办好。然而有些人则认为联大

---

① 郑天挺:《郑天挺西南联大日记》1940 年 4 月 18 日,中华书局,2018。
② 郑天挺:《郑天挺西南联大日记》1940 年 7 月 31 日,中华书局,2018。
③ 郑天挺:《郑天挺西南联大日记》1940 年 8 月 2 日,中华书局,2018。
④ 郑天挺:《郑天挺西南联大日记》1942 年 9 月 18 日,中华书局,2018。
⑤ 黄钰生:《黄钰生文集》,百花文艺出版社,2009。
⑥ 同上。
⑦ 梅贻琦:《梅贻琦西南联大日记》1941 年 5 月 19 日,中华书局,2018。
⑧ 郑天挺:《郑天挺西南联大日记》1944 年 3 月 14 日,中华书局,2018。
⑨ 《国立西南联合大学大事记》,载北京大学、清华大学、南开大学、云南师范大学编《国立西南联合大学史料一·总览》,云南教育出版社,1998。

附校的主要职能是服务教职员子弟、服务大学。认识不同源于三校理念不同，难说对错。但黄钰生却常为此"于不知不觉间得罪人"。这也影响到校舍事务。联大附校一度欲租南菁中学校舍，该处原租给中法大学，租约将满，南菁中学已答应转租联大，但中法大学不愿离去。当时联大一些教授在中法大学兼课，黄钰生希望他们能向该校进言，于是与郑天挺、查良钊一起请客，然而席间众人都不愿出头。郑天挺在当天日记中分析，认为某教授夫人未能到附校任教、某教授之子未能入附校就读，导致他们对黄钰生不满，因此不愿出力。[①]

困难面前，黄钰生也曾申请辞职。他于1939年、1944年先后表示辞任校舍委员会召集人、师院院长兼附校主任职，但均被常委会慰留。在留任师院院长时，常委会指出黄钰生"一切筹划，煞费精神，任劳任怨，至于今日"[②]。这一评价其实也适用于他在校舍委员会主席任上的表现。笔者读史至此，深为"任劳任怨"四字打动。结合黄钰生与校舍委员会工作，确可感到这四个字的分量。任劳不易，任怨更难。如果说克服战争、客居、经费造成的困难，是"任劳"，那么面对校内误解继续坚持，就是更难的"任怨"。特别在三校合作背景下，承担校务者的任劳任怨，是联大"终和且平"的重要保障。探讨主事者的处境与心态，有助于我们透过那些浪漫化的联大表层叙事，更真切地理解其精神底色。

有人将黄钰生称为联大的"不管部部长"，意思是说他承担了很多别人管不了或不愿管的事。黄钰生在晚年回忆中却反复讲自己"不懂工程""建设非我所长""本无才干，而从事行政"[③]。无论如何，史实展示的是，黄钰生将校舍工作坚持到底，并且成为联大少数几位始终承担行政责任的教授，而学校不断交付他一项又一项重任，则体现了对其能力与担当的肯定。

四、安贫乐道、戆直坚毅的工作精神

1945年，联大终于在昆明城内西仓街建起了教师宿舍，不过仍是"粥少僧多"。如何解决分配难题？当时只得采取抓阄的办法，主持建设的黄钰生没有参加抓阄。青年教师邢公畹的妻子陈珍问他为什么时，他说："你们都是无房、缺房才参加抓阄，我有这么高大的一间房，不是很好？"可当陈珍看到他的住处时她大吃一惊，因为黄钰生一家所住是一间内有多层台阶的储藏室。黄钰生将床铺安置在台阶之上，笑称自己"高枕无忧"。陈珍"不由得想起先生常说的一句话，'君子固穷，安贫乐道'"。[④]

"安贫乐道"不仅是一种为人的境界，同时也可以让工作更顺利地开展。有外间传言说，联大行政要人每月"均另有补助"。郑天挺闻之"愤怒"。他在日记中写道："校中最苦者，莫若负行政责任之人。"联大"各长"均为教授，但因为要付出大量办公时间，使

---

① 郑天挺：《郑天挺西南联大日记》1942年10月26日，中华书局，2018。
② 黄钰生：《黄钰生文集》，百花文艺出版社，2009。
③ 同上。
④ 邢公畹、陈珍：《忆黄钰生先生二三事》，申泮文编《黄钰生同志纪念集》，南开大学出版社，1991。

"各长"不能像其他教授一样从事兼职，补贴生计。他们还谢绝了"政府规定之特别办公费"。郑天挺说，黄钰生、查良钊和自己因此"皆负债累累"①。不仅如此，黄钰生又拒绝申请哈佛燕京学社对部分文科名教授的补助，让郑天挺由衷赞佩。②安贫如此尚有"谰言"，可以想象，在"僧多粥少"、高度敏感的宿舍分配中，如果主事者参与抓阄，难免引起无私有弊的舆论纷纭。半个世纪后，黄钰生在为联大建校 50 周年纪念碑题词时，追念往事，写道："安贫乐道，师生同侪；科学民主，壮志满怀。"③将安贫乐道、师生与共和科学民主并列，是黄钰生对联大精神一体两面的概括，也是工作感言、夫子自道。

美国学者易社强在《战争与革命中的西南联大》一书中称黄钰生是一位"戆直而公正"（原文为 blunt but fair-minded）④的教授⑤，笔者在搜读史料后深有同感。作为一个知识分子，黄钰生在行政工作中并非圆融老练、左右逢源，而是任劳任怨、勤恳无私，甚至有些戆直。所谓戆直，有傻、笨的意思。联大常委张伯苓曾说，面对困难要"苦干硬干拼命干""傻不济济的干"。用黄钰生自己的话，是"拧着脖颈干"。⑥他曾写过一篇《偶语》的短文，发表在著名的《大公报》"战国"周刊上。他见到，公家的事被人相互推诿，最后仅是往来文件，"办来办去，只剩下一堆纸"，人们对一切不愿办的事，都推卸责任说"生活困难"，不由得感叹："全国的人，个个聪明，其结果——一塌糊涂""像这样，就算能打胜仗，还了得！"⑦黄钰生不愿做那样的聪明人，他的戆直，其实也是联大校训"刚毅坚卓"的一种体现。巧合的是，校舍委员中，黄钰生字子坚，郑天挺字毅生，他们与联大校舍工作恰好诠释了校训中的坚与毅。

大学重在大师不在大楼，但是，如果连最基本的物质条件、空间条件都没有，大学也就成了真正的"空中楼阁"。联大校舍委员会所做的就是在战火烽烟中，奋力保障基本办学空间。虽然其工作处于学校"后台"，长期默默无闻，但其克服重重险阻，完成的是一项从无到有的工作，为弦歌不辍、形成联大精神提供了必要条件，为成就抗战中的教育史奇迹，做出了巨大的贡献。

① 郑天挺：《郑天挺西南联大日记》1943 年 11 月 6 日，中华书局，2018。
② 郑天挺：《郑天挺西南联大日记》1945 年 1 月 5 日，中华书局，2018。
③ 黄钰生：《黄钰生文集》，百花文艺出版社，2009。
④ JOHN ISRAEL, A Chinese University in War and Revolution, Stanford University Press, 1998.
⑤ 易社强：《战争与革命中的西南联大》，饶佳荣译，九州出版社，2012。
⑥ 黄钰生：《大学教育与南大的意义》，载《黄钰生文集》，百花文艺出版社，2009。
⑦ 黄钰生：《偶语》，《大公报》"战国"周刊，1942 年 4 月 1 日。

共克时艰：王伯群与蒋百里关系新探

——以王伯群日记（1935年）为中心的考察

华东师范大学档案馆　汤涛

一、前言

民国时期，王伯群与蒋百里都是风云一时之人物。王伯群（1885—1944年），贵州兴义人，1905年留学日本并进入同盟会，曾组织参与护国、护法和北伐战争，历任国民党中央执委、南京国府委员、交通部部长、交通大学校长，创办大夏大学（今华东师范大学）并担任董事长兼校长。蒋百里（1882—1938年），浙江海宁人，1901年留学日本，历任东北新军督练所总参议、浙江都督府总参议、陆军部高等顾问、袁世凯总统府一等军事参议、保定陆军军官学校校长、黎元洪总统府顾问、吴佩孚总参谋长、国民政府军事委员会高等顾问等职。

目前，对于蒋百里和王伯群的研究成果积简充栋，但关于王伯群与蒋百里的关系研究，付之阙如。王伯群有写日记的习惯，笔者有幸阅读到《王伯群日记》（稿本），1935年的日记记载了他与蒋百里的交往过程。日记是个人思想、经历的记载，是知人论世的重要凭据，透过日记可以真实地了解撰写者的行为和思想轨迹。诚如论者所述，"要认清一个历史人物，莫过于细读其日记，因为日记是记载作者见闻以及感悟的文字"[1]。本文爬梳王伯群1935年的日记，并参酌其笔记、书信等第一手史料，以及各种档案文献，描摹和重建王伯群、蒋百里为国家与民族救亡图存，抵抗日本侵略，集思广益、同仇敌忾的精神指向及坚定态度，期望能一窥民国要人之间人际关系之堂奥，以及国民党政府抗日态度之变化。

二、蒋百里亲信求见，王伯群抱病回访

1935年9月2日，王伯群朋友何家成引一位陌生的客人前来上海愚园路的公馆求见。一番寒暄过后，客人自报家门，谦称侯念言，系蒋百里先生之亲信。他开门见山，说蒋百里不久前被蒋介石授予中央军委会高等顾问一职。为履行职责，其正在紧密联络各方，最近与汪精卫多有接洽，此次登门拜访，特来寻求与王伯群先生合作。

王伯群闻悉客人来意后，回应道："蒋百里先生是研究日本方面的专家，素来久仰大名。去年的3月30日，我曾专函邀请他来大夏大学做过一场《太平洋各国之军备》公开演讲[2]，反响十分热烈。"侯念言提到的蒋百里，王伯群其实并不陌生，对他有一定的

---

① 孔祥洁：《清人日记研究》，广东人民出版社，2008，第1页。
② 《太平洋问题讲座》，《大夏周报》第10卷第19期，1934年3月27日。

了解，"称赞蒋为日本通"①。不过，王伯群暗自思忖，他们之间远非熟悉到马上要合作的程度。

蒋百里原名方震，号百里，曾赴日本和德国研习军事。1929年，蒋百里门生唐生智屯兵洛阳，通电逼蒋介石下野，当局在他家中搜出电台和同谋嫌疑电稿。起事兵败后，蒋百里被捕入狱。后经陈铭枢、李根源等多方说情，在关押两年后的1931年底被释放出狱。②蒋百里兵学出身，素来关注日本的侵华活动和世界军事形势。1935年春，赋闲多年的蒋百里，终于得到老乡蒋介石的垂青。蒋百里为不辱使命，想方设法联络政府各方大员，熟悉和调研国内情况。

这就是蒋百里示好王伯群的原因及背景。

对蒋百里亲信初次拜访就谈合作，王伯群觉得自己与其素昧平生，似乎有些唐突，略显仓促，故没有轻易表态。翌日上午，侯念言又来到愚园路王伯群公馆拜访，诚恳邀请王伯群抽个空暇，与蒋百里先生见晤一次。面对侯念言的盛情，高义热忱的王伯群认为若再拒绝的话，有失礼节和友情。不过，此时正适王伯群母亲去世一周年，因思念老母，王伯群心绪低沉恶劣，但允侯念言"三数日后再谋往谈"③。

三天之后的9月6日下午，王伯群在侯念言的陪同下，抱病前往上海法租界国富门路二十号（今安亭路46号）访蒋百里。王伯群眼里的蒋百里，身材不高，略显瘦削，但看起来精神奕奕，双目炯炯有神。王伯群在日记中记述他访蒋万里之目的："蒋为日本官学生之最早而学问最好者，对日本国情军事极有研究，曾为大夏撰文登诸党报。因近应国民政府行政院之请担任情报方面任务，故往访之，欲知其活动概况。"④至于此次见面他们具体谈论什么，王伯群点到为止，没有做更多的记述。笔者也未能找到其他更为详细的文献以补充和佐证。但从9月10日王伯群日记记载中推断，此次会晤，是蒋百里拟居中调和，力促王伯群与汪精卫方面和好之意。王伯群在10日的日记中写道："午前，何家成来访，言百里欲余与陈公博见面一谈。"蒋百里计划安排王伯群与陈公博会面，但王伯群没有同意，拒绝的原因是"余以公博见面在京甚易，在沪反落痕迹。至为汪派之人，须问政治有无改进，希望非徒为个人计也"⑤。

王伯群洞悉国民党内部派系林立，诸如西山派、政学派、CC二陈派、桂系，以及汪精卫、陈公博等粤派。在国民党内，王伯群素守"慎独"之原则，致力于为国为党服务，不主动加入任何一派，尤其不想蹚行政院汪精卫这派的浑水。故他觉得有必要跟蒋百里道清原委，于是，嘱何家成"将此意达百里并嘱探百里之电话，便当再访详谈"⑥。

王伯群与汪精卫早年都积极投入火热的民主革命，后来，在政治理念和执政方法上慢慢出现分歧。他们之间的隔阂始于1931年。彼时，南京国民政府在经过中原大战平定

① 《王伯群日记》（稿本），1935年9月2日。
② 赵福莲：《蒋百里》，载沈炳忠《影响中国的海宁人》，浙江人民出版社，2016，第202页。
③ 《王伯群日记》（稿本），1935年9月3日。
④ 《王伯群日记》（稿本），1935年9月6日。
⑤ 《王伯群日记》（稿本），1935年9月10日。
⑥ 同上。

诸侯后，身为国民政府主席、军委会委员长的蒋介石拟集大权于一身。环视周围，认为国民党左派大佬、立法院院长胡汉民对他集权掣肘最大。蒋介石一不做二不休，直接把胡汉民扣押起来。蒋介石此举，给他政治上的最大对手汪精卫以口实，其他各路派系更是群拥而上，在广州成立广东国民政府，并举兵北上，打出"打倒独裁，护党救国"的旗号，对南京的蒋介石进行讨伐。是年 12 月，国民党四大在南京、广州、上海分别召开以后，南京国民党中央电邀粤方的孙科、沪方的汪精卫等中央委员来南京举行国民党四届一中全会，但粤方呼吁蒋介石必须下野，否则拒绝去南京。

由于国民党宁、沪、粤相互争权，国民政府被迫改组。也由于汪精卫等搅局，蒋介石被迫通电辞职。在蒋介石的授意下，担任五年交通部部长的王伯群也随即辞任部长之职。从此，王伯群对汪精卫派系抱有一定的警惕和憎意，对汪派陈公博等也自然敬而远之。

三、所见略同，预判三四年后爆发世界大战

自 1931 年"九一八事变"后，王伯群和蒋百里对于日本自占领东三省之后日益猖狂南侵的恶行深表愤慨，对国民政府抵抗日本的暧昧态度心怀忧虑。早在 1927 年，对于东三省之岌岌可危，王伯群以经济的视角发表《满蒙问题之国际背景》长文，在对比分析系列数据后，痛心疾首地指出："东三省……一切经济的命脉，完全都握在日本手里。近代帝国主义最进步的政策即铁道一策，日本已经做到了，我们还可以说满洲是独立的吗？"[1]文章发出的呼吁振聋发聩："在我国民主革命进展时期中，日本竟向美国举大借款以从事开发，我们天天正被党的问题迷着、缠着，竟无人把这个偌大问题拿出来详细地系统地研究和考虑，进而求解决之方，这是何等痛心的事！"[2]他的洞察和预见，没有引起政府的高度重视，也没有阻止日本的侵略步伐。日本侵占东北三省不及数月，就对上海发动"一·二八"淞沪侵略战争，以转移国际舆论对中国东北问题的关注。

蒋百里也在高度关注"九一八事变"后日本发动的"一·二八事变"。2 月 1 日，蒋百里与著名记者曹聚仁在咖啡厅议论时局。蒋百里边聊边看上海版的《每日新闻》，当他读到一条《日本陆军大臣杉山元昨天晋谒天皇》的消息后，马上对曹聚仁道："六天后，日军将会派一个师团来上海。"曹聚仁只当是他随口一说而已，没想到 7 日上午，日军第九师团果然开进了上海。见多识广的曹聚仁当时便怔住了。[3]"一·二八事变"爆发后，时十九路军参谋长张襄及淞沪警备司令部参谋长林建铭等，均为蒋百里执掌保定军校时的门生。他们多次拜访蒋百里并向他请教，蒋百里以民族大义勉励他们并在战略上予以指导。[4]

为应对华北危局，1933 年 5 月，国民党中央政治会议设立行政院驻北平政务整理委员会，负责华北地区政治、经济、文化事务以及对日交涉的重任。王伯群被任命为委员。

① 汤涛编《王伯群文集》，上海书店，2018，第 27 页。
② 王伯群：《满蒙问题之国际背景》，《中央半月刊》1927 年第 1 卷第 1 期。
③ 《蒋百里，形势比人强》，载余世存：《盗火与革命：不懂革命何以懂中国》，北京联合出版公司，2016，第 283 页。
④ 《蒋百里年谱简编》，载谭徐锋主编《蒋百里全集》第 8 卷附录，北京工业大学出版社，2015，第 381 页。

在履新前，他对该委员会委员长、挚友黄郛提出四点建议：（一）要平政整委会有成绩，须国民政府有威信，地方政治清明，先要中央政治清明；（二）平政整委会须职与权相当，有名无实的组织，决不能应付目前北方之危机（日本侵略）；（三）平政整委会与中央各部，权限宜早划清，勿陷过去地方与中央常起纠纷之旧弊；（四）北方党派复杂，须各方面顾到，不可以国党自封，使异党离心，否则为渊驱鱼。① 黄郛口头诺是，但斯时未必感受深切。待王伯群抵达北平后，黄郛果然抱怨资源和人手均感不足，内外焦虑。当王伯群闻北平周边已被强寇侵占时，心为之痛极。他在日记中写下对时局的判断以及对当局的怒其不争："一则愤军阀历年穷兵黩武，东征西杀，将实力耗一内战，只顾个人权位，不顾政治清明与否，致国政败坏，国力衰弱，强寇之来遂不能抵抗。二则愤政府中人只知争权夺利，谋一党一派之私，致酿亡国之痛。"②

王伯群时刻关注变化中的中日时局。他除大量阅读《日本法西斯运动》《日本侵略中国外交秘史》等书籍外，还广泛接触各方人士，了解日本国情及军事动态。

为游说蒋介石积极抗战，1933年12月初，王伯群赴南昌行营见晤蒋介石。他对蒋介石"力言中央威信大失，政治大退化，故叛乱不休。主张先健全中枢以遏止将来的乱源，以立大信于天下"③。蒋介石其时正困于江西"剿共"和"福建事变"，疲于应付中根本听不得任何建议和意见。回到上海后，王伯群听取大夏大学财委主任傅式说转述日本外务省一位官员谈日本对中国的态度。他在日记中做了详细记录：（一）日本于亲日亲美态度不明，十分焦虑，闻庐山会议当局，主亲美者二三人，亲日者无之，中立者最多数；果中国不切实与日本合作，则日本必设法延长中国内乱，使中国无统一之协定，盖恐中国统一后与日本为敌；因之闽省事件，日本不能说无关系，然亦不能说不助蒋。（二）现在日本以援助中国之议业已停止，并反对欧美以经济援助，故如美棉麦借款，日本多方破坏之；庚款亦决定用作宣传日本文化于欧美之用，现已设有日本文化国际宣传委员会；使华北成为伪满洲国，竭力促存黄郛之地位而利用之。（三）上海市民以金钱购飞机名为国防之用，实则助长内乱，如言国防直当于儿戏耳，焉有国防计划日日在口上宣传耶。（四）日本之急务，乃在与英美争海上霸权，决非对中国。对中国早已绰有余力，不必再准备，然中国若亲美，则日本虽欲不侵略亦不可能矣云云。④

王伯群与川桂滇驻沪代表邓汉祥、范崇实等谈论中日今后关系及走向时，判断三四年后世界大战之不可避免，其理由如下：（一）日本军人太骄横跋扈，非一战不能使日本国内四民安乐；（二）日本决心与英美争海上霸权；（三）日本对中国与世界已势成骑虎，只有积极备战，兵犹大也，不战将自焚，有此数者，逆料下次大战决不能免，中国邻近日本，三面在其包围之中，苟不亲日，一旦战事发生则先为刀下俎，亲日则甘为奴隶牛

---

① 汤涛：《人生事 总堪伤——海上名媛保志宁回忆录》，上海书店出版社，2018，第52页。
② 《王伯群日记》（稿本），1933年5月23日。
③ 《王伯群日记》（稿本），1933年12月6日。
④ 《王伯群日记》（稿本），1933年12月18日。

马。①王伯群为图今后计，提出战略设想：只有积极图自立自主，方能生活。欲图自主自立，首先要择国内地势优之西南数省合作建设作为根据。

蒋百里与王伯群在预测三四年之后的世界大战时，英雄所见略同。早在 1923 年，蒋百里就提出抗日战争必不可免。1933 年，蒋百里奉蒋介石之命以私人资格赴日考察，更加肯定了自己的看法，曾拟就书面意见，呼吁当局备战。20 世纪 30 年代中期，国际论坛上充满希特勒德国将采取绥靖政策的论调，蒋百里却分析第二次世界大战必然到来。"世界的火，已经烧起来了——逃是逃不了的了——不过三四年吧！"②

四、惺惺相惜，力促蒋何见面

在第一次与蒋百里深度晤谈后，王伯群对中日关系有了深一层的认识。但如何破解国家当前内忧外患之危局？他仍处于迷思之中。

王伯群还寻找各种机会接触日本上层人士，了解日本意图。1935 年夏，王伯群在公馆亲自宴请老朋友——日本驻中国大使有吉明先生。席后，王伯群谓日本与中国应谋人民之亲善，但求两国政府当局接近利益。有吉明闻后，甚以为然。③为了弄清楚其中的秘辛和奥妙，9 月 12 日上午，王伯群再次往访蒋百里，听他分析日本最近情形。此次对谈中，蒋百里就日本政府态度、外交和军队做了详细的剖析与解答。王伯群在笔记中概括蒋百里的主要观点：

（一）日本政府自六月天津驻日军官酒井高桥擅自行动，对吾国华北高级官吏胁迫交涉后，即感觉失体，故重臣会议以后，无论何处事件发生，须经过政府命令方得对外行动，故此时北方日本军人或不致有强横举动。

（二）广田外务大臣之生命至多只能维持到本年，政府不过内阁只管更变，而国策始终操一军人之手，不因内阁之更动而易也。

（三）海军对中国欲鲸吞，陆军对中国欲蚕食。海军联英成功则中国自然降服，陆军注重对俄，海军注重对英。对俄者谋以实力胜，对英者谋以策略胜，故海军与元老派可合作，陆军与元老派不易合作。④

此次在蒋宅的"隆中对"，蒋百里可谓"滔滔不绝如江河"。王伯群听到了不少未闻的内情。同时，他还听出弦外之音，即蒋百里希望自己的策论能通达军政高层，也就是说，深望军政部长何应钦能鉴纳自己的主张和建议。

这是蒋百里一直坚持跟王伯群合作的第二个缘由。

9 月 25 日，王伯群于自宅设宴，招待蒋百里、蒋伯诚、侯念言等。四天之后，王伯群闻"本日是蒋百里诞生纪念日"，乃作一函，因"近感寒病，不可以风，不能驱往庆

① 《王伯群日记》（稿本），1933 年 12 月 29 日。
② 张泽鲁屯道夫：《全民族战争论序》，载谭徐锋主编《蒋百里全集》第 3 卷《兵学》下，北京工业大学出版社，2015，第 52 页。
③ 《王伯群日记》（稿本），1935 年 7 月 6 日。
④ 《王伯群日记》（稿本），1935 年 9 月 12 日。

祝，略备微仪（菜单二十元），籍申祝悃云云"①。对于日本侵略态势的共同关注和警惕，使王伯群与蒋百里惺惺相惜，催化了他们之间的私人友谊。

蒋百里为什么通过王伯群面见何应钦，而不是直接晋见何应钦呢？蒋百里斯时为民间智囊和学者，要见到政府军政高层，不甚容易获得信任，而王伯群不一样。其一，王伯群为同盟会元老，一直追随孙中山先生。尤其 1915 年与蔡锷等组织领导护国运动，震动海内外。嗣后参加护法运动、南北和议、北伐战争等，声名远播。其二，何应钦为王伯群妹夫，是姻亲关系，且两人并肩革命近 20 年，在军政两界具有崇高的声望。

何应钦系国民党元老级人物，自黄埔军校起，作为总教官的何应钦，与校长蒋介石配合默契，相得益彰。北伐时何应钦屡立战功，历任军政部部长等职，在军界，除蒋介石之外，何应钦系最有权势和威望之人物。1933 年 1 月，日军占领热河，攻陷长城防线，张学良引咎辞职。何应钦临危受命，接任北平军分会代理委员长，续承南京政府"一面抵抗，一面交涉"的方针。12 月，王伯群接到北平军分委代理委员长何应钦来电，告近闻中央政局，心颇不安，有人攻击华北外交不当内容如何如何，若知何人暗中策动，请予密告，并建议王伯群出席中央各会，籍悉政情。王伯群感于当局措置一切不公，当即复函何应钦，希望他善保令名，为将来挽救危亡之用。②

出于对国家和民族命运的忧虑，王伯群愿意促成蒋百里和何应钦见面。他爽快允诺蒋百里，表示若何应钦来上海，必约会谈。1935 年 7 月，何应钦受蒋介石之命再次北上，这让王伯群为何应钦的安全、声誉和未来担忧。是年 9 月 14 日，王伯群在阅读《日文晚报》时，见载《何应钦北上却起纠纷》一文。读罢全文，他敏锐地察觉到这篇文章背后隐藏的危机。他将原报寄给何应钦，并附函"言蒋百里于日本情形至熟，时局未来变化亦有研究，劝敬之访之一谈作北上之参考。且谓蒋十日赴京，如敬缓行，可在京谈。如行期急则以来沪谈为妙"③。9 月 18 日，王伯群得何应钦回函，"言一时不欲北上，至与蒋百里君晤谈一层，甚愿意蒋如赴京当接谈也"④。10 月 21 日，王伯群约蒋百里，略谈日本近日各会催开之原因，临行约明午中餐与何应钦晤谈。翌日，王伯群安排蒋百里和何应钦在宅长谈。蒋、何二人"午餐谈且食至三时方散"⑤。

何、蒋晤谈，在一定程度上对何应钦更深一步掌握日本军政各情、把握中日局势，起到了一定的智囊作用。同时，也让蒋百里了解了军政高层的意图和决心。不久，蒋百里出版著名的军事论文集——《国防论》，实现其个人从幕僚客卿到军事战略家的角色转变。

五、结语

王伯群和蒋百里作为同时代的人物，有许多共同点。譬如，他们都成长于地方知识

---

① 《王伯群日记》（稿本），1935 年 9 月 25 日。
② 《王伯群日记》（稿本），1933 年 11 月 9 日。
③ 《王伯群日记》（稿本），1935 年 9 月 14 日。
④ 《王伯群日记》（稿本），1935 年 9 月 18 日。
⑤ 《王伯群日记》（稿本），1935 年 9 月 22 日。

分子家庭，都考取官费留学日本，都曾办报鼓吹民主革命，都曾担任大学校长。他们历闻甲午海战、八国联军入侵北京、西方列强瓜分中国，亲历辛亥革命、反袁护国、军阀混战、国民革命北伐，以及南京建都，日本发动"九一八"事变、"一·二八"事变，山河破碎，家破人亡。他们作为爱国的民族主义者，救亡图存，民族强盛成为他们共同的理想和信仰。这些相似的经历和面对内忧外患，尤其是日本的肆意入侵，使他们更容易在国家和民族的危机时刻共情。正如陶菊隐对蒋百里的评价："蒋百里一生以国防为其中心思想，不愧为关心国家安危的民族先觉。"[①] 本文透过《王伯群日记》中 1935 年王伯群与蒋百里的交往，以及王伯群对蒋百里的认知和态度的变化，可以一窥他们为国家和民族免遭涂炭、殚精竭虑、救亡图存、同仇敌忾的精神指向和决然态度。同时透过王、蒋交往，诚可多一个角度对民国时期执政党及其重要人物有深刻的历史认识和理解。

---

① 王梅：《蒋百里的多重人生》，《北京晚报》2020 年 4 月 15 日第 26 版。

办人民的正规大学

——吕振羽高等教育思想及实践

大连理工大学档案馆、校史馆　刘晓梅　胡晓丽

大连理工大学的前身为大连大学，始创于 1949 年 4 月 15 日，是中国共产党在新中国成立前夕，面向新中国工业体系建设而创办的一所新型正规大学。我国杰出的历史学家、教育家吕振羽（1900—1980 年）于 1949 年 10 月至 1950 年 7 月任职大连大学第二任校长。吕振羽青年时代就是国内著名的"红色教授"，曾积极参加第一、第二次国内革命战争和解放战争，被誉为"进得书斋是学者，出得书斋是政治家"[1] "为我国当代哲学社会科学发展进行了开拓性努力的 9 位名家大师之一"[2]。吕振羽于 1949 年 10 月 30 日到大连大学后，即团结全校师生员工集中精力抓学校建设，按照建校时确定的办学方针，为建设人民的正规大学做了大量奠基性工作。

一、始终坚持党的领导，坚持人民的正规大学的办学方针

1949 年 7 月，大连大学的首任校长李一氓因工作需要调离大连。10 月 20 日，东北人民政府任命吕振羽为大连大学校长兼党委书记。吕振羽校长到任后，就一直强调学校应当服从党和政府的领导。吕振羽校长指出："在创校之初，在中共中央、毛主席和东北局的方针下，中共旅大区党委就明确规定人民的正规大学。大连大学的开办，便是为了培养一批人民的新型的工、医技术人才。其教学方针、课程内容、学校制度等方面与过去地主资产阶级所办的大学均有原则上的区别。它首先要遵循科学与政治结合、为人民服务、和人民打成一片的精神……这就是区党委对连大的具体领导方针，也就是连大具体执行的基本方针。"[3] 吕振羽校长提出的大连大学办学方针，详细阐明了今后大连大学既要继承发扬解放区办学多年来形成的优良传统、办学方法和经验，也要继续提高和正规化，还要对欧美和旧中国的大学办学方法加以扬弃与批判地采纳，对于当时被认为是最先进的苏联办学经验也不应抄袭和生搬硬套，要通过我们自己的实践，逐步形成适合当时我国国情的、新型的大学一整套办学方针。

为此，吕校长积极配合区党委工作，把"科学与政治结合""为人民服务""和人民打成一片"作为大连大学的办学方针，并在具体办学实践中无时无刻不向着这个方向努力。彼时，大连大学刚建校不久，正处于搭架子的时期，以关东工专、关东电专、关东医学院、俄语专门学校为基础建立的大学组织机构正逐步走向统一。学校在保证和监督完成教

① 罗若遐：《缅怀吕振羽同志》，《大连工学院校刊》1982 年 9 月 3 日第 3 版。
② 新华网.习近平在哲学社会科学工作座谈会上的讲话，[EB/OL].http://www.xinhuanet.com/politics/2016-05/18/c_1118891128.htm,2016-05-18.
③ 吕振羽：《连大一周年》，《大连大学校刊》1950 年第 1 期。

学、行政计划外，还须从各方面来保证和监督新型的、正规的人民大学建设工作的胜利完成。为此，吕校长继掌大连大学后，首先把坚定正确的办学方向作为头等大事来抓。他根据大连大学建设 10 个月来的初步成就和经验，在大学干部会上的讲话中，进一步提出了"民主集中制"的"大家办学"方针，即要"事事从照顾全国、全东北、全旅大、全连大出发的整体观念出发"，带领全校师生朝着人民的、正规的大学方向艰苦创业。

《中国人民政治协商会议共同纲领》规定："人民政府的文化教育工作，应以提高人民文化水平，培养国家建设人才，肃清封建的、买办的、法西斯主义的思想，发展为人民服务的思想为主要任务。"[①]综观吕振羽校长的任职期间，他是始终贯彻执行这一方针的，并在具体的实践过程中不断深化发展。吕校长通过与校外工厂、医院建立合作关系，吸收工农青年参加夜校等方法贯彻了"为人民服务""和人民打成一片"的方针。吕振羽校长在《连大一周年》一文中提出，"与各工厂、企业、医院、研究机关建立具体联系，以本校教师的技术去帮助它们，以它们的设备与经验创造的成果来帮助我们的研究、教学和教材编制，使两者相互结合；同时有计划、有系统地去搜集现实资料，供教师及学生参考"，也提到"贯彻暂行校章规定，尽可能吸收工农青年入学的精神……开办假期卫生常识训练班或夜校，吸收工农青年参加"等具体方案，尽可能消除高等教育与普通人民大众之间的界限，让高校师生深入群众，又把工农青年带进高校，力求实现大连大学与旅大市相互促进、共同发展，实现真正意义上的"和人民打成一片"。

二、组织师生学习马列主义、毛泽东思想，突出思想政治教育

吕振羽校长把对师生员工的马列主义、毛泽东思想的教育放在突出地位，并身体力行，亲自做动员并授课，帮助他们通过学习逐步确立为人民服务的立场、观点和方法。在教师思想改造方面，吕校长一方面着手提高党内干部的思想水平，克服错误观念，一方面对党外教师，尤其是教育干部进行马克思主义教育，培养为人民服务的正确人生观。大连大学创建初期，学校教师的政治思想水平参差不齐，有的原先就是革命的、进步的、具有为人民服务的人生观；有的是自觉不自觉地、多多少少地接近于人民的；也有的由于过去的生活环境等关系，没有和马列主义、毛泽东思想及人民革命事业接触过，便自觉不自觉地、多多少少地带来其旧的思想、作风和经验。学校以延安整风运动中的 12 本"干部必读"书目为教材，组织全校教师学习。吕振羽校长采用了分组学习的方法，把年轻的、新接触马列主义的教师与有长期革命经验的老干部编进一个小组，以提高学习效率。在学习"干部必读"教材的同时，也联系时政形势组织讨论，例如，对政治协商会议《共同纲领》的制定、《中苏友好同盟互助条约》的签订、旅大地区"土地调剂"（实际上是土地改革）运动的展开等的讨论。通过学习，广大教师和干部大都认识到了学习马列主义、毛泽东思想的必要性和迫切性，普遍提高了学习的自觉性。很多同志提高了对共产党、人民政府的认识，在思想改造上取得了显著进步。[②]经过一段时间的学习，广

① 中央教育科学研究所：《中华人民共和国教育大事记（1949—1982）》，教育科学出版社，1984。
② 孙懋德：《大连理工大学校史（1949—1989）》，大连理工大学出版社，2009。

大教师都理解了学习马列主义的必要性与重要性，在工作态度、生活要求、思想水平等方面有一些改观。

在学生思想政治教育方面，吕振羽校长组织了多次集中教育活动。其中比较具有代表性的是 1949 年 10 月至 12 月的新生入学教育。1949 年秋季，大连大学招收了 492 名新生。这些青年向往解放区，向往新型的人民大学，有饱满的政治热情，但因长期生活在国统区，对革命的常识了解很少；他们活泼好动，但又缺乏组织纪律性。针对青年学生组织纪律性缺乏的情况，学校成立了学生第二部，对新生进行马列主义教育。经过学习，学生们开始懂得要站在阶级立场上看问题，从本质上去认识事物，把旧社会带来的非无产阶级思想做了一次"大清扫"。学生们初步克服了自由散漫的缺点，组织纪律性有了较大的增强，学习后期，有百余名学生提出了要求加入新民主主义青年团的申请。重视学生的思想政治教育，从一个侧面也体现出吕振羽校长在教学中坚持贯彻科学与政治相结合的方针，在学生正式开始专业课学习之前，先抓牢思想政治教育，先培养为人民服务的人生观，只有用马列主义武装头脑，学生才能把专业知识运用到实处，才能真正成为人民的新型人才。

三、建立各项规章制度，倡导民主办学

为使大连大学的方针具体化、制度化，吕振羽校长花费很大精力领导修订了《大连大学暂行校章》。其中规定："本大学为正规的人民大学，以研究高深学术，培养新民主主义建设所需要之具有为人民服务的思想，有高等文化水平，掌握丰富的科学知识，学习掌握马列主义和毛泽东思想的精神与实质的高级专门人才为宗旨。"确定工学院的学制为四年，前三年为基础课和专业课程的学习，后一年到工厂实习，并将原来决定的一学年三学期制改为一学年两学期制。《大连大学暂行校章》同时对学校的组织机构、学系及课程、实验与成绩、规则与纪律、经费及资产等，都做了具体的规定。与此同时，吕振羽校长还领导建立了配套的规章制度，如《教师标准暂行条例》《待遇标准条例》《各系课程表》《学生暂行规则》等，使以教育为中心的各项工作有章可循，建立和健全了大学的教学秩序。为了加强学校工作的管理，当时大连大学在吕校长的倡导下，还建立了日志、周志与月报等制度。这样一来，大连大学就树立了"骨架"，灵活了"神经系统"，初步建立起正规化办学的机制。

吕校长认真贯彻"民主集中制"基础上的"大家办学方针"，在全校大会等多种场合经常提出"大连大学全体教职员工大家来当校长"的号召。为了集中师生员工的智慧，经他建议，扩大了参加校务委员会这一权力机构的成员规模。工学院教授王大珩、毕德显、张大煜、李士豪、胡国栋、刘培德和学生范景波（大学学生会主席）、张甦（工学院学生会主席）等，都分别以师生代表的身份，和校、院领导干部一起，讨论和处理重大的校务问题。同时，学校十分重视发挥工会、青年团和学生会在民主办学中的积极作用。为了集思广益，搞好以教学为中心的各项工作，大连大学还先后成立了由校部有关领导、专家和教授参加的教师聘任委员会、教材出版委员会、图书委员会、季刊编辑委员会、

校产管理委员会、基金管理委员会等常设委员会。

当时的教师来自四面八方，加上学校旧的包袱不重，以及领导的提倡，大家敢于对怎样办学的问题提出意见和建议，领导也能择善而从，兼容并蓄，所以全校的民主空气比较浓厚，广大教师和科研人员的心情也比较舒畅。吕振羽校长常在校党委会议上和全校大会上公开做自我批评，对工作中发生的失误主动承担领导责任，从不诿过于人。在党的会议上，吕振羽校长总是让与会者各抒己见，从不搞一言堂，也从不将想法强加于人，充分发扬民主，最后根据大家的意见，集中起来形成一致的意见（方案）或决议，付诸实施。

大连大学俄专三期学生于 1949 年 10 月入学，六班的少数学生在学校组织的劳动和活动中出现过激言行及错误思想，给学校造成了严重的影响。为此，1950 年 1 月 7 日，学校召开党委会，讨论俄文班三期问题。会上有人提出对错误言行严重者予以开除的建议，吕振羽校长不同意，主张以座谈会形式发扬民主、打通思想，进行说服教育。9 日，吕校长接见俄文班学生代表，并连续 7 次参加俄文班民主座谈会，以摆事实进行说理，个别有错误言行的同学均表示要改正。2 月 2 日，吕振羽就"大连大学俄专三期学生思想情况及处理俄文班三期学员闹事经过"向中共旅大区党委、东北局做书面报告。东北局非常认可吕振羽校长的处理方式，来电说要向其他各校推广解决大连俄专思想问题的经验，并将报告印发各校参考。吕振羽对犯思想错误的学生没有简单地采取开除的方式，而是坚持了毛主席在延安整风运动中提出的"惩前毖后，治病救人"的原则，把过去革命时期的宝贵经验与当下治理学校的工作实际联系起来，不仅对学校负责，更是对学生个人负责，从根本上解决了学生思想上的问题。

四、重视学用相结合，倡议创办学术期刊

为了交流研究经验，促进学术发展，经吕振羽校长倡议，学校于 1950 年 5 月创办了第一本学术期刊《大连大学季刊》。在创刊号上，吕校长亲自题写了"研究科学、交流经验、提高人民科学技术水准"的创刊词[1]，将马克思主义理论与新中国成立初期的实际紧密结合，号召知识分子为人民群众服务，提高全体人民的文化教育水平，并且吸收外来优秀文化为本国所用，努力改变贫穷落后的面貌。《大连大学季刊》正是鉴于这一目的而创办。吕校长对这本期刊寄予了极大的期望，他希望这本期刊不仅能够成为校内开展学术讨论、提高研究水平的平台，而且能够向社会民众传播一些科学技术方面的知识，从而促进新中国创立初期的科技发展，提高国民的整体科学文化素养。吕校长在创刊词中还指出，做学问要秉持科学的态度，采取科学的方法；要敞开胸怀，博采众长，相互借鉴，取长补短，不断发挥自己的优势，吸纳借鉴别人的优势；要从群众中来，为群众的切身利益着想，从实践出发，从群众出发，绝对不能脱离人民群众。《大连大学季刊》第一期收录了学校教职工所撰写的学术论文 22 篇。其中包括张大煜（1955 年被选聘为中国科学院学部委员）、毕德显、吴汝康（两人 1980 年当选为中国科学院学部委员）三位院士

---

[1] 吕振羽：《研究科学、交流经验、提高人民科学技术水准（代创刊词）》，《大连大学季刊》1950 年第 1 期。

的早期研究成果，内燃机专家胡国栋、医学昆虫学家和疟疾学家何琦等著名学者的论文，这些文章都是对当时科学技术前沿问题的一些探讨和研究，对于填补学科研究空白与启发后续的研究工作都具有重要作用。

1950年7月23日，大连大学执行东北政府发布的取消大连大学建制的命令，大连大学工学院独立为大连工学院。因此，《大连大学季刊》只出版了一期，但是无论是这个刊物本身，还是其中论文的学术价值，抑或是这个期刊所传达给我们的科学方法和科学态度，都值得我们参考和借鉴，同时，《大连大学季刊》的创办也标志着学校广大教师面向经济建设开展的多层次科学研究工作已经拉开了序幕。独立后的大连工学院，于1950年创办《大连工学院学报》。1988年3月，大连工学院更名为大连理工大学，《大连工学院学报》也随之更名为《大连理工大学学报》。

五、结语

吕振羽的高等教育思想与他在大连大学的教育实践，体现了老一辈教育家"实事求是"的思想路线和优良作风，这与他丰富的党的政治工作经验、曾任刘少奇同志的政治秘书并随刘少奇同志回延安[1]，以及马克思主义历史科学的专业背景和留学日本了解国内外教育情况息息相关，这些使他的高等教育思想逐渐科学化、系统化，并富有创造性。吕振羽校长的优良作风和出色的领导方法，使初创的大连大学在较短时间内面貌一新，并取得显著成绩。当时，有不少著名民主人士来校考察，如李济琛、郭沫若、沈钧儒、黄炎培、竺可桢等，他们感到大连大学办校方向对头，生气勃勃，普遍给了高度的评价和热情的鼓励。1949年9月，文教部副部长邹鲁风来校考察，并在其撰写的《大连大学巡视报告》中指出："在总的方面说，我认为大连大学是相当使人满意的，若与东北的其他大学来比，应列入第一等级里面去。若与国内有历史的大学如北京大学、清华大学等来比，有短处亦有长处。在历史经验方面，我们不如它们，这是短处；但我们完全是新型的大学，没旧习惯的拖累和阻力，进步一定是飞快的，这又是长处。"

大连大学建制被撤销后不久，吕振羽校长就被任命为东北人民政府文教会副主任兼东北人民大学（今吉林大学）校长。回顾吕振羽校长在大连大学丰富多彩的教育实践，我们对其忠诚担当的家国情怀和办社会主义大学的深邃教育理念有了更深层次、更生动的理解。他们为学校留下了弥足珍贵的精神财富和红色传承，对于我们不忘初心、牢记使命，把革命前辈们开创的、一代代共产党人为之奋斗的伟大事业不断推动前进具有十分重要的意义。

［本文系大连理工大学基层文化建设项目"用口述历史记录有温度的校史故事"（项目编号：DUTJCWH202225）研究成果］

---

[1] 湖南省政协文史学习委员会：《长留雅韵足三湘——吕振羽纪念文集》，民主与建设出版社，2016。

后记 POSTSCRIPT

　　大学校史承载高等院校的办学理念、办学特色和大学精神，在高校实现立德树人的根本任务中有其独特而重要的作用。2022 年 12 月，中国高等教育学会校史研究分会第 17 届学术年会在浙江大学线上召开，全国 200 多位高校校史、档案部门的代表、专家学者总结和交流近年来我国大学校史研究领域取得的新成果、新理论、新方法，各抒己见、相互切磋、取长补短。时至今日，与会论文经编辑审校，终于如期面世。

　　校史研究分会第 17 届学术年会得到各位档案同仁的大力支持，提交的论文质量、数量都明显提高。本书在收到的参会论文中精选收录 47 篇，涵盖近年来国内校史学界对校史研究的方法、功能与资源探讨，特定时代背景下的大学史研究，学科、专业发展与调整研究，校史人物研究，1949 年以来建设中国特色高等教育的探索与实践等多个议题的最新研究成果。

　　在年会论文集编辑、出版过程中，为确保全书质量、学术规范、作者权益及如期顺利出版，秉持以下原则：一、尊重作者意见，作者不同意的文章不予收录；二、尊重作者思想和观点，尽量保持文章原貌；三、为减小文集体量，删除摘要、关键词等内容；四、按照相关出版规范统一修订文献来源格式等内容。

　　本书的顺利出版得到了中国高等教育学会校史研究分会的大力支持。按照由年会承办单位具体负责出版参会论文集的传统做法，浙江大学档案馆承担了本书的编辑出版工作。论文集出版是一项庞大而冗杂的工作，得到了现任中国高等教育学会校史研究分会理事长汤涛的全力支持，得到了前后两任秘书长张凯、王东的全程指导。中国高等教育学会校史研究分会现任副理事长欧七斤和学术委员会前后两位主任钱益民、丁兆君及各位学术委员，对所有参会论文进行了初步审读及内容分类等学术工作。主编、时任中国高等教育学会校史研究分会理事长张克非对论文集进行了总体把关；主编、中国高等教育学会校史研究分会常务副秘书长张淑锵统筹负责该书的具体出版事宜；副主编、浙江大学档案馆编研展览办公室金灿灿对全书内容进行了统稿及初步校对，做了作者联络等许多具体工作。在浙江大学出版社赵静编辑等同志认真负责的审校和大力推进下，论文集在最短的时间里得以付梓。在此，向全体作者的供稿和支持表示由衷感谢，向为本书出版辛苦工作的各位老师致以诚挚的谢意。

高校的校史研究永远在路上。由于编辑水平有限，难免有疏漏之处，敬请广大读者不吝赐教，以资今后臻于完善。

编者

2024 年 4 月